煌煌辞典 著春秋

《汉语大词典》出版背后的故事

中国新闻出版研究院 主编

中国书籍出版社
China Book Press

图书在版编目（CIP）数据

煌煌辞典著春秋：《汉语大词典》出版背后的故事／中国新闻出版研究院主编. -- 北京：中国书籍出版社，2020.10

ISBN 978-7-5068-8025-1

Ⅰ.①煌… Ⅱ.①中… Ⅲ.①现代汉语—词典编纂法 ②回忆录—作品集—中国—当代 Ⅳ.①H164②I251

中国版本图书馆CIP数据核字（2020）第190898号

煌煌辞典著春秋：《汉语大词典》出版背后的故事

中国新闻出版研究院　主编

责任编辑	庞　元
责任印制	孙马飞　马　芝
封面设计	东方美迪
出版发行	中国书籍出版社
地　　址	北京市丰台区三路居路97号（邮编：100073）
电　　话	（010）52257143（总编室）　（010）52257140（发行部）
电子邮箱	eo@chinabp.com..cn
经　　销	全国新华书店
印　　刷	北京睿和名扬印刷有限公司
开　　本	787毫米×1092毫米　1/16
字　　数	560千字
印　　张	26.5
版　　次	2020年10月第1版　2020年10月第1次印刷
书　　号	978-7-5068-8025-1
定　　价	138.00元

版权所有　翻印必究

《汉语大词典》工作委员会主任陈翰伯（中）与主编罗竹风（右）、宋元放

《汉语大词典》工作委员会主任边春光（中）与谭天（左）和丁方明在安庆会议上

《汉语大词典》工作委员会主任刘杲

首席学术顾问吕叔湘和主编罗竹风在杭州召开的《汉语大词典》编辑委员会第二次会议上

学术顾问陈原

《汉语大词典》工作委员会领导成员与主编。右起于冠西、季啸风、刘杲、罗竹风、杨云、丁方明、高斯、龚心瀚

《汉语大词典》工作委员会扬州会议合影。前排左起谭天、黎洪、陈立人、龚心瀚、高斯、丁方明、杨云、罗竹风、刘杲、季啸风、于冠西、初肯川、方厚枢；后排右起张杏清、孙立群、徐福基、蒋金德、奚正新、胡慧斌、张秋泉、阮锦荣、李冬生、巢峰、赵斌、陆路

《汉语大词典》编辑委员会第一次会议合影

边春光、季啸风、方厚枢与汉语大词典编纂处全体成员合影,背景为"风雨楼"。前排左起程养之、阮锦荣、王涛、彭苏生、陈落、边春光、季啸风、方厚枢、傅元恺、钱子惠

《汉语大词典》及第一届国家辞书奖证书和奖品

《汉语大词典简编》

编委会名单

顾　　问：刘　杲
主　　编：魏玉山
副 主 编：王　涛　李晓晔　王　平
编辑委员：魏玉山　王　涛　李晓晔　王　平
　　　　　李　新　苏振才　于秀丽　庞　元

序 言

王 涛 刘 杲

1994年4月，正当繁花烂漫时节，《汉语大词典》最后一卷索引卷出版，《汉语大词典》十三卷全部问世。这部辞典是中国文化史上规模最大的一部语文性辞书，是国家坚定支持和数百名专家学者及其他同仁共同努力的成果。

编纂《汉语大词典》始于1975年金秋，终于1994年季春，前后历时十八年之久。这一阶段正值中国社会经历翻天覆地变化的历史时期，而《汉语大词典》的编纂工作恰恰在这一历史时段开始并完成。《汉语大词典》的编纂方式和编纂过程因而不能不烙上这一阶段的历史印迹。编纂《汉语大词典》走的是一条冠绝古今的独特道路。这条道路虽然坎坎坷坷，但它创造了在最短时期内编纂成功最大部头辞书的历史纪录。坎坎坷坷是它的时代局限，也是它的时代特征，可以说消极与积极同在、缺点与功绩并存，然而它终于成功了。正如本书文章内所说的一句话："这是当年不得已而走的一条路，也是一条可以走出一条新路的路，舍此而外，还真找不到另外一条顺顺当当的路。"这条成功之路再一次证实，社会主义中国具有集中力量办大事的制度优越性。

《汉语大词典》翻开了文化史的新一页。对于这新一页，我们觉得应当有所记录，留下走过的轨迹，纵使不是完美的记载，至少也应当有一个概貌的记述，以便让后人了解《汉语大词典》的来龙去脉，了解在编纂《汉语大词典》的十八年中，这样一部规模空前的大辞书是如何编成、如何出版的，它留下了哪些经验和教训。为了回答这些问题，中国新闻出版研究院编辑出版了这一本书。但是，由于那是发生在几十年前的事情，今时今日若想编辑一本全面记载《汉语大词典》编纂历史的书难之又难，很多当年的参与者都已离世，存世的资料也在流逝的岁月中散佚不全。所以，对于我们这些仍然在世的《汉语大词典》参与者来说，写出自己当年的经历，保存下一点《汉语大词典》的历史资料，是责任在肩、理所应当做的一件事，不敢说这是在抢救历史，但至少能保留一点当年历史的素材。

这本书共收入自述性文章二十四篇，长短不一，取材各异。但都以自己的眼光从各自的角度道出了当年编纂《汉语大词典》的真实历史，真实地反映和记载了编纂《汉语大词典》

许许多多的人和事，记载着他们的一些想法和看法。这些口述和记载的，都是那些人在那些年所进行的编纂《汉语大词典》的实践活动。有的文章叙述得虽然概括但比较系统，有的文章记述了一个省的编纂实况，有的叙述了自己在编纂工作中的经历，有的记述则属办公室的一角。所有这些记述，有大事也有小事，然而小事现大事，小事绝不是没有意义，它也是《汉语大词典》编纂经历的一部分。本书还收入中华印刷厂退休员工的口述文章《绝世的工艺》一文，描述了他们当年排印《汉语大词典》的经历和当时采用的排印工艺。这套已成历史的印刷工艺，作为印刷史上的一点墨痕经由这篇文章而保留下来。另外，本书还收入五十二帧照片。这些照片都是当年在《汉语大词典》的各种活动场合拍摄下来的真实写照。所有这些文章和照片，都应看作《汉语大词典》编纂史的一部分，是在《汉语大词典》问世二十五年之后，口述、撰写、搜集、保存下来的历史资料，而这应是本书的价值所在。

书中所言所述都是几十年前的人和事，都是作者亲身经历的真实活动和纪实情节。但是，事情毕竟已经过去了几十年，单靠回忆和追述难免有失真之处。作为记录《汉语大词典》编纂史的这本书，保证所言所述的真实性乃是我们所秉持的第一要义。收集整理确凿可靠的第一手资料，是我们所做的一项重要工作。经过两年来的努力，我们搜集到一批当年《汉语大词典》亲历者存心保留下来的一批褶褶皱皱甚至发黄变脆的珍贵文字史料。收入本书的文章所记录的许许多多人和事，一般都是在当事者的回忆追述之上，根据可靠资料写成且记载下来的，并使用第一手资料加以认真甄别和佐证，以做到有根有据。这一批原始资料对于保证写入本书的人和事，乃至时间、地点的真实性，起到很大的作用。

在撰写本书的过程中得到多位"汉大"同仁的支持并提供资料给予热诚的帮助，这对编写好本书至关重要。

本书是经中国新闻出版研究院魏玉山院长决定立项并规划其内容和方向之后，在李晓晔研究员的鼎力支持之下开始口述和撰写的，前后历时一年有余，同时得到苏振才、于秀丽两位研究人员的协力帮助；中国书籍出版社王平社长、庞元编辑为出版本书付出很大精力，并提出许多宝贵意见。对于他们所给予的各种惠助，我们谨在此一并表示真诚的谢意！

王涛　刘杲

二〇一九年十一月三十日于北京

目 录

《汉语大词典》编纂纪事 ······ 王　涛 / 1
《汉语大词典》二三事——我的几点回忆 ······ 谭　天（口述）/ 146
《汉语大词典》，我人生里的真大学 ······ 李　新 / 151
我与《汉语大词典》 ······ 吉常宏（口述）/ 168
略忆我与《汉语大词典》的十八年 ······ 胡慧斌 / 177
"汉大"的精气神 ······ 黄希坚 / 190
《汉大》精神"汉大人" ······ 周　方 / 198
回忆编纂《汉语大词典》的峥嵘岁月 ······ 赵应铎 / 214
在编写《汉语大词典》的岁月里 ······ 张紫文 / 228
难忘的岁月——参加编写《汉语大词典》琐记 ······ 谢芳庆 / 236
《汉语大词典》安徽编写工作片段 ······ 陈庆祐 / 243
从《汉语大词典》安徽省第一编写组到安徽师范大学语言研究所 ······ 陈冠明 / 250
我的词典生涯 ······ 蒋金德 / 267
煌煌词典　悠悠情结——《汉语大词典》编纂回顾感事 ······ 赵一生 / 284
福建《汉语大词典》编纂纪实 ······ 薛剑秋 / 292
追怀参加《汉语大词典》编纂工作的往事 ······ 陈延祐 / 327
难忘的岁月——回忆在编纂《汉语大词典》的日子里 ······ 孙立群 / 333
我们与《汉语大词典》共成长 ······ 郭忠新 / 343
我的辞书编纂之路 ······ 陈福畴 / 349
主编罗竹风 ······ 王　岳 / 354
大会战的日日夜夜 ······ 胡逢建 / 371
"汉大"记忆 ······ 傅玉芳 / 376
且将新火试新茶 ······ 李丽峰 / 385
绝世的工艺——中华印刷厂《汉语大词典》承印记 ······ 庄宪清 / 392
附录一　编写组编写部首表 ······ 404
附录二　"三委会"、编写人员与工作人员名单 ······ 408
后　记 ······ 414

《汉语大词典》编纂纪事

王　涛

一、开头的话

　　我从北京大学古典文献专业毕业后，到广东韩江口牛田洋军垦农场围海造田，同一千多名来自全国各地的大学生和国家机关干部一起劳动锻炼，唱着"红彤彤的牛田洋，革命的大课堂"，"战天斗地"，接受"再教育"。此后我被分配到广州军区政治部工作，成为一名陆军现役职业军人。1975 年秋季，广东省参加修订《辞源》的工作，同河南、湖南、广西中南三省（区）协作修订《辞源》，广东牵头，但实际上一直是由商务印书馆总编辑陈原主导。广东主持此事的是广东人民出版社副社长黄秋云。他是一位到过延安的老干部。广东当时没有出版局，人民出版社行使出版局的职能。修订《辞源》走"三结合"的路线。黄秋云后来对我说，"我拿着省委的介绍信和国务院编辞书的文件到军区政治部要人，我说要找能编《辞源》的人，你是我点名要的，另外两个人是由部队选送的"。这之前我不认识黄秋云，是朋友推荐了我。黄秋云找部队要人之前找到我，问我愿不愿意去。修订《辞源》虽然不是整理古籍，但也算得上专业对口，专业对口是我梦寐以求的事，我当即表示愿意。后来陈原对人说起我，"军人说他是文人，文人说他是军人"。我这叫军民两用吧。

　　我参加了修订《辞源》的全程工作。广东《辞源》修订组我是第二个参加进来的，第一位是黄秋云。从安排办公室桌椅书架开始，从零干起。我拿着省委宣传部介绍信跑学校借调人，跑广州旧书店购买古籍等编写用书，这些事办停当了，才组织大家转入修订工作。开始两年，我承担着行政和业务两项具体工作，后来卸掉行政责任，专注于修订业务。《辞源》定稿开始之后，我同黄秋云、黎敏子到京参加了一段定稿工作，因为黄秋云要留京长期定稿，我于是返穗主持广东修订组的日常业务工作。那时北京开始定稿，而广东的修订工作尚未结束。修订《辞源》接触到上千种古籍，一本书颠过来倒过去翻阅，引书格式一遍又一遍地写，不同版本反复使用，篇名熟悉了，内文熟悉了，版本也熟悉了，经手过目的书目版本，远多过在北大所学的《书目答问》。我从编写《辞源》条目中获取的知识量极大，同时也积累起比较扎实的辞书编写经验。这对我后来转而编纂《汉语大词典》很有好处，轻车熟路一来就可

煌煌辞典著春秋 ——《汉语大词典》出版背后的故事

以上手。在《辞源》召开的长沙会议上，上海负责《汉大》的束纫秋应邀参加会议，他跟我说，希望我修订完《辞源》到上海搞《汉语大词典》。我那时已经很热爱编辞书这一行了，很愿意继续做下去，就此约定，修订《辞源》结束后，我就转向《汉语大词典》继续我的辞书生涯。

我在 1979 年下半年转业到上海，从事《汉大》的工作。最初担任第一编辑室副主任，后来担任汉语大词典编纂处主任、汉语大词典出版社社长兼总编辑，直到 1991 年年末转到香港商务印书馆任职，为编纂出版《汉语大词典》工作了十二年。十二年来，我心无旁骛，始终如一，尽心竭力做《汉大》这件事。从修订《辞源》到编纂《汉大》，前后近十六年时光，留给我极其深刻、不可磨灭的记忆。每一忆及昔年的岁月总是思若潮涌，一桩桩一件件，都是难以忘却的故事。尤其是成年累月相处交往的五省一市《汉大》同仁，无论已经谢世的同仁抑或在世的同仁，都常常浮现在我的忆念中，一位又一位博学奉献的好同志，都足资作为我毕生崇敬的楷模。我想借这篇回忆文章，记述我所历所知的一些事实，无论是《汉大》同仁所做的事情还是人物本身，寄托我对他们的尊崇和怀念的心情；我也想让人们了解一些当年这些人是如何为《汉大》尽心尽智，努力十八载而成就《汉语大词典》的。我这篇记述文字，虽说只不过摘取了十八年的点滴片段，然而多少也能看出那是攻艰克难的十八年，看出《汉语大词典》十八年的大抵历程，看出从零做起来、完全原创的《汉语大词典》的第一版来之不易！

本文所记述的事件和人物，主要依据我的记忆，依据我当年的工作日记和我所保留下来的编纂《汉大》的原始资料，依据一套当年编印的《汉大》工作简报，还有十几位《汉大》同仁提供的他们所保留的文件和文字材料的原件，以及最近几个月我所拜访过的几位《汉大》同仁的口述资料，并经过多方佐证，乃敢记入其中。我在此谨向提供资料的旧雨同仁表示诚挚的谢意。

编纂《汉语大词典》这件事，来自国家出版局制订的"中外语文词典十年编纂出版规划"，编纂中外语文性辞书 160 部，中文 31 部、外语 129 部，《汉语大词典》和《汉语大字典》是两部新编写的辞书，尤以《汉语大词典》部头最大。"规划"经周恩来总理批准，以国务院〔1975〕137 号文件名义下发各部委和各省、市、自治区革命委员会，要求协作编纂完成这项任务。

据我所知，国家出版局领导陈翰伯和陈原两人是"规划"的主要推手。二人同属老出版家，都出身于商务印书馆，熟悉辞书行业的业务和现状。两人适时推动制定"规划"，得到国家出版局主要领导徐光霄的支持，在 1974 年 7 月正式组建班底，调研辞书市场现状和需求情况。工作班底由国家出版局出版部的方厚枢，商务印书馆的朱原、朱普萱，还有从北大借调的曹先擢等人组成，到上海、北京高校和出版机构调研辞书情况，召开座谈会三十多次，拟定出编纂出版辞书的这一宏大"规划"。方厚枢、朱原、朱普萱三人是"规划"书目的草拟者。初期《汉语大词典》和《汉语大字典》并没有列入"规划"，这两部辞书是后来才加进去的，借用陈原在杭州编委会上的话说:"一九七五年订这个'规划'的时候,是在比较靠后的阶段才蹦出了这两个东西。"1975 年 5 月,"中外语文词典编写出版规划座谈会"在广州东方宾馆召开,陈翰伯、许力以、陈原等人为会议的领导成员,会议"规划组"有方厚枢、朱原和朱普萱。起初,在方案中是否列入《汉语大词典》和《汉语大字典》并没有定下来。"规划组"觉得规模太大,一切从零做起,白手起家困难很大没有把握,要不要加进去,谁能承担?他们向陈翰伯请示,陈翰伯语调坚定、态度鲜明:这次词典规划会议是难得的机会,应该下决心写上去。四川和湖北两省的出版与教育部门的代表,在会上主动承担下《汉语大字典》的编写任务,而《汉语大词典》由谁编写却没能落实,只是纳入"规划"算是定下来了。

在 160 部辞书当中,陈翰伯认为《汉语大词典》难度最大,他决定亲自抓这个项目。

二、《汉语大词典》编写领导小组和"词办"

怎样做才能把《汉大》工作推动起来?怎么做才能获得成功?这是需要深思熟虑的根本性大问题。如今回忆反思《汉语大词典》的编纂历程,我觉得,陈翰伯和陈原当时便胸有成竹,有一套考虑,时机抓得好,方法措施切合国情,阶段清楚,步骤分明,落点准确。他们抓住出版和教育这两大支柱部门,推动设立"《汉语大词典》编写领导小组",这是第一步;在五省一市建立领导小组,在两级领导小组之下各设办公室,作为领导小组的执行和办事机构,这是第二步;在各省市组建编写组,调集一批当时处在"闲置"状态的人才,组织起一批基干队伍,网虽然撒得大了些,但是聚集起数百名知识精英,同心捧起《汉语大词典》,在当时的复杂情况下,能搭起这样一个编纂架构,不得不承认实在是难能可贵,这是第三步;组建负责主导编纂业务的《汉语大词典》编辑委员会,这是第四步;组建协调编纂工作的实体办事机构——汉语大词典编纂处,这是第五步。这是一条脉络清晰的路线。另一条路线是紧紧依靠中央支持,依靠国家出版局和教育部双重合一的领导,依靠五省一市党政宣传和教育部门的合力推动,构成党政领导部门、编写领导小组(后来的"工作委员会")、编辑委员会三位一体的运行机制,加上编写《汉语大词典》的这一批社会精英,上下齐心,努力十八年,完成了中国文化史、中国出版史上的这一桩伟业。

这一套做法最终成功了!有两句我们常说的俗语,"万事开头难""说时容易做时难",把这两句话套用到编纂《汉语大词典》这件事上,我看恰如其分。

编纂《汉语大词典》这项工作,陈翰伯时时刻刻都放在心上,抓得很紧。1975 年,国务院〔1975〕137 号文件 8 月 22 日甫一下达,数天后的金秋之季,陈翰伯便采取行动。方厚枢首先同华东四省一市联系,得到了山东、江苏、安徽、浙江、上海同意参加协作编写《汉语大词典》的正面回应。当年 8 月底,陈翰伯和许力以偕同方厚枢来到上海,住进上海大厦。

9月1日在上海大厦召开"四省、市出版、教育部门的负责人会议,就协作编写《大词典》的问题进行讨论"。

来参加会议的,大都是四省一市出版系统和教育系统大学的代表。山东出版局副局长谭天和山东大学吴富恒参加会议,广州"规划"会议就是吴富恒和山东出版局文教室主任周育仁代表山东参加的,这次一以贯之依然是吴富恒来开会;江苏出版局局长高斯和南京大学中文系党总支书记栾景芳出席会议;安徽参加会议的是出版局副局长黎洪和安徽师范大学张紫文;浙江参加会议的是省委宣传部和出版局各一人,因浙江人事变动很大,究竟何人赴上海参加会议,没有资料可以确证;上海是上海人民出版社一位负责人和洪泽、束纫秋、孙厚璞四人参加会议。此处所云"人民出版社"相当于出版局,那时有的省市出版局改称人民出版社,例如上海和广东就叫人民出版社,后来都改过来仍称出版局。福建没有参加此次上海会议,是后来才决定参加编纂《汉语大词典》这项工作的,并由福建人民出版社总编办公室主任颜南冲、厦门大学中文系党总支书记鄢行宴和教师张次曼到上海领取了收词制卡的任务,正式加入编写队伍。

上海大厦会议讨论商定了两件事。一件事,组织领导方面,建立"《汉语大词典》编写领导小组",各省市设立相应机构,组建编写组,尽快开展搜集资料的工作;陈翰伯担任《汉语大词典》编写领导小组组长,四省一市各设一名副组长:山东是谭天、江苏是高斯、安徽是黎洪、上海是洪泽,浙江阙如存疑;后来,《汉语大词典》编写领导小组在上海设立办公室,作为领导小组的办事机构,束纫秋担任主任,孙厚璞任副主任。福建加入编纂队伍之后,杨云代表福建出任编写领导小组副组长。另一件事,在编纂业务方面,"商定了《大词典》的启动计划,决定先以《大汉和辞典》13卷为分工依据,编写力量较大的省市各分二至三册,力量较小的省分一册,回去后各自组织力量,按照所分的部首,先从收集资料入手"。会议开了五天,9月1—5日。此后,国家出版局发文确认成立"《汉语大词典》编写领导小组",谭天说:"会后,国家出版局发了份文件,当中有我的任命。"方厚枢和各省市词典办公室主任,都是领导小组成员。

上海会议过后,五省一市建立本省市《汉语大词典》编写领导小组的工作相继展开,经历了一段时间先后建立起来。

先说山东。山东不仅承担《汉语大词典》的编写任务,在广州"规划"会议上还承接了编写外文词典的任务,所以山东成立的领导小组全称叫作"山东省中外语文词典编写出版领导小组",负责组织领导编纂各部辞书,包括《汉语大词典》在内。这个领导小组下设办公室,作为领导小组的办事机构。五省领导小组属下的办公室,我们都简称"词办"。山东省中外语文词典编写出版领导小组的成员,由省委宣传部、教育厅、出版局和山东大学、山东师范学院及曲阜师范学院三所大学的校长组成。第一任组长是吴富恒,教育厅厅长高维真和谭天是副组长。吴富恒是一位学者,哈佛大学毕业,1978年12月到1984年6月担任山东大学校长。他当了两年多领导小组组长，1978年6月，山东省革命委员会改组省领导小组，由副省长丁方明接替吴富恒担任组长，宣传部副部长徐杰和谭天、吴富恒、宁汉戈任副组长，蒋维崧、刘众、赵紫生、刘健飞为组员。后来谭天升任出版局局长，副组长由出版局另一位领导初甫川接任。

山东这个"中外语文词典编写出版领导小组"办公室的成员都是兼职，既干本职编书出书的工作，又干"词办"的工作，两幅担子双肩挑。他们不仅处理繁杂的事务工作，还参与编写业务。山东各编写组审定完成的初稿先送"词办"，他们审看其中一部分来稿，但不是审稿而是检查性质，看完再分配给省定稿组复审。山东词典办公室人员在长达十多年的工作中，两袖清风，从未拿过《汉大》一分钱。"词办"主任最早是周育仁，之后是齐鲁书社社长孟繁海兼任。老孟为人耿直，提意见尖锐，直来直去不避轻重，有"山东大汉"的果断作风，他在"词办"主任任上，做了许多开创性的工作，深得大家的尊重。孟繁海调任出版集团担任副总编辑之后，李新接任"词办"主任。李新年轻有为，办事快当从不拖拉，往来于山东和上海之间，搭起一座"活跃的桥梁"。李新是一位才子，起先担任齐鲁书社市场部主任，1984年出任齐鲁书社副社长，十年后担任山东美术出版社总编辑，次年担任社长。

江苏与山东一样，在广州"规划"会议上也接受了编写多部辞书的任务，不久又承接编纂《汉语大词典》的工作。国务院〔1975〕137号文件发布后，江苏省委决定成立兼顾所有辞典的"江苏省词典编写领导小组"，宣传部部长戴为然任组长，高斯任副组长，高斯并出任五省一市《汉语大词典》编写领导小组副组长；到了1979年8月15日，江苏省革命委员会批转江苏出版局《关于〈汉语大词典〉编写工作情况和有关问题的请示报告》，同意成立"江苏省《汉语大词典》编写领导小组"，专职负责编纂《汉语大词典》这件事，依然由戴为然担任组长，宣传部副部长刘平和高斯、陈超任副组长，组员有李钟英、方非和陈立人；后来高斯与出版局副局长陈立人分任正副组长。江苏的这个领导小组很稳定，一直工作到编纂工作结束。高斯是江苏《汉语大词典》编纂工作的灵魂人物。他与陈立人搭档合作，十多年如一日，推进《汉大》工作不遗余力，善始善终，二人可谓江苏的《汉大》功臣，为推动《汉大》全局立下了功劳。江苏承担的编写任务比较沉重，无论编写、审稿还是分卷定稿，各项工作他二人考虑得都很周到，安排得很妥当。高斯和陈立人是我一直怀念的两位好领导，我同他二人来往很多，二人严于律己的作风令我油然起敬。高斯局长耿介不阿，处事严谨，多谋善断，说到做到；陈立人谦和稳重，慈祥宽厚，处处为大家着想，和善的笑容，至今依然历历在目。

江苏"词办"首任主任李景端，工作到1977年下半年，有开创之功。他调任《译林》负责人之后，由丁良典接任主任。丁良典面庞微黑，说话总是带着微笑，办起事来果断干练，从不拖沓。第三任主任薛正兴任职最长，一直干到底。薛正兴是一位有能力的人，不苟言笑，办事认真。在他带领下，江苏词典办公室的胡慧斌、黄希坚、周方几位骨干成员心齐力协，既做"词办"的事情又从事编纂业务，解决问题的整体能力很强。江苏承担着《汉大》第十卷、第十一卷和第十二卷整整三卷的编写工作，担负的任务很重，最后能顺利完成，同"词办"的工作分不开来，"词办"几位同仁立下了大功。薛正兴还是第十卷的分卷主编，周方和黄希坚分别担任第十卷和第十一卷分卷副主编。周方、黄希坚和胡慧斌三人，都是从编写组编写人员转到"词办"去工作的，行政业务一起挑。周方性格开放，话音朗朗，谈笑风生。黄希坚老成持重，做事踏实，说话语调缓和，逻辑性强。胡慧斌为人热情，任劳任怨，干工作勤快不怕承担责任，他不仅自己编写稿件还参加江苏的定稿工作。

上海大厦会议过后，安徽便着手组建"安徽省《汉语大词典》编写领导小组"。《汉大》这件事归省委宣传部管，部长刘政文、副部长张春汉都很重视，张春汉亲任安徽省《汉语大词典》编写领导小组组长，省出版局副局长黎洪担任副组长，小组成员由文教部门负责人、相关高校和地市等负责人组成，李东方、李冬生和陶有法三人都是领导小组成员。领导小组设立办公室，最初请刘夜烽担任办公室主任，第二任是李冬生，而后由安徽出版局奚正新接替。安徽省为加强领导，1979年调整领导小组人事安排，安徽省委常委、省革委会副主任胡开明担任组长，张春汉改任副组长。此后安徽省政府因为人事调整，省领导小组组长由魏心一副省长出任，直到《汉大》工作结束为止。组长几经变动，而张春汉和黎洪的副组长始终没有变化，而其他的副组长变动就比较多。安徽省委文教部副部长、省高教局长陈韧，省教育厅厅长明克诚，安大副校长王仲坤都曾担任过副组长；阜阳师范学院院长谷国华和安徽省图书馆馆长章安翔，一直担任领导小组组员。

写到这里我岔开话题，插叙一件有关安徽领导小组成员变动的事情。我手头有一份函件的复印件。这份函件是国家出版局1982年2月20日发给安徽出版局和安徽省《汉语大词典》编写领导小组的复函，复函说："'（82）出编字第003号'函已收到。你省参加《汉语大词典》编写领导小组的李东方同志因工作调动，不再参加编写领导小组工作；同意改由陈韧同志担任《汉语大词典》编写领导小组成员。"函件落款是领导小组组长陈翰伯。复函抄送教育部、五省一市出版局和编纂处。这件复函提醒我应当交代一笔《汉语大词典》领导小组成员的任免程序。当年任免"《汉语大词典》编写领导小组"成员有一定之规，是须要走批准程序的。《汉语大词典》编写领导小组（后改称《汉语大词典》工作委员会）成员，最早由国家出版局任命，后来由国家出版局和教育部联合任命，五省一市的领导小组任命或调整，则由省市委批准，总之，都不能随意任免。之所以如此安排，我想不外两大原因：其一，领导小组乃是有法定权限的"官方机构"，当然要走批准程序；其二，出于维护领导小组的权威，保持《汉语大词典》编纂工作的推动力不被减弱的考虑，严格执行任免的程序规定是完全必要的。从这件小事可以看到国家出版局领导陈翰伯，从一开始就为各项操作立下规矩，以保障顺利推进工作，此非大事，然而足见其用心之周密、考虑之细致。

魏心一，我们尊称他魏老，曾担任安徽师范大学党委书记，同安徽学界素有渊源，以后升任安徽省副省长，负责文教事务，之后自副省长位置转任省人大常委会副主任。魏老也是《汉

方厚枢和安徽"词办"成员。左起李冬生、方厚枢、张杏清、陶有法、奚正新

语大词典》工作委员会代表安徽的副主任。魏老身材魁梧，诚恳率直，笑声爽朗，说起话来声若洪钟，很有气势。他十分关心《汉大》的事，一开始在安师大成立编写组就是他主导的，当时他是安师大一把手。此后他转任副省长并接任安徽省《汉语大词典》编写领导小组组长，持续关注《汉大》之心有增无减，帮助解决了许多问题，特别是一些难题，从办公用房到《汉大》同仁评定职称，魏老都亲自出面奔走解决，没有一点"官气"。凡同他接触过的"汉大人"，只要提起魏老，都是一迭声的赞扬。安徽出版局黎洪副局长，说话不多，稳健持重，处事不紧不慢，是安徽《汉大》的元老，从参加上海大厦会议到工作结束，由头至末不缺席。他是实际工作的主持人，为《汉大》竭心尽力，立功甚伟。我还想特别提一笔，就是张春汉副部长。他为《汉大》倾注了不少心血，直到逝世前都在惦记着《汉语大词典》、关注着这套书的进展情况，我们不能忘记他所作的贡献。

安徽词典办公室我曾去过多次，同"词办"的奚正新、李冬生、张杏清三位都很熟悉。奚正新很有活力十分热情，组织会议或集体活动经验老到，轻重主次先后都安排得妥妥当当。李冬生中规中矩，做事深思熟虑、稳健有序。张杏清我们称她"张大姐"，这是大家加给她的亲切称呼。她性格活跃开朗，一来便笑语满堂。记得她数次来编纂处送稿件，一箱又一箱又沉又重，但她任劳任怨，没叫过苦。

1975年浙江省是商景才担任宣传部部长。在上海大厦会议之后，商景才主导成立了《汉

煌煌辞典著春秋 ——《汉语大词典》出版背后的故事

语大词典》编写领导小组,组长不明,浙江出版局党组成员王少一担任副组长,孔成九任组员。当时浙江人事变动频繁,这个小组没做多少事,名存而实亡。实际上《汉大》这件事是由省委宣传部直接抓,交给省出版局具体管起来的。到了1977年12月浙江省革命委员会发文,重新成立"浙江省《汉语大词典》编写领导小组",何定任组长,孟还、秦风任副组长,成员有邵宗杰、毛逸、孙永乐、黄有种和卢良。领导小组下设办公室,孟还兼任办公室主任,办公地点设在省出版局。1979年上半年,浙江精简机构,省委撤销了"浙江省《汉语大词典》编写领导小组",省委宣传部随后发布"省宣办〔1979〕17号"文件,决定由副部长于冠西分管《汉大》这项工作,将原"'浙江省《汉语大词典》编写领导小组办公室'改为'《汉语大词典》浙江省编写办公室',在浙江省出版局领导下,主持日常工作"。浙江省《汉大》工作的领导体制从此定格运作,一直到编纂工作全部结束。

自此以后,由于冠西主导,宣传部每年召开一两次部务会议研究《汉大》问题,省出版局则由马守良负责具体工作。于冠西和马守良同为《汉大》的功臣,自接手《汉大》事务之后,二人同心合作,组织推动省内《汉语大词典》的编写和审稿定稿工作。浙江编纂进度逐渐加快,进展比较顺利,同他二人的契合协作密不可分。在"浙江省《汉语大词典》编写领导小组"和改制后的"《汉语大词典》工作委员会"内,于冠西都算得上重量级成员,发挥出建设性的积极作用,赢得大家的尊重。

于冠西是山东莒县人,是一位革命老干部,随军南下浙江出任浙江日报总编辑,升任浙江省委宣传部副部长。他身材不高,方正的脸膛儿、红润的面容,语调温和,说话带笑,逻辑清晰。他是一位敦厚宽和、与人为善的人,学识渊博,阅历丰富,很有领导艺术,解决问题拿得出办法,采取的措施也很得体,大家都乐意接受。在从北到南、从山东到福建,多级领导、数百人参与,这么庞大的一支队伍中,他能做到人人心悦诚服,这一点很不容易。于冠西是调和矛盾解决问题的能手,他所作出的重要贡献,我相信大家都不会忘记。于冠西爱好业余摄影,他拍摄的黑白照片,取景和用光很有技巧,很有感染力。每次开会他都带着一架相机挂在胸前,热心为大家拍照。《汉大》工作结束之后,他离休在家颐养天年。我两次出差到杭州,很想拜访他和马守良,无奈时间太紧,来去匆匆未能如愿。他去世前的数个月我与他通过两次电话。在电话交谈中他告诉我,他和夫人秦风都患肺癌住院治疗,他在治疗期间整理好了自己多年来写的诗歌,将要出版一本诗集。不久我便收到了这本诗集,可惜两三个月后他和夫人先后与世长辞。他送给我的这本诗集我珍藏至今。回想起来,我没有抓住到杭州的时光同他见上一面,错失最后机缘,抱憾至今,每忆及此痛悔交集。时过境迁,斯人已去,共剪西窗之烛,却话杭州夜雨,其可得乎!

马守良和于冠西是老乡,早年在一起闹革命,马守良是于冠西的下属,曾同于冠西、谭天等人一起在沂蒙山区合办《大众日报》。当年并肩搞革命,如今并肩编《汉语大词典》,并肩做事,革命到底。马守良来出版局工作之前,在省委党校当教员,后来参加省委组织的"讲师团"巡回讲课。粉碎"四人帮"以后，他担任出版局工作组组长，随后留在出版局，出任副局长、局长，于冠西卸任宣传部副部长，马守良接任。于冠西为工委会副主任，马守良是工委会委员，二人齐心合力推动编写《汉语大词典》工作步步进展，1991年召开宁波庆功会议，完满地结束了浙江的编纂工作。

马守良身材高大，人很帅气，话语不多，做事严谨，三思而后行，说话算数，必有结果，绝不轻举妄动，我觉得这是他独成一格的品质，印象很深刻。无论在出版局还是在宣传部，他都非常关注《汉大》，做了很多事情。他关心编写组的编制问题，亲自跑浙江省编制办，争取到急需的人事编制，解决了充实主力编写组的调人和安置问题，大家得以静下心来一心一意搞《汉大》。马守良争取编制的功绩在先，他当然是为工作，但他也是位好心人，也是为大家着想。浙江为编写人员评定职称做得比较妥善，大家都比较满意，同他出力想办法，公正处理分不开来。

浙江出版局原本有意请林菁负责"词办"的工作，林菁来得比较早熟悉情况，又是业务骨干，为此领导委派蒋金德同他谈这件事，动员他从浙江水利电力学校调到出版局，谈到半夜林菁不肯。其后任命方福仁担任"词办"副主任，升任主任，一路做到底。浙江"词办"有两员主将，方福仁和蒋金德。他二人做了大量工作，成绩显著，功不可没。方福仁是《汉语大词典》编辑委员会委员，参加第一卷、第六卷、第七卷的定稿工作，为了定稿来编纂处住过一段时间。在那段艰苦紧张的定稿日子里，他帮过不少忙。当时有些稿件来不及审定，我们直接约请他和吴战垒两人在杭州就地审稿，他俩一口答应，审改得很仔细，对此我一直怀抱感激之心。蒋金德是"三结合"进来的工人兄弟，勤奋上进自学成才，除去做"词办"的事还编写稿件。他是第一卷和第七卷的主要编纂人员，此后又校订整理古籍再出成果，《汉大》人才辈出，蒋金德便是其中之一。

福建《汉语大词典》编写领导小组成立得最晚，拖了半年多，直到1976年8月才建立起来，这同当时福建所处的社会状况息息相关。编写领导小组由省委宣传部部长张格心担任组长，出版局杨云副局长任副组长，同时设立"福建省词典编写领导小组办公室"，设在省出版局内，由杨云分管，福建人民出版社辞书编辑室主任张秋泉担任"词办"主任。福建《汉语大词典》编写领导小组建立之后比较稳定，由杨云实际抓工作直到去世，"词办"也一直由张秋泉主持。

杨云是位资深老干部，随军打到福建厦门，一度担任厦门大学副军代表，同厦大渊源深厚，而后就地转业出任厦门市委宣传部部长、市委常委，调到出版局当副局长那是后来的事。他扎根福建多年，了解熟悉福建的情况，人脉广泛。所以，尽管福建收词制卡的网撒得很宽，大大小小数十个编写组，然而"词办"的调度安排，大家都能信服，采取的各项措施都能顺利推行，拧成一股绳，这当中杨云起到了关键作用。杨云是代表福建的工委会副主任，在《汉语大词典》编写领导小组和《汉语大词典》工作委员会当中，发挥了积极的推动作用。他分析评论问题公允不带偏见，和气善良，深受大家的尊重，他是一位老成持重的好领导。杨云

煌煌辞典著春秋 ——《汉语大词典》出版背后的故事

始终一贯支持编纂处的工作，多次以长辈的口气勉励和支持我的工作，特别是在定稿艰难起步的时候，在一年出两卷、压力很大的那当口儿，他给予的支持和鼓励尤为珍贵。从当年到如今，我一直感谢这位善良老人对我的支持和帮助。

张秋泉是我们常来常往非常熟稔的一位主任，一位不善言辞、扎扎实实、埋头苦干的"词办"主任。他说话慢条斯理，不紧不慢，操一口乡音浓重的普通话，我听起来反倒觉得很亲切。福建"词办"这个团队，他和薛剑秋同我们打交道最多。薛剑秋原在建阳编写组，后来调到"词办"工作。她头脑活络，热情很高，踏实认真，做事勤快。福建丘陵多山地多，四十年前不能同今天相比，当年没有一条高速路，来往交通很不方便，加上编写组分散在福建各个专区，往返一趟动辄数百里，天气好烈日暴晒，天气不好风吹雨打，"词办"的人很辛苦，巡回一次要在全省兜一大圈，他们兜这趟圈儿可不止一次两次。张薛二人组织福建省内审稿定稿，花费很多精力，卓有成效。张秋泉和薛剑秋都是工委会委员。薛剑秋说她是后补的委员，这是事实。因为她是"词办"干实事的人，能干肯干，做了很多事情，增补为工委会委员名实相符。薛剑秋还是第二卷主要编纂人员。

最后说到上海。上海同山东、江苏一样，在广州"规划"会议上接下编写多部辞书的任务，如《英汉大词典》。为落实国务院〔1975〕137号文件，上海成立了"上海中外语文词典编写领导小组"，负责辞书编纂事务，洪泽担任组长，上海市教卫办公室副主任舒文和上海出版局局长马飞海担任副组长。1979年3月26日，上海市委宣传部和市教卫办联合发文，转发了上海市中外语文词典编写领导小组《关于贯彻国务院〔1978〕22号文件的几个问题》的报告。报告明确规定由上海中外语文词典编写领导小组统一负责各部词典的编写工作，决定设立"《汉语大词典》上海工作小组"，在市编写领导小组和编委会领导下开展工作，组长胡志宏，副组长干城、左钧如。左钧如时任《汉语大词典》编写领导小组办公室副主任。上海没有设立过"词办"，上海"词办"的工作全部由《汉语大词典》编写领导小组办公室承担，左钧如负责处理这方面的事务，做了大量工作，例如，他负责组建了上海市各个编写组。编纂处成立后，此类事务则由编纂处承担。

左钧如早年在中山大学法学院读书，他是进步学生学运领袖。1947年他在中大掀起"反内战"的学潮，被中大开除，当然也就无所谓毕业一说。新中国成立之后，中山大学为他补发了毕业证书，以证其当年的历史功绩。调到《汉语大词典》编写领导小组办公室之前，他在上海教育出版社供职，担任语文编辑室主任。他虽然学的是法律，但古文根底深厚，喜欢诗歌。他出过一本通俗读物《唐诗三百首词典》，写得不错，有不少独到之处。左钧如孝上慈下做人忠厚，晚年刻章一枚，形状大小如一元硬币，上面刻着"父母赠"三个字，亲自盖在他积累多年的藏书上分送子女，八十岁那年中风病倒，从此失去说话能力，卧床十三年之久。我很为这位昔年的同事感到悲伤。

除去五省一市的编写领导小组以外，有些省的地市领导部门也建起了《汉语大词典》领导小组,并设置地区"词办"。例如福州市,1976年9月成立词典编写领导小组及其办公室。而且有些地区领导部门相当重视《汉大》这项工作,例如福建龙溪地区行署文教办公室不仅建立了编写领导小组,而且跟随福建调整步伐,在1981年4月调整充实了地区《汉语大词典》编写领导小组,陈玉璋出任组长、陈均出任副组长、郭奎光任办公室主任,由此可见其重视之程度。

《汉语大词典》的编纂工作,正是在这种自上而下的领导管理体制之下运作起来,以不同的方式,在不同的时间节点上,在广袤的华东地区,组建起星罗棋布大大小小的编写组。

三、《汉语大词典》编写组

我先简略叙述一下建立编写组的总体概况。五省一市成立领导小组之后,各省市就陆续投入组建编写组的工作。从开始到建成稳定的主力编写组,大抵经历了两个阶段,一是扩张阶段,二是收缩整编阶段。就五省一市整体看,大约是从1975年年末开始,到1979年上半年大体完成了这两个阶段的工作,前后用了三年多的时间。1977年年底之前基本处于扩张期,在扩张建组的时候,采取"三结合"的路线,以不同的形式吸收部分工农兵成员,由省和地市两级,向下扩展到县以下单位,建立起大小不等的编写组,有的还实行"走出去""开门编词典"的办法。这样一搞,涉及的面就相当宽广,耗费时间,消耗人力,声势好像很大而收效甚微。

五省一市到1976年6月前后,已经建立起二十多个编写组两百多人,半年后,大大小小的编写组,包括分组,快速发展到117个,先后有1450人或长或短参加到收集资料、制作卡片的工作中来。这一时期建立起来的编写组,严格来说只是"资料组",谈不到编写,眼前任务也就是积累资料,看书、收词、抄录资料卡片,为编写条目做准备。在这批编写组当中,网罗进来的成员并不都是专业人员,有能干胜任的语言文史专业工作者,也有不具备专业能力的外行人,还有部分工农兵成员。经过一段时间的检验,胜任编纂工作的人士渐渐凸显出来,不胜任者则相形见绌。在这种情况下,"缩短战线,适当集中",转而走专业化的道路,就成为摆在当时的一项必须解决的问题。

"缩短战线,适当集中"这八个字,摘自浙江出版局于1979年2月打给省委宣传部和教卫部《关于进一步加强〈汉语大词典〉编写工作的报告》一文。缩短战线、适当集中的举措,开始于1977年9月陈翰伯代表国家出版局召开的青岛会议之后,就组织方面而言,此后一年半大抵处于缩编整顿期。这期间,五省一市情况也不尽相同,有的还在筹建新组、调配人力,有的则在整顿缩编。尽管存在时间差异,但各自都经历过扩张建组和裁减整顿、充实实力这两个阶段。经过缩短战线、整顿编写组,非专业的工农兵成员和其他不适合编词典的人士陆续退出编写队伍。到了1978年年中的时候，五省一市的《汉大》队伍，如把编写业务人员和行政人员都计算在内，总计647人。其中具有大专水平的465人，占比71.9%；工农兵57人，占比8.8%。队伍中教授13人、副教授9人、讲师34人、助教21人，没有职称但能胜任编写工作的有84人，这部分力量占到编写总人数的34.6%。到了1979年秋季前后，编写组减至55个；到了1980年前后，主力编写组稳定在38个，其余编写组大都被解散，其中涌现出来业务能力强的骨干成员，一般都转归主力编写组，强化主力组的实力。这38个编写组共约460多名业务人员，若加上行政财会人员，合共500人左右。

这38个编写组都建立在大专院校或省出版局，以及省府、地市一级，大专院校乃重心所在；地市编写组一般由地区教育局和宣传部领导，成员大都来自地市教育局管辖的学校，来自师范专科学校、教师进修院校或退休教师，也吸收进一些专业能力强的社会人士。

压缩整顿编写组，不只是简单的数量变化，其实是一种体制转换，由分散转变为集中，由专业和非专业的混合体，转变为专业化的编写组。

组建编写组，乃是一项较为复杂的过程，涉及人员调动调配，工作用房，财务经费，报批手续，工作用书，设备采购等很多问题，样样都得解决好才行。这些情况，拉拉杂杂，这里我只作一些简明叙述，说明一些基本情况，希望能够画出一个大概的轮廓。

先说山东。1975年秋，山东大学吴富恒参加完上海大厦会议返回学校，立即把蒋维崧与贺祥霞找到一块儿，成立了山东最早的编写组，蒋维崧担任组长，做一些看书收词制卡的事。不久以后，省委宣传部在山东省第一次编写工作会议上，成立了"山东省中外语文词典编写出版领导小组"，同时又在山东师范学院和曲阜师范学院两所大学建立起编写组。山东师院编写组还包括聊城分院编写组，此时二者算作一个组。山东师院编写组由严薇青负责。严薇青是一位深受尊重的中国古典文学专家，因为岁数较大，不久便由现代汉语专家张鼎三继任组长。在这次会议上，音韵学家刘俊一被指定为曲阜师院编写组组长，后继组长是居思信和赵传仁。山大、山东师院和曲阜师院这三个中心组，构成山东编纂《汉语大词典》的主体。类似山东这样的中心组各省都有，但凡中心组都是编纂《汉语大词典》的核心团队。

1976年8月27日至9月3日，山东召开中外语文词典编写出版座谈会，邀请省中外语文词典编写出版领导小组成员，济南、烟台等十一个地市委宣传部和文协的负责人，还有山大、曲阜师院、山东师院、山东师院聊城分院的负责人和编写组代表，工农兵和机关的理论骨干，一共71人参加会议。会议就进一步加强党的领导，搞好"三结合"，壮大编写队伍，加强全省协作，"开门编词典"等问题，拟定了一些具体措施，还做出一项重要决定：除原有山大、山东师院、曲阜师院三个编写组外，另外在济南、青岛、淄博、烟台、昌潍、泰安、临沂、菏泽、惠民九个地市，建立《汉语大词典》编写分组。从这一年的9月起，山东陆续成立了九个分组，七十多人，这还不算三个中心组的人力。例如9月26日便建立起来的山东昌潍师专编写组，10月份就开始工作，可谓雷厉风行。最初四个人，一年内陆续增加到了九个人,其中六位专业人员。其他八个组的情形大体类似。这九个分组分别归三个中心组统率,山大负责济南、临淄和惠民三个组,曲阜师院负责泰安、临沂、菏泽分组,另外三个组归山东师院负责。山东至此形成"3+9"的格局,大部分搜集资料、收词制卡的工作,都是在这一格局之下进行的。

这种格局保持了两年之久,在正式转入条目编写阶段以后,编写队伍必须相对集中。为此,1979年6月,山东着手调整收缩编写组。是月召开山东省第三次词典编写工作会议,作出两项重要决定:第一项,撤销济南、青岛、淄博、昌潍、菏泽、惠民六个编写组;第二项,从分组抽调30名骨干充实到三个中心组,保留烟台师范专科学院、山东师院聊城分院、泰安师范专科学校和临沂教育学院四个编写组。山师院聊城分院组后来改成聊城师范学院编写组。三个中心组定员80名,山大27名、山东师院27名、曲阜师院26名。会后编写领导小组副组长谭天要求尽快为调进人员办理手续。他说:"手续一时办不完的,也要作为正式人员先安排工作,其他问题逐步解决。对需要调出的同志,也要做好工作,办好交接。编写人员不足的,暑假期间还要抓紧物色对象,力争早日补足缺额。此事不能久拖。"可见调整的决心很坚定。被撤销的分组人员,除调入三个大学组的以外,返回原单位继续担任教学工作或其他工作。"省词典编写出版领导小组还就结束分组的工作和有关事宜,向有关地区和单位下达了通知,并决定采取不同的形式做好圆满结束分组的工作。"经过这次调整,山东从"3+9"的格局变为"3+4"的格局。四个编写组在三个中心组带领下,协力共进,一直工作到完成各自的任务,而后撤编解散并获妥善安排。山东整体编写任务完成得比较顺利,证明这次调整工作卓有成效。

烟台编写组组长张志毅,后来成为知名语言学者,多有建树。王世舜担任聊城师院编写组组长多年,他是大学者高亨的弟子,长于古典文献学,领导聊城编写组贡献良多。此外如王佩增、赵传仁、乔岳、刘晓东、张翰勋和泰安师专组组长孙越等人,都是为《汉大》作出贡献的人物。

山东参加《汉大》工作的人数,时间节点不同,数字也有所不同。排除早期临时参加短期收词制卡的人数加总计算,大约一百八十多人,对照五省一市各自动员的总人数,山东处于中位,并不算多。总的来看,山东整编保留的七个编写组,人员配置比较整齐,工作高效。其中的核心人物首推《汉语大词典》编辑委员会副主编蒋维崧。他是山东大学教授,同吉常宏、张鼎三、刘俊一、相隆本等人组成业务核心,多年如一日,全始全终,推进山东的编纂工作,立下首功。蒋维崧诚恳朴实,做事踏实,是一位寡言少语、重在实干的副主编。吉常宏是山东大学另一位实干家,工作热情很高,学识根底深厚,宽广渊博,专长词语训诂。他是《汉语大词典》前三卷的定稿主将、第三卷分卷主编,迢迢千里,常年住在编纂处"风雨楼"定稿,不辞劳苦,贡献很大。张鼎三高度近视,领导的山东师院组任务很重,不避眼疾,埋身苦干,起到编辑委员的示范带头作用,赢得大家的尊敬。刘俊一和相隆本是第三卷的两位分卷副主编。刘俊一专长音韵学，不仅领导曲阜师院编写组倾心倾力，还担任《汉语大词典》审音组组长，他同注音组李鸿福、唐让之一道，为《汉语大词典》注音尽心尽力，作出重要贡献。相隆本，是我们最熟悉的一位编辑委员，他是一位率真淳厚的人，做事情认真负责，审稿子一丝不苟，凡是经他手的稿件人人放心。相隆本同吉常宏一样，是来编纂处常住"风雨楼"的审稿定稿嘉宾，说话不多，最突出的就是一个"干"字。山东编写组的多位同仁，都留给我深刻的印象，他们是值得尊敬、值得纪念的一群"汉大人"。

江苏省编写组的情况，从建组伊始直到结束，早期建起大大小小几十个组，收缩整顿以后保留下来的主力编写组，总的说变化不算太大，骨干成员始终保持稳定。江苏承担整整三卷的编写任务，不可谓不重，但完成得圆满顺利，这在很大程度上，应当归功于高斯局长一以贯之的坚强领导。

江苏把组建编写组的工作划成三个"片"——南京片、扬州片和苏州片。为什么以"片"这种地域划分，如今已寻觅不到权威解释。我个人觉得，这三个"片"划分得好。三个"片"就是三个"区域"。南京、扬州和苏州恰恰是江苏文化底蕴最深厚的地区，编纂"古今兼收，源流并重"的《汉语大词典》，正需要从文化底蕴深厚的地区汇聚人才。抓住这三个"片"建组就抓住了人才，这的确是江苏领导的高明之举。

借助江苏省、市、地区宣传文教系统领导的支持，省出版局和地市教育局具体操办，断断续续建立起十个中心编写组。南京片，先后成立了南京大学组，南京师范学院组和南京市组三个主力组；扬州片，成立了扬州师范学院组，镇江地区组、淮阴地区组和扬州地区组，扬州地区组进而成立宝应、泰州、泰兴三个分组；苏州片，成立了江苏师范学院组，苏州市组和苏州地区组，苏州地区组设两个实体分组，常熟组和洛社师范专科学校组。这十个编写组加上分组，江苏一共建成14个编写组，宝应、泰州和泰兴三个分组后来相继撤销，其中少数人并入扬州地区编写组，淮阴地区编写组于1978年解散。江苏最初曾在无锡市建起一个编写组，但因人力薄弱，实际上没有做多少工作，在别的地方也曾建立过一些编写组，存在时间都不长，故略之不述，仅作为历史情况附笔记录而已。

1980年6月，江苏"词办"在扬州召开编写组组长会议，要求加强领导，进一步调整充实编写人员，稳定编写队伍，收到了较好的效果。江苏先后参加编写组的人员，如果把收词制卡和编写、审稿、定稿阶段动员的人力都算上在500人左右，其中150人参加编写，少数人参加定稿。实行"分卷主编负责制"以后，高斯采取果断措施，成立了南京和苏州两个定稿组，这是两个"特种编写组"。定稿组成员有：薛正兴、黄希坚、周方、胡慧斌、赵恩柱、章锡良、骆伟里、吴连生、马传生、张履祥、陈君谋和王和卿等人。他们参加定稿的时间长短不等，陆续完成了最后三卷的定稿任务，直到1993年年初整整工作了五年半，成为《汉大》编纂队伍中最后撤销的两个组，为盛极一时的《汉语大词典》编写组画上句号。

五省一市，唯独江苏有两位副主编，一位徐复、一位洪诚。深受大家尊重的南京师范学院老教授徐复，慈眉善目，循循然有宽厚师表之风。洪诚教授，古汉语训诂学家，1980年去世，过早告别了《汉大》，留下一件令人遗憾的事。南京大学组有两位负责人，栾景芳和许惟贤。在编写方面，编辑委员许惟贤唱主角，基本上从头跟到尾。他曾参加江苏出版局组织的巡回"视察"，了解一些编写组的情况。南大校方虽然很重视《汉语大词典》，但南大家大业大，主业任何时候都是教学，大家忙着教书上课，编写组人员日稀，由头至尾起作用的，唯许惟贤一人而已，许氏乃是南大编写组的有功之士。我同他工作上有来往，多有接触，印象深刻。

江苏编写队伍中还有几位重磅人物，夏云璧、马传生、吴连生、赵恩柱、章锡良、曹一鸣和骆伟里。这几位同仁，都是当年活跃在《汉大》队伍中的骨干分子，他们留给我生动的形象至今难忘。他们几人除曹一鸣外，都是编辑委员。赵恩柱和章锡良是第十一卷和第十二卷的分卷主编，骆伟里、马传生和吴连生分别是第九卷、第十卷和第十一卷的分卷副主编。扬州师院编写组组长夏云璧，举止得体，温文尔雅，讲话论事很有分寸，绝无逾矩之言，稿件上的字写得清秀工整。马传生性情耿介，直来直去。曹一鸣身材不高，笑眯眯，人很活络，和善待人，总给人以好感。章锡良面色红润，胖乎乎，笑口常开，英才内蕴。骆伟里个头儿不高，人较瘦削，一双眼睛智慧闪耀，头脑灵敏，反应极快，就事论事，侃侃而谈，有条有理，是一位才子。忆及《汉大》结束后的几年间，我曾数次到苏州办事，每次都约见骆伟里。老友相见，分外开心，《汉大》谈资又多，在一起吃饭聊天，甚是欢洽。在他辞世不久我又一次来到苏州，市容依旧，唯不见骆伟里，内心的怅惋之情一阵阵涌来。我特地沿着当年同他一起走过的小街巷，步行到曾与他相约见面的地方，也是他供职的学校门口。我伫立良久，凭吊故友，天人永隔，感受沉重。

安徽省建立的编写组比较少。在1975年开完上海大厦会议不久，由魏心一和李东方主导在安徽师范大学成立编写组。他们首先把知名学者张涤华请出来，从中文系调出张紫文、陈庆祐、谢芳庆、陈玉璟等人，又从历史系和政教系调来几位老师，加上从中学教师中物色的人选，联合组成安徽省第一个编写组。之后安徽陆续扩充编写队伍，组建了安徽大学、中国科技大学、安师大阜阳分校（后改为阜阳师范学院）、安师大淮北分校（后改为淮北煤炭师范学院）和安徽劳动大学编写组，这几个编写组总计一百二十多人。安师大和安徽大学编写组，是安徽的中心组。1978年以后，按照国务院〔1978〕22号文件精神，精简人员，收缩调整为安师大、安徽大学和阜阳师范学院三个编写组，安徽劳动大学组并入安徽大学编写组，其他几个组先后撤销。1980年7月初，安庆编写组成立，编写人员16人，成员以老年知识分子为主。在此之前作为一个松散的分组，他们参加过收词制卡和试写条目的工作，此时正式成立编写组并非没有来由。安庆建组得到安庆市委积极支持，在调配人力、落实办公场所和图书资料方面都给予诸多帮助。安徽从一开始组建编写队伍，就注重从高校教师和中学教师，以及社会上的文史工作者当中选调人才，没有建立多少社会组织，也没有强调吸收工农兵代表参加。在当时的社会环境下，安徽这种做法颇具远见，很不容易。安徽保留下来的这四个编写组，一共73人，编写者58人、资料行政工作人员15人，这73人一直干到底，贡献很大。

安师大编写组组长张紫文、安徽大学编写组组长赵应铎，两人都是编辑委员。张紫文是第五卷和第六卷的分卷主编，赵应铎是第四卷的分卷主编。张紫文和赵应铎都是诚恳质朴的人，心地善良、待人热诚、干工作热情高、劲头儿足，持久不懈。安师大和安大编写组之所以能成为安徽和《汉大》的一支生力军，他二人出力甚大，称得上是勤奋能干、仁厚宽容的好组长。安师大组的陈庆祐、谢芳庆和陈玉璟，安大组的马君骅、何庆善、于石和张绚，这七位都是编纂队伍中的主力队员。《汉语大词典》编辑委员陈庆祐、谢芳庆和陈玉璟是第五卷和第六卷的定稿编委，马君骅、何庆善、于石和张绚是第四卷的定稿编委。

我曾多次造访安徽这两个编写组，自南京搭长途汽车奔赴合肥和芜湖。那时的交通车辆不比今日，锈迹斑斑的长途客车，颠颠簸簸地行走在砂石泥土路面上，我至今记忆犹新。我与安徽这两个组的同仁接触交往也比较多，很佩服他们那种对待工作热忱、投入的进取精神。

还有阜阳师院编写组刘长桂的一段故事，我觉得也有必要在这里讲一讲。刘长桂是《汉语大词典》主要编纂人员。他曾经与我面对面风趣地讲述他的家庭生活故事。他在阜阳师院编写组，是编写《汉语大词典》的主力之一。那时候他的几个孩子年纪还小，他白天要上班编写《汉语大词典》，一去上班便无人照看孩子，怎么办？没有别的办法，只能关起门来把孩子留在家中；等他回家的时候，一个孩子睡着了，一个磕破了脸坐在地上玩儿，一个弄得满嘴泥巴……这种情况不止一次两次，而是在一段时间里常常如此。生计如此艰难，还要尽心尽责编词典，我真想不出他这日子是怎么走过来的。我问他：你是几个孩子的爸爸，孩子都要你抚养照顾，你还要天天上班编词典，你是怎么把他们抚养大的呢？他说："一碗米饭（指小米饭），一碗米汤，地上爬的，炕上睡的，磕磕碰碰都长大了。"做父亲的谁不心疼自己的孩子，为了《汉语大词典》而放弃照顾自己幼小的子女，这种忘我的精神让我非常感动，始终忘却不掉，记得十分清楚。他讲述这段故事的声音，如今好像还在我耳边回响，每每想起，总是深有感触。若非我这段记述，恐怕谁也想象不到，《汉语大词典》中有一些条目竟然是在这样的环境下、以这样的精神意志编写出来的。虽然刘长桂是一个普通的名字，然而他却不是一个普通的人，我们应该永远记住"刘长桂"这三个字。

浙江省编写组最初由杭州大学的曾华强、洪湛侯、颜品仁、孔成九四人，组成浙江第一个编写组。1975年12月成立，设在杭州文三路省委党校八号楼，孔成九当组长。最早只做一些收集资料制作卡片的工作，也没有实行坐班制。这个组后来发展成浙江出版局编写组，是浙江的中心组。随后建成的编写组有浙江师范学院和金华地区联合编写组，杭州市和杭州师范学院组，杭州大学组，宁波组，绍兴组和温州组，丽水组和嘉兴组，舟山组和台州组。台州组是浙江最晚成立的一个编写组，得到台州地委宣传、文教部门的支持，于1977年10月建立，跟着便在地委党校办了学习班，配备人员，筹集图书资料，很快就初具规模。浙江花了将近两年时间,建立起11个编写组。从开始只有省出版局一个编写组、几个编写人员,逐步发展到11个编写组,一百二十多人。成员以教师为主,有大学教师31人、中学教师64人、工人12人、干部15人,其中退休教师20人。浙江省革委会按照国务院〔1978〕22号文件"根据实际需要,给予一定的编制,并从高等院校或文化教育部门抽调一批专业人员,充实词典编写骨干力量,稳定编写班子"的精神,决定给《汉大》配备80人的编制,省委宣传部和教卫部1978年3月28日并就此80人的具体分配作出安排。同年第四季度,鉴于大规模收词制卡工作几近完成,浙江出版局以《汉语大词典》编写领导小组的名义,给省委打报告,提出集中人力缩减编制,保留五个编写组的建议。保留的这五个组是:杭州大学组,编制20名;浙江师院组,编制15名;杭州师院组,编制10名;温州地区组放在温州师专,编制10名,以及省出版局中心组。整编工作进行了将近一年,五个编写组骨干力量得到充实。宁波和台州两个组保留下少数人,受中心组领导,继续收集资料,另外也编写一些条目。其余各组在完成交付的收词制卡任务后,大抵在同年六七月份先后撤销。留下的五个组合计70人,实际人数在不同时间段辄有变动。

  浙江的编辑委员和骨干编写人员都在这五个编写组中。省府乃编纂中心,五个组三个在杭州,其中以出版局中心组实力最强,编委方福仁、林菁、吴战垒、孙家遂都在这个组,杭大曾华强和杭师院沈幼征也在杭州。另一名编委张叶芦,编写组在金华浙江师院,但他常年在杭州参加审稿定稿,是浙江能征惯战的主将。温州师专的陈增杰和编委马锡鉴,是浙江另外两员主力。他们在东海之滨瓯江入海口,同杭州、金华的几个编写组,形成了等边三角形的格局,这是名副其实的"金三角",三个金角合力完成了浙江大部分的编写和审稿定稿任务。他们当中的吴战垒,学富五车,尤其对唐宋诗词修养很深,平日沉默少言,然而思想却颇有深度,评论古代诗词常有发人深省的独到见解。他对古代典章制度、青瓷文物也很有研究,写的字也别具一格。吴战垒是一名不可多得的才子。吴战垒已过世多年,然而他为新建的雷峰塔正门所写的楹联,至今仍在为雷峰塔增光溢彩。张叶芦其人性格豪爽,宽容大度。他是四个卷次的主要定稿人,并与张紫文共担第六卷分卷主编一职。省出版局中心组的孙家遂沉稳老练,他是第六卷的分卷副主编,并参加三个卷次的定稿工作。陈增杰和赵一生都是《汉大》的老兵,都是主要编纂人员,踏踏实实编审稿件,陈增杰还是"《汉语大词典》浙江省分编委"委员。二人除对《汉大》作出贡献之外,还各有所成,各有建树,个人成果都很丰硕。

  最后再说林菁。林菁参加《汉大》的工作比较早。他是浙江编写"寸"部的主导者,主要编写者和主要定稿者。浙江"寸"部作为第一个印发的初稿本,在编纂队伍内起到定规立矩的领头作用,享有"'寸'部先行"的美名。"寸"部开疆辟土,踏出一条编写之路,为编写《汉大》词条提供了实证经验,让大家看到了方向和前景,增强了成功获胜的信心,可以说其实与其名相符相合,功在第一,而林菁便是为"'寸'部先行"立下首功的人。林菁是《汉语大词典》第一卷、第二卷、第四卷、第六卷、第七卷总共五卷的定稿编辑委员,在编纂处住过很长一段时间。他不避高血压疾患，夜以继日地审定稿件，为《汉语大词典》定稿出版立下大功。林菁为人耿直，论事论人非常坦率，直来直去无所忌讳，问题看得准意见提得尖锐，而且多为建设性意见。有好几次晚间九点过后，他还到我的办公室来谈工作，指出问题，提供解决办法，帮我改进工作解决问题，时至今日我依然记得他同我谈话的神情。林菁是一位踏实肯干、能力强，对《汉大》尽心、尽责、尽力的人物，也是我始终不忘、非常尊重的一位《汉语大词典》编辑委员。他做了很多事情，我在此不过聊志一二，借以记载并感谢他对《汉大》所作出的贡献。

浙江的《汉大》团队，由一批有志之士组成，特别是主力队员，都是值得"汉大人"怀念的人，他们的许多事迹都值得记述。无论是因《汉大》工作而到杭州，还是因个人向往西湖美景而到杭州，浙江杭州都是我最难忘却的地方。这块地方嵌在我的记忆中，值得回忆的事情实在太多。

关于福建省的编纂情况，简单讲一讲我所知道的一些事情。1975年秋天，福建省出版局副局长杨云直接通知厦门大学中文系党总支书记鄢行宴到上海接受编纂《汉语大词典》的工作任务。随后鄢行宴和教师张次曼、福建出版局办公室主任颜南冲三人去到上海，接受参加编写《汉语大词典》的工作，就这样模棱两可地厦大算是有个编写组了。原本由华东地区四省一市的协作，从此变成了五省一市的大协作。厦门大学校方当时并不了解这件事，鄢行宴他们回来后才对校方说明福建参加了协作编纂《汉语大词典》的情况。然而当时学校大部分人正在下放劳动，留校的人不多，学校也没有积极参与领导这件事。要人没人，又没地方，这事情怎么向下办？鄢行宴和中文系语言教研室副主任周长楫等人商议下来，觉得不太好办，比较为难。但这是国家任务，更是周恩来总理生前批准的文化建设大项目，肯定是要参加的，然而具体怎么办？犹豫不定，这事就此延搁下来。直到1976年年中，杨云、颜南冲和张秋泉三人来到厦门大学，商议建立厦门大学编写组的事。杨云请鄢行宴、周长楫先办起来，先搞看书收词做资料卡片，从《毛泽东选集》当中收集资料。张次曼自告奋勇说："《毛选》我来做。"

杨云这次来，主要是让他们先干起来再说，当时没说由谁负责，杨云没说，学校也没说，也没有即刻就做资料卡，做资料卡还是建立起编写组以后的事。至于杨云如何同学校领导层联系，谈成哪些事项，我们无从得知。但编纂《汉语大词典》这件事总算定了下来，厦大开始筹建编写组。周长楫是中文系语言教研室的领导，如今编纂大型语言词典，建组的事就顺理成章地落在他的头上，他是建组的最早经办人。他主要办了要房子和调人两件事。房子要下来了，学校给了女生食堂楼上二百平方米的地方，很宽绰。周长楫先后调来陈茂同、庄淑燕、陈秀鸾三个人。陈茂同本来在福建师范大学当老师，学校"停办"后，到莆田教书；庄淑燕在厦门一所小学教书；陈秀鸾在同安县师范专科学校教书。此后厦大校方又调来中文系黄拔荆、洪笃仁和经济系教师甘民重，甘老师虽在经济系但古文很好，又调洪瑞美管后勤工作，

王涛与薛剑秋（前左一）、洪笃仁（前中）、张秋泉（前右一）在《汉语大词典》工作会议上

厦大这个组就此正式建立起来。此后在厦大组工作的还有郑朝中、陈敦仁、陈郑煊和黄典诚。黄典诚那时正在"下放"劳动，编写组成立后调回学校搞《汉语大词典》。厦门大学编写组被指定为福建编纂《汉语大词典》的中心组，组长黄拔荆，洪笃仁管业务。周长楫后来被任命为《汉语大词典》福建省编审委员会委员，洪笃仁则担任《汉语大词典》编辑委员会副主编，黄典诚任编辑委员。

1976年8月，福建省委宣传部和省文教办采取行动，联合召集各地、市宣传部部长，教育局局长和教师进修学院（学校）代表，在厦门召开福建省《汉语大词典》第一次编写工作会议，成立了福建省《汉语大词典》编写领导小组。杨云、颜南冲和张秋泉都参加了会议，张秋泉当时刚刚从"下放"的地方回到出版社。参加这次会议的人很多，福州和厦门市、全省各个地区和县级都派出代表参加。当时成立编写组，走的是自上而下全省发动，同工农兵"三结合"这条路。会议决定充实厦大编写组的人力，同时要求各地县回去搭班子，从各地市相关单位调人，在福州市、厦门市和莆田、龙岩、龙溪、晋江、建阳、三明、宁德七个地区成立编写组，进行全省大协作。厦门大学组定为全省的中心组，九个地市编写组是各地市的中心组。有的地市还在县以下的工厂、农村、部队、机关、学校成立起专业和业余小组，例如建阳地区贯彻群众路线，在地区机关、部队、工厂和一些中学，包括地区内的光泽等县建立起23个专业和业余小组，建阳地区中心组领导这类小组展开收词工作；又如龙溪地区编写组下设顺昌编写小组。这些地市的编写队伍，大都以地市所属的教师进修学校为中心，吸收语文根底深厚的退休教师、社会人士，以及工农兵等人员，组合成各个编写组。类似这种做法在全省推开，没过多久，福建便建立起75个专业和业余编写组，差不多六百多人，展开搜集资料、收词制卡的工作。

1977年9月青岛会议开过以后，福建认为编写小组撒得过宽，一些基层小组起不到实际作用，成效不大，于是改变策略，调整编写组的布局，将厦大和地市十个中心组，整编为八个。保留厦门大学中心组，保留厦门市、福州市、龙岩、建阳、晋江、莆田、龙溪七个地市中心组，一共八个具备编写实力的编写组，撤销三明、宁德两个地区组，解散众多的基层小组，把其中涌现出来的能力强、可胜任编写工作的人充实到八个编写组内，其余人员返回原来的工作岗位。调整工作持续到1978年全部完成。

这八个编写组，在1985年到1986年间，陆续完成所承担的任务，先后解散，留下编辑委员张振书、陈延祐、陈林茂、林双华、黄金许和鲍风，在副主编洪笃仁主导下，参加《汉大》第四卷、第五卷和第七卷的审稿定稿工作，又工作了四年之久，最终完成了福建所承担的全部定稿任务。他们是福建编写团队的核心成员，一步步走过长达十三年的编纂之路，付出自己的心血和汗水，为国家为民族的文化事业作出了重要贡献。

上海市有五个编写组，复旦大学编写组、华东师范大学编写组、上海师范学院编写组、上海教育学院编写组和卢湾编写组。从1976年初开始筹建，在建组之初，上海也曾采取"三结合"走工农兵编词典的路线，组织工农兵参加收集资料的工作，例如组建上钢五厂编写组，建立上海工农教师进修学校编写组，几个大学编写组还吸收了部分工农兵学员参加收词制卡，等等，但时间不长，影响不大。上海不像五省分布到省内各地建组，上海只在市内建组，比较集中，也就比较省力省时。建立上海编写组的工作，由《汉语大词典》编写领导小组办公室具体负责，主要由办公室副主任左钧如操办。他同上海几家大学合作，办起复旦大学编写组、上海师范大学联合编写组，同卢湾区教育局合作办起卢湾编写组，一开始办起两家大学编写组、一家区管编写组。后来上海师范大学联合编写组，分拆为华东师范大学、上海师范学院和上海教育学院三个组，加上复旦大学组和卢湾组，最终确立为五个编写组。

上海师范大学，是在"文革"当中由华东师范大学、上海师范学院和上海教育学院合并而成，实际上并未融为一体，三间学校依然泾渭分明。上海师范大学联合编写组，是由华东师范大学、上海师范学院、上海教育学院联合组成的一个编写组。"文革"结束之后，上海师范大学又分成华东师范大学、上海师范学院和上海教育学院三间学校。1980年年初，上海市委宣传部和市教育卫生办公室批准《汉语大词典》上海市工作小组《关于上海师大联合编写组分组问题的报告》，同意联合编写组分拆为华东师范大学、上海师范学院和上海教育学院三个独立编写组，并明确分配了各组所承担的编写任务。同年3月开始分组，三校抓紧筹建工作，采取措施调配充实编写力量，各组编写人员按照要求从现有的四五人增加到不少于十人。这三个大学组内,有在校的教师,有退休教师,也有招揽进来的社会人士。例如复旦编写组就有从复旦附属中学退休教师中找来的编写人员。复旦大学编写组组长徐鹏,华东师大编写组组长吴怀德,上海师范学院编写组组长杨金鼎,上海教育学院编写组组长王淑均,这四个人都是编辑委员。徐鹏当过复旦大学图书馆馆长和中文系副系主任,他和杨金鼎分任第八卷和第九卷的分卷主编。王淑均是资深的中学特级教师,稳重端庄,颇有大家闺秀的淑女风范,学问修养都很好,担任编写组组长的时间比较长,直到定完第九卷的稿子为止,恪尽职守,多年如一日。上海教育学院编写组主力队员张㧑之,他是《汉语大词典》编辑委员,第九卷分卷副主编,说话风趣,声音琅琅,学识广博,他为《汉大》出力匪浅。

卢湾组,由上海卢湾区教育局组建的编写组。这个组的实力比较强,老教师多,都有一定的根底,各有所长。当年左钧如为建立这个组,首先找卢湾区政府打交道,找到卢湾区王副区长,商谈建立《汉语大词典》编写组的事,区政府一口答应下来,并将此事转介给卢湾区教育局,由教育局同左钧如商议建组的具体事宜,解决编写用房和调人这两大问题。双方谈得很顺利,教育局把向明中学一座闲置楼房的二楼拨给编写组做办公室,地方不小,办公绰绰有余,解决了办公用房问题。下一步便是从教师队伍中物色、选调编纂人员,主要是从已经退休的老教师中选拔,由最初的三四个人,一步步增加到九个人,其中有徐文堪。徐文堪本在卢湾区新晖中学教书,1977年年中卢湾区教育局通知他到卢湾编写组工作,1980年又转到编纂处工作。当时他在卢湾编写组和编纂处两边都做事,两头跑,因他在卢湾组的工作还没有做完,待到1983年才彻底离开卢湾组,工作关系也转到了编纂处。那时编纂处有编制有名额。徐文堪加入卢湾组的时候,已经有行政组长和几位老师在。过了一段时间,行政组长换成张胤聪,负责处理编写组的行政事务,例如组内缺少收词用书,他便从别的单位借来一套《四部丛刊》,权济用书之急。徐文堪比较年轻,中英文都好,通晓中亚文化,被委任为业务组长。此后董大年和钱剑夫也调进卢湾编写组。董大年是退休教师,业务能力强,工作勤勤恳恳,认真负责。钱剑夫是徐汇区的一位退休教师,古代东西有根底。他就《三国志》点校本写了一篇文章寄给吕叔湘,被吕老看重,推荐给《中国语文》,发表在《中国语文》复刊号上,因为是复刊号,所以引起人们注意,产生一定的影响。徐文堪曾经看过这篇文章,他曾同左钧如提到过这件事。左钧如产生了调钱剑夫的念头,他打听到钱剑夫在徐汇区某所中学,就与徐汇区教育局协商把钱剑夫调进了卢湾编写组。由于钱剑夫的古文根底深厚,兼以资历比较老,以后又被推荐成为国家出版局和教育部任命的第一批《汉语大词典》编辑委员。

五省一市经过一番压缩整顿,总共保留下来38个编写组。这38个编写组从北到南分布情况如下:山东七个组,山东大学组、曲阜师院组、山东师范学院组,以及烟台师专、山东师院聊城分院、泰安师范专科学校和临沂教育学院四个编写组;江苏九个组,南京大学组、南京市组、扬州师院组、镇江地区组、扬州地区组,由洛社组和常熟组组成的苏州地区组、苏州师院组、苏州大学组和苏州市组;安徽四个组,安徽师范大学组、安徽大学组、阜阳师范学院组和安庆市组；浙江五个组，省出版局组、杭州大学组、杭州师院组、浙江师院组、温州师专组；福建八个组，厦门大学组，以及福州、龙岩、建阳、晋江、莆田、厦门和龙溪编写组；上海五个组，复旦大学组，华东师大组、上海师院组、上海教育学院组和卢湾组。这38个编写组，由山东到福建，直线距离少说也有1300公里，战线拉得很长，编写组分布得也比较分散。但这38个编写组成员都是"实践出真知"的业务骨干，能力都比较强，其中不乏佼佼者，加上五省一市的有序管理，编写组虽然减少了，然而整体业务能力却大幅提升了。

四、"三委会"

为编纂《汉语大词典》而建立的三个委员会，《汉语大词典》工作委员会、《汉语大词典》编辑委员会和《汉语大词典》顾问委员会，我们通常称之为"三委会"。其中工委会负责决策，决定方针大计和关系全局的重要事项；编委会，顾名思义，是负责编纂业务的；顾委会，则是编纂《汉语大词典》的学术咨询机构，三者相辅相成，协力推动编纂《汉语大词典》的工作。"三委会"曾对各自的职责做过清楚的界定，并经国家出版局和教育部审批同意："《汉语大词典》工作委员会是《汉语大词典》行政组织领导工作的决策机构，编辑委员会是负责本书编纂工作的机构，学术顾问委员会是编纂业务的咨询机构，汉语大词典编纂处是'三委会'的执行与办事机构。'三委会'各司其职，各尽其责。编纂处在'三委会'领导下负责日常的具体工作。"如今回头看一看《汉大》走过的编纂路程，三个机构虽然成立有先有后，发挥作用的时间节点有先有后，但自成立之日起，"三委会"确实是协调一致，同心同力，推动《汉大》的车轮滚动向前，《汉语大词典》一卷又一卷编写出来，直到十二卷出齐为止，"三委会"功不可没，功在首位。

《汉语大词典》工作委员会的前身是"《汉语大词典》编写领导小组"，领导小组的办事机构称作领导小组办公室，我在前文对此已经有所述及。1986年10月29日，国家出版局和国家教育委员会联合发出"（86）出编字第849号"文件，更改《汉语大词典》编写领导小组为《汉语大词典》工作委员会，文件说："为了加强《汉语大词典》编写工作的领导力量，决定调整编写领导小组（改称'工作委员会'）"，"现任命陈翰伯为《汉语大词典》工作委员会主任，边春光、季啸风、丁方明、于冠西、杨云、洪泽、高斯、魏心一为副主任，丁良典等十九人为委员"。边春光时任国家出版局局长和党组书记，季啸风时任国家教委高教一司副司长。过去教育部没有派员担任过领导小组副主任的职务，这次季啸风加入进来，开始直接介入领导工作。由于《汉语大词典》各个编写组成员大部分核心骨干都来自高等院校或教育部门，所以国家教委参与工委会的领导工作非常重要。

编写领导小组从成立到更改名称之前，存在了十年之久，一直发挥龙头作用，领导《汉语大词典》编纂工作一步步向前推进，一步步迈向成功。在领导小组成员中，起关键作用的，在国家层面上，是代表国家出版局担任组长的陈翰伯，在地方层面上则是代表五省一市的副组长，而五省"词办"主任都是领导小组成员，经办具体事务。领导小组组长陈翰伯，在几个关键阶段采取果断行动，解决了亟待解决的关键问题，大步推动《汉语大词典》编纂工作踏上新台阶。陈翰伯都采取了哪些措施，都是在什么背景下采取的，究竟解决了哪些带根本性的重大问题？我想就这几方面概要地简述一些情况。

五省一市组建起来的编写组，在开始的三年内，主要工作就是从各自分配到的若干种书籍里收集语言资料，制作资料卡片，构筑编写《汉语大词典》的语料基础。最初计划资料工作用两年时间，到1977年完成。但事情总是这样，执行比计划困难得多，计划好做，执行起来各种问题就接踵而至，《汉大》收词制卡的工作也是如此。归结起来，问题和困难主要在下述这几方面：首先是那个年月思想混乱，受极"左"思想影响比较深，批判专家路线，评法批儒，反击右倾翻案风……加上当时采取"三结合"的方针，"开门编词典"，走出去调查研究听取群众意见，松懈拖拉，有一搭没一搭，进度缓慢，效果不彰；其次是编写组成员来自各个方面，知识水平参差不齐，一些成员完全没有编写辞书的能力，同是看书收词制卡而结果却完全不同，有的能用，有的一张也不能用，有的得大修大改才能用。有的人心存顾忌，看书收词制卡怎么做才对，怎么做才不犯政治错误？心里疑疑惑惑晃来晃去……如此下去，"编"到哪年哪月才能完成！问题一大堆。如何看待这种情况？这些问题如何解决？

陈翰伯对面临的局面有他的看法，也有他的打算。他在后来的一次会议上，曾就这种情况评论道："当时是搞大兵团作战，工农兵参加。有人说我们北自德州、南到泉州，搞'人海战术'。这么编辞书看来是不行的，照那种搞法，这部词典出不来，出了也很不像话。但是，历史地看，也有好处。其一，那时大专院校好多老师是'臭老九'，不许上讲台，没事干。我们请他们编词典，调动了这部分人的积极性。其二，在人海战术中确实发现了人才，否则还找不到现在这批人。所以，人海战术还起了一些历史作用。对最初参加工作的同志，我们应当感谢他们。在中国词典编纂史上，他们曾经是披荆斩棘的一支队伍，这一点要肯定。"陈翰伯点得透彻，说得很对。"四人帮"在台上时条件不成熟，一时难以解决，但"四人帮"被粉碎后，那就到了扫除障碍、解决问题的时候了。

国家出版局、陈翰伯在此关键时刻，召开了青岛编写工作会议，解决面临的问题，部署下一阶段的工作。陈翰伯在1977年年初指示方厚枢为召开会议做好准备。方厚枢按照从北到南由各省依次主办会议的原则，与山东省出版局和山东"词办"协商，请他们承办这次会议。山东从3月起"南北奔走，积极筹备，做了很多工作"，并将会议定在海滨城市青岛召开；领导小组办公室也与苏、皖、浙、闽四省"词办"合作，先后就搜集资料等问题召开工作会议。这些都直接或间接为开好青岛会议，做了比较充分的准备。会议原定1977年第一季度在山东举行，出于某些新情况，被推迟到1977年9月17日才召开。

在青岛会议上，陈翰伯简单明了地总结了一年多来《汉语大词典》编纂工作当中出现的问题。他说道:"在我们面前有一些困难,大致是两个方面。一是'四人帮'的干扰破坏,理论是非、思想是非、路线是非搞乱了。二是具体困难,队伍、资料、经费以及印刷还有不少问题。"陈翰伯提出了需要解决的三个大问题:一是澄清错误思想观念,把颠倒的是非纠正过来,认清《汉语大词典》应当怎么编。他说,"要编好词典,就要深揭狠批'四人帮'","在我们前一段工作中,出现了一些矛盾和问题,原因在什么地方呢?主要是'四人帮'的流毒和影响,其次是由于我们没有经验,另外也有工作方法问题"。二是建立一支专业化的辞书编纂队伍。他说:"现在我们队伍以借调为主,希望以后有借调,也要有一定的编制,使我们这支队伍不断巩固、充实、提高。"三是资料问题要解决好。陈翰伯明确指出,对于这些问题,"需要加以分析,否则,就会否定或者低估我们的成绩",编纂《汉语大词典》的工作要"以马列主义、毛泽东思想,特别是对立统一的规律来处理问题,来指导我们的工作","世上无难事,只要肯登攀","我们是能够攻下《汉语大词典》这个难关的"。陈翰伯讲得很清楚,他开青岛会议就是抓两件事,正本清源,清除"四人帮"极"左"思潮对《汉大》的干扰和影响,把编写队伍整顿好,稳定、巩固、充实编写组实力,把混合兵团改建成专业队伍,攻艰克难,编好《汉语大词典》,这是第一件事。第二件事,沿着正确轨道开展编纂业务,首先要做好资料工作,在雄厚的资料基础之上转入编写阶段。陈翰伯思路清晰、方向明确,该办哪些事说得一清二楚。

青岛会议认定《汉语大词典》是"一部在马克思主义、列宁主义、毛泽东思想指导下新编的,'古今兼收,源流并重',偏重提高的大型语文工具书"。第一次把《汉语大词典》的性质规定下来,界定得明确而清晰,成为指引编纂方向的一面帅旗。会议检讨商议了已经进行了一年多的资料收集工作,认为虽然成绩不小,但数量不足,质量也存在问题,数量和质量都还不能满足编写《汉语大词典》的要求,会后要清理检查过往所收制的资料卡的质量,增补一批收词制卡的书目,把收集资料的工作再延长一年,做好做实。

会议正式确定"古今兼收,源流并重"为编纂《汉语大词典》的基本方针,这一点很重要。一部辞书,特别是像《汉语大词典》这样的大型辞书,确定什么样的编纂方针,关系到如何体现这部辞书的性质,如何塑造全书面貌的根本大计,是绝对不可忽视的。但"古今兼收,源流并重"是源自青岛会议吗?不是的。青岛会议只是把"古今兼收,源流并重"这八个字,作为基本编纂方针正式确认下来。这八个字另有来源,源自语言学家和辞典学家、商务印书馆总编辑、国家出版局党组成员陈原。陈原是"古今兼收,源流并重"的首创者。1976年1月,国家出版局和商务印书馆在广州越秀宾馆召开第一次中南四省区修订《辞源》的协作会议,陈翰伯、许力以、陈原是这次会议的主角,方厚枢和我都参加了这次会议。在这次会议中,当陈原谈论《辞源》《现代汉语词典》与《汉语大词典》的相同点与不同点分野的时候,他说道:"《辞源》只收古代词语,'有源无流',《现代汉语词典》只收现代词语,'有流无源',只有《汉语大词典》'有源有流'。"随后用他特有的语言幽默感,挥动着食指,一字一顿地说,"古—今—兼—收,源—流—并—重。"我听后立觉耳目一新,尤其是他说

"古今兼收，源流并重"这八个字的神态表情和幽默的语音，非常形象，至今记得清清楚楚。陈原这句话刚说完，陈翰伯立即插话说："对！我赞成。这就是《汉语大词典》。"他二人此前曾否商量过《汉语大词典》的编纂方针，我不清楚，但从这一段情节推测，至少两人在这个问题上看法一致。而且陈原是著名的辞书出版家，以他二人为核心才搞起160部辞书的"规划"来，对于《汉语大词典》这样有影响的大型辞书，二人应该是有所讨论有所商议过的，所以在几次会议上，陈翰伯一直说《汉语大词典》的编纂方针是"古今兼收，源流并重"。也是在这次会议当中，我同方厚枢谈起《辞源》《汉语大词典》和《汉语大字典》三部辞书的时候，方厚枢说过这样一段话："当初策划'规划'的时候，陈原就是这种观点。他认为《辞源》专搞古代的东西，重在'溯源'，《大字典》只搞汉字，继承《说文解字》的传统，《大词典》是'古今兼收，源流并重'，《大字典》和《大词典》都是'古今兼收，源流并重'，但一个是字，一个是字和词都有。"我很认同陈原的观点，他的话字字都说到点子上，不愧是辞书大家。方厚枢说的这段话，为"古今兼收，源流并重"的源头，加上了一段注脚。

青岛会议在《汉语大词典》编纂工作的一个转折关头召开，拨乱反正，获得成功。然而却发生了件意外的事情，陈翰伯在会议期间病倒了。方厚枢在他的文章中回顾了当时的情景：陈翰伯"就在作完报告中间休息时，突然发现他的嘴角歪斜，言语不清，急忙送他到医院住院治疗。我即与北京联系，许力以同志当夜乘车于次日赶到青岛主持开完会议。翰伯同志的病经诊断为脑血栓，但他不愿长期休养，返京后在医院小住后即出院继续忙于工作"。陈翰伯这位老出版家，就是这样为《汉语大词典》、为国家为民族的文化事业操劳的。

开完青岛会议，五省一市《汉语大词典》编写领导小组及其办公室成员，参与《汉大》工作的大专院校负责人，主力编写组的代表回去之后，都向主管领导汇报了会议的情况和要求。领导部门非常重视，按照会议的要求和精神，纷纷采取推动《汉大》工作的新措施。1977年11月16日，山东曲阜师院中心组召开成立后第一次全体编写人员会议，还有泰安、临沂、菏泽三个分组共41人参加会议，省"词办"派出一人与会。会议贯彻青岛会议精神，"深入揭批'四人帮'在辞典领域的流毒和影响"，就"深入理解《汉语大词典》的性质、任务、规模和如何广积资料等问题"，进行了热烈讨论，表示要"继续学习青岛会议的文件，认真贯彻，同时要定出业务进修的计划来，尽快提高业务能力"，并做好资料工作。江苏省出版局和教育局于同年10月15日在南京联合召开中外语文词典编写人员大会，高斯报告青岛会议情况，教育局领导方非表示要从各方面支持词典的工作。会议就半年内的收集资料工作作出具体安排，"做好上阶段看书收词的收尾复查工作"，"做好专书收词卡片分类统计"，"年底前，组织一次本年度计划执行情况的检查"；"加强编写队伍的建设，充实力量"，"从退休人员和有关业务单位吸收一批有相当业务基础而热心词典工作的同志"，加入《汉语大词典》的编写队伍。安徽省领导小组于1977年12月举行会议，就加强领导、机构设置、队伍建设、资料和经费问题，作出决定，并向省委报告。浙江省革命委员会发出"浙革

〔1977〕95号"文件，采取三项举措：一是成立浙江省《汉语大词典》领导小组；二是建立一支比较稳定的编写队伍，认为"目前的编写队伍，无论数量、质量都不适应，请宣传部、出版局负责，同有关部门和地、市协商，借调适当人选，充实编写力量和领导骨干，各有关部门应予大力支持。各编写组现有编写人员要保持稳定，一般不要变动，如非调不可的，必须根据先补后调的原则，经有关领导部门批准"；三是"要保证编写人员每周至少有六分之五以上的时间用于编写工作和业务学习。省、地、市有关部门要积极帮助编写组解决编写工作中遇到的具体问题，新华书店要优先供应各编写组与业务有关的图书"。这些措施为浙江的编纂工作注入一股新动力，加快了看书收词制卡的进度，浙江编纂《汉语大词典》的工作由此而向前踏进了一大步。青岛会议之后不久，福建针对本省编纂网络撒得过宽、战线拉得太长这个大问题，率先收缩战线，适当调整编写组布局结构，采取充实地市中心组、裁撤业余组的方针。此后各地区组建的业余组都渐次撤销，继之又撤销了三明和宁德两个比较薄弱的地区编写组。经过一段时间的整编，福建充实强化了主力编写组的实力，为有效开展编写工作夯实了组织基础。

青岛会议开过以后，《汉语大词典》编写领导小组办公室也召开了工作会议，1978年1月在上海举行，五省和上海编写组共16人参加，国家出版局一人与会。会议前后开了六天，"会议回顾和检查了青岛会议以来的工作，特别是收词、广积资料的工作"。会议认为，"要坚决贯彻青岛会议精神，为下半年转入编写工作阶段做好准备，包括资料准备"。上海各编写组也都按照青岛会议的精神，复查过往收集的资料卡片，例如卢湾组自1978年1月开始复查，先个人复查，再相互检查，2月告一段落，收效甚好。

按照青岛会议的精神，《汉大》这支编纂队伍，正本清源，清理了"四人帮"极"左"思潮的消极影响，跨过了这一道坎儿，步入整顿编写队伍、解决具体问题、全力推进编纂工作的新阶段。当时《汉大》处在所谓"青黄不接"的时期，面临的问题和困难虽然很多，但归根结底是一个人力问题。"文革"结束后，拨乱反正，中央紧抓教育工作，教育事业逐渐纳入正轨，呈现一派欣欣向荣的景象。大专院校和中等学校重开课堂，恢复上课，上课需要教师，尤其需要优秀教师，中央有个"要求教师归队"的文件，像前两年那种教师赋闲不上课的情况迅速改变。《汉语大词典》的编纂主力大都来自学校，学校要抽人回去，《汉大》要留人编写，学校是教师安身立命之所，而《汉大》只不过一个临时组合起来的编写组而已，编完走人，长期脱离教学，到那时候我往哪里去？何况原单位向你要人，过去借给你，如今要归队不借了，你不给，行吗？《汉大》这一套组织没有"扣人"的权利，只能协商，协商不果呢，怎么办？再说，本人愿不愿意留在这儿？评职称晋级升级，加薪提工资，分配住房，单靠《汉大》自身如何解决得了，即使勉强留下来，也是人心浮动。浮动的人心，如何能扎扎实实编写《汉语大词典》！国家改革开放的新形势发展变化来得很快，《汉大》用人留人的问题接踵而至，没有稳定的专业编写人员，一切都是空谈。

举两个例子说明一下当时面对的一些情况。比如说浙江杭州大学编写组，面临编写"任务长期性与编写机构临时性的矛盾未能解决"，"编写组队伍不稳，人心涣散，很有垮掉的危险"，而杭大又是浙江"文科的最高学府，有关的人才较多"，"分担的编写任务就比较多"，"杭大编写组动荡，势必极大地影响"浙江"编写工作的全局"（摘自杭大党委和省出版局党组给省委的报告）。还有的地区编写组也在往回撤人，例如浙江"有些地区要求立即撤销本地区编写组"；福建建阳编写组的骨干编写人员，陆续被原单位抽回，有的编写组虽然补进一些人，但都是新手，一上来便同《汉大》打交道很吃力；还有的地区文教局致函本省的领导小组，要求解散编写组，让人员回教学岗位。再说，一些编写组成员，多数是借调来的教师，长期做《汉语大词典》这项工作，同原单位的关系渐渐淡漠，评职称、调整工资、分配住房等问题无可避免受到影响，好像参加编写这么一部大词典不是在工作，也与教学无关，或者抵不上一篇论文！原单位诸如此类的看法和做法，客观上起到动摇军心的作用，对编纂《汉语大词典》的工作非常不利。正如陈翰伯在一次讲话中所说："这部《汉语大词典》的工作，遇到的最大困难，是词典工作的长期性和编辑人员临时性的矛盾。工程大，时间长，而人员都是临时借调的，矛盾很大。"这是不能回避，必须解决的问题。当然还有其他方方面面需要解决的问题，但根本问题在"人"。

如何解决？过去是国家出版局领导的出版系统，加上宣传系统推动《汉语大词典》这项工作。而编写队伍的骨干大多数来自教育系统，单靠宣传出版系统力度是不够的，没有教育部的直接领导肯定不行，如今到了请求教育部加入进来直接领导，协力解决这些问题的时候了。

青岛会议之后不久，国家出版局便同教育部协商，并获得教育部的支持。两大政府部门于1978年1月18日，联合向国务院提交了《关于加强和改进词典编写出版工作的请示报告》。我不知道他们是如何协商的，但我觉得应当是双方认真斟酌过眼下存在的问题，认识到解决这些问题的必要性和紧迫性，经仔细商议之后，才作出共同决定，向国务院递交这样一份报告的。报告说："由于'四人帮'的干扰和破坏"，"给词典编写工作造成严重恶果，直接影响词典编写的进度和质量的提高；另外，由于我们缺乏经验，对于实现规划缺少强有力的措施，在编写出版词典的人力、经费、排印和组织领导方面存在的一些问题，没有及时得到解决，致使工作进展迟缓"；"为了促进词典编写工作大干快上"，"必须切实加强领导，采取有力措施"，"当作文化建设的一项重要任务来抓"，"词典规划中有一百余部中小型词典，大部分由高等院校承担编写任务。各有关部门应将词典任务列入本单位的科研项目，力争早日完成"；"大力抓好大型辞书的建设工作。在词典规划中有《辞海》《辞源》《汉语大字典》《汉语大词典》《英汉大词典》《日汉大词典》《俄汉大辞典》等大型词典。这些词典具有编写规模大，涉及方面广，完成时间长，动员力量多等特点，需要依靠各方面的力量，大力协作，才能完成。为此，我们建议将'规划'中所列的体现我国科研成果和国家水平的大型词典列为国家文化建设的一项重点科研项目,加强领导,动员各方面力量,力争早出成果。承担任务的省、市、自治区应将词典编写任务作为正式的科研项目,纳入规划。同时,根据实际需要,给予一定的编制,并从高等院校或文化教育部门抽调一批专业人员,充实词典编写骨干力量,稳定编写班子。词典出版后,仍应保留少数人员,继续收集资料";"编写词典所需经费,由各编写单位根据精打细算、力求节约的原则,按年编造预算,建议由中央和地方财政部门拨出专款,交省市自治区出版局(社)统一掌握,专项使用";由于"词书的编写、修订和出版,是一项长期的连续性的任务",应"建立专门的词书出版机构"。报告中列举的问题和提出的解决办法,尽管针对的不止《汉语大词典》一部辞书,但它十分切合《汉语大词典》的实际情况。国务院于2月17日以〔1978〕22号文件批转了这份报告,并且加上了"加快词书出版工作,改变当前词书严重缺乏的状况,是刻不容缓的一项任务。望各有关省、市、自治区和各有关部门采取有效措施,努力完成一九七五年制定的中外语文词典规划的各项任务"的批语。

22号文件发布以后,国家出版局和教育部趁热打铁,决定召开一次《汉语大词典》编写工作会议,为贯彻落实22号文件再加一把推力。会议由安徽主办,在黄山举行。教育部和国家出版局于1978年11月13日,联合发出"(78)教高一字第1202号""(78)出版字第575号"文件,批转黄山会议纪要。文件说:"《汉语大词典》是国家文化建设中一项重点科研项目,编写规模大,涉及方面广,需要动员各方面的力量,大力协作。目前,这部大词典工作将逐步转入释文编写阶段,任务比前一阶段更艰巨。要保证编写出一部体现我国科研成果和国家水平的大型词典,关键是要有一个具有一定水平的稳定的编写班子。为此,望各省(市)教育、出版部门和参加编写工作的各院校,要充分认识编好这部词典的意义,在省、市委的领导下,认真贯彻落实国务院〔1978〕22号文件,加强对词典编写工作的领导,统筹兼顾,通力协作,采取有力措施,保证现有编写队伍的稳定,充实骨干力量,解决存在的问题,使编写工作能够顺利进行。有关单位对于借出去参加词典编写工作的同志,在政治上、生活上以及评定职称和晋升等级等方面,应同在校的同志一样对待。"这段批语所示各项,正是国家出版局和陈翰伯在青岛会议之后,采取的那些推动《汉语大词典》编纂工作的措施所希望达致的目标。

下边我简要说一说黄山会议的情况。教育部和国家出版局非常重视这次会议并寄予厚望,于1978年8月28日联合发出"关于召开词典会议的通知"。通知说这次会议分两段进行:①先举行《汉语大词典》编写领导小组扩大会议。②接着召开《汉语大词典》编写人员代表参加的业务工作会议。回顾和总结一年来的工作,研究逐步转入释文编写阶段的各项问题。参加这次会议的编写人员代表,五省一市各12人,于9月12日报到,13日开会,会期预计七天。教育部、国家出版局的领导同志肖岩和陈翰伯,"《汉语大词典》编写领导小组的同志,五省一市教育、宣传部门的负责同志或代表,词典办公室的同志","五省一市编写人员代表",《辞源》《辞海》《现代汉语词典》《汉语大字典》和商务印书馆的同志受邀与会,总计一百五十多人参加。

会前《汉大》编写领导小组办公室，为开好这次会议于7月9日在安徽九华山召开五省"词办"负责人和编写人员代表参加的工作会议，为黄山会议做准备。会议提出了进一步贯彻落实22号文件的建议；"回顾和检查了收集资料的工作，提出了继续加强资料建设的意见；讨论了转入释文编写阶段的工作方案"，"研究了'收词原则规定'和'试行编写体例'初稿，并提出了进一步修改的意见"。

安徽"词办"作为东道主做了许多工作，为九华山会议提供了诸多方便条件。安徽是个好地方，有名山大川，"五岳归来不看山，黄山归来不看岳"，而九华山"天河挂绿水，秀出九芙蓉"，又是地藏王佛教圣地，名列四大丛林，安徽"词办"选择在九华山和黄山开会，可以说是匠心独运。《汉大》在九华山还开过另一次会议，时当1984年9月。那次会议的主题是商讨第一卷的定稿问题，也是靠安徽"词办"张罗解决开会地点和住宿等问题，由奚正新一手承办。会中休息一天，大家一起爬九华山。主编罗竹风走在先头，前边的人已经登顶，后尾的人气喘吁吁还在爬，首尾拉开足有一公里长。我和奚正新走在中间，正是这位奚正新忙前忙后组织了这次爬山运动。九华山留下《汉大》的印记，也留下安徽"词办"的汗水。

教育部高教一司副司长肖岩代表教育部党组在黄山会议上讲话。他开宗明义地表态说："我们出来的时候，李琦同志嘱咐我们说，你们的任务就是到那里说明教育部党组对于教育部和国家出版局共同搞的关于加快和改进词典编写出版工作的请示报告，是坚决支持、坚决执行的。"李琦当时是教育部副部长。肖岩开门见山表态之后，继续说，《汉语大词典》的"困难应该解决。刚才说了，教育部党组表了态，尽量帮助解决"，"我们不能泄气，不能半途而废，而是要一鼓作气干到底"，"方针政策问题找李琦同志，具体事务问题可找我们高教司"；说到借调人的时候，肖岩说："临时抽调的人，尽可能稳定一下，集中一些，不要太分散，请各省自己考虑"，"借调人的问题，可以和院校再商量，说明需要多少时间，要算个账，算个总账，也算细账。学校可以合理安排，避免发生碰车情况"，"把编写词典的工作纳入科研计划，让学校承担任务"；"关于中学教师借用的问题，可以向省市教育局说明借用多少时间，任务完成就回去"，"编词典的工作是属于编教材之内的一大类，是教学工作不可缺少的一个方面，不要把它看成分外的工作"。有了大原则，具体怎么办？肖岩说："中学教师由省宣传部和文教部门自行解决，大学教师由文教部门和学校具体协商，协同作战，互相配合。学校可以把编写词典纳入本专业的科研计划，为出版局承担任务，学校的词典编写工作在词典编委会指导下进行。"肖岩又提出建议，"编写工作的进行，很重要的是要靠省市委关心。建议翰伯同志找李琦同志去向方毅同志汇报一下。领导同志指示一下，事情就好办了。全教会时，邓副主席一说省委书记要抓教育，教育的局面就打开了。我们要争取省市委负责同志的支持。"肖岩出了一个很好的主意，一个关键性的好主意。在这以后，工委会、编委会和顾问委员会陈翰伯、吕叔湘、罗竹风，先后向中央写了四份请求支持的报告，都得到积极回应和强力支持，效果甚彰。而此前国务院批准教育部和国家出版局的联合报告，并下达了22号文件，又何尝不是争取国家支持的重要一步呢！

几个关键问题都在黄山会议上明确下来，并在以下几方面作出决定：①确立了由国家出版局和教育部共同领导、共同推进《汉语大词典》编纂工作的双重领导体制。明确了"编写词书是教育、科研、文化、出版部门的共同任务，要把编写《汉语大词典》列为五省一市和承担编写单位的重点科研项目来抓"，编纂《汉语大词典》同教学是统一的而不是对立的。要求教育部门按照领导体系，直接推动参加编写工作的各高等院校、地方中等学校，实打实地抓起编纂《汉语大词典》这项工作。过去那种只由国家出版局出面，无法直接推动、只能恳请学校帮助的被动局面得以改观。各院校和教育部门从"配角"变成了"主角"，过去难办的事情，有望逐步解决，新的局面打开了。②"着重研究了关于稳定和充实词典编写队伍，加强词典编写工作的领导，培养词典编纂人才等问题"，"承担编写任务的高等院校，要把词典编写组列为正式建制，成立党的组织，配备领导干部和行政人员"；"对于借出去参加词典编写工作的同志，在政治上、生活上以及评定职称和晋升等级等方面，应同在校的同志一样对待"，"保证现有编写队伍的稳定，充实骨干力量"。教育部态度明朗，执行意志坚决，一锤定音，下一步就是学校按照各自的实际情况如何执行的问题了。③成立《汉语大词典》编辑委员会。由委员若干人组成，其中主编一人，副主编若干人。编委会成员由教育部、国家出版局任命。编委会在编写领导小组领导下，负责研究、解决有关编写业务方面的问题。④业务方面，商定从1978年第四季度开始，逐步转入释文编写阶段，"按照旧的214个部首，五省一市分工编写"初稿。会上原则通过了《汉语大词典》"收词原则规定"的修改稿和"试行编写体例""编写分工方案"三份业务文件。⑤"积极创造条件，争取尽快实现集中编写。"会议还就与《汉语大字典》联合聘请学术顾问一事取得一致意见。黄山会议取得了重要成果，为稳定集中专业人力、逐步转向编写阶段架设了一道桥梁。

从国务院发出22号文件到黄山会议之后的一段时间，五省一市和参与《汉语大词典》定稿的各大专院校和教育部门，纷纷拿出解决实际问题的具体措施，《汉大》的工作又向前推进了一步。五省一市采取的共同措施是把《汉语大词典》列为重点科研项目；参加编纂《汉语大词典》工作的各大专院校，也先后把《汉大》列入重点科研项目。安徽师大和安大两所大学先后成立语言研究所，挂研究所和编写组两块牌子，作为系一级的科研机构，并明确目前以编写《汉语大词典》作为中心工作。《汉语大词典》副主编张涤华出任安师大语言研究所所长，安大则任命《汉语大词典》编写组组长赵应铎为所长。浙江省革委会办公会议发出落实22号文件的指示，"把《汉语大词典》的编写任务列为本省科研项目，纳入规划；承担编写任务的杭州大学、浙江师范学院等院校，应建立'汉语言文字研究室'，把这项任务列入学校文科的重点科研项目"。此后，浙江师范学院和杭州师范学院便积极筹备成立语言文字研究室。继之，中共杭大党委和省出版局党组在1980年7月4日联合向省委宣传部、教卫部并省委写了"关于在杭州大学设立语言文学研究所并由该所负责《汉语大词典》编写任务的请示报告"。尽管杭大语言文学研究所最终未能成立，但在当时政策影响下各所学校确实行动起来了。至于组织方面，五省一市也都见诸行动，采取了不同措施，逐步缩减调整了编写组，调配充实人力向主力编写组集中，提升主力编写组的专业水平。国务院下达的22号文件和国家出版局与教育部的举措，进一步推动了《汉大》的工作。

山东省革委会在22号文件下达不久，就发出〔1978〕84号文件，推出几项具体措施：①把编写《汉语大词典》作为省一级和编写单位的重点科研项目。②坚决把适合编写的人员固定下来，组成骨干力量，未经省领导小组同意不得变动。③继续从高校、文化教育部门或其他战线抽调一批专业人员，并吸收一批已经退休但学有专长的人士加入了编写组。④山大、山师大、曲阜师院编写组列入正式编制，并从各分组抽调人力加以充实。

江苏省教育局和江苏省词典编写领导小组在1978年5月18日发出联合通知，要求"承担词典编写任务的各院校和有关单位，在人力物力上统一安排，积极给予保证"，"现有编写人员过于薄弱的单位，请各院校和地、市教育局积极充实，调整和加强"。扬州地区编写组代表在黄山会议之后，即时向地委和地区教育局汇报黄山会议的情况，教育局于1978年9月29—30日召开会议，传达黄山会议精神，宝应、泰州、泰兴分组编写人员也参加了这次会议。地区教育局负责人表示，"不管今后编写的组织体制有何变动，只要地区教育局承担这个任务一天，就要负责一天"。南京大学跟随22号文件的要求，于5月23日发文，加强《汉语大词典》编写组的领导，调整充实编写力量，南京大学编写组由栾景芳任组长，刘仲明、马先阵、许惟贤任副组长，并在编写组内成立党组织，从中文系和图书馆等部门调进多位专业人员，人员要稳定，倘若必须调动，要经学校同意。而在此前一年，南京大学出于教学优先的考虑，曾撤回编写人员，同此时积极支持的做法判若两人。

安徽革委会根据国务院22号文件精神于1978年12月发文，明确规定了加强领导、健全机构、充实提高编写队伍、正确执行知识分子政策，调动编写人员积极性等措施，及时调整省编写领导小组成员，由省委宣传和文教部门领导担任正副组长，各高校出一名校党委成员分管编写工作，把《汉大》编写人员的编制从85人增至一百三四十人，以内部挖潜为主，不足部分可调进人员。在当时大城市户口紧严的情况下，为《汉大》而拨指标进户口是相当照顾了。革委会还提出《汉语大词典》编写组与语言研究所（室）一个机构两块牌子的意见，安徽师范大学正式成立了语言研究所。

福建革委会于1978年11月6日发出文件，强调要把《汉语大词典》列为省文化建设的一项重点科研项目，纳入规划中来；建立编写《汉语大词典》的专业队伍，给予80人的编制，以厦门大学编写组为中心组，在此基础上成立厦门大学汉语研究所；还就编写人员的待遇、晋升等问题提出明确要求。福建《汉语大词典》编写领导小组于12月19日接着在福州召开编写工作会议，"讨论贯彻黄山会议精神，总结两年多来编写工作的经验，布置了下一阶段的工作任务"。

上海响应国务院 22 号文件,在 1978 年 8 月 27 日举行"上海市中外语文词典编写领导小组"首次会议,指出《汉语大词典》已在 22 号文件中被列为国家重点科研项目,上海"应同时列为市的和高等院校的重点科研项目,正式纳入计划",并就"稳定队伍、进一步充实专业人员和调整编写机构等问题进行了讨论,作出了相应的决定"。

从 1978 年 11 月到 12 月初,江苏、安徽、浙江、福建"词办"贯彻黄山会议精神,相继召开过各种会议,开展起诸多活动。例如,江苏召开过多次编写组负责人和编写人员小型会议;浙江在杭州举办了长达三十多天,培训编写骨干、提升业务能力的活动,培训各编写组骨干五十多人;安徽提出并商议了在 1979 年 2 月举办学习班培训编写人员的事情;福建则准备召开全省编写人员大会。总之,整个编写队伍的工作热情被激发出来,气氛开始活跃起来,出现了新的气象。

国家出版局、陈翰伯联合教育部推动《汉语大词典》工作的战略举措奏效了。接下来,陈翰伯走出下一步棋,就是成立《汉语大词典》编辑委员会和汉语大词典编纂处。

编纂处是怎么成立的呢？还是用肖岩提出的办法,请"领导同志指示一下,事情就好办了"。"翰伯同志经过一番思考,决定到中宣部先向廖井丹副部长详细汇报情况得到他的大力支持,同时给已到中央工作的胡耀邦同志写信,将编写《大词典》的由来和几年来的工作情况,目前存在的紧迫问题以及在上海建立编纂处等于 1979 年 5 月 15 日上报,没有想到耀邦同志第二天即做了批示：'原则同意,请努力进行。'"方厚枢的这段文字,记载了陈翰伯请求中宣部和胡耀邦支持解决成立编纂处的原委。据方厚枢说,翰伯向廖井丹当面汇报说明情况后,两人商议由翰伯写一份报告,廖井丹持这份报告直接向中宣部部长胡耀邦报告《汉语大词典》这件事。所以,报告送上去很快便拿到胡耀邦的批示。

陈翰伯写给廖井丹和胡耀邦的这封信不长,我将正文全文照录如下：

井丹同志并
耀邦同志：

《汉语大词典》是周总理、邓副总理亲自批发的国务院〔1975〕137 号文件中规划编纂的我国最大的一部词书,由上海、山东、江苏、浙江、安徽、福建五省一市协作编写,上海负责出版。1975 年上马以来,已积累三百余万张资料卡片,进行了两次试写,从去年年底已转入释文编写,取得了一定的成绩。但是由于参加编写工作的有十九所高等院校,过于分散,没有一个牵头的省(市)为主进行,以致工作遇到很大困难,如不采取切实有效措施,计划将有落空的危险。

目前全世界最大的两部汉语大词典,一部是日本出版的《大汉和辞典》(共十三卷),一部是台湾出版的《中文大辞典》(共四十卷)。因此,尽快编出

《汉语大词典》在政治上有重要意义。为了加快步伐早出成果，我们征得上海市出版局的同意，拟在上海成立汉语大词典编纂处，作为五省一市编写领导小组和词典编委会的执行机构，负责日常编写工作，由上海市出版局直接领导。

上海承担修订《辞海》的工作已经完成，在今年国庆节期间可以出版。《辞海》出版后，以上海为主承担《汉语大词典》的编写任务是适宜的。我们曾就这一问题，和上海市委宣传部负责同志和主管文教工作的市委领导同志交换过意见，他们表示积极赞同。

现将情况汇报如上，如得到您们同意，我们将和上海市委及有关领导部门协商。请予指示。

此致

敬礼！

陈翰伯
一九七九年五月十五日

陈翰伯这封信的核心请求，就是"在上海成立汉语大词典编纂处，作为五省一市编写领导小组和词典编委会的执行机构，负责日常编写工作"，"以上海为主承担《汉语大词典》的编写任务"。在得到胡耀邦"原则同意，请努力进行"的批复之后，方厚枢说，"翰伯同志和我立即乘机到沪，先与上海市出版局的领导会商，后又与中共上海市委主管文教的负责同志面商，顺利地解决了在上海设立汉语大词典编纂处的有关事项。"紧跟着，《汉语大词典》编写领导小组和陈翰伯在苏州东山召开组长、副组长和"词办"负责人会议，传达胡耀邦"原则同意，请努力进行"的批示，贯彻落实批示精神，强调编纂《汉语大词典》的重要意义，商讨眼下需要解决处理的一些问题。

东山会议自5月26日开到28日，陈翰伯主持会议，四省一市的副组长、五省"词办"负责人和领导小组办公室负责人，共16人与会。方福仁和林菁代表浙江参加会议。会议就几项工作达成一致意见：决定在上海成立汉语大词典编纂处，编纂处是编写领导小组和编委会决议的执行机构；编纂处承担指导编写业务、编写部分条目和编辑工作任务，业务上受编委会领导，编委会闭会期间，编纂处负责处理一般业务性问题，如确定词目、组织和审阅稿件、编发初稿本，等等；编纂处由主编、常务副主编和编纂处负责人共同主持日常业务工作；编纂处编制暂定70人，由上海负责配备。会议决定五省一市副主编、编委和主要编写人员，应根据工作需要，不定期到编纂处参加审稿工作。会议要求加快做好学术顾问的提名工作，争取与《汉语大字典》取得一致意见后，上报给国家出版局和教育部正式聘请。会议决定在七八月份召开《汉语大词典》编委会第一次会议，要求领导小组办公室和五省"词办"为本次会议做好充分准备。会议还要求加强领导，进一步做好健全充实编写组的工作；要求浙江做好"寸"部编写工作，总结编写和审稿经验，结合各编写组的情况加以推广。在东山会议上，陈翰伯提出主编人选，提名罗竹风，请大家酝酿商议，最后大家认为罗竹风适合，主编人选就算确定下来，编纂处也在1980年年初正式成立。

陈翰伯先请求中宣部和胡耀邦的支持，然后征得上海市委的支持，再召开《汉语大词典》领导小组会议，确定成立编纂处和主编人选，步骤稳妥，程序分明，合规合法，圆满解决了成立编纂处、落实主编人选这两个大问题。

《汉语大词典》编辑委员会在东山会议之前已经任命了副主编七人和第一批编辑委员，只是没有任命主编。为了执行黄山会议成立《汉语大词典》编辑委员会的决定，国家出版局和教育部在1979年4月25日联合发出任命《汉语大词典》编辑委员会成员的"（79）出会字013号""（79）教高一字035号"文件。文件说："《汉语大词典》编辑委员会由主编一人（暂缺）、副主编七人、委员十一人组成"，编委会"在编写领导小组领导下，负责研究、解决有关编写业务方面的问题"。主编暂缺待定，任命了复旦大学教授吴文祺、安徽师范大学教授张涤华、南京大学教授洪诚、厦门大学副教授洪笃仁、南京师范学院教授徐复、杭州大学教授蒋礼鸿、山东大学教授蒋维崧出任副主编，刘锐、刘俊一、严薇青、林菁、张撝之、张叶芦、张紫文、宛敏灏、胡裕树、钱剑夫、钱仲联出任编辑委员，由以上各位组成《汉语大词典》编辑委员会。编辑委员会的成员，由五省一市领导小组酝酿提名代表本省市的人选组成。这是编委会的第一批成员。文件既经发出，这一天可以算作《汉语大词典》编辑委员会成立的日子，惟主编暂时空缺，尚待召开成立大会而已。如果以第一次编委会召开那一天算作编委会成立之日也未尝不可，算哪一天都讲得通，都有理据。依我的看法，以把1979年4月25日文件发出之日定为《汉语大词典》编辑委员会成立之日为妥，可以不加"正式"两个字，道理很明白，你能说任命文件不算数吗？

编委会成立了，负责《汉语大词典》编纂工作的实体机构汉语大词典编纂处也建立起来了，而主编位置还空缺着，这也是亟待解决的问题。关于选任主编这件事，方厚枢在他《为辞书出版事业的繁荣竭尽心力的陈翰伯》这篇文章中，记载着陈翰伯选定《汉语大词典》主编和成立汉语大词典编纂处的经历。方文说："1978年7月后，他被国务院任命为国家出版局代局长，为出版工作的'拨乱反正'日夜辛劳，但他在百忙中仍然记挂《大词典》的工作，此时他念念不忘的是要为《汉语大词典》解决主编和在上海建立编纂处两个大问题。"

说到请谁当主编，其实陈翰伯心中早就有数。陈翰伯与罗竹风乃是老相识老朋友，向有往来。譬如说，"1964年秋天，正是江南稻熟蟹肥季节，陈翰伯、陈原从北京来上海"，就是罗竹风陪同二人去嘉兴，"一起吃蟹聊天，从当地的血印和尚、南湖风光谈到商务印书馆"，三人深厚笃实的友情尽在其间。在我参加《辞源》编写工作的时候，就听方厚枢说过甄选《汉语大字典》和《汉语大词典》主编这件事。那是1976年与方厚枢一道参加《辞源》工作会议期间，一道儿闲谈时听他说起的。他说："修订《辞源》好办，有商务印书馆《辞源》的班底，反正都是陈原管；《大字典》和《大词典》这两部书最大，到现在还没有主编，翰伯一直挂着这件事。翰伯认为徐仲舒是搞古文字的，当《大字典》主编比较合适，但意见不一致，不赞成的说他年纪太大。《大词典》翰伯心目中倒有一个人选，上海的罗竹风，罗竹风是语言学家，当过上海出版局局长，搞过《辞海》，有编写大型辞书的经验，据说如今还在下面劳动，这两部书的主编现在都还定不下来。"方厚枢在其文章中也提到这件事的后继经过，文章记载："翰伯同志心中早有一个愿望，认为在《辞海》修订过程中起关键作用的常务副主编罗竹风同志是《大词典》主编的最佳人选。为此，特地登门拜访罗老，说明来意，恳切期望他能在《辞海》工作告一段落后出任《大词典》主编。在得到罗老首肯后，立即与中共上海市委商量，也得到同意。"在东山会议开完之后的1979年6月，方厚枢陪同陈翰伯亲临上海点将，请罗竹风出任《汉语大词典》主编，方文所云"特地登门拜访罗老"，即指此事。两个月后的1979年8月15日，国家出版局、教育部联合发出《关于任命〈汉语大词典〉编辑委员会主编的通知》，任命上海市社联副主席、上海语文学会主席、《辞海》常务副主编罗竹风出任主编，填补了主编的空缺。1980年10月27日又发文增补编辑委员21人，那时编纂处已经成立，增补编纂处副主任陈落为副主编，五省一市和编纂处马君骅、方福仁、吉常宏、张鼎三、赵应铎等20人为编辑委员，我和傅元恺、金文明作为编纂处三个业务负责人也在这次被任命为编辑委员。以后编辑委员又增补过两次，最终编委会由主编罗竹风、八位副主编和72位编委组成，总共81人。《汉语大词典》编纂队伍内的精英和中坚分子，编写主力和定稿主力，基本都被囊括进来了。本书附有一张"三委会"的名单，各位编委都名列其中，毋须我再一一重复。我只作一点说明，编委会名单虽有81人，然而有的同仁增补进来，有的同仁却永诀而去，实际上编委会从未足过数。我参加过历次编委会会议，保存着编委会历次会议的集体合照，却没有一张81人的全体照片，子曰"逝者如斯夫"，这实在是一件令人深感遗憾的事。

国家出版局和教育部任命首批《汉语大词典》编辑委员会委员，建立编辑委员会的举措，影响和带动山东、江苏、浙江和福建先后成立起省一级的编委会或业务指导机构。山东省中外词典领导小组于1979年7月5日发出通知，率先建立"编写业务领导小组"，组长蒋维崧，严薇青、刘俊一担任副组长，吉常宏、张鼎三、赵传仁为组员。这项举措，为山东的编写工作进一步注入推动力。小组的具体任务规定得很清楚：制订年度或季度编写计划，检查计划执行情况；抽审各编写组编写的条目；负责解决编写组遇到的疑难问题，组织"攻关"；组织各编写组间的业务交流；组织业务学习和学术报告会。江苏省继之于1979年9月间成立了"江苏省《汉语大词典》编辑委员会"，负责指导全省的编写业务工作。浙江1979年11月1日，报经省委宣传部批准，省教育局和出版局联合发文任命"浙江省《汉语大词典》分编委会"成员，协助《汉大》在浙江的副主编、编委进行工作，分编委成员有马锡鉴、方福仁、朱学山、孙家遂、沈幼征、洪湛侯、曾华强和薛恭穆八人。福建编写领导小组写出"关于成立《汉语大词典》福建省编审委员会的报告",1979年10月15日提交省委宣传部,10月20日就获得批准,批得很快。福建的这个编审委员会设有主编、学术顾问、常务编委和委员四个层次,厦门大学洪笃仁任主编,黄典诚任学术顾问,黄拔荆、黄金许、郭奎光、游敦基、黄梅雨、林齐民、吴西城、杨炳淮、张秋泉、鲍风是常务编委,周长楫、甘民重等15人为委员,共计27人,阵容相当可观。编审委员会主要工作人员有庄淑燕和洪瑞美两人。福建设立学术顾问在先,走到国家出版局和教育部任命学术顾问的前边,后者是在1980年10月份任命的。无论是叫编写业务领导小组、省编委会还是叫分编委会,抑或郑重其事地建立编审委员会,目的都是为着凝聚骨干力量,强化本省的编写工作,提升编写质量。苍天不负苦心人,这几个机构,这些委员们,在各省的编写工作中确实发挥出指导编写业务、提升编写质量的重大作用。

《汉语大词典》编辑委员会有了,办事机构汉语大词典编纂处有了,主编也有了。摆在议事日程上的,还有一个为《汉语大词典》聘请学术顾问的问题。此时此刻怎么会想到聘请学术顾问呢?这需要交代一下当时的背景情况。当年语言学界对五省一市协作编写《汉语大词典》这种方式,对采取工农兵"三结合""人海战术"的这种做法,用吕叔湘的话说,"那个时候,大词典也罢,小词典也罢,总而言之是要为阶级斗争服务啊……很走了些弯路"。对于这种编词典的方式,语言学界有所议论,颇有"微词"。这种"微词"对不对呢?自有人家的道理,不能说不对,我们确实存在这一类问题。青岛会议以来,要解决的不就是这些问题吗?但是,五省一市大协作已成定局,而《汉大》队伍船大掉头难,一时转不过来,总得给点时间。再说转而走完全集中、由"纯专家"编纂《汉语大词典》的道路,别说当时那种社会条件,就算现在也未必搞得起来。但是"微词"毕竟有其道理,要重视,要解决,那就是请众位学者出面协助帮忙。一要变"旁观者"为"参与者",变阻力为动力,变消极为积极;二是旁观者清,请进来出良谋划善策,借以提高《汉语大词典》的学术水平。对编好《汉语大词典》来说,二者都是好事都是动力。总之,聘请语言学界著名学者当学术顾问是非常必要的,势在必行。聘请哪些人?先是经五省"词办"酝酿提名,领导小组办公室汇总提名,最后由陈翰伯、陈原和罗竹风商议订出了一份14人的名单,以吕叔湘为首席学术顾问,提请国家出版局和教育部审批聘请。

名单定下来已经是八九月间,在报聘之前,必须征求本人意见,我和编纂处同仁分别到北京、杭州、上海走访拟聘请的学术顾问,说明来意听取意见。我走访北京的几位,登门拜访叶圣陶、周祖谟、朱德熙、陆宗达和周有光。叶圣陶住在一座不太大的四合院里。周祖谟和朱德熙住在北大,住房都不算宽裕。享誉国内外的音韵学家周祖谟住在面积不大的赭红色瓦房里,厨房竟然是在室外用油毛毡铺顶搭建起来的。周有光老先生是中国著名语言学家,是"汉语拼音之父",他住的是文改会的旧楼房,一幢简朴的居民房子,屋里都是书籍和一些陈旧的家具,有一张旧沙发、一张木头桌子和几张椅子。我们没有想到这么一位语言学界的顶级人物，竟住在这么简陋的房间里，而且一住就是几十年。周先生热情地接待我们，非常关切地询问我们《汉语大词典》的编纂情况。此后我曾数次为《汉大》的事情拜访周祖谟、周有光。他们的居住环境多年如一日，竟然看不出一点变化，相对来说陆宗达的家比较宽敞一点。总之，这几位大师级的学者教授，学识高深、学者风范、人人敬仰，然而生活和居住环境却很简朴，这是他们的共同点。这次拜访很顺利，几位学者品格修养都很高都很谦逊，也都允诺担任学术顾问。叶圣陶说："编这部大词典，我知道是广州词典工作会议上确定的，周总理生前批准的。"他又说道："编词典，重要的是人和书。"这几位学者都看过编纂处寄给他们的简报和初稿本，都给予肯定给予勉励。

1980年10月27日，国家出版局和教育部联合发出《关于聘请〈汉语大词典〉学术顾问的通知》，聘请吕叔湘、王力、叶圣陶、朱德熙、陈原、陆宗达、张世禄、张政烺、周有光、周祖谟、俞敏、姜亮夫、倪海曙、徐震堮十四位语言学界知名学者为学术顾问，以吕叔湘为首席学术顾问。顾问团队成立了，从尊重学术顾问考虑，后来正式改称"《汉语大词典》学术顾问委员会"，与《汉语大词典》工作委员会和《汉语大词典》编辑委员会并称"三委会"。学术顾问受聘以来，态度明朗，一力支持《汉语大词典》的工作。特别是首席学术顾问吕叔湘，以其在学术界、语言学界的声誉和号召力，给予《汉大》很多帮助，并与陈翰伯、罗竹风前后三次联名向中央写出工作报告，请求中央给予大力支持，收获极好的效果。吕叔湘在编委会杭州会议的发言中说："现在你罗老有办法把我调到你这儿来，那我一定保证老老实实地干，绝不三心二意。现在请我当顾问，——'首席'两字我事先不知道，现在也没法取消了。请我当顾问，我引以为荣。"

1985年10月3日，首席学术顾问吕叔湘吕老不顾年事已高，在《汉语大词典》主编罗竹风的陪同下来编纂处探望大家和了解定稿情况，并与编辑人员亲切座谈。1983年在福建厦门召开编委会，王力先生也是不顾年迈体弱前来参加会议，作了很精彩的学术报告。王力先生和蔼可亲，平易近人。会议结束后我陪同他去厦门大学，一路上他非常关切地询问汉语大词典编纂处的工作，还问及我的生活情况。后来编纂处李鸿福和唐让之为《汉语大词典》的审音问题，曾去王力先生的北大寓所请教，王力先生热情地接待了他们，并作了详尽的回答。周祖谟对于《汉语大词典》的审音工作，也给予过很多帮助。姜亮夫亲自授课，培训浙江的编写人员。倪海曙1981年4月15日曾来编纂处作报告，强调《汉语大词典》要为我们民族语言的规范化作贡献。

《汉语大词典》编写领导小组、编委会、主编、编纂处和顾问团队这几项大事，该成立的成立，该建立的建立，都稳妥地处理完毕；五省一市编写团队经过整顿，也已相对集中、基本实现了专业化，更重要的是得到教育部和中央的全力支持和帮助，推动力大为加强，陈翰伯的主要目标都一一实现了。

"三委会"的排名，第一是工委会，次之是顾问委员会，编委会居第三位。工委会的前

煌煌辞典著春秋——《汉语大词典》出版背后的故事

身为"《汉语大词典》编写领导小组"。1986年3月24日,《汉语大词典》编写领导小组、编委会在上海召开工作会议,边春光、季啸风、五省一市领导和上海出版局领导、方厚枢、部分编委,以及我和编纂处几个人参加了这次会议,巢峰作为特邀代表出席。会议决定调整"《汉语大词典》编写领导小组"和"《汉语大词典》编辑委员会",将《汉语大词典》编写领导小组改为"《汉语大词典》工作委员会",并确认陈翰伯担任工委会主任,边春光和季啸风担任代表国家出版局和教育部的常务副主任,其他"领导小组"成员转任工委会副主任或委员。至于工委会和编委会吸纳哪些新成员,由编纂处和五省"词办"协商提出建议名单,报请工委会和编委会审核。《汉语大词典》工作委员会,是由《汉语大词典》编写领导小组演变而来的,是编写领导小组的直接继承者。同年10月29日,国家出版局和国家教育委员会发出"出编字第849号"文件《关于任命〈汉语大词典〉工作委员会、编辑委员会成员的通知》,通知说:"为了加强《汉语大词典》编写工作的领导力量,决定调整编写领导小组(改称'工作委员会')和编辑委员会部分成员。现任命陈翰伯为《汉语大词典》工作委员会主任,边春光、季啸风、丁方明、于冠西、杨云、洪泽、高斯、魏心一为副主任,丁良典等十九人为委员。任命罗竹风为《汉语大词典》主编,吴文祺、张涤华、陈落、洪诚、洪笃仁、徐复、蒋礼鸿、蒋维崧为副主编,马君骅等四十八人为委员,特此通知。"上海出版局副局长赵斌,山东、安徽和江苏"词办"李新、奚正新和薛正兴,编纂处副主任孙立群和阮锦荣,都在这次调整中进入工委会担任委员职务。

"三委会"分工合作,五省一市是平等的,没有隶属关系。经国家出版局和教育部审批同意,"《汉语大词典》工作委员会是《汉语大词典》行政组织领导工作的决策机构,编辑委员会是负责本书编纂工作的机构,学术顾问委员会是编纂业务的咨询机构,汉语大词典编纂处是'三委会'的执行与办事机构。'三委会'各司其职,各尽其责。编纂处在'三委会'领导下负责日常的具体工作"。编纂处作为"三委会"的执行与办事机构,在"三委会"闭会期间,负责执行工委会和编委会的决议,负责向工委会领导和编委会主编、副主编汇总报告工作情况,负责提供处理各项问题的方案,执行工委会领导的指示,在主编主持下负责日常编写业务的各项工作。五省一市编纂《汉语大词典》的工作团队齐心协力,经历数年艰辛的努力,至此终于完成轨道转换,迈向新的征程。

如今回顾《汉语大词典》的编纂经历,陈翰伯所占的重要地位是毋庸置言的。陈翰伯和陈原二人,在商务印书馆工作多年,两位老出版家深知辞书对于教育、对于文化的重要性。正是他二人合力推动,并得到国家出版局当时的主要负责人、党组书记徐光霄的支持,如陈原所说是"在万分困难的情况下","当时连我自己也不相信'规划'能够实现"的境况中,制定出修订或编写出版160部辞书的"规划",报经周恩来总理批准实施,历尽曲折,终获成功,《汉语大词典》即为其硕果之一。这当然是功在国家,但陈翰伯的贡献也是摆在那里、不容忽视的,而且他的贡献不单单限于《汉语大词典》这一部辞书。如果说"陈翰伯对《汉大》、对辞书事业居功至伟"，我觉得这一评价绝不是过誉，而是恰如其分、名副其实。陈翰伯自从青岛会议发病之后，不顾自己的健康状况，一直带病工作，心系《汉语大词典》，重要决策出自他，亲自推动也是他，勇担责任，目标明确，思考周密谋而后动，推进工作有韧性。翰伯老即便半身不遂，还曾坐着轮椅来到编纂处看望大家，我们都非常感动，他对《汉语大词典》的感情是很深的。他退出领导岗位之后，仍然保留着工委会主任的职务，带着重病继续做《汉大》的工作。我曾数次到他家里报告《汉大》的情况，亲眼见他含饴弄孙颇得天伦之乐。他奔波大半生，晚年应该享受颐养天年的快乐生活，此正所谓吉人天佑。1987年年末，我同主编到他家汇报《汉大》的进展情况。此前他曾打电话问我"第二卷什么时候出"。这次由主编当面汇报，告诉他第二卷很快就要出来了，第三卷也发稿了。翰伯老很开心。他表示，只要我活着，一定和大家一道，为全部出齐《汉语大词典》贡献自己的力量。不意想这次汇报竟然成了最后一次见面。分别以后的日子，虽然电话汇报过两次工作，但再也没有见过这位慈祥可敬的老领导。他是非常和善的人，待人诚恳、谦逊周到，听汇报很认真，听完还要深入了解询问细节。陈翰伯说话和缓，作指示有条不紊。如若撇开工作关系，在我心里他是一位深受尊敬的慈祥老人。作为国家出版局的领导，"作为《汉语大词典》事业的开创人"，作为《汉语大词典》工委会主任，陈翰伯劳心劳力，尽到了他力所能及的责任。他是我永怀敬仰的先辈，也是"汉大人"的楷模。

1983年，陈翰伯从文化部出版局局长职务上退休，加上他身体不太好，为了加强对《汉语大词典》的领导，文化部（出版局）和教育部下发"出字（83）485号"文件，增补文化部党组成员、出版局局长边春光为《汉语大词典》编写领导小组副组长，协助主持小组的工作，增补教育部高教一司副司长季啸风为《汉语大词典》编写领导小组副组长。从此边春光承担起实际领导主持《汉大》工作的责任，同时季啸风进入领导小组，接替肖岩作为教育部的代表参与《汉大》的领导工作。此前《汉语大词典》编写领导小组缺少教育部门的代表。在1981年12月的北京会议上，教育部高教一司副司长萧岩增补为小组成员。工委会主任陈翰伯1988年8月26日过世，主任空缺了一段时间，1989年7月举行的工委会会议，"一致推举边春光同志接替已去世的陈翰伯同志担任《汉语大词典》工作委员会主任的职务，以加强工委会的领导"，国家教委和新闻出版署随后联合发文，批准边春光出任工委会主任。

边春光，这位来自山东的老革命干部，曾任中宣部出版局局长，了解熟谙出版事务。他与陈翰伯、刘杲两位领导先后主管国家辞书工作，他对《汉大》并不陌生，从就任副组长那一天起，就为《汉大》的事情而尽心竭力。边老非常看重《汉语大词典》，无论多忙，每次会议都准时出席，会前一定听取详细汇报，并与主编罗竹风面议或通话商议。他工作做得很细致，不定期向罗老和编纂处了解《汉大》的情况，大多在午休和晚上下班后打电话过来，可见上班时间他很忙，牺牲休息时间来了解《汉大》的情况。我曾两次随主编去北京向他汇报情况、研究工作。边春光和罗竹风都是山东人，两人谈起来很亲切，敞得开，无拘无束。如果是我一人赴京向他报告请示，一般都带去罗老的口信、转达罗老的意见。在我的记忆里，他在职

煌煌辞典著春秋——《汉语大词典》出版背后的故事

时的办公室就很简朴，退居二线继续担任《汉语大词典》工委会主任，换了一间办公室，虽然较之前的办公室宽敞一些，但陈设一样简朴，没有沙发，只有办公桌和椅子，门口的小桌子上边，放着两个用软木塞口的旧式暖水瓶。边老身边有一位好助手，他的秘书苏振才，年纪轻轻，朝气勃勃，充满活力，几次开会都陪同边老处理各种事务，还同边老一起来过编纂处。

边春光资历深阅历丰富，善于解决复杂困难的问题。他担任主任期间，作出多项重要决策，还同季啸风合作，为大家评定职称的事与各省教育部门联系，敦请落实文件政策，公正解决编写人员的职称问题，收效显著。特别是在安徽潜山县召开的那次工委会和编委会联席会议上，边老展现出的领导能力，留给我极其深刻的印象。那次会议主要是商议实行"分卷承包"定稿这件事。在头天晚上召开的核心领导会议上，大家都强调人力不够，时间不足，困难很大。会议一直开到深夜。浙江勉为其难同意承包第六卷，江苏认为本来就承担着三卷的编写任务，已经重负在身，若再承包定稿，没有余力困难很大，商讨来商讨去迟迟决定不下来。边老主持会议，最终找到了大家都能接受的折中办法。我听边老的发言，很佩服他的领导艺术，无愧是经验丰富的老干部。他耐心听取每个人的意见，一次也没有打断过，抓大家的发言要点，分歧点和共同点，抓得很准，"调和鼎鼐"，缩小分歧导向共识，午夜过后达成一致意见，改"承包责任制"为"编纂责任制"。这是边老留给我最深刻的一幕记忆。

1989年12月29日那天，他来到办公室，像往常一样地工作。其间他到门口那张桌子去倒水，突发心脏病倒在自己的工作岗位上，终年只有六十四岁，寿数并不算大。听到这个消息，我的第一感觉是非常惋惜，非常无奈，非常沉重！

国家出版局、后来的新闻出版署，有四位领导负责过出版辞书的工作，他们是陈翰伯、陈原、边春光和刘杲。除陈原没有直接管过《汉大》外，其他三位都曾是《汉语大词典》编纂工作的最高领导。陈翰伯是《汉语大词典》编写领导小组唯一的一位主任，也是《汉语大词典》工作委员会第一任主任，边春光是工委会第二任主任，刘杲是工委会第三任主任。他们三位在《汉大》同仁中普遍受到尊重。边春光逝世之后，国家新闻出版署副署长刘杲出任工委会主任。边老逝世以后的1990年2月10日，《汉语大词典》工作委员会和编纂处呈交国家教委和新闻出版署一份请示报告，提名刘杲出任工委会主任，报告说："《汉语大词典》工作委员会主任最初由陈翰伯同志担任。在翰伯同志逝世后，由边春光同志担任。边春光同志不久前去世。《汉语大词典》的工作，新闻出版署是由刘杲同志分管的。为确保工作的连续性，经同山东、江苏、安徽、浙江、福建、上海《汉语大词典》工委会领导和主编罗竹风同志磋商，一致同意提名刘杲同志出任《汉语大词典》工作委员会主任职务，敬请审核批准。"国家教委和新闻出版署在1990年3月26日联合发文，"同意《汉语大词典》工作委员会和汉语大词典编纂处的联合提名，由刘杲同志担任《汉语大词典》工作委员会主任"。

刘杲与《汉语大词典》素有渊源。1975年制定辞书"规划"的广州会议产生的文件，刘杲是主要起草者，他对《汉语大词典》的来龙去脉了如指掌。此后担任新闻出版署领导主管出版工作，辞书是其中的一个大项，包括《汉语大词典》在内。他对《汉大》这部大辞书的现状也十分了解。工委会1989年7月在北京召开工作会议，刘老代表新闻出版署到会讲话。那时他尚未担任工委会主任，但讲得很到位，对《汉大》了解得一清二楚。他是一位睿智理性、和善谦逊的人，跟你说话总带着微笑，声音朗朗，反应非常敏捷，分析问题条理清晰，述说一件事或者议论一个问题，逻辑层次清楚，纹丝不乱，很有感染力和说服力。我几次向他汇报工作，他总是凝神贯注，很少插话，一两句插话多是要你澄清某个问题，汇报刚完，他的意见就拿出来了，几句话就说得明明白白。他曾用十五个字概括《汉大》，"从严的精神，协作的精神，奉献的精神"，简练平实，贴切中肯。他的文笔非常好，写东西很快，逻辑通顺，文句流畅，如风行水面而自然成文。他的秘书黄源海曾对我说，写材料写发言稿刘老不用秘书，都是他自己写。睿智的思考能力和犀利的笔锋，乃是他行文如流水的源泉。他主持《汉大》工作那五年，正当定稿出版的关键时刻。他主持制定出来许多重要决策，领导编纂队伍稳步推进。他善于综合不同意见、协调各方齐心努力，克服困难加快出书，直到竟全书之功，他起了很大的作用，作出重要贡献。《汉大》由五省一市分担成本，出钱出人协作编写，涉及几十个编写组的几百人，多层次审稿定稿成书，初稿个人编写而定稿成于众手，版权情况之复杂恐怕独此一家，刘杲和国家版权局却处理得妥妥当当。待到《汉语大词典》全书出毕，刘杲又促成在北京人民大会堂召开《汉语大词典》编纂出版胜利完成庆功会，随后又到沪参加上海市委宣传部和新闻出版局召开的《汉语大词典》编纂出版座谈会，代表新闻出版署表示祝贺。在《汉语大词典》工委会三位主任当中，刘杲是一位理性智慧型的好领导。

同边春光同时就任工委会副主任的季啸风，也为《汉语大词典》作出了重要贡献。无论开会还是在一起工作或闲谈，季啸风总给人以亲切的感受，我们也亲切地称他为季公。季公做事踏踏实实，讲实际重成效，是一位务实的人物。他是代表教育部参加《汉大》领导工作的，所以，在涉及高校和教育部门这一方面他做了大量工作。他了解五省一市《汉大》的情况，了解问题之所在，他主持教育部发出的有关《汉大》的文件，针对性都很强。自他就任工委会副主任以来，教育部和国家出版局联合发出的文件，在出版局经方厚枢之手，在教育部则经他之手，差不多都是他参与起草定稿，交部领导签发的。例如1984年4月26日教育部发出的"（84）教办字064号"文件，又如同年发出的"（84）教办字122号"文件，都是他推动并经办发出的。这两份文件，一是明确从大专院校和教育部门抽调出来编写《汉语大词典》的教学人员，其编写成果计入工作量，在评职称、晋升以及生活待遇诸方面一视同仁；二是指定了留下来参加定稿的人名单。这两份文件不仅发给五省一市高教厅（局）和教育厅（局），而且直接发到山大、南大、复旦大学、华东师大和厦门大学，对稳定人心巩固定稿队伍，起了很好的作用。据我所知，文件中"根据今年三月《汉语大词典》工作会议提出的要求，在最后阶段参加定稿的人员，凡属教育部部属学校的，由教育部给有关院、校发文，请学校支持到底；凡省属学校的，请有关省、市高教（教育）厅（局）给有关学校发文，请

煌煌辞典著春秋 ——《汉语大词典》出版背后的故事

学校支持到底……继续留下参加工作的同志其晋升、生活福利方面的问题,请按中共中央办公厅〔1980〕43号文件、〔1984〕2号文件和我部'(84)教办字064号'文件办理"。这一段对症下药的话,就是季公起草写的,所要解决的问题写得很明确。有了这份文件,编写组老师们的职称问题解决起来容易多了,实际上确实解决了不少人的职称问题。

　　文件虽然说得很清楚,但一到具体评职称的时候,总有磕磕碰碰不尽如人意的地方,何况职称有指标限制,僧多粥少,竞争不可避免,学校总归也有不少难处。所以文件虽然发了,也通知到了本人,无奈大学相对独立性较大,有的学校有的系重心依然偏向上课教师,编纂《汉大》的老师还是搁在那里荡来荡去,举出各种理由,譬如说"我们对你是一视同仁啊,但是你编写的东西没有出版,一个字也见不着,稿件成于众手,怎么评你的职称啊",诸如此类,推三阻四,评个职称不容易啊!编写组向编纂处反映这类问题陆续有来,有的还比较强烈。这关系到公正对待编写人员,关系到稳定军心,必须尽快解决。带着这类问题,我两次到北京西单高教部高教一司面见季公(阮锦荣也去过一次),向他汇报情况,请求帮助,并向他递交了请求评定职称的人名单。季公很重视,当即表示他会向高教一司提出这个问题,尽快研究出个办法,向部领导汇报求得解决。事后高教部发出一份敦促给编写《汉语大词典》的教师评定职称的信函,重申过去的几项原则。虽然是旧话重提,但敦促一次,力度就加重一层,有的老师说,拿着这份信函找学校最后评上了。季啸风是一位负责任的称职的工委会副主任。

方厚枢(左)和王涛在宁波会议上

说到工委会的人物，不能不说工委委员方厚枢，他可是《汉大》工作团队不可或缺的人物。用他自己的话说，"遵照陈翰伯同志的安排，先抓几部影响较大的大型汉语辞书。其中《辞海》的修订工作已由上海在抓；《辞源》的修订和新编《汉语大词典》《汉语大字典》这三部大型汉语辞书由华东、中南、西南12个省、市、自治区的出版、教育部门协作进行。随着工作的进展，不断有新的情况和问题出现。在省、市、自治区的协作中有些重要问题需要国家出版局协调解决，我就经常和教育部高教一司的负责同志以及各省、市、自治区出版局的词典工作办公室，和上海、四川、湖北三地的'汉语大词（字）典编纂处'保持密切联系，成为全国辞书编写、出版信息的交汇点，将了解的情况及时向局主管领导汇报并提出处理意见做决策参考"。方厚枢说他自己是"信息的交汇点"，这完全符合事实，所有的情况所有的信息，首先汇总到他那里。我们同他的接触交往也因交换信息而经常化，比较频繁。方厚枢待人宽厚，实干低调，有功劳总是转给别人，自认不过做点小事而已！实际上他是《汉语大词典》《汉语大字典》赖以成功的重要人物，深入了解情况，出谋献策，协调各种关系，解决复杂的矛盾，离不开方厚枢。他起的作用相当大，他是《汉语大词典》《汉语大字典》的工作枢纽和参谋长，对此他只是轻描淡写地几笔轻轻带过。他说，"我先后担任国家出版局出版部和修订《辞源》编审领导小组的联络员，新编《汉语大词典》《汉语大字典》工作委员会委员。我从1975年几部大型辞书的开创工作时起，一直到1994年全部完成时止"，"为辞书工作召开或参加会议、调查研究，十八年内共有25次"。至于电话往来，报告情况，商量问题，听取指示，乃至工委会、编委会开会前确认议题内容、准备材料、安排会议等筹备工作的方方面面，更是多有方厚枢的参与和指导。十八年来，他为《汉语大词典》所作的工作绝非他所说的那几句轻轻松松的三言两语所能概括得了的。

方厚枢同刘杲一样，严以律己，宽以待人，注重实干，作风低调。两人都住在北京方庄的普通公寓里，陈设简单，生活朴素，多年如一日，这正是他们朴素作风和高尚品格的写照。方厚枢是我念念不忘的一位《汉大》同仁，在我的心中他的形象始终完美而高大。

《汉语大词典》编纂工作的领导机构——《汉语大词典》编写领导小组和工作委员会，前后延续十八年，经由几次调整增补，最后演变为拥有39位成员的强有力的领导集体。三位主任陈翰伯、边春光和刘杲，以及几位副主任，都留给我极好的印象。他们真正做到了"两袖清风，一身正气"，是一辈清廉、正直、正派，敢于担当，责任心强，办事公道，有毅力有谋略有办法，说到做到的好领导！

下文回忆一下《汉语大词典》编辑委员会那些事。自1979年8月15日国家出版局、教育部联合任命罗竹风就任主编算起，直到《汉大》工作全部结束为止，罗竹风始终是《汉语大词典》编辑委员会主编。他带领编委会和编纂处走过将近十五年的编纂路程，历尽艰辛，功劳卓著。当然，编委会的其他几位副主编，如江苏的徐复和浙江的蒋礼鸿，都为编纂《汉语大词典》作出了重要贡献，尤其是蒋维崧、张涤华和洪笃仁三位副主编贡献尤大。如今他们都已离开人世。有关他们在这十数年间的作为，我这篇回忆文章很难全面记述下来，只能就我所经历、所知道的事情略述一二。

徐复这位老教授性情和缓，非常善良，指导南京师范学院编写组开展编写业务尽心尽力。每次开会言辞不多，而言必成理。他发言的时候，在座的人都注视聆听，都很尊重他。蒋礼鸿教授文字功力深厚，说话严谨，不但审阅了很多浙江的《汉语大词典》文稿，还亲自登堂授课培训编写人员。

安徽师范大学语言文字学家、版本目录专家张涤华，一位博学慈祥的学者。他是编委会副主编，也是《汉大》的元老级人物。安徽师大成立编写组时，魏心一和校方请他出来主持编写组的工作。从建组到办公用房，从收词制卡到编写文稿，他都注入自己的心血，下了很大功夫。张涤华指导安师大编写组成绩显著，在《汉大》编写队伍中，安师大编写组的战斗力很强。张涤华亲自收集资料抄写卡片编写释文，经他审定的许多稿件，不仅数量可观，往往还要加上说明，写上为什么要这样改。为了及时修改试写稿条文，1977年春节大年初一他也没有休息。他身体不太好，却一直带病工作，为《汉语大词典》这部书可以说是竭心尽力了。

厦门大学中文系洪笃仁教授，自被国家出版局、教育部任命为《汉语大词典》副主编以来，不辞辛劳，仔细认真地审稿、谨慎负责地定稿，把履行责任、完成《汉大》任务，当成自己的主要职责。他审阅过福建编写的几乎所有稿件，差不多《汉语大词典》全书六分之一的稿件都经过他的手，如果拿"超限尽责"四个字形容他的话，我觉得并不为过。特别是他多次来到编纂处住进"风雨楼"审稿定稿，与编辑交流稿件"打成一片"，和悦可亲，寒暑两易，始终如一。

蒋维崧，山东大学知名教授，汉语语言文字学家，他的书法艺术和篆刻造诣也很高。他最早参加山东收集资料的工作。他为参加收词制卡的工农兵成员上课，讲解古书内容，讲解收集资料的方法，亲自一张张修改交上来的资料卡，从中找出问题再拿到课堂上去讲解，在那个阶段他真是耗费了不少心血。蒋维崧是山东《汉大》团队的主心骨。他和吉常宏两人是山东《汉大》业务工作的两位指导者，而且亲手审定了相当数量的稿件，尽到了副主编的责任。蒋维崧诚恳朴实，静默少言，功在实干。他审改稿件很细致，一些不太引人注目容易被人忽略的小毛病，都有他改正过的手迹。我看过不少他修改过的稿件，笔迹端正，字如其人。

罗竹风，一位来自山东的革命老干部，身为知识分子，却是文武双全。他是北京大学毕业的高材生，一度在青州闹学潮，后来回到山东平度家乡抗击日寇，随军解放青岛，作为军代表接管山东大学，出任山大教务长，后奉调上海，担任上海市出版局代局长，在上海宗教部门也当过领导，就任《汉语大词典》主编时，任职上海哲学社会科学联合会。他是语言学家、宗教学家、辞书学家，文章写得很漂亮，出任《汉语大词典》主编之前修订《辞海》，担任常务副主编。罗竹风住在上海衡山路321号一幢旧公寓里，居家朴实，客厅不大，靠门处是一张单人布艺木扶手沙发。这是一张用了多年的陈旧沙发，近乎是他的专用座位。那时我住在宛南新村,每天骑单车上下班,白天太忙,汇报或请示工作大都是早晚绕道到罗老家见他。每次到他家,他总是坐在那张沙发上,几乎没有变过。清晨一般很早我就到了,罗老起得更早。老人精神矍铄、中气饱满,坐在这张沙发上听我报告工作。

在罗老当主编之后,召开过三次《汉语大词典》编辑委员会会议。他领导编委会为《汉语大词典》定性、定位,明确了《汉语大词典》的性质"是一部大型的、历史性的汉语语文词典",规定"它的编辑方针为'古今兼收,源流并重'",确认了"排除兼容并蓄、无所不包的最初设想,着重从语词的历史演变过程加以全面阐述"的历史原则,把编纂方针、编纂目标、收词和编写原则规定得清楚明白,划定了一个明确的编写框架。从此以后,编写和审稿定稿工作都在这一框架内作业,没有再走大的弯路。这是编委会的功劳,也是主编的功绩。

编委会全体会议总共召开过三次。陈翰伯在他主持召开的东山会议上,决定召开第一次编辑委员会会议。此前编委会已经任命成立,唯独主编空缺,罗竹风出任主编之后,到了召开编委会会议的时候了。第一次编委会要解决的主要问题东山会议已经决定下来。会议议题主要有三项:①讨论决定"收词原则规定"和"试行编写体例"。②小结试写以来释文编写工作的经验,确定今后释文编写工作的基本要求和做法。③讨论通过编委会、主编、副主编和编纂处的职责范围和工作条例。

第一次编辑委员会全体会议,1979年9月18日到26日在苏州举行,前后开了九天。编委会三次全体会议,这次开得最长,第二次杭州会议开了七天,第三次厦门会议只开了三天。首次编委会需要解决数年间积累下来的问题,自然开得要长一些。参加会议的编委会成员、国家出版局和江苏出版局、五省"词办"和领导小组办公室等合共40人。我也参加了这次会议。国家出版局代局长、领导小组组长陈翰伯宣布会议开幕并首先发表讲话。陈翰伯说:"今天是《汉语大词典》编委会第一次会议","今天会议为什么由我宣布开幕呢?因为我还是《汉语大词典》领导小组的组长。现在编委会成立了,领导小组的事渐渐少了,编委会的事越来越多了。但领导小组还有事干","还要管一些"。翰伯讲完话,改由主编、副主编主持会议。

作为主编,首先要解决编纂《汉语大词典》的一些基本问题。在他同我的多次谈话中,透露过他上任之初最关心的三件事。一件是统一编写者的认识,希望大家对《汉语大词典》的性质、任务和编写原则,达成明确的共识。他阐述过他的看法:这么多人编一部书,好像几匹马拉一辆车,你向东他向西,你往前使劲儿,他朝左使劲儿,非翻车不可。所以,几匹马都得向前跑,劲儿都得朝前使,这辆车才能沿着大道跑,跑起来才轻快。第二件事,他认为一定要集结一批能干的有志之士,而且要稳定,走马灯似的三天两头换人,这部书编不出来。第三件事,有个编纂处很重要。他曾说过:"没个中心实体办事情,南七北六,这个摊子怎么搞,松散联邦我老头子撑不起来呀。"罗老最关心的就是抓好这三件事。至于具体业务方面,他认为:业务问题都好办,只要人心齐,切磋琢磨,《汉大》这支队伍里能人有的是,一块儿努力编，不愁编不出来，就是个早晚的差别。他的看法做法同陈翰伯的看法做法，其实是同一道脉络，没有多大分别，二人伯仲之间都作出重大贡献。要说区别，前期中期创业阶段翰伯老贡献大，中期后期编写阶段罗老贡献大，只此区分罢了。

看得准抓得就准，罗竹风就从这三个问题抓起。第一次编委会经过九天的讨论，基本弄清楚了大词典的性质、方针、任务和规模。罗竹风总结道："《汉语大词典》是专门性的、提高性的语文大词典，不是综合性的词典，也不是普及的。对象是具有中等以上文化水平的读者"；编写方针是"古今兼收，源流并重"，但也"不能机械地理解这八字方针，不要绝对化，要从实际出发。如果每条都要源流并重，恐怕是办不到的。但从整部书看，完全应该朝这个方向努力"；在收词方面，罗竹风说，"我们是古今兼收，必然是现代词汇少于古代词汇"，"不能从'五四'切断，收词要收到现代"，"虽然有一个'大'字，但同语词义无关联的百科词目，不在我们收词范围之内。总之，垂直不能断代，要古今兼收；横向不能越界，以致侵入其他辞书的领域"。第一次编委会的主要成果是把"古今兼收，源流并重"的编写方针确定下来了。至于对"古今兼收，源流并重"的理解，基本面有了，基本定义也正确，但第一次编委会主要是成立大会，数年积累的问题，讨论起来涉及方方面面，讨论的问题很多，对业务问题并未做深入的讨论，也没有下最终的定论。

在第二次编委会上，罗竹风进一步阐释和界定了《汉语大词典》的性质、服务对象和"古今兼收，源流并重"的原则。他说："关于《汉语大词典》的性质、人物、编写方针问题，这就是说，要解决《汉语大词典》是什么，不是什么的问题。同时，还要明确这部大词典是为什么人服务的问题。至于编写体例，当然是怎样去贯彻、体现它的性质和任务的手段。三者综合起来，就是所谓编写方针。《汉语大词典》是一部语文词典，语文词典就是它的性质，在整个编写过程中，我们应该紧紧地扣住语文词典这一个本质性的问题，绝不动摇。我们对语文的理解，是指语言文字，而不是语言文章，它是以词为中心的，性质就进一步明确了。"关于服务对象，罗竹风解释说："现在改成以语文研究和教学工作者为服务对象，并帮助文、史、哲、政、经、法等工作者，解决他们在阅读古今著作和实际工作中遇到的语文方面的问题；它只能解决语文方面遇到的困难问题，不解决百科方面的困难问题。这样就比过去所提的为中等以上文化水平的读者服务明确得多了。"关于收词问题，罗竹风也做了进一步说明："收词原则可以决定《汉语大词典》的面貌，就是说只收一般语词，不收百科语词。对专科词的收录以进入一般语词范围者为限"，"就是一般语词加专科词进入一般语词范围之内的那一部分，就等于《汉语大词典》的全部词目。我们所要明确的收词原则，就是百科词一律不收，不仅限于理科的，文科的也不收，只收一般语词，并以语词为中心。在这样一个收词原则的制约下，我们再来全面地正确地理解《汉语大词典》的'大'字；作为一部大词典，从古到今，它收词的范围非常广泛"，"还应当从历时性和共时性两方面加以考虑，不仅从古到今，而且还要在一个时代平面上，尽量完备地收到有生命力和有使用价值的词语。这样纵横交叉起来，就构成了语言的全貌"。关于实用性，他主张："对于实用性的理解，不能超越语词的范围，而只能在语词范围之内去讲求实用性，超越了语词范围去讲实用性，这是其他辞书所应担负的任务。"关于收录单字的问题，罗竹风说，"《大词典》是以词为中心的，收那些死字毫无用处，而且增加了许多不必要的负担，那又何苦来呢"，"索性让《大字典》去考虑"，"所有的字都收，这应该是《大字典》的任务"。经罗竹风这样一阐释，《汉语大词典》的性质、任务和编写方针基本明确下来。当然这是他与几位副主编和学术顾问，特别是同吕叔湘、陈原讨论协商，才最终定下来的。其实，《汉语大词典》的性质、任务和编写原则这一重大问题，并非在一次编委会会议上就能一锤定音，它是一个由浅入深、统一认识、趋向成熟的过程。从第一次编委会到第二次编委会加深认识，再到第三次编委会最终定案，这期间有三四年的时间，不少稿子写出来了，新问题冒出来了，新经验总结出来了，在此基础上经过验证和分析，才得以更加清晰、更加准确地表述和界定下来。从这个意义上看，虽然是主编完整提出，主编拍板，编委会定案，但也是编写者们数年的辛苦结出的果实。

第一次编委会，原则通过了《关于〈汉语大词典〉收词原则的规定》和《〈汉语大词典〉试行编写体例》这两个用作编写依据的文件；讨论了编委会、主编、副主编和编纂处的职责范围等问题，通过了相应的试行办法，成立了《汉语大词典》审音小组。罗竹风作了总结讲话。他说，"现在我们已有一支四百三十人的队伍，有战斗力的二百八十多人，可以独立作战的一百五十多人。我们总的方针是调整、巩固、充实、提高。不适于编词典的人，要坚决调出去，不能滥竽充数，调进来的人，要选那些有一定业务基础、有志于编辞书的人"，"编完《汉语大词典》以后，这支队伍要保存下来，作为我们国家编写辞书队伍的骨干，发挥更大的作用"。他要求"初稿要当成定稿写，认真对待，多下点功夫"，同时表示"编纂处的成立是当务之急，回去后"，"与市委有关部门商量解决"。没过多久，编纂处获得批准正式成立。

一年后的11月19日至25日，《汉语大词典》第二次编委会全体会议在杭州柳浪闻莺风景如画的大华饭店召开。在《汉大》历史上，这是一次非常重要的业务会议。第一次编委会之后，吕叔湘、王力、陈原、周祖谟等十四位顶级专家学者受聘担任学术顾问，其中的七位齐聚杭州，使本次会议光彩闪耀。编委会成员三十多人、五省"词办"和编纂处同仁，以及浙江编写组代表，一共八十多人参加。我参加了这次会议，并在会前与编纂处几位同仁一道，为召开这次会议做了充分的准备。这是一次群贤毕至、共襄盛举、共商《汉语大词典》重大问题的会议。

浙江领导层非常重视这次会议，省委副书记、副省长陈作霖，分管《汉大》工作的省委宣传部副部长于冠西，以及省出版局局长刘星华都到会讲话。这次会议，大会小会穿插交错进行。领导、主编、副主编、学术顾问和编委，都在不同场合发言，表述自己的意见，阐发自己的观点。最后由罗竹风作总结发言。大华饭店坐落在西湖之滨，远山近水，柳丝飘拂。晚饭后，与会者三三两两在湖滨边散步边议论边商量，言不离《汉语大词典》，优美的环境为大家增添了不少意兴。

煌煌辞典著春秋 ——《汉语大词典》出版背后的故事

国家出版局代表、学术顾问陈原在开幕式上宣读了教育部和国家出版局刚发出不久的两个文件，《关于聘请〈汉语大词典〉学术顾问的通知》和《关于增补任命〈汉语大词典〉副主编、编委会成员的通知》，然后发表了长篇大论的讲话。他议论精当，说话幽默，语调感情饱满，博得满堂喝彩。他提示在座编委和编者要看到困难。他说道："社会上并不太了解我们词典工作的艰巨性，也不太了解它的复杂性，因此我们遇到很多困难。人事上的困难，经济上的困难，以及其他莫名其妙的困难。很多意想不到的，本来可以不出现的困难，我都归纳到'莫名其妙'里头去了。"继之又鼓励大家："虽有无穷无尽的苦衷，但也觉得大有希望。我今天只表达一条希望，我希望这个重大的工程在三年里，或者说在四五年里头把整个架子搭起来。现在看起来，有了一个架子就有希望实现整个工程，没有这个架子，就没有希望实现，到后来会变成一堆废纸。因此，我希望在短时期里，靠着大家的勤奋和自我牺牲精神，为我们子孙后代，为提高我们整个民族的文化水平，能够在几年里面将这个基础工程的架子搭成，我看是有希望的。我想整个出版界，整个读书界，整个学术界，以及我们的人民，都会对我们寄予这样重大的希望。"在另外两次全体会议上，陈原从词语角度入手论议《汉大》，旁征博引，相当精彩；他还表示学术顾问不单是做顾问，还打算"上书言事"。他说："大家有好多意见要我们向上反映，昨天晚上我们几位同志研究了一下，我们采取个人的、组织的、各方面的、出版局的、语言所的、语言学会的、文改会的、教育部的，各条线向上反映，然后是我陈原——虽然我这个人人微言轻，我也还向上反映，吕老以及各位学术顾问也向上反映。昨天我们酝酿一下，想在学术顾问里串联一下，联名'上书言事'，用这种方法向上面捅去，反映情况"，"希望有关方面解决我们某些能够解决的困难"。

对于请求上面帮助解决困难这个问题，罗竹风在会上也说："要弄清楚，究竟妨碍我们前进的有哪些困难，这些困难应当怎样解决，从哪里着手去解决。五省一市自己不能解决的，可以向上面反应，一直反映到国务院和中央书记处。国家出版局可以反映，吕老也答应可以反映，我个人也可以反映嘛。"积极向中央反映困难，请求支持帮助解决问题，是这次会议达成的一项共识。

首席顾问吕叔湘发言。他以《牛津英语大词典》为例，说明编纂一部大型语文词典有多艰难。虽说艰难，"此中有真趣"，"要说搞名山事业，那只有搞词典"，"我要年轻二十岁，是五十六岁的话，我是愿意来参加这部大词典的"。他以此来鼓励大家坚持努力，奋斗到底。他回顾《汉大》前几年走过的道路，说道："广州会议把《汉语大词典》提到日程上来了，这是一件好事情。可是那时候参加会议的人所设想的《大词典》跟我们今天在这里谈的《大词典》恐怕面目全不一样，那个时候"，"是工农兵学商一齐上阵，是大兵团作战"，"很走了些弯路。'四人帮'打倒以后，我们逐步地把这条路子摸清楚了，这个《大词典》怎么编，为谁服务明确了，那我们以后可以沿着这条路子走下去了。这个用北京话来说叫作'歪打正着'，在广州会议时它一记打下去不是打这个目标，而是打那个目标，那么现在我们转移过来要打这个目标了"。

陈原在会上就五省一市协作编写这条路子，有另一种幽默有趣的表述："这不一定是一种很好的办法，甚至于不是一种办法，但是它终于是一种可以走的办法，是无路可走又走出来的一种办法，是无可奈何，溜又溜不走，你只能给它'网住'干下去的一种办法。因此我说时光不能倒流，如果能倒流的话，我这个'跑龙套'的也不会赞成采用现在这个办法。既然时光不能倒流，我们就只好照这个办法干也许能走出一条路来。这条路大概后人不会走了。假定不这样，设想一下，咱们现在不干了，五省一市都下马，那很容易，说一句话就下马了，各奔前程，该当教授的当教授，该搞出版的就搞出版去，那很容易。可是，设想另外一种办法行不行？看来不很容易。比方说，现在打个报告给中央，不要说四百人，就是全国调一百位教授、副教授或其他的同志到北京或上海去，集中起来开一个'辞典馆'，然后从头编到尾，这可能是个很好的办法。但是，我说一百个人你能提出名字来，从外地调得进一个人来就杀我的头！"听到这里，群情共鸣，哄堂大笑。陈原继续说，"你到我敝馆——商务印书馆来调，我一个人都不给，给的话你也不要，这种事彼此都明白。这没有办法。现在既然没有办法，咱们就硬着头皮干。"罗竹风也在会上就此评论道："五省一市协同编写一部大词典，这是空前未有的创举，是否绝后，我想也可能要绝后的。一个日本代表团的朋友问我：你们怎么编法？我说就这么编。发挥社会主义制度的优越性嘛。你们干不了的，我们可以干。我和吕老也讲过这个问题。他说：'这也是一条路嘛，大胆地闯一闯看，怕什么！'"

吕叔湘、陈原和罗竹风三人对《汉大》所走道路的评论，结束了一直存在的纷纷纭纭的"议论"。结论是清楚的：这是当年不得已而走的一条路，也是一条可以走出一条新路的路，舍此而外，还真找不到另外一条顺顺当当的路。实践出真知，仅用十八年就编纂出版了十二卷《汉语大词典》这一事实，证明这个结论是正确的。

会议开了七天，大会小会举行过多次，逐项审议、原则通过了编纂处起草的"收词原则"和"编写体例"的修改稿，议决会后请五省一市各派一名编委或编写经验丰富者，到上海同编纂处一道研究大家所提的意见，再改出一稿，分送学术顾问和编委会成员，审定印发，请各位编者先照此规则编写，待积累经验后再做修改，最终定稿。

主编罗竹风在杭州编委会上阐述的编纂《汉语大词典》的基本方针，我小结几句，那就是《汉语大词典》乃是"一部大型的历史性的汉语语文辞典"，"它的编辑方针为'古今兼收，源流并重'"，"排除兼容并蓄、无所不包的最初设想，着重从语词的历史演变过程加以全面阐述；所收条目力求义项完备，释义确切，层次清楚，文字简练，符合辞书科学性、知识性、稳定性的要求；单字则以有文献例证者为限，没有例证的僻字、死字一般不收列；专科词只收已进入一般语词范围内的，以与其他专科辞书相区别"。这一段话说清楚了编纂《汉语大词典》的指导原则，体现着主编的编纂理念。这几条涉及根本性的方针大计十分重要。所以，我在起草《汉语大词典》第一版前言的时候，将这一理念完整地纳入其中。

对于罗老所说百科词限定在语词意义范围内的意见，编委有不同的看法。不同的意见在会上交锋，部分人主张古代百科从宽收录，也就是全收。但最后也都统一到了主编所提的主张上来。关于简化字和繁体字问题，意见比较对立，争论也比较激烈。一种主张全部用简化字，主张按照"文字改革"的政策办；另一种主张既然《汉语大词典》以古代词语为主以古代书证为主，"字从主人"，应当一律用繁体字。两种意见委决不下，后者占据上风。罗老同核心领导层商议后，召开了一次主编、副主编和学术顾问参加的小型会议，仔细商讨过后，拿出一个折中方案：释义行文和现代书证用简化字，立目和古代书证用繁体字。罗老解释这个方案说，这个方案既照顾国家推行简化字的政策，又照顾到《汉语大词典》古代书证字形、字义复杂的情况，是一个合适的选择。有人问陈原"您怎么看？"陈原摇着手说："我没意见。你用简化字也好，他用繁体字也好，只要这部书编出来，怎么都行！"陈原的回答合乎他一向的观点："辞典这玩意儿，不必争论不休，你永远争不到一条道儿上来，只要编出来就有用，有用就是成功。"《汉语大词典》的古代书证用字和书名人名用字，确实比较复杂。《汉语大词典》不是通俗读物，一律改成简化字会产生不少问题。杭州会议最后采纳了简繁并用的方案。在此后的编写和审定稿当中，曾不断涌出一些字形字体问题，我们都及时订出处理办法，一一界定清楚，及时增补到编写体例当中，让编写者有章可循。第一卷印出来的时候，我听到过一种意见，"没见过简化字和繁体字并用的辞典"，弦外之音，此法不可取。其实，但凡对《汉语大词典》有一点深入了解的人都会明白，简繁并用乃是最合适的选择。

罗竹风在会终发表总结讲话。他总结道："《汉语大词典》编委会第二次会议开了七天，已按原定计划完成了。在这次会议之前，由国家出版局、中央教育部批准，增加了二十一位编委。这样编委会成员，连同原有的十八位，一共是三十九人。这说明我们编委会的力量是壮大了。同时聘请了十四位全国语言学界的老前辈、专家、学者做我们的学术顾问……这几天以来，大家济济一堂，共同商讨有关《汉语大词典》的重大问题，比如说它的性质、任务、编写方针、收词原则、编写体例等等，取得很好的效果和成绩。"他同时提出，"资料工作对编写词书来说是非常重要的，我们一时一刻都不能忽视。不能说现在有了几百万张卡片就已经满足了，还远远不够哇"，"今后要大搞资料，采取各种方式收集资料，业余的方式或社会的方式"，"搞资料是长期的任务，它与编写工作相始终，不能中断，一定要坚持到底"。至于今后工作的设想，他提出："《汉语大词典》的蓝图、格局、整个结构究竟怎样呢？应当大体上勾画出个轮廓来。先作个三年的设想怎么样？即一九八一年、八二年、八三年"，"争取在八三年写出一个初稿来"，"为了及早完成初稿编写任务，我们不妨订一个三年的滚动计划，这个计划不能订得太死，太呆板，三年之内还要订年度计划、季度计划。这样一个环节扣一个环节"，"滚动下去，根据工作需要可以随时修订，随时补充"。他在总结中也明确说到五省一市大协作的相互关系问题："这一次在讨论中，不少同志提到了关系问题。凡是工作，都有一个关系问题，而且还是多方面的。比如说，编委会本身怎么工作？各省市的副主编、编委和各编写组的关系，编委会和学术顾问的关系，这些都应该处理得很恰当。我们认为其中最重要的是各省同编纂处的关系问题。为什么要成立编纂处呢？根据工作需要，非成立不可，不然就没有办法工作"，"编纂处是编委会在业务方面的办事机构"，"成立编纂处，五省一市就可以相互通气了。我想所有编委，都会这样理解。因而编纂处不是一个可有可无的机构。如果没有它，工作是会瘫痪的，不可能作为一部完整的机器运转起来"。

现在我们可以回顾一下，陈翰伯主导的这项编纂《汉语大词典》的工作，在杭州会议结束之时所走过的几个阶段。国家出版局和陈翰伯在"四人帮"垮台以后，紧锣密鼓地采取措施，召开青岛会议消除"四人帮"带给《汉大》的负面影响，接着又联合教育部共同领导《汉大》工作，端正思想认识，"拨乱反正"，收缩整顿编写组，逐步纠正过去的偏差。接着陈翰伯又向中宣部详细报告请示，并给胡耀邦写信得到明确支持，而后召开东山会议和正式成立编委会与学术顾问委员会，直到在杭州举行第二次编委会，得到以吕叔湘为首的语言学界和学术界的有力支持，肯定了五省一市协作编写是一条可行的道路，并最终将编纂方针确定下来，同时提出了编写与出版的目标，《汉大》的工作至此取得综合性战果。在国家"改革开放"新形势的驱动下，形成国家出版局和教育部直接领导，编写领导小组、编委会和顾委会合力推进的新局面，一扫数年来的消极阴霾，转向情绪振奋、积极向上的轨道，信心倍增，潜能释放，陈翰伯的目标实现了，《汉语大词典》大有可为！

杭州会议发出的声音，促使编写初稿的工作进入快车道。五省一市各个编写组都听取了罗竹风、吕叔湘和陈原等人在会上的讲话录音。大家对《汉语大词典》的性质、任务和编写方针，有了进一步的认识。尤其是吕叔湘和陈原那一席编纂辞书甘苦的发言，使编写人员深受启发和鼓舞。对于主编所提三年拿出初稿的目标，编写组大都表示抱定三年交卷的信心。福建还召开省编委扩大会议，传达杭州会议精神，部署下一阶段的工作，其他省市也都做了相应的传达和讨论。《汉大》的整体工作出现明显向好的转变。

五、中央的支持

党和政府给予《汉大》始终一贯的支持，没有中央的支持就没有《汉语大词典》。中央对《汉大》的支持是信心，是动力，也是牵引力。在"汉大人"情绪低沉，亟须注入强心剂的时候，胡耀邦"原则同意，请努力进行"的批示，极大地提振了大家的信心，鼓舞了大家的士气。中央领导出面支持的效果非常醒目，它直接促成任命主编，成立编纂处，召开第一次编委会，扭转了《汉大》的颓势，转向上升的轨道。从胡耀邦批示到出齐全书十二卷，在这前后十四年间，国家出版局（文化部出版局和国家新闻出版署）和教育部（高教部和国家教育委员会），中央办公厅和国务院专为《汉语大词典》发出的文件或通知，共有十八份，

煌煌辞典著春秋——《汉语大词典》出版背后的故事

如果算上胡耀邦批示之前所发的文件,总计二十二份之多。为编纂一本辞书而发出二十二份文件或通知,这是前所未见的记录,恐怕在中国出版史上也属独一份,任何一部出版物都无此殊荣。在二十二份文件或通知当中,中共中央办公厅文件两份,中共中央办公厅与国务院办公厅联合发出的文件一份,国家出版局和教育部联合发出的文件十七份,教育部单独发出两份。倘若算上五省一市发出的文件,算上地区一级发出的文件,那总数就更多了。

两次编委会开过了,《汉语大词典》的性质、任务和编纂方针也已经明确下来,编写领导小组、编委会和顾委会三者齐备,经过整顿清理留下来的编写组大都是主力组,人员也较为整齐,看起来好像万事俱备只欠东风,唯独待发的只是齐心协力编好初稿,进而审稿定稿准备出书。但是天底下没有尽如人意的事。尽管教育部三令五申,然而说时容易做时难,编纂《汉语大词典》的长期性同编纂人员临时性的矛盾引发的种种问题,在一些学校和地区编写组依然存在,有的地方还比较动荡。"拨乱反正"以来的教育事业发展得很快,学校排在第一位的总归是教学,向回抽人,特别是学校调回骨干教师的愿望比较强烈;而久违教学、评职称、分住房、提级加薪,每一样都关系着编者的切身利益,"人一走,茶就凉",嘴上说一视同仁,然而一旦事到临头,各种推搪的理由就都冒了出来,且不说完全不给,就算给一点留一点,就闹得人心隐隐浮动,队伍根基不稳。而此时正当《汉大》进入攻坚的转折阶段,保持稳定的编写队伍极为重要,纵使不能彻底解决,也须要相对解决,不然消极影响会越来越大。面对这种情况,陈翰伯、吕叔湘、罗竹风三人,沿着"五省一市自己不能解决的,可以向上面反映,一直反映到国务院和中央书记处"这一解决问题的途径,在 1981 年 9 月 8 日,联名给中央书记处写了一份报告,报告名为"关于加强《汉语大词典》工作的报告"。这份报告提出四项建议:①进一步明确编纂《汉语大词典》的重要意义。②稳定、充实和提高编写队伍,健全编写组织。③编写人员评定学衔、晋级、住房等,要同学校教学人员、其他科研人员一视同仁。④由上海市出版局主管的汉语大词典编纂处,要作为语文工具书编纂机构长期保留下去。这份报告请求中央给予支持,最紧迫的是第二点和第三点。

报告转到了中央书记处书记胡乔木手上。胡乔木十分重视编纂《汉语大词典》这件事,接到这份报告之后,于 10 月 19 日给时任中宣部部长、中央书记处书记的王任重写了一封信。他在信中说:"汉语是世界上最重要的、使用人口最多的语言之一,历史悠久,典籍浩繁,古今变化层出不穷,加以方言分歧、口语、书面语、专科用语和作者习用语在群书上互见迭出,读者很难一一索解。由于我国历史上只有字书,没有现代意义的词典,现出的一些词典,或只收古词,或只收今词,或合字典、词典、百科词典于一书,而且限于篇幅,远远不能满足实际需要。因此,编辑出版一部大型的、比较完备的、贯通古今的汉语词典,十分必要。经过六年的艰苦努力,现在这一工作已取得可喜的重要进展,正按预定计划,力争 1983 年写成初稿,1985 年定稿出版。在此重要关键时刻,请各有关部门和有关省、市委予以更大的支持,努力保证《词典》按计划、高质量地完成出版,同时,努力保持这一工作队伍长期稳定地存在，并尽可能地提高和扩大，以求我国词典事业得以在此基础上继续发展，以便有计划、有步骤地陆续填补有关学术上的其他空白。"中共中央办公厅于1981年10月28日发出〔1981〕43号文件，转发陈、吕、罗三人的报告，并加上"陈翰伯、吕叔湘、罗竹风同志《关于加强〈汉语大词典〉工作的报告》，已经中央领导同志审阅同意。现转发给你们研究执行"的按语，按语全文转引了胡乔木给王任重的信件。这份文件是发给国家出版局、教育部和五省一市党委的，可以想见它所起的推动作用是很大的。

两年后的9月，第三次编委会在厦门召开。与会者认为："今后工作，要把早抓第一卷的定稿出版工作和继续抓好面上的初稿编写工作结合起来，争取在'六五计划'内即1985年开始出书，'七五计划'内出齐。"这次编委会定调《汉大》将要进入定稿阶段，下一步需要选择业务又好又能干事的编者组建精干的定稿班底。然而一些准备留下来参与定稿的骨干编者不少已届退休年龄，一旦他们退出编纂团队，失去这一批有经验的编纂人才，要想弥补回来是很困难的。怎么办？还是老办法。为保持领导和编写队伍的稳定，1983年12月3日，陈翰伯、吕叔湘和罗竹风三人再次给书记处打报告，说明《汉大》的进展情况，并提出建议措施，希望征得进一步支持。报告主要内容有三条：①报告出版计划，拟在1985年出版第一卷，在"七五计划"内全部出齐。②"文化部、教育部和五省一市有关部门，要继续加强对《汉语大词典》工作的领导。编写领导小组要继续保留下去，有关领导同志，除调动工作者外，退到二线工作或离休的，鉴于他们熟悉这项工作的历史和现状，为保持领导的稳定性和连续性，建议仍由他们负责这项工作，直到完成出版任务时为止。"③"编委会成员作适当的调整和充实；编写任务完成的单位，编写组撤销时，留下少数骨干人员复审稿件，处理初稿中遗留的问题，不要另外分配他们担任教学和其他科研工作。编委会成员和编写骨干人员中，已离休、退休的要继续留下工作；已到离休、退休年龄而身体尚好、能继续工作的，暂不办理离休、退休手续。确定参加定稿出版工作的高校教师，由教育部行文通知有关单位。"这份报告很快就获得中央书记处认可并被转发。1984年1月6日中共中央办公厅发出〔1984〕2号文件，文件的按语说："陈翰伯、吕叔湘、罗竹风同志《关于〈汉语大词典〉定稿出版工作的请示报告》，已经中央书记处同意，现转发给你们，请遵照执行。"此文件与43号文件一样，转发给文化部和教育部党组以及五省一市党委。

陈翰伯、吕叔湘和罗竹风先后两次报告都得到胡乔木和中央书记处的支持。胡乔木不但两次迅速批示报告、积极支持《汉语大词典》的工作，而且还亲临编纂处看望大家，了解情况。1986年6月12日上午，一辆乳黄色面包车缓缓驶进新华路200号，车门开处胡乔木现身。他由市委宣传部副部长龚心瀚、上海出版局局长王国忠陪同来到编纂处。主编罗竹风欢迎胡乔木并陪同他到编辑室看望编辑人员。胡乔木走进编辑室热情地同大家打招呼，来到编辑梁凤莲的写字台前同她握手，看她台上的稿件，而后与大家一一握手，还特地去"风雨楼"看望来沪审稿定稿的外地编委吉常宏、相隆本、林菁、张叶芦、骆伟里、吴连生和鲍风等人，

煌煌辞典著春秋——《汉语大词典》出版背后的故事

称赞他们的敬业精神。他还到二楼同正在定稿的傅元恺攀谈，询问审稿情况。随后举行座谈会，听取罗竹风介绍情况，交谈编写和审稿的事情。会后胡乔木同大家合影，留下一帧纪念照片。胡乔木所给予的支持和关怀在《汉语大词典》编纂史上占据着重要地位，这也是他对国家文化事业所作的重要贡献。为着感谢他给予的宝贵支持，《汉语大词典》第一卷出版之后，我和主编商议，以编委会、编纂处的名义，赠送他一套《汉语大词典》，罗老说"跟边老报告一下这件事"；边老回复"非常好，我赞成"。不久我和阮锦荣到北京出差，将第一卷送到邓立群的家中，拜托他转送胡乔木并请代致《汉语大词典》编委会的感谢之意。

下面，我分别回顾一下万年青会议和第三次编委会的情况。

胡乔木批转陈、吕、罗三位《关于加强〈汉语大词典〉工作的报告》刚过去四十八天，也就是1981年12月15日，国家出版局和教育部便联合在北京召开"《汉语大词典》工作会议"，借助43号文件的东风再烧一把火。国家出版局代局长陈翰伯、教育部副部长浦通修，安徽省副省长、省领导小组组长魏心一，山东省副省长、省领导小组长丁方明，山东大学校长、省领导小组成员吴富恒，江苏省委宣传部副部长刘平和高教局副局长李钟英，浙江出版局副局长李克难，福建省委宣传部副部长计克良，上海市委宣传部副部长、上海市中外语文词典编写领导小组副组长洪泽，学术顾问王力、叶圣陶、陈原和倪海曙，《汉语大词典》编写领导小组各位副组长、五省"词办"和编纂处的同志，总计49人参加会议。特别是中央书记处书记胡乔木，在会议期间打电话给吕叔湘，请他转达对会议的关怀，并对《汉大》的工作作出指示。从中央领导的关注，从五省一市多名领导云集北京参加万年青会议，说明从中央到地方的党政领导，从出版局到教育部，是多么重视《汉语大词典》这项工作，始终给予有力的支持，这是《汉大》获致成功的基本保证。

这次会议在北京万年青宾馆举行。万年青宾馆坐落在海淀古刹万寿寺附近，一家设备一般的普通宾馆。当年此处的环境还算清静，适合开会，如今已经是车如流水马如龙的通衢要道了。万年青会议重点商讨贯彻中央43号文件，"着重解决稳定、充实和提高编写队伍"的问题，以及"加快编写工作步伐，争取按计划、高质量地完成出版"任务的问题。会议开了四天，作出几项决议：①为加强领导，决定增补教育部高教一司副司长萧岩为《汉语大词典》编写领导小组成员；"编写小组原有成员，因工作调动不必继续留在小组的可以调整；同时，根据需要再增补若干同志参加编写领导小组"。②为稳定充实编写队伍，会议要求"根据任务和工作计划，充实和安排编写、审稿力量。现有编写人员，除个别确实不能胜任的需要调整外，一律不作变动。胜任编写工作而在最近两年中调离、现在和可能调回的人员，要尽快调回编写组"；"编写组要实行坐班制，并建立必要的规章制度。要为编写组提供较好的工作环境和其他物质条件"。③为按计划、高质量地完成编写任务，"会议要求五省一市立即着手算任务细账，订出三年的工作规划和逐年滚动的工作计划"；"五省一市对自己尚待完成的编写任务，要一次分配完毕并下达到有关编写单位，使这些单位及早明确所承担的全部任务，以便制定具体的工作计划，组织好编写力量加快工作步伐"。

国家出版局和教育部转发了这次会议的"会议纪要"。在转发按语中指出，"六年来，在五省一市有关领导部门的具体领导下，经出版、教育部门和编写工作人员的共同努力，已经取得了一定的成绩。但是，今后的任务仍非常繁重，必须进一步加强协作，调动和发挥各方面的积极性，才能加快步伐，按计划、高质量地完成"，"各有关部门和承担任务的院校要把编写《汉语大词典》列入重点科研项目和工作计划，作为本部门、本单位分内的大事抓到底。要采取有力措施，稳定、充实和提高编写队伍；对高等和中等学校参加词典编写工作人员评定学衔、晋级、住房等，要同学校其他教学人员、科研人员一视同仁"。文件转发的是万年青"会议纪要"，但加上这个强调会议主旨的按语，就变成教育部门的指示，力度就完全不一样了。

1983年秋季，在各种准备工作完成之后，罗竹风决定召开第三次编委会全体会议，1983年9月11日第三次编委会在厦门举行。这次会议主要是讨论经过认真修改后的"收词原则"和"编写体例"，"讨论继续抓好初稿编写工作和开始定稿出版工作的问题"。参加会议的有编委会成员，领导小组组长陈翰伯、副组长边春光和季啸风，王力、周祖谟等几位学术顾问，五省"词办"和编纂处的同志。在《汉语大词典》历史上，这是主编召开的最后一次编委会全体会议，规模比较大，到会一百一十多人。编委们分成三个组讨论了三个半天，领导小组开了两个半天的会议，前后举行大会五次，分组会四次，大会小会交错进行。

厦门会议审议了"收词原则"和"编写体例"修改稿，认为这两个文件在过去实践的基础上，经过多次和这次会前修改，符合《汉语大词典》的编纂方针，切合编写实际，再经小幅改动即可定稿作为编写和审稿定稿的依据。会议还讨论了第一卷的定稿工作，认为今后要把抓第一卷定稿和推进面上编写初稿的工作结合起来，争取在1985年开始出书，"七五计划"内出齐。会议要求五省一市"始终如一地密切合作，充分利用有利条件，积极解决一些实际困难，在各自的岗位上，真正做到'反求诸己，尽其在我'"，努力实现"'七五'内出齐"全书的工作计划。会议结束后，部分与会者游览了厦门市景。编委陈延祐，编纂处左钧如、凌才福、蒋薇美陪同学术顾问王力、周祖谟和副主编张涤华游览了风景靓丽的日光岩，一览厦门滨海风光。

第三次编委会圆满达到目的。主编罗竹风完成了定盘《汉语大词典》框架，绘画《汉语大词典》面貌的任务。

在举行万年青和厦门这两次会议之前，如同历次工委会和编委会召开之前一样，我们都为会议做了充分的准备。召开万年青会议是国家出版局和教育部的工作部署，目的明确，就是为了研究落实贯彻中央批转"三巨头"报告的具体措施。编写领导小组要求编纂处做好准备工作。编纂处召集五省"词办"于1981年11月12日在上海开了三天会议，环绕贯彻落实43号文件这一主题为会议进行了认真的准备。为开好厦门编委会，编纂处在无锡召开了一次五省"词办"工作会议,从1983年3月2日起一连开了三天,五位"词办"主任、江苏出版局副局长陈立人、主编罗竹风出席会议,编纂处副主任陈落主持会议。会议研究了将在厦门召开第三次编委会的各项问题,认为这将是最后审议《汉语大词典》总体设计和面貌的重要会议。编纂处在研究各方面的意见和分析"初稿本"的基础上,修改了"收词原则"和"编写体例",起草了"注音方案""插图方案""部首编排和检索方案"等文件,花了很长时间为厦门会议做业务准备。在厦门会议上,大家认为编纂处所做的准备工作是慎重的和可取的。

经过诸多准备以后,万年青和厦门会议,都进行得比较顺利。只是召开一次这种规模的会议,兴师动众,接待安排,种种开支成本很高,所以此后就没有再召开大规模的会议,而是采取编委会和工委会联合召开"工作会议"的形式,或召开编委会、工委会小型会议,高效灵活,节省开支。这也是会议开多了,才总结出来的一条经验。

六、资料与编写

资料第一,资料先行。编写任何词典,没有资料寸步难行,更何况是讲究"古今兼收,源流并重"的《汉语大词典》。在万年青会议上,吕叔湘说:"编词典最重要的'物'就是资料。"《汉语大词典》编纂工作也起步于收集汉语语言资料。

有关资料的那些事,我想从剪贴卡片开始说起。早在五省一市决定协作编纂《汉语大词典》的上海大厦会议上,便"商定了启动计划,决定先以《大汉和辞典》十三卷为分工依据,编写力量较大的省市各分二至三册,力量较小的省分一册,回去后各自组织力量,按照所分的部首,先从收集资料入手"。一切先从做旧辞书剪贴卡开始。方厚枢回忆说,第一步工作是将《大汉和辞典》《中文大辞典》"这两部大辞典的词条一一剪贴制成卡片","还要从古今大量书籍中收集第一手的词汇资料,这就需要许多古籍的索引(如燕京大学的"引得"等),其中不少书要从台湾以及日本购买,翰伯同志考虑,当时因进口图书限制较严,外地向外文书店订购,时间既慢也不易完全得到保证供应。为此,翰伯同志和图书进出口公司商量,由国家出版局统一办理订购,首先保证承担任务的各省市均能供应两部《大汉和辞典》和《中文大辞典》。日本出版有许多汉文古籍索引,由各省市开列书单,交我统一办理订购。于是一个时期,我的主要任务就是跑图书进口公司,订购的书到后,再分别打包托运,保证各省市编写组的需要"。

有了方厚枢购买的这两套书,搜集资料的工作就从剪贴《大汉和辞典》和《中文大辞典》以及多种索引、"引得"开始做起来了。由各省领导小组统一布置,首先是按照划分的部首剪贴旧辞书。我举江苏淮阴编写组作例子。淮阴组是江苏早期建立的一个编写组,这个组经历了收词制卡的全过程。按照江苏省领导小组的布置，依照江苏所分《康熙字典》部首的先后顺序，淮阴组首先剪贴《大汉和辞典》《中文大辞典》中"金""长""门""阜""隶""隹"六个部首，另有日本人斯波六郎编制的一部《文选索引》。六个部首中"金""门""阜""隹"都是大部首，条目很多，剪贴下来就装进资料口袋。

当时规定每一个字词各建一份资料档案袋。剪贴卡与所收集的资料卡及有关资料都装进里面，编者根据这些资料编写词条，编好的稿子也装到袋子里。在收集资料之初，办公室便印制了一批资料袋，一个词目一只资料袋，凡是这个词目的资料都装进同一个袋子里。资料卡多了，一个袋子装不下，就绑起资料卡与袋子捆到一块，以后编写人员用资料就很方便。编写好的文稿也装进资料袋里，资料袋跟着词目走，词目跟着部首走。资料袋上印着"《汉语大词典》释文资料袋"十个大字，下面是"词目、部首、笔画、编号"，还有"内装"一栏，须写明袋子里装的都是什么，譬如"十张卡片、三页文稿，附一页说明"，最下面一栏注明制作卡片的编写组和日期，桥归桥路归路，分得清清楚楚。资料卡片也是统一印制的，一张13厘米×10厘米的长方形卡片。这是一张用稍硬的白纸以绿色印刷成横条格的卡片，后来又曾以蓝色印制。由上到下共十格，分别是"词目；出处、作者；版本、册、卷、页、栏；内容摘录（释义、注、例句等）"共四大项，内容摘录占七栏。格子外的上端为"类；部；画；音序；四角号码"五项；格子外的下端印着"《汉语大词典》资料卡"。资料袋和资料卡由领导小组办公室统一出钱印制，后来有的省自己也印制过一部分。资料卡片的规格和项目由颜品仁设计，颜品仁是浙江最早成立的那个编写组中的一员。

除去剪贴《大汉和辞典》等旧辞书以外，《汉语大词典》资料卡片中还有一大批"索引"卡片。这批索引卡片，一部分来自别人编制的索引，已经成书，拿过来剪贴就是；另一部分来自"汉大"队伍自己编的索引，如《〈孟子〉词语汇编》和《盐铁论》《文心雕龙》等书的"引得"。说到编纂引得，吉常宏在青岛会议上就曾提出过做引得的建议，但当时没引起与会者重视，在采集资料过程中才感到引得的重要性，有的编写组便开始自己编制引得。后来编纂处又组织剪贴燕京哈佛学社的"引得"，情况一交流，引起大家的重视，于是有的编写组也自己编纂引得，取得不少成果。福建龙岩地区编写组六位同事花费四个月做成《〈文心雕龙〉字词索引》，其中单字卡片37733张，字词合共四万多张。他们分八个步骤制作此书的索引：①断词。②断句。③刻写、校对。④油印、制卡。⑤圈词。⑥分类。⑦抄录"索引"初稿。⑧复查。当时没有电脑，全部靠人手完成，费工费力，极其难得。这数万张索引卡按部首分别调往各编写组使用。《汉大》总共引用了2407条《文心雕龙》的书证，其中一大半贡献来自龙岩编写组。复旦大学编写组黄桂初，仅靠一己之力编制出《〈全唐文〉作者索引》。《全唐文》卷帙浩繁，有了这份索引，查阅起来就方便多了。

编写领导小组办公室和后来的编纂处自己也剪贴了不少资料卡片。截至1979年4月，陆续复印剪贴了《尚书》《周易》《毛诗》《论语》《孟子》《孙子》《庄子》《荀子》《文选》

煌煌辞典著春秋 ——《汉语大词典》出版背后的故事

《吕氏春秋》《儒林外史》《儿女英雄传》《二十年目睹之怪现状》等"引得"资料十多种，并一一制成卡片。人工看书收词，很大程度靠收词者的主观看法。同样一部书，有人收上千张卡，有人只收几十张，见仁见智，差别很大；做引得卡则不然，好处是字词都纳入其中，少有缺漏，主观因素造成的差别很小。但引得卡大都只能起索引的作用，并不能引作书证，必须核查原书原文。索引当中，我单说几句《佩文韵府》这部书。这部书内容芜杂，辞藻性的词语很多，大部分不适合《汉大》使用，而且文字错讹很多，所引文句间接转引的材料占大部分，或掐头去尾，或任意删节，或出处不详，检索核证必须找到原书出处，细心校阅才能使用，花费很多时间。尽管有这么多缺点，然而其搜寻的资料颇为丰富，《大汉和辞典》《中文大辞典》从中取材不少，但还尚未穷尽，仍有利用价值，一些好的书证，甚至提前"源头"的书证，书中还有一些可资利用。我在写稿和审稿中也经常用到《佩文韵府》的剪贴卡。《佩文韵府》的卡片是编纂处行政部门的员工抓时间剪贴的。他们还做了一批报纸杂志的卡片资料。那时他们的办公桌上差不多都有一套剪贴卡片的专用"工具"——先在一个盘子里倒入一包化学糨糊，上面蒙上一层纱布，用橡皮筋在盘子背面把纱布收紧，再翻转过来，化学糨糊正好从纱布的孔隙里渗出来，这时把从书、报、杂志上剪下来的资料纸片往上一蘸，纸上的糨糊不多不少，贴在卡片上正好。

《汉语大词典》使用的资料当中，还有一批来自商务印书馆和社科院语言所的语言材料。商务那批资料卡是陈原同意供给的。那是商务为修订《辞源》而积累多年的一批资料卡片，都是人工裁剪的长条形纸片，大都出自商务《辞源》组吴泽炎之手。我因为修订《辞源》使用过这一批资料，所以一看那字迹便知是吴泽炎搞的资料，用的那种纸条也很眼熟。语言所的资料，是吕叔湘答应编纂处去复印的。那是1980年3月下旬，罗竹风去北京会见吕叔湘时，最终商定复印语言所的资料卡片。吕老说："语言所搞过近百年词汇史的卡片，你们去找孙德宣先生。'大词典'的那一批卡片，没有地方放，现在还在地质学院，你们到词典室（指语言所词典编辑室）找刘庆隆。"编纂处为复印这一批资料，购买了一台高档复印机，那年代这种复印机还是稀缺的新鲜货。有了复印机，委派杨慧和杨宝林两个人到北京复印，搞了好久，记得好像有两三个月。《辞源》的卡片约有七万张，语言所保存的黎锦熙"中国大辞典编纂处"搞的资料卡和《现代汉语词典》的资料卡，总计在20万—25万张左右，我们都复印过来了。

剪贴复印资料卡片总的情况大抵如上所述，下边重点说一说编写组自行收集资料的情况，这是大头儿。《汉语大词典》所使用的资料卡片，可分成三大部分：一是剪贴卡，加上语言所和商务印书馆供给的资料；二是在大规模收集资料阶段，各个编写组"看书收词"所得的资料卡片；三是在编写阶段，因资料不足而由编写者个人找寻资料制成的卡片，人们称之为"找米下锅"。总之，编写《汉语大词典》所使用的资料卡片的来源，看书收词占比最大，剪贴卡次之，找米下锅所得资料位居第三。三者相加，再算上编纂处所做的资料卡，总数大约在750万—800万张之间。至于准确数字,有时说七百万张,有时说八百万张,究竟多少?当年没有留下精确统计的数字,成为一个永远解不开的谜底。五省报给编纂处的数字都是编写组上报"词办"的数字,有的编写组统计得比较准确,有的组前准后不准,有的组只是毛估估,上海各编写组搞的资料编纂处也没有精确统计过。所谓七百万张、八百万张之说,都是八九不离十的加总计算。

下边我分三个阶段大体说明一下收词制卡的情况。从1976年1月算起,到1977年9月青岛会议这一年零九个月的时间段,算作第一阶段。在这一阶段,主要是以剪贴旧辞书为主,共剪贴《大汉和辞典》《中文大辞典》《联绵字典》等古今旧辞书22种。各编写组在这段时间还从五百多种古今图书中自己收词制卡,制作了大约50万张资料卡片。如若计入制作过的所有卡片总量实际超过这一数字,因为这一阶段所做的卡片废卡比较多,这些被淘汰的废卡当然不宜计算在内。自青岛会议到召开杭州编委会这段时间,算作收词制卡的第二阶段。在此期间又陆续剪贴古代字书、韵书和训诂考订书目82种,如《广韵》《玉篇》《诸子平议》《经义述闻》《一切经音义》《古书疑义举例》等书,其中一部分剪贴卡是供审音组审订音读使用的。这部分后增的剪贴卡片没有准确的统计数字,差不多有25万张。总的说,从1976年1月到1980年11月合共五年左右的时间,总共从一千六百多种古今典籍图书中,看书收制的资料卡片,加上《大汉和辞典》《中文大辞典》等剪贴卡和前边所说的25万张剪贴卡以及25万张复印卡,制作有效资料卡片约计422万张。我把这些不同来源的卡片分类汇总如下:①剪贴制卡187万张,剪贴书目123种。②复制语言所和商务印书馆,出自三百多种图书的资料卡片25万张。③看书收词1181种,制成卡片210万张,其中包括一百二十多位现代作家的近300种作品。黄山会议之后将近三年的时间,这一段乃是编写组看书收词制卡的黄金阶段,这一时期所做的资料卡质量高数量多。第三阶段是从第二次编委会以后到定稿结束。杭州会议过后,各省市按照原来的断代分工,回顾检查自己所承担的资料工作,发现较早做的重要著作疏漏较多,于是一一重做,未做的书目加快补做,特别是加紧收集近现代语言资料和宋元明清笔记小说以及各种杂著资料。这一阶段所做的资料卡约略统计下来,大约330万张上下,其中包括"找米下锅"所积累的资料卡在内。

从总体上看,《汉大》按计划内的书目收集到手的资料,古代典籍占绝大多数,有1300种;现代著作300种左右,一百二十多位作家。这些都是有案可查的书目。至于大家看书翻书,阅览各种刊物,找米下锅,随手撷拾的资料,所涉及的书目和作品,那就大大超过这些书目范围。以上这些古今资料,我们将其划分为21个类别。①经书类,以"十三经"为主。②子书类,以先秦诸子为主,包括汉以后、宋明至清代的子书。③史书,以二十五史为主干,包括编年史、纪事本末和会要类史书。④总集类,大都是文学作品,如《文选》《古诗源》《乐府诗集》《全唐诗》等书。⑤别集类,以历代作家的文集为主,如《谢宣城集》《杜工部集》《郑板桥集》等。⑥古小说、笔记、杂著类,如《汉武故事》《博物志》《云仙杂记》《阅微草堂笔记》等书。⑦通俗小说类，如《京本通俗小说》、"三言两拍"和"四大名著"之类。⑧古代戏曲，如《西厢记》《六十种曲》《群音类选》等书。此外，尚有变文、诸宫调和散曲类、宗教、地理、科技、医学、类书政书、诗文评和书画论、字书词书韵书、古籍考释、出土帛书简牍、资料汇编、近人学术专著，以及现代著作，共计13大类。以上所列的八个类别，构成《汉语大词典》所采用资料的主体，前三类为"源头"的主要出处。出土文物和佛学经典当然也是"源头"的主要来源，但当年经过整理、隶定楷化并已公布成书、可作为依据的出土文物不多，所以被《汉语大词典》所采用者也比较少，佛学经典倒是采用了不少。

上边介绍的这七八百万张资料卡，最后定稿采用了其中的89万条。书证来自资料，反过来书证也可以反映资料在书中的大体分布情况。我利用电脑程序对《汉语大词典》第一版的可量化项目做过多种统计，积累了一批有关书证的数据。我所统计的这批数据是靠得住的，正负误差很小，可忽略不计。借助这些数据，我们可以分析透视《汉大》资料的分布和使用情况，并且可借以分析"源流"等方面的情况。下边罗列的是统计所得到的几组重要数据，我觉得这些数据或许有用，故录以备忘。本文不做分析，只列数据。

1.《汉语大词典》初版的内容项：字头数28227，总条目数373881，义项总数515724，书证总数893229，词目所引用的书证的平均数为2.389，总字数4908万。

2.书证情况：零书证的词目52000条，有一条书证的词目127000条，有两条书证的词目68000条，有三条书证的词目51000条，有四条书证的词目26000条，有五条书证的词目12000条，有五条以上书证的词目37882条。

3.引证的书目数据、作者数据和时代数据：

（1）被《汉语大词典》引作书证用的"书名""别集中的篇名""散篇名"，不计重复，总数为64929项。

（2）《汉语大词典》引用最多的前十种书，依次是：《后汉书》15093例、《汉书》15064例、《史记》12490例、《文选》11082例、《新唐书》9896例、《晋书》8041例、《诗经》7968例、《红楼梦》7776例、《左传》7030例、《三国志》6689例，合计101129例，占全部书证的11.32%。

（3）先秦主要典籍的书证排在前十位的是："三礼"合计12912例（《周礼》5110、《仪礼》1616、《礼记》6186）、《尚书》8133例、《诗经》7968例、《左传》7030例、《易经》3985例、《国语》3409例、《战国策》1971例、《论语》1459例、《山海经》1265、《逸周书》1128例，合计49260例，占全部书证的5.515%。

（4）先秦至宋代诸子书证最多的前十种，依次是：《淮南子》4091例、《管子》3629例、《抱朴子》3528例、《庄子》3491例、《荀子》3294例、《论衡》2697例、《韩非子》2629例、《吕氏春秋》2580例、《朱子语类》2458例、《孟子》2012例，合计30409例，占全部书证的3.4%。

（5）通俗小说书证占先的前十种是：《红楼梦》7776例、《水浒传》6530例、《聊斋志异》5047例、《儿女英雄传》5002例、《儒林外史》3459例、《西游记》3381例、《醒世恒言》2754例、《二刻拍案惊奇》2744例、《初刻拍案惊奇》2569例、《金瓶梅词话》2267例，合计41529例，占全部书证的4.65%。

（6）文学诗文书证名列前十位的有：《文选》11082例、苏轼9975例、韩愈9145例、杜甫6535例、陆游6041例、白居易4961例、李白3416例、柳宗元3289例、曹植2041例、陶渊明1420例，合计57905例，占全部书证的6.5%。

（7）出自《二十四史》的书证合计117471例（《后汉书》15093例最多，《新唐书》9896例居中，《辽史》452例最少），占全部书证的13.15%；若加上《清史稿》2289例、《资治通鉴》3764例和《续资治通鉴》2057例，这27种史书的书证总数为125581例，占全部书证的14.1%。

（8）现代书证名列前十位的有：鲁迅11389例、郭沫若6673例、茅盾4663例、老舍4333例、巴金3662例、毛泽东2489例、叶圣陶2304例、周立波2135例、沙汀1997例、曹禺1898例，合计41543例，占全部书证的4.65%。

（9）以上（3）至（8）总计77种书目，占全书书证的38.76%，占比在1/3—2/5之间。

4.《汉语大词典》引用的各个时代的书证资料所占全书例证的比例：先秦占比9.23%；两汉占比9.85%；三国占比1.835%；两晋占比3.697%；南朝宋齐梁陈占比7.39%；隋朝占比0.71%；唐代占比14.75%；五代占比1.26%；两宋占比17.52%；元代占比5.096%；明代占比9.19%；清代占比13.698%；近现代占比5.77%。

以上概述了资料本身的一些情况，下边谈一点编写组收集资料的做法，以及采取的措施。

如我在前面所述，《汉大》收集资料始于剪贴旧辞书，但这只是垫个底，主要还是靠自己收集新鲜资料。最初的做法是，向五省一市各编写组分配一批书目，由编写组看书收词积累资料。为此，编写领导小组办公室同五省开会协商，讨论通过了"关于《汉语大词典》收词的一些意见（初稿）"，初步框定收词范围和收词原则，定出一项收词制卡的基本标准，并拟定了第一批"收词用书目录"，交给五省"词办"，由各省组织安排收集资料；还印发了《关于统一制卡规格的一些注意事项》和卡片规格设计样张。"关于《汉语大词典》收词的一些意见（初稿）"由领导小组办公室金文明起草，"收词用书目录"由办公室陈榕甫和傅元恺为主起草，"关于统一制卡规格的一些注意事项"由浙江孔成九负责起草。"收词原则"经过几次修改，在第三次编委会之后才最终定稿；"收词用书目录"也经过数次增补，按照青岛会议、黄山会议和第二次编委会议的要求，分别增补了一批新书目加到看书制卡的行列中来。

　　编写组在看书收集资料当中，感到书目欠缺很多，列入收词制卡的书目也不尽合理。例如有《唐诗纪事》却没有《全唐诗》。《唐诗纪事》约一百万字，辑录的唐代诗作比较凌乱，而《全唐诗》七百多万字，有名有姓的作家就有两千多人，诗作也完整，却没有列到收词制卡的书目中来。江苏淮阴组承担《唐诗纪事》的收词制卡任务，他们发觉了这个问题，便主动提出承担增收《全唐诗》的任务。除去专集部分，《全唐诗》需要翻阅6489页，淮阴组一共十个人，却安排出八人投入《全唐诗》的工作。按照工作日计算，平均每人每天做了六页，制作合格卡片30张左右。过去平均每人日做卡片七张，而做《全唐诗》却多达日均30张，工效提高了四倍多。青岛会议提出"广积资料"的要求，并把收词制卡的时间延长了一年，计划增收100万张资料卡，五省一市都增加了工作量。例如，安徽在青岛会议上新接受了104部书籍，加上原来分配的42种，他们计划到1978年中期全部完成这146种书的收词制卡任务。

　　开完黄山会议，《汉大》又补充增加收词用书二百三十多种。当时估计这批书目可收获80万张资料卡，计划花半年时间到1979年4月完成。第二次编委会再次强调加强资料工作，编纂处在1981年6月召开编写工作会议，与五省"词办"交换意见，达成进一步收集资料的共识，决定采取两项措施。第一项是重做历代重要著作，新做一部分重要书目。第二项是新增数百种宋元明清历代笔记、小说、杂著，由五省一市分工收集这部分资料：清代后期的归山东；宋代笔记小说52种237册归江苏；唐五代归安徽；元朝和清代前期归浙江；明代归福建；魏晋南北朝归上海；现代作品和一些报刊上的资料，由编纂处组织人力完成。各省在各自负责的断代内做哪些书目，由"词办"和编写组一块儿商量确定。为避免书目交错重复，"词办"列表登记寄给编纂处，编纂处汇总分别清楚、回复之后再着手进行。

　　除去分配的任务之外，各省还自选了一些书目收制卡片。举福建为例，1979年下半年，福建为着充实资料，增添了一批收词制卡的书目，发给各编写组认领：福州组领《荆楚岁时记》《酉阳杂俎》《梦粱录》《五灯会元》等13种，晋江组领《西厢记》《封神演义》等八种，龙溪组领《东观汉记》《春秋繁露》《稼轩词》等八种，厦门市组领《说苑》《唐宋八大家文钞》《初学记》等五种，龙岩组领《抱朴子内外编》《韩诗外传》《困学纪闻》《杜氏通典》等十种，莆田组领《刘后村集》《经义述闻》等八种，建阳组领《宣和遗事》《关汉卿杂剧集》等14种。不止福建增加收词书目，别的省也都有所增加。有的书目，特别是重要典籍，例如《史记》，虽几经不同人手反复收词制卡，但几乎没有发现雷同的资料卡片，眼光不一样，角度大不同，多收一次多得一份好处。

　　许多《汉大》同仁夜以继日地看书制卡，常常午夜过后"开夜车"带着老花镜继续看书抄卡片，逢年过节和星期天也在看书制卡。浙江有几位七十多岁的老年人无论冬夏寒暑，天天埋头制卡，翻查资料，笔头不辍。这种"汉大人"的进取精神，在青岛会议批判肃清"四人帮"流毒之后大放异彩,推动看书制卡工作进入快车道。例如,江苏出版局和教育局在青岛会议过后不久,便在南京召开中外语文词典编写人员大会,局长高斯报告青岛会议的情况,按照领导小组交给江苏的任务,研究分配了各组承担的书目,决定广积隋唐五代和一部分现代书籍的资料,在短短的十五天内,大部分书目都落到实处,做到定人、定时、定指标、定质量,随后各编写组便全力投入看书收集资料制做卡片这项工作中,进展大大加快。山东昌潍师专组的五位同仁,1976年用了五个月时间从《水浒全传》仅收词制卡985张,青岛会议后补收,三个人花两个月制卡3587张,进度比先前加快了十几倍。浙江出版局组从1977年10月到1978年4月,用半年时间逐字逐行过滤《欧阳修集》《词综》《诚斋集》等13种书近四百卷,制作出14000多张资料卡,仅《词综》一种书就做了3590张,当中有词牌名索引卡483张;舟山编写组提前三个月完成了《河汾诸老诗集》《潏南遗老集》的搜集资料任务,制卡3700多张。特别是在黄山会议上国家出版局和教育部联合推动《汉大》这项工作,让大家看到了前景,无论信心和责任心都得到加强,收词制卡大大加速。山东到1979年中,从220种书籍中积累起577710张资料卡片。

编写组收词制卡的方式方法多种多样,但主要工作程序大体一致,不外三步走:个人看书选词、抄写、制卡,组内检查质量修改定卡,最后一步是验收。当然实际做起来各有差异,办法不尽相同。有的组任由个人看书制卡,有的组划分成小组,以小组为单位收词制卡。例如安徽师大编写组就分成几个小组。再拿镇江地区编写组收制隋唐五代作品的做法来看,他们先将全组分成五个小组,每组两人,各自选词,互相商量,订正补充,意见统一后制卡,把握不定者,先写草稿再制正卡,每周统计一次进度,全组每月组织一次经验交流会,每做完一部书便交给核心小组复查质量。镇江编写组还规定共同学习隋唐五代史、隋唐五代文学、隋唐五代语言词汇和语言文字基础理论,当作必修课程来学习,并请外援和组内同仁互教互学,能者为师,结合制卡实际探讨研究字词的源流和辨析义项,解决选词中出现的问题。

第二步复查卡片把质量关,虽然做法不一,但大都从下列几方面进行复查。我举江苏的做法为例:①复查是否合乎卡片规格:检查出处、例句、卷数、页码、部首、笔画是否填写齐全,查遗补缺。②明确收词的目的是广积资料。凡能为词目释义、源流、书证提供直接间接有用资料或线索者,都应记在卡片中,凡摘录过简或缺失者,复核原书一一补上。③纠正抄写中的差错。如弄错部首、数错笔画、抄错字句等,都要纠正过来。④剔除没有价值的和错收的卡片,如破词。⑤复查容易忽略的常用词、单字和虚词。如《聊斋》中"人"字的词义,原本认为没有新义一张也没收,复查时补了七张;又如"爪牙"现在用为贬义而古代用为褒义,也予以补入。这些能佐证词义源流演变的资料,遗漏的比较多,复查时补上不少。浙江省"词办"的做法是成立复查小组,由这个小组负责复查各编写组的卡片。复查结果,大部分质量合格,立目得当,例句引文完整,字迹清楚,版本、篇、卷、页码正确,注意收制现代常用义项,有的还写上按语提示义项解释,为编稿者写下参考意见,总体上废卡错卡占比不多。

但也有部分不合格者需要甄别剔除，也有当收未收而遗漏掉的词语需要增补。

第三步是验收，一种做法是编写组内验收，一种做法是省"词办"组织验收，验收的几道关卡，大抵与检查质量差不多，我就不多费笔墨了。

看书收词制卡并非一帆风顺，当中也有不少波折。话说编词典，一靠资料二靠人。当初走的是"要积极组织工农兵、专业工作者、领导干部三结合和老、中、青三结合的编写活动，进一步肃清'专家路线'的流毒"这样一条路，用的是"认真搞好'三结合'。编写组要联系群众，调查研究，征求意见，实行开门编词典"这套办法。于是收词制卡的网撒得较宽，动员面较广，懂行会编的、外行不认识繁体字的，各色人等都投入收词制卡的工作中了。"人海战术"一时看上去很热火，但出不来多少成果，可用者不多，报废者不少。更何况当时处于"文革"末期，运动接二连三，社会环境大不同于今日，收词制卡工作无可避免会拖拖拉拉受到很大影响。再说受"四人帮"干扰，指导观念存在偏差，加上没有搜集大型辞书资料的经验，做法不当窝工返工，进展缓慢效果不彰。一年多做下来，主要以剪贴旧辞书为主，新资料特别是高质量的新资料积累得并不多。开始阶段指导思想受到严重束缚，把语言词语同阶级斗争衔接起来，认为如何体现阶级斗争，站稳阶级立场乃是看书收词的基本前提，是"政治挂帅"还是"业务挂帅""资料挂帅"的问题，人们顾虑重重，放不开手脚。例如浙江金华组要把编写组建成"努力摆正领导和群众、专业与业余、政治与业务、红与专的关系……批判修正主义"的"坚强集体"。在这种认知的指导下，一些词语便同批判紧密相连。譬如试写"杀身成仁"这个条目时就加了一句"仁，孔丘宣扬的奴隶主统治秩序的最高道德原则。历来剥削阶级及其代表人物常用以维护统治秩序的精神支柱"。如此一写，势必由"仁"构成的词条，都得加上批判性的话，"仁"这个词儿变成谁都不敢碰的烫手山芋。还有像《金瓶梅》一类更不能碰的浸透着封建毒素的"淫书"，不承认它是那个时代民间语言的宝库，不承认我们是从中选择语料用于编词典而不是朗读那本书，既不敢碰这部书，更不敢拿来收词制卡。又如受"评法批儒"影响，多收法家著作少收甚至不收儒家著作，等等。"仁义""忠孝""礼义廉耻"收不收？收了怎么解释？忌讳很多，争论不休。凡此种种原因，造成人心松散、懈怠、凝聚力弱，工作拖拉不见成效、踌躇不前的局面。

吕叔湘曾对这一时期的资料工作给过一个说法。他说："75年、76年直到77年，一连做资料工作，但那时资料工作的做法不好。就是说，把书撒下去，光有一个书目，张三你看这部书，李四你看那部书，不管这位同志看这部书是否合适。可能有用的材料他没有记，无用的材料他记了不少。挑哪些人看哪些书，当时没有很好计划。现在的资料我没看过，听编纂处的同志讲，那些资料主要是高低不等，有很好的，也有很差的，还有项目记得不全的，书名可能写错，版本可能没注，断句可能断错，搞出些不成词的词目。这些我都可以想象出来，因为编过《现代汉语词典》。从1958年到1960年，那也是个急就章，突击搞资料，一年里头搞了一百万张，大概这个数目，记不清了。后来抽出来看看，有很多笑话，就不去管它了。"

这段话贴近《汉大》搜集资料的一些情况。最初一年多，采取了走群众路线、工农兵齐上阵、撒网动员的组织形式，读不懂古书也要勉强翻着典籍收词制卡，废卡频仍，于是就办学习班，教授收词制卡的基本知识……看上去轰轰烈烈，实际收效不大，甚至变成累赘负担。

在具体做法上也有一些不妥当的地方。当年曾按照"三新"的原则收集资料卡，走了一些弯路。何谓"三新"？新词、新义、新证，是谓三新。从"三新"的角度去收词，分清新旧就得对照旧辞书，就得花时间辨别清楚哪些新哪些旧，哪些该收哪些不该收，这同编写词条差不多了，这得花多少时间去做，也容易遗漏词目，遗漏好的资料。组织上工农兵一齐上，能力参差不齐，有的人连古书都看不懂，卡片质量自然参差不齐，错漏太多，废卡迭出。还有开始时大都采取"试收词"的办法，为了安全保险层层设防，个人收词，小组讨论，大组讨论，双层验收，认识差距大，花在讨论上的时间长，程序繁多，费时间耗人力，拖慢了进度。还有一些具体规定有所偏差，造成一些问题，篇幅所限，不一一细表。

总之，收集资料之所以走弯路，我觉得同当时对《汉语大词典》这部辞书的性质认识模糊不清大有关系。最初认为《汉语大词典》的竞争目标是《大汉和辞典》和《中文大辞典》这两部辞书，只要它们没有的东西我们有，就胜过它们压倒它们了，这就是成功。这当然没有错。但《汉大》不能仅仅停留在"你有的我有，我有的你没有"这一点上，还应该达到更高的境界。然而巅峰是要一步步爬上去的，当时尚未明确"古今兼收，源流并重"的方针，面对崭新的事物，没有前车之鉴，认识模糊走了弯路，也在情理当中。虽然存在这些问题，但总的说，这批队伍中的核心骨干始终是看书收词制卡的主体，由于他们的努力，一百多万张可资使用的资料卡片，源源不断地被制作出来，成果也不宜小觑。自从青岛会议批判清除"四人帮"流毒，明确定下《汉语大词典》的编纂方针是"古今兼收，源流并重"以后，收词制卡的工作明显改观，逐步转变到合乎编纂大型汉语语文辞书规律的轨道上来。看书搜集资料的原则是"广积资料"，做法是"只要认为是一个词而又必须收入《汉大》的，就作为资料积累起来，不要花精力分什么新旧"。方针明确了，战线收缩了，做法改进了，速度加快了，质量提升了，成效显著了。

调拨互换资料卡片是资料工作的最后一道工序。编写组按书收词制卡，所收制的卡片哪个部首的都有，一般都包含214个部首的资料卡，不属本组编写的那些卡片必须送到编写者手中，也就是各编写组之间要交换卡片。这项工作看似简单，实际上很麻烦、很细致，稍一疏忽就出差错。各编写组制作的卡片本是散乱无序地放在一起的，首先要分开部首。这是件很烦人的事，经常分错部首排错笔画，如"百"错入"一"部、"牢"误入"宀"部、"腾""酒""闻"误入"月""水"和"门"部；还有词目首字用简化字致误者，如"驚（惊）"和"應（应）"被依照简化字形填为"心"和"广"部。笔画错了不要紧，反正都在一个部首内，然而部首一错，该寄给甲编写组的寄到乙编写组去了，五省一市从南到北，差之一"部"误送千里，到手的卡片一看不对再转寄他组，这一来一往小卡片造成了大麻烦。也有弄错地址，本该寄往无锡组的寄到了洛社组。所以在交换卡片的过程中反复强调千万别搞错部首,实际做下来错的还真不少。交换卡片之前,编写组首要整理清楚,哪个编写组搜集的资料卡归哪个组负责归部、归笔画和编制词目单。凡是部首搞错的卡片都得抽出来,及时退还或转寄他组。整理过程中会遇到各种问题,单是繁、简、俗字的纠缠就够烦心。各个编写组都是先按字头的笔画顺序和同笔画内"横竖撇点折"的顺序排列好,誊写清楚词目单,然后再交换寄给各部首的编写单位。

在交换资料卡之初,上海办公室曾印发一份《关于调集资料卡片的一些注意事项》的通知,就规范资料卡交换守则作出规定。调集资料卡一般经过这几道程序:按部首笔画整理资料卡片;由上海办公室发出调集某部首到某编写组的通知,办公室曾印发一张资料调拨单,上面写明哪个部首调往哪个编写组;将整理好的卡片寄给各部首的编写组;寄出和接收都须登记在册办妥手续。各编写组一般都有专人负责或设专司此事的资料出纳员负责。大规模调集资料卡片虽在一段时期内集中进行,而大量调集结束之后到编写工作结束之前,各编写组之间交换资料一直没有停顿过,包括"找米下锅"转来的卡片,这是大家互助合作的一部分。当年为交换资料卡颇花费了不少工夫,但资料卡片乃是编写文稿的基础,丢失一张可能就失去一个词目的源头,或者减少一个新义项,所以大家都认真地对待每一张资料卡片,尽可能做到"物归原主"。

大规模交换资料卡自1979年年初开始,积累一批调出一批,断断续续进行了将近三年,少量交换一直持续到编写完成为止。例如1979年1月江苏调拨资料卡11811张,收到24个编写组寄来的"风"部资料卡3282张,收到33个编写组寄来的"车"部资料卡片12583张。再以山东师院组的五个条目为例:"寿"字68张,其中新卡50张,剪贴的旧资料卡18张;"囚"字29张,新卡16张;"图画"66张,新卡57张;"士气"25张,新卡9张;"因陋就简"25张,新卡18张。五条合计213张,其中新制卡160张,另有《毛诗》《礼记》《墨子》《庄子》《荀子》"引得"资料卡64张。这些资料卡大都是外组转来的,一部分质量很高。总括来说,互换资料卡为各个编写组补充进不少新资料。但是只靠这些资料编写条目,资料依然不足,有的还欠缺很多。例如浙江温州组负责的"巾"部,在兄弟组寄来的6300张卡片中,先秦资料甚少,"三礼"仅有《礼记》卡片30张,《周礼》和《仪礼》均告阙如,仍然需要编写者"找米下锅"。

互换资料卡的情况大抵类似,有来有往,使得编写组的资料源源不断得到补充,但仍然不敷编写需求,各位编写者"找米下锅"依然是补充必要资料的重要来源。甚至在定稿过程中采用的很多优质书证资料,都是依靠"找米下锅"找来的。例如审定"女"部时,吴连生找来200多张资料卡下到"锅"里,增收了150条新词目。

上文多次提到"找米下锅",我介绍一下什么是"找米下锅"。"找米下锅"是大家叫的一种形象称呼,就是个人临时寻找可满足眼前需求的某种或某一词目的资料。从编写工作开始到定稿结束,前后十多年,"找米下锅"持续进行从未间断过,时间跨度最长。这部分资料卡零零散散,难有精确统计的数字。有的编写组做过不完全的统计,我据此统计数据估算,从"找米下锅"得来的资料卡总量在80万张左右,大都出自三百来位编写骨干之手,平均下来每人各做了数千张。这期间编写工作已经陆续展开,各位编者动笔编写之时,碰到资料严重不足的难题,不少词目只有一两张卡片,有的甚至没有资料,但词目必须收录。例如"辰"部,新旧词目共484条,本组收集和他组转来的卡片共1315张,平均每个条目只有2.9张资料卡。其中新收词目126条,只有资料卡227张,平均不到两张;296条词目只有一张资料卡,占"辰"部所有条目的58%;两张到四张的137条,占所有词目的30%;有五张以上卡片的词目60条,占所有词目的12%。这些卡片尚有一些重复者,倘若去掉重复的,那就更少了。若要依靠现有资料编写条目,只有15%—20%的词目可以编写,其余资料严重不足难以下手。在一些部首中,尤其是大部首,程度不等地存在着类似的情况。面对资料不足的难题,《汉大》编写者不是望而生畏,而是想办法找门道、多翻书、勤动手,"看书不忘收词",四处"找米下锅",一边编写文稿,一边寻找新资料,现找现用,随找随用,顺手找到的好资料,自己不用的则转给别的组使用,互通有无合力解决问题。例如在编写"赤""身""走""足"这四个部首时,苏州地区组把新找来的"米"资料840条充实到词条当中去,其中"赤"部518条、"身"部72条、"走"部86条、"足"部164条。"找米下锅"不仅增补新资料新例证,释疑解惑,而且还找来新词目新义项,提前"源头",纠正旧词书的谬误,使零例证词目有了书证,孤证条目补入了新例证,"找米下锅"从多角度提高了稿件的质量,可以说功德无量。

"找米下锅"不是漫无目标、事倍功半地去找,而是带着目的去找,大家逐渐摸索出一套多样化的方法。我这里略举几种:①从字书类书中找。从《佩文韵府》《太平御览》《渊鉴类函》《经籍纂诂》《说文解字诂林》中找,从《食货志十五种综合引得》等引得类工具书中找。②有的放矢,按图索骥。如"赤令"引唐孟郊"我有赤令心,未得赤令官","赤令"显然与"官"相关,就查《唐会要》职官部分,果然获得想要的资料。③大块时间写稿,零星时间"找米"。睡前饭后,开卷有益,翻检有得,一鳞半爪,随手制卡,常从中获得"凤毛麟角"不期而遇的收获,甚至获得起到关键作用的资料。浙江杭州师院组朱侃利用业余时间看书收词,一年内收集新资料四千多张。这样的《汉大》有心人,在我们这支编写团队内不在少数。④"拉网","过筛子"。针对所需资料的时代性选定几部书,例如先秦、两汉、魏晋南北朝、唐宋时期的著作,几个人合作快速拉网搜寻,确保能找到不同断代的有价值的资料,借以解析词目的源流演变轨迹。编纂《汉大》的数百人,大家都做有心人,茶余饭后"找米下锅",且不说可济眼下资料紧缺之急,而且也为审稿定稿积累起高质量的宝贵资料,使这部大型辞书以其翔实的内容、精当的释文、清晰的"源流"而立于不败之地,这正是所有编纂者积极"找米下锅"的动力和着眼点。吕叔湘在《汉大》会议上说过:"稿子都编写出来了,还要不要补充资料了?""我认为遇到好的资料还是应该记下来,还应该补充到资料里头去……定稿以前还需要审读和修改,假如当初编写这个词条用了二十张资料卡,我们又得了十片八片或者三片五片资料,很可能这些资料里边有宝贵的东西,增添一个新义项,或者换上一个更好的书证，这是完全可能的。《现代汉语词典》定稿的时候，有许多修改是用了后来补充的资料。""找米下锅"是在时间紧、资料不足的时候，补充所需资料的有效方法。"找米下锅"为《汉大》立下了汗马功劳。

积累起多少资料就算够用了？吕叔湘认为，像《汉语大词典》这种"古今兼收，源流并重"的大型语文性辞书，假若收录30万条词目，至少要掌握十倍二十倍的资料，才能确定词目、提炼和概括义项，才能反映源流演变。如果准备不足，仓促上马，则任事未久便会陷入困难之中，欲速则不达。他说，《牛津英语大辞典》搜集资料花费二十六年，资料人员从800人增加到1200人。在编写全过程中仍然注意搜集资料。黎锦熙编纂《中国大辞典》计划用六年时间收集资料，占计划成书时间的三分之一。对比下来，《汉大》搜集资料花费了六年左右，差不多也占成书的三分之一，比《牛津》辞典则快出二十年。《汉大》资料卡与词条的比例，假如资料卡设定为750万张，按照吕老所说十倍二十倍计算，那差不多正好二十倍。但编纂的实证经验表明，对于编纂《汉语大词典》这种体现"源流演变"的大型语文性辞书来讲，按照采用的资料总量来衡量所需要的资料数似乎更加合适，即以全书例证总数的二十倍计量，更能保证质量。《汉语大词典》全书立目373881条，书证例证总数893229条。资料与条目之比为8.4∶1，较之十倍相差不多，较之二十倍则相差甚远。从我个人编写《汉语大词典》的体验来看，我赞成吕老二十倍之说。如果当初的资料能达到例证总数的二十倍，那《汉语大词典》第一版的学术水平一定会大不一样。《汉语大词典》不得不在资料不足的情况下编写出版，这是一桩令人遗憾的事，与《汉大》同仁每每忆及此事大家都深有同感。然而说时容易做时难，在短短的十数年中能做到这一步，其实已经很不容易了，这同样是我与《汉大》同仁的共同感触。

数百万张卡片，基本都来自图书。积累图书是《汉大》团队的一项重要工作。在那没有电脑数据库的年代，手抄资料卡只能来自图书等纸面资源。数十个编写组通过不同渠道慢慢积累起成千上万种图书。开始的时候，主要依靠院校和省市部门给予支持，调配资料用书，后来"词办"自力更生自己采购。山东词办用相当一部分词典经费搜罗购置图书，成立了自己的资料室，"词办"成员还常常帮助编写者查阅资料。山东师院图书馆开放"特藏书库"，让编写组进书库查书，还借出一批常用书和版本较好的丛书，如涵芬楼版《说郛》《四部丛刊》《古今说部丛刊》；到后来山东师院编写组资料室拥有五千多种三万多册书，一般书证都可查到，这是校方大力支持的成果。山大编写组积累了经史子集四部书上万册，很多都是颇有价值的线装书，编写组结业后这批书归了山大文史研究院。江苏师院组自1976年2月甫一成立，便得到学院图书馆的支持，配备了必要的工具书，提供了《十三经注疏》、标点本《二十四史》和刻本《佩文韵府》《经籍纂诂》等书，进入编写阶段之后，又据编写组提供的书目单，增配《四部备要》《诸子集成》《历朝会要》《资治通鉴》《续资治通鉴》《全元散曲》《元曲选》等书。更为可贵的是校图书馆积极支援苏州市和苏州地区编写组，将急需的《再生缘》《顾况集》《明皇杂录》《白雪遗音》《沈下贤文集》等本属于"例不出借"的书籍也破例借出。苏州市编写组所在的教师进修学院1970年才恢复建制，原有图书资料几乎散失殆尽。该组靠自己千方百计搜集图书，编写组同仁还拿出自家藏书，编写组的陈廉贞主动借出《陈迦陵文集》《朱文正公文集》等多部古籍，有的组员向亲友转借《司空表圣诗文集》《黄御史文集》等书。苏州古旧书店特别留意为编写组找书，替编写组买到《古经解小学汇函》六十册、《古今图书集成》等很难找到的成套古籍，还颇具匠心地以零星的不同版本拼凑出整部书来。泰州图书馆为扬州地区组在书库三楼特辟一间专室，指派专人供给图书资料。安徽"词办"每年拿到手的编纂经费百分之六七十都用在图书资料建设上，四个编写组和"词办"十多年间总计购置图书九万多册，能基本满足编写《汉语大词典》的需要。这九万多册图书资料，日后成为安徽几家大学和语言研究所开展语言研究工作和编纂辞书、整理古籍的利器。浙江台州市委宣传部向台州编写组开放藏书，并向各县图书馆、文化馆、学校和其他有书的单位征借图书，还到新华书店和古旧书店购买图书。台州组先后集中了《四部备要》《资治通鉴》《马氏文献通考》等书籍，台州组的同仁还主动把家中的书拿到办公室共用。福建省革委会发出文件，对加强《汉大》图书资料建设提出几条意见，支持力度很大：一是省"词办"和各编写组用词典经费购置图书；二是明确福建图书馆、福建师大、厦大和各地市图书馆须为编写《汉大》服务，各县文化馆、学校图书馆，凡《汉大》所需要的古籍，如《四部丛刊》《万有文库》《古今图书集成》等尽可能调出来供编写组使用；三是编写组可调借使用"文革"当中封存的古今图书；四是各地新华书店要优先供应《汉大》所需要的图书资料。《汉大》各个编写组各显神通，寻求图书资料的途径很多，办法五花八门，难以一一尽述。但仅从我上面叙述的这些事例当中，也可以看出当年各个编写组积累编纂用书的一些情况。

下面大致说一说编写稿件的情况。《汉大》编写文稿历经试写和正式编写两个阶段。第一阶段在搜集资料的过程中进行试写，就是抽一点时间抽一点人力试写少量稿件，借以检测收集资料卡的成效弊病，验证编写规则的正误缺失，积累经验和共识，为转入编写阶段架设一道桥梁，以实现顺利过渡。试写进行了两次。第一次从1977年上半年开始，试写"人""原""逐鹿""思想""潮流""专政""守株待兔""举一反三""名正言顺""杀身成仁"等63条；第二次试写始于1978年5月，试写"之""打""东西""市井""面首""得失""折腰""野蛮"等96条。五省对试写都很积极，指定编写组试写或抽调人员试写。浙江"词办"从编写组抽调林菁等五人组成试写63条的班底，在剖析总结63条编写经验的基础上，对试写的词目、编写体例提出了设想和建议；安师大编写组有十人参加试写，非常认真，每天写好一两条初稿，审议讨论，副主编张涤华亲自参与试写；山东、江苏、福建和上海指定几个编写组试写。各编写组认真地检出试写条目的资料交给试写者，并复制多份及时转出，供其他省市试写使用。试写出来的条目，编写组内讨论交流修改提高，省"词办"组织省内讨论交流经验。这些大大小小的讨论会开得很多，起到了找出问题、解决问题、提高编写水平的作用。五省一市也聚集一起研讨试写的经验和存在的业务问题。例如1977年6月27日—7月9日，各编写组的代表16人在上海举行会议，交流研讨编写稿件的经验等业务问题，并提出修改体例的具体意见。另一方面，《汉语大词典》编写工作的简报也陆续刊登试写出来的条目，第23期、第26期简报分别选登山东和浙江试写的条目，第29期刊登安徽试写稿，第32期刊登福建编写组提供的"乐""矛盾""影响""落花流水"等试写稿，帮助大家琢磨讨论，发表意见提出看法，广开探索之路。

二次试写的词目有四分之一同第一次试写的词目是重合的。例如"人""原""圣人""杀身成仁"，63条与96条都有，目的是经过前后试写对比，从中吸取更多的经验教训，达到演习练兵、积累"作战经验"的效果。63条试写稿"圣人"，其一解释为"历代统治阶级用以吹捧孔丘"；96条"圣人"稿，其一解释为"道德智能最高的理想人物"，其二解释为"专指孔子"；定稿，其一解释为"指品德最高尚、智慧最高超的人"，其二解释为"专指孔子"。从63条到96条，再到最终定稿，从"圣人"释义的演变，可看出编写者指导观念的变化和编写水平进步的端倪，这说明试写是有成效的。

1978年年底至1979年年初，大部分主力编写组一边继续看书收词制卡，一边陆续转向编写条目，"转向"有先有后，有的早些有的晚些。其中浙江走在前头，率先启动编写"寸"部。浙江最早的资深编委林菁主持了"寸"部的编写工作。"寸"部由杭州大学、杭州师范学院、浙江师范学院、温州师范专科学校和浙江出版局编写组协作编写，用了六个月完成初稿，15万字，收入词目1200条。1979年秋天作为《汉语大词典》第一个初稿本，印发各编写组和一些大学以及社会学术机构，广泛征求意见，获得肯定和好评。"寸"部是在《汉大》举步维艰的环境中起步编写的，前人们所说的《汉大》"'寸'步难行"由此变为"'寸'部先行"。"寸"部成功"先行"增强了"汉大人"的信心，鼓舞了编纂团队的士气，立下披荆斩棘的开创之功。其他编写组差不多也都各自选择了一些词目进行摸索经验的试写。例如山东师院编写组1979年4月，从"囗""士"这两个部首选出资料较多的"寿""囚""图画""士气""因陋就简"五个条目，印发材料人手一份，先研读资料，带着问题反复学习讨论编写规则，然后个人独立编写，小组讨论初稿，大组交流，分头修改，再经大组讨论改定后作为本组的定稿文本，让大家从中取得经验。

话说编写需要分工，谁写哪个部首，事先都要明确下来。五省一市在黄山会议上经过协商，决定按照《康熙字典》214个部首分工编写。初始分工和实际编写的部首不完全相同。因为总量平衡和调整进度等种种缘故，编写期间做过一些调整，所以前后承担的任务不太一致。我只据最终的实际情况，将五省一市和编纂处承担编写的部首简录如下：山东26个部首，其中"十""八""刀""土（士）""口""宀""子""女"是大部首；江苏73个部首，其中大部首有"车""走""酉""贝""足""隹""阜""金""门""页""食""马""鸟""鱼"；安徽13个部首，其中"二""亠""木""水""止"是大部首；

浙江 23 个部首，大部首有"寸""小""山""广""尸""弓""戈""手""心""巾"；福建 33 个部首，"口""玉""犬""日"都是大部首；上海 34 个部首，大部首有"月""示""石""目""禾""白""穴""竹""艹""糸"；编纂处负责"一""人""入""儿""攴""文"六个部首。我做了一张五省一市编写的部首表附在本书后边，上面有明细记载。

自 1978 年 9 月黄山会议算起，各省市便陆续开始向编写阶段转变。五省一市推动编写工作的方式有三种模式：第一种，召开编写组组长会议；第二种，召开编写组组长与编写骨干会议；第三种，召开全体编写人员大会。这三种方式交替使用，找出问题研讨解决办法，总结经验扬长避短，制订检查进度计划，部署下一步的编写工作或者是审订稿件等事项。通过这类办法，推动本省市的编写工作。例如，1981 年 7 月 9 日至 11 日，江苏"词办"在镇江召开全省编写组组长会议，到会二十人，陈立人主持会议，会议主题是汇报、检查、交流编写工作的进展情况，研究部署下半年和今后总的工作任务。在《汉大》长达六七年的编写过程中，五省召开的这类会议记录在案的就有四十多次，这还是不完全的统计，实际数字可能更高，更不要说编写组内所开的编写或审稿会议，几乎是家常便饭。这些不同级别的编写工作会议，有如后浪推前浪，推出一批又一批《汉语大词典》的稿件，质量也是后者胜过前者。

至于五省一市的具体编写情况，也有必要在这里交代几笔。

山东 1978 年 12 月把"大""女""子""宀"等部首分配给三个中心组。1979 年 6 月山东召开全省编写工作会议，"强调质量第一，初稿是关键，并作了相应的规定"，到 1980 年三个中心组编写初稿 2000 条、初审 1000 条。这份成绩单同省领导小组先前所定的 4000—6000 条的要求相差很多。这以后山东大学、山东师范学院和曲阜师范学院编写组不放暑假，抓紧赶写各部首的初稿。山东所承担的 26 个部首四万多条的编写任务，都分布在《汉语大词典》的前三卷。这些部首笔画少、义项多、难度高，加上又是最先出版的卷次，时间很紧迫，要想保证质量按时完成任务困难确实很大。但是山大、山东师院、曲阜师院和聊城师院、烟台师专、泰安师专、临沂教育学院七个编写组成员，加上青岛教育学院几位编写者，他们一连四五个暑假都不休息，坚韧不拔持续苦战数年，终于按计划交出四万多条初稿，质量也比较好，受到主编的赞扬。

江苏于 1979 年 1 月 15 日在镇江召开省编写组组长会议，就编写工作作出安排部署。会议决定，尽管资料卡仍然欠缺不足，还是要安排人力着手编写条目，同时集中力量在 6 月份之前加紧补收江苏所承担的 73 个部首的资料，尽快补充上来。自 1979 年 3 月开始，各编写组主力成员陆续转入编写条目，4 月之前投放了 31 人，此后增加到 50 人，"词办"要求各编写组暑假前总共写好 3000 条，到暑期结束时实际写出了 3915 条；南京师院编写组暑期前完成"齐"部 596 条，江苏师院组编写完成 230 条，省"词办"在苏州用四十天审定完了"齐"部和"谷"部；其他编写组也大都写完了 300 条左右。洛社编写组有六个人，留一人继续搜集资料、一人负责调拨资料卡，其他四位都转入编写"辰"部文稿，3 月底完成 60 条，4 月完成 100 条，5 月全部完成，6 月修改定稿，依照计划如期竣工。到 1980 年年底将近两年的时间,江苏编写出 26 个部首 18000 多条初稿,其中"西""辰""赤""风""首""韭""音""韦""采"九个部首,自 1980 年 4 月起分批送到编纂处。江苏本来要求全省到 1980 年寒假前写出 10000 条稿件,结果超出预订指标。江苏编写计划做得比较细致,计划到 1981 年年底累计完成 43 个部首、将近 30000 个条目,1982 年和 1983 年各完成 15 个部首,1983 年年底结束全部初稿的编写工作。执行下来虽然推迟了一段时间,但江苏按部就班的编写节奏一直是明确的。江苏还采取了诸多措施加强编审工作的力度,例如把全省审稿分在南京、苏州、扬州三片进行,建立起指导全省业务工作的"江苏省《汉语大词典》编委会"等,工作安排得既分明又紧凑。高斯局长说:对于《汉语大词典》这部五省一市合作编纂的巨型辞书,江苏的分量又很重,承担着七十多个部首,他和陈立人自始至终不敢掉以轻心。这是事实,也是实话。高斯和陈立人责任心非常强,始终一贯地投入极大的精力,为搞好江苏的《汉大》工作注入大量心血,我们应当记住他们二位所作的重要贡献。

安徽编写领导小组积极为转向编写工作做准备。1979 年 3 月在合肥召开的工作会议上,决定把编写任务交给编写组所在的学校党委,在校党委领导下从全校调配人力,组织编写和初审,把好质量关;为确保编写质量,会议决定成立"《汉语大词典》安徽省编辑委员会",负责研究解决本省编写业务方面的问题。安徽各组已经按照所分配的首批部首分工,陆续转向编写。跟着,安徽"词办"又在马鞍山召开编写工作会议,副主编张涤华主持会议。安徽省委宣传部非常重视这次会议,第一副部长、领导小组组长张春汉到会并讲话。会议开了十天,第一阶段由省内外专家学者专题讲授文字学、音韵训诂学和词典学;第二阶段,交流讨论审定词目和试写条目方面存在的问题和经验教训。会议最后商定了 1979 下半年的编写工作计划。安徽在 1980 年 4 月编完了"歹"部和"欠"部,到 1981 年 6 月初完成了所承担的 13 个部首中的九个部首,到 1984 年 7 月 13 个部首的初稿全部编写完成,其中 11 个部首业经省内审改定稿,只剩下部分"木"部和"水"部的稿件尚待审定。安徽投入编写的人力,比之四省一市投放的人力并不算多。安徽两个中心编写组安师大组和安大组的担子最重,编写的条目也最多,他们认真负责,稿件质量上乘。安徽 13 个部首写出将近 49000 个条目,最终定稿采纳的条目数是 47380 条,约 660 万字,其前前后后的编写总量,包括改写与被删汰稿件的数字量,在 780 万字到 800 万字之间,稿件总页数在 72000 页左右。

安徽"词办"曾在合肥组织过一次审定阜阳师范学院组编写的"殳"部和"气"部的会议,为省级复审稿件摸索经验,省内各编写组的骨干参加了这次审稿活动,还邀请我和编纂处另一位同仁参加了这次会议。

安徽《汉语大词典》编写领导小组和安徽省出版局在 1984 年 9 月下旬,召开安徽省编纂《汉语大词典》总结大会。总结大会甚是隆重,安徽省编写领导小组成员、全体编写人员、参与编写工作的几所大学的领导、文化部出版局和教育部主管《汉语大词典》的领导、主编罗竹风,四省一市《汉语大词典》领导小组的领导受邀参加大会,我获邀参加会议。安徽领导小组副组长黎洪作了总结发言。

浙江在1979年秋季"'寸'部先行",完成"寸"部1200条以后,编写文稿在各编写组陆续展开。1980年4月完成"广"部1700条;小部1200条,"己""幺""又""弋""廾"五个部首1300条,"尸"部和"屮"部2000条,"巾"部2100条,都在1981年9月之前编写出来。浙江至此合共完成十一个部首9500条,102.1万字。正在编写的有"干""工""弓""心""山""手"等部首,加上已经编写完成的部首,到了1982年春天,浙江已经完成初稿两万多条,占总任务的40%左右,尚待完成的主要是"心"部、"彳"部、"山"部和"手"部这四个大部首和几个小部首,原计划1982年年底前全部完成,实际上推迟到1983年秋季才扫尾结束,此后的工作重心便转向审稿和定稿。

1980年8月4—13日,浙江"词办"采取推进措施,组织各编写组32位骨干成员,到莫干山召开全省编写业务研讨会,采取"就实论虚,虚实结合"的办法,在一年来编写出"广"等部首数千条的经验基础上,着重围绕立目、释义、书证和资料等问题交流经验。蒋金德保留着几张这次会议的照片,上面都是我所熟悉的人物。照片上一个个笑容可掬意气风发,可惜当中的一些人如今已经生活在另一个世界当中了,睹物思人,难免有唏嘘慨叹之情。1982年3月,正当全力以赴编写"心""手""山"几个大部首的关键时刻,浙江又在杭州召开了全省编写人员会议,编纂处副主任陈落、办公室主任孙厚璞和我三个人应邀参加会议。我重点同林菁、方福仁、吴战垒、曾华强诸人讨论"收词原则"和"编写体例",听他们谈论从编写实践当中发现的问题,听取他们的修改意见。他们提出的意见,我都一一记录下来,带回编纂处作为进一步修改这两份文件的参考材料。

下面轮到介绍福建的编写情况。福建的编写工作做得很到位。福建承担了编写25个部首的任务。他们把25个部首分解成八个单元,按照单元分配各个编写任务。1979年6月8日在厦门大学召开编写组负责人会议,将25个部首分配到各个编写组。这25个部首乃是正式分配给福建的任务,福建实际上编写了33个部首,另外还有"口""日""方""无""斤""斗""门""宀"八个约稿部首。约稿的事我在下文会说明。福建于1979年4月启动编写工作,先编写"丨""丶""丿""乙""亅""瓜""瓦""田"两个单元八个部首,要求5月底订出词目单,分配到八个中心组合作编写。1980年12月在福建编委扩大会议上布置下1981年全省编写出"火"部和"犬"部等大部首8000—10000条的任务。1982—1983年间,福建的编写主力都投放到编写余下的部首和八个特约部首上,1984年福建的编写工作圆满结束。

至于上海,承担着36个部首,大约75000条的编写任务。1979年3月26日,上海市委宣传部和市教卫办发文,转发上海市中外语文词典编写领导小组《关于贯彻国务院〔1978〕22号文件的几个问题》的报告。报告列出了上海各编写组所应承担编写的各个部首:复旦大学承担十个部首,"自"部至"虍"部;卢湾编写组承担11个部首,自"缶"部至"肉"部;

煌煌辞典著春秋——《汉语大词典》出版背后的故事

上海师范大学、上海师范学院和上海教育学院联合编写组承担由"白"部至"糸"部15个部首。上海师范大学联合编写组分成三个组后，联合编写组仍负责审定已经写完的"立""皮""矛"三个部首，余下正在编写和待编写的12个部首，则由三个组分别承担。复旦大学组1979年10月已写出"至"部四百多条，计划1983年编写完成"艹"部等十个部首。卢湾编写组内部分成三个编写小组，平均每人每年写出250—300条，1979年内已写出"羊"部1200条，1980年完成"雨""老""而""来"四个部首，1981年完成"聿""臣""耳"三个部首，1983年全部完成。

除去五省一市承担的编写任务，还有"一""人""入""攴""文""儿""月""口""日""曰""方""无""斤""斗""门""冖"16个部首当初没有人接受，暂时归编纂处搁置起来。五省一市的稿件源源不断地送过来，编纂处人手不多，审稿工作已经很沉重，日常工作又十分紧张，靠我们自己根本无力编写这么多的部首。因为福建最初承担的编写任务相对较轻一些，编写团队又不乏能人高手，故而选择福建与之协商再承接一部分部首。杨云和副主编洪笃仁慨然应允，接下"口""日""曰""方""无""斤""斗""门""冖"九个部首，商定由我们直接约请莆田、晋江、龙溪、龙岩、福州市、厦门市六个编写组中的个人编写，福建"词办"给予支持。我们约请到编写这九个部首的福建同仁，主要有以下各位：王作人、丘亮弼、杨伯奎、杨炳淮、吴西成、吴辉煌、何万年、张振书、陈正统、陈延祐、陈林茂、林双华、郑丽生、黄凤、黄金许、赖元冲、鲍凤、廖宗刚。陈延祐、陈林茂和林双华还编了"不"字1500条，陈延祐另外还编写了"丕""世""且"三个字的条目。福建同仁慷慨相助，在困难时刻同舟共济给予大力支持，解决了这部分悬而未决的难题。

九个部首解决了，留下来的"一""人""入""攴""文""儿""月"七个部首编纂处只能自己处理了。我们约请卢湾组编写除"不""丕""世""且"以外的"一"部和部分"月"部稿件，卢湾组的陈新、钱剑夫和徐文堪等人是编写这部分稿件的主力。"人"是个大部首，我约请白嘉荟、陈抗、盛冬铃三人，分别编写0—4画、7画和8画。"人"部的其余笔画连同"入""攴""文""儿"四个部首和"月"部的一部分，我指定编纂处力可胜任的编辑利用业余时间编写，与作者等同对待，计发稿费。孙立群编写"入"部，郭忠新等人编写"月"部和"人"部余下的条目。

白嘉荟和陈抗参加过三年修订《辞源》的工作，熟悉《辞源》的编写体例，因为《辞源》与《汉语大词典》有许多相似之处，比较容易上手。陈抗是容庚、商承祚双导师古文字研究生，出师后任职中华书局。盛冬铃是裘锡圭的研究生，也在中华书局工作。我请编纂处编辑厉振仪到北京向二人约稿，厉振仪把二人请到就近的翠华楼吃饭商谈约稿的事，谈定之后分批给二人寄去好几箱资料卡片。7画和8画大都是多义项条目，一个条目的资料卡有几十张上百张。陈盛二人每张都仔细过目，凡是采用的资料，都在中华书局资料室一一核查过，天天下班回家就写稿子做《汉大》这件事。白嘉荟也是这样，白天工作，假日和晚上编写词条。"人"部在第一卷，定稿一天天逼近，我们催得很紧，三人几乎没有休息日，一直干到写完。白嘉荟收到编纂处发运给他的四大纸箱混在一起的资料卡片，卡片顺序要他自己编排。白嘉荟请夫人袁光英协助一起干，在大书桌上摊开卡片排序，一按照笔画顺序排，二按照字头顺序排，三按照复词笔画笔顺排，四按照条目内卡片的时代顺序排。陈抗也说，他那不大的房间里摆得到处都是卡片。白陈盛三人都说，编《汉语大词典》养成了"看书收词"的习惯，平时读书看到稍有新意的词目，就考虑这条资料要不要存起来，这个词目要不要收进来？脑子就转悠这么些问题。如果决定收下来，则抄到裁好的长方块纸上，插到资料卡片序列中。白陈盛三人的稿件写得很有水平，厉振仪曾对陈抗说："你们的稿子编得好，看起来轻松。"厉振仪是一位能力很强的编辑，写得一手走势圆润轻巧的好字，认真负责，审稿有眼力，判断词义一般都比较准确。我复审过她经手的"风"部稿件，确实增色不少。

我之所以费一点笔墨说一下白陈二位排卡片的情况，是想告诉大家，排卡片很费神、很耗时、很辛苦。我也做过这类活计，这手工活儿不好干。也想告诉各位读者，当年《汉语大词典》编写组内的许多人都做过同样的事情，操过同样的心，流过同样的汗水。试想一下，桌子和床上地下满房间都是摊开的资料卡片，蹲在地上一张张捡卡片，一张张调来调去排好字词顺序，要花多少精力！那时候，这些人家里可没有空调机，大热天就是这么干下来的。对于如今坐在空调房间里、使用电脑资料库搜寻资料的编纂者来说，恐怕无论如何也是想象不到的。回想起来，《汉大》这些老知识分子确实值得尊敬。我所以写上这一小段，正是为他们辛勤工作的形象带上一笔，仅此一笔而已，同他们多年的付出相比较又算得了什么！

《汉语大词典》编辑委员会要求各个编写组1983年交出初稿。吕叔湘曾在1981年北京万年青会议上说过这样一段话："昨天我看了各编写组部首的完成情况，完成的还不到三分之一，只有四分之一的样子。现在还有两年时间，能不能把四分之三赶出来，我与个别编委同志交换了意见，赶未必赶不出来，就怕遗留的问题比较多，不踏实，有些地方该查来不及查。这和后来的审稿定稿产生矛盾，要初稿完成得快，就把一部分工作移到定稿的时候去做了。这是个战略问题，战略上到底哪种做法合算，很值得研究。"他又说道，"质量数量是辩证关系，据《现代汉语词典》经验看，一开始搞定额，拼命赶出来了，但质量不好，修改时间几乎同写稿时间一样长。初稿质量好，定稿就快。"编委会确定的方针是"初稿当作定稿写"，各省市都是这么要求的，各编写组也是尽可能这么做的。尽管这样要求，尽管大家努力这么做，然而编写出来的稿子不尽如人意的仍然不少。

最后简单说明一下编写工作整体进程的情况。因为五省一市承担的任务多少不同，各编写组的业务能力也不尽相同，进度因而参差不齐，有快有慢。到1980年12月，五省一市写出了18个部首的初稿；到1981年9月份共写出八万条左右；到了1983年3月，又增加了八万多条；1984年中，初稿总数达到23万条，其余14多万条有的在编写有的在初审。1981—1985年是编写的高峰期，之后编写工作进入下行轨道。1985年以后编写组开始断断续续减员或者撤编，留下少数骨干人员逐步转向定稿工作。其中浙江是最早编写完初稿的省份，1984年上半年便结束编写，转而组织人力进行省内复审。江苏承担着最后三卷的编写任务，直到1987年年末1988年年初编写任务基本完成。五省一市长达八年的初稿编写工作，至此全部结束。

七、汉语大词典编纂处与汉语大词典出版社

上海市出版局于1980年1月16日转发上海市委组织部"沪委〔1979〕964号"文件，批准成立汉语大词典编纂处。经过一段时间的筹备，至1980年年初正式挂牌办公，人事编制暂定70人，由上海负责配备。编纂处是编写领导小组和编委会的执行机构，由主编、常务副主编、编纂处主任共同主持日常业务工作。此后编写领导小组改组成工作委员会，编纂处则是工委会、学术顾问委员会和编辑委员会"三委会"的执行与办事机构，在"三委会"领导下负责日常的具体工作。编纂处成立之后，此前编写领导小组办公室的职能便随之并入编纂处履行。1980年5月4日主编罗竹风在编纂处召开的五省一市业务工作会议上说："我们编纂《汉语大词典》，五省一市是平行的，相互没有领导关系。为了工作方便，经过胡耀邦同志批准，国家出版局陈翰伯同志和上海市委商定，成立了编纂处，以便协调五省一市的编写工作。通过大家共同商量，解决疑难问题，对提高质量是有好处的。当某一个省集中审稿时，编纂处有人参加，便于及时了解情况，解决问题，提高质量，这是一个不错的办法。"

五省都设有词典办公室，负责处理本省编纂《汉语大词典》的日常事务，而编纂处则按照工委会、编委会的决议和领导的指示，处理或经办一切具体事务。说起这些具体事务，确实面很广项目也很多，几句话一时也列举不完。总的来说，包括编纂处自身的行政管理和业务管理，联系沟通五省"词办"和编写组，参加各省或编写组的业务活动，了解收集资料和编写稿件的质量和进展情况；联系沟通五省编写领导小组和工委会以及编委会成员，特别是向工委会主任、副主任报告请示工作，向主编、副主编报告请示工作；组织召开工委会、编委会会议和"词办"会议，协商确定会议议题，准备各项材料、起草文件报告和会议纪要；制定和修改《汉语大词典》的"收词原则""编写体例"和种种补充规定，以及制定"审稿定稿方案"等各种业务文件；撰写专项工作报告，以至编发简报，都在编纂处职责范围之内，编纂处还兼任"上海词典办公室"的职能。此外，编纂处还承担着《汉语大词典》全书的编辑审稿工作和审音工作，承担着"人"部等六个部首的编写工作，最终的发稿出版工作，以及整理、分类、保管、分配资料卡片等，一年四季忙个不停，工作相当紧张相当繁重。

编纂处成立时，设置了办公室和两个编辑室。编纂处主任一职空缺，由副主任陈落主持日常工作，孙厚璞担任办公室主任，我和金文明担任第一编辑室副主任，傅元恺担任第二编辑室主任。

编纂处副主任陈落，态度温和，说话和缓，是一位善待每个人的老干部，一位早年参加革命的文化人。陈落生活朴素，作风清正廉洁，不谋半分私利。他善于倾听意见集思广益，作风民主，主持会议讨论问题，很少率先表达自己的意见，总是先让大家发言，耐心倾听我们的看法，而后才发表自己的意见，也很乐意采纳我们的建议。他不与别人争论，而是避其锋芒加以引导，形成共识，解决问题。他主持工作很稳健，临事不乱，沉得住气，不愠不怒，成熟老到，他的领导艺术别具风格。陈落以年逾七十的高龄主持编纂处的工作，每天按时上下班，在我的记忆中他基本没有请过假。他还多次到江苏、浙江和福建的编写组亲自了解编写中的问题，了解资料与进度等情况，同"词办"和领导座谈交流情况，听取对编纂处的意见，工作做得很细致。

编纂处人数不多，虽然给了70个编制，然而从没有满员过，所负责的工作范围很宽广，工作量很大，负担十分沉重。我和孙厚璞、金文明、傅元恺四个人身上的担子最重。编纂处没成立之前，那时叫《汉语大词典》编写领导小组办公室。初期人手更少，孙厚璞、金文明、傅元恺和陈榕甫、左钧如都是办公室的早期成员。孙厚璞在先，另外四位陆续调进办公室，他们都是办公室的核心骨干，此外还有些人也曾参与过办公室的工作，但时间不长。《汉语大词典》编写领导小组办公室最早由束纫秋担任主任，孙厚璞担任副主任，束纫秋卸任主任后孙厚璞升任主任，之后转任编纂处办公室主任。老报人束纫秋在他担任《汉语大词典》编写领导小组办公室主任那个阶段，在主持决策和组织方面做了大量工作。后来虽然离开《汉大》团队返回新民晚报担任领导职务，但他仍然很关心《汉语大词典》这件事。此后曾几次与他见面，他总是兴致勃勃地问我《汉大》的事情，热情不减，关注依旧。他是《汉语大词典》早期创业的有功之臣。

上海大厦会议决定五省一市协作编纂《汉语大词典》，第一步当然是收集资料，办公室的工作重点也放在协调五省一市收集资料这个基点上。从哪些书里收集资料，要有个书名单，谁分哪些书，如何分配，要求怎样，进度怎么定，质量怎么检查，如何组织试写条目，如何积累编写经验，凡此种种都须要五省一市一道协商共谋而后定，孙厚璞主持和协调了这些方面的工作。至于涉及收集资料、编写条目等具体业务工作，则落在金文明、傅元恺和陈榕甫的身上，左钧如的工作重心放在上海"词办"方面。孙厚璞是一位肯干事、能干事、果断有能力的人，在任职办公室主任的多年间作出重要贡献。金文明文字根底宽广深厚，是一位汉语辞书的编纂能手。他好读书肯钻研，写稿审稿改稿都非常认真，揪住问题刨根究底，不到完全解决不肯罢手。经他改定的稿子人人放心。当年他的旧居面积不大，从地面到屋顶，一架架一摞摞的书占据了大半空间，常用书放在手边，随用随拿。金文明做学问很勤奋，多年来笔耕不辍，直到去年他八十二岁高龄，还独自编写完成一部四百万字的《中国古汉语大字典》，堪比《汉语大词典》第一卷的分量，耗时七年。这是学识、功力，以及编写辞书的经验和意志毅力造就的成果。我与金文明同行，深知编写这样一本辞书非常艰难。金文明还做过一件重要的事情。那是早年在《汉大》开展收集资料工作之时，需要一份共同遵守的"收词原则"，领导小组办公室起草了《〈汉语大词典〉收词原则的规定》，后来试写条目需要一份共同遵守的编写体例，领导小组办公室又起草了一份《〈汉语大词典〉试行编写体例》。这两份文件构成后来讨论修改"收词原则"和"编写体例"的基础。这两份文件的起草人，以金文明、傅元恺和陈榕甫为主，林菁、张㧑之等人也曾深度参与其事，而主要执笔人则是金文明。

《汉大》收集资料用的《〈汉语大词典〉收词书目》和补充书目，《汉大》书证的引书格式，主要由傅元恺和陈榕甫两人草拟、修改和定稿，以陈榕甫为主。陈榕甫离开编纂处以后，则主要由傅元恺承担。编纂处草创初期的图书资料室也归陈榕甫管理。陈榕甫学有家传，长年在新民晚报工作，傅元恺是中华书局上海编辑所的老人，二人都熟悉文献资料，古文都很好。傅元恺资历深厚，勤奋务实，待人诚恳谦逊，和蔼可亲。他是编纂处审稿和定稿的主力成员，投身《汉大》工作多年如一日，退休以后还留在编纂处心无旁骛地认真审稿子，深得大家的信赖和尊重。有一次他服用磺胺类药物引发严重过敏反应而住院治疗，我去医院探望他。从我坐下来到离开这段时间，他一直谈《汉大》的事，对自己的病反而若有若无全不放在心上。老人家心在《汉大》，唯此为重。

我与金文明业务观点比较一致，很多学术见解看法相同。在召开杭州编委会和厦门编委会之前的一段时间里，由主编罗竹风主持，我和金文明、傅元恺负责修订"收词原则"和"编写体例"。我和金文明的一些共同学术见解被采纳糅人其中。因为这两份文件关系着贯彻编纂《汉语大词典》的各项重要原则，关系塑造全书面貌的大问题，所以我们都不敢掉以轻心，每一个论点、每一项原则都有编写实践提供的实证基础和经验教训做依据，多次到各省听取副主编、编委和编写骨干的意见，听取临时来编纂处工作的编委的意见，几上几下，反复交换看法，反复细致地推敲思考，不仅"三思"而是"九思"，然后才敢慎重落笔。这些内容都是按照编委会的共识，经主编审定同意才写进去的。我们还上门征求王力、周祖谟和陆宗达、姜亮夫等数位学术顾问的意见，向他们讲清楚存在的几种观点和看法，说明主流意见，得到他们最后点头认可，也就是形成各方面的共识，而后才确定下来。所有的修改和变动，都经过杭州和厦门两次编委会讨论通过，并就大家的讨论意见再做修改乃最后定案。

再说一下相关条目的问题。《汉语大词典》不仅收录的条目多而且相互关系复杂，处理好相关条目乃是提高质量的重要环节。从初稿本来看，有不少处理得当的例子，也有不少处理失当的例子，对相关条目重视不够是一个带普遍性的问题，尤其是对不同部首中关联条目的综合平衡考虑不周密，顾此失彼，留下许多漏洞。我觉得虽然在"编写体例"和"情况汇报"这两份文件中对相关条目的处理做了若干成文规定，算是有了一个可资遵循的规则，但光靠这些规定还不能解决全部问题，在来稿中对我们所采用的处理相关条目的某些术语，仍然存在着理解模糊和混乱不清的现象。因此有必要对处理相关条目的术语给予明确定义，制定一套更加切合实际、更加规范、更加具体的处理细则。为此，我在总结大家编写经验的基础上，提出"单向关联"和"双向关联"的概念，将关联条目的处理方式统一起来，以期纠正存在的混乱现象。我的这一提法经主编同意，作为处理相关条目的基本方式而被纳入"编写体例"。因为分卷出版的原因，写稿、定稿与出版前后间错交叉进行。第一卷已经进入定稿程序，而后面的卷次尚未写出初稿，更遑论同时定稿。所以，迫于无奈转而采取折中的办法，凡关联条目都已定稿者必须做好相关处理，凡关联条目未写好未定稿者，一般不表示其相互关系而仅作独立条目处理。这就是出书之后看到的情况，按照体例规则本应做相关处理的条目，有的处理了，有的没有处理，同体例规定不完全一致。这很遗憾！但是因为要赶着出书，没有办法，整个编写团队都为此而深感无可奈何。

上文提到的"情况汇报"这个东西，我做个说明。如今已找不到这份材料，详细内容我已记不清楚，只能说个大概。但这份属于通报性质的文件很重要，值得记上一笔。编纂处的一项职责就是把审稿中发现的问题，及时与编写组沟通，并且汇总经验教训提出解决办法或制定一些必要的编写规则。"情况汇报"就是汇总从编写组稿件中获取的经验和搜集到的问题而写成的一份业务材料。这份材料汇总了正负两方面的情况，针对其中需要解决的问题提出了若干新的解决办法，其中就包括处理相关条目的新规定。

早前各省市写好的稿件都交给编纂处排印初稿本。编纂处由于审稿的人手不多，所以最初交来的稿件有的未经编辑加工就直接付印。浙江的"寸"部他们花了大力气，初稿做得比较好，没有经编辑加工便直接付印。但大部分稿件都须经过进一步加工才印成初稿本。编纂处人手不足，无力全面完成这项工作。再说随着五省一市编写工作步步进展，交到编纂处的稿件越来越多，编纂处的审稿工作捉襟见肘，引进人才便成为当务之急。我们商议下来决定打破常规，从社会上招聘网罗一批人才。

编纂处招人的消息传得很快。1980年8月刊登启事不久，便有成百的人前来应聘。我们采用考试的方法从中选拔。考试分笔试和口试两道关，笔试不合格的淘汰，合格的面试。我和金文明从选拔《汉大》编辑的角度拟定试题，商定不出边边角角的题目，只出大面上稍难一点的题目。我记得有一道题是请应试者写出"龘""爨"这类古文中常见的多笔画繁体字，结果写对的不多，写错的不少。我初学"爨"这个字，是用"兴林大火"的方法记忆下来，看多了写多了，也就熟悉起来。倘若古书读得不多不熟，平日又接触不到这两个字，那确实有一些难度。笔试下来，从中择优录取再进行口试。口试随意性比较大，由傅元恺、金文明和我三个人分头谈话。我是根据谈话情况，随机应变，临时提问。例如"五代十国"中的五代指哪几个朝代，《水经注》是本什么书，《孙子兵法》和《管子》这两部书孰先孰后，蒙古大军攻打四川与南宋军队决战的地方在哪里。这几个口试题看似一般，然而如果学问没点功底其实并不容易答对。有几位应试者笔试口试答得都不错，陈福畴和钱玉林名列前茅。钱玉林是一位工人，家境不宽裕，喜好读书，攒下几个小钱就去买书。他是古旧书店的常客，

煌煌辞典著春秋 ——《汉语大词典》出版背后的故事

版本目录和古代典章制度是他的强项。他的长处同《汉大》的工作性质对路，受聘后当编辑处理稿件发挥得很好。在本次招聘中被录取的虞万里后来成长为知名学者，还有其他几位各有成就的人才，都是借招聘请进编纂处，经过《汉语大词典》的历练而达致成功者。本书收入的文章中各有记述，有的还很详尽，我这里就不再重复了。实践出真知，《汉语大词典》确实是培养人才的大熔炉。

编纂处还举行过零星的招聘活动。被招聘进来的徐时仪，后来成长为知名教授和学者。他在学术上的研究起步于在编纂处工作期间。他与父亲一起收制了一万多条《朱子语类》的书证卡片，其中1566张被《汉语大词典》采用，976张用于第一义项，也就是为976条词语提供了源头出处，他所做的《朱子语类》卡片的质量是很高的。在这批资料卡片的基础上，他考释朱子词语，考释古白话俗语词，撰写了《朱子语类词语汇释》初稿，学业与日精进。1985年考入上海师范大学首届古典文献学专业研究生班深造，博士论文《玄应音义研究》获全国百篇优秀博士论文提名。毕业后留校在古籍研究所任教，研究方向为中国古典文献学和汉语史，著作丰硕，获奖专著十多部，发表论文二百多篇，其中《朱子语类词汇研究》入选2012年《国家哲学社会科学成果文库》，《一切经音义三种校本合刊》和《朱子语类词汇研究》获得王力语言学奖。徐时仪现任上海师范大学人文与传播学院博士生导师、中国古典文献学博士点负责人、中国训诂学研究会常务理事和上海辞书学会副会长等职务。

编纂处最初几年的日常工作，主要是审稿和编发初稿本，还有联系五省一市和各个编写组，了解编写业务存在的问题和进展情况，以及与五省"词办"协商处理某些需要解决的问题。初稿本一般都先经过省内审稿，认为可以出手了，才送到编纂处来。五省"词办"和编写组确实为初审稿件花了不少心力，注入不少心血。但尽管这样，稿件质量仍然参差不齐，有的基础较好，有的依然是"毛坯"半成品，若要印成初稿本，还需要再加工，还需要在收词立目、释义、书证等方面细心打磨修改补充。

浙江编写的"寸"部作为《汉语大词典》的第一个初稿本，大约是在1979年9月排印发出的。次年5月，江苏师院、南京师院和卢湾组编写的"谷""齐""羊"三个部首，7月安徽的"歹"部和"欠"部，9月上海编写的"至"部和"皮"部，都相继印出了初稿本。到了1980年11月召开第二次编委会之前，编纂处总共编印出18个初稿本，五省一市都有了自己的初稿本。接着，福建编写的"丨""、""丿""亅""乙"五个部首，安徽阜阳师院组的"殳"部和"气"部、安徽师大的"比"部、安徽大学的"毛"部，杭州师院的"小"部，江苏的"血""赤""韦""身""长""酉"六个部首、苏州地区洛社组的"辛"部、镇江组的"非"部、南京市组的"骨"部，上海的"网"部和"缶"部等部首的初稿本，都在1981年一年之内编印出齐。

编发初稿本，做到1985年年初为止。1985年1月14日，罗老在编纂处工作会议上说："初稿本不要印了。印初稿本当然有好处，但材料都让人家偷走了，偷得很厉害。"在主编发话以后，编纂处随即停止了编印初稿本。当年初稿本散发的面比较广，好处是方便审稿，便于听取社会各方面的意见。但执行下来，来自社会的意见寥寥无几，而书还没有出版，却发现书中的资料被局外人源源利用起来，为了保护《汉语大词典》，且工作重心即将转向定稿出版，此时此刻发不发初稿本已经不重要了。

从1980年到1984年，在这将近五年的时间里，编纂处接连不断收到一个部首又一个部首的稿件，编辑工作在繁忙之中如火如荼地进行。各省交来的稿件越积越多，编纂处人手紧张调配不过来，审稿进程缓慢，进度赶不上去，为了解决问题，只能邀请五省的能人来沪帮助审稿。此外还有另一项考虑，那就是充分尊重五省和"词办"，尊重编写组和各位编者，尊重他们辛辛苦苦换来的劳动成果，尊重他们的自主权。所以，在一般情况下，我们都是先请编写组来人加工他们所写的稿件，而后才转给编纂处的编辑接手审稿。

五省的同仁断断续续到编纂处审稿，来者大都是本组的主力或者是编辑委员。浙江方福仁、林菁、孙家遂、沈幼征、张叶芦、朱侃，江苏骆伟里、吴连生、黄希坚，安徽张紫文、谢芳庆、陈庆祜、赵应铎、马君骅、于石、张绚，还有福建张振书等人，大家发扬协作精神，都曾到上海住在编纂处帮助审稿。来的人少的时候，就住在编纂处，我那时就住在办公小楼的亭子间里，正好同外来的同仁作伴儿；来的人多的时候，编纂处住不下，曾经一度安排到打浦桥的一栋旧式楼房里住宿。那几年编纂处人来人往，交流互动很是热络。多年过后，我曾遇到过几位当年来编纂处审稿的同仁，在一块儿开怀攀谈话当年，大家说起来都有一点共同的感受——在编纂处审稿的那些日子，回味有余甘。

编纂处的编辑和外省同仁一起工作，互动交流非常方便。大家在审稿中三三两两讨论疑难问题，一起翻书，一起核对书证，一起研究词义，一起讨论"源流"关系，随时切磋问答交换意见，编辑从中学到了不少东西。在这样的工作氛围当中，编辑的审稿能力和学术水平固然得到了提升，而前来审稿的外省同仁在编纂处接触到的稿件范围更广、碰到的问题更全面更新鲜、考虑面对的问题想得也更仔细。总之，无论对外来者抑或对编纂处的编辑来说，这种互助合作所带来的好处是显而易见的。

在这段时间内，编纂处的工作重心就是与各省"词办"合作，加紧审订初稿推进编写工作。组织安排编辑审稿是我的一项主要工作，而亲自审稿则是我的又一项主要工作。我审稿分两部分，一部分是复查编辑审过的稿子，一部分是我自己审阅编写组的来稿。前者主要是检查发现问题，同编辑或外来同仁商讨修改稿件，解决发现的问题。后者自己审稿所花费的工夫则大于前者。自己审稿，就得一条一条核对书证审阅修改，特别是单字条目尤其是常用字，义项源流大都复杂多变问题比较多，加上越靠后新资料越多，所以重写乃是常事。我重写"正"字这个词条记得最清楚。"正"字的资料卡片很多，用橡皮筋缠紧的卡片厚厚的好几叠，总数不下四五百张，都要一张张细细看下来，任何一张都不能遗漏不能马虎。为准确界定每张卡片的字义，都要查书核对书证原文，都要通读上下文，都要归并字义相同的资料卡并排列

煌煌辞典著春秋 ——《汉语大词典》出版背后的故事

时代顺序，然后思考梳理"源流"，每一步都得细心谨慎，特别是界定字义，考虑字义演变的逻辑层次问题，每一项都要花费心思。经过几次三番反复思考、反复核实材料，把每个细节、每个节点都弄清楚弄明白之后，自己认为基本上没有大的漏洞，这才敢下笔写成"正"字这个条目。这个条目若将两段式的释义计算在内，总共57个义项。据我对《汉语大词典》的了解，这是全书义项最多的一个条目。正因为如此复杂，加上当初"过度"思考所留下的深刻印记，所以至今依然记得很清楚。切身体验告诉我，要想写好一个多义项的条目，往往需要翻查几十种书，需要认真通读书证的上下文，须要一行接一行地认真看，一本接一本地认真读，必须开动脑筋深入细致地考虑，否则你绝对写不出好的条目来。如此反反复复数年如一日地干下来，相当于反复读了上千种书，你进哪家大学也学不到这么多的知识。还有那时编纂处那种切磋推敲、互动交流的氛围，那种就不同意见即时商讨、和缓地交换看法的工作环境，更是促使每个人都去认真读、认真写、认真学。所以大家进步成长得都很快，别看很多都是细微问题，但是见微而知著，一来一往受惠于无形，时间越长收获越大。编纂处的同事如今聚在一起的时候，往往涌起相同的感受：很怀念在编纂处度过的那些日子！

我的另一项常规工作，就是联系沟通"词办"和编写组了解他们的编写情况。在编写阶段，编写组内或组与组之间时常开展业务交流活动，就一些基本问题交换意见，汲取经验找出不足，统一对若干业务问题的处理方式和执行标准。这些活动对于少走弯路编写好条目，起到了很好的作用。参加这种会议，是了解编写实情的好机会。所以，我多次到各省内编写组参加这类编写、审稿、交流经验的工作会议，了解情况和听取意见。我去山东、江苏、安徽和浙江比较多，福建去得少一些，阮锦荣福建去得比较多。我和金文明当年还算年轻，所以出去的比较多一些，傅元恺岁数比较大，外出少一些，主要是主持编辑室的工作和自己审稿子。

参加省内或编写组的会议，总会带回一些帮助我们改进工作的好意见。例如有一条意见说，编纂处应当"明确规定逐级审稿的制度"。这是一项中肯的建议，本来就在编纂处应该做的职责范围内。我们接受这条意见，将五省一市收效较好的做法整合起来，制定出相关规定统一施行。

我去各省出差都是乘坐火车，下了火车往往还要换乘长途汽车。那时的火车开起来咣当咣当响，所谓快车比现在的绿皮车还要慢。山东的公路比安徽好很多，铺着细沙的路面比较宽阔，长途汽车跑得比较平稳，不像安徽很多土路，坑坑洼洼尘土飞扬，半天下来一抖衣服满是灰。如今回想起当年那些事儿很有点儿意思。其中我跟罗老到安徽那一次逗留的时间最长。1981年5月上旬，我陪同主编罗竹风到安庆市参加安徽省审稿会议，会议议题是初审安庆编写组所写的"水"部0—4画两千多条的稿件。安徽几个编写组都派出代表参加会议。我的任务是了解文稿中的问题，与各位编者交换有关编写体例等方面的意见。安庆市很重视这次审稿会，市委市政府负责人到会看望大家，市委宣传部吴斌、张裕锦，市文化局张君、市政协贝朴生等人参加会议。安徽"词办"奚正新和王政白组织会议，他们安排得很周到。

安徽师大张紫文、谢芳庆，安徽大学赵应铎、马君骅和张绚与会，并介绍了安大组实行编写岗位责任制和复审汇报制度的经验。罗竹风发言热情指导编写工作，还在会下与大家漫谈交换看法听取意见。会议结束之后，我随同罗老去到芜湖安徽师大编写组与合肥安徽大学编写组，罗竹风听取了两个编写组的工作汇报并作了具体指导。在合肥期间罗竹风还同省政府领导磋商加强《汉大》编写中的组织领导工作等项问题。这次到安庆参加会议，深度参与了讨论稿件的活动，切入编写者写稿审稿的实际当中，会上会下正反两面的经验和问题都被拿出来，摆得实实在在，确实是获取第一手资料不可多得的好机会。对我来说，从中吸取经验教训，用于修改补正编写规则、扬长避短很有好处。

编委会杭州会议责成编纂处根据大家提出的意见，进一步修订编写规则。从杭州回来以后，我和金文明与傅元恺三人集中用一段时间进行修订，拿出初稿后发给各位编委提意见，反馈回来再经修改定稿，大约在1981年4—5月间编成一本天蓝色封面的《〈汉语大词典〉编纂手册》，发往"词办"和各编写组。这本手册汇总了"收词原则""编写体例""引书格式"，还有"编写和审稿工作条例""关于统一制卡规格的一些注意事项""简化字总表""第一批异体字整理表""印刷通用汉字字形表"等编写《汉语大词典》必备的文件，方便大家编审稿件随手翻查使用。经过两三个月的试用，我们请各编写组派代表来沪学习讨论《编纂手册》的有关规定，希望达到统一认识，认真执行《编纂手册》的规定，提高编写质量的目的。

会议于1981年7月5日在上海举行，来自五省一市各编写组的代表和省"词办"48人参加了本次会议。会议围绕"提高质量，加快进度"这一中心，开了两天。我和傅元恺、金文明三人，分别向大家汇报了自己审稿的切身体验，并就来稿中的若干问题结合《编纂手册》谈了一些改进的意见。然后分三个组进行了一天半的交流和讨论，会议开了六天，气氛很热烈。主编罗竹风于7月10日作了总结性发言。

编纂处设有"审音组"，负责审定《汉语大词典》各条目的音读，主要是单字的音读。审音组建立之初，组长为刘俊一，组员是李鸿福和唐让之。刘俊一是音韵学者，主持山东曲阜师范学院编写《汉语大词典》的工作。审音的日常工作主要落在李鸿福和唐让之身上。李鸿福忠厚诚恳，勤奋扎实，默默地工作，一不冒头，二不张扬，不浮不躁，埋头苦干。我从没听他说过自己做了什么，然而我心里清楚，他踏踏实实做了很多实质性的工作。这是他有别于人的长处。他的学识承接家传，根底深厚，担负《汉语大词典》的审音重任，从头至尾善始善终，贡献很大。为了统一《汉语大词典》与《汉语大字典》的音读，双方审音组一直紧密合作，李鸿福以其谦逊的品格和实干精神赢得对方的尊重。

编纂处位于上海陕西南路25弄8号，正当上海市中心区，地段位置很好。左右两幢小洋房，本是《汉语大词典》和《英汉大词典》的工作场所，《英汉大词典》不久迁出，剩下《汉大》一家。五省"词办"和主要编写组的人大都来过这里，不少人还是两座小楼的常客。然而好景不长，1981年的时候，这两幢小楼便要落实政策物归原主，编纂处只得另谋出路。编纂处的人员渐渐多起来，图书资料积累得也很快，积箱盈箧的稿件越来越多，本来就已经到了该扩展地盘的时候了。但是上海的房子是出了名的难题，何况编纂处偌大的家业，想找一个合适的新窝儿谈何容易，放在谁头上都是一道难解的题目。事情一直拖到1984年，落实政策盯得很紧，非走不可。主编罗竹风向出版局提出人家要落实政策还房子，编纂处要尽快找个安置的地方，同时向汪道涵市长反映这一情况。他给汪道涵写过两封信，请求帮助解决，后来还为房子的事面见汪市长，汪道涵答应帮助解决。有了汪市长的意见，出版局决定向市政府打报告正式提出要求，市政府批示，同意给编纂处划拨一块土地修建办公用房。这块空地就位于现在的钦州路。如今车水马龙，当时可是一片田野荒地，上下班都很困难，如何能来这种地方正常工作？罗竹风对出版局说这块地方没法去，出版局领导也认为不能去。当时就想一口回掉，但讨论时一位副局长提出来："这块地先拿下来再说，拿这么大一块地不容易，以后可以派别的用途。"于是就先要下来了，之后再向市政府打报告，说明此地现在没法用，要求另拨合适的地方。多年之后就是在这块地皮上盖起了一座高楼，叫作出版大楼。

话再说回来，由于汪市长帮忙，市政府提出把新华路200号转给编纂处。这200号是一处好地方。新华路上有好多幢洋房，一条比较清静的街道，车辆少行人少，两排枝叶茂密的梧桐树浓荫蔽空。新华路200号这座建筑物，据说最早是汪伪南京政府要员、大汉奸陈公博为他母亲建造的一幢别墅。这栋三层建筑物，有别于周边的小洋房，琉璃瓦顶，颇有些古色古香的风格，底层宽敞，两侧房间的隔扇门别具一格。顶层三楼原为佛堂，据说专供陈公博的母亲拜佛礼佛使用。整个院落占地数亩，原本占地面积比现在还要大，后来被蚕食掉不少地方，让别的单位割去一大块。如今在院落左侧长着两排笔挺的水杉树，后面有一排临时修建的两层简易房屋。

我们在1984、1985年之交搬迁完毕。当时南京军区空军医院口腔科门诊室还占据着二楼一半的面积，每天都有一些人来镶牙补牙，穿白大褂的医生护士自由自在地进进出出。编词典的编纂处与口腔科门诊室同堂共处，这一番景象，除我们之外只怕没有第二家吧。1987年3月空军医院口腔门诊室终于搬走了，迁到不远处的淮海西路医院本部去了。人虽然走了，编纂处的人偶有牙疼、镶牙之类的小毛病，还是去找大

坐落于上海新华路200号汉语大词典编纂处旧址

家熟悉的那位梁军医，他对大家的热情不减当年。

　　为工委会和编委会召开的各种会议做准备，这是编纂处的一项经常性的工作，我在这方面也投入很大的精力。为《汉语大词典》召开的各种会议，如果要划分的话，大抵可分成这样几类：工委会全体工作会议或词典办公室工作会议，编委会会议和常规的编写业务会议三大类。《汉大》前后历经十八年，各种会议开得很多，就算只计五省一市都参加的大型重要工作会议，加起来也有十八次，若算上"'词办'会议""编审类会议"等中小型会议那就更多，这还不包括五省召开的各种会议。行政主导、会议推动，这是《汉大》编纂工作的一个特点。这十八次会议，领导小组和工委会会议召开七次，编委会开了三次，定稿会议召开八次。在山东召开过三次，江苏四次，安徽三次，浙江两次，福建一次，上海五次，北京三次，西安、成都各一次。每次会议都要在事前做好充分准备，会后发出归纳会议决定的"会议纪要"。早先的会议由领导小组办公室准备，编纂处成立后则由编纂处做准备。准备的项目大抵有：提请工委会和编委会领导审议确定的议题，同五省沟通协调取得共识，撰写文件和报告的文本以及汇报工作的文本，制订编写方案和编写计划，制订审稿定稿方案和具体计划，以及同五省"词办"沟通协商做好会务准备。编纂处负责起草的各种业务材料、文件、报告、规划草案等，都关系着如何推进《汉语大词典》整体工作的大问题，一字一句都不能掉以轻心。每次会前准备，首先请示工委会主任和主编，由于重要事项平时都向他们报告过，所以现实情况和需要解决的主要问题，主任和主编心中都有数。总之，每次开会前我们都要紧锣密鼓地忙乎一阵子。

　　若在省内开会，会务由各省负责，我们协办；若在京沪和省外开会，则全部由编纂处负责。会议参加者都是五省一市的领导和编写领导小组、工委会成员，大学教授和学者，他们中的大部分人年事已高，往来旅途、住宿乃至休息饮食，迎来送往，方方面面都需要考虑周到，安排妥帖。会议动辄几十人上百人，即使看似简单的会务工作，其工作量也很大。每次会议都要成立会务组，事先到会议地点安排酒店宾馆，做好开会的各项安排。编纂处会务组由行政、人事和会计人员组成，总务科科长凌才福、人事科科长蒋薇美、会计邵明三人都是固定的会务组成员，一般都由凌才福打前站。会务人员很辛苦，在开会期间几乎每晚都工作到深夜两三点。我们其实也差不多，白天开会，晚上处理会间的紧迫事务，譬如我写"会议纪要"，字斟句酌也要搞到深夜两三点，好赶在第二天提交全体会议讨论通过。至于在外省开会，所在省的会务负担同样辛苦繁重。除去材料、文件、报告之类的东西由我们准备以外，其他各项都由所在省的"词办"负责。特别是各省为表示友好而形成一项潜规则，差不多每次会议都要安排一次休息游览活动，招待各位领导和专家学者，"词办"在这方面尤其花费精力。例如到黄山开会，安排登黄山览云海，观奇峰怪石，到烟台开会安排上蓬莱仙阁，到浙江开会安排游富春江，一览严陵钓台，到宁波开会安排"探望"南海观世音。各省"词办"每组织一次这样的活动几乎都要"总动员"。山东孟繁海和李新，江苏薛正兴和胡慧斌，安徽奚正新和张杏清，浙江方福仁和蒋金德，福建张秋泉和薛剑秋，编纂处孙立群、蒋薇美、凌才福、邵明、吴杰等人，他们都为此付出很大代价。

说起《汉大》的会务工作，我觉得1994年5月10日在北京人民大会堂召开的庆祝《汉语大词典》全部出版大会的会务工作，应当记载于此。这次会议的规模很大，而且邀请到江泽民主席、李鹏总理等多名党和国家领导人出席，事前的筹办工作，要求严谨，非常繁重。新闻出版署刘杲副署长负责统筹这项工作。编纂处和汉语大词典出版社成立了以阮锦荣、孙立群、蒋薇美、周澎民为主的专责会务组，协同新闻出版署办公室主任石峰和秘书处黄源海等人一起，出色地完成了筹办这次大会的工作。事隔多年之后，我想在此作一点必要的说明，为成功举办这次庆祝大会，革命前辈夏征农夏老和他的秘书李道林，从中给予了有力的支持和帮助。

编纂《汉语大词典》没有资料卡不行，没有足够的图书也不行。编纂处从一开始就很重视图书资料的建设。写稿审稿随时都得查阅原书，手头缺书则严重影响效率和进度，编纂处大量购置增添所需要的图书越来越显得急迫。上海福州路和淮海路古旧书店，是我们首要搜书买书的地方，还利用出差机会或委派专人到苏州旧书店、北京旧书店、广州旧书店购买古旧书籍，同时从上海新华书店订购新出版的古书和现代图书。经过一番努力，编纂处的图书资料室迅速丰满起来，品种大幅增加。《丛书集成》有一部，《四部丛刊》和"补编"有两部，《四部备要》有两三部，"二十五史"有三套，以后又增购几套放在编辑室内供大家随手查阅，一般常用书都有副本，还买到一部清代稿本《百种汇刊》。一排排原有的木质书架上塞满了书，把书架压得弯了下去，木质书架不堪重负，后来都换成了金属书架。编纂处早期的图书资料室由陈榕甫负责管理。他整理图书资料，列出必补必购的书名单，亲自采购，尽心尽力。

汉大编纂处刚成立时，白手起家藏书不多，日积月累，到了1990年的时候，已经积累起将近30万册的资料用书。虽然图书资料与日俱增，但同编纂《汉语大词典》的要求相比，差距还是很大。编纂处是事业单位，经费不足，编辑们日夜操劳，一个月的奖金也不过六块钱。尽管经费紧张，我还是拨出一笔款项用于购买资料用书。当时办公会议已经决定购置一辆工作用车，恰在此时，我得知台湾商务印书馆影印出版台北故宫博物院藏文渊阁《四库全书》，一套售价15万元，当年编纂处一年也就40万元的经费，我考虑之下还是决定勒紧别的开支项目，放弃购置工作用车，通过上海图书进出口公司订购了一套《四库全书》。此书尽管有篡改删削、抄写错误等问题，但其中大量的书种我们没有，这些书就算当年也很难找得到，有它总比没有好。有了《四库全书》，《汉大》审稿定稿涉及的书种，资料室基本上都有了。

资料室的几位资料员，如招聘进来的刘泽淮、沈万红，经年累月帮助编辑、帮助外来同仁找书查书证，还要插空当儿剪贴卡片收词制卡，如此下来历练成了书目版本专家，找不到的书只要问他们，旋即从书架上抽出来递给你，还帮你查书证，一翻就找到，重点书目的章节他们已经熟悉了。资料员与五省来沪定稿的同仁相处得很好，代找资料代核书证，热心服务。外来老师们多次赞扬他们，说刘泽淮、沈万红帮助他们查资料做得很到家很得力。

资料室主任李爱珍很负责任，工作很细致。自她上任后，整理线装书，装订旧杂志，调整图书资料的排放次序，轻重主次布置得有条有理，想方设法采购缺少的图书，使得资料室的业务用书日益充实，越来越能满足审稿的需要。其后李爱珍转向编辑工作，由张喆接替主持资料室的工作。张喆毕业于上海大学图书馆学系。在他主持资料室工作期间，定出一套实用的图书分类法，重新分类编排所有的图书，增购书架调整位置，一整套措施做下来，大家找书查书比之过去更加方便了。

在收词制卡阶段，现代的资料做得不多，文稿中普遍缺乏现代书证。为弥补不足，我们发动大家业余时间从现代书目和报刊当中收词制卡归到资料室，适当给予报酬。加上资料室历年所做的资料卡片，截止到1990年4月，包括复印和剪贴的卡片在内，编纂处总计做了189万张资料卡，并按部首及词目顺序编排好，分送到各个编写组使用。

下面谈谈《汉语大词典》资料的保存与归属问题。五省一市手上的数百万张资料卡，陆陆续续归并到了编纂处。这批资料来之不易，保存好这一批资料是我们的责任。我主持编纂处工作的时候，请木工做了一批资料柜，很像中药铺装草药的抽屉柜。资料卡片都按照部首笔画排列入柜。我特别注意保护"审音组"那一批"音据"资料卡，大约30万张左右，这是当世唯一的一套"汉语古音音据资料"。为保存这数百万张资料卡片，资料室同仁花费了很大的气力。《汉语大词典》扬州工作会议曾作出决定，要求定稿人员、"词办"和编纂处加强保管资料，会议决定说："凡过去由五省一市制作的资料均属于五省一市共有的财富，至于如何继续利用，今后另行商定。"这批资料是五省一市各自出钱出人制作出来的，五省一市当然各领所有权。《汉语大词典》的版权问题签订了协议书，版权的归属变更已有明确的界定，但这批资料的归属并没有签署协议，"共享成果"仍然是一个有待解决的遗留问题。《汉语大词典》全书出版庆功之后，五省"词办"都已撤销，"三委会"也中止工作了，编纂处大概也无从执行工委会的上述决议。我那时已离开编纂处不在这个工作岗位上了。据说这批资料后来保存在上海世纪出版集团的仓库内。据我对这批资料的了解，菁华部分大都纳入十二卷《汉语大词典》当中，所余部分不能说没有菁华，主要是那一批音韵卡片很珍贵。除此之外，总的看菁华所剩不多，何况如今古今图书资料库已然建成不少，选择资料非常容易，有没有那批资料卡片实际上作用已经不大了。

1984年秋天，上海出版局调路倞先生来编纂处担任副主任一职。第二年秋天陈落离休，但继续以副主编的身份参与《汉大》的工作，1985年11月我被任命为编纂处主任，主持编纂处的工作，孙立群和阮锦荣出任副主任。孙立群为人低调，忠厚诚实善良谦逊，任职十多年不声不响，始终如一，扎扎实实、勤勤恳恳地工作。他主管行政事务，但业务也没有耽误，两者做得都很好。阮锦荣除去负责主管科室的工作之外，许多属于他职责以外而又必须处理的事情，他都承担起来积极去做。在联系五省和编写组、沟通协调方面他做了大量工作；他同上海财政局反复交涉数年，为编纂处争取经费，并最终落实按年份长期拨款，解决了编纂处日后长远发展的经费问题，这是他任职期间所作的一项重要贡献。还有马俊星在行政方面做了不少工作，特别是为解决编纂处新的办公用房这件事尽了很大的力。

我就任编纂处主任的时候，面临着一大堆需要解决的难题。我采取了许多具有针对性的措施。其所要解决的核心问题集中于两点，一是整顿内部凝聚人心，二是协同五省解决共同关心的问题，二者最终都要落实在推进定稿、加快出书这一个基点上。这两件事关全局的问题相互牵连，哪一件都不那么容易解决，也难以切分开来单独解决。我在编纂处工作多年，了解编纂处的问题所在；我同五省和编写组往还频繁，我同各省工委会和编委会以及"词办"领导都比较熟悉，尤其与工委会和编委会的核心成员交往更多一些，需要解决哪些关键问题，我心里大体也有个数。思考之下，我决定从整顿内部切入，一步步解决积累的问题。

编纂处自成立以来，除去作息时间和财务有原则的规定以外，其他方面基本上都是遇到问题随时解决，没有较为严格、需要人人遵守的规章制度。没有合乎实际、行之有效的规章制度，整体工作就无法形成秩序井然而又有效的运行机制。因此，建立可执行的规章制度便成为整顿内部的重要一步。"可执行"三个字是至关重要的，如果只是条文漂亮，却执行不了等于是一张废纸。

建立规章制度必须采取全透明的做法，就是每一步都要让大家明白这是"为什么"、明白"怎么去做"，必须要让每个人都参与进来，找问题出主意定条文，大家讨论，由下而上，形成白纸黑字的规章制度。只有经过全员认可，在自我参与和承诺的基础上制定出来的条例才可能自律执行，才有约束力。诚然，任何规章制度都带有强制性，但是像编纂处这样的单位，最好还是在自律的前提下执行规则纪律，才能达到自我约束的最佳效果。基于这种考虑，我首先健全科室设置，界定清楚各科室承担的职责，以及工作的细分项目，厘清岗位设置和岗位责任，做到工作到人责任到人。必须做好什么，不能做什么，你做什么，他做什么，都要一一划分清楚，避免出现职责不清"互相推诿"或"打混仗、打乱仗"的情况。我们成立了一个"规章制度工作组"，由主管行政事务的孙立群、人事科蒋薇美和办公室负责人组成。我和孙立群、阮锦荣各抓自己直接负责的科室的规章制定工作。我主持制定编辑部门的工作条例，这是编纂处的工作重心所在，直接关系到成败得失。编辑室主任郭忠新和陈福畴两个人很负责任，在总结审稿经验的基础上，拟定出了一份切合实用的编辑工作条例。我也几次跟编辑座谈听取意见，还听取过正在编纂处定稿的编辑委员林菁等人的意见，把他们的好建议吸收进来，经过多次修改，最后经由编纂处处务扩大会议讨论定稿。在各科室的工作条例中，编辑工作条例规定得最周详，整体上也比较容易操作。各科室都在科室成员商议讨论的基础之上，前后大约用了三个月的时间，制定修改出了各自的"岗位责任制工作条例"。所有条例都打印成文并加上编号，每人一份，并在领取清单上签上自己的名字。

1986年11月18日汉语大词典出版社获得批准成立，定性为"汉语语文工具书专业出版社"，书号505。此后我被任命为汉语大词典出版社社长兼总编辑，同时继续担任编纂处主任一职，姜兆良和彭苏生为副社长，阮锦荣任副总编辑。

姜兆良是从上海辞书出版社调过来担任副社长的。我同他过去有着长期的工作交往，友情深笃，他给我很多难以忘怀的帮助。担任汉大副社长后，我依然非常尊重他。他是一位善良、诚实、厚道、实干的长者，勇于任事，敢于承担责任。只可惜担任副社长不久，就身患重病而离世。在他住院期间，我数次到医院探视。他去世的那一天，我正在苏州参加江苏召开的一次工作会议，骤然接到上海打来的电话说他病情急转垂危，我即刻返沪赶到医院，那时他已陷入昏迷状态，不知道我就站在他的病榻一侧。他于当天辞世，我内心十分悲痛，汉语大词典出版社失去了一位经验丰富的好领导，然而无可奈何！

成立一家出版社不是一件容易办到的事。当时为什么要成立出版社，有几条原因。一条是建立编纂处的目的，一开始就是从为发展国家辞书事业着想作长远打算的，不是只管眼前编完《汉语大词典》就散伙。在陈翰伯、吕叔湘和罗竹风写给中央的报告中明确提出，"由上海市出版局领导的汉语大词典编纂处，要作为语文工具书编纂机构长期保留下去。五省一市为编纂《汉语大词典》，已经和正在积累大量的第一手语言资料，正随着初稿的逐步完成陆续集中上海，一九八五年大词典正式出版后，这些宝贵资料可供语言研究和词典编纂工作继续使用，同时，编纂处也将有一批语文工具书的编纂人才成长起来。因此，把编纂处作为长期机构加以建设，是有积极意义的。"这份报告经中共中央办公厅转发五省和上海市委，并批示"请遵照执行"。1985 年 9 月 7 日，陈、吕、罗三巨头再次给中共中央、国务院写报告，又一次提出："汉语大词典编纂处作为大词典的编辑部门和编委会的办事机构，经过将近十年的建设，现已拥有大量的汉语语言资料和一批有实际经验的编辑人才。在各卷陆续出版后，还将编纂《汉语大词典》补编，约五年出版一册，为二十年后修订全书积累资料。此外，还可以编纂出版各种类型的汉语词典，以满足不同读者的需要。为了完成以上任务，编纂处需要长期保留，编辑力量也应当不断补充和加强。希望上海市委和人民政府以及有关部门加强对汉语大词典编纂处的领导，切实帮助他们解决实际困难。"此报告经中办和国办转发五省和上海市委市政府，转发按语说，三人的报告"已经中央和国务院领导同志审阅同意"，"请研究执行"。以上这两份文件非常明确，国家支持编纂处作为常设机构编纂工具书，这符合国家的长远利益。有鉴于此，从编纂延伸至出版，自然也就成为顺理成章的事。另外，随着《汉大》编写工作一天天趋向于完成，到了1986年夏天，编纂处的人们越来越关注前途和去向问题。许多人心存疑虑，认为连经费都是按年划拨，编纂处作为常设机构保留下去不过说说而已，实际上不大可能，大概率是编完散伙。当时已经有四位编辑先后离开编纂处，虽然不尽是"心存疑虑"而离开，却也难免引发议论，搅动人心。正当定稿紧张进行之际，人心不稳很让人担忧，昭示前途稳定军心，成为摆在眼前必须解决的一个大问题。

我同主编罗竹风商议下来，认为最好是成立出版社，编纂处与出版社合成一个实体，既编书又出书，所有问题可一劳永逸地迎刃而解。罗竹风给边春光打电话商谈此事，边老很赞成，支持成立出版社。随后我立即到北京，分别向陈翰伯、边春光和季啸风汇报请示成立出版社

煌煌辞典著春秋——《汉语大词典》出版背后的故事

的事。季啸风说："既然编纂处和出版社是一码事儿，那边叫汉语大词典编纂处，这边就叫'汉语大词典出版社'，这个社名也有自己的特点。"我觉得季公的想法很好很有一点新意，便即时转报陈翰伯、边春光和罗竹风，他们三位都说"这个名字好"，"汉语大词典出版社"的社名就这样定了下来。

事情走到这一步，还都是意向性的决策，能不能成立出版社，不在编纂处这里，也不在工委会，也不在编委会，也不在主编这里，必须要按照法定程序层层申报，获得最终批准才算数。此后成立出版社这项工作便转入履行报批手续的申报程序。

审批过程比较复杂，我只简单说一说大体经历。1986年9月23日下午，我到上海出版局同局领导商谈申报事宜。主管副局长赵斌为出版社设定的出版范围是"汉语语词词典"，我提出改成"汉语语文性质的工具书"似乎更合适一些。24日晚我再打电话给赵斌副局长，提议出版社的性质应与《汉语大词典》挂钩，他说，"可在前边加上利用《汉大》的人力与资料，编纂出版汉语语文性质的工具书"。10月5日我们正在开"词办"工作会议的时候，方厚枢来电话催促上报的事，罗竹风接听了这次电话。10月11日晚我与出版局领导袁是德通电话，他说，"报告已经报给了市委宣传部，也给国家出版局潘国彦打了电话，潘说一定要市委宣传部来文才能批书号。"10月13日，阮锦荣接到方厚枢的电话，方说："只要上海出版局来个文说明市委宣传部已经同意，就可以批书号。"随后将方的来电原话报告罗老，罗老于次日指示："给袁局长打个电话，问一问给市委宣传部的报告批了没有，请他们帮忙催一催，赶快送北京。请袁局长给潘国彦打个电话说明下情况。"10月14日清晨，我向主编汇报工作，他就成立出版社一事说，"这件事你一定要办好。"当晚我与袁是德局长通电话，报告巢峰进工委会的事，北京翰伯、边老和季公都已经同意时，袁是德对我说："出版社的事，下一步要请罗老催一下龚心瀚。"龚心瀚时任市委宣传部副部长，主管出版事务，我把袁局长的意见随即汇报给罗竹风。10月20日晚我到宣传部向主管副部长汇报编纂处的工作问题，谈到成立出版社这件事，副部长说："从宣传部角度看，要考虑还有没有再成立汉大出版社的必要性。"随后我与新闻出版处处长具体商谈此事，他说："李彦（时任中宣部副部长）来部里时说，你们上海已经批了四家，如今国内报出版社的很多，如果非要成立不可，你们可以再报。这意思是不赞成成立汉语大词典出版社了。主要是'辞海'不赞成，是你们两家协调的问题。这里头还有个问题，几百万张资料卡，这都是钱啊，弄到你们那里怎么行？"我说："罗老拜访过巢峰，巢峰表示没有意见。至于几百万张资料卡，那是五省一市和编纂处的，不属于辞书出版社。"最后主管副部长对处长说："这事出版局管，问问袁是德出版局的意见就可以了。"当晚十时我打电话给袁局长，报告了这次谈话的情况。他说："部里打电话来了，我说我们的意见还是要批，这事要等龚心瀚回来才能签字。"就在这一天阮锦荣自京返沪，带回来潘国彦给出版局的一封信，信上说："中宣部已经批示'原则同意'，再由上海协调一下关系，宣传部正式表示同意即可。我们等上海出版局的信，只要出版局来信说市委宣传部同意，就可以批书号。"10月24日上午，我再到市委宣传部汇报请示成立出版社的事，希望尽快发文给北京，部领导说："等龚心瀚回来就办。"

在国家出版局正式批准下来的一段时间内，当时正忙于第一卷出版的事情没能及时宣布，拖到12月10日下午才召开编纂处全体员工会议，宣读批准成立出版社的批复文件。主编罗竹风参加会议，他说："筹建出版社固然是今后一项重要工作，但中心工作还是定稿出书。出版社成立了，大家一定要齐心协力，扎扎实实做好编辑工作，保证质量很重要。"汉语大词典出版社得以成立这件事，实在是仰赖边春光、龚心瀚、袁是德和罗竹风四人的大力推动才获得批准，否则要想成立这家出版社哪有那么容易！

还有一件事，我想也该做个交代。上海辞书出版社出版《汉语大词典》第一卷在先，汉语大词典出版社成立在后，何以第二卷以后又归汉语大词典出版社出版，这究竟是怎么一回事？这个转变是辞书出版社社长，也是《汉语大词典》工委会委员巢峰首先提出来的。至于巢峰社长为什么要转让出版权给汉语大词典出版社，他没有明确地对我说过，我并不清楚。1986年11月29日，《汉语大词典》第一卷出版发行新闻发布会结束之后，工委会和编委会在安徽潜山召开工作会议，巢峰参加了这次会议。在这次会议上曾涉及落实"责任共担，荣誉共享，利益均沾"的问题。而这一点也是五省一市协作之初就明确下来的，在工委会和编委会会议上又重申过的一项合作原则，到了出成果的时候，五省提出来是合理的、也是应该的，我觉得并无不妥。会议第二天，巢峰对我说："你们《汉大》的人很厉害。"我问，"怎么厉害？"他说："昨天半夜隔壁两个人说话，声音很大，我不知道是谁，我听他们说，成果都让上海占了，稿子是五省编的，钱是五省出的，凭什么他们出书。"我们开会住的地方比较简陋，房间之间用木板间隔开，大概能听得清对方说话。我当时也不好说什么，以为这事说说就过去了。待到开完了会，巢峰对我说："《汉语大词典》是你们五省一市搞起来的，我们没有参加，摊子太大，问题太多，矛盾不少，不好搞。你跟罗老讲一下，现在你们出版社也成立了，还是由你们出版比较好。"关于上海辞书出版社出版《汉语大词典》这件事，我认为，此前这套书业经主编授权上海辞书出版社出版，而且已经出版了第一卷，如今虽然成立了汉语大词典出版社，但从法理角度讲，信守承诺，遵守授权协议，乃是天经地义的事，所以我从未盘算过将这套书要回来自己出版。而今听巢峰社长讲的这一番话，我心里一震，一时间觉得很意外。过了片刻，我回答巢社长，我答应"如实转告"。巢峰社长是不是有所触动而萌生转给我们出版的念头，我不大清楚，但是巢峰当时说话的那种自然的表情，留给我的印象是他不是随意而发的，而是经过认真考虑之后才说出的真实想法。过了一段时间，12月30日下午我同巢峰、姜兆良讨论《汉语大词典》的事情，巢峰再次提出"《汉大》仍由编纂处出版"的意见。

巢峰两次提出把《汉语大词典》交给我们出版的事，我都原封不动地报告罗老。对于《汉语大词典》这部辞书是由上海辞书出版社继续出，还是改由新成立的汉语大词典出版社出，

煌煌辞典著春秋 ——《汉语大词典》出版背后的故事

曾经开过两次会议。一次是1986年12月15日下午，袁是德局长和一位副局长、巢峰和我四人到罗老家开会；一次是1987年1月3日上午，罗竹风、巢峰、姜兆良和我四个人在辞书出版社开会，出版局副局长赵斌参加会议。这两次会议都讨论过这件事，但都没有作出定论。1月4日清晨我到罗老家汇报第二卷发稿进度时，我对罗老明确说了我的意见："我认为巢峰社长让我们出书是真诚的，我们可以接过来。第二卷三月份全部发完，我们出不出还是要尽快做出决定。"稍停片刻，罗老说："巢峰提出退回汉大出版社出书，这不是我们主动要的，是他们给的，可以顺水推舟接过来。好处是，汉大出版社出《汉大》名正言顺，汉大出版社不出《汉大》，让辞书出版社出，我们再出别的书，道理上也说不通。我们集中力量出《汉大》可以凝聚人心，五省一市的关系也可以理顺。"他又说："巢峰要修订《辞海》，有他们的考虑。"罗老随后问我："编纂处能不能承担得起来？"我回答："困难确实很大，要是我们出版，那就得赶紧采取措施拼命去干，我想我们能够承担起来。"我说"这件事请罗老决定，如果定下来，最好请您到编纂处开次会"，罗老同意了。也就是说，主编罗竹风决定接受巢峰社长的提议，接手《汉语大词典》第二卷至第十二卷的出版工作。当天下午，我将罗老的考虑通报给副主编陈落和副主任孙立群，又给出差在外的阮锦荣打电话，通报情况并征询他的意见，他说"绝对支持"。我于1月6日召开编纂处处务扩大会议，算上我参加者一共九人，罗竹风、陈落、孙立群、徐文堪、郭忠新、陈福畴、王安全和蒋薇美。罗老主讲，他简单介绍了下情况，接下来听大家的意见。郭忠新率先表态："我们应当接受，对编纂处起到鼓舞作用，我们要尽快加强力量。"陈福畴跟着发言："我们出书是千载难逢的好机会，我们完全能把担子挑起来。"孙立群说："我同意罗老讲的，由我们出好，有利于调动积极性，理顺五省的关系。"王安全认为"给我们出是件好事"，徐文堪说"如果能自己出，那是很恰当的"。跟着孙立群又补充了一条意见："如果能同辞书社两家合作出版，好像更能保证出书。"但其他人都不赞成两家合着出。我表示赞成我们出版，相信只要大家心齐就一定能干出来，也一定能做好。最后罗老总结道："根据今天的一致决定，编纂处自己出版。今后工作重点是结合出版社，加强编纂处的编辑力量，也可以请些人帮忙。你们要搞个工作计划，第二卷要加快搞出来，不能拖。"会后同罗老商议，要向工委会报告清楚这个重大转变。此后不久，我到北京汇报请示工作时向陈翰伯、吕叔湘和刘杲、季啸风等几位领导报告了此事，阮锦荣负责向五省副主任报告，各位领导和首席学术顾问都表示赞同和支持。在向国家新闻出版署主管《汉语大词典》的领导刘杲汇报第二卷发稿情况，汇报拟议中的到北京开会讨论决定各卷定稿方案等事项的过程中，当汇报到我们自己出版《汉语大词典》第二卷至第十二卷时，刘杲哈哈笑起来，说道："一部辞书两家出版社出，就成掌故了。"确实，这恐怕是绝无仅有的出版掌故，产生这种掌故的历史条件，只怕空前绝后唯此时此刻一次而已。复制相同的历史条件并由两家出版社分卷出版同一部大型辞书的事件，犹如从大海寻找一根绣花针那样，几乎是不可能的事了。随后刘老问我："再版是否统一？""再版统一，这都谈好了。"

我回答。刘杲让我代他问候罗老，他说："罗老不容易！"

为了让《汉语大词典》读者了解转换出版社的情况，不至于坠入五里雾中，经报工委会主任和编委会主编同意，由我在第二卷加上一篇"出版后记"的短文，后记说："《汉语大词典》从第二卷起，改由汉语大词典出版社出版。这部词典原由上海辞书出版社出版，并于1986年10月出版发行了第一卷。1987年正式成立了汉语大词典出版社，经两家出版社商定，上海辞书出版社将《汉语大词典》的出版权转让给汉语大词典出版社。今后，这部词典统由汉语大词典出版社出版，全书计划分为十三卷。"

转回话题。1月11日晚间，我向袁是德局长汇报：罗老与巢峰商定由我们出书，我向局领导报告此事的进展，请示出版局同意。袁是德说："如果你们下了决心，可以自己出，但（出版）班子一定要加强要搞好，要把困难估计得充分些。中华厂现在印刷《辞海》，他们已经对巢峰讲了，印《辞海》就不管《汉语大词典》了。你们看，如何解决好印刷问题。"1月12日清晨我打电话告诉罗老，已经报告出版局以及局长的意见。罗竹风说："你们先搞个东西，然后同巢峰和袁是德谈妥。" 2月5日我和阮锦荣到上海辞书出版社同巢峰和姜兆良签订了转让出版权的协议书，出版局赵斌副局长参加。接手出版《汉语大词典》的事情至此告一段落。

1月14日上午我到上海辞书出版社同姜兆良、吴志远商谈交接出书的事。姜兆良说："搞个启事，发个消息。"吴志远同我谈具体事项，他说："你们接过去以后，你王涛千万不要陷进出版这一摊子，这个角色要找个得力的人专门管才行。要有个懂行的出版科长，可以请局里到印刷厂去调。要有熟悉装帧材料的人，校对可以每个社借调一个人，六校七校水平一定要高手，一卷书初校二校要投入30—40人。每卷的费用，纸张材料大概100万元，印刷费用100万元，其他费用准备好50万元。新华书店发行所给出版社69折，100万元给69万元。"我只会编书，校对出版印刷这类事我是生手，也就是第一卷排印期间跑过几次中华印刷厂的车间，了解排版、校对的操作实况，了解刻字、铅排和毛校的程序，目的是弄清楚哪些地方容易出错，我们怎样配合避免出错，以求早点出书。说到校对出版，我也就这么点儿浮光掠影似的皮毛知识。吴志远的这一番经验之谈，对我很有好处，我记得很牢，十分感谢他的热心指点和帮助。巢峰也很关心我们，我拜托他帮帮校对的忙，他说，"只要（辞书社）我主持工作，我一定帮你。"巢峰是一位顾全大局、深明大义、能力很强的老领导，对巢峰社长给予的帮助，我是铭记在心上的。

还有一件发行的事，也想谈一谈。1月16日，我和阮锦荣同新华书店上海发行所汪天盛等十人会谈发行《汉语大词典》的问题，达成几条共识：①双方正式建立发行业务关系。②汉大出版社依靠他们发行，目前不自办发行。③《汉语大词典》采取预收定金和信誉预订两种办法征订。④第二卷以下的各卷预订金全部转归汉语大词典出版社，发行所不截留。⑤汉语大词典出版社新近才成立，如果有困难过不去，必要时发行所可以通融支持，既是支持汉语大词典出版社，也是支持国家重点出版项目，尽一点义务。

我们接手出版《汉语大词典》，一定不能耽误出书，一定不能出大的差错。一个是质量，一个是进度，质量加进度就是全局。别的事尽管千头万绪百事待兴，但都必须向后排。这是我坚守的基点。汉语大词典出版社同编纂处异名而一体，出版社只是挂了个虚名，其实什么都没有，原来的编纂处就等于新成立的出版社。原先只承担编纂工作，而今要加上出版这一摊子，单项变双项。编纂处的力量太薄弱，十几位编辑人员，十来位行政人员，既没有做出版的经验，又没有校对出版人才，面对《汉语大词典》这部庞然大物，只算审稿、定稿、编辑发稿，已经是八个锅七个盖儿，调来调去盖不全，何况骤然间又加上十一卷书的七个校次、大得吓人的校对总量，工委会、编委会盯得又紧，出书时间不能延后只能提前，而且眼下马上就迎来第二卷校对出版的高峰，时间已经相当紧迫。

在编纂处内部也有部分同仁信心不足。他们认为："我们是临时抱佛脚搭起一个很不成熟的班子，做成熟出版社都很艰难的事情，一年出两卷绝不可能。"我虽然有决心也有信心，但终归还是忧心担心，一块石头压得很重。我明白忧心忡忡只会误事，眼下只能是依靠现有人才、群策群力，硬着头皮把事情办好。首要的是调整重组编纂处的职能架构，尽快由编辑单轨道转变到适应编辑和出版的双轨道上来。

1987年1月24日，我自江苏归来的当天下午，就召开处务扩大会议，讨论改变职能部门整体结构的问题，打下出版第二卷至第十二卷的组织基础，保障第二卷至第十二卷顺利定稿出版。我提议成立三个工作组，尽快展开几项紧迫的工作：①成立编辑工作小组，由我和阮锦荣二人组成。合并两个编辑室，成立"汉语大词典编辑部"，专职负责《汉语大词典》的审稿、定稿、发稿这几项工作；成立《汉语大词典》编审发稿小组，我任组长，徐文堪、郭忠新任副组长，陈福畴、钱玉林和王安全为组员，主抓第二卷和以后各卷的定稿发稿事务；组建总编办公室，阮锦荣兼任总编办公室主任。②成立出版小组，负责同上海辞书出版社交接《汉语大词典》的出版和发行工作，会同人事科组建出版校对科，将办公室改组为出版校对科。这个小组由阮锦荣、凌才福和吕鹤鸣三人组成，阮锦荣任组长。③成立人事调配组，从应届大学生和别的来源，尽快招收引进一批人才，由孙立群和人事科科长蒋薇美负责，孙立群担任组长。我直接管理编辑部，集中精力抓定稿出书，其他各科室由孙、阮二人分管，行政科、人事科与资料室归孙立群管理；阮锦荣负责调度安排《汉语大词典》的定稿发稿事务，协调编辑部、资料室和出版校对科的工作。孙、阮二人的工作对我负责。所做的这些调整安排，目标只有一个：集结编辑部、资料室、出版校对科、总编办公室四个关联部门，合力推进《汉语大词典》的定稿与出版工作。我的提议获得通过。最后我说："大家要立即行动，各做各的事，大胆处置，尽快解决问题。"

将编纂处办公室改组为出版校对科见效比较快，加上负责人事工作的蒋薇美来自印刷系统，在上海几个印刷厂有一些老关系，仰仗出版局印刷处的帮助，陆续调入和借调过来几位熟悉出版校对的人才，陈尧晨、徐长康、裘小妹、王荣南、周小敏等人，又从上海辞书出版社借来刘美娟，以后又加入姜心、沈诗清、聂文洁等人。我们腾出二楼会议室作为校对室，把校对人员全部集中到一处工作，方便及时沟通及时交换校样，及时更改、及时解决校样中的问题。新招进来的编辑人员一般先安排当一段时间的校对员，让他们熟悉一下《汉语大词典》的内容，兼以解决校对人手不足的问题，以后又从商务印刷厂请来行家吴德海主持出版校对科的工作，他熟悉出版业务。经过一段时间的磨合培训，这个来自四面八方的团队较快地形成了比较稳定的生产能力，基本解决了出版校对这个大难题。我非常感谢上海中华印刷厂和商务印刷厂，感谢上海辞书出版社和上海出版局所提供的种种帮助。

在请进来的这批人才当中，有三位退休老人程养之、钱子惠和潘文纪。程养之是部首排检法专家，他负责部首与字的归部等排检方面的工作；钱子惠和潘文纪处理版面问题经验丰富，由他们二人担任版面责任编辑。这三位老人在把校对关和版面处理关方面，发挥了非常重要的作用。他们经验丰富，工作扎扎实实，责任心很强而且非常认真，他们是挑毛病找问题、解决问题的能手。虽然年岁都比较大，程养之已经七十多岁，另外两位也都年近七十，但他们像年轻人一样，每天坐班工作基本不请假，数年如一日，老骥伏枥的敬业精神令我十分感佩。

第一卷出版以后，后续稿件络绎不绝，一捆捆的稿件送到编纂处，第二卷至第十二卷又转归我们出版。纵然出版校对科组建起来，编辑人员也招进来几位，困境改善了不少，具备了基本的出书条件，但人手仍感严重不足。譬如校对人员，吴志远说要有30—40人，我们只有十来个人，不到需求的一半，单靠"岗位责任制工作条例"自律工作，推动力度肯定是不够的。怎样才能增加推力？我考虑过几种方案。借助五省一市来人支援？人家审稿定稿还没有全部完成，自己都忙得团团转，哪有人力借给你。招人进来？纵使招进新人来，短时间也派不上大用场。思来想去还是得用老祖宗的办法——"重赏之下必有勇夫"，实行超额奖励制度，调动现有人员的积极性，挖掘潜力，激发众人拾柴的热情，把《汉大》这堆火烧旺。根据我对编纂处同事能力的了解，如果激励措施到位，步子迈得大一点，重奖能干者，是能够释放出一个顶俩的潜力的。

三十多年前与今天的社会环境大不相同。那时的条条框框还很多，像"物质刺激""金钱挂帅"一类紧箍咒虽说宽松了一点儿，但还没有从头上摘掉。这么搞会不会犯错误？我心里难免有点儿"打鼓"。在决定采取大幅度激励措施前，我请示过上海出版局领导，得到的答复是：你们《汉大》的事由工委会和编委会管，他们同意的话，我们没有别的意见。我同罗老商量下来，罗老赞同，但他说要做得妥善些，他还曾催促我"改革措施尽快落实"。我随后偕同阮锦荣一道赴北京向工委会主任陈翰伯汇报工作。翰伯老当时住在复兴门部级干部公寓楼内，客厅很宽大。我们在客厅里一一报告请示，其中一项是激励措施的内容及其必要性。翰伯主任听完，当即表示完全同意，他说："出书不能拖拖拉拉，夜长梦多。"之后我们又到边老办公室和教育部向边老和季啸风汇报。边老意见很明确，"只要对《汉大》有好处，就可以干"；季公说："这好哇，我当然赞成，有利于出书，你们去搞吧，好事。"

在这项措施提交社务会议讨论的时候，我特别说明，如果犯错误出问题，我个人承担全部责任。就这样，决定推行"依据岗位责任制实行考核的奖惩办法"，在编辑部和出版校对科实行"审稿超额编辑费"和"超额校对审读费"两种奖励措施，核定各自的审稿质量和审稿数量，核定各自的校对质量与校对或审读校样的数量，超过规定数目、质量合格者，给予"超额"奖励，奖励金依照税法扣除应缴税款后全额发放；反之则扣发常规奖金。说起当年的常规奖金，如今看起来跟儿戏差不多，最初每个月只有六元人民币，尽管逐年有一点增加但仍很微薄，扣发常规奖金实际起不到什么作用，起作用的还是"超编费"和"超校费"这两种正面激励措施。根据几项超额编辑费和超额校对费的发放记录，做得出色的同仁到手所得差不多是其工资的两倍。当然，所获必同所为相等，个人付出的劳动强度、所完成审稿和校对的数量也是相当大的，可以说拿到手的都是"血汗钱"。正是依靠付出心血的各位同事的辛勤努力，才完成了编辑、校对出版《汉语大词典》这一桩事业。

奖励的具体做法有一套质量标准和量化标准的规定。大致说，首先确定每人的工作定额，规定审稿基数以编辑定额作为基准，助编比编辑少15%，无职称者比助编少5%。超额编辑费按照类别分成三种：0.2元/条、0.3元/条、0.4元/条；补稿被采纳者1.5元/条，增补相关条目每条0.5元；审音按平均数计发；校对超额费0.2元/条，编辑审读校对样也按照规定发放超额奖励。以上奖励措施做到后面各卷次时，所有奖励项目的金额又递增了30%。每年出两卷，劳动强度增加，理所当然所获奖金也应相对增加。自第二卷起鼓励资料室资料员协助查核书证，给予查一条一毛钱的奖励。这是在定稿发稿的紧张阶段，为减少定稿人员和编辑找书翻书的时间而采取的特别措施。

实行这些奖励办法，虽然所得有人多有人少，但人人获益。从总体看各年度的平均所得同工资收入差不多。我提供一组数据，多少能反映一些当时受奖的大体情况。以1988年为例，超编费+超校费+书证核查费+编校特别奖励费，合共151594元。当年工资总额133082元，工资外各种奖励超过工资的一倍多一点。而今看，就这么点儿钱，小菜一碟算不了什么，可在当年却是一笔不菲的收入。

编辑室主任担负的工作相当吃重，但他们与大家同一个标准，没有多拿一分钱。至于我本人，从没拿过一分超额奖励金。我名下按规定应发的超额费，我都如数转给工会或编纂处作公益使用。如此敞开发放"超额"奖励金，据我所知，当时在上海出版界独此一家。实行超额重奖的办法，确实激起大家的工作热情，无论发稿或者是校对的效率都大幅度提升，自律性责任心明显增强，质量把关也严格起来，很多同事都带稿子或校对样回家去，夜以继日地接着干。

《汉大》的出书进度逐年加速。从第二卷的一年多出一卷到一年出版两卷，越往后越顺利，终于在工委会提出的目标内，在1993年出齐了全书正文十二卷，1994年4月出版了附录索引卷，完成了全书的出版任务。如今回顾三十多年前的这一段往事，出版加速固然是由多种因素促成的，然而实行奖励办法应当也是一个重要的因素。老祖宗"重赏之下必有勇夫"这句话，真是一句富含哲理的智慧名言。

八、定稿与出版

《汉语大词典》从起步到出版第十二卷，从1975年9月起至1993年11月，历时十八年零两个月，这还没有计算编制出版索引卷的时间。编纂出版《汉语大词典》这十八年，大体可以分成前、中、后三个阶段。前段四年多的时间重点是收集资料；中段五年多的时间重点是集中编写，其中收集资料和编写有一段时间是同步进行的；后段定稿出版用了八年多的时间，其中在一段时间内编写和定稿出版同时进行。中后期的工作比较复杂，搜集资料、编写稿件、审稿、定稿，再加上编辑校对出版，多种工作交错在一起。这段工作说来话长，不是几段文字就能交代清楚的。我只能择要而从，挑出重点话题叙述一二。

首先说一下关于出版时限的讨论与变动的情况。总的来说，一开始定下的时间比较靠前，但执行下来步步推迟。第一次编委会认为，"1983年完成初稿，1985年正式出版，经过努力是可以达到的"，而且主张一次出齐，不赞成分卷出版，而陈原则援引他出版辞书的经验，认为《汉语大词典》这么大的规模想一次出齐不现实，恐怕只能分卷出版。万年青会议提出1983年完成初稿，1985年出书的目标。罗竹风在第二次编委会上说："《汉语大词典》正式出版在哪一年哪一月哪一天，现在还难以预料。假如我们工作得顺利，起码也得五年以后。"第二次编委会采纳罗老的估计，认为"今后工作，要把早抓第一卷的定稿出版工作和继续抓好面上的初稿编写工作结合起来，争取在'六五计划'内即1985年出书，'七五计划'内出齐"。在第三次编委会上，主编说，"我们希望：在'六五计划'期间即1985年，能够编写完成，并开始出版"，"1985年出第一卷，现在仍感到心中不是完全有数"。至于哪年出齐，他认为，"今后的工作相当繁重。编写初稿的任务还没有完成，初稿完成以后，复审和定稿出版的工作还要进行好多年，就是说，到'七五计划'末即1990年定稿出齐，还得力争才行。"可见面对重重困难，罗竹风此时已经做了延后的打算。原来他主张1983年写出初稿，1985年出书，而且他主张一次出齐，不搞分卷出版，后来迫于实际困难，也同意分卷出版。厦门第三次编委会议决《汉语大词典》分十卷出版，1985年出第一卷，1990年出齐。对1990年能否出齐全书，看法不统一。吕叔湘的意见是，"假如83年初稿赶出来了，84、85年两年是否能定稿，两年时间是否够用"，"真正要把起关来，两年时间恐怕是不够的"。吕老援引《现代汉语词典》的经验认为，定稿出版与编写的时间大体相当，《汉语大词典》贯通古今难度更大，定稿时间可能更要长一些。1983年"三巨头"在写给中央的报告中重申厦门会议的决定，"《汉语大词典》分十卷出版,在'六五计划'末即一九八五年出版第一卷,'七五计划'内全部出齐。"

在出版时间的估算上,还是刘杲和老辞书出版家陈原看得比较准确。刘杲在扬州会议上说,"1993年底出齐,每年出两卷……完成这个计划应当说是有把握的。但是也不能松劲。很重要的一环是编纂处的工作,编纂处是枢纽,要按计划紧抓勤催。"陈原认为少则五年,多则十年,出齐全书大抵需要这么长的时间。他说,"我刚才讲我接触的一百几十部词典,我真正的感受,是知道创业好艰难。古今中外编词典都是很难的","如果83年搞出初稿,85年开始出书,快则五年,慢则十年,到95年出齐,我想是很了不起的事情。如果到90年出齐,它就大大的了不起"。最后工委会定在1993年出齐全书十二卷。实际上定稿工作从1985年1月12日审定第一卷开始,到1993年11月出版第十二卷,差不多花了八年零十一个月,定稿出版同搜集资料加编写初稿的时间大致相当,多于五年少于十年,验证了吕叔湘和刘杲、陈原的估计。

厦门会议定下来《汉语大词典》全书分十卷出版,1984年无锡会议仍然沿袭十卷本没有改变。那时稿件总数尚未最终确定,很多部首还在编写中,把所有部首大致均匀地分摊到十个卷次中出版十卷本,也只是依据《汉语大词典》总条数大约30万条4400万字的预估,取"十"这个整数估算得来的。各部首最终的定稿条目和字数,一般都超过编写组原来报给编纂处的数字。何况直到1986年2月的时候,根据我们的统计数字,还有18万条稿件尚未经过省内复审,有3.7万个词目尚未动手编写,总条目数和总字数最后究竟膨胀到多少,一时难有确切的定数,但膨胀是肯定的。实际上最后定稿的数目是37万多条5000万字。随着稿件总量增加,加上还须要考虑定稿时间前后错落、避免延后发排耽误出版的问题,只得按照实际情况,重新考虑卷次部首的分配,为确保各卷大体均衡,所以将十卷本调整为十二卷本。第一卷原本打算收入12个部首,但是经与《汉语大字典》商议采用共同的部首字表调整方案之后,调入第一卷的单字比较多,加上第一卷必须收入的附录,篇幅就太大了,因此将"八"部挪到了第二卷,第一卷收入11个部首,到"人"部为止。

下面跟着说定稿的情况。用什么方式定稿?吕叔湘曾在北京召开的工委会主任会议上,就定稿问题谈过他的意见。他不赞成为了早日出书而赶时间写稿子,主张写好稿子打好基础而后定稿,才能做得好做得快。他说:"一年出两本是否炮轰不动?应该根据实际情况看。质量数量是辩证关系。根据《现汉》的经验看,一开始搞定额,拼命赶,赶出来了,但出来质量不好,修改时间几乎同写稿时间一样长。初稿如果质量好,定稿就快。"吕老特别强调定稿要"改"。他在一次工作会议上说:"定稿工作的分量和难度千万不能低估,定稿工作很重要。一部大词典不改是不行的,尤其要重视改。"陈原在杭州编委会议上,一早就谈到了定稿问题。他主张多数人写稿,少数人定稿,一人拍板。陈原借修订《辞源》的定稿经验支持他的定稿主张。他说:"《辞源》是四个省同商务印书馆合编的,最多的时候恐怕有七八百人，后来四百人，三百人，两百人，后来几十人，然后有一个类似编纂处的，那就是商务印书馆的《辞源》编辑部，这是个塔尖。我们在初步定稿的时候，定到哪一个省的稿子，这个省就派几个代表到《辞源》编辑部一起来定。"他继续就定稿说道，"咱们编辞典不是组织空谈俱乐部，辞典是要出版的。出版要有个人拍板。谁拍呀？就是金字塔尖"，"最后定稿，只能由塔顶来定，总不能几百人一齐定"，"最后在金字塔顶就只能'独裁'"，"独裁由我负责"，"如果改错了呢？我负责，我做检讨"。主编罗竹风的意见也很明确："争九保八是我们定稿的质量目标，争九保八是很高的要求。定稿既要讲求质量也要讲求进度。拖上十年八年质量肯定好，但我们不能这么做。定稿要求扫清错误，但也不会没有错误。错就错了，错了我们负责，有功是大家的，有错由少数人负责。"关于定稿的组织原则，也就是定稿人员的配置问题，吕老认为"一是专职，二是集中，三是连贯"。

第一卷和第二卷基本上就是按照上述原则组织定稿的，把编辑委员和某些编写骨干请到编纂处集中定稿，编纂处负责组织工作，负责编辑加工三审发稿，编纂处的编辑委员自始至终参加定稿的全过程。从第三卷起因应变化的情况，又及时转变定稿方式，采用"分卷主编负责制"的办法继续推进各个卷次的定稿工作，直到完成全书定稿出版为止。

在定稿开始之前，领导小组、编委会和编纂处为定稿做了几项必要的准备。首先是人力保障，必须要有稳定的编辑委员和编写骨干专心致力于定稿。同时要有一套切实可行的、完整的定稿计划和比较完整的定稿所依据的规则。为了争取中央支持，实行战前动员，稳定人心保持人力，《汉大》"三巨头"陈翰伯、吕叔湘、罗竹风于1983年12月5日给中共中央书记处写了"关于《汉语大词典》定稿出版工作的请示报告"。报告重心在稳定编写领导小组和编写骨干，在编写工作结束之后编委和部分编写骨干保留下来以完成定稿工作。"编写领导小组要继续保留下去，有关领导同志，除调动工作者外，退到二线工作或离休的，鉴于他们熟悉这项工作的历史和现状，为保持领导的稳定性和连续性，建议仍由他们负责这项工作，直到完成出版任务时为止"；"确定参加定稿出版工作的高校教师，由教育部行文通知有关单位"；"五省《汉语大词典》办公室的经费，原则上支付到一九八五年底为止。本着专款专用和节约的原则，根据实际需要，经费数字也可适当削减"。报告转到胡乔木手上，很快便审阅同意。中办于1984年1月6日，也就是送呈报告仅隔了一个月就以2号文件的形式将此报告转发给文化部、教育部党组和五省一市党委，转发批文说：此报告"已经中央书记处同意，现转发给你们，请遵照执行"。这么快就批转这份报告并且申明"请遵照执行"，表明中央领导再次给予坚定而有力的支持。

为了落实中办2号文件精神，推进第一卷定稿工作，编写领导小组和编委会决定召开一次工作会议，1984年3月3—5日会议在无锡举行。陈翰伯、季啸风、吕叔湘、周祖谟、魏心一、于冠西、洪泽等领导和部分准备参加定稿的编委，各省"词办"负责人和辞书出版社巢峰社长出席会议，我与几位编纂处同仁参加了这次会议。

煌煌辞典著春秋 ——《汉语大词典》出版背后的故事

召开无锡会议之前，编纂处为开好这次会议做了比较充分的准备。主要是制订第一卷的定稿方案和替主编起草"书面讲话"，这是第一件事。第二件事，同五省"词办"协商定稿人员的名单，这份名单要提交无锡会议讨论，如获通过便上报文化部出版局和教育部转发定案，以后就依靠这一批编委和编写骨干定稿。这是会前的考虑和想法。编纂处根据数年来在编写审稿的实践当中各人所表现出来的业务能力等情况，拟定了一份初步名单提交给五省"词办"会商，经"词办"征得个人同意，定下这份名单。这项准备工作几经来往交换意见、也花了一些时间。最麻烦的还是制订第一卷定稿方案颇费周章。因为那时纳入第一卷的部首，部分条目还在编写，已经写完的初稿大部分尚在复审之中。这些部首什么时候能写完，一时难以拿出确切的时间表，所以安排准确的定稿发稿时间很费斟酌，还要同编审者磋商确定一个大概的时间表。定稿计划不仅要有复审定稿、编辑发稿等工作程序，还须纳入审订校样和出版等项工作程序一并未虑。虽然书由辞书出版社出，但审读修改校对样却分工由我们负责。所以还得同辞书出版社协商协调校对工作的细节，这也是一桩必须要不断做的事情。至于定稿依据的"收词原则""编写体例""引书格式"等业务文件，经过多年来的编写实践检验，特别是经过第一次编委会之后到无锡会议之前，长达四年多的反复听取意见、反复多次的研究与修改，已经成熟定型，不需要再做大的变动。修改这些文件也是我和金文明、傅元恺三人数年来一直重视、一直坚持做下来的一项工作。我们和编委就此问题多次交换过意见，大家认为这些业务文件经过实践检验基础扎实，可以作为定稿的依据。至于说到某些环节、某些细节、甚至某些个别特例的处理，当然仍有不少文件难以覆盖的地方。这些问题光靠想象是想不出来的，光靠经验也囊括不了所有情况，还得看定稿时跳出什么问题，依据大原则慎重决定处理方式并记录在案，不断补充完善文件才是，但这都不是妨碍定稿使用的大问题。实际上我们依据新发现的实例，断断续续制定出多项补充规定，一一解决了审稿定稿当中碰到的一些须要明确规定下来的新问题。

在无锡会议上，吕叔湘强调要特别重视第一卷的定稿工作。他指出，"《汉语大词典》编第一卷的时候，往往要涉及其余九卷的很多问题。我们这本词典不同于编一本杂志，编一期就是一期，和下面关系不大，可以截然分开。编大词典第一卷和第九卷就不能截然分开。特别是第一卷缺乏定稿经验，第一卷很多问题定下来，今后几卷就要照此办理。这就比其他九卷更困难。第一卷可能顶两卷三卷的工作量，第一卷搞好了，下面九卷就可能很顺利了。因此第一卷是一只头羊，头羊带好了头，下面的路就好走了。我们一定要避免立下不好的先例。总的说第一卷要加倍的时间，更何况我们大部分初稿都没有印（初稿本），还有一部分稿子没有出来，还要复审定稿，复审和定稿双重工作同时进行，这个工作量是万万不能低估的。"主编罗竹风就编委会今后的工作重心，提出了自己的意见。他认为："编委会今后基本的工作方法，除每年举行一次会议，讨论决定总体方面的问题以外，主要是以全部精力或主要精力参加复审本省的稿件，分别参加各卷的定稿工作。比如我们提名参加第一卷定稿工作的，只是编委会一部分同志。因为,不能大家都扑在第一卷上,其他各卷也要抓紧搞好。为了保证质量和全书的一致,一定要有一部分同志——我想主要是编纂处的同志——从头到尾参加十卷的定稿工作,五省的同志自始至终参加的可能很少,恐怕多数是分别参加若干卷的定稿工作。"

无锡会议批准了编纂处提出的第一卷定稿工作方案。"会上初步商定了一个名单,提请教育部发文,向有关单位说明需要,取得他们的支持"。会议指出,"整个编写工作到目前为止,还有半数的稿件正在初审或复审,一部分尚在编写和准备编写之中,今后的工作仍很繁重,每位同志都要从自己做起,在质量上多下功夫,共同努力,保证稿件质量"。会议要求"第一卷要做到'争九保八'";会议强调"2号文件的及时下达,再次说明,中央对辞书事业是极为重视的","我们现在的任务,就是要坚决地不失时机地贯彻2号文件,继续发扬过去大处着眼、齐心协力、同舟共济、认真负责的精神,把1985年出版第一卷和以后陆续出版各卷的工作做好"。会后季啸风和方厚枢上报了会议通过的51位定稿人名单。教育部1984年4月26日发出"(84)教办字122号"文件《请通知有关同志继续留下参加《〈汉语大词典〉审稿定稿工作的函》,确认五省一市和部属大专院校51人留下来继续参加审稿与定稿工作:山东11人,山大蒋维崧、吉常宏、陈慧星、山东师大张鼎三、管谨讱、张翰勋、闫宝恒、乔岳,曲阜师院刘俊一、赵传仁、相隆本;江苏11人,南京师院徐复,南大许惟贤,南京教师进修学院赵恩柱、徐师曾,镇江地区教育局马传生、孙润祥,苏州市骆伟里、吴连生、周方、张子才,无锡市王和卿;安徽9人,安大赵应铎、马君骅、张绚、于石、何庆善,安师大张紫文、谢芳庆、陈庆祜、陈玉璟;浙江9人,杭大曾华强,杭师院沈幼征、朱侃,浙师院张叶芦、任远,温州师专陈增杰、张如元、潘悟云,浙江水利电力学校林菁;福建6人,厦大洪笃仁,福建省教育厅陈延祐、林双华、陈林茂、张振书、黄金许;上海5人,复旦大学李嘉耀,华师大吴怀德,上海教育学院张撝之和王淑均,上海师院杨金鼎。除去这51位大专院校同仁以外,被主编指定作为定稿人的编辑委员有王涛、方福仁、刘锐、孙家遂、徐鹏、傅元恺和钱剑夫,以及后来增补为编辑委员的王厚德、李静远、吴战垒、陈君谋、陈福畴、徐文堪、郭忠新、黄希坚、章锡良、鲍风和薛正兴,工委委员胡慧斌也参加了此后的定稿工作。

第一卷定稿工作于1985年1月10日在上海启动,此前我们做了许多准备工作。各项准备工作中,最重要的是准备好定稿的底本,也就是经过复审的第一卷的各个部首。麻烦的是,第一卷的大多数部首都是虚虚实实比较"玄乎"的东西,是一块难搞的烫手山芋,一搁几年放在那里没人肯接手编写,所以一直延宕到1983年才通过约稿方式分配出去,这件事我在前边已经说过了。编写既晚复审当然也跟着拖后。第一卷的重头戏在"一"部和"人"部,然而直到1984年秋天才写完初稿,接着就抓紧复审,赶得非常紧,复审后的稿件转交定稿已经到了次年的早春了。那当口儿各编写组大都处在编写和复审的紧张阶段,只有浙江几位骨干完成了手头编写初稿的工作可资借用,还有就是动员编纂处自身的力量了。我记得"一"

部交给方福仁和吴战垒复审了一部分,卢湾组几位同仁交换复审了另一部分;翻查我的工作记录,"人"部是我和陈福畴、黄丽丽、郭忠新四个人复审的,我负责0—4画、陈福畴负责5—7画、黄丽丽负责8—10画、郭忠新负责11—22画。

受邀到编纂处定稿的编委和特约定稿诸君,在1985年1月上旬陆续来到上海。浙江的张叶芦、林菁、孙家遂、方福仁和吴战垒1月10日率先到达,安徽的马君骅、张紫文、陈玉璟,山东的刘俊一、吉常宏、管谨讱、张翰勋、相隆本和陈慧星,江苏的骆伟里,福建的张振书,随后分批抵达。他们到达上海的时间和车次,编纂处事先都与各省"词办"沟通过,我们准时到车站迎接,接到编纂处安顿大家住下来。他们参加定稿的时间并不一致,有人长一些有人短一些。就外省同仁来说,无论长短,都是离开家庭远赴异乡,吃在编纂处的小食堂,住在编纂处的临时工房,舍小灶而吃大锅饭,弃舒适温暖的家而住进"风雨楼",白日工作一整天,晚上挑灯夜战,非常辛苦。张叶芦、林菁、吉常宏和相隆本这四位基本上全程参加,离家在外数月之久,最为辛苦。关于"风雨楼"的故事,以其冬寒冷夏暑热的名声而远扬五省,在本书的几篇回忆文章中多有记载,本文仅点染一笔,意在录下大家所历寒暑所经劳作之辛苦,作为多年后我的一点敬意而记录在案。上海的李静远和杨金鼎参加过一段时间的第一卷定稿工作;吴怀德、王淑均和张撝之也曾到编纂处审阅过第一卷的稿件,但数量不多时间不长。这五位同仁家在上海,早来晚归不住在编纂处。

主编对定稿阶段的编辑工作有他的要求。他在厦门编委会上的总结发言中说道:"在审稿、定稿和排校阶段,编辑必须亲自动手,修漏补缺,核对勘定,统一规范,提高质量,解决只有这时候才能暴露出来的一些问题。"

我非常重视第一卷的编辑工作,特别是当时的编纂处人手不够,尤其缺少富有经验的老编辑,深感责任重大,肩上的担子沉甸甸的,唯恐不经意间疏忽闪失,更不敢懈怠。回想第一卷的那段定稿经历,到如今我仍然觉得有点儿"寒气"逼人。从开始筹备定稿直到第一卷出版,两年多的时间,我始终处于高度紧张状态。白天要处理各种行政事务,起草业务文件和报告等材料,汇报请示,主持和参加必要的会议,出差北京和外省,还得挤时间认真完成自己所承担的审定稿件的任务,晚上在办公室挑灯伏案,很少十一点前离开单位,有时午夜一点才骑着半新半旧的自行车回到家,节假日也是在家里或回到编纂处审稿看清样,我几乎一天也没休息过。但是,话又说回来,我虽然忙忙碌碌,人家各位定稿人离家千里来到编纂处,不是白天夜晚都埋头稿件和书架之间吗?定稿同仁和编纂处哪一位轻闲过!好在苍天不负苦心人,拜大家共同努力之所赐,第一卷虽然较预期推迟了十个月,但终于出版面世了。这是五省一市和编纂处大家齐心浇灌结出来的硕果。在拿到第一卷的时候,我真正感受到吕叔湘所说,"第一卷可能顶两卷三卷的工作量"这句话的真实分量。

在定稿开始之际,主编开过两次定稿工作会议,接连在1985年1月11日和一周后的18日召开。主要讨论"如何看待质量问题"和稿件中存在的问题,地点就在编纂处。两次会议都是罗竹风主持，陈落、路俏、王涛、傅元恺、阮锦荣、孙立群；马君骅、方福仁、李新、吴怀德、吴战垒、张撝之、张振书、陈慧星、林菁参加会议。罗竹风首先听取大家的意见。林菁建议：定稿开始前，还是要再回顾一下体例，对那些实践检验站不住脚的，再做一次修改。方福仁认为，"定稿一定要实事求是，到如今大返工全面提高是做不到的，尽善尽美不可能，我们只能尽力而为。"吴怀德说，"第一卷是个样板，显示的是全书的面貌，虽然我们人力不够，时间很紧张，也要尽力去做好。"林菁认为，"只要比现有的辞书好就可以出，我们把最后一道关要力争做得好一点；相关条目除第一卷外，其他卷次不做相关处理，现在第一卷的稿子相关条目打架的不少。"主编听罢大家的意见总结了几条：①提高质量要实事求是，揪着头发上不了天，要求是不出硬伤不出错，实际做下来，找不出一条硬伤，恐怕是不可能的。但是要尽量减少硬伤减少错误，再磨十年质量肯定比现在好，但是也不会没有问题。我们这次定稿要求'争九保八'，能保住'八'就是极大的成功。②口语找不到书证的，用《现代汉语词典》的办法不要书证。吕老也是这个意见。新词特别是口语词，即使找不到书证也要收。③同《汉语大字典》合作求的是注音和部首相同，其他各干各的。④相关要处理好，不要撞车，在同卷内务必解决好。第一卷尽可能照应好，后面的卷次还没定稿，有的还在编写，你想照应也照应不了。主编最后重申，定稿的人力与职责安排采用金字塔的方式。主编所说的这几条，大家都赞同。

主编罗竹风在定稿期间抽查过一些稿件，并多次来编纂处听取定稿者的意见，汇总分析所发现的问题，在二三月间召开过几次小型讨论会，利用座谈方式共商共议，以求改进提高质量。3月下旬，主编要我就第一卷的定稿质量提交一份综合述评报告。定稿以来，我同一些编委不断就稿件中的问题交换意见，特别是张叶芦、林菁和相隆本等几位常驻编委谈得更多一些；平时我也注意搜集编辑部审稿发现的、包括特殊性的问题，以及我自己在定稿过程中搜集到的材料。在此基础上，我博采大家的意见，汇集定稿中的实例，综合归纳起来给主编写了一份书面报告，分析了稿件中发现的问题并提出了解决办法，我又向罗竹风作了一次较为详细的口头汇报。几天后罗竹风决定召开一次定稿工作会议。

这次会议由他亲自主持一连开了两天，是类似会议中时间最长的一次，也是最重要的一次业务讨论会。会议于1985年4月5日在编纂处召开，主旨是请大家评议第一卷已经定稿的稿件质量。会上大家谈到来稿中存在的问题，解决了哪些问题，可能还存在哪些问题。我同在沪的编委和定稿人、编纂处编辑室主任以及骨干编辑参加了本次会议。罗竹风十分关心第一批发稿的稿件质量，反复要求大家大胆评论来稿质量和定稿质量，只对稿件负责不留情面。他说："稿件质量关系成败问题，这是根本性大问题。在这个问题上不存在伤别人面子的事，也不存在丢自己面子的事，直截了当敞开来谈，有什么谈什么，质量好大家才有面子。"他的评论是："我们《汉语大词典》一定要比同类语词词典的海拔高一些，现在稿子里确实还有一些坑坑洼洼。"他要求大家下苦功夫，尽最大努力把各种硬伤减到最少限度；他要求

煌煌辞典著春秋 ——《汉语大词典》出版背后的故事

编辑把好最后一道关，看校样时要认真细致，处理得更完美些。会议最后的结论是："第一批审定过的稿件质量总的来说是好的，与现有的同类辞书相比在水平线以上，是可以出版的。"

展开第一卷定稿之前，我就图书资料和工具书准备事宜，就资料室协助核查书证事宜，以及安排大家的吃住等多项事务，作出具体的布置和安排。第一卷由上海辞书出版社出版，编纂处编辑室承担审稿发稿和审读校样这两项工作。那时人手不多，承担这两项工作已经超负荷运转。我主要负责组织协调定稿这一摊事儿以及我自己审稿和定稿。至于编辑室的审稿、发稿和审读修正校样等项工作，都由阮锦荣、郭忠新和陈福畴三人担当起来，插图和资料工作则由孙立群管起来，孙立群同时要抽出一半时间审稿。编纂处有三个人参加第一卷定稿，我同傅元恺和徐文堪，徐文堪后来增补为编辑委员。编纂处投入第一卷审稿的编辑有王安全、李明权、李鸿福、李瑞良、罗黛娃、黄丽丽、虞万里等人，他们查遗补缺，修正错误提高质量，为第一卷作出了各自的贡献。

第一卷定稿分三个阶段进行。第一阶段自1985年1月12日至2月10日结束，审定"一"部稿件9770条，随着春节临近，外省来沪同仁返家度假，春节过后又陆续返回编纂处继续定稿。第二阶段从3月4日开始，到4月底结束，审定完成"丨""丿""丶""乙""十""厂""匚""卜""冂"部稿件8735条。第三阶段自5月初到8月中旬结束，审定完成"人"部和"八"部17205条。经编辑接手处理完毕的稿件按照部首顺序发稿。1985年5月23日发出第一批"一"部10000条，交给辞书出版社吴志远，四个月后的9月10日，第一卷正文35670条、45680页稿纸、460万字，全部发至上海辞书出版社。因为卷次调整的缘故，发稿的时候"八"部被挪入第二卷。10月17日中华印刷厂告诉我说，他们的排版工作已经准备就绪。

虽然说排版印刷属于出版社的责任，但排版内容和进度同我们息息相关，是他们的责任也是我们所关心的，所以这也是我始终关注的一个大问题。我与辞书出版社商定按照部首顺序分批交稿，他们收到稿件做完技术处理就发给中华印刷厂，而后进入排字工序。为了尽可能减少中间环节避免耽误时间，各道工序之间衔接得很紧凑。当时用的是铅字排版、浇铸铅版印刷的传统技术，比如今的电脑排版印刷要繁重困难得多。为了深入了解排印装的各道工作程序，了解厂方需要我们配合相向而行的细节，我数次到中华厂的车间观察学习各工种的操作过程，与车间主任和排校人员开座谈会听取意见，一块商量如何紧密配合，如何清除障碍，如何加快排版进度的问题。比如做铜模这件事，商定我们事先要把一卷书内的单字清单交给他们，他们核对现有铜模，没有铜模的就到字模厂提前定制。这样编纂处就要增加一道工序，提取稿件中的单字一个不落地做一份清单。《汉语大词典》字形复杂，多一点少一横很容易出错，有的甚至于反复两三次才搞定。最麻烦的是当时没有电脑，靠人脑和手工记录编制单字清单，往往挂一漏万。排版过程中突然冒出一个清单上没有的冷僻字或者缺字，一时间没有铜模，要请老师傅阵前刻字。据不完全统计，上海字模厂仅为第一卷至第四卷临时做的字模就有1500多个，而且这只算二号和小五号字模，并不包括别的字号，要是都算上的话那

104

就更多了，据中华厂告诉我总数超过3000个。还有出自书中古代书证、没有写成条目的僻字，一旦发现还得补写条目。如此这般麻烦事一路不断，都得及时地一一耐心解决。总之《汉语大词典》的排版活计比一般辞书难度大很多，要想干好实在不轻松，须要我们编辑处处配合。有了第一卷"缺字僻字"的经验，后来我们便及早做好单字清单。例如1987年9月1日，我请办公室尽快派人到五省定稿点复印词目单，事先编制好各卷的单字表，为做铜模刻字预做准备，为编制各卷难检字表预做准备，为编制索引预做准备，把能做的事情提前做好，待到各卷排出清样后稍加修改很多问题就解决了，不然的话事到临头再做那就晚了，必然要拖后出版时间。

第一卷校对和审读校样由编纂处分担，工作量很大。《汉语大词典》繁简字夹排，异体字、易错字（如腴和腴、并和并），标点符号多种多样，光义项号就有几种，阴码、阳码、下划线、长划线、短划线，单书名号、双书名号……排版校对和审读都非常麻烦，一不小心就会出错。我与吴志远同中华厂商定，校对采取工厂毛校加出版社六校两对红的流程。按这一流程计算，第一卷七个校次核校字数为3421万字，两次对红也要扫过920万字。第一卷印出书来发现了一些校对错误，自第二卷起校对归我们自己搞，改为八校三对红，增加了一个校次和一次对红，而且为了赶出书，周转的时间限得更紧，校对与审读校样，工作量增加时间反而缩短，可以想见校对工作有多么紧张。

说到审读校样这件事，不能不提一笔外省同仁所作的贡献。第一卷至第三卷审读校样，是由本卷各部首的部分编写者跟我们一起完成的。编纂处人手紧张，审稿加审读校样根本周转不过来，不得已而依靠外援，特邀编写组同仁给予帮助。山东、安徽、福建和浙江的几位编委都曾来看过校样，哪个编写组编写的稿子，就请哪个编写组派人来看清样，一般请他们帮助看一部分二校样。一校样版面问题太多，二校样问题就少多了，看得比较清楚。二校样允许改动的幅度比较大，发现错误或问题可以及时修改，是把守质量关的一道重要关口，三校以后则完全是编辑把关。随着编辑和校对人员日渐成熟老练，从第四卷起便不再借助外力，审稿加审读校样全部靠我们自己完成。我组建起一个班底审读付印前的清样。我重点"扫一遍"多义项和容易出问题的难点条目，同时把住政治关，扫出问题即时改正。1986年9月11日晚间，我看完最后一页清样，结束了第一卷的清样审读工作，并于次日上午将最后一批300面清样退回上海辞书出版社。

编辑工作紧张，厂方也决不轻松。他们曾对我说，接受《汉语大词典》是中华厂历史上第一次排印这么复杂的大型辞书，他们也面临着很多困难。参与排印第一卷的切身经历告诉我，此言不虚，的确如此。从两年出一卷到一年出两卷，这当中的变化相当大，折射出他们所采取的措施和所作出的努力。中华厂从一开始便安排了专职班底和技术力量，安排了《汉语大词典》专用场地，做足了准备工作。后来为了提升装订效率，又特地进口了一台精装联动机，还派人到香港去学习技术，从而加快了装订《汉语大词典》的进度。原本要五个半月

煌煌辞典著春秋 ——《汉语大词典》出版背后的故事

才能做完的工作,如今只要三个半月就完成了。就拿第二卷说,由于繁体字铜模使用的年头久了,印刷磨损较多,引发纸型出现深浅不等、字体笔画有粗有细的现象,不得不修整纸型,每版的纸型都须要小心翼翼地修整,工作量很大;而且铅版印刷也有问题,主要是墨色深淡不匀,存在小折角的毛病,所以开印前一定要先整修机器试印两版……很多麻烦事接连不断。车间主任抓问题抓质量抓进度,忙得不亦乐乎。我是一路走过来的人,深知中华厂是尽了大力帮了大忙的,无论厂部领导还是车间主任,还是坚持不懈连续辛勤工作八年的员工,都为排印《汉语大词典》操心苦战,他们立下大功,作出了重要贡献。

发稿越来越快,要求排印装也要相应加快。我与厂方和上海出版局领导就加快进度商议过好几次,厂方和出版局都非常支持。例如1987年7月9日,我到出版局向主管印刷的陈振康副局长汇报排印进展情况,希望局领导帮助推动一下第二卷的排印进度。陈局长说:"《汉大》我们一定支持。我们可以采取超产增加工资总额,定额超产奖励,出版局给额度的办法。"他又告诫我:"你们双方要搞经济契约,这样比较可靠。"7月20日,我与彭苏生和孙建智到中华厂,与厂长、书记、车间主任协商第二卷的出版时间,商定12月5日全部付型,次年第一季度出书,双方签订了经济契约,我们给予厂方加急印刷费和奖励金总计10万元。以后便都采取"经济契约"的办法,从第二卷起,每卷都按照协议向厂方支付加急费、设备补助费和奖励金,并且按年递增,这也是排印进度加快的原因之一。

我在1986年9月底,赶写出来第一卷的"前言"和"凡例"送主编审定,10月17日主编将定稿退还给我,前言有几处修改,凡例照发。此前我召开过工作会议,请罗老主持审查通过了正文前的排检法说明、繁简体字对照表、难检字表、部首检字表等附件的文本。《汉语大词典》的部首排检法我交给程养之负责,各字的归部由他一手圈定。他是我所尊重的一位老专家,他做的字形和归部表我原文照发没改动一个字。他做事踏实、认真、负责,出手的东西都经过反复看反复改,是一位值得信赖的忠厚长者,更何况他是字形和部首排检专家,我比不过他。至于《汉语大词典》的部首,我们同《汉语大字典》商定,两部大辞书统一起来采用200部分类法。《汉语大词典》原本是按照《康熙字典》214部编写条目的,定稿出版前调整部首,删去"丿""二""爻""玄""用""肉""舛""鬯"八部,将"匚""入""土""攵""曰""行"六部分别并入"匸""人""士""夊""日""彳"部,共立200部。除去部首归并外,又调整了一些字的归部,例如凡偏旁为"肉(月)"的本属"肉"部的字都划归"月"部,像"肚""肘"等字。第一卷的检字表和新旧字形对照举例,由程养之和潘文纪编制。全书附录检索卷当中的纪年表由田国忠编制,单字笔画和拼音检索表由傅玉芳主导制作,插图由编辑钱自成组织绘图和制作。办公室傅玉芳、应谨友等年轻人办事主动、灵活、认真,很有活力,那一阶段办公室的工作做得很出色,解决了许多同出书紧密相关的问题。傅玉芳人很聪明,做事麻利,敏于事而慎于言,善于学习,肯钻研问题,成长很快。日后担任上海大学出版社副总编辑,策划编辑出版了不少获奖好书,例如《中国傩戏剧本集成》

《从中亚到长安》《钱伟长文选》等多种优秀图书。

1986年10月20日,我到辞书出版社检查了一遍正文前的二十多页清样和版权页并签发付型,第一卷的定稿、编辑发稿和审样工作做到这一天全部结束。编纂处、上海辞书出版社和中华厂三方9月13日在出版局开过一次会,姜兆良、吴志远、中华厂厂长和我四个人与会,赵斌副局长主持,专题商议出书的时间问题,议定五十天内拿出样书。10月7日姜兆良通知我:"中华厂答应11月25日交出三百本样书。"我知道人家中华厂确实赶得要命,不管怎样,推迟二十天也罢,10月25日终于拿到了一本沉甸甸的第一卷。这是《汉语大词典》问世的一天,大家都不容易啊!

第一卷出书前夕,上海辞书出版社和编纂处决定联合筹备召开《汉语大词典》第一卷出版发行新闻发布会这件事,东道主是上海辞书出版社,巢峰社长和姜兆良副社长主理筹备事务,我们扮演配角。会务工作和会费开支全部由辞书社承担,领导的发言稿和宣传文章以及接待五省来宾及其交通住宿费用由我们负责。我负责起草领导讲话稿和宣传文章,阮锦荣负责同五省磋商参加发布会的人选,钱自成协助辞书出版社搞宣传材料,包括征订单在内。阮锦荣提出一份五省一市受邀人名单,同姜兆良商议落实。我们主张邀请工委会主任、副主任和"词办"主任,首席学术顾问吕叔湘和顾问陈原,邀请编委会主编、副主编,邀请五省一市编者代表各两名。但东道主毕竟是辞书出版社,商议下来我们尊重主人的意见减少了邀请人数,只邀请工委会主任、副主任,副主编和个别编写骨干,最后获邀者也并未全部到沪。23日这一天,我忙于接待五省来参加发布会的贵宾,边春光、丁方明、于冠西、方厚枢等领导和编委吉常宏先后抵达。24日晚间巢峰社长和主编罗竹风主持晚宴,招待来沪参加发布会的嘉宾。

新闻发布会于11月25日上午在上海和平饭店举行。当时任上海市市长的江泽民和市委书记芮杏文,边春光和五省来宾、上海出版局局长袁是德、副局长赵斌和刘培康出席会议。会议由巢峰主持。江泽民在发言中指出:"世界上凡是历史悠久、影响巨大的国家,或是已经出版了反映本民族语言全貌的大型语文性词典,或是正在致力于编纂这类词典,因为这类词典集民族语言之大成,体现着一个国家和民族的传统文化,一般都看作是国家的荣誉和民族自立的象征,所以历来都受到本国政府和人民的重视。我们中国是一个具有五千年悠久历史和灿烂文化的伟大国家,中华民族是一个对世界文明作出贡献的伟大民族,更何况全世界有十亿多人在使用汉语,我们更应该有一部能反映汉语言全貌的大型辞书。"他说:"出版发行《汉语大词典》是国家的一件大事,是国家文化建设和精神文明建设所取得的一项重要成果。"他希望"五省一市团结一致,密切合作,再接再厉,直到出完全书,共同完成这件有历史意义的事业"。主编罗竹风和巢峰社长先后发言。我在发言中简要介绍了今后的出书计划,并对上海辞书出版社与中华印刷厂同心合作推出《汉语大词典》第一卷表示感谢。发布会结束后,巢峰又在南京东路新华书店举行了第一卷出版发行会,罗竹风、丁方明、袁是德、

煌煌辞典著春秋 ——《汉语大词典》出版背后的故事

方厚枢、新华书店上海发行所的领导和我参加了会议。

第一卷出版问世了，以后各卷什么时候拿出来？这是我们面临并要切实解决好的问题。

第一卷定稿展开不久，主编和编纂处便考虑以后九卷的定稿问题。按照厦门会议的决议，全书分十卷出版，当时仍然按照十个卷次考虑，在第一卷出版之前才调整为十二卷，由十卷本改为十二卷本是经过主编批准并报各位副主编和工委会主任及副主任同意而后执行的。十二卷加一册附录索引卷，所以有时也称十三卷。我们那时仍旧遵循编委会的决定，也就是第一卷采取的办法，邀请编委到编纂处集中定稿。根据主编罗竹风的意见，希望对第一卷完全集中到编纂处定稿的方式做一些调整。编纂处商议下来，制订了一份第二卷到第十卷的定稿方案，核心内容是提名组成第二卷到第十卷的定稿班底，让大家事先了解自己所承担的任务，心中有数预为之备。因为当时各编写组还有20万条的初稿没有经过省内复审，我们希望及早明确各卷的定稿班底，先走一步完成复审，不要再像第一卷那样复审和定稿两步并作一步走，希望借这种方式在编写组和省内及早打磨稿件，打磨好的稿件再拿到编纂处集中一段不长的时间完成定稿。我们期望一举而达致两个目标：提升来稿质量和加快定稿进度。在同五省"词办"协商，征求他们的意见取得共识之后，我陪同主编罗竹风带着这份草案去北京向领导小组汇报请示，拟召开一次会议讨论通过这份定稿方案。

我们于1985年3月19日抵达北京，第二天开了一次领导小组主任碰头会，参加会议的有陈翰伯、边春光、吕叔湘、陈原、罗竹风、方厚枢和我。主编汇报了第一卷定稿工作和今后九卷的定稿打算，还有面临的需要解决的其他问题。主编汇报时，陈原和吕叔湘不断插话。罗竹风说："第一卷定稿正在按照计划进行，没有新的改变，需要你们审查，提请工委全体会议做决定的是今后九卷的定稿安排。"汇报会开了一个上午，除讨论定稿安排外，还涉及第一卷，质量，人力，什么时间能出齐……与会的人虽然不多但场面很活跃，陈翰伯作的总结：同意召开一次工作会议，把第二卷至第九卷的定稿草案提交会议讨论，责成编纂处筹备这次会议，会议定在上海，4月或5月召开。

编纂处经由和各省"词办"协商筹备，1985年4月28日至5月1日，工委会工作会议在上海召开。领导小组副组长边春光、季啸风，副主编洪笃仁、徐复、陈落，文化部出版事业管理局方厚枢，五省《汉语大词典》领导成员杨云、马守良、黎洪、高斯、陈立人、孟繁海和"词办"人员，参加第一卷定稿的编委和特邀定稿人，五省一市的部分编委和特邀编写人以及编纂处人员，共计七十多人出席会议。罗竹风在会上作了"关于《汉语大词典》第一卷定稿情况和今后工作安排"的报告。这份报告概述了北京碰头会审查通过的草案内容。会议主旨是"向大家汇报《汉语大词典》第一卷的定稿情况，总结经验教训，商讨第二卷至第十卷的定稿方案，确定各卷复审定稿的工作班底，以便使全书各卷的复审定稿工作能够有条不紊地扎扎实实地进行下去"。总之，是将目标放在加快定稿进度及早日出书上面。会议讨论了第二卷至第十卷复审加工和在上海集中定稿的方案，提出"全书争取在一九九○年出齐"

的设想,具体安排是:1986年发第二卷和第三卷,1987年发第四卷和第五卷,1988年发第六卷、第七卷,1989年发第八卷、第九卷,1990年上半年发第十卷。会议原则通过按照这一方案推进今后的定稿出版工作。至于方案提出的定稿人选,会议决定以编纂处提交的名单为基础,交由五省"词办"会同编纂处进一步磋商,征得本人同意,即可正式成立各卷的定稿班底。方案提出复审定稿成员应当有所选择,"一般地说,这些同志应该具备以下几个条件:①确有复审定稿的工作能力,能独当一面。②愿意为《汉语大词典》的早日出版出力,踏实肯干。③个人工作离得开,家庭离得开"。

编纂处提出的这份定稿方案,总体上沿袭了早先编委会确定的既定做法,按照各省稿件由本省编委定稿的原则,邀请五省编委到编纂处来集中定稿。会议同意,按照方案所建议的各卷定稿者名单,组成九个定稿班底,每一班底12—15人不等,各有一位副主编挂帅。第二卷到第五卷的领衔副主编是蒋维崧、蒋礼鸿、张涤华和洪笃仁,第六卷和第八卷是陈落,第七卷是吴文祺,第九卷和第十卷是徐复。我和傅元恺作为编纂处的定稿编委跟班到底,"以保证定稿工作的连续性,保证定稿质量的相对稳定",我参加单数卷定稿,傅元恺参加双数卷定稿。会议认可方案提出的定稿工作步骤:根据第一卷定稿工作经验,每一卷的复审定稿工作大体应在发稿前的一年至一年半的时间开始进行;整个复审定稿可分成三步走,第一步,分析本卷原稿的质量情况,摸清楚哪些部首需要复审加工、哪些需要补写;第二步,组织力量下大功夫复审加工和补写条目;第三步,第一第二两步在各省进行,然后集中到上海决审定稿。方案规定:"复审定稿班子有权决定本卷审稿定稿的工作方法和工作部署,有权抽调合适的同志参加复审工作,或将复审加工任务承包给合适的同志。"

关于定稿经费,我们提出一项解决办法:"凡属复审加工和决审定稿的费用,均由编纂处在稿费项目中按稿酬标准开支,各卷定稿班子为了研究、部署工作而必须召开的会议,其会议经费暂由各省'词办'开支,在各省'词办'撤销以后由编纂处拨款支付。"会上有人提出:"现在要钱都难,'词办'恐怕拿不到这笔经费。"但议来议去,一时也拿不出更好的办法。最后边春光拍板:"我看经费问题可以照编纂处这个办法办,至于个别问题个别解决吧。"伸手要钱越来越难,经费问题确实令人头痛。

实行这份定稿方案是一个方面,另一方面在完成转变之前定稿工作也不能停顿不前。在第一卷发稿的同时,我们已经制订出第二卷的定稿计划并着手安排。从1985年10月开始就做起各方面的准备工作,同拟聘请的定稿人协商来沪的时间。纳入第二卷的部首以山东和浙江编写的为主,所以这个定稿组的成员大都是山东和浙江的编委。第二卷定稿分作两期进行。定稿工作由编委吉常宏、相隆本、陈慧星、林菁、张叶芦、孙家遂、沈幼征、朱侃、钱剑夫、李静远和编纂处傅元恺、徐文堪十二位同仁共同审定。原本应该请蒋维崧副主编挂帅,但蒋先生年事已高,加上学校的事情又多,很难迢遥千里来沪领导定稿,所以实际上是由编委吉常宏、张叶芦两人主导本卷的定稿工作。参加第二卷编辑工作的编辑有王均熙、李明权、李瑞良、陆锡兴、徐俊超、唐让之、黄丽丽、梁凤莲、董福光和虞万里等人。从1985年10月中旬开始工作,也就是第一卷定完之后便紧接着展开审定第二卷,到1987年1月结束,不算回家过节和断续休息的时间,历时将近一年。其中吉常宏、相隆本、林菁、张叶芦、孙家遂五人连轴转,定完第一卷定第二卷,家在千里之外,功在《汉语大词典》之中。1987年3月30日,第二卷"定清齐"的稿件全部发到中华印刷厂,次年3月14日样书下线。

汲取第一卷的经验教训,我们对编辑和校对方式做了一些调整。一是抽调人力复查一遍第二卷的全部书证,扫除书证当中的错误。复核书证的工作量很大,既费时又费人工,尽管人手紧张,但质量第一不得不做。二是严格编辑和校对责任制,明确规定编辑必须做好的各个项目并签字负责,至于释义问题则交主管编委负责解决。我同傅元恺和徐文堪商议,成立由我们三人组成的编审小组,三个人同时并进审阅签发稿件,这一举措加快了发稿进度。还采取了一些别的措施,例如成立综合编辑室,负责字形字体、索引、编排、美术装帧设计等。

我们从1985年到1990年的五六年间,先后制定了十五种业务文件,这些文件都是审稿定稿的依据。为了给大家提供方便,我重新审查了一遍这些文件,做了少许修改而后汇编成册,交给中华印刷厂铅印1000份发给大家,五省同仁也提出过类似要求。纳入这本小册子的业务文件,有针对第一卷定稿中发现的问题而制定的"关于用字特例""关于正异体字及其他相关处理的补充规定",也有"关于《汉语大词典》责任编辑审稿的补充规定"。另外,我们还制定了"《汉语大词典》复审和定稿人员注意事项""关于标点符号的补充规定""关于简化字和排列笔顺的规定",以及"关于《汉语大词典》引书格式的补充规定"等。有了这本把零散的规定归拢到一起的小手册,加上原先印发的、经第三次编委会讨论通过的"《汉语大词典》收词原则""《汉语大词典》编写体例"和"《汉语大词典》引书格式",基本囊括了所有业务文件,而且里边都是随时要翻查的东西,审稿定稿人和编辑们使用起来就方便多了。

校对方面,我们规定把后一个校次抓出来的问题记录在案,作为前后校次两人的考核记录和奖惩依据,能力不合格的校对员坚决撤下来,并委派张喆等几位能干的年轻人到校对科工作一段时间,确保校对质量,委派胡逢建担任校对调度,以期实现校样周转无缝对接,降低时间消耗加快进度的目的。另外一项措施是增加人手,在短短的半个月内调集了二十多人投入校对工作,有从编辑室临时抽调的编辑,有从兄弟单位请来支援的老校对,有特别聘请的退休人员,也有刚刚毕业分配来的大学生。为了减少第一卷那样的排校错误,我征得中华厂同意决定增加一个校次,不算厂方负责的毛校,把第一卷的六校两对红改为七校三对红。自第三卷起,特地设立了三个校对组,初样组组长姜心,负责一二连校;二样组组长张晓栋,负责三四连校;三样组组长王土然,负责五六连校。三个校对组干得很认真很出色。

在长达两年多的时间里,一二两卷前后脚同时交错进行,编纂处的工作极其紧张。这边要完成第一卷的编辑处理、发稿和审读校样的工作,那边又得完成第二卷的编辑审稿发稿工作。六七万条稿件要字字过堂，成堆的问题要一道道解决，何况时光催促急如星火，为了抢时间，定稿与编辑加工差不多同步进行，定出一批稿件立即投入编辑处理，压力如山在背，紧绷如满张之弓。遇到需要解决的急迫问题，不得不临时抱佛脚拆东墙补西墙，即时抽调人力组织起一支"救火队"，以解决当务之急。

厂方每次送来的校对样只有三四份，却要走完审查字词笔顺序列、审订音读和相关条目、通读校样等八九道编辑校对工序，还得做好做实不能出错。前后衔接又互相交叉，常常是两三道工序共用一份校样，各个环节无缝衔接就靠校对调度的周密安排，依靠编辑室主任的合理安排与编务的精心调度。在编纂处担任过编务工作的有冯慕廉和季肇瑜。冯慕廉负责制定了一份"发稿流程责任单"，后来又根据新的情况和要求，细化了这份责任单，做得更加严谨。冯慕廉是编纂处的老职工，为人宽厚，工作细心，多年来做编务做调度，同时还承担其他任务，勤勤恳恳做了大量工作。担任第二卷编务工作的是季肇瑜，她的调度工作做得又细心又周密，基本做到了无缝衔接，对提升编辑效率很有帮助，她是编辑室主任的好帮手。

回想头两卷这段定稿出版的种种紧张场景，回想外来审稿定稿的各位编委和编纂处编辑校对人员、后勤保障，以及行政人员所表现出来的忘我精神，我想凡是知情者都一定会深受感动。正是依靠大家的这种精神，才得以出版了第一卷和第二卷两本厚重的《汉语大词典》。凡是目睹过或经历过的人们都不会忘记这一切，不会忘记参与第一卷和第二卷奋战的这些人和他们所做的那些事。

第二卷出版后的4月27日，编纂处和汉语大词典出版社在上海文艺会堂举行《汉语大词典》第二卷出版发行会议。一百三十多位来宾出席了这次会议，有《汉语大词典》工委会、编委会的领导，有市委宣传部和市新闻出版局的领导，有为《汉语大词典》开创奠基作出贡献的各级领导和前《汉语大词典》编写工作领导小组成员，以及专家学者和社会知名人士；中华印刷厂和新华书店上海发行所的领导，在沪的编辑委员，上海辞书出版社巢峰、姜兆良和上海各兄弟出版社领导都应邀到会。工委会副主任边春光首先讲话，他说："从第一卷出版后的反应来看，学术界、读书界对它的评价是好的，虽然书中也存在一些缺点，需要今后注意改进。像规模如此巨大的一部辞书，要完全没有缺点恐怕也是很难做到的。"副主编吴文祺在会上说："记得当《汉语大词典》预备着手编写的时候，有一位专家曾经预言这部书至少要花二十五年的时间才能出版。可是现在我们居然在这短短的几年中，不但出了第一卷，而且第二卷也出版了"，"编词典是一项非常困难的工作……世界上著名的《牛津大词典》编了七八十年，日本的《大汉和》虽然规模大条目多，但是引证失误，书例篇名弄错的不少。当然我们《汉语大词典》也有缺点，但是它后来居上，质量超过了《大汉和》，也超过了台湾的《中文大辞典》，这一点是可以肯定的。《汉语大词典》在如此之短的时间内能够出版，可以说在亚洲是第一部，所以对于编纂《汉语大词典》的各位同志的艰苦工作，我感激、佩服、敬仰。"上海市新闻出版局袁是德局长也在会上发言："记得我们在1986年11月，曾为第一卷的出版发行举行新闻发布会，现在第二卷又一个四百多万字问世了。这一卷仅在校对方面就是七校三对红，合计校了三千多万字，这么大的工作量是不容易的。"

在第二卷出版前，《汉语大词典》的几位学术顾问和编辑委员相继去世。主编罗竹风在讲话中对他们的谢世表示哀悼。他说："我们有些老前辈老专家，未及看到全部出书而辞世了。王力、徐震堮、陆宗达、叶圣陶、倪海曙、刘锐，他们是语言学界的著名学者，对他们的过世，我们深切哀悼，并决心继承他们的未竟志愿，把《大词典》的编纂善始善终地完成。我代表编委会感谢各位来宾！"

与会的多位领导、社会贤达、巢峰社长和兄弟出版社领导都热情发言。这次出版发行会议气氛热烈，既是出版发行会，又是鼓励激发编纂团队的斗志，齐心协力、再接再厉完成全书定稿出版任务的一次重要会议。

九、"分卷主编负责制"

上文提到缺少经费的事，那只是须要解决的许多问题中的一个问题，还有稳定队伍的问题更迫切更需要解决。话说时至1985年，第一卷正在定稿发稿，以后各卷的定稿方案也已经获得编写领导小组和编委会批准，照理说应当继续按照编委会的决定，邀请各定稿组到编纂处一卷一卷地向下定稿就行了。然而形势强过人意，四月上海会议的决定落后于国家形势的发展变化，很难如预计般再执行下去。在国家改革开放的形势快速变化、教育事业蓬勃发展的新情况下，大专院校亟须教学人才，教学任务与《汉大》"争人才"的矛盾越来越严重。平心而论，大专院校以教学为中心，要调人回去教课合情合理，并无可指责之处。只是此时的《汉大》恰值定稿的关键时期，各院校想往回抽调的人员，又都是定稿的主角，我们要保留人，那边要调人回去，这种局面不能不在编纂团队内部引发动荡。

进入1985年下半年大部分初稿已经编写好了，有的部首出了初稿本等待复审定稿，有的部首写完了初稿等待复审定稿；任务完成的编写组或者解散或者濒临撤编，未完成编写任务的编写组仍在继续编写，但逐步在缩减人员，大势所趋是一步步走向收摊子。这一点清清楚楚摆在每个人面前。即使教育部发文点名留下来继续审稿定稿的51位同仁，长期吊在《汉大》这里也有不少"活思想"。

面对这些实际问题，如何解决才好？沿用既定的办法朝下走越来越困难。长期背井离乡，脱离家人亲情的照顾，到编纂处日复一日动辄半年埋头定稿，参加定一卷可以，一而再再而三，一定数年，设身处地为人家想一想，确实难以为继。编委方福仁是一位有求必应很好说话的人，他为浙江编纂《汉语大词典》和第一卷定稿出过很大的力，就连他也曾对我说过一句心里话："别再叫我们来编纂处定稿了，家里有困难不好办。"再说这些定稿人所在的编写组，有人已经回到系里教书上课稳定下来，唯独我吊在外面定稿，一吊几年，年纪日长，等到搞完《汉大》回去的时候，恐怕叫天天不灵，叫地地不应，谁管？到那时怎么办？虽然红头文件几次说"要同学校教学人员、其他科研人员一视同仁"、要"对编写人员给予多方面的关怀和支持"，可是一接触到实际问题有的单位做得不错，有的单位一阵风过后便乏人问津，前途如何安排，成为一个大问号。评职称是个难题，就算评上了，不在学校教书也不获聘任，不聘任待遇就矮人一截。

  定稿人如此，即使《汉大》领导层也有难言之隐。多年过去，如今大都从领导职务上退了下来，渐渐感到推动工作越来越吃力。安徽省工委委员、省出版局老局长黎洪勤勤恳恳为《汉大》工作多年，对《汉语大词典》这部书，对编写《汉语大词典》的这批人也很有感情。他在一次工作会议上颇有感触地说道："越往后拖越糟。魏老过去是副省长，管文教，现在我们都说不上话了。宣传部也不大过问了，教育厅换了人，我们也说不上是领导了，如今是靠感情联系起作用。"光靠感情联系显然不能解决所有问题，特别是难题。连《汉大》主管领导差不多都有类似感受，编写与定稿人员种种担心疑虑，那就更加挥之难去了。在这种情况下，要求人们长期离家到编纂处定稿，实在是越来越难，越来越难以为继了。

  另一件挠头的事，五省的编纂经费也越来越成问题。"三巨头"在过去的报告中由于估计不足，过早地提出"五省《汉语大词典》办公室的经费，原则上支付到一九八五年底为止。本着专款专用和节约的原则，根据实际需要，经费数字也可适当消减"，中央2号文件批转了这一份报告，各地财政部门是按照中央文件所说的"原则上支付到一九八五年底为止"来拨付经费的。人家停止划拨或减少经费有根有据，"词办"也奈何不得，有的省停止拨款，有的省还给一点。维持编写组和"词办"的日常运作是要花钱的，一文钱难倒英雄汉，没钱不行啊。总靠出版局补贴也不行，各省出版局多年来一直补贴《汉大》，光一个江苏省就补贴进去一百多万元，那时的一百多万元绝非小数目，再说出版局的事业经费也有限，即使领导想补贴也没法无止境贴补下去。别说五省，编纂处也同样有经费问题。上海财政局提出要削减编纂处的编纂经费，我们本来就十分拮据，再削减的话就无法开展工作了。1986年总算争取到43万元，我们精打细算，实际支出39.3万元，结余下几万元。为了争取经费，1987年5月21日我同上海财政局主管编纂处的刘福珍女士和出版局计财处王处长反复协商，恳请财政支持。我说："虽然文件是这么写的，但是按照文件的精神，编纂《汉语大词典》的费用是由国家投资的，在全部完成之前，上海财政局都应当拨款，不然怎么工作？在完成之后，我们一分都不要，无论如何现在不能停。"刘女士提出来，"你们明年出书赚了钱，是否可以抵消一点？"我反问道："明年什么时候能赚到钱？""《汉语大词典》第二卷最早要到明年春天才能出版发行，纸张在涨，排印费用也在涨，能不能赚到，赚多少，我现在也不知道。"我回答。王处长打圆场说："到明年再说吧。"好在刘女士很帮忙，她理解编纂处的难处，最后商定先按照我们的工作计划，暂且拨款到1990年，每年给43万元。实际上即使紧缩开支开支仍在增加，几经交涉，1987年度最后给了45万元，每季度划拨一次，年底报决算表进行结算。

如果定稿工作按照既定方针办，一卷接一卷往下搞，时间一定拖得很长，不要说上海会议要求全书提前到1990年出齐，即便执行1992年出齐全书的原定目标，能完成吗？总归一句话，上面所说的这几个大问题必须一一加以解决，否则说不定哪一天人力无以为继、财力中断，到那时再想扳回来就来不及了。话又说回来，就算有人有钱，也必定拖延时日，说不定到哪年哪月才能出得齐全套的《汉语大词典》。

凡事有开头便有结尾。编纂《汉语大词典》的工程尽管浩大，也不例外，何况整体形势在快速变化中。出现这种"争人"的情况我觉得合情合理，也在意料之中。继续沿用老办法，邀请定稿班底来编纂处一卷一卷地定稿将日益艰难，这种线性的集中定稿的方式必须改变。采取多卷定稿同时并举的办法，推行扇面式的审稿定稿方式，缩短整体完成时间，看来是唯一可行之途。这是我当时的看法和想法。

在推动第一卷和第二卷加紧进行审稿定稿发稿的同一时间段，编纂处和主编接连采取措施，试图解决面临的问题并防患于未然，以避免出现新的难题。编纂处平时联系五省汇总来的一些实际情况，我都及时向主编、陈翰伯、边春光和吕叔湘、陈原汇报，并提出解决问题的建议。这次依然是依照惯例，建议"三巨头"首先向中央反映情况，用老办法求得中央支持，而后采取针对性措施，问题便容易解决得多，我认为这是完成定稿出版任务的根本保障。陈翰伯、吕叔湘和罗竹风三老考虑过后，联名打报告给中央和国务院，报告名曰《关于加强〈汉语大词典〉定稿工作的请示》，请求中央继续给予支持。报告简要汇报了《汉语大词典》的进展情况，第一卷"稿件质量已经达到出版水平，经过最后加工，即可正式排印"，报告跟着说，"今后四五年的复审、定稿工作将是成败的关键，因此必须加强领导，十分重视稳定编写骨干人员，保持足够的'后劲'，以便有始有终，夺取最后胜利。但是，随着我国'四化'建设的进展，高校教学科研任务与编纂《汉语大词典》'争人才'的矛盾也必将更加突出。现在从事编纂和复审、定稿工作的数十名同志"，"由于他们长期脱离原单位的教学、科研工作，在评定职称、工资晋级和住房分配等方面往往存在一定困难，得不到合理解决。今年工资制度改革，教育、出版部门都将实行专业职务聘任制，编委会、编纂处如果对这些长期从事编写工作的同志的职务、工资等问题不能提出妥善的解决办法，势必影响他们的积极性，以致人心浮动，难以为继"。报告提出几项准备采取的措施，请求给予支持。这几项措施：①在复审定稿阶段，五省一市《汉语大词典》办公室继续保留。办公室所需经费，建议仍由各省《汉语大词典》办公室报请当地政府加以解决。②关于继续留下参加复审、定稿和出版工作的人员的职称评定问题，建议教育和出版部门予以解决。至于这些人的职务待遇，报告提出一项补救办法，"对于评定和应聘参加《汉语大词典》工作的教授、副教授、编审、副编审，由编纂处负责发给相应的职务工资差额"。③对于任务尚未完成而因故退出编写和复审、定稿工作的人员，编委会和编纂处可根据他们的贡献大小，授予荣誉证书或奖状，以资鼓励。④编纂处需要长期保留，编辑力量也应当不断补充和加强。

这份报告于1985年9月7日定稿上报，中办和国务院办公厅于同年10月21日以313号文件的名义转发了这份报告，报告转发给五省一市党委和政府，并抄送财政部和劳动人事部，因为拨款要靠财政部，评职称的指标要靠劳动人事部。转发按语说："陈翰伯、吕叔湘、罗竹风同志关于加强《汉语大词典》定稿工作的请示，已经中央和国务院领导同志审阅同意，现转发给你们，请研究执行。《汉语大词典》是古今字词兼收的大型著作，它的出版，是我国学术界和出版界的一件大事。请各有关部门和有关省、市予以大力支持，努力保持编写队伍的稳定，编纂处的编辑力量也应不断补充和加强，以保证这一已进行了十年的艰巨工程能够顺利完成。"

在《汉大》"三巨头"上报这份报告之前不久的8月25日，中央书记处书记胡乔木已经获悉《汉大》的一些情况。他给时任国务院秘书长的田纪云写了一封信。他在信中说，"《汉语大词典》一书的编辑，还是十年前由中央决定交由华东五省一市负责的，此事我当时并未参与，亦未获悉。但此书的出版，因为是古今字词兼收的大型著作（以前只有大型的字书和中型的词典），无论在我国历史上或在世界学术界出版界上，都确是史无前例的，在各国掀起汉语热的今天，其价值自必受到更大的重视。但中央当时决定由五省一市共同编辑，先天地决定了它的缺乏稳定性，而此种情况，已是既成事实，无从改变，如一改变则此书只能在即将出版第一卷之际归于破产，以后再搭班子亦难于想象。现五省要求撤回原参加人员，此书之命运已面临最大危机。其他提出的问题也迫切需要解决。故深盼国务院办公厅仍能维持原议"，"以保证这一已进行了十年的艰巨工程得以继续完成"。313号文件下达以后，上级领导部门将这封信件的副本转给了我们，各省组织大家一起学习。例如江苏省"词办"在镇江京口饭店召开会议，贯彻落实313号文件精神，高斯、陈立人、薛正兴等十多人参加会议。陈立人副局长传达了313号文件和胡乔木写给田纪云的信件。与会者认为，中央313号文件是《汉大》定稿工作的强大推动力，我们要乘此东风，把工作搞得更好。江苏省所承担的部首，虽然在全书的最后几卷，离出书还有一段时间，但初稿质量参差不齐，复审加工任务相当繁重，一定要抓早、抓紧、抓实，牢固树立千年大计、质量第一的观念，把复审加工当作定稿看待，严密把关，这既是贯彻落实中央文件的具体行动，也是责任所在。中央批转"三巨头"的报告，起到了鼓舞人心、凝聚人心的巨大作用。

"三巨头"的报告是在中央书记处书记胡乔木的支持下转发的。胡乔木一向坚定支持《汉语大词典》的编纂工作，三次亲自审阅陈翰伯、吕叔湘和罗竹风的报告，先后以43号文件、2号文件和313号文件转发给中央和五省一市相关部门，一次又一次施加牵引力，帮助克服一道道难关，推动《汉语大词典》的编纂工作向前进展。若非中央和胡乔木的坚定支持，很难说《汉大》是不是能够最终获得成功。

煌煌辞典著春秋 ——《汉语大词典》出版背后的故事

为贯彻313号文件精神，早日完成国家交付给我们的重任，《汉语大词典》编写领导小组、编辑委员会和编纂处，决定在1986年春节以后召开一次工作会议，讨论提高定稿质量和加快定稿出版进度等项问题。1986年3月24日工作会议在上海召开，边春光、季啸风、方厚枢、五省一市领导小组、"词办"和上海出版局的领导，以及部分编委出席会议，上海辞书出版社巢峰应邀与会。罗竹风向会议汇报了《汉大》第一卷和第二卷的进展情况，以及加快定稿工作的方针和措施。与会者讨论了《汉语大词典》署名方案，审查通过了主编的工作报告和会议修改后的署名办法。署名办法规定，《汉语大词典》按照分卷署名和在最后卷次一次性署名相结合的原则，署"三委会"和符合条件的编纂者以及作出贡献的其他人员。会议认为，要坚决贯彻313号文件精神，努力完成全书的定稿出版任务。会议还讨论了将"编写领导小组"改组为"工作委员会"和增补编委等事项，认为经历这些年的考验与磨炼，涌现出一批对《汉大》作出新贡献的同仁，加上实际工作的需要，原来编写领导小组的组织形式落后于《汉大》工作的现实要求，应当与时俱进做出改变，编委会也需要增加有经验的实干人才进来，以适应提高质量定稿出书的需要，因此决定将"《汉语大词典》编写领导小组"改组为"《汉语大词典》工作委员会"。这项改组情况在前边已经做过交代，此处不再多言。

中央313号文件精神一步步得到贯彻执行，人心又凝聚振作起来，克艰克难，坚持到底，善始善终地完成任务的意愿得以巩固，加上职称问题逐步获得解决，编纂队伍内部的消极情绪明显退潮。为编写者评定职称的事一步步获得进展，在此后两三年时间内，过去评职称的难点基本上获得解决，应当合理获评职称的大专院校的《汉大》同仁，一般都评上了比较满意的职称。编写团队中的不少人来自出版机构，僧多粥少，同样存在评职称的问题。好在出版系统都有自己的职称评定机构，解决起来相比学校容易一些。有的省工委副主任就是出版系统评委主任，了解这批人的学术水平和所作的贡献，又有话语权，评得就公正妥帖。就解决《汉大》同仁的职称问题，编纂处也尽可能助上一臂之力。我曾多次恳请上海出版局协助解决此事，出版局领导、工委委员袁是德和赵斌给予了很大的帮助。我们商量出一个办法，由出版局报经上海职改办，向中央职称改革办公室申请给予特别解决，外省的《汉大》同仁可由上海出版系统代评，评好后转回原单位聘任。这个办法奏效了，中央职称改革工作领导小组办公室致函上海市职改办表示同意，函件说："属上海市高教和出版系统的人员，由上海市进行评聘；外省市的人员，由编纂处把他们的材料和工作情况如实转告其原单位，如原单位评审有困难时，可由上海市代评并出具评审证明，回原单位聘任"，"我们将把有关意见通知汉语大词典编纂处"。我们收到了中央职改办的这一份通知，并迅即转发给五省"词办"。据我所知，五省主要编写者大体都评上了适当的职称，做得都比较好，所以"词办"没有让我们代评。对五省来说虽然没有发挥作用，但我们总算尽心尽责了。总之，在评定职称断断续续进行的数年间，曲折固然不少，但经过工委会、编委会、五省领导小组和"词办"，以及编纂处的共同努力，来自大中学校或出版机构的主要编写者，最终还是得到了比较公平的对待。例如山东，各大专院校的编写人员，先后十余人被聘为教授或其他正高职称，30人被聘任副教授或其他副高职称，30人被聘为讲师或其他中级职称，其他四省一市评定职称的情况大同小异，唯人数不等而已。所以说，参加编写《汉语大词典》的各位同仁，从总体上看，职称评定得尚属满意。

1985年4月的上海会议开过以后，看起来好像改变定稿方式的问题解决了，然而执行起来并非如此简单，依然曲折难行。存在什么问题？困难在三方面。因为除去最后三卷全部归江苏编写以外，其他各卷都是由两三个省或省市编写的部首合成的，如若组建班底又是兵分两三处，如何搞？这是一个实际问题。倘若把两三地的审稿者集中到一个点上定稿，倒不如集中到编纂处审稿定稿更方便，事情又转回到原点。所以，会议的决定落实不下来，迟迟难觅下文，最后仍然是走老路，邀请编委集中到编纂处，按照顺序一卷跟一卷，复审和定稿一锅煮，加快定稿进度的问题依然悬而未决。

从1985年到1986年这一年多的时间，我全力以赴抓第一卷定稿发稿事务，同时参加第一卷定稿，审读第一卷校样，组织第二卷审稿定稿，还有编纂处自身的事情接二连三压得满满的，一时间实在腾不出手来解决以后各卷的定稿方式问题。但加快定稿出书毕竟是紧要事务，不能再往下拖。我就这个问题同主编商议过好几次。在第一卷出版前同罗老议定，我们拿出一个办法来，争取在年末的安徽会议上讨论解决。他与翰伯、边老和季公通电话商议此事，得到三位领导的首肯，同意在安徽会议上讨论解决。翰伯说他身体不便，不一定能参加会议，边老说"你们要准备一个方案"，季公说他一定到会。同北京商议定下来之后，罗老指示我起草一份概述性的方案，先报给"三委会"听听反映，再根据反馈的意见拟定具体的定稿办法。

原先我们同五省"词办"和辞书出版社商定第一卷出版新闻发布会分两地举行，以上海辞书出版社的名义在上海举行一次，跟着以"三委会"名义在安徽举行一次，同时在安徽合并召开一次商讨今后编写工作的会议。所以，我们需要尽快草拟完成新的定稿方案提交给"三委会"。我以主编和编纂处的名义起草了一封致工委会、首席学术顾问和编委会的信件，信中概述了面临的困难和定稿方案的要点。方案的核心内容有七条：①拟建立数个定稿组，同时并进，加快定稿出版进度；"定稿组原则上由编委组成"，"每组七至十人"，"必要时也可吸收确能胜任定稿工作的编纂人员参加"；定稿组"实行责任承包的办法"，分头承包第四卷到第十二卷的复审定稿事宜。②定稿组"由副主编任组长，主持各组的实际定稿工作。如副主编不能亲临主持，则由主编选任的编委出任组长"。无论由谁当组长，都实行组长负责制，"组长对本组定稿的质量与完成时限负完全责任"；"组长的权限是：聘任定稿人员或解除聘任；安排组员的工作，审核组员的稿件，裁定有争议的稿件问题；分配定稿报酬；决定其他各项事宜"。③各卷可"设立分卷副主编，由主持定稿组工作的编委充任"。④每卷定稿期限为一年，审订校样六个月，合计完成一卷用一年半的时间，各卷交叉定稿发排，以求加快进度。⑤大幅提高定稿报酬，若提前完成任务且质量合格者，给予特别奖励，奖励

煌煌辞典著春秋 ——《汉语大词典》出版背后的故事

安庆会议，王涛在宣读文件。主席台前排右起第二人罗竹风、王郁昭和边春光

金按照提前时间的长短核定；不合格的稿件不予奖励。执行本方案增加的活动经费，由编纂处负责向上级部门申报。⑥五省的定稿组成员由各省工委负责人和"词办"落实，编纂处负责落实上海的人员。⑦方案激励措施所需的费用，准备商请上海辞书出版社拨款，每卷4.5万元，3万元奖给该卷的定稿班底，1.5万元奖给编纂处的编辑人员。

定稿方案事关全局，尽管这只是建议，然而改变编委会的既定做法，我还是非常谨慎，所以送主编之前，反复听取和征求各方面的意见，力求避免偏差。我与正在编纂处的编委林菁、吴连生和骆伟里三人座谈，听取他们对方案的意见。他们三位赞同这一套办法。我征求了正在编纂处审稿的副主编洪笃仁的意见，他也觉得可行，认为"关键在于选好人"。随后我又单独听取编辑部徐文堪、郭忠新、陈福畴的意见，三人认为从第一卷定稿情况看，一年半定一卷的话，时间上是够用的，方案比较合乎实际。我又分两次请来编纂处12位编辑徐文堪、陈福畴、钱玉林、黄丽丽、虞万里、王安全、罗黛娃、郭忠新、王均熙、梁凤莲、李鸿福、李瑞良，开座谈会听取大家的意见。他们提了几条很好的建议，我都吸收进来写入信件当中。

我把这封信送交主编审定，他做了几处修改退还给我，我依照修改文本定稿。罗竹风还附有一条意见："承包的钱数暂不公布，我同巢峰、赵斌再商议一下才能定下来。"奖励4.5万元这一数字，主编没有改动。此信发出之后，很快便收到一些委员的回信，提出了各自的主张和建议。我汇总这些意见报给主编，同他商定了几项原则，便着手起草"《汉语大词典》定稿工作方案""《汉语大词典》质量检测标准""关于增补编辑委员的执行办法"，连同"《汉语大词典》审稿标准"，一并作为提交安徽工作会议的讨论草案，送交主编审定。"《汉语大词典》审稿标准"是我在1986年1月初，针对一年来的审稿定稿实践，发现"稿件中错误还大量存在，毛病很多，延缓了审稿进度"的情况，起草的一份关于审稿定稿质量框架的规定，列明必须达到的质量最低线的若干细化条文，经主编审阅批准，发给编写组和编纂处编辑的一份业务材料。

11月10日编纂处召开编辑工作会议，由副主编陈落主持，主编罗竹风参加了这次会议。

我向会议汇报了今后的工作打算。首先向大家扼要报告了"定稿方案"的主要内容，随后说明编纂处要自己成立两个由编委统领的审稿班底和一个质量检查小组，严把最后一道质量关的安排。主编表示赞成作这样的安排，他说："质量检查组长的职权要比编委高，请陈落担任。"

这期间，编纂处在上海召开了五省"词办"会议，为安徽工作会议做准备。本来早前与安徽"词办"商定发布会在合肥举行，而在这次"词办"会议上，安徽提出因经费不足希望改到安庆召开，我们同意安徽"词办"的安排，承诺编纂处分担一半的开支，至于与会者往返旅费则由各省"词办"承担。安徽"词办"负责邀请省长王郁昭到会讲话并负责起草他的讲话稿，负责安排会务接待事宜，编纂处协办；我们负责颁发证书及送样书等项事宜。安徽"词办"与我们商定了会议程序，27 日报到，当晚休息，28 日晚间主办方出面宴请，28 日召开全体会议，会后转往潜山县继续开会。

《汉语大词典》"三委会"召开的第一卷出版新闻发布会与工委会和编委会联合召开的编写工作会议，于 1986 年 11 月 28 日至 12 月 2 日在安庆举行。11 月 25 日上午巢峰社长一开完上海的新闻发布会和发行会，便同罗竹风、边春光、于冠西等五省来宾及上海与会代表，加上编纂处一行二十多人，搭乘当天下午五点钟的内河客轮远赴安庆。我们在宽阔浩荡的江面上漂行了两夜一天，27 日清晨九时许停靠安庆码头，主办方招待一餐寺院的素食，随后入住宜城饭店。承主方款待当晚观看黄梅戏，28 日晚间还宴请大家品尝徽菜。

1986 年 11 月 28 日"三委会"在芜湖大饭店举行第一卷出版新闻发布会，安徽省王郁昭省长发表长篇讲话，他阐述了编纂《汉语大词典》的重要意义，赞扬了五省一市的协作精神及其所获成果，表扬了安徽省编写者的辛勤工作和贡献，他寄望于大家继续通力合作，尽快完成全书的编纂出版任务。边春光代表工委会和编委会发言，随后由罗竹风向第一卷编者代表颁发证书，巢峰社长向与会者赠送《汉语大词典》第一卷样书，我宣读国家出版局和国家教委 849 号文件新任命的工委会和编委会人员名单。然后主编作工作报告，之后分组讨论。29 日上午举行全体会议，主编就定稿方案作出说明，跟着分组讨论，下午转移到潜山县舒州饭店。这次会议，安徽省和安庆市的有关领导出席，《汉语大词典》工委会、编委会成员和安徽部分编写人员参加会议，国家出版局高文龙和石家金出席会议。

罗竹风在报告中说："目前第二卷正在陆续发稿，第三卷在定稿"，"虽然困难很大，但总的看来，《汉语大词典》的工作在一步步向前推进"，"现在面临的最大矛盾是能不能在五年内出齐全书。按照广州会议和国务院批转的文件精神，《汉语大词典》应当在一九八五年出齐，实际上八五年过去一年之后，我们才拿出第一卷。第一卷出来了，下余的十一卷什么时候出？这是大家最关心的问题，也是这次会议需要重点解决的问题。不久前，我和编纂处向'三委会'提交了一份书面报告，把面临的困难基本上说清楚了，同时提了几点不成熟的建议。报告发出后，收到很多同志的复信，提出了各自的主张和建议。综合这些意见，我们草拟出'《汉语大词典》定稿工作方案'提交会议审议"，"今后的工作方案是

煌煌辞典著春秋 ——《汉语大词典》出版背后的故事

这次会议要解决的主要问题，务请各位出良谋划善策，争取搞出个好的切实可行的工作方案来"。

主编报告完毕便分组讨论，小组会上对实行承包制众说纷纭，不少人觉得实行起来这样那样的难题不少；至于激励措施，奖励好说惩罚难办；会上也提出全书出版之后的利润分红问题和卡片资料共享的问题。还有署名问题，现在实行的是分卷署名原则，编写后面卷次的人前边署不上，担心影响评职称。我参加了两个组的讨论会，听下来大家觉得定稿承包制责任重大，留给我的感觉是：推行定稿责任承包方案，大家顾虑重重，一时间只怕推行不了。如何把"责任共担，荣誉共享，利益均沾"的原则落到实处，既能加快定稿出书，又能满足大家的合理要求，到了出成果的时候，所有这些问题都须要更加全面地考虑，靠开一次会一两天的时间，恐怕拿不出一个让各方面都满意的切实可行的解决方案。主编和边春光、季啸风同几位副主任在会下交换过意见，差不多持大体相同的看法。这些问题须待会后从长计议，进一步协商解决。我也认为，从符合国情、调动积极性的角度出发，合理解决这些问题是必要的。

工委主任陈翰伯没有参加这次会议，但他很关注《汉大》的事情。他发来一份书面发言。他在信中说："这次安庆会议，我因身体不好不能参加，表示歉意。对今后的工作编纂处提的意见，我看后表示同意。对这些问题，还可以在安庆会议再讨论"；"词典出版以后要广泛征求意见，就像公路修好要养路一样。要广泛听听意见，请编委注意看看，挑挑毛病，号召大家提提意见"，"可以开些座谈会，不仅在大学里，也可在中学语文教师中听听意见"。他在信中提议将《汉语大词典》推到我国台湾地区去，他说："你们要与三联书店商量一下，他们有办法通台湾，让大陆的书也到台湾去，大词典、大字典到台湾去，这实际上也是'三通'。"陈翰伯所说的三联书店，乃是指香港那家三联书店。

1986年11月30日这一天，安徽东道主殷殷盛情，安排大家游天柱山。天柱者，擎天砥柱，名山也。汉武帝元封五年（公元前106年）曾巡游至此，"登礼潜之天柱山，号曰'南岳'"。我同大家一道登上顶峰，眼前山巅如一石柱耸天而立，气势宏伟，"天柱"二字果然名实相符。我流连一会儿，便独自下山赶回驻地处理一些紧迫事务。大队人马跟随罗老绕天柱一周，沿着后山羊肠鸟道下山。据同仁告诉我说，罗老折了一根树枝当作拐杖走在最前边，带领大家踏过崎岖山路走进平地沃野，颇有一点儿象征味道儿。

次日我向主编、边春光和各省副主任汇报收拢来的分组讨论的一些意见，并同各省分别磋商定稿方案的事，我详细记录下他们的意见和主张。当天晚上边春光召开工委会和编委会核心成员会议，我参加会议并做了详细记录。会上就实行责任承包制讨论得比较多。大家都强调人力不够，时间不足，困难很大。会议开得很热烈，一直开到深夜。浙江勉为其难地同意承包第六卷，江苏说本来就承担着三卷的编写任务，没有余力再承包定稿，商讨来商讨去迟迟决定不下来。边春光主持会议，他找到了折中办法，午夜过后会议做出了几项决定：

①不搞承包,改承包责任制为"编纂责任制"。②不搞质量检查组,仍由编委会和编纂处负责审查和评定质量,并审查通过了"《汉语大词典》质量检测标准"。③审查通过了"关于增补编辑委员的执行办法"。④署名办法仍维持分卷署名与一次性署名相结合的原则不变,如何调整留待后议。⑤目前先集中精力完成定稿出书的任务,利润分红和卡片共享等问题留待日后协商解决。与会者尽管在定稿方式上存在分歧,但有一条共识,大家都认为一定要抓紧定稿出书,不能再拖延下去。12月2日上午召开大会,讨论通过了我连夜赶写出来的会议纪要,结束了本次会议。当天下午边春光经合肥返回北京。次日一整天,我同东道主与分批踏上归程的同仁话别,送行。这次会议留下的那些问题,都须要编纂处抓紧解决。

编纂处和上海同仁于4日凌晨一点启程赴安庆,转乘三点半的客轮返回上海,杨云副主任同行。我在船上与上海各编写组一行八位同仁,徐鹏、李嘉耀、吴怀德、王淑均、钱剑夫、李静远、杨金鼎、陈慧星座谈交换意见,商量上海各个部首的定稿问题。我们商定了三条。第一条,大家同意各校承包审定自己所编部首的稿件,负责到底。由编纂处与各校领导交涉定下这个原则。第二条,对大小不等、工作量不均匀的部首,可酌情适当调剂。第三条,编纂处负责检查质量,质量不合格的返回加工。上海师范学院编写组组长杨金鼎说,"上师院编写的一万三千条稿子,请大家放心,请编纂处放心,我们一定保证质量,按时完成"。

第二卷以后要按每年出版两卷的计划推进,时间安排上必须至少有两卷同时定稿才赶得上排版,否则编辑发稿和工厂排版根本来不及。各省按四月上海会议的决定组建独立定稿班底既然有难度,那就只能先按原来的方式抓紧安排第三卷定稿。在完成第二卷定稿准备工作的两个月后,我们便把审定第三卷的事提上日程。在第二卷定稿的后期,已经同山东"词办"商谈、同吉老师商谈,商定吉老师来编纂处审定第三卷。第三卷当中山东编写的部首多过浙江和福建,我同山东商定延请吉常宏、刘俊一、相隆本、陈慧星打头,编纂处傅元恺、陈福畴和郭忠新跟班参加定稿。

但另一方面,以后能请到编纂处参加定稿的人眼见得越来越少,在不耽误定稿出书的前提下,改变定稿方式实现多卷齐头并进已经刻不容缓。如何贯彻执行安庆会议定下来的"编纂责任制",具体怎么搞,必须尽快找到一项切合实际,并且大家都愿意接受的方案。我认为要先与五省深入沟通,听取人家的想法和主张,找到共同点协商解决。我考虑下来准备向主编提一项建议,我和阮锦荣分头到五省汇报沿袭旧办法难以持久的具体情况,同五省磋商拿出一套可行的办法,然后制订出一份五省都赞同的解决方案,只有通过协商一致,才能把问题解决好。

罗竹风在1987年1月7日来编纂处参加编辑工作会议,他斩钉截铁地要求大家:"第二卷一定要今年出来。"会后我向主编汇报了下一步的工作安排,打算到五省协商落实"编纂责任制"的定稿方案,寻求一个妥善的办法向北京工委会领导汇报,待大家基本取得一致意见之后,到北京开会正式确定下来。罗竹风同意。他指示:"北京主要听翰伯、吕老、陈原、

煌煌辞典著春秋 ——《汉语大词典》出版背后的故事

边老和季公的意见。"我说:"您同意,我们就这么办了。"有了主编明确的意见,我便召开处务会议商讨此事,决定我和阮锦荣分头到五省汇报协商,请罗竹风先给苏皖浙闽四省的工委会副主任各写一封信。1月8日这一天上午,我陪同来编纂处商量"木"部稿件事宜的安徽编委马君骅到罗竹风的家中,谈他的一些意见。马君骅提议五省各包一卷,他说安徽做得到。对于编写后面卷次的同仁希望提前署名的要求,他说:"这不难办,谁写哪个部首,谁审哪个部首,到第二卷出版的时候,差不多可以定下来了,搞个全部署名的插页放到第二卷,这个问题就解决了。"罗老说:"这个办法可以考虑。"我也觉得此法可行。五天以后,我打电话给罗老,汇报我与阮锦荣日内就要到各省去,请他给高斯、陈立人两位局长和于冠西写封信,罗老一口答应。

在安排好第二卷的定稿工作之后,我和阮锦荣两次分赴五省,就今后各卷定稿事宜和其他问题交换看法,沟通协商,为召开下一次工委会会议寻求共识方案。我去安徽和江苏,阮锦荣去山东、浙江和福建,孙立群留守编纂处主持工作。

我于1月20日晚间抵达合肥,次日上午拜会魏心一与黎洪。我汇报了编纂处的近期工作,特别是第二第三两卷的安排和进展情况,之后说明来意,希望同他们协商各卷的定稿办法,希望同安徽达成一致意见,还有其他事项也想一并协商找到共识。我汇报说:"张杏清1月10号来电话,提了三项要求,增加稿费,一人一套样书,编纂处给一套资料卡。魏老您是什么意见?"魏老谈了他们的看法。他说:"洪笃仁搞第四卷,同原来说的第四卷以安徽为主的计划不一样,还有资料卡片共同利用的问题,安徽有几位同志对署名问题也有意见,看怎么解决下,我们觉得编纂处署在版权页上也不合适。"当天下午再次同魏老和黎洪交换意见。我就安徽提出的几个问题做了详细的解释和说明。我首先说明定稿问题的紧迫性。我说,如不采取措施同时推进,定稿出书有可能长期拖延下去,这是一个大问题。关于安徽"词办"提出的要求编纂处复印一套资料卡片的事,我说如今卡片大部分还装在编写组的词条袋子里,不在我们手上,就算将来都集中到编纂处,数百万张资料卡,给五省各复印一套,说句实话,编纂处没有这个能力,这要请求谅解。但是,我们保证一条,在没有达成共识之前,编纂处决不独自动用任何一张资料卡,说话算数,请魏老放心。关于提高稿酬的问题,我也是过来人,理解各位编写人的想法。辛辛苦苦多年所得微乎其微,正如有的同仁所说"只够买几根油条的钱",确实很尴尬;《汉语大词典》的编纂情况比较特殊,如果按照版权条例的稿费标准计发不尽合理,我们已经商议过了,设想稿酬翻倍支付,而且准备大幅提高审稿定稿报酬的总额度,尽可能与大家的劳动成果对等,编纂处经费也很紧张,我们只能做到这一步。

我还就后面卷次要求提前署名的问题,汇报了我们的看法和解决建议,解释了造成后卷不能在前面署名的原因。我说,第一卷出版前尚有三四万条稿件没有编写,十几万条等待复审,更不要说各卷的定稿人更是无从确定,而按照工委会讨论定下来的署名方案,采取分卷署名与卷后一次性署名相结合的办法,全书出完便覆盖所有符合条件的署名者,不是不署名,而是在前面卷次署名还是在后面卷次署名，是早和晚的问题；按照署名方案，审稿也视为编写者并享有著作权，因为《汉语大词典》是多层次、集体编写的产物，这么认定合理合法，无论写稿、审稿还是定稿，凡合条件者，大家都能署上名字，难题在于前边的卷次已经出版了，后面的卷次还没有审定、甚至还没有编写，这就难以确认编写初稿者、无从确认审稿定稿者。《汉语大词典》是一部有影响的大型著作，理当合乎国家版权条例这一法规，总不能毛估估随便写个名字上去。这种分卷出版的前后脱节状况，造成后卷编者未能在前面署名而只能在后面其所参与编写的卷次署名这种差强人意的情况，而且署名方案也是经过征询请示国家版权局的意见之后才定下来的。这是客观难题，要请编、审、定后面卷次的同仁谅解。我们考虑，第二卷搞个一次性署名插页，第二次印刷在第一卷署全体成员名字。至于编纂处署名，如今国家已经颁布了著作权条例，这样的事情我们不敢自说自话，也是征求国家版权局的意见，才署上编纂处的名字，再说编纂处是"三委会"的唯一法人办事机构，署编纂处不等于上海独家占有，这一点也要请大家谅解。对于担心影响评职称这种隐忧，我们非常理解，并非不加考虑。在编纂处起草的中央313号文件转发的"三巨头"的报告中，已经就评职称一事恳请中央予以支持解决。我们至今也还在为评职称的事情奔走努力，前不久我和阮锦荣先后两次到北京向季啸风汇报，请求他推动解决评职称问题，季公爽快答应将此事提交党委设法解决，编纂处也在循别的途径寻求解决办法。我认为经过大家一致努力，是可以找到一项合理而且现实可行的解决办法的。魏老和黎洪基本认可我的解释。

至于请洪笃仁主持第四卷定稿这件事，我解释说，我们确实正在安排洪笃仁主持第四卷定稿这件事，过去我们也曾讲过第四卷以安徽为主的话。因为现在出书比较紧迫，几位副主编也只有洪笃仁有条件来编纂处定稿，所以我们先安排洪教授负责第四卷。我们本想安徽推迟一步负责第五卷，第四卷和第五卷安徽所占的比重差不多，这种考虑同以前所说的不一样，这是我们考虑不周全处置欠妥当，但我们绝无忽视安徽的意思。我们尊重魏老、接受魏老的意见，我们尊重安徽的各位作者，希望大家给予谅解。如果安徽认可的话，我建议福建和安徽各出一位副主编或编委，共同来编纂处主持这两卷的定稿工作。黎洪说："这也是个办法，我们商量一下再说。"魏老补充道："过去说我们负责第四卷，现在由洪笃仁主持，张涤华觉得安徽好像受到排挤，有这么个看法。"最后我建议过完春节召开一次会议，商讨加快推进定稿出书这件事，并就署名和利益共享等问题作出决定。黎洪说，"我们也想建议开编委会和工委会会议，统一思想，好好研究一下几个大问题"，"搞个总名单随第二卷发，也是一个办法"。

1月22日上午我到安徽大学，拜会赵应铎、马君骅、张绚与何庆善四位编委。我们就定稿、署名等几个重要问题交换意见，双方都很务实谈得很好，我答应把他们的意见带回去仔细考虑。我告诉他们打算召开工委会协商解决这些问题，他们表示赞同和支持。双方还达成另外一项共识，鉴于汉语大词典出版社已经成立，今后可以利用共有的资料卡片，大家一块商量编写系列辞书，作为共同成果出版。他们建议，可以在适当时机开会商议一下，从长计议。

下午再去见魏老和黎洪，向二人汇报上午安大之行的情况。魏老提出，第四卷请张涤华和洪笃仁两个人担任副主编，张紫文担当分卷副主编，其他各卷也可采用相同的办法。魏老说："只要张涤华思想通了，说一句话，问题就解决了。"我表示赞同魏老的意见，回去后尽快报告罗竹风主编，请其考虑决定。

我本来预定从合肥转芜湖，拜会安师大几位同仁并晋见张涤华副主编，无奈买不到车票，我给陈庆祐打电话告诉他节后再去。随后我乘长途汽车从合肥转到南京，向陈立人汇报工作。我汇报说，我个人认为，如今必须采取齐头并进的方式，或几种方式并用，全力推进定稿出书，最好三四月间召开一次工委会会议，商议定稿和署名等几个重大问题，署名可考虑第二卷加插页，在重印的第一卷一次性署名。陈立人说："我们也想到第二卷印个东西，你们的办法我们赞成，我再同高斯和老薛研究一下。我们最着急的是这部书不能再拖下去了。过去是赶着出版第一卷，否则可能变成一堆废纸，现在第一卷出了，眼下是加快出齐十二卷的事了。"同陈立人副局长取得几项共识，进展顺利，我当日返沪。阮锦荣去山东、浙江和福建汇报的内容大同小异，沟通协商的结果也大抵相同，他带回来三省领导和部分编委的意见。这次向五省领导汇报编纂处的想法，听取人家的想法和主张，效果良好，在几个主要问题上达成谅解并取得共识。

在我和阮锦荣分赴各省返回上海数天后，我飞往北京向工委会向吕叔湘汇报这一段的工作情况并接受指示。1月27日上午，向刘呆汇报第二卷定稿进展和第三卷的安排，综合汇报我们和五省协商的结果，汇报今后汉语大词典出版社的出书计划。中午到翰伯家汇报了大体相同的事项，翰伯说："你来汇报我知道了很多情况。分卷署名合理，在前面署名还是在后面署名有什么区别？是不是评职称？三月开会争取在北京开，我好参加。"下午又向工委副主任季啸风汇报，他同意四月开会讨论这些问题。下午又到边老办公室综合汇报各种意见和我们的想法。边老指示："定稿问题要拿出一个合乎实际，能够实际执行的方案，能够执行很重要；你们回去准备充分一点，四月开会，这次只开工委会。署名问题，插页的办法我看也可以，到时候商量吧。"此后又到吕老家和陈原家汇报，他们同意开会讨论解决问题。我回沪后到主编家中报告北京之行的结果。罗竹风听过汇报说："翰伯说到北京开会，有人主张在南方开，边老定了，我看就在北京开。"

我和阮锦荣、孙立群有一个共同的认识，这次北京会议非常重要，是一个新的转折点，我们必须为开好这次会议做好充分的准备。我认为有必要与五省再沟通一次，看看大家还有什么意见，各种意见基本达成共识，然后到北京汇报，召开会议作出决定，扫清障碍，一鼓作气，尽快完成各卷的定稿出书工作。

不久，我与阮锦荣再赴五省沟通磋商。3月13日我同孙立群一起到了南京，十分感谢江苏"词办"当晚在夫子庙永和园招待我们二人。在便宴上同"词办"和江苏编委赵恩柱谈论一些事情，交换意见。第二天我们向高斯、陈立人两位局长汇报，"词办"主任薛正兴参与，重点商议定稿问题。我汇报说："如果不改变既定办法，仍然一卷接一卷这样走下去，每卷都集中到编纂处定稿，总有一天找不到人，这件事必须尽快解决。我个人主张相对集中，分成四块四组，江苏一组，安徽师大和安徽大学一组，浙江方福仁已经同意搞一组，上海一组没有问题，编纂处写的稿子我们自己负责定稿，洪教授说他愿意来编纂处，由他邀请编委解决福建的稿子。"高斯和陈立人表示他们也是这么个想法，差不多就是这个意见，只是如今没有经费，在省内定稿每卷要几万块，编纂处要考虑。我回答说："这是分内的事，我们一定想办法。"还谈到样书问题，江苏希望多给一些。我说："第一卷是辞书出版社出书，刨除赠送的不算，辞书出版社同意另给400本样书，打六折。"（这是姜兆良的承诺。）薛正兴点头赞同。至于署名问题，我说综合各种意见，有三种方案，一种是第二卷发插页，第二种是第二卷全覆盖，第三种是我们的意见，采取折中办法，第二卷发插页，在加印的第一卷前面全覆盖署名。双方商议后同意，署名的事在工委会上讨论决定。至于利益均沾和资料卡问题，大家都觉得留待以后再研究比较好。两位局长同意4月开会。高斯说："三月份他们很忙，四月份可以抽身参加。"我说："推迟一点不难办，我们与'词办'同工委会和罗老商量就是。"

4月初，我携带一份草拟的方案要点再赴安徽，向黎洪汇报说明我们综合大家的意见草拟出这份方案要点，准备提交会议讨论，请魏老和黎局长事先审议，给出意见。当晚我同赵应铎、张绚两位编委会面交换意见，我概述了分散定稿的方案和署名办法，他们表示原则同意。随后我给安徽"词办"张杏清打电话，通报有关内容。第二天清晨赶赴芜湖，会见张紫文、陈庆祜、谢芳庆和陈玉璟四位编委，介绍了方案的几个要点，在安徽师大和安大两所大学分头定稿，相对集中，也可适度分散，由安徽自己把握。他们几位表示愿意承担定稿，认为我们所提的署名办法可行。

次日上午，张紫文、陈庆祜和谢芳庆三位编委同我一道拜会张涤华教授，我们一起走到他的家中。我向张涤老概要介绍了近一段的工作情况，介绍了改变定稿方式等几项主要内容。张涤老表示同意。他说："人大会议我也请假了，这次会议我去不了。自去年发病偏瘫以来，一直没下过楼，稿子也看不了了。为《汉大》没做什么事，空挂名，很抱歉。"他又鼓励我说："王涛，多靠你张罗了，要任劳任怨，注意身体，你的工作也很困难。"在我听来这就是长辈的谆谆教诲。当他病情加重无力看稿之时，他却对我说"抱歉"，他那种强烈的责任心，让我一时竟无言以对。我看着张涤老清瘦的面容，非比当年初见之时，又觉得很沉重，他的教导我唯有牢记心头。稍后，我对张涤老强调，请他放心，我们齐心协力，一定干到出齐全书。张涤老明白我说的"我们"是在座的四个人，我从他的表情上看到了这一点。这一天是1987年4月7日。

事隔多年记忆犹新。那一天我绝没想到，这是我见张涤老的最后一面。张涤华教授是一位道德修养极高的学者，是语言学界和古典文献学界的翘楚，久负盛名，慈眉善目，温和宽厚，在我心目中他是我所景仰的长者形象。他说自己"挂空名，很抱歉"，然而我非常清楚，他做了很多很多的事情。自从他出山组建起安徽第一个编写组，就一直操《汉大》的心，做《汉大》的事，在闹地震的那一年，在临时搭建的防震棚中，张涤华还在做《汉语大词典》的事。如今看着他清瘦的面容，听着他的话，我心里不禁涌上一丝心酸，我觉得这样的学者应当受到"汉大人"的尊敬！

回到上海不久，我又到杭州去了一趟，面见于冠西和马守良两位工委会领导。阮锦荣此前已经同浙江领导和方福仁谈妥，浙江同意分散定稿的方案，答应包揽第六卷。我这次到杭州，主要办两件事，一件事向领导报告磋商结果，报告边老确定4月在北京召开工委会；第二件事，同"词办"主任方福仁敲定浙江负责第六卷定稿的事。事情很顺利，方福仁爽快地答应下来，"这没问题，工委会定下来，我们就干。"至于山东为主的第三卷，山东占两万条，过去曾与山东有个口头协议，"山大、山师院和曲师院编写组可直接与上海编纂处发生关系，直接对编纂处负责，不在省里组织定稿组审定"。我们遵照这条口头协议，在年初已经延请吉常宏到编纂处主持定稿，这在前面已经交代过。上海承担的部首卷次，在安庆返程的船上已经同各编写组谈妥各自包干定稿。一到上海，阮锦荣就同各校协商，学校主管领导都赞成负责到底、自己的稿子自己定这项原则，上海各部首也算安排停当了。最后三卷江苏很大气，承诺自负责任一力承担。至于北京会议的开会地点，几经变动，最后定在海运仓总参第一招待所召开。

准备工作的最后一项是起草提交会议讨论的两份文件，包括主编在会上所作的工作报告和"《汉语大词典》署名办法"这两份文件。这两份文件是按照与五省达成的共识原则草拟的。在起草之前，我到主编家中请他为报告确定基调。我报告了各项准备工作的细节。我汇报说："今后定稿改用'相对集中，适度分散'的总原则，各省集中全局分散，五省编写的部首由各省负责审定完成，必要时可做少量调剂。"我汇报了定稿的大体设想：安大和安师大一组，浙江"词办"一组，上海一组，江苏一组，吉老师和洪笃仁分担山东和福建的定稿责任，他二人都愿意到编纂处，定稿在上海完成。我说："按照这种布局，职责分明，进度加快，大抵仍按安庆会议商议过的办法，各卷由副主编主持负责，或者由副主编委托的编委充任，各卷以可分可合的方式定稿，比如安大和安师大各设一个定稿点，上海几个编写组各设一个定稿点，也可以采取委托胜任的'散兵'审定小部首，但'散兵'必须是编委。分开定稿更灵活一些，总的责任由分卷副主编或者他委托的编委承担。只有两点同安庆会议的方案不一样。"罗老问，"哪两点？"我回道："当时我们提的是五省搞三个组，复审各省负责，最后集中到编纂处定稿，现在是一省一个组，在省里定稿，各省负责。"主编最后给出他的意见："这个原则我同意，'适度分散'改成'适当分散'，'适度'措辞不当。我看不必再坚持副主编主持这一条了，各省负责各自的稿子，这一条一定要明确，至于由谁负责，各省的分卷主编交给各省去定，上海的由我定。"报告的基调就按主编的意见定了下来。署名办法仍然沿袭以前制定的原则，分卷署名与一次性署名相结合，只是增加了一项在第二卷处理一次性署名的做法，把同五省交换意见的三种办法都拿到会上讨论，罗老同意。我草拟好的报告文本和修改后的"署名办法"，以及阮锦荣起草的"定稿部首任务分配表"，于4月20日提交编纂处处务会议讨论通过，我一并送交罗竹风审阅定稿。

第二天便拿到了经罗竹风定稿的文本。我和阮锦荣当天飞往北京，向工委会主要领导作会前的最后一次汇报请示。陈翰伯和边春光同意罗老的报告，同意解决署名的办法，季啸风也同意，季公说："要请说话算数的领导和有不同意见的领导来开会。"新闻出版署领导刘杲那几天很忙没能见到他，我们委托石家金转达我们汇报的主要内容。所有的准备工作完成之后，我向工委委员、出版局局长袁是德简报情况。袁是德给了我一点意见："什么时候交稿子，质量如何，一点也不能含混，一定要责任到人，谁负责什么，一定要落实下来。至于怎么办，具体的事你们商量。"

这次工委会议于1987年4月27日在北京举行。工委会主任、副主任陈翰伯、边春光、季啸风、丁方明、于冠西、杨云，委员马守良、方厚枢、陈立人、孟繁海、谭天、黎洪、赵斌、巢峰，首席学术顾问吕叔湘，主编罗竹风，上海市委宣传部、浙江"词办"和编纂处，总共28人出席会议。

根据边春光和于冠西的提议，4月26日晚间首先召开领导小组会议，季啸风、于冠西、谭天、杨云、黎洪、方厚枢，主编罗竹风和我参加会议，陈立人委员晚上十一点多才到达，没赶上参加领导小组会议。小组会由边春光主持。边春光开头便说："这部大词典是大工程，在日本和海外影响很大，我们只能搞好。我在福建和杨云老谈过，这次会议别的问题不讨论，以后再说，只讨论加快出书和署名这两个问题。"季啸风接着说："这两个主题我赞成，再增加一个内容，把团结合作、艰苦创业的精神强调一下。"杨云说："这两个议题好，我们搞到现在这个地步，只能成功不能失败。现在是加强团结，齐心协力，拿下来的问题，没有退路。定稿比较麻烦，完全由编纂处搞不行，分片定稿分卷定稿，是个办法。"谭天、于冠西、黎洪等领导依次发言，他们都赞成本次会议只讨论这两个议题，解决这两个问题。谭天说："这么大个事业，这么大个摊子，现在有散伙倾向，有离心现象，有的人功成名就撒手了，要解决坚持持久精神的问题，这是事业心的问题。《汉语大词典》不是五省一市的事，是中国的事。这次工委会要把问题谈透，求大同存小异，我们意见统一了，去抓工作就使上劲了。凝聚力的问题，五省一市主管部门的领导要管，要动员省里领导一起来抓这部书。"于冠西说："开这个会很及时，赶快把下一步定稿安排好。各省都有责任，各省都有工委会成员，老马是当权派，浙江的事他可以管。"黎洪发言："我们反复强调，要支持罗老的工作。这么大年纪，主持这项工作不容易，大家要团结合作。"关于署名问题，边春光说："分卷署名合乎版权惯例，不是不署名，是署在哪里的问题。我们是分卷出书，要是像国外那样一次出齐，就不存在问题了。"杨云认为:"署名要有个标准,也不能都上。现在的条文太宽,二百条就上?是不是提高到三百条。我们省领导小组有九个,不加限制,我福建就乱套了。"黎洪接话道:"这就不必要了,他们也未必有这个要求。"最后决定本次工委会只讨论解决定稿方案和署名问题,评职称、增补编委和利益均沾等问题以后解决。

主编罗竹风向大会作了工作报告,重点说明今后各卷的定稿方案,总原则是"相对集中,适当分散",各卷的分卷主编不一定由副主编担任,请各省决定由主编聘请。然后由我汇报编纂处的工作。汇报中我说明了四点:利益均沾的问题,今后适当时机我们与五省"词办"磋商解决;在五省共同拿出办法之前,编纂处不动用任何资料;稿酬报酬按照国家规定的原则和《汉大》的实际情况,同"词办"研究具体的解决办法;在各卷审稿定稿人员确定之后,我们与各省"词办"协商增补符合条件的编委名单,原则上尊重各省"词办"的意见,适当平衡,报编委会和工委会决定。

会议一连开了三天,各种不同意见都提到会议上表达清楚了。定稿方案讨论得比较充分,达成了共识。就署名问题,逐条讨论署名办法的修改稿,做了少许修改,付诸表决,全票通过。主要修改了两点,采纳巢峰的提议,"三委会"名单每卷都署,巢峰说:"'三委会'名单看来还是要卷卷都署,因为时间太长,人员变化比较多,后来还有增补进来的,卷卷署名反映一个过程";采纳杨云的提议,将编纂人员署名的最低线定为300条,而过去是200条。自第二卷起赠送样书暂定为每卷522册,五省"词办"各20册,"三委会"每人一册,"主要编纂人员"每人一册,今后若人员变动,按变更后的数目赠送样书。各卷定稿的经费商定按包干原则,由汉语大词典出版社支付,工委委员、上海出版局赵斌副局长表态同意,我举手表态赞同。

会议自始至终由边春光和季啸风主持。经过小组讨论和大会讨论,"就加强团结合作、搞好今后定稿工作的总体部署,提高定稿质量、加快出书进度;'三委会'与编纂处的工作职责;完善署名办法等问题,进行了细致的讨论。"吕叔湘发言说:"现在原则确定由各省负责定稿,都集中到上海看来不大可能。点将挂帅的人要看准,这个'帅'很重要。"这次会议,"大家畅所欲言,直抒己见,经过充分的协商,达成了一致的意见。""会议认为,在《汉语大词典》的工作进入定稿出书的阶段,我们一定要继续发扬团结合作、互助互谅的精神,再接再厉,加紧工作,直到完成全书的定稿出版任务,绝不让它功亏一篑","鉴于过去那种完全集中到上海定稿的办法,已经难以继续实行,必须根据实际情况作相应的调整。会议按照'相对集中,适当分散'的原则,商定由五省一市分别承担下余各卷的定稿任务,在各自的省市内组织人力定稿(定稿人员原则上在国家教委批准的51人中选择)。会议就五省一市的任务分配和完成时限做出了安排";"会议强调指出,在定稿的全过程中,都要把确保质量放在第一位,并且在保证质量的基础上加快进度。为了保证定稿达到质量标准,要实行有效的质量检查。有关质量检查的具体措施,在下次召开的定稿工作会议上另行制定";

会议要求各有关高等院校按照中央文件的精神,"对定稿人员评定学衔、晋级、住房等","尽一切可能为他们解决问题","要求五省一市有关部门和领导,按照中共中央办公厅〔1984〕2号文件和〔1985〕313号文件精神,继续大力支持《汉语大词典》的定稿出书工作,切实帮助解决实际困难","各省《汉语大词典》办公室应当继续保留,直到完成定稿任务,其活动经费,仍应按原来的渠道,报请当地政府加以解决"。会议认为,"五省一市要和衷共济,互相支持,互相帮助,互相尊重。各省市的问题,原则上由各省市自行解决";"在听取各种不同意见的基础上,经过认真的讨论,会议对1986年3月上海工作会议通过的《汉语大词典》署名办法做了一些修改,并一致通过了修改后的署名办法。参加《汉语大词典》行政领导工作、编写工作与编辑工作等各类人员的署名问题,依照本办法处理。"署名办法与工委会前次通过的原则和具体条文没有大的变化,主要是增加了一项关于处理一次性署名的决定,增加进一条附记:"附记:已印发的第一卷中附依本办法一次性署名的插页,随第二卷发;加印的第一卷按本办法署名。"会议商定,"在本次会议之后,经过准备,应尽快召开一次定稿工作会议,研究解决今后各卷定稿工作的具体问题。"我们在会前同各省协商定下来的"今后各卷定稿任务分配表"也获得会议批准,任务分配按照此表执行。

  会议在29日傍晚结束,通过了我起草的会议纪要草稿。会议提了十条意见,指定我据此意见修改润色,直接报给边春光主任审阅定稿发出。随后边春光作总结,他说:"这次各种意见谈得很彻底,取得一致意见不容易,会开得很好,定稿方案大家都说没有别的意见了,那就这么定了,经费原则,样书,会议纪要,加上署名方案,会议决定了这五件事。大会圆满成功,到此结束。"大家一齐鼓掌,结束了这次重要会议。

  4月30日我们安排与会者游览慕田峪长城。我同江苏"词办"主任薛正兴在城墙上边走边商议定稿费用的事。薛正兴说:"我们找省里、总社都要不来钱,不会给的。过去的钱是财政厅认可,由总社上缴利润里截留的,等于是财政厅拨的款。"我答应每卷给两万元。我说:"再多我们也难办,《汉大》成本涨得很快,出版社目前赚不到钱反而要往里投放。再多的话,我现在实在不敢说,咱们下次会议上一块商量吧。"当天下午,我为各位领导和代表送行。

  国家新闻出版署和国家教育委员会就这次工委会会议,在1987年5月31日发出《关于批转〈汉语大词典〉工作委员会工作会议纪要的通知》,通知说:"《汉语大词典》在五省一市教育、出版部门团结协作共同努力下,已取得了很大的成绩,但今后的任务仍十分艰巨。请各有关部门继续予以大力支持,采取有力措施,切实帮助解决工作中的困难问题。在定稿出版的全过程中,必须十分重视质量,在保证质量的基础上加快进度,以优异的成绩完成全书的出版任务。"

  我返回上海后立即修改会议纪要寄给方厚枢。他回复说"边老已经看过了,我打印好了直接发各省'词办'",他要求印二百份纪要的附表二给他,这个附表就是"今后各卷定稿

煌煌辞典著春秋 ——《汉语大词典》出版背后的故事

任务分配情况表"，我不知道为什么要二百份这么多，我没有问。接下来紧要的事就是同五省"词办"合作召开定稿工作会议，落实会议通过的定稿方案，确定各卷的定稿主持人，制定统一的审稿标准，各省也要完成确定人选成立定稿小组的事；编纂处内部则须结合推进汉语大词典出版社的建设作出进一步的安排，迎接陆续到来的一批批的稿件，妥善安排和强化编辑发稿工作，实现一年出版两卷，及早出齐全书的既定目标。

阮锦荣回到上海，便抓紧时间向上海各编写组通报北京会议的情况和决定，并同他们商定了定稿的具体事宜。5月上旬我和孙立群加班加点审稿发稿，阮锦荣忙于同五省"词办"商议召开定稿会议的事，主要是磋商各卷的定稿人选，磋商挂帅的人物。各省的人选由各省定，何况他们提出的名单我们认为都符合条件都能胜任，我们没有意见，主要是涉及跨省合作的卷次，选谁当挂帅人物这类事，我们起一点协调作用。

忙了半个月，定稿会议的各项准备工作差不多就绪，会址选在靠近淀山湖的青浦宾馆，时间定在6月6日。我为定稿会议所做的准备，照例是起草会议的材料，首先是主编的报告，其次是起草"定稿与编辑工作责任制"的执行方案，另一份是请巢峰讲第一卷中的问题，为他起草的讲稿。写入执行方案的施行细则，都是同五省"词办"协商过的一些条文，主编的报告也电话请示过罗竹风。罗老当时正在山东休养，报告送交他审阅定稿，拟作为书面报告提交会议。开会的前一天，孟繁海自山东来上海参加会议，带来罗老给我的指示：由陈落和我打理落实会议的事情；稳妥积极，团结协作，求大同存小异，有分歧小会协商解决；派定分卷主编要慎重得当，明确完成时间，质量第一。

我在会前向赵斌汇报了此次定稿会议的各项准备工作。他表示同意。他的意见是："在定稿经费上同各省不要僵持。""我们考虑您的意见。我们开会商议过，平均每卷两万上下。编纂处也没钱，已经紧得不得了了，但只要对大局有利，我们可以再让一步"，我回应说。这是我当时的想法。赵斌说："就按这个原则办，让步幅度由你定。"此后，我向边春光和季啸风电话汇报会议议题和各项准备工作，聆听他们的意见，他们原则同意这次会议的议程和安排。

定稿会议如期在上海青浦举行。参加会议的有边春光、季啸风、方厚枢、杨云、赵斌、巢峰等工委领导，副主编陈落、洪笃仁、徐复，和部分编委、定稿人员，以及五省"词办"和编纂处负责人，共计五十位代表。主编罗竹风因病未能到会，他在书面发言中提出了自己的意见。工委和编委分别举行会议，并召开联席会议，就实行"定稿与编辑工作责任制"，设立分卷主编，提高定稿和编辑加工的质量，以及经费问题，作出了相应决议。

具体说来，6日开了两个会，上午召开工委成员、"词办"主任会议，边老主持，讨论落实北京会议决议的几个问题。我报告设立分卷主编，实行"分卷主编负责制"的方案，阮锦荣报告支付各卷定稿经费的问题。因为事先已经同五省"词办"协商取得共识意见，所以会议开得很顺利。会上共同商议确定了各卷定稿经费的数额：最后三卷每卷3万元，由江苏一省包揽；第三卷至第九卷都是两个或三个省分部首编写，由编写省份合作定稿，所以这几卷的经费按照各自所占比例计算。各省所得的经费，我只有总数记录没有分卷记录，总数是安徽2.5万元（后增加到3.5万元）、浙江3万元、福建3.5万元。山东承担的第三卷因为主体在编纂处定稿，好像没有拨付经费，我没有记录。各卷经费包干，编纂处分三次支付，多不退少不补。

上午的会议决定："今后各卷的定稿工作实行'分卷主编负责制'。"

下午召开全体会议，陈落代罗老宣读他的书面报告。报告不长，罗竹风首先说："欢迎各位光临上海。"跟着说"这次会议要按照'相对集中，适当分散'的原则，解决以下几个问题：一是确定分卷主编；二是制定实行责任制、加强质量检查的措施；三是讨论提高质量的业务问题；四是解决经费问题。"他认为，"分卷主编是一卷之主。分卷主编的人选，我建议由各省市工委领导和该省的副主编协商提名"，"关于定稿与编辑工作责任制，我建议：①关于组织形式，由分卷主编和定稿人员组成统一的定稿组，由分卷主编负责。②对定稿人员可采用按部首按人分配任务的办法，确定工作量、确定交稿日期。③质量检查，一是分卷主编检查，查出的问题，包括未查稿件中的同类问题，由定稿人负责改正；二是编委会和编纂处检查，不定期地检查定稿质量，发现问题，商请定稿人加以解决。④定稿组和编纂处之间要办理稿件的交接手续。编纂处在接受稿件时，如发现质量问题，应商请分卷主编组织定稿人做进一步的加工处理，暂不办理移交手续，直至达到质量要求为止。⑤编辑工作很重要。编纂处的编辑室，是专门负责《汉语大词典》编辑工作的编辑部门，编纂处要按照三级审稿制办事，各人对其所审发的稿件负具体责任。编纂处在发稿前，应通知分卷主编和定稿人，说明存在的问题和修改情况，经分卷主编同意并签字后，才能发稿。另外，校对作为改正错误的最后机会，必须把牢最后一道关。⑥责任划分的问题，我负全书的责任，各卷出了差错，由我负总的责任。分卷主编也都应该做到各尽其职，各负其责"。主编的书面报告还谈到"质量问题"和"经费问题"，最后他说，"还有一个增补编委的问题。各省增补谁，请各省考虑决定，由编纂处具体办这件事"。与会者对主编的报告内容没有提出异议。会议就质量问题，请傅元恺和巢峰分别讲第二卷定稿和第一卷发现的问题，作为今后定稿的鉴镜。

会议认真讨论了"分卷主编负责制，并制定了施行的具体原则"。会议厘清了主编、分卷主编和编辑的责任，并作出明文规定："主编从全局上对《汉语大词典》的质量负责，凡带全局性的问题由主编承担责任。主编对全书实行宏观控制与调节；制定有关审稿、定稿的条例或规定；审查经分卷主编签发的重要稿件；处理其他有关审稿的重大问题。分卷主编从总体上对其所承担卷次的质量负责。分卷主编要把好政治关，把好收词立目关；分卷主编对该卷出现的政治与政策问题、收词立目的重要问题、重要条目的错误负责。分卷主编对该卷实行宏观调控与调节；审查、修改、通读定稿人的稿件；退请定稿人修改稿件；平衡全卷的专科词目；裁决定稿中出现的有争议的问题；分派调整定稿人的任务；调整调换定稿人；处理该卷其他重大问题。"至于编纂处，决议明确规定，"编纂处对所发稿件的质量负责。编纂处要认真履行职责，严格检查定稿质量，向分卷主编、分卷副主编或定稿人指出其中的问题，提请修改。编纂处接收定稿稿件后，要认真进行编辑加工，纠正其中的错误，毛病要挑透要改好，不能马虎对付，敷衍了事"，"改稿要慎重，不得滥加改动。凡改动大的稿件，发稿前要请分卷主编过目。编辑人员对其所发稿件的质量负责"。

会议决议说，第一卷"成绩要充分肯定，毛病要找深找透。为了总结经验教训，提高今后的定稿质量，会议举例分析了第一卷在专科词方面存在的问题，分析了一般词语在立目、释义、引例等方面存在的缺点错误，提出今后应当注意的若干问题。会议要求编纂处把第一卷定稿中的问题概括整理成条文，加上定稿时必须注意的其他事项，制定一份'定稿须知'，报主编审定签发后，作为今后定稿工作的依据，认真执行"。关于这份"定稿须知"，我在召开分卷主编会议之前断断续续地起草完毕，并且充分听取过各方面的意见，修改成送审稿，报主编审查批准。

青浦会议用了两天的时间讨论制定了检查质量的办法，讨论商定了几个卷次跨省协作的办法，讨论通过了"《汉语大词典》定稿工作会议纪要"，最后由季啸风和陈落共同宣布8月在浙江召开"分卷主编会议"，会议前后开了三天圆满结束。会后边春光、季啸风和方厚枢来到编纂处看望大家，还同编纂处全体同仁合影留念。

"分卷主编负责制"对于加速定稿，提高质量，发挥了重要作用，乃是《汉语大词典》编纂历史上又一个重要的转折点，我认为有必要将"分卷主编负责制"的核心内容摘要记录下来：

（一）担任分卷主编的条件：①一般应有高级专业职务或具有与之相当的学术水平。②从事《汉语大词典》编纂工作时间较长，有较高的编审《汉语大词典》的能力，胜任分卷主编的工作。③工作认真负责，身体健康，能亲自坚持审稿改稿，切实履行职责者，不搞挂名的分卷主编。

（二）根据需要，各卷可设分卷副主编。担任分卷副主编的条件，可参照分卷主编的条件处置。未规定设分卷主编的卷次，如定稿工作确实需要，各省市可考虑设置。

（三）分卷主编与分卷副主编由各省市提名，由主编聘任。

（四）分卷主编或分卷副主编不切实履行职责，或因故不能再履行职责者，应解除聘任。解聘后，不再以分卷主编或分卷副主编名义署名，其署名问题，根据其所作出的贡献，参照《汉语大词典》署名办法的有关条款处理。

（五）在同一卷次中，分卷主编名次的排列，原则上以所负责稿件条数的多少为序；分卷副主编的名次仿此原则处理；由副主编兼任的分卷主编排于首位。

（六）分卷主编与分卷副主编的名额分配：第三卷，山东分卷主编一名，分卷副主编二名；第四卷和第五卷，福建、安徽分卷主编各一名；第六卷，安徽、浙江分卷主编各一名；第七卷，福建、浙江、上海分卷主编各一名；第八卷，上海分卷主编一名，分卷副主编二名；第九卷，上海分卷主编一名，上海、江苏分卷副主编各一名；第十卷、第十一卷和第十二卷，江苏分卷主编各一名，第十卷、第十一卷分卷副主编各二名，第十二卷分卷副主编一名。执行结果，第六卷和第七卷经主编任命，各增加了一名分卷副主编。

青浦会议刚一开完，编纂处便一鼓作气，着手准备"分卷主编会议"，期望尽早完成向"分卷主编负责制"的过渡，及早让分卷主编展开定稿工作。分卷主编会议委托浙江筹办，编纂处派出凌才福三人小组协助。承浙江"词办"操劳和浙江工委领导的鼎力支持，准备工作进展很快，一个多月后的8月4日，会议在浙江淳安举行。会议议题是："统一定稿业务的指导思想，落实各卷定稿的具体计划，制定检查质量的具体措施。"副主编陈落、洪笃仁，各位分卷主编和相关业务人员，国家新闻出版署石家金，上海市委宣传部陆路，上海辞书出版社姜兆良、吴志远，以及编纂处人员出席会议。罗竹风主持会议。主编首先宣布他所聘请的分卷主编和分卷副主编名单，颁发分卷主编聘任证书，他委托分卷主编将聘任证书转交各位分卷副主编。与会者深入讨论了贯彻"分卷主编负责制"的细节问题，就定稿方式，尤其是分卷主编同相关分卷之间的协调合作问题，讨论得很细致，达成共识取得了一致意见。我向会议介绍了"定稿须知"的内容和要求，会议决定将其列为定稿工作的依据之一。会议开了三天，气氛融洽和谐，于6日下午讨论通过了会议纪要。热心好客的浙江东道主，安排大家乘游船畅游风光秀丽的千岛湖，在平滑如镜的湖面上，在蓝天白云之下，结束了这次会议。

本次会议确认的"分卷主编"和"分卷副主编"的名单记载如下：第三卷，主编吉常宏，副主编刘俊一、相隆本；第四卷，主编洪笃仁、赵应铎；第五卷，主编洪笃仁、张紫文；第六卷，主编张叶芦、张紫文；第七卷，主编洪笃仁、沈幼征、刘锐；第八卷，主编杨金鼎，副主编钱剑夫、吴怀德；第九卷，主编徐鹏，副主编张撝之、骆伟里；第十卷，主编薛正兴，副主编马传生、周方；第十一卷，主编赵恩柱，副主编黄希坚、吴连生；第十二卷，主编张锡良，副主编陈君谋。后来第六卷增补孙家遂为分卷副主编，第七卷增补吴怀德为分卷副主编。

在编纂队伍内酝酿许久的加快定稿进度的方式，至此得到圆满解决，定稿工作从此齐头并进，顺利展开。在高斯和陈立人两位局长主持下，江苏"词办"在青浦会议过后不久，就发出公函与苏州大学联系在苏大汉语研究室设立定稿点的事宜，沈雷洪和袁沧洲副校长都作了批示，同意设立定稿点，请总务处提供方便安排好住宿问题。高斯于8月25—26日在苏州召开江苏全体定稿人员会议部署定稿工作，陈立人和副主编徐复，沈雷洪和苏大组织部部长郑薇青、校长办公室主任张云朋、总务处处长傅大友都参加了会议。薛正兴传达了安庆会议、北京会议、青浦会议、千岛湖会议的有关精神，然后讨论"定稿须知"，在上海参加过定稿

煌煌辞典著春秋 ——《汉语大词典》出版背后的故事

的人员结合条文谈定稿体会,越讨论对职责要求越明确。这次会议将第九卷和第十卷的定稿任务落实到人,9月1日便陆续到苏州大学报到,定稿工作随即展开。高斯还在南京江苏古籍出版社建立了另一个定稿组。两个定稿组协力推进,占全书总量将近四分之一,十几万条一千多万字的稿件,终于在1993年初春全部审定完毕。

再看第三卷。青浦会议过后,山东"词办"决定不在省内集中定稿,而是兵分两路,调集精干人员组织起两个定稿班底。一路由分卷主编吉常宏和相隆本、刘晓东等人组成,九月初到编纂处定稿;另一路由分卷副主编刘俊一和王佩增负责在山东就地定稿。吉常宏商请浙江特邀张叶芦参加,再次入住风雨楼,连同已经到上海师范学院教书的原山东编写团队的陈慧星,会同编纂处傅元恺、郭忠新、陈福畴共同努力,不违时限,交出了第三卷三万多条符合要求的稿件。

在山东主导的第三卷出版一个月之后,山东在济南召开了新闻发布会,表彰本省为《汉语大词典》作出贡献的人员,并借此形式宣布结束本省编纂《汉语大词典》的工作。这是一次皆大欢喜的,既是成果展示会又是收获季节、结束多年耕耘种植的会议。山东是五省一市首先宣布结束《汉语大词典》工作的省份,所以这次会议赋有特别的意义。我和主编罗竹风都获邀参加这次会议。回忆当年的情况,简录如下文:

> 1989年4月18日下午三时,在济南南郊宾馆俱乐部三楼,召开了《汉语大词典》第三卷出版发行新闻发布会。边春光、季啸风远道而来并主持会议。山东的朋友,"词办"和编写组同仁看着会场展出的第三卷《汉语大词典》,热情萌发,激情洋溢。分卷主编吉常宏首先发言,他回顾了山东编纂《汉语大词典》的历史,随后由我介绍其他卷次定稿与出版的进度情况,并向山东同仁多年来诚心尽力的合作表达了我的衷心谢意。工委会副主任丁方明代表山东词典编写领导小组和汉语大词典出版社发表总结讲话。他首先回顾了山东编纂《汉语大词典》的经历,他说,"综观我省走过的历程,有两条经验值得总结:一是团结协作,艰苦奋斗;二是出经验出人才。"而后他表示,"《汉语大词典》十四年出了三卷,估计还需要五年才能出齐","对于我们可说是任重道远,今后需要""继续参加《汉语大词典》工作委员会和编辑委员会的日常工作","在今后的定稿工作中,如果需要,我们还要抽出部分力量,进行大量的支援"。丁方明宣布:"山东省词典编写领导小组和它的办事机构——山东省词典办公室还要保留和继续工作。"罗竹风代表编委会发言。他祝贺第三卷出版发行,赞扬山东"词办"和大家的齐心努力,赞扬五省一市大协作终致成功。山东省委常委、宣传部部长苗枫林在他的讲话中,感谢工委会和编委会,感谢山东一百八十位同仁作出的贡献,表示要运用好《汉语大词典》的成果,做好宣传工作,《汉大》要求山东做什么,一定继续做好服务工作。

这次会议虽然结束了，然而"汉大人"之间的情分不会中断更不会结束，常青的友谊将继续延伸到未来。

实行"分卷主编负责制"以后，魏心一和黎洪布置设立安师大和安大两个定稿点，前者主打"水"部，后者主攻"木"部，两个都是举足轻重的大部首。浙江则以出版局定稿组主导分卷定稿。这个组的实力很强，加上于冠西和当权派马守良亲自督战，"手"部、"心"部等几个大部首进展顺利。第四卷先前已经在编纂处审定过一段时间，实行"分卷主编负责制"以后，移师福建继续定稿，在杨云和洪笃仁带领下，直至定完所承担的全部稿件。

按照原来计划，我本应跟班第三卷定稿，因为那一段工作特别紧张，实在腾不出手来，没能参加该卷定稿。我参加了审定第四卷、第五卷和第六卷，加上此前的第一卷，我前后参加了四个卷次的定稿工作。

出书的时间取决于完成定稿的时间。在实行"分卷主编负责制"以后，何时交稿何时出书，需要取得共识，作出一项共同遵守的决议，画上一条具有约束力的底线。为达此目的，我同主编罗竹风商议，认定有必要召开一次工作会议，讨论部署在提高质量的基础上，加快进度的问题，并制定一份完成定稿任务的时间表。我向边春光、季啸风和上海新闻出版局袁是德局长报告了拟召开会议的事项，三人都表示赞同和支持。我们为开好这次会议做了多项准备工作。我和阮锦荣分别与五省"词办"和分卷主编进行磋商，拟定出一份提交会议讨论的各卷次交稿时间表。讨论通过这份时间表，乃是本次会议所要达到的主要目标。

会议于1987年12月10—12日在上海仙霞宾馆召开。多位领导和各位分卷主编都很重视这次会议。他们认为这是一次加快出书进度的"冲刺"会议，所以不远千里，凡能来的都参加了这次会议。出席会议的有：工委会副主任边春光、季啸风、于冠西、杨云、洪泽、高斯、魏心一；工委委员李新、孙立群、阮锦荣、陈立人、赵斌、巢峰、黎洪；主编罗竹风，副主编吴文祺、洪笃仁、徐复；分卷主编吉常宏、赵应铎、张紫文、张叶芦、沈幼征、杨金鼎、徐鹏、薛正兴、赵恩柱、章锡良，以及各分卷副主编。国家新闻出版署石家金、上海新闻出版局局长袁是德、中共上海市委宣传部副部长孙刚和上海市副市长刘振元也出席了会议或到会讲话。出席会议的还有各省"词办"负责人，我代表编纂处和汉语大词典出版社参加会议。

刘振元副市长首先发表讲话，他说："编纂这样大型的汉语词典，是革命先辈的遗愿，也是语言学界前辈的愿望，它的意义是重大的。对于《汉语大词典》的意义和艰难，专家们比我更为了解。要完成编纂工作，把十二卷书出齐，是十分艰难的"，"这样大的一个文化基础建设工程，有许多艰难，尚不为人所知，不为人所了解，所以要宣传，使大家对编纂工作的甘苦有更多的了解"，"让大家都了解大词典的成绩和困难，了解出版《汉语大词典》的重大意义"。孙刚副部长在讲话中肯定了《汉大》的工作"进展很大"，同时指出"这部工具书的出版问世，是造福子孙后代的事，所以受到各方面的关心和注意。十二年来，大家

煌煌辞典著春秋 ——《汉语大词典》出版背后的故事

备尝辛苦，作出了艰巨的努力，目前和今后还有不少的困难要克服"。他明确表示，"有什么要求，希望大家提出来，市委宣传部将尽力给予支持和帮助。"工委会副主任边春光在发言中指出，"《汉语大词典》在学术著作中占有重要地位，我们必须树立质量第一的观点"，他同意"在保证质量的前提下加快进度的提法"。边春光要求编纂团队在"1992年必须完成出书任务；已决定实行'分卷主编负责制'，就要分卷主编认真通审，严格检查质量"。他要求编纂处"认真进行校对，人员素质要合要求"，"一定要保证校对水平"。主编罗竹风说："现在在我们面临的是三大问题，一是关于定稿质量的问题，二是加快进度的问题，三是加快编辑加工、发稿进度，加快出版的问题。第一个问题是根本问题，这个问题解决好了，以后就好办一些了。"他重点讲到加快出书的事："我们一定要在提高质量的前提下加快出书进度。这次会上，各省市要根据前一段分卷定稿的经验，制定一个进度表，大体划分一下时间。"罗竹风还就编纂处的工作讲了一段话。他说："编纂处的工作要进一步加强。编纂处担子很重，人力严重不足，增加合适的人员也不是那么容易的事情。成立出版社后，在草创初期就要承担出版《汉大》这样的重任，加上《汉语大词典》出版周期长，读者要求早日出齐的呼声很高，纸张材料价格上涨，排印费用提高，自身经费短缺，财政拮据，困难重重，压力很大，日子很难过，须要五省一市多给予帮助，希望上海新闻出版局、市委宣传部和上海市政府领导多加支持和帮助。"

季啸风和与会的工委会副主任都在会上积极发言，总的基调是五省一市要继续团结合作，提高定稿质量，加快进度，时间紧迫，要加紧工作。杨云在会上介绍了福建的定稿情况："我们全省九月在福建集中开过三次会。订出制度，一年中定稿工作须集中八个月进行审定，并把任务分为两批展开工作。强调分卷主编必须通读，不是抽看。在送编纂处前，省内先检查，保证质量；编纂处检查质量，若认为不合格可以不收。"于冠西觉得"年岁日增，愿早日完成出齐全书的历史重任"。高斯认为，要强调"抓紧工作，加快进度——领导要抓紧，组织检查要抓紧，定稿同志本人要抓紧"。他说江苏采取"定期定人检查质量的办法，层层把关"。魏心一说："凡是知道《汉语大词典》编纂历史情况的，觉得首卷出来了，十分高兴，对它是肯定的。我们省教委发了文件，支持《汉大》早日出齐全书"，"在定稿过程中，与上海编纂处加强联系，注意检查质量，才能加快出书的速度。"

工委会领导、主编、副主编在两天的讨论会上发言很热烈，很紧凑，他们就前段工作及今后工作的总体安排，就存在的问题及解决办法发表了各自的意见。五省"词办"和分卷主编汇报了定稿工作的进展情况，我就各卷次交稿时间表在会上作了说明。11日晚间我起草好会议纪要，将会议讨论的要点提炼为几项决议，12日上午提交会议讨论通过。通过会议纪要之后，边春光宣布会议圆满结束。会后的两天内，我和阮锦荣与会务组为来沪嘉宾一一送行。

决议要点有五项：一是强调必须严格执行"分卷主编负责制"，强调分卷主编必须"通读"全稿，对分卷的学术质量负责。二是按照"保证质量，抓紧进度"的原则，确定了全书必须在 1992 年全部出齐的总目标。三是根据 1992 年出齐全书的总目标，制定了各卷的进度表，设定了各卷的交稿时限：第三卷，1988 年 3 月；第四卷，福建 1988 年 2 月底、安徽 1988 年 6 月底；第五卷，福建 1988 年 11 月、安徽 1988 年 12 月；第六卷，浙江 1988 年 12 月、安徽 1989 年 6 月；第七卷，浙江和上海 1989 年 6 月、福建 1989 年 10 月；第八卷，上海 1990 年 6 月；第九卷，江苏 1988 年 6 月、上海 1989 年 9 月；第十卷、第十一卷、第十二卷，江苏分别在 1989 年、1990 年和 1991 年年底交稿。四是明确"实行'分卷主编负责制'并不等于放弃互助合作的精神和全书一盘棋的原则"，"在定稿过程中，或在完成本身定稿任务之后，仍应互助合作，积极支援别的卷次"，"在相互协商的前提下，从一个卷次抽调人力支援另一卷次的工作"，这是推动出齐全书的必要步骤。五是会议决定实行奖励办法，由编纂处在各卷付型后支付奖励金。

为适应定稿的较快进展，仙霞会议过后，我们也在编纂处内部采取了许多措施，编辑工作加紧稳步进行。各位编辑经验越来越丰富，运用体例和各项业务规定越来越纯熟，审稿发稿能力越来越强，整体编辑工作做得比较扎实可靠。编辑部与各位分卷主编业务往还鱼雁频传，合作得也不错。虽然各卷的交稿时间一般都突破了圈定的时间底线，但总的说都赶得上出书要求的进度。在工委会各位领导和主编、分卷副主编，以及各位定稿者和编纂处各位编辑共同努力之下，《汉语大词典》定稿团队不负众望，由两年出一卷提升到一年出两卷的速度。

陈翰伯晚年身体不好，实际工作由副主任边春光主持。1987 年 5 月 4 日，翰伯老参加完北京工委会会议不久来到上海，他坐着轮椅到编纂处看望大家。第二天我到复旦大学找编写组组长徐鹏，向他通报北京会议的情况并商议定稿问题，回程转到翰伯老下榻的申江饭店探望他，同他攀谈了一个小时左右。他的话题离不开《汉语大词典》，鼓励我抓紧工作。他说："我们这支队伍不容易，快成功了，你年轻，加油干。"一年多后，1988 年 8 月他在北京去世。我同他为《辞源》为《汉语大词典》一起工作十二年之久，如今他走了，我心里颇为哀痛。

陈翰伯逝世以后，1989 年 7 月工委会在北京召开会议。按照定稿的实际情况，将出齐全书的时间推迟了一年，"商定各卷的出书日期，从四卷至十三卷分别为：1989 年年底出版第四卷，1990 年内出版五六两卷，1991 年出版七八两卷，1992 年出版九十两卷，1993 年内出版第十一卷和第十二卷，1994 年出版附录索引卷"，同时"一致推举边春光同志接替已去世的陈翰伯同志担任《汉语大词典》工作委员会主任的职务，以加强工委会的领导"。此项推举建议，获得国家教委和新闻出版署发文批准；同年 12 月 29 日边老辞世。《汉大》接连失去两位卓越的领导，我心里感到很沉重。此后，《汉语大词典》的工作实际上由新闻出版署副署长刘杲接管。早在这之前，刘杲作为新闻出版署主管出版工作的副署长已经涉入《汉大》的事务，边春光去世之后他顺理成章地接任边老的职务。

1990 年 4 月 7 日，刘杲在扬州召开工委会会议。工委会领导、主编、部分分卷主编和"词办"，编纂处和汉语大词典出版社的成员，总共 33 人参加会议。"与会同志怀着惋惜和沉痛的心情，深切哀悼不久前逝世的边春光同志。"会议"要求尚未完成定稿工作的上海、江苏、福建"，"采取进一步的措施"，"按照同编纂处商定的时间表交稿，不能再向后推迟"；"会议认真听取了汉语大词典出版社关于编纂出版《汉语大词典》简编的建议。会议认为，编纂出版《汉语大词典简编》对普及汉语知识，增加文化积累，都很有意义。会议赞同出版《汉语大词典简编》"，会议要求"由汉语大词典出版社组建编委会，并聘请编委会成员。编委会在1990年6月底前组成"，本书的编纂方案要送工委会审议；会议审议了汉语大词典出版社与我国台湾地区合作出版《汉语大词典》繁体字版的议案，认为"这对弘扬祖国文化，增进海峡两岸文化交流，扩大我们的影响，将起到良好的作用"。会议作出决议，"1987年4月北京工作会议讨论通过的'汉语大词典署名办法'规定在重版的《汉语大词典》第一卷后附一次性署名名单，由于重版无期，而第12卷可望在1993年出版，故决定改在第十二卷后附一次性署名名单，署名原则和条件依照'署名办法规定不变'。"会议还就附录索引卷和编后记问题，编写《〈汉语大词典〉编纂纪实》、保存图书资料等问题，作出相应决议或提出相应要求。

刘杲主任就会议的成果发言说："我们的思想更明确更一致了，相互之间更接近、更了解了，长期形成的战斗友谊有了新的发展。"他指出，"《汉大》的十五年很不平常"，"《汉大》的十五年，是奋发图强，曲折发展，走向胜利的十五年。用图来表示，它是一条曲线，是一条上升的曲线"，"应当充分肯定《汉大》工作的成绩。名副其实的国家重点、世界空前"，"今后的工作还是很重的。行百里半九十，现在还远远不到九十，五十还不到，现在不是开庆功会的时候，而是运动场上喊加油的时候"，"1993年年底出齐，每年出两卷。要千方百计，保证质量，保证时间，均衡生产，完成任务"。刘杲最后说："最后说一件事，就是为圆满完成任务，各个工作机构还要继续发挥作用。已有正式文件，各省"词办"不到工作全部完成不能撤销，各省的新闻出版局要予以支持。"扬州会议是为《汉大》加油助推的一次会议，也是做出善后安排的一次会议，开得很及时，开得很成功。

谈到《汉语大词典简编》和繁体字版，我还有一段话说。在《汉语大词典》陆续出版的后期，重点推进编辑出版《汉语大词典》的同时，我认为汉语大词典出版社必须未雨绸缪，着手策划《汉语大词典》的副产品。我提出首先出版《汉语大词典》简编本，也计划出版缩印本，主要是从降低售价推广普及这一点考虑，简编本和缩印本会鼓励中层读者购买。除却《汉语大词典》后继产品，其他工具书也在策划之列，例如我策划的《分类现代汉语词典》和《中国文化史大辞典》，前者是单本普及性的，后者是由断代史合成的多卷本，邀请多位国内权威学者编写。为此还成立了第三编辑室，专职负责编辑出版《汉语大词典》以外的书。我向罗老提出编纂《汉语大词典简编》和排印缩印本的建议，罗老认为应该搞。这项提议经工委会扬州会议讨论批准，我们便把编纂《汉语大词典》简编本的工作纳入议程。1991年5月汉语大词典出版社在上海召开《汉语大词典简编》编辑委员会会议，研究确定编纂工作的方针。罗竹风在会上宣布，正式成立《汉语大词典简编》编辑委员会，宣读主编、副主编、编委名单，并向全体编辑委员颁发聘书。编辑委员会由 38 人组成，主编为罗竹风，依笔画顺序排列王涛、方福仁、吉常宏、洪笃仁、徐鹏、黎洪、薛正兴任副主编。本书的编纂方案由我综合大家讨论的意见执笔起草。这以后召开过两次会议——烟台会议和上海百乐门会议，商议编写分工与编辑出版等具体问题，两次会议都由罗竹风主持。我参加了烟台会议，没能参加 1992 年 2 月的百乐门会议，我在会前的两个月离开了编纂处工作岗位。

《汉语大词典简编》由汉语大词典出版社约请五省一市的《汉大》骨干和编纂处一些编辑人员共同完成，1998 年出版发行。《汉语大词典订补》是编纂处后继编写、为修订《汉语大词典》作准备的一本辞书，由编纂处的多位同仁编写。

下边谈谈《汉语大词典》繁体字版的情况。汉语大词典出版社制作了一种全部用繁体字排印的《汉语大词典》版本，这套书是专门为台湾东华书局制作的。经过情况是这样的，台湾卓鑫淼先生通过他在沪的一位亲属，主动传递信息过来，希望同我们洽商在台湾地区出版发行《汉语大词典》繁体字版的事情。卓鑫淼是台湾东华书局的老板。据说他在台湾最早出版发行教科书，积累了较为丰厚的资金，风闻我们出版了《汉语大词典》，他认为这是一部身价很高、很有声望的辞书，希望合作在台湾地区出版。我们认为可行。向主编和上海出版局版权处任彦处长报告了此事，得到有力支持，而后报告工委会并向五省"词办"通报协商，大家都赞成，认为这是一件好事，并经扬州会议讨论获准。这也是老主任陈翰伯生前的愿望，他希望让《汉语大词典》"通""到台湾去，这实际上也是'三通'"。

我们回应卓鑫淼同意洽谈此事。不久他飞来上海，住进希尔顿大酒店。我到希尔顿同他见面，介绍《汉语大词典》这套书出版的时间顺序，并送给他前三卷的样书。记得卓先生翻看了好多页，仔细观察印刷质量和清晰度，很认真的样子，看来这部辞书对他的确很有吸引力。他轻轻地说了一句话："了不起！"随后又说："在台湾发行这套书，我估计很难收回成本，我也没打算靠这套书赚钱，十之八九还会赔钱。"不赚钱，还赔钱，那为什么出这套书呢？他没有说。卓鑫淼倒很爽快，只谈了两次，便同意我们提出的条件，提议签署协议。我们负责把简化字转成繁体字，请中华印刷厂改版出菲林，他拿到台湾去印书，我们结算他付钱。版税一次付清，收多少版税记不清楚了。之所以要求一次付清是因为东华书局在台湾的销售数字我们不得而知，一次支付干净利落。阮锦荣同五省"词办"协商，确定下来，版税收入的 60% 支付给五省一市《汉语大词典》的作者，在出版社收到全部版税后的 30 天内以人民币一次支付完毕。编辑费每卷一万美元，总计十二万美元的编辑费，多数用于支付编辑做繁体字版的报酬。我将协议条款汇报给主编和上海出版局领导，他们同意按照我们提的条件签约，1989 年 6 月我代表汉语大词典出版社与台湾东华书局股份有限公司签了"关于合作出版《汉语大词典》繁体字版的协议书"。汉语大词典出版社在编辑出版《汉语大词典》其余各卷的同时，兼顾编辑繁体字版，作出巨大的努力，终于按照协议做好了繁体字版的菲林，交给东华书局拿到台湾地区出版了《汉语大词典》繁体字版，实现了陈翰伯的夙愿。

我为《汉大》做的另一件事是成功开发《汉语大词典》光盘版。仙霞会议过后，分卷主编都按照出书的顺序安排定稿，中华印刷厂经过两年多的磨炼，越来越熟悉《汉语大词典》的体例格式和用字，排版速度加快，校对质量提高，进入1988年一年出版两卷的要求也落实到位；五省一市的定稿源源不断送交编纂处，除去江苏第十二卷尚未定完以外，其他卷次的定稿工作到1991年已经全部完成，只待编纂处编辑加工发稿，在1993年实现出齐全书的目标大局已定。在完成这些工作之后，我在1991年年末依依不舍地离职，转到商务印书馆（香港）有限公司任职。

早在汉语大词典出版社建社之初，社会上运用电脑数据库已经蔚然成风，我心里萌生了建立数据资源库利用电脑编辑辞书的愿景。我曾经向出版局副局长、工委委员赵斌报告过这一想法，希望得到他的支持。他表示赞成说："这是一项大事业"，"赚钱要用于生产，不能只为赚钱"。我要求："投资用的人民币我们出，但外汇额度要请局里帮助解决。"他回答说："这个可以，也可以向市科委申请资助。"作为跨出的第一步，我在汉语大词典出版社内成立了"计算机编辑室"，试图逐步向建立数据资源库、利用电脑编辑辞书的运作方式转变。我离职以后，计算机编辑室周澍民、郭玲、许汝国、王安全等人利用计算机编辑出版了一些辞书和别的出版物。如利用《汉语大词典》中的成语及有关词条，进行删减、增补、改写，编辑出版了《汉大成语大词典》，收入成语两万多条。大概是出于办社方针不同，这以后"计算机编辑室"并没有向语料数据库作业的方向发展。

《汉语大词典》索引卷在1994年出版，宣告全书的编纂工作竣工。我跟香港商务印书馆总经理陈万雄先生商量把十二卷纸本《汉语大词典》数码化，开发《汉语大词典》光盘版。陈万雄是一位有战略思维、颇具长远目光的出版家。他认为香港商务印书馆应当发展电子出版，此乃未来出版事业的发展潮流，搞《汉语大词典》光盘是一项好的选择。他果断拍板，投放重资进行开发制作。这个项目还得到联合出版集团董事长李祖泽的坚定支持。倘若没有他二人的力主和主导这项工作，像《汉语大词典》光盘这种烧钱的出版物是不可能立项和完成的。

1995年年初，陈万雄与翔舟电子技术公司在香港签订了合作议定书，投资开发《汉语大词典》的CD-ROM版。我负责设计功能项和处理内容方面的各种文字和数据问题，我拟定的应用功能合共72种。那时的开发平台技术水平还很原始，远不具备如今的技术能力，加上面对的又是《汉语大词典》这部庞然大物，兼以没有任何参照物可资借鉴，一路"摸着石头过河"，开发道路曲折而漫长。就拿用字来说，开发平台和运行系统比之《汉语大词典》收入的汉字差着好几千字，自造字填满了开放的码位和可资利用的码位仍然不够，同纸质版《汉语大词典》相比，一些罕用字因而没能收进去。查出书证中的难字，我要更换书证，查出释义内的难字，我要一条条改写。有朋友问我，"你们的光盘怎么有的地方跟书不一样啊？"

为什么呢？就是出于必须换字的原因。

还有将五千万字数码化的工作非常艰苦。当时全靠人工录入，还没有成熟的汉字扫描自动识别技术。为了录入这部十二卷的《汉语大词典》，特地在上海潇湘大厦注册成立了一家名曰上海术语数据电子公司的机构，由周澍民主理日常工作。公司聘请了十来位青年员工，专职录入《汉语大词典》。他们年轻，手脑灵活，肯下功夫，经过文字培训很快便能上手。公司采取奖励机制，他们每天从早到晚抓得很紧，走进工作间只听一片敲击键盘的声响。说是"录入"，其实并不简单，需要把书页上的词条分割成数据项，有很多不认识的难字，还要加上各种标志符，正确录入不容易。多亏这些年轻人尽心尽力，他们干得很出色。回想起来，我对他们的面容依稀还留有印象，而名字却记不起来了，只记得其中一位叫作王晨。这几千万字的数据按照分割后的数据项打印出来，一个字一个字校对，很琐细很麻烦，老朋友吴志远这时又伸出援手帮了大忙。《汉语大词典》光盘所用的汉字基本信息表，是我邀请编纂处李鸿福和李爱珍两位同事做的。这张表乃是实现各项功能的基本信息库，数据项很多，做起来要下很大的功夫，必须很细心很小心，不能出半点差错。他们二人做得准确清楚，做得非常好。

《汉语大词典》光盘先后开发出1.0、2.0和3.0的单机版、局域网络多用户版，共六个版本，内容、功能和技术水平不断升级。在开发过程中，电脑工程师陈鲁敏、苏静和张昌河深度参与，贡献很大。陈鲁敏负责开发应用程序、安装打包程序和加密程序。苏静负责编写字、词、成语的查询界面，实现所设计的查询功能，以及数据库的数据整合，编写界面与数据库之查询接口程序。张昌河负责建立和管理《汉语大词典》网站数据库服务器，建立调用接口，还有3.0版鼠标屏幕取词查询功能等项目。

《汉语大词典》CD-ROM 1.0版于1998年7月开发完成并投放我国香港地区和海外市场，同年11月在内地发行。1998年8月24，国家新闻出版署召开了"《汉语大词典》光盘1.0版研讨会"。在研讨会上，中宣部和新闻出版署的领导对《汉语大词典》光盘版给予很高的评价，认为这是中国出版走向数字化的一个里程碑，标志着中国辞书出版进入多媒体的新纪元。到会的语言学家、文字学家、辞书学家、计算机专家观看了演示后，都表示光盘极其方便的检索方法和新增加的功能项，为用户带来很多便利，是继《汉语大词典》印刷本之后汉语辞书编纂史和出版史上又一个里程碑。我曾同陈万雄先生一起到新加坡举办过一次宣传推广这张光盘的活动，新加坡电视台播报了这次活动。《汉语大词典》CD-ROM在海外，特别是在日本教育和学术界有较大的销售量，它为《汉语大词典》的声誉增添了光彩。

《汉语大词典》由头至尾，耗时十八年，出版了沉甸甸的十二卷大书，同时造就了一大批人才。吕叔湘曾对吉常宏说道："编写《汉语大词典》必须读上四年大学，读上十年书，才有资格编。"《汉语大词典》的编写和编辑场所就是大学课堂，一张张资料卡片，一次次

煌煌辞典著春秋 ——《汉语大词典》出版背后的故事

翻书细读词目的上下文,一页页改来改去的稿纸,就是默默无言、生动授课的好老师。编纂《汉语大词典》这所大课堂,造就出一批又一批的人才。多所高校的《汉语大词典》编写组在完成编写任务之后,转变为语言研究所、语言研究室或古籍研究所,一大批编写人员成长为教授、副教授,一大批编辑成长为编审、副编审,从《汉语大词典》陆陆续续转化出一批中小型辞书,各个编写组花费十多年时间积累起来的数十万册图书资料被长期利用,多位编纂者所写的语言学、古典文献学的学术论文陆续刊登出来,社会上一大批研究《汉语大词典》的专题学术论文应运而生,一批年轻人凭借研究《汉语大词典》的论文而获得硕士或博士学位,凡此等等,无一不是《汉语大词典》结出的硕果,无一不与《汉语大词典》结缘。人才辈出,不胜枚举。例如浙江大学汉语史研究中心教授、博士生导师黄金贵,"文革"前只当了四年古代汉语课的助教,自己没有上过课,没有发过一篇文章。20世纪80年代初归队古汉语组时,还想熬到退休写写历史小说。正是《汉语大词典》的编纂工作,坚定了他致力于专业的信心,锻造出语言研究能力。当时分到数十个字头的两小捆卡片,第一次面对一张张原始资料,归纳义项,排比词义,甄选书证,这一流程激发了他对古汉语词义研究的浓厚兴趣,由此沿着辞书词义训诂的方向发展。迄今刊发 200 余篇训诂论作、15 种专著,退休后仍一如既往著书撰文不辍,率博士生参加修订《辞源》等三种大型辞书,乐此不疲。像这样的人才,从《汉语大词典》编纂团队当中成批涌现,绝不仅仅是一两位佼佼者。

经过十八年的艰辛努力,《汉语大词典》全书终于在 1994 年 4 月出齐全书十三卷,如期实现了工委会扬州会议锁定的目标,并荣获首届国家图书奖。

下面我总括概述一下有关《汉语大词典》的某些重要数据。这也是《汉语大词典》编纂历史的一个重要组成部分。《汉语大词典》十二卷第一版的出版数据、有关的统计数据和成本、定价、发行方面的一些基本情况,我顺序记录如下,志以备忘。

1. 编写方面的记录:

(1) 如若按照定稿采用的最终数字计算,五省一市各自编写的总条目数分别是:山东 45671;江苏 108666;安徽 47380;浙江 46456;福建 53698;上海 58726;编纂处 13284。

(2) 参加编写的主要单位有(大专院校以第一卷出版时的名称为准):山东,山东大学、山东师范大学、曲阜师范大学、烟台师范学院、聊城师范学院、临沂教育学院、泰安师范专科学校;江苏,南京大学、南京师范大学、苏州大学、扬州师范学院、苏州教育学院、南京教育学院、镇江教育学院、苏州师范专科学校、无锡师范学校、洛社师范学校、扬州市教育局、江苏古籍出版社;安徽,安徽大学、安徽师范大学、阜阳师范学院、安庆市编写组;浙江,杭州大学、浙江师范大学、杭州师范学院、温州师范专科学校、浙江省出版局、台州地区编写组;福建,厦门大学、厦门教育学院、漳州教育学院、泉州教育学院、龙岩地区教师进修学院、莆田市教师进修学院、福州市教师进修学院、建阳地区教师进修学校、福建人民出版社辞书编辑室；上海，复旦大学、华东师范大学、上海师范大学、上海教育学院、卢湾编写组；汉语大词典编纂处。

2. 出版方面的数据：

（1）第一卷1985年9月15日发稿，1986年12月23日出样书，460万字；第二卷1988年3月出版，431万字；第三卷1989年3月出版，430.5万字；第四卷1989年11月出版，359.8万字；第五卷1990年6月出版，396万字；第六卷1990年12月出版，404.8万字；第七卷1991年6月出版，392.5万字；第八卷1991年12月出版，306.9万字；第九卷1992年6月出版，403万字；第十卷1992年12月出版，376万字；第十一卷1993年3月出版，389.4万字；第十二卷1993年11月出版，410万字；索引卷1994年4月出版。第一次印刷第一卷至第四卷各120000册，第五卷至第九卷各104000册，第十卷119100册，第十一卷和第十二卷各印刷106000册，索引卷100000册。上列各卷数字都是第一次印刷数，印刷数目是根据征订数目确定的，征订数目不同是造成印刷数目不同的原因。第一卷至第四卷不曾加印，第五卷至第十二卷和索引卷都曾加印过，数目不等。

（2）汉语大词典编纂处和汉语大词典出版社为出版十二卷《汉语大词典》一共发稿554000页，平均每个条目1.4711页稿纸。校对总字数算上毛校，不少于4.3亿字。

（3）自第一卷算起，十年内印刷总量将近150万册，接近69500亿字。第四卷以后为提升纸张质量，我们同浙江龙游造纸厂商定增加7%的木浆，每吨提升成本100元达6700元，而第一卷每吨只有3200元。纸张与工价上涨，但《汉语大词典》的定价升幅并不大，利润减少许多。

（4）《汉语大词典》第一版第一次印刷发行量：国内95823套、国外4395套。

十、光荣归于伟大的中华民族

十二卷《汉语大词典》奠基于几千年厚实的中华文化之上，奠基于汉民族语言之上，《汉语大词典》的光荣归于伟大的中华文化，归于伟大的中华民族！

1994年5月10日，国家新闻出版署在北京人民大会堂举行盛大的《汉语大词典》十二卷全书出版的庆祝大会。党和国家主要领导人江泽民、李鹏、李岚清等出席了这次盛会，亲切会见全体与会人员,并向编纂人员表示祝贺和感谢。新闻出版署、工委会、编委会领导成员,学术顾问,五省一市编写人员的代表,汉语大词典编纂处和汉语大词典出版社的代表参加了本次会议,我也获邀参加会议。

江泽民主席向所有参加编纂出版这部辞书的同志表示祝贺和感谢。他指出:"中国有五千年的灿烂文化,汉语又是世界上最重要的、使用人口最多的语言之一,这部大词典的编纂出版,无疑是我国文化发达的一个象征。"江泽民、李岚清、吴邦国等领导人此前都曾为《汉语大词典》题词。在庆功会上,《汉语大词典》工委会主任刘杲、拄杖而来的主编罗竹风、学术顾问周祖谟、国家新闻出版署署长于友先等人都发了言。他们认为《汉语大词典》是一部集古今汉语之大成、反映汉民族语言的大型语文词典,是中华民族五千年文化的结晶,也是各方面团结协作的成果。同时它积累了丰富的经验,也培养出一批人才。

主编罗竹风在他的讲话中说:在《汉语大词典》首卷1986年11月出版时,江泽民主席曾亲临新闻发布会,并对编纂和出版《汉语大词典》给予了很高的评价,他指出:"出版发行《汉语大词典》是国家的一件大事,是国家文化建设和精神文明建设所取得的一项重要成果。"这是对全体参加《汉语大词典》编纂、编辑、校对、出版、印刷、发行等工作人员的极大鼓舞,是激励全体工作人员尽好尽快地完成全书工作的精神动力。今天,江泽民主席、李鹏总理等党和国家领导人又在百忙中参加了全书出版的庆祝大会,江泽民主席还发表了热情洋溢的重要讲话。早在庆祝大会前,江泽民主席题写的"弘扬中华民族优秀文化,建设社会主义精神文明",李鹏总理题写的"继往开来,源远流长"的贺词,就对《汉语大词典》给予了高度的赞扬。

没有中央的决策和支持就没有《汉语大词典》。正是依靠中央给予的坚定有力的支持,依靠我国集中力量办大事的优越制度,依靠"汉大人"十八年的艰苦曲折的努力,铸就了《汉语大词典》这部载入我国文化史册的皇皇巨著。

1994年5月11日《人民日报》发表了题为《龙飞在天》的文章,其中有这样几句话:"《汉语大词典》是一条蜿蜒于汉语长城之上的巨龙,托举这条巨龙的人们拒绝来自各方面的诱惑,守护着民族精神家园。他们是自古而今悠长故事中数不清的角色中可敬的一群。"这是对《汉语大词典》编纂工作及其践行者的简明而又概括的总结。

十一、结束语

我的结束语。十八年不过是人类社会的瞬间,甚至是归零的瞬间,但这数百人的十八年,却是勤力与艰辛并存的十八年,是心血和汗水凝结而成的十八年。在即将结束本文的时候,我的内心潮起潮落,一副副熟悉的面孔,一张张他们工作过的写字台,一页页经他们编写、审订、布满熟悉字迹的稿纸，一次次会议上他们发言的声音，日久如新，仿佛都从我眼前闪过，都在我耳边回响。《汉大》的同仁，无论是各级领导，无论是教师还是社会贤达，无论是编写者抑或是编辑，无论是逝去的前辈还是在世的同仁，他们是一批真正的社会精英，他们是一批有志气、有毅力、有能力的精英分子。这是一批值得我们敬佩和怀念的人，也是一段"汉大人"永怀难忘的历史。《汉语大词典》第一版的历史起于四十四年前，止于二十五年前，尽管它已成为过去，但也一定延长到遥远的未来，修订出版，再修订再出版，再现汉语的历史长河。

为《汉语大词典》奠基的这一批社会精英的勋业与历史功绩，永存！

（王涛：《汉语大词典》编辑委员会委员，前汉语大词典编纂处主任、汉语大词典出版社社长兼总编辑）

《汉语大词典》二三事

——我的几点回忆

谭 天（口述）

  罗老是我"一课之师"。怎么说呢？1943年我从工作岗位上，调到胶东干部培训班，罗老当教官，给我上的第一堂课。他是我的"一课之师"。

  罗竹风是老革命。早在1937年，他就是抗日民主政府平度县县长，是他拉起"县大队"抗日（采访者注：县大队，中共领导的抗日队伍）。后来罗老受了点委屈，下放到山东胶东文化协会当组织部部长，他到学校给我们培训班上课。我记得很清楚，他第一课第一句话就说："'开卷有益'这个成语大家都知道，怎么解释？这句话对不对呀？请你们说说。"我年轻气盛，第一个发言。我说，"这是古训啊，对啊，开卷当然有益了，怎么不对呀。"罗老说："对你们年轻人，不一定开卷有益。你们年纪轻，看什么书，影响不同。有的书开卷有益，有的书未必开卷有益。书里说的，是对是错，你们不一定分得清楚。"他指着我说，"比如说，纳粹德国的书，希特勒那本《我的奋斗》，德国人都看的，你看了以后，他讲的那些东西，你能分辨哪些讲得不对？哪些你判断得清楚，哪些你判断不清楚？要是分不清是非，你能说开卷有益吗？"我傻了，我根本不知道希特勒有这么一本书。我说："罗老师，我没像你想那么宽，想得那么复杂，我脑子简单。"罗老说："这就对啦。不管看事看人，不管谁的书，就算老祖宗留下的话，都得用自己脑子思考思考，哪句话讲得对，哪句话讲得不对，是非分清了，这才能说开卷有益。"第一课大体就这么上了，我从这儿以后，学会了看问题要辩证思考。这第一课有好处哇！我跟罗老就这么一次接触。为什么说就这么一次接触呢？因为他给我们上课是打游击的，学完这一课以后形势就变化了，就分散了，我随着校部到山区里去了，他留在那里，以后就没再联系过。

  罗老是名人。青岛解放以后，组织上派他到青岛当山东大学的军代表。那时候山东大学在青岛，后来才搬到济南。当军代表之前，他是山东八路军第五支队政治部主任。他是军人，也是文人。那时候，咱们部队里的文人不多，山东大学军代表，别人干不了，只有他够资格当。

在打游击那阵儿,他已经是名人了,经常在胶东报纸上发表文章,有些文章我看过,所以,后来他人不见了,罗竹风这个名儿,一直在我脑子里装着。当了山大军代表以后,我也没见过他,长期没有消息,后来听说他南下了。"文革"后期,我调到出版局,才听人说他从山东调到上海当了出版局局长,现在正在"五七干校"学习。再见到罗老,那已经是几十年后的事了。1974年我到上海查病,我想去找找他,看看他还记不记得我。见了面,我一说在胶东听他的课这件事儿,他哈哈一笑,说了句,"我记得有这么回事,我有这个印象。你倒还记得!""你给我上的第一课,我可记得清啦。"他认出我来了,还叫出我的名字,老人的记性好啊!

《汉语大词典》开始组织的时候,在上海开会,成立起一个《汉语大词典》编写领导小组,国家出版局局长陈翰伯是组长,上海和每个省都出一个副组长,山东的副组长就是我。会后,国家出版局发了份文件,当中有我的任命。这个小组不仅仅只管编纂《汉语大词典》,还有编写其他词典,英文外文词典的任务,当中《汉语大词典》部头最大,分量最重。

当时,也没有明确的授权,我那时是山东省出版局副局长,抓编辑出版方面的工作,编词典这档子事儿,谁去开会最合适啊,就属我了,就让我去了。我开会回来,向省委宣传部汇报了这个情况,部里领导说,"你抓这件事合适,就你当,就你抓。"我说,"我怎么抓呀?""你有中央文件啊,你拿这份文件到大学里去,跟他们谈调人,有什么问题,叫他们找宣传部,我们帮助解决。"又说,"咱们成立山东词典工作领导小组,还是你当组长。你先到大学里找人,找到了人,我们再协商调动。"

我用什么办法找人呢?当时我想,要是把各个大学领导都请到一块儿开会商量,本来人家对出人就没多大兴趣,要是有个人说一句不肯出的话,大家跟着一呼应,这事就难办了。我想了想,还是采取个别拜访个别谈的办法稳当。我一家一家登门拜访学校领导,请山东大学吴富恒当山东词典工作领导小组组长,山东师范学院和曲阜师范学院出副组长,谁负责抓《汉语大词典》这项工作,谁就当副组长。我把山东领导小组就这样建起来了,从学校调人的事就这么一步步解决了。

山东这个词典工作领导小组第一任组长是吴富恒,第二任是我,第三任是丁方明。

当时,参加编写《汉语大词典》的教授们、老师们,他们的职称待遇,工资待遇,原来矛盾可大啦:你不在我这儿教书,凭什么我给你评职称,发奖金!别看这些事儿,都是难办的事儿,我争取领导支持,通过省委宣传部、教育厅解决。我还是用个人拜访的老办法,跑学校,一个领导一个领导登门拜访,说明情况,解决问题。

到了看书收词将要结束的时候,陈翰伯在苏州召开了一次领导小组会议。陈翰伯是老出版家,他有经验。他说:"现在该成立编委会了,我们领导小组代替不了编委会的工作,得有主编、副主编。"我们都赞成陈翰伯的意见,都认为看书收词、做资料卡片的工作,基本上算完成了,该成立编委会了,推荐谁呢?我们就讨论这件事,谁当主编?议论得很热烈。陈翰伯讲民主,提了几个人,请大家讨论下,其中一个人就是罗竹风,罗竹风是他提的。我一听罗竹风的名儿,我就说"罗竹风是我老师",大家好奇,陈翰伯问我,"你认识罗竹风?

煌煌辞典著春秋 ——《汉语大词典》出版背后的故事

你跟罗竹风什么关系?"我说,"多年不见了,他是我的老师。抗战时期,在胶东,他给我上过课,我是他的学生。"陈翰伯还说:"我到上海,听市委告诉我,罗竹风还在'五七干校'劳动哩,我问市委'能不能调回来',市委答应了。"从这以后,我跟罗竹风联系就多起来了。罗老几次到山东开会,编委会我不参加,我不是编委,我是领导小组工委会的,开工委会,每次我都参加,每

右起谭天、丁方明、罗竹风、初甫川

次开会都跟罗老见面,每次见面更是在一起谈天说地。

罗竹风,他是山东平度人,平度县那块儿地方算胶东。记得山东大学那次开多少周年校庆纪念活动,请罗老来济南,我请他到我家里吃饭。我说不上饭馆吃饭,我知道他对饭馆儿那一套没有兴趣,宁愿吃胶东饭。我叫我的老伴儿,按照他的口味,做一顿胶东饭吃,其中包括腌的鲜鲍鱼。吃完以后,我弄个罐头瓶装了一瓶,让他带走。后来我到上海去,有时候还给他捎一些山东土产,像临沂的八宝豆豉啊。我当了山东出版协会主席以后,邀请他来给我们做过报告。他见的世面比我们广,阅历丰富,知识广博,做起报告来,内容精彩,说起山东话来又很风趣,大家很喜欢听。作完报告,我借这个机会,安排他到青岛疗养,有两次,一年一次,每次一二十天吧。

这话又说回《汉语大词典》了,当年五省一市开会商量分配编写《汉语大词典》任务这件事儿。《汉语大词典》头三卷的部首多,难搞,虚词多,虚词最难写,没人肯接,跟那些马字旁、月字旁的部首不一样,马、骡子那些词儿,都是实实在在的。参加那次会的,山东是山大吴富恒去的。吴富恒老先生是老好人,西南联大的,爽气,大气,一下子把一二三卷都接下来了。要是换上我,即使我不懂行,我也要争一争。《汉语大词典》这头三卷可不好编啊!这么重的编写任务,山东上哪儿找这么多编写人才啊。我只上过两年中学,编写《汉语大词典》我是外行,吉常宏老师很好,这里边的难处,是他讲给我听的,我这才懂得。我们都觉得分给山东的任务太重,不公平,和山东的编写人才也不匹配。这件事,我跟罗老讲过好几次。我对罗老说:"你现在不分清,到时候山东完不成,在前头堵着路,后边都挺不起来,你这个《汉语大词典》的工作,不能说半途而废,也可能延期若干年,你照现在的分法儿定下来,这叫木已成舟,你将来改都没法改。"我话都说到这个份儿上了,我总不能跟罗老争得面红耳赤吧。罗老说:"别再提这件事儿啦,已经定下来的事,不容再变了,人的事儿,你想点办法吧。"他离开山东那么多年,山东的编写人员,他大都不认识,蒋维崧先生他还知道,其他的那些年轻人,他也不知道。他做我的工作,要我物色找人。

《汉语大词典》二三事

山东词典编写工作领导小组，头一任组长吴富恒，他是西南联大的，美国留学，当时是山东大学校长。这个领导小组，除了管《汉语大词典》还管别的词典，都是国家出版局分派给山东的任务。《汉语大词典》是部头最大的一套词典。后来吴富恒不当了，由我当组长。这时候，山东大学全面恢复招生上课，缺老师，正当《汉语大词典》马上就要开始全面编写的关键时刻，山东大学带头要把蒋维崧和吉常宏老师拉回去教书。编写《汉语大词典》山东大学是头儿哇，这要把蒋维崧和吉常宏老师拉回去，一带这个头儿，别的学校一看，还不都要把人拉回去，这一来山东这支编写队伍就垮了，还编啥词典啊！我心里着急，同省里说了情况，我说要找教育厅厅长一起开会，请山大和别的大学领导参加，省里同意了，这个会开成了。在会上，我首先详细汇报《汉语大词典》的工作情况。我说道："编写出版《汉语大词典》是周总理逝世以前签发的最后一份有关出版工作的文件，我们应该全力以赴做好这项工作，贯彻好总理遗志。"但会上有的同志却提出不同意见。回来后我想，我压不住场啊！得换个老资历的人。我想了想：拉丁方明当组长。丁方明是山东省副省长，当时正好刚从副省长位子上退下来，担任山东政协副主席。他在副省长位子上的时候，一直抓教育，在教育界有影响力，教育界的人他熟悉，当这个组长正合适。我也跟他熟悉，就去见他，动员他出山当山东词典工作领导小组组长。我说，"你出面当组长，压得住阵脚。你当政协副主席，也有时间当这个组长，该你做的事你出面，该我做的事我出面。"我向省委汇报以后，省委同意了，就这样，丁方明当了组长，我当副组长。我说："你是副省长，在省里有影响，你找教育厅说说，搞《汉语大词典》这批人不能抽回去。"这以后，山东词典工作领导小组召开大学党委书记会议，省委宣传部、教育厅、山东词典办公室、山东大学、山东师范学院、曲阜师范学院，还有烟台、聊城、青岛的有关学校，都参加了会议。这次会议主要不是宣布领导小组改组，是宣布基于《汉语大词典》编写工作进入关键阶段，大家要齐心协力把编写《汉语大词典》这件事儿搞好，这是主题。

然后就讲，由于工作上的原因，丁方明同志担任组长，我当副组长。一句话就交代清楚了，明白人一听都知道是怎么一回事儿。从那以后，《汉语大词典》的编写队伍稳定下来，巩固了，编写工作也一步步展开，最后编成了。第一卷、第二卷和第三卷都是山东的，要是编写骨干散了，你把路挡住了，后面人家的路还走不走哇，怎么走啊？现在看起来，这一招儿真灵，这是老谭关键的一招儿。

《汉语大词典》先是叫编写领导小组，我是副组长，后来改成《汉语大词典》工作委员会，副主任我不当了，换成丁方明，我谭天当一个工作委员会委员就行了。

我1988年离休，别的事情我都不干了，只干《汉语大词典》这一件事，前后干了二十年。《汉语大词典》工作委员会，第一届主任是陈翰伯，陈翰伯去世后，边春光接替，边老是山东莱芜人，我们算山东老乡，边老去世后，换成刘杲同志接任主任，他比我小九岁，他年轻，他那时是国家新闻出版署副署长，人很和气，领导我们跟他一块儿开工作委员会会议，还有方厚枢。

《汉语大词典》编完了，出齐了，在北京人民大会堂开庆功会，江泽民主席出面了，他

煌煌辞典著春秋 ——《汉语大词典》出版背后的故事

山东团队。前排左起吉常宏、孟繁海、蒋维崧、丁方明、谭天、新一（丁方明夫人）、刘俊一；后排左起郭际鲁、丁方明秘书、相隆本、张鼎三、于化龙、孙越、王世舜、张志毅、李新、刘绍刚

对罗老说，"你是总设计师啊"。李鹏总理、宣传部部长，中央别的领导，都出面了。北京这场庆功大会，是《汉语大词典》五省一市编写队伍最后一次聚会，开完会从此就散伙了。大家都很留恋，在一块儿干了二十年啊，很有感情，分别的时候，有的人流泪了。

  山东完成《汉语大词典》编写任务，结束的时候，山东词典办公室的李新张罗，把山东《汉语大词典》的编写骨干组织起来，搞了一次省内旅游，到荣成的成山角，那个地方是秦始皇到过的。山东编写《汉语大词典》这支队伍，一开始参加的人多，后来陆陆续续淘汰了一些，就留下骨干，这些骨干都参加了这次活动，算是庆功，也算是宣告结束。这次活动，把罗老也请来了。山东圆满完成编写任务，他这个主编功劳大大的，又是山东人，所以把他请来了。他很高兴。罗老的家乡观念非常强，聊天的时候，一说到家乡的事儿，兴高采烈，对山东特别有感情。这次来参加旅游活动，罗老很感兴趣，一路上兴致勃勃。活动结束了，我们把罗老送到青岛去疗养。我跟罗老还有照片保留着，我有一本专门保存《汉大》的照相簿，里边只放《汉大》的照片，没有别的照片。我现在95岁了，思维大体上还清楚，还不是稀里糊涂，我说的《汉大》这几件事，都是我亲自做的事，亲身经历的事，记得很清楚。

（谭天：前山东省出版局局长、《汉语大词典》工作委员会委员）

《汉语大词典》，我人生里的真大学

李　新

我是《汉语大词典》工作委员会委员，也是委员中最年轻的一位。领到写作任务时有些惶恐，虽然本人为《汉语大词典》项目做过不少工作，可我无论如何也代表不了山东省 180 余位编撰《汉语大词典》的前辈们的回忆，现在只因为时过境迁，我这个晚辈尚能执笔而已。因此本文是以我个人的视角，把本人对《汉语大词典》浓厚的个人感恩情绪放在其中，写出的文字均为我一人的回顾，希望能对将来编写《汉语大词典》编纂史提供一点帮助。

参与《汉语大词典》编辑出版工作，是我职业生涯的重要组成部分。现在回想起来可以这样毫不夸张地说，一生可以有机会参与编撰这样一部代表中华民族语词文化的大典，是不可多得的幸运。而我居然一跨进出版行业就进入其中，一直连续为它服务十几年。所以我把从事《汉语大词典》工作的机遇比作读了另一所大学，也正是参与《汉语大词典》编撰工作，逐步把我历练成一位真正的出版人。

参加《汉语大词典》工作基本概况

我是 1976 年 6 月到山东省出版局工作，八九月份被分配到文教编辑室，不久即到山东省词典办公室做文秘工作。1977 年年底恢复高考后，考入山东大学中文系读书，1982 年 3 月大学本科毕业后再回山东省出版局工作，继续参与山东省词典办公室工作。1983 年，孟繁海先生调任出版局副总编后，山东词典领导小组任命我继任山东省词典办公室主任。1984 年 11 月我任齐鲁书社副社长兼"词办"主任，一直工作至 1994 年我离开齐鲁书社到山东美术出版社任职，至此再由于志强同志担任"词办"主任全面主持"词办"工作，2014 年本人作为社长、总编辑在上海人民美术出版社退休。

山东省词典办公室工作简介

在人民大会堂庆功会上。右起李新、孟繁海、于志强

山东省词典办公室是山东省词典工作领导小组下设的办事机构，1975年山东省受领中央下派的词典编纂项目多种，虽然《汉语大词典》的任务最重，但是因为山东还接受了多部其他语种的词典项目，因此上级主管部门山东省委宣传部决定办事机构称谓为"山东省词典办公室"，设在山东省出版局，统一管理和指导协调多种国家级词典编纂项目。

山东省词典办公室开始设在文教编辑室，随着出版事业的改革发展，后常设在齐鲁书社。词典办公室工作人员多时有五六人，既有出版局的工作人员，也有山东大学调入或临时协助工作的老师。第一任主任是周育仁同志，他是山东省出版局文教编辑室主任兼任，也是一位抗日老革命干部。1975年的广州会议就是他和山东大学吴富恒校长一起前往领受词典项目的。

第二任主任是孟繁海，然后依次是我、于志强。于志强同志与我年龄相近，他是《汉语大词典》项目的"小元老"。他是从优秀工农兵参与词典工作的人员里选拔的，也是在山东省词典办公室工作时间最长的一位同志，他对后期《汉语大词典》的工作也作出了突出贡献。

山东省词典办公室主要工作职能

山东省词典办公室主要工作职能有四个：一是在省领导小组的指导下组织安排词典编写出版的各项业务工作，落实年度各编写组编写任务，组织检查和监督词典编写进度和编写质量；二是按照省领导小组的安排，具体组织协调落实编写人员的调动和安置工作，并落实编写人员应该享受的各项待遇和政策，尤其在院校职称评定时，全力支持和推进编写人员的申评工作；三是组织落实和实施词典编写经费的分配和发放，并且监督检查经费的使用情况；四是作为省词典领导小组的常设办公机构，与汉语大词典编纂处，还有汉语大词典出版社、全省各参编院校各级相关部门和领导，保持正常的工作联络，执行和处理大量日常联络通联事务，组织落实各类词典工作会议的安排和会务工作。

参与词典办公室工作的主要体会

参与词典办公室工作体会多多。首先是国家对《汉语大词典》的支持和直接领导的力度和强度，在全世界范围内也是极少见的。同时，全体参与该书工作的同仁们的付出和奉献也是极其令人尊敬的。

这里需要特别说明一下，山东省词典办公室自设立到完成项目结束建制的十几年里，除了临时借调的院校老师，"词办"领导和工作人员几乎全都是兼职工作着。第一任主任周育仁同志是山东省出版局文教编辑室主任兼词典办公室主任；孟繁海先生是齐鲁书社社长兼词典办公室主任；我是齐鲁书社副社长兼任词典办公室主任；于志强同志是齐鲁书社总编室主任兼词典办公室主任。当然这并不说明我们这些人没有全身心地投入"词办"的工作，反而证明，在中国改革开放之初，出版事业正迅猛繁荣发展，我们都在很忘我地工作着，从未计较个人得失。就拿齐鲁书社来说吧，它是改革开放后1979年成立的古籍文献、文史类出版社，成立后，孟繁海先生就一身两职，他把"词办"的建制带到了齐鲁书社。齐鲁书社的发展势头很好，出了一批有影响力的文史文献类图书，几年后就成为北方地域除了中华书局之外的一家优秀学术专业出版社。我们平时工作都是双线作战，我也有自己的选题和一般图书的编辑出版业务，日常工作的确很繁忙。现在回想起来我从未感到过辛劳，反而快乐多多。我不仅学会和掌握了单本图书编辑出版工作全流程，我还能在国家大型图书工程的高平台上开阔视野，学习怎样把握出版业的全局，受益匪浅，为我日后主持出版社全面工作打下了坚实的基础。

同时，作为管理词典经费的"词办"的工作人员，除了临时借调的人员，山东省"词办"从未动用过词典经费给词典办公室的工作人员发放工资、补贴以及奖金，我们的全部收入都是以齐鲁书社职工的身份领取的。"词办"也没有单独设财务人员，全部委托齐鲁书社代管代发。词典办公室的经费，齐鲁书社也一分钱都没有动用过，完全是无偿服务。

1994年我离开齐鲁书社后，于志强同志在词典办公室处理善后工作，他与我商议，词典经费仍有几千元人民币如何处理。我们一致决定用此余款购买新版《辞海》（缩印本），分送给齐鲁书社的同志们和省领导小组的老领导们，感谢大家一路陪伴。回想这一幕，可谓无怨无悔，感恩大家。

回顾当年往事，充分看出了文化巨著的诞生，既有赖于编撰学者们的辛勤努力和付出，同时也需要有像"词办"这样的业务机构的保障和服务，两者缺一不可，互为支撑，互为合作。大型系统图书工程里，出版策划管理和业务服务工作的必要性在《汉语大词典》编撰史上值得书写上精彩的一笔，我感恩当时自己的辛劳，也让我有机会见证了新中国最大的语词巨著编撰出版的全过程，终生难忘。

值得记录下来的人和事

我参与《汉语大词典》项目工作时只有25岁，现在已经时隔40余年了，很多事情也记不清了，这一部分的文章我想用"关键词"的方式记录一下，我还能记住的那些打动我和感动我的人和事。尽管我的回忆有些跳跃，可我认为这就是我记得住的《汉大》工作给我留下的最深刻的印痕，也可能是最有意义的人和事。

1. "国发〔1975〕年137号"文件

《汉语大词典》能够历经中国特殊历史时期而最终成功出版，完全都是这个文件的指导和安排，而这个文件的设计者周恩来总理给"文革"后期的国家文化事业增添了一点亮光。该文件规划了150余部中外词典的出版计划，震动了整个中国文坛，这束光亮一下子照到无比压抑的文化出版界所有人的心里，这个文件的出台是中国"文革"时期很重要的一个文化现象。它部署的任务量极大，全国各地动员了沉寂了十年之久的文化人士，都来参与文件中指定的辞书编撰工作，而不是仅仅限于专业的语言文字工作者以及学校的教师参与。以山东省的情况来看，各院校编写组都吸收一些"文革"中倍受打击的"牛鬼蛇神""资产阶级反动学术权威"身份的人士参与《汉语大词典》收词工作，不然辞书编纂人才极其短缺，一时根本无法完成开始的收词工作。但是，当时也同时出现了一个"怪"现象，山东省《汉语大词典》编写组里，必须有工农兵人员参与业务工作，"文革"时期也把它称为"掺沙子"，就像"文革"中工农兵学员"上、管、改"大学一样。编写队伍里一定要有工农兵人员参加。于是山东省编写队伍里就出现了既有学富五车的改造中的知识分子，又有只具备初中文化水平的工农兵组员在一起工作的现象。记得每次到院校编写组联系工作，都能碰到和接触到与我年龄相近的工农兵组员，随着时间的推移，他们当中的大多数人都已回归基层单位，也有几位成了我的同事和朋友，我的词典办公室工作继任者于志强，当时就是曲阜师院编写组的工农兵组员，也就是通过在编写组里的刻苦学习和工作，同时又上了曲阜师院中文系本科课程后终于脱颖而出成为佼佼者，最终成长为一位优秀的出版人。此份红头文件一直指导着新的历史时期的辞书国家项目建设，延展20余年，因此也可以称之为具有史诗作用的红头文件，也就深深印在我的脑海深处了。

2. "霸气"的陈翰伯同志

1977年9月《汉语大词典》工作会议在青岛召开，山东省出版局负责承办，我作为办会工作人员参与了此项会议，做了会务工作。9月下旬的青岛海风已有了些许凉意，各省市代表团住在青岛八大关别墅区内，环境相当幽静，陈翰伯同志出席大会并作了主题报告。对陈老的革命历程我一直都有耳闻，总觉得北京高官一定很有派头，可是一见本人，就是一副大学教授的样子，就是一位戴着高度近视眼镜的学者，后来我倒是被他的霸气讲话折服了。需要说明的是，1977年9月，虽然"四人帮"已经被打倒了，但党的十一届三中全会还没有召开，党内思想还没有统一，政治环境还没有真正得到改变，因此极"左"思潮仍然干扰着正常的辞书编纂工作。大会期间我认真聆听了他的主题报告，真的没想到从他那瘦弱的身躯里发出了如此振聋发聩的声音。他语调很高，嗓门很大，所以即使不用麦克风，也可以把声音传送到大会每一位代表耳朵里。他明确地指出："把阶级斗争落实到每一个词条"是极"左"的错误观点，是"文革"流毒。一定要把《汉语大词典》编纂工作纳入正常的、科学的辞书编纂轨道上来。他历数"文革"对文化的伤害，字正腔圆，会场上的鸦雀无声，极富感染力。大会后，各省市代表团认真讨论他的讲话，气氛热烈，一下子把《汉语大词典》项目编写工作理念理顺了。自此，《汉语大词典》工作排除了困难走向正轨，陈翰伯同志此次讲话敢于担当、拨乱反正的气势，让我也见识了新中国第一代中央文化领导人的胸襟和胆识。可惜的是会议期间他过于操劳，小中风了，面部神经一半麻痹，只好提前返京。不久我到大学读书了，也没有机会见到翰伯老了，虽然只是短短一次会议，我能够近距离地接触他已深感幸运。回首此事，他的那种"霸气"的纠错讲话，对《汉语大词典》前期的编撰工作功莫大焉，是他代表国家牢牢地把握住了辞书编纂工作的正确航线。

3. "泰山石敢当"罗老

我不敢直呼罗竹风同志的原因很多，他老人家不单是《汉语大词典》的主编，更重要的是他是新中国出版界的杰出领导者，同时他还是地地道道的山东汉子，他出生和战斗过的地方都在山东，尤其是他和山东省词典编写工作各部门的人士都很熟，他们不是罗老的学生就是他的部下。可以这样说，他在山东省有着崇拜性的尊敬他的人群。把他老人家称为"泰山石敢当"，就是因为他在山东有着巨大的气场和人格魅力，只要他讲了话山东同志们都是服服帖帖。还有《汉语大词典》项目，五省一市共事协作，免不了有不少磕磕碰碰的地方，我们山东的同志不论有什么意见，只要罗老发的话，我们就肯定服从了。比如在编写工作任务安排和分配时，山东省接受的编写工作任务也比较重，尤其是编写难度大，又全部安排在《汉语大词典》的前三卷，我们"词办"也一直感到压力大，当我们（孟繁海和我）结合编写组反映的问题和困难，几次向工委会、编委会提出调整山东省工作任务的方案后，上海编纂处也十分为难，最后还是罗老一言九鼎，说服了我们。"山东编写队伍人才济济，五省一市，相比之下，山东编写力量在五省一市属于前三位的，你们可以挑重担。再说任务分配已经过去了几年，此时再调整，也不利于五省一市的团结协作，山东同志历来做事认真扎实，我放心你们不会扯乱污，不会拖后腿，方案不要改了。"好像罗老讲述过之后，我们就偃旗息鼓，

煌煌辞典著春秋——《汉语大词典》出版背后的故事

《汉语大词典》第三卷主要定稿人员在威海卫刘公岛。前排左起第四人罗竹风、谭天

再也没有提及此事。之后，山东省的全体同仁硬是撑着扛着困难，超额完成了编写任务。在《汉语大词典》首卷出版后，罗老在给孟繁海同志的题词里写道："一马当先，所向无敌，繁海同志领导山东'词办'有功。"给我的题字是"同舟共济，再接再厉"。在《汉语大词典》十二卷北京庆功会上，罗老再次给我题词："会当凌绝顶，一览众山小。"想起当年的情景，仍能感受到罗老的人格力量，至今依旧影响着我。

罗老的女儿罗黛娃同志与我同龄，她也在《汉语大词典》编纂处工作，加上罗老的生活起居都是她在照顾，我便和她有了更多的交往，后来成了好同事好朋友。罗老对家乡情义极重，每年都要回山东，休养和疗养也多安排在青岛，所以我经常代表山东省词典办公室协作黛娃安排罗老的行程和起居。到了《汉语大词典》编纂后期，我和罗老、黛娃的交往也越来越频繁。记得1989年《汉语大词典》第三卷出版后，谭天同志指示，山东任务基本完成，功德圆满，我们要开一次庆功会，务必要把罗老请来参加。我马上南下，携领导指示，先与黛娃沟通，再与百忙之中的罗老协调时间。最终罗老顺利成行，与山东省词典编纂各部门人才欢聚一堂，气氛极其热烈。会后，罗老和我们前三卷的主要编写人员一起考察了胶东各地。罗老也故地重游，更是其乐融融。有存照为据。

后来罗老病重入住华东医院，山东省词典领导工作小组的领导们每每要求我代表山东同志前去探访。每次探望见面，罗老总把他认识的山东同志问候一遍，对于家乡的小吃和特产也是情有独钟，我也有机会聆听罗老的乡音，他还几次提及希望我调到汉语大词典出版社来工作，对我关爱有加。可惜缘分不到，我没有到汉语大词典出版社工作。而在罗老故后的2000年年底，我调到上海人民美术出版社任社长。此后在上海人民美术出版社工作中，我又看到了罗老为《中国成语》大型连环画丛书所写的序言，字里行间渗透着罗老对中国优秀语言文化的挚爱，一下子又点燃了我对罗老的敬意，随后我再请《汉语大词典》最早的编辑之一金文明教授对全书进行了认真的审改，《中国成语》连环画丛书重新修订出版，立即受到读者欢迎。该书成为上海人民美术出版社连环画品牌书，至今畅销不断。罗老撰写的序言也仍然在继续传播着哲人的声音，这也是我这个晚辈最希望见到的事。

当然我也曾向罗老请教过他在1962年写作那篇被姚文元"打棍子"的文章的细节，我知道那是他职业革命家生涯里一次深渊般的遭遇，吃了大苦。没想到他只淡淡地一笑，"那就是政治嘛"，再也没有说第二句话。不久他送给我一本书《杂家与编辑》，又是慢慢地说一句话："你回去读读这本书就清楚了。"我由此第一次深刻感受到罗老有如此豁达的胸襟，这大概就是他留给我的政治遗训吧。

4. 平易近人的大领导刘杲同志

在地方工作的人员总是仰望北京中央机关的人，也常把国家机关的负责人称为"大领导"，我们也就习惯称国家出版局的主要领导为"大领导"。刘杲同志是我在《汉语大词典》工作期间，能够有幸多次接触到并接受过他教诲的大领导。

《汉语大词典》编撰工作一直由国家出版局主抓，先是翰伯老，接着是边春光同志，都亲自领导《汉语大词典》的工作。他们两位都是局长，一把手。到了刘杲同志主抓《汉语大词典》时，他是副局长，二把手。此时全国出版事业迅猛繁荣发展，《汉语大词典》出版工作的受关注度明显降低，编写人员锐减。但是恰恰是他在《汉语大词典》编纂出版的中后期的困难时期，继续大力推动《汉语大词典》工作向前进展，解决了不少很棘手的难题，起到中流砥柱的作用。但是刘杲同志给我个人留下的更深刻的印象都是他的另一面。

一是尊老敬老。每次见到他，刘杲同志对罗竹风同志都尊称"罗老"，从未改过口。对其他工委会、编委会里的老专家和各省市参加《汉语大词典》工作的领导同志，他更是嘘寒问暖，"先生""老师""某某老"都是他常挂在嘴边的称谓。会议召开时，虽然他是主角，可他总是先请教学者专家，然后是各省市领导发言。最后他才梳理各方的意见和建议后再发言。他的看法经常是以商量的口吻和语气表述，没有一点儿"大领导"的官腔。往往会议在他的主持下有条不紊地讨论，即使是很艰难的议题和话题，由于他的在场也都会转化为平和的气氛。在《汉语大词典》日常工作中，五省一市之间，或与编纂处之间经常会出现矛盾和不同的意见，也经常会有这种现象出现在会议上。此时，刘杲同志更是从大局出发，一碗水端平，给予相当温和的指导，而不是盛气凌人的发号施令，使我们五省一市的同志们心悦诚服，我们经常在旁边聆听和记录的工作人员都对刘杲同志佩服不已。

二是呵护新人，善待工作下属。我是工委会当中最年少的委员，经常配合汉语大词典编纂处的同志协办会议。在不定期召开的工委会、编委会会议期间更是和编纂处、出版社的同志们一起工作。编纂处和出版社办公室主任蒋薇美同志就不止一次地对我讲过："刘杲同志平易近人，办事干练，从来不拖泥带水，也没有官腔，对我们一般工作人员格外和气。"我也更有个人的切身感受和体会。

我清晰地记得，一次工委会会议的晚饭后，刘杲同志主动约我这个小青年一起散步。能和大领导一起散步，我似乎很兴奋，竟然开口向刘杲同志请教了一个很幼稚的问题，我说，"面对百废待兴的中国现况，不如做一回汉唐盛世的人，那时的人是不是更幸福快乐一些呢？"刘杲同志一边走路一边微笑着回答我："小李，不见得吧？那时是帝王时代，老百姓也不一定有好日子过。今日我们虽然落后，但是改革开放给了你们年轻人奋斗发展的机会，说不定你们的努力换来的幸福更快乐呢！"寥寥几句，让我醍醐灌顶一般，立刻清醒了许多。从此之后，我格外敬重刘杲同志，虽然他不是我们的直接上司，我却把他看作我的人生导师，每逢自己职业发展的关键时刻，必定要向刘杲同志请教一下，每次他的回话也都不多，但都能让我感到像有特别的能量激励着我。1994年，我从文史古籍出版转为美术专业出版时曾闹过情绪，又是刘杲同志的一席话，平复了我的心绪："文史、书画在中国古代本来就是一家，书画同源嘛，况且编辑本来就是吃百家饭的行当，没有什么了不起的，相信你一定能干得好！"就这样，我一下子就在美术专业出版社扎下了根，一口气工作了20年，直至退休。今天回想起来，我真心感恩刘杲同志对我的锤打和培养。

5. 我的直接领导——谭天、孟繁海

谭天、孟繁海两位不仅是我在《汉语大词典》项目工作时的领导，更是我在出版社日常工作的直接领导和事业道路上的领路人。

谭天同志是老报人，《大众日报》资深老总编，后调任山东省出版局副局长、局长。我入行时就是他直接领导、指点工作，一直到我离开山东出版集团，他都是我的领导。谭天同志也是胶东人，抗日战争、解放战争练就出来的新闻专家，在山东省极有威望。我1976年入行时他的身体很瘦弱，常年报社夜班使他体质大衰，但他对《汉语大词典》的工作十分用力和关心。我职业生涯的成长和他的培养也密不可分。1977年恢复高考，我有幸挤上独木桥，当我向他辞行到山东大学中文系读书时，老人家就谆谆教导："你是幸运的，多亏了邓小平。你要求读大学的心情可以理解，如果按照工农兵上大学的规则，再有几年也轮不上你。你要好好学习，毕业后一定要回来，你是出版局的人！"四年后，当我如约回到出版社后，他非常高兴，除了让我回到词典办公室工作外，他又安排我在齐鲁书社任经营部主任。1984年年底，即提升我任齐鲁书社副社长，此时离我大学回归不到三年时间，我十分明白，这就是他对我的培养，虽然我的能力不强，但是一下子就让我有这么高的工作平台，是多么大的机遇啊。现在回想起来还是他的推力，才使我能够有了从事出版事业的极好条件，较快成长为职业出版人。2000年年底，我调离山东到上海任职，此时老人家早已退休，我又一次去辞行，他深情地望着我说："你走了，常回来看看我，我愿意和你聊天儿，你们这代人要努力呀！"望着他高度近视眼镜后面的眼神，我有些把握不住自己的感情，眼睛湿润了。

孟繁海先生既是我的领导，也可以说是我的老师。山东词典办公室，我和他坐过对桌，

每天朝夕相处。他是山东大学中文系毕业的高才生,他以古典文学见长,是一位学者型的出版领导。他对我也是呵护有加。记得我刚刚进入词典办公室工作,他就让我起草会议通知等类似的公文,我写好,他逐行逐字地修改,并且不厌其烦地向我讲授公文的格式和修辞,每每看到他修改得密密麻麻的稿纸,我不免有些脸红。他便劝慰说:"你们没有机会好好读书,但是可以自学补上这一课。"之后他支持我到山东师范大学编写组旁听语言基础培训课程,这个班是专为参加《汉语大词典》编写的工农兵同志开设的。《汉语大词典》项目确立初期,还在"文革"时代,工农兵参加词典编写,但是这批同志基础很差,只能先入组,再从头学习、补课,边学文化知识,边参与收词工作。我也有缘有幸到组里听课,算是开蒙了吧。为了编好《汉语大词典》,山东省出版局为此专门购买了日本的《大汉和辞典》,因为是日文版,一般人无法使用,繁海同志又主动请词典办公室外语词典编辑黄玉林老师帮我在山东大学找到李威周先生业余时间为我上日文课,这些学习活动一加进我的工作和生活中,每天都很忙碌,却十分充实。1977年年底恢复高考,他更是鼓励我积极准备。考上后,他高兴地戏称我是他的"小师弟"了。

时间很快,一晃四年过去了,大学毕业后我回到词典办公室,他更是全力支持和放手让我做《汉语大词典》工作,虽然他后来到集团任职,但《汉语大词典》的工作也仍是他负责,还是我的直接领导,还是在他的具体指导下完成工作。繁海同志身体魁梧,脾气耿直,敢于担当。我年轻,工作没有经验,碰到编写组里解决不了的问题,都是由他出面解决,对我帮助极大。其实我在任"词办"主任的时间段里,繁海同志也从未放下过此项工作,我和他一起到最后完成了《汉语大词典》的全部任务。

此次编写此书时,我与王涛同志一起去拜访了谭天和孟繁海二位老领导。有幸,谭天同志作了口述文章;而孟繁海先生身体欠佳,未能录制口述文章。繁海先生有每日写日记的习惯,我们希望他能在身体条件允许的情况下,能够从那些年的日记里来给我们编撰《汉语大词典》找出更鲜活的史事。

"分卷主编负责制"与《汉语大词典》第三卷

《汉语大词典》前期工作阶段有多次结构性调整,通过每一次调整不断协调各种关系,也不断设法调动各方面的积极性。大家都在不断探索,寻找着一条适合中国国情的大型辞书编纂出版的道路。尤其值得肯定的是,当时无论是领导部门还是各地编写组织,都能以国家利益为重,都是以保障《汉语大词典》顺利完成而不断磨合后继续精诚合作。今天看来,社会主义制度条件下,上下团结一致,无私奉献,心气十足,就没有克服不了的难题。

写作本文时,原汉语大词典出版社社长王涛复印了《汉语大词典》的一些原始材料让我

煌煌辞典著春秋 ——《汉语大词典》出版背后的故事

参考,一下子发现了山东省词典编纂后期我起草的两篇文章,一篇是新闻稿、一篇是山东省词典工作领导小组主任丁方明同志的在第三卷总结大会上的发言,因此才有了本篇。

《汉语大词典》"分卷主编负责制"的确定是《汉语大词典》编纂工作中的重大结构性改变,对山东省词典编纂工作也有着深刻的影响。

1987年6月,《汉语大词典》工作会议决定建立"分卷主编负责制",解决《汉语大词典》定稿、审稿的瓶颈问题,而实施"分卷主编负责制"开始的第三卷正是山东省《汉语大词典》编写任务的主要编写卷目。山东省《汉语大词典》编写任务都在前三卷,第三卷的分卷主编必然由山东省的编委会编委承担了。于是此项工作山东省词典办公室受省领导小组的委派,与山东省三大院校积极协调,又与各方专家协商,几个月后推举一支最强的、又最精干的分卷定稿队伍,由分卷主编吉常宏挂帅,刘俊一、相隆本为副主编。他们是山东省当时最优秀的专家代表,吉常宏先生又组织精选了精悍的定稿人员。从1987年年底开始,他们数次常住汉语大词典编纂处,开始了一段特别值得记录下来的第三卷定稿奋斗史,一旦投入工作,他们就进入忘我的工作状态。

第三卷的定稿专家们为了方便查找图书资料卡片,加上白天晚上连续作战,他们放弃了到宾馆住宿,就在新华路200号院内的简易工棚式的房间里安营扎寨,埋头苦干。我曾多次代表山东省领导和"词办"去看望他们,当我看到他们精益求精的工作态度和简陋的工作环境形成了巨大反差,尤其是吉常宏、刘俊一先生都是花甲年龄的长者,也和定稿的老师们同吃同住同工作,真是让人感动无比。今日回首当年他们不惧寒暑,披星戴月工作的一幕幕场景,仍让人敬佩之至。就是这样一批无私奉献的中国知识分子,推动《汉语大词典》编写工作不断前行。经过一年多的努力,第三卷顺利成功出书了。在一年多的日子里,吉常宏先生率领大家完成了11个部首33000个词条,430多万字的审稿、定稿工作。吉先生领导大家的工作信条是"一切从语言实际出发,实事求是,一丝不苟"。1994年5月6日《文汇报》曾以《中华民族文化长城》为题报道《汉语大词典》出版发行的消息,其中就写道"山东大学吉常宏、曲阜师院相隆本奉调来沪,他们业务上都有着奇才、怪才之称,时时被一种使命感和紧迫感所驱使,把整个身心都交付给了大词典编纂工作。他们住进编纂处的铁棚简易楼,夏天酷热似太上老君的炼丹炉,可为了工作也都顾不得体统,光背赤脚,一边看稿一边用冷水毛巾擦汗;冬天北风呼啸,屋里冷得出奇,北方人不习惯南方生活,冻僵手脚时干脆钻进被窝里看稿,经常是彻夜不眠,熬红双眼……""那些难忘的岁月,诚如山东省编写人员所说,是你选择了我,我选择了你,一往情深不分离"。

随着第三卷"分卷主编负责制"的实施成功,《汉语大词典》以后各卷逐一效仿,使得《汉语大词典》的定稿工作进展速度大大加快。山东省定稿专家们的榜样作用深得人心。罗老在第三卷总结会上曾说:"山东同志们在完成第三卷的定稿任务上认真负责、艰苦卓绝,老老实实的工作态度,给我们留下了深刻的印象","分卷主编吉常宏教授、副主编刘俊一教授和相隆本教授承担定稿任务,然后再由他们物色、聘请定稿人,内部协调,职责明确,对定稿工作大有好处"。

第三卷的出版也标志着山东省《汉语大词典》编写工作的主要任务已经完成，为此谭天同志建议在山东召开第三卷出版新闻发布会时，省领导小组主任丁方明同志的发言要有全面总结山东省《汉语大词典》工作的内容。为此，他要求我先起草这篇讲话，并提出了写作要求。我即在"词办"同志们的帮助下，收集相关历史资料，并与孟繁海同志切磋文章内容结构，再次请谭天同志审改后送丁方明同志处，方明同志阅后同意。今天再读此文，其实就是山东省编纂《汉语大词典》工作情况的一个小史，没有王涛同志提供资料，我是不可能回忆起这么详细的数据资料的，因此本文的结尾一定要把此文全文登录，完完整整地反映历史真实面貌。好在当时谭天同志提写作要求时就指出"文字一定要控制，大会发言稿不要超过20分钟"，我当时也是按照此项要求去起草的，所以文章不长，言简意赅。

1989年4月18日山东省词典编写领导小组、汉语大词典出版社在济南举行《汉语大词典》第三卷出版发行新闻发布会，新闻全文：

《汉语大词典》第三卷于4月中旬出版发行，该卷由分卷主编、山东大学吉常宏教授负责定稿，汉语大词典出版社出版，山东省词典编写领导小组暨汉语大词典出版社于4月18日在济南举行《汉语大词典》第三卷出版发行新闻发布会。

应邀出席新闻发布会的有山东省党、政、人大、政协等有关方面负责同志；《汉语大词典》工作委员会和主编、副主编以及主要编写和定稿人员；新闻界的记者共90余人。中共山东省委常委、宣传部部长苗枫林，山东省副省长宋法棠，山东省政协主席李子超、副主席陆懋曾和吴富恒，山东省人大常委会副主任林萍，山东省前省委书记苏毅然等亲自到会。《汉语大词典》工作工委会常务副主任边春光，副主任季啸风，主编罗竹风，副主编蒋维崧，第三卷分卷主编吉常宏，汉语大词典出版社社长兼编纂处主任王涛、副主任阮锦荣出席会议。

新闻发布会由《汉语大词典》工委会副主任丁方明主持，他代表山东省词典编写领导小组和汉语大词典出版社首先讲话。在会上讲话的还有苗枫林、吉常宏、边春光、罗竹风等同志。

第三卷是实行"分卷主编负责制"后的第一个分卷，其定稿和编辑加工体现了"既重视质量又加快进度"的原则，从去年5月发排到今年3月底见书，为期10个月。汉语大词典出版社在中华印刷厂和上海新华书店发行所的通力合作下，使第三卷及时顺利地与读者见面了。预计今后各卷的出版进程更会有所加快，以求早日出齐《汉语大词典》全书。

《汉语大词典》工作委员会副主任丁方明讲话全文：

煌煌辞典著春秋 ——《汉语大词典》出版背后的故事

我首先代表山东省词典编写领导小组和汉语大词典出版社向今天到会的同志们表示最热烈的欢迎和衷心的感谢！

《汉语大词典》是我国第一部大型的多卷本（十三卷）的汉语语文词典，是我国文化建设方面的重点科研项目，是1975年敬爱的周总理生前亲自批准的，开始筹备编写也在1975年。这个辞书，由上海、山东、江苏、安徽、浙江、福建五省一市在中央的关怀支持下，同心协力，艰苦奋战，经过十多年来的努力，在1986年、1988年分别出版了第一卷和第二卷。现在由山东省负责定稿的第三卷也出版问世了。这是继第一、二卷之后，取得的又一项可喜的成果。

这些年来，山东省《汉语大词典》的编纂工作一直受到省委、省政府的高度重视和热情支持。为了加强《汉语大词典》编写工作，省委、省政府几次发出文件，提出具体措施，对调集、稳定编写队伍起了决定性作用，有关院校在教学任务繁重，师资力量不足的情况下，也都克服困难，抽出一批骨干力量，全力投入这项重点科研项目，大词典编写所需经费，一直由省财政拨付，专款专用，为编好《汉语大词典》提供了重要的物质保证。由于省委、省政府和有关部门的重视和关怀，使参与编写的同志在业务职称和其他待遇上得到了较好的解决，从而大大地调动了大家的积极性，保证了编写质量，促进了工作进度。

山东省在《汉语大词典》收词制卡积累资料阶段，先后有十几所院校、180余人参加了工作，大约做了70万张资料卡片，为编写工作提供了丰富的资料；转入编写阶段，山东共承担26个部首、四万余条编写任务，全都在前三卷，这些部首的特点是笔画少义项多，难度大，而且时间紧迫，要按质按量按时完成编写任务，困难极大。但是，由山东大学、山东师范大学、曲阜师范大学编写组和聊城师范学院、烟台师范学院、泰安师范专科学校、临沂教育学院七个编写组，还有青岛教育学院参加编写的同志，连续奋战，四五个暑假不休息，发扬吃苦耐劳、坚韧不拔的精神，终于按质按量按时完成任务，受到《汉语大词典》工委会、编委会和主编的一致好评。自1985年至今的定稿阶段里，我省参加了已经出版的前两卷的全面工作。1987年《汉语大词典》实行分卷定稿负责制以后，我省又接受了第三卷的定稿任务，确定由山东大学吉常宏教授担任主编，组成一个精干的定稿班子，苦战一年半的时间，定稿3.3万条，改样数万条，以较高的工作质量如期完成任务。

到目前为止，山东省《汉语大词典》的编写工作已经告一段落。综观我省走过的历程，有两条经验值得总结：一是团结协作，艰苦奋斗；二是出经验，出人才。

山东省的编写力量与其他省市相比并不算强，之所以取得显著成绩，是与上下一致、团结奋战的精神分不开的。领导小组和有关院校负责的同志，始终关怀辞书的编写工作，及时排忧解难；编写组里的老年专家不顾年迈体弱，积极负起全书的编审重任，对编写工作精心指导；一批中年骨干，吃苦耐劳，从不计较个人得失，把自己的全部心血倾注在《汉语大词典》的事业上。省"词办"十几年来努力协调各方面的关系，组织实施各阶段的工作计划，做了大量工作，至今还在发挥作用。总之没有团结协作、艰苦奋战的精神，就没有今天的成绩。

过去，山东从没有编写词典的专业队伍，经过编写《汉语大词典》，不仅较好地完成了此项艰巨任务，而且培养锻炼了一大批人才。在全省有关大专院校的编写人员中，先后十余人被聘任为教授或其他正高职称，30人被聘任为副教授或其他副高职称，30人被聘任为讲师和其他中级职称。这样我省终于从无到有、从小到大形成了一支人数可观的辞书编写力量。他们不仅能够胜任大中型语文工具书的编纂任务，而且对我省社会科学的某些学科，如古籍整理、语言研究，高校教学等方面发挥着不可低估的作用。

《汉语大词典》山东省分担的编写任务，随着第一卷至第三卷的出版问世，已经告一段落，但作为五省一市的协作项目，全书13卷没有全部出版问世之前，就不能说我省的工作已经彻底完成。在外国，编这样一部大型语文工具书往往需要几十年甚至更长的时间。现在中国台湾、日本、韩国也都在编纂同类规模的汉语大词典。我们的《汉语大词典》14年出了三卷，估计还需要五年才能出齐。在这种情势下，对于我们可说是任重道远，今后需要继续进行的工作是：

（1）继续参加《汉语大词典》工作委员会和编辑委员会的日常工作；

（2）在今后的定稿工作中，如果需要，我们还要抽出部分力量，进行大量的支援；

（3）参加《汉语大词典》"副产品"的编撰工作，以扩大战果。

因此，山东省词典编写领导小组和它的办事机构——山东省词典办公室还要保留和继续工作。最后请允许我代表汉语大词典出版社、省词典编写领导小组，向为完成《汉语大词典》头三卷编写和定稿工作作出贡献的部门和同志，向各位领导和同志，向大会的新闻界朋友们，再一次表示衷心的感谢和良好的祝愿！谢谢！

一群懂文化的"胶东"干部

山东省词典工作领导小组的主要领导，多数都是山东"胶东"干部。他们开会、交流、办公做事都讲着有韵味的山东胶东方言，极有特点，很有辨识度。山东省东部，也称为胶东半岛，即以胶莱河向东，指青岛、烟台、威海地区。这些地方方言相近，文化意义上的胶东也是以讲胶东语为母语的、习俗趋于一致的地区。我在山东工作生活，个人对胶东人有些看法。

山东省是孔孟之乡，民风严谨，讲究礼仪，但是山东东部和西部的文化习俗仍有很多不同。东部及胶东半岛的人有着受海洋文化影响的特质，而且烟台、青岛都曾有被列强侵略占领的经历，多元文化的特质在这些地域也有显现。再加上抗日战争爆发后，胶东多地都是中共抗日根据地，因此中华人民共和国成立后，"胶东"干部人才辈出。

我回想一下，山东省"词办"领导小组和山东省宣传部领导都有"胶东"干部。我印象深刻有一个名单：山东省宣传部部长林萍，副部长徐杰，山东省词典领导小组组长、山东省副省长丁方明，山东省出版局局长谭天、初甫川，还有山东省"词办"第一任主任周育仁，省教育局处长周培竹同志都是胶东干部。这批胶东干部都主管或分管过词典工作，他们都有一种性格特色，做事干练，既懂文化工作的规律，又善于处理工作中的难点。山东省词典工作，一直有这些胶东干部主持和主理着，我在他们身边也有机会学习和见识了他们的工作才能和领导智慧。更有意思的是，谭天同志、方明同志还是《汉语大词典》主编罗竹风先生的学生和部下，而罗老也是胶东平度人。1979年罗老担任主编后，回到山东的次数又相当多，这么多的老战友、老同志加上乡土情谊，相聚在一起，那真是热闹。我在旁侧光听他们用方言讲话，就是一种享受。胶东方言话语顿挫有致，尾音极高，富有韵律，有强烈的节奏感，方言特色极其突出。相声大师侯宝林就曾把胶东方言模仿得极有喜剧效果。后来我大学读书时专门修了钱曾怡老师的"方言"课。说来巧得很，大学毕业回到出版社，参编的第一本书就是钱曾怡老师的专著《山东烟台方言调查报告》，真是一种缘分呀！

今天上述领导干部大都已经故去，缅怀他们的时候，音容笑貌不断再现，一群懂文化的胶东干部。

"双子星"——蒋维崧、吉常宏

《汉语大词典》项目开始之初，辞书专业人才极其短缺，专家更是稀少，山东省十分有幸有两位大师级的汉语言专家扛起了山东《汉语大词典》编写队伍的大旗，他们就是蒋维崧先生和吉常宏先生。全省《汉语大词典》编写队伍在他们的指导和引领下，业务素养和辞书专业知识水平有了大幅提升。山东省百余名编写人员努力奋斗，全面按时保质保量，完成前三卷的编写任务，两位大师呕心沥血，作出了突出贡献。

蒋维崧先生，山东大学中文系教授，也是我国著名汉语言学家。他从《汉语大词典》项目在山东开展就担任了山东大学编写组负责人，同时代表山东担任《汉语大词典》副主编一职。蒋维崧先生在学界有极高的威望，又专于书法、篆刻，是山东省《汉语大词典》编写队伍的领军者。

吉常宏先生，北京大学原中文系古代汉语专家，1976年由山东省博物馆转入山东大学编写组任负责人，与蒋维崧先生搭档，全身心投入编写工作18年。担任《汉语大词典》编委、第三卷主编、《汉语大词典》简编本副主编等职，吉常宏先生勤勉严谨，深得主编罗竹风先生器重。

我说他们两位是"双子星"，也有两层意思。一是两位在《汉语大词典》编委会里也有着重要的学术位置，尤其是《汉语大词典》前三卷都是山东省的编写任务。万事开头难，各省市也都把山东省的编写工作成果，作为他们效仿和学习的对象。山东省初写、试写词目工作时，更是把全省的词目都递交以两位大师为领导的审定小组把关修改，这样一来，各省市大家都十分关注他们两位对编写工作的建议和指导。二是两位专家在审定稿中配合得当，蒋维崧年长一些，话语不多，性格内敛，言简意赅；吉常宏性格开朗，勇于担当。省内试写稿的讲评都是两位商量好了，再由吉常宏先生主讲，效果极佳。我记得每次审定稿工作，各编写组都派骨干来参会，都想把自己写的稿子交给两位整改，并认真听取讲评。可以这么说，山东省内的编写人员对两位专家心悦诚服。在十多年的《汉语大词典》编写时间里，山东省的学术指导氛围一直十分浓厚，各编写组之间的交流也很融洽，其中两位专家的绝对学术地位，也发挥了极大的作用。在《汉语大词典》第三卷审定稿时，蒋维崧先生年事已高，吉常宏先生独撑大局，更显英雄本色。第三卷的定稿人员中，不仅有山东省编写人员，吉常宏还力邀浙江师范大学张叶芦先生、福建林菁先生加入，开创了"分卷主编负责制"的新路子。后来主编罗竹风给吉常宏的信函中多次强调："《汉语大词典》山东诸公，贡献最大，令人难忘。"

同时我也要说的是，两位大师也是我的恩师。刚刚入行时，我是为两位老师服务的小青年，而1978年我读山东大学后，就有机会亲身接受两位老师的教诲和业务指导。两位大师并没有在中文系上过课，可是就因为我成为山东"词办"的工作人员，我就以"私"学生的方式，不断向两位老师讨教。蒋维崧先生指点我从古文字入手，甚至要求我边背读古文字，边用毛笔写古文字，加强记忆，熟悉字形，一举两得，这种读书学习方式是蒋先生之独创，使我受益一生。

吉常宏先生更是我的亲老师。我恰好和吉先生的儿子——吉发涵兄是同班同窗，吉常宏先生就利用星期日为我们开小灶，专讲他编写的《古代汉语》。我曾写文专门记录这一感人的场景，我们四五人围坐在吉先生济南老家的堂屋里，聆听先生亲授，无论寒暑，还有师母的茶水、绿豆汤相伴……这种电影定格一样的画面，是我一生的记忆。

山东编写队伍"群英谱"

山东省编写力量由弱到强，经过十几年的发展变化，到《汉语大词典》编写后期形成了七个编写组和每组都有自己领军人物的大格局，真正实现了出经验、出人才的目标。我作为

煌煌辞典著春秋 ——《汉语大词典》出版背后的故事

"词办"的工作人员,对于这批骨干精英的情况还是比较熟悉,我想就本文把这批精英的基本情况记录下来。

首先山东省还有一位大专家要单独介绍,他就是刘俊一先生。刘先生原为曲阜师范学院教授和曲阜师院编写组组长,后调入青岛教育学院任教。刘俊一先生以语音学见长。语言学科里,中国语音学是一门独特的学科,有着相对的独立性,因为中国语言文字、音义之间复杂的关系,学界一直把中国语音学称为"玄学",能够全面掌握这门学问钥匙的人少之又少。随着《汉语大词典》编写进入校稿的时间阶段,整个《汉语大词典》编写人员中语音审定工作,缺兵少将,成了短板。汉语大词典编纂处与山东省协调商定,由刘俊一先生专门负责《汉语大词典》全书的语音审定工作。我们词典办公室为山东省有这样的专家而感到骄傲,但是却辛苦了刘俊一先生。在担任第三卷分卷副主编任务结束后,刘俊一先生仍旧为《汉语大词典》以后各卷的语音审定负责直至全书完成。刘俊一先生还年长吉常宏先生两岁,常年奔波在青岛、上海之间,毫无怨言,勤勤恳恳。每次与刘俊一先生见面,先生总是以笑容来面对工作和人生,他的乐观主义精神激励和感染着我这个年轻人,始终难忘。

山东大学编写组是山东省编写人才比较集中的地方,除了蒋、吉先生外,中生代有王佩增、陈慧星、刘晓东等优秀语言专家。他们都有扎实的国学根基和严格的学派学习,成为《汉语大词典》第三卷的主要定稿人员,可惜的是王佩增先生英年早逝,令人扼腕,不然他必是山东大学乃至山东省语言学界的领军人物。

山东师院编写组开始由罗竹风先生的大学同学、中国古典文学专家严薇青先生领军,随着严先生年事已高,山东师院编写组工作由张鼎三先生主持。张鼎三以现代汉语专业见长,他是难得的专业大家。山东师院编写组分担的编写任务在山东各组里最多,张鼎三先生视力不好,每每携带放大镜坚持伏案,十分不容易。山东师院编写组人才济济,张翰勋、高文达、郭香圃几位老师与我比较熟悉。山东师院编写组按时保质保量完成任务时,张鼎三老师的眼睛几近失明,让人感佩。

曲阜师院编写组,先有刘俊一先生任组长,后由居思信先生、赵传仁先生主理。后出一位辞书"怪才"相隆本教授,成为山东省词典编写组的绝对骨干。相老师在《汉语大词典》编写后期脱颖而出,迅速成长,他被吉常宏先生选定为第三卷两位副主编之一,绝非偶然。他在《汉语大词典》第三卷的定稿工作中全力辅佐吉常宏先生,忘我地工作,解决了工作中大量的疑点和难点。吉常宏先生戏称他为"怪才",他也被罗竹风先生看中,深得其厚爱。

山东省还有四个编写组,分别设在聊城师范学院、烟台师范学院、泰安师范专科学校和临沂教育学院。我们十分清楚,当年师范学院、专科学校里不会有辞书专业的专门人才,但是为了国家项目,为了为国家文化工程出力,他们都放下自己的专业,投身到了《汉语大词典》工作。他们可能不是最专业的辞书编写人才,但是他们牺牲自己、成就国家的精神,确是最专业的奉献。

聊城师院编写组组长王世舜教授是中国哲学家和古文字专家高亨先生的弟子,一直以研究《庄子》为自己的主攻方向,为了编写《汉语大词典》,担当起重任。从不熟悉到全面把握词语编写的规律和规则,以相当优秀的业绩完成了编写任务。烟台师院编写组组长张志毅教授是我国优秀的当代语言学专家,曾担任《现代汉语词典》审定委员,本人还有多部专著,而《汉语大词典》以收古词语为主,为此他放下自己的研究,带领烟台师院编写组全力主攻古词语。我与志毅老师很是投缘,他和夫人张庆云老师都是当代语词学的专家。我1986年6月在齐鲁书社为张庆云老师出版了中国第一本《汉语反义词词典》时,想请他为太太的著作做审定稿,张志毅老师明确表示他绝不参与,他要一心一意为《汉语大词典》工作,他开玩笑地说,"我要和她划清界限"。张志毅老师性格开朗,待人热情,尊师爱幼。《汉语大词典》工作会议多次麻烦他协助在烟台操办,他都全力配合,实在感人。

泰安师专编写组组长孙越老师、临沂教育学院编写组的于化龙老师都是山东省资深的汉语教育专家,他们两位的年龄相对大了一些,但是为了《汉语大词典》,不停地奔波在临沂、泰安、济南之间,努力听取专家审校意见,再带回去认真修改,反复审订,不厌其烦。有时我都不好意思让两位老师这样来回奔走,当我表示抱歉,两位老师却不以为然:"能够把词目写好、改好是最重要的,我们也在学习新学问新知识,很值得的!"

结束语

当我断断续续写完上述文字时,已经是2018年年底。而12月18日谭天先生去世,终年96岁;接着2019年1月8日,孟繁海先生也去了,终年89岁。噩耗传来,震惊不已。我和王涛几个月前刚与两老见面相聚,音容宛在。曾想改好本文后再送两老审看的,可惜已经不可能了,但愿本文的记录能作为缅怀逝者的一份心意吧。

尽管我的笔拙,为了记录山东编写《汉语大词典》的历史,本文所写的点点滴滴,说明我努力了。我不能更好地书写当年的历史,也拜托更多的山东其他《汉语大词典》参与者继续写出来吧。

(李新:《汉语大词典》工作委员会委员,山东省词典编写领导小组办公室主任)

我与《汉语大词典》

吉常宏（口述）

1976年春天，山东大学的贺祥霞到山东省博物馆来要人，对博物馆领导说："我们想请吉常宏去编《汉语大词典》。"贺祥霞怎么找到我的呢？是这么回事。当时山东的文教单位属于省里文教小组领导，山大到处找人编这部大词典，省文教组告诉贺祥霞，"我们博物馆新接受一位北京大学来的文字专家"，于是就找到了我。博物馆当时说，"你们少给他点工作，我们也很忙"。这其实就算答应了。我问博物馆领导，"你答应了？""答应了。"我说，"编词典这可不是好差事，一搞进去跑也跑不掉了。"当时吴富恒是山东大学校长、山东词典领导小组组长，蒋维崧先生是副组长。他们同我见面说："现在处在收词制卡阶段，就是做资料卡片。已经商量好了，先拿日本的《大汉和辞典》和台湾地区编的《中文大辞典》作底本，把看中的打钩，剪贴下来，做成卡片。"我们山东大学组分得《大汉和辞典》。当时山大《汉语大词典》编写组有工农兵学员，殷孟伦先生、殷焕先生、卢振华老先生也都在编写组。实际上一直干事的，主要是我和蒋维崧。小殷先生、卢先生腿不好，走路困难，就在床上放个小桌子，坐在那儿看书收词。我和小殷先生、蒋维崧先生决定哪个词要，哪个词不要，要的打钩，不要的打叉。就这样，我们把《大汉和辞典》做完了。

话说回来。当初五省一市在上海开会派任务，特别是第一卷、第二卷、第三卷，别的省都不愿意接，因为部首笔画越少，词目越多，也最难写。山东是吴富恒和出版局的一位去开会的。吴富恒老先生很爽气，在会上说"我们拿一二三卷，一二三卷给山东"，一下子把前三卷都吃下来了。吴富恒校长回来后，就把贺祥霞和一些老同志找到一块儿，成立了资料组。我从1976年春天开始参加资料组的工作，从家里到山大，每天走半小时去上班。这以后，山东又陆续成立起几个编写组，曲阜师范学院和山东师范大学各成立一个编写组，也是先搞资料。

罗老是北大的，我也是北大的。他是领导，我是后进。罗老当初不叫罗竹风，罗竹风这个名字，是参加革命以后改的。他同严薇青先生是同学，我是1981年3月份调到山大来的。当时没调到山大之前，山大已经把我当自己人看待了。当时没人啊，就蒋维崧先生一个人。

所以好多会议都是我一个人代表山大去参加的。比如说青岛会议。去青岛开会之前，事先我写了个发言提纲，先拿给吴富恒校长看，校长看过提了意见，我做了一点修改，这才拿到青岛会议上发言的。在青岛会议上我就提出来，咱们现在不是看书收词吗？如果要竭泽而渔，做到在每本书、每部重要典籍里，每个字一字不漏的话，那就应该先做一步工作，就是先做"引得"。我在会上讲了好多一定要先做"引得"的理由。但是，我的建议没引起当事人重视。当时，大会还请了一位《现代汉语词典》的编辑到会上介绍编写词典的经验。这位编辑谈起编词典十分动情。他是北京语言所的，是丁声树、吕叔湘先生那时候编纂《现代汉语词典》的一位助手。"四人帮"被粉碎以后，《现代汉语词典》又出版了。我那时对《汉语大词典》的方式也很无奈，曾给王力教授写信说"编词典这个事情很难办"。因为编《汉语大词典》这种事，本来是要高度集中在一起编写的，但是现在太分散了，五省一市有几十个编写组，这太分散了，带来很多问题。别的先不说，当时是在收集资料，光福建省就散在好几个地方，据说动员了几百人参加。这么多人良莠不齐啊，资料出来一团乱麻。别小看收词，这是编写《汉语大词典》质量的保证。工农兵齐上阵，这怎么个编法？

  山大还要求办个学习班，出版局还来了两个学员参加办学习班。当时这叫"上、管、改"，由工农兵管理改造上层建筑，所以挑选大学里的工农兵学员来参加编写《汉语大词典》。他们在学校的位置比我们高，有领导、教育我们的意思。培训班人不多。山大出三个人，山师大和曲阜师院各出三个人，总共九个工农兵参加编写《汉大》，先搞收词制卡。当时出版局印刷厂来的两个工人，人很老实，教他们怎么干就怎么干。

  当时就是这种情况，山东怎么办的呢？记得是成立学习班，培训大家看书收词，教大家怎么做资料卡片。当时怎么做呢？我和蒋先生讲课，一讲一个上午。我给大家讲《孙子兵法》，讲完了大家再做资料卡片，就这样收下来的词卡，还得我和蒋先生一张张一条条去改。我对蒋先生说："这还不如我们自己做快当。"那时候不光我这么看，蒋先生也这么看，看得比我还重。他说，"这不是胡闹吗？给他讲了再收词，收的又不行，还得我们自己收。" 实际上，就说这个收词制卡，讲完课再由工农兵学员收词，不如自己划一下，不就完了吗？反而省力。但这是接受工农兵教育。当时受"四人帮"思潮干扰极为厉害。这个学习班办了一个月就停办了，改成补课。总不能天天白天上课吧，于是改成晚上上课。后来觉得，与其上课，还不如叫他们到学校去听课，就把这批学员放到山大去听课。到"四人帮"被粉碎，这九个人也干了一年时间了，人家也做了不少工作，不能让人家走哇，就把他们留下来继续搞《汉语大词典》。当时同人家讲明做两年《汉语大词典》算作上学，这两年算学历，两年后发毕业证书。两年过后，也没给人家发。

  这个阶段各个学校都感到困难，不光山东大学。那个大呼隆做法，有我们，有工农兵，会编的不会编的一起上。你不执行吧，不行，执行吧，真难！"四人帮"被粉碎以后，才开始试写样稿，但那种思潮，余毒影响一时半会去不掉啊，我们都还套着紧箍咒呢。你比如说，

煌煌辞典著春秋——《汉语大词典》出版背后的故事

"孝"这个字,怎么个起草法儿?写不好成了愚忠愚孝了。当时,要同一切传统观念彻底决裂,什么传统观念都不能有,一有就要批判的。所以在上海福州路新城饭店讨论收词的时候,这个问题讨论得非常热闹。你编《汉语大词典》,总不能不收"忠孝"这个词吧,你收进来,怎么解释呢!你用封建社会叫作忠,×××叫作孝,这不行啊。还有,那时候不是还批判孔子嘛,牵涉孔学的一些名词,这些词语试写稿里也有。后来编纂处挑了一批词语叫我们试写,忠孝仁爱这类的词条也有。这个"仁"的问题,落到谁手里都是麻烦事。你说传统讲法,按照孔子的讲法,仁者爱人……他是地主,你爱不爱,这事就麻烦了。当时试写的时候,可着急了,最难办的就是社会词语,像忠孝仁爱,孝义,这"义"你就不好讲。那阵儿还批《水浒传》,梁山泊好汉不是讲义气吗?这个"义气""忠肝义胆""替天行道",这些都批。这些词儿你不能不收吧?落到谁手上,都觉得麻烦不好写。所以,试写了一段之后,编纂处提出要组织交流,由五省词典办公室具体承办落实。

山东词典办公室要求几所学校把试写稿先交给他们,再由"词办"把稿子分发给各所学校,交换看一看。看下来稿子参差不齐,咋办呢?山东"词办"就把大家召集到一起,交流试写稿的经验,开会研讨。我和蒋维崧先生都参加了研讨会,实际主持业务交流。之后,词典办公室决定成立核心组,统一看稿子,找出问题,组织大家开讲评会。核心组有蒋维崧先生、刘俊一先生、张鼎三先生、孟繁海先生和我,一共五个人。我在讲评会上,错的对的,一一说清楚,大家听下来,明白了《汉语大词典》条目究竟该怎么写。现在看来,词典办公室召开讲评会,很有必要,也有成效,效果明显,至少大家伙心里明白《汉语大词典》条目大体的写法,心里竖起一根标杆儿。有了这根标杆儿,写起来就容易统一,不致大滑边儿。后来到上海,五省拿着稿子交流经验,山东的试写稿子一直当作标准稿看待。

分散编写,在当时是个大问题。那时语言学界大佬有一种看法,《汉语大词典》编写分得那么散,大呼隆,工农兵一起上阵,这能编得成《汉语大词典》?这部大词典哪能这么搞呢!他们不满意。中国社科院语言研究所吕叔湘先生也有类似意见,在杭州会议上他还提过这件事,持批判态度,说编《汉语大词典》不能分得太散,一定要集中。他说:"编词典这件事,必须读上四年大学,再读上十年书才有资格编。"按照吕先生的意见,编一般词典都要读上十年书,那就更不要说编写《汉语大词典》这样一部大型词典了。确实,编词典不是件轻松的事儿,特别是编写像《汉语大词典》这种贯通古今的大型辞书,尤其困难。

罗老很重视语言学界的意见,他的人脉也很广,广泛听取意见,采取措施解决这个问题。他同国家出版局与教育部一块儿,协调成立了顾问委员会,把语言学界的这些前辈学者请到一起,听取他们的意见。经过这么一番周折,语言学界和罗老、编委会的意见统一起来了,合成一股劲儿,《汉语大词典》编写工作转向正轨。罗老跟我谈过这个问题。

当时我也比较担心,担心什么?编这部大词典本来是需要高度集中的活儿,如今这么分散,往下怎么个编法儿?《汉大》分散编写这个问题,我跟王力先生讲过,我还请他得便向上头讲一讲，反映一下情况，王力教授答应下来。他在政协全国会议上讲了这个问题，他是政协常委，后来又在人大常委会讲过这件事，他也是人大代表。他在两处会议上都讲到，编写《汉语大词典》这件事相当重要，这是国家文化的大事情，不能分散开来编，分散编不好大词典。他向上边反映问题，这跟他当了学术顾问有关系。他后来给我回信说，我提的问题，他向上面反映过了，他在两次会议上都讲过这个问题了。

杭州会议，王力先生当时很忙，没到会，其他的学术顾问都到齐了。这次会上，罗老对我说："吉公，这次北京大学的学者来得多，我和你也是北大的，咱们北大的几个人一块照张相吧。"我说："好哇，这个提议好。"于是，就有了参加杭州会议的几位北京大学的人合照的一张照片。这张照片是编纂处庄晴勋先生给照的，严薇青先生、周祖谟先生、陆宗达先生都在上边，我至今还保留着。

左起周祖谟、吉常宏、吕叔湘、罗竹风、王涛、陆宗达、严薇青

我在北京大学任教的时候，参加《古代汉语》教材的编写工作，我负责编写"常用词"这一部分。我向来重视词语，尤其是古代汉语。我们学习古代汉语，就是同古人讲话，古人死了，怎么讲话？读他的东西就是讲话。背诵，多读多背，就是同古人接触，读多了，就是秀才。你可以读《三国演义》，读《聊斋志异》。《聊斋志异》读过第一遍，读第二遍就容易。古代词汇你弄懂了，读古书就不难了。古代汉语教学，说到底就是词汇教学问题。所以在参加王力教授主持编写《古代汉语》教材的时候，我主动要求编"常用词"这一部分。王力先生说，"好极了，你自己不报，'常用词'我也要点你的名。"就这样，《古代汉语》"常用词"

煌煌辞典著春秋 ——《汉语大词典》出版背后的故事

那一部分，就归我编写了。

《古代汉语》不但北大用，别的大学文科古文教材也用它，并被教育部指定作为高校文科通用教材。后来教育部主持修订这套教材，主编王力先生点名要我仍旧负责修订"常用词"这一部分。王力先生给我写信说，"教育部要你来北京半年，修订《古代汉语》这本教材"。这时候我刚刚到山东大学报到搞《汉语大词典》，差不多同时，教育部的调令也到了，教育部的调令，不能不去呀，我就到北京参加修订《古代汉语》教材去了。修订这部教材，"常用词"部分还是我负责，这部分我增加了六万多字。

我是1981年3月去的，在北京住了近半年时间，8月22日搞完《古代汉语》教材回到山东大学。差不多就在那个时候，我代表山东到上海参加新城饭店会议，山东就我一人参加。黄山会议也是我代表山大参加，发言讲什么东西呢？讲释义问题。那个时候才开始编写稿子。我在会上说，我们这部《汉语大词典》，绝不会像旧中国的旧词典，也不会像《辞源》，而是要找到最早的出处找到证据，后面源流怎么样变化，都要找出材料来，加以说明和证明。《辞源》就不是这样做的，它只讲"源"，把在哪本书上见到的、时代最早的，往上引证，就完了。我们是源流并重，就更难了。我这篇发言，后来整理成一篇文章，在山西《语文研究》发表。发表之后，被人民大学收入他们编的报刊文摘中去了。我这篇文章很有影响。经过这次会议试写讨论之后，五省一市的人，拿着稿子到上海来交流，编纂处在新城饭店召开经验交流会，讨论各个省拿来的稿子，交流编写经验，讨论如何解决当中的问题。但这次没讨论浙江的"寸"部，"寸"部是浙江省自己专题讨论的。

但这时候出问题了。什么问题？好多学校这时候都恢复上课了。这一恢复上课，人家缺教师。人家一看《汉语大词典》分这么散的摊子，这么个编法，哪年是个完哪！我们还等着人回来上课呢。动摇了，往回要人。那时有一位教授副主编，从来不参加会议，只见过一次。大家都觉得奇怪，他怎么不来呀。他是副主编，挂名的，什么事儿也没干，倒是浙江和安徽的两位副主编俯下身子，做了不少工作。

当时有编写体例，还有不少编写规则补充文件，尽管有很好的编写体例和补充规定，但是各编写组编写出来的稿子，参差不齐，仍然不统一，有的差距还比较大。为了解决分散编写这个问题，罗老和编纂处当时做出一个决定，集中定稿。现在看来集中定稿非常必要。为了集中定稿，还由新闻出版署和教育部联合发了一个通知，点名道姓，指定编委参加第一卷集中定稿工作，我是当中一个。

如何定稿的问题总算解决了。但是五省一市的人也没全到齐，总共来了十几位，到编纂处参加定稿的大约不到二十个人。当时来风雨楼定稿的，山东有曲阜师院刘俊一先生，还有曲阜师院相隆本后来也来了。浙江有林菁、方福仁、吴战垒，还有浙江金华师院的张叶芦先生。安徽来的是张紫文教授，安徽大学的赵应铎教授也来了。江苏谁来的，我记不清了。福建洪笃仁先生，到编纂处定稿住过一段时间就回去了，他是副主编，当时算年纪比较轻的一位副主编，别的副主编没来参加定稿。我在编纂处参加第一卷、第二卷和第三卷，总共三卷的定稿工作，是一直参加到底的一个。

  到编纂处定稿，我们住在风雨楼。风雨楼这个名字，始作俑者就是我。我们在编纂处住的那个地方，说它是一排工棚也不为过，非常简陋。暑天太阳晒着棚顶和棚壁烤得热乎乎，汗流浃背，擦汗毛巾放在手边一会儿就湿了，下起雨来敲得棚顶叮叮咚咚响；冬天寒风呼呼刮，冻得慌，晚上被子冰凉，冷飕飕，雪花吹进来往脖子里钻。我跟大伙开玩笑，说，"叫风雨楼吧"。大家一哄，同意。风雨楼就这么叫开了。

  那个时候，我们这些人都很自觉。你比如说星期天，编纂处的人都回家了，我们还跟平时一样工作，星期六晚上和星期天，我们都埋头在那儿定稿。到编纂处定稿的这伙人，相处得都很好。我跟相隆本审稿住一块儿，天气太冷或者太热，有的时候晚上睡不着觉，躺在床上同相隆本讨论稿子，挑问题，你一条我一条，讨论起来很热烈。相隆本是山东定稿的主力，他虽来得晚一点，但一直参加到底。他是从临沂调来的，本来在临沂一间中学里教书，因为搞《汉语大词典》把他调到曲阜师院来。这位先生知识很丰富，他不但中国的东西看得多，外国的东西也看得多，好读书，无书不读，肚子里有料儿，跟他谈起来，有话说。他改稿子，为弄清楚一个词条，可以花上一个礼拜的时间，非常认真。有一个条目"郁岛"，只有一张卡片，制卡人只注了一句话："山名。"释义也是这样写的。只泛泛解释成"山名"，这不等于没作解释吗？哪里的山？有什么特点？山名为何叫"岛"？一概不知。他要"救活"这个条目，必先找书证。他先找类书，从《太平广记》《太平御览》里边找到《山海经》的线索，再从《山海经》找到例子，最后终于改成了一个例证丰满的条目，释义确定为"能移动的仙岛"。这位先生，就是用这么一种精神定稿子。我这个人看经书和诸子书多，熟悉经书和诸子。相老师常问我这类条目的问题。我则是有问必答。有的条目他问我，我对他说，这一条的语言环境不在经书里头，你从白话小说里找找看，"三言二拍"或《今古奇观》。山东曲阜师院还有一位刘俊一先生参加定稿。刘俊一是搞方言的，他对音韵学有研究，是曲阜师院编纂《汉语大词典》的最高领导。后来回山东了，因为他调动到青岛教育学院去工作了，他现在还住在青岛。回去以后他就只管《汉语大词典》的审音工作，曲阜师院编写《汉语大词典》的事他就不再参加了，而是以《汉语大词典》编辑委员的身份参与审音。编纂处参加审音的是李鸿福和唐让之，他们两个专职审音。

  在这些定稿人员中，印象最深刻的还是张叶芦老先生。这位老先生工作非常认真，很有意思，喜欢喝个酒，与浙江的孙家遂是酒友，每天晚上必定喝一壶，不多，一个人就一杯。我对他说，"这酒比你的命还重要啦？"他说："那是啊！"这位先生专门研究《楚辞》，出了一本研究屈原《楚辞》的书，还送我一本。这位老先生整天工作，不用人督促，到时候就去做。他是定稿组的，定稿主力，定稿时间最久，跟我一块儿定完《汉语大词典》第三卷。他是《汉语大词典》编委，我特别邀请他参加第三卷分卷定稿。浙江我请两个人，一个张叶芦，还有一个是林菁，林菁人家不放，所以浙江只有张叶芦老先生。这位先生很可敬。我敬重这个人忠厚老实，很有风趣。后来计算稿费的时候，我给他算得特别优厚。正好他要为老人迁坟，拿到稿费，他很高兴，对我说，"吉公，你帮我大忙了"。这是我接触最好的一个人，再有就是傅元恺先生。定稿结束后，我们经常通信。傅老先生，我们两个在一间办公室，他在里间，我在外间。他老伴去世，我给他写过一封信表示慰问，他回了一封信，情深意切，缅怀我俩一起共事的情况。傅元恺在《汉大》编辑里边做的时间最久，资格最老。他人老实，忠于职守，来得早，走得晚，拿着稿子，一条条看，一条条改。星期天也来编纂处定稿。我定稿子，看到问题多没法儿用的稿子，我都是重写。我还把这种问题大的稿子留下来，我想，这将来讲课做例子，很有用。

大家齐心协力及时定好了第一卷的稿子，《汉语大词典》第一卷几经周折总算出版啦。

第一卷发行会是在上海开的，我受邀参加。发行会开完隔了不久，就在安徽安庆召开第一卷出版庆功和工作会议。第一卷出来以后，大家变了个心情，信心足了，因为看到成果了，觉得《汉语大词典》有希望，有前景。跟着第二卷又出来了，山东负责编写的前两卷都出了。这是好事儿啊，这些年工夫没白费呀，我们很高兴。

后来实行"分卷主编负责制"，罗老提出让我当第三卷分卷主编。

当时我在会上就急了，"这不是把我放到火上烤吗？把我弄成分卷主编，两手空空我怎么办？"我要求给人，不是随便要，要能够干事的。罗老说，"你要人，行，你要谁就给谁"。我说"好，那我就点名了"。我要林菁，浙江没给，我要张叶芦，浙江给了。张叶芦和林菁，无论编写还是定稿，当时都是主力。

在编纂处审定第三卷，吉常宏（左）、相隆本、刘晓东

在安庆开完庆功会，转到潜山县开会，商讨业务问题。会上有的同志说罗老，"你不能强占我们的果实，享现成的"，罗老也火了，说"你们谁愿意当这个主编，你来接，我让给你。你以为我老头子想当这个主编啊，我早就不想干了。你们谁接，我让给谁！"还是安徽工委会副主任，当时是副省长的魏心一魏老出来斡旋，向罗老赔罪，说，"年轻人啊，没办法。你看这个署名的问题啊，编了这么几年不见成绩，年轻人每个人都要评职称啊，这也是很要紧的事啊"。编写这个《汉语大词典》，跟写论文大不一样，辛辛苦苦编几年出不来书，看

不到成绩，评不上职称，这确实是个大问题。评职称得有东西拿出来，看得见才行啊。编出来的词条，学校教育系统不算科研成果，你收词制卡，只是一些卡片，这也不行啊，靠这个评职称，谁认可你这是科研成果？所以当时好多人提出不干了。即使你有科研成果，还得名列前三名，才能评得上。编写《汉语大词典》吃力不讨好哇！记得在杭州会议上，陈原先生说过："编词典不是人干的活儿，是圣人干的事儿。"之后，他又引用欧洲一位语言学词典学家讲过的一句话："一个人如果犯了罪，不必判他的刑，也不必让他下矿井，就要他编词典就够了，这里边什么罪都受到了。"陈原非常睿智，他精通北欧几国好几种语言，上下班不坐小汽车，挤公交车，在公交车上专听市民讲话，收集语言材料。他后来搞社会语言学，出过几本社会语言学的著作。这位先生是《汉语大词典》的学术顾问，是位大家，非常了不得。

编十几年《汉语大词典》，苦心孤诣写的那么多体现功力的条目不算科研成果，这十几年要是不编《汉语大词典》，别说写几篇论文，两本学术著作也早出来了，我的《古人名字解诂》就因此推迟了近二十年才出版了。可是编写《汉语大词典》就没这待遇，没法评职称。这太不像话了，简直欺负人嘛。为什么现在编词典的人才这么少，后继乏人，没人再干这活儿了，要思考一下。日本词典就特别发达，非常重视，而且编了好多"引得"。

罗老在潜山会议之后，听了各方面汇总的情况，也觉得评职称、住房子，待遇这一类实际问题，确实需要解决。我觉得，编词典，尤其是大型辞书，实际上当然是学术成果，但我们的教育系统，大学里，没人把编词典当回事，看不起。管理体制也有问题，它是出版系统牵头的项目，出版局下的文，下的指示，管不了教育系统，人家不听你那一套，这就成问题了。即便教育部勉强发一份公函，不是文件，只是函件，甚至还只是司局级的函件，不是教育部部级的函件，山东大学根本不当回事。函件中虽说编写《汉大》的成果要按照学术成果等同对待，但是学校职称评委会评委认为这不是正规文件，仍然故意视而不见，不投你的票，这事儿还是没法解决。同样，整理古籍是教育部牵头的项目，那就算学术成果，编《汉语大词典》则不算，整理古籍每年还有很大一笔拨款。于是编《汉语大词典》的人纷纷倒戈，都去搞古籍整理了，人家还是常设机构，《汉大》是临时的组合。当时我评职称，编《汉语大词典》就不作数，还得回北京开修订《古代汉语》教材的学术证明。我儿子匆匆赶到北京，开了证明。评职称的时候，评委会征求王力先生的意见，王力先生回了一封信，说"吉常宏无须评副教授，直接升教授就行了"。评委会负责人说，"王力先生说吉常宏直接评教授，他搞的什么学问我们不知道，还是先走走副教授吧"。就这样这次评职称，我评了个副教授。

还有汉语大词典出版社的问题，咱们成立编纂处不算晚，一开始就应该成立"汉语大词典出版社"，培养词典编辑。教育系统各个大学老师编《汉语大词典》是来帮忙的，帮完就回去的，这帮人一散伙，后继没人了。我当时就提出来，《汉语大词典》编完了以后，应该把这一批人集中起来继续搞词典，人才不能浪费呀。别人问，集中到哪儿？我说集中到上海。人家说，上海肯不肯接受哇，户口进得去吗？我想也是，这事儿不好办，上海户口进不去呀。

罗老在潜山会议倾听到就这个问题的种种议论，他觉得应该让汉语大词典出版社出书了。在潜山会议上商量由汉语大词典出版社自己解决《汉语大词典》的问题，边老当即表示同意，说大家一起努力。

1989 年第三卷出版，新闻发布会和发行会是在山东济南召开的。第三卷出版之后，罗老很高兴。感觉到实行"分卷主编负责制"编写《汉语大词典》是个好办法，进度加快了，一年可以定两卷。第三卷出版发行，山东的任务圆满完成。在庆功会上，山东省委宣传部部长对定稿人员表示敬意，说了一句话：这些同志很辛苦，功劳很大，贡献很大。

我是《汉语大词典》第三卷的分卷主编，第一卷、第二卷和第三卷的定稿编辑委员。我为《汉语大词典》所作的贡献主要体现在这三卷上，还有参与收词制卡，用到全书十二卷上的那些卡片资料，其中也有我的份儿。

（吉常宏：山东大学教授，《汉语大词典》编辑委员会委员、第三卷的分卷主编）

略忆我与《汉语大词典》的十八年

胡慧斌

2018年夏天出奇的热,全国多地最高气温和连续高温天数突破历史纪录,虽已过立秋节气多日,但秋老虎的余威依然凶悍。就在这高温不退之际,8月18日,汉语大词典编纂处原主任、原汉语大词典出版社社长兼总编辑王涛先生,不辞辛苦、不避炎热,专程从上海来到素有"火炉"之称的南京,与江苏省《汉语大词典》编写领导小组办公室的成员黄希坚先生、周方先生和笔者面晤,商谈撰写《回忆〈汉语大词典〉编纂历程》文稿一事。

《汉语大词典》从1975年启动编纂工作至今已有四十三年,整部词典十三卷大功告成亦有二十五年了。我们四位当年风华正茂的青年,如今已是年逾古稀、白发苍苍的老者。但是一谈起编纂《汉语大词典》的往事,仿佛又回到那为编好《汉语大词典》而日夜奋战的激情岁月。

王涛先生是《汉大》"三委会"(工作委员会、学术顾问委员会和编辑委员会)设在上海办事机构编纂处的老领导,我们省"词办"的三位同仁与王涛先生曾共同为编纂《汉语大词典》的不朽事业而并肩奋战十余年,因此又是老同事和老朋友。分别二十余年再次聚首,共忆往事,畅叙友情,相谈甚欢。交谈之中,我们深为王涛先生对《汉大》热爱而奉献的初心不改以及为约写《汉大》回忆文稿而四处奔波操劳的执着精神所感动。在他的感召和鼓励下,我们欣然同意执笔写作,于是才有了现在的这篇回忆文字。

一

1976年5月,我因一个偶然的机遇,来到了《汉语大词典》南京市编写组,时年二十九岁。从此便与《汉大》结下了不解之缘。此后,我参加了从收词制卡、编写初稿、复审加工、分卷定稿,直至《汉语大词典》十三卷巨制全部出齐,出席1994年5月在北京人民大会堂举行的《汉语大词典》编纂出版完成庆功会。一干就是整整十八年。

煌煌辞典著春秋——《汉语大词典》出版背后的故事

如果把编纂《汉大》比喻成攀登珠穆朗玛峰的话，我从进入南京市编写组的那一天开始，就进入了登山大本营，成为"汉大登山队"的一名登山队员。最终目标就是攻克主峰，让《汉语大词典》的旗帜在喜马拉雅山顶之上高高飘扬。

南京市编写组设在南京市教师进修学院（后改名为南京教育学院），地点在南京中山路的金陵中学旁边。组长是由学院的钟定樵副院长兼任的，副组长是两位资深的中学语文教师陆德麟和赵恩柱先生，组员大多是"文革"前大学文科毕业的中学骨干语文教师。他们的文化底蕴深厚、文字功夫扎实，治学态度严谨，工作作风一丝不苟。刚进编写组时，老师们谆谆嘱咐我，一定要抓紧一切时间多读书，并用鲁迅先生的名言"读书无嗜好，就能尽其多。不先泛览群书，则会无所适从或失之偏好，广然后深，博然后专"来激发我这个小字辈的读书热情。编写组的滕志贤老师（后在南京大学中文系任教）、徐实曾老师（后在南京教育学院领导岗位上任职）、赵恩柱老师（《汉语大词典》编委、第十一卷的分卷主编），对我业务上帮助最大。在他们指点下，我潜心研读了王力先生主编的《古代汉语》《汉语史稿》，以及高名凯先生主编的《语言学概论》等语言文字方面的专业书籍和其他书籍。经过老师们的言传身教和自己的勤学好问，基本上能承担看书收词制卡的任务了。在南京市编写组期间，我不仅学到了编纂《汉语大词典》必须具备的专业知识，更重要的是学到了老师们严谨求实、一丝不苟的治学态度和甘于寂寞、淡泊名利的奉献精神，这无疑对我之后从事更加繁重的《汉语大词典》编纂任务，乃至下半生的编辑生涯都是一笔十分珍贵的财富。

在南京市编写组的四年时间里，也许是因为年富力强、精力旺盛的原因，我也经常被省"词办"的领导叫去做些"杂务"。记得1977年9月，南京市编写组组长钟定樵先生带我赴青岛参加《汉语大词典》第三次编写工作会议。会议期间，省"词办"首任主任李景端先生，就让我协助他做些安排住宿、订火车票等会务工作。会后不久，李景端先生就调离省"词办"去负责创办《译林》期刊了（他后来一直担任译林出版社的社长兼总编，直至退休）。李景端先生离开省"词办"后，丁良典先生（1987年3月7日病逝）接任"词办"主任一职。在丁主任的安排下，我也时不时到"词办"在省出版局的办公地点高云岭，做些力所能及的行政事务工作。那段时间，我就这样在南京市编写组和省"词办"两头"上班"。有了这段经历，对我不久进入省"词办"后，能够较为得心应手地处理行政事务，奠定了基础。

可能是我对工作认真负责、任劳任怨的态度让领导看在眼里，再加上当时省"词办"确实缺少人手，在省出版局局长高斯先生（2014年9月24日逝世）的亲自关心下，于1980年5月正式调到省"词办"工作，而编制则放在江苏人民出版社词典翻译编辑部的词典编辑室。至此，我成为省"词办"的成员之一，一直到《汉语大词典》编纂任务全部完成。

关于江苏省的《汉语大词典》编纂工作，高斯局长在他撰写的《草梗岁月——高斯回忆录》一书中有过简明扼要的记述："1975年，省里成立了出版局，省革委会任命我当了局长，鲁光、陈立人（1991年9月23日逝世）为副局长，加上其他两位同志组成了局党组，由我任党组书记。不久,在广州召开了辞书规划出版会议,由陈立人同志去参加。会议根据周恩来总理的批示,决定各省分工组织编纂多部中外文词典。江苏除编纂八部外语词典外,还要参加华东五省一市共同编纂的一部大型汉语词典,即《汉语大词典》。为此,当时由彭冲同志主持工作的省委决定,成立省词典工作领导小组,由当时的省委宣传部部长戴为然任组长,我为副组长。在出版局设立词典工作办公室。同时我还直接参加《汉语大词典》领导小组为副组长,这个小组前十年的组长是陈翰伯,后来是刘杲。以后这一组织名称改为《汉语大词典》工作委员会。我自始至终,作为这一工委会的副主任,和陈立人、薛正兴(2010年9月14日去世)、胡慧斌、周方等同志组成《汉语大词典》编纂办公室,连续工作十八年,组织、领导了江苏各大专院校专业人员参加了这部大词典的编纂工作。投入工作的专业人员最多时有五百人,直到1994年全书十三大卷出齐。我们出版局为这部大词典投入了一百多万元资金。圆满完成了国家交给的任务。"此回忆录是2007年5月付梓成书的,高斯局长在《后记》中说:"这本书印数不多,只是给至亲好友留作纪念,着重说点个人遇到的经验教训,供我的子女们在内的后人作参考。"

胡慧斌(左)与孟繁海、薛正兴(右)

省"词办"是省编写领导小组的办事机构,处在承上启下的关键位置。对上要认真贯彻落实"三委会"的各项决策部署,同时还要接受汉语大词典编纂处对具体编写工作的安排和业务上的指导。对下面分布在全省各地的编写组,除了及时地分配布置任务外,还要经常前往检查进度和质量。其他诸如人员编制、职称评定、经费补贴、图书资料、办公用房等方方面面的问题,省"词办"都责无旁贷、尽其所能地妥善解决。江苏省"词办"的一个特点,是既要负责繁杂的行政事务,又要承担繁重的具体编写业务。当时曾有人这样评论:省"词办"的成员,个个都是"双肩挑干部"。

《汉语大词典》编纂工作刚起步时,江苏省共有十个编写组,分别是:南京大学编写组(负责人栾景芳、许惟贤),南京师院(后改名为南京师范大学)编写组(负责人盛思明、闵龙华),南京市编写组(负责人钟定樵、陆德麟、赵恩柱),江苏师院(后改名为苏州大学)编写组(负责人唐文、郑薇青、章锡良、蒋瓈),苏州地区编写组(含常熟师范和洛社师范两个组,负责人张元鼎、曹一鸣、钱祖翼),苏州市编写组(负责人蔡穗久、骆伟里),扬州师院(后改名为扬州大学)编写组(负责人夏云碧),扬州地区编写组(含扬州和泰州两个组,负责人孙忻、孙家骏、江汉),镇江市编写组(负责人朱因、王骧、马传生)和淮

煌煌辞典著春秋——《汉语大词典》出版背后的故事

阴地区编写组（负责人黄炳）。所有编写人员，最多时近五百人。《汉语大词典》出齐后，在卷末的署名名单中，江苏省榜上有名的共113人。

我们之所以能够在困难重重、压力巨大、头绪纷繁、诸事繁杂的环境下坚持做好"词办"的各项工作，其中最重要的因素，是有一个坚强有力的领导。领导小组的高斯局长、陈立人副局长以及他们的接班人蒋迪安局长，高度重视《汉语大词典》的编纂工作，把按时、按质、按量地完成江苏所承担的任务列为局党组重要的议事日程之一。在组织构架、人员安排、经费拨付、办公用房、图书资料、后勤保证等方面，都充分重视并逐项落实到位。

例如："1979年年初，省革委会批复省出版事业管理局的报告，同意《汉语大词典》编写人员列为事业单位编制，由省出版事业管理局根据词典编写任务适当分配。同年5月20日，江苏省教育局、高教局、出版事业管理局联合发出关于《汉语大词典》编写人员专用编制分配的通知。分配南京师范学院编写组十二名，江苏师范学院编写组十名，扬州师范学院编写组十名，苏州地区教育局八名，扬州地区教育局八名，镇江地区教育局四名，南京市教育局八名，无锡市教育局四名，苏州市教育局六名，合计七十名。"（见《江苏出版大事记1949—1992》，江苏人民出版社1993年版）由于事隔四十年之久，这批编制的具体使用情况，笔者现已无法一一求证，但这一举措在当时对稳定和充实《汉语大词典》的编写队伍，无疑起到了至关重要的作用。

再例如：省出版局图书馆的书库是严禁借阅者入内的，在局领导的过问下，唯独对省"词办"成员网开一面，可以在工作时间随时进入查阅有关图书资料，凡有复本的图书还可以供我们带回"词办"长期查阅。

笔者手中尚留有一份由省出版局拨款、省"词办"自购图书的清单。共有图书135种，5250册，这些图书放在"词办"的办公地点，建了一个小资料室。图书数量虽不算多，却为我们节省了到出版局图书馆和南京图书馆往返奔波的宝贵时间，大大提高了工作效率。

省出版局办公室对省"词办"的公务用车、往来人员的住宿安排等诸多我们难以解决的后勤事务也是有求必应，及时予以解决。

《汉语大词典》全书出齐后，在省"词办"的建议下，由省出版局拨款，给当时在册的出版局全体工作人员每人赠送了一套《汉语大词典》，当时我非常乐意地陪同出版局办公室孙茂君主任和刘赛虎副主任，到上海新华路200号汉语大词典出版社购书，一辆面包车和一辆货车满载《汉语大词典》而归，全局的同志因此集体享受了一次最大的"词书福利"。

在此，谨向原出版局人事处、财务处、办公室、图书馆等部门的领导和同志们对省"词办"的支持致以衷心的感谢。

省出版局高斯局长和陈立人副局长离休之后，本可以在家安享清福、含饴弄孙、颐养天年。但二老不顾年事已高以及身患疾病，仍身先士卒，不辞劳苦，一心扑在《汉大》的领导工作上。高斯局长在《汉语大词典》告竣的十三年后所写的《草梗岁月——高斯回忆录》中深情回顾道："《汉语大词典》的编纂领导工作十分繁重，我离休后一天都没有停过手。这部五省一市合作编纂的巨型辞书，江苏所要编纂的部分有七十一个部首，占全典的三分之一强，工作量很大。我和陈立人同志不敢丝毫懈怠，依靠'词办'薛正兴、胡慧斌、周方等同志，发动省内各编写单位的专业人员投入工作。为求上下贯通，我们经常出差各地，坚持按计划精心组织编审，十八年如一日，直到这部词典共十三大册全部出齐。"书中还附上他老人家和薛、胡、周在一起的合影，并撰说明文字："共事十八年，以迄于成，殊为难得。"如今两位局领导虽已离我们而去，但他们的音容笑貌以及为《汉大》呕心沥血、晚年仍在操劳不息的事迹，将会留在我们心中，永志不忘。

陈立人（左）和高斯

还有一些曾在省"词办"担任过领导职务的同志，如严世熔、傅庭芳、祝见山、丁良典等先生也先后离开了我们。他们对江苏省的《汉大》编纂工作有开创之功，功不可没。我们也将铭记在心，奉为楷模。

二

攀登珠峰不仅需要勇气和魄力，还必须有优良的装备、雄厚的给养和强大的体能作为基础，对我这个"入队"不久的队员来说，尚不具备这些条件。正在此时，一个不期而至的机遇来了。

1982年7月，在《汉语大词典》首席顾问吕叔湘先生的提议下，由中国出版工作者协会和中国人民大学语文系联合举办了一个词典编辑进修班。学员由全国有词典编辑室的出版单位推荐。这期进修班为期一年，共有来自全国18家出版社的20人。20名学员中，来自与《汉大》直接有关的就有：汉语大词典编纂处的虞万里、安徽省"词办"的奚正新、浙江省"词办"的蒋金德、山东省"词办"的于志强、上海辞书出版社的杨蓉蓉和笔者。直接从事《汉语大词典》编纂工作的学员人数，接近全班的三分之一。华东地区各省市对培养《汉大》人才的重视，可见一斑。

词典班由中国人民大学语文系教研室主任、北京市语言学会会长胡明扬先生主持。虞万

煌煌辞典著春秋 ——《汉语大词典》出版背后的故事

里同学记忆力惊人，这里引用他的一段回忆文字："胡明扬老师请了一批好的老师来授课，他自己和梁式中老师教词典学，曹先擢老师教文字学，许嘉璐老师教训诂学，郭锦桴老师教语音学，音韵是陈复华老师教，就是和何九盈教授合写《古韵通晓》的，张宗序老师教古籍的源流和版本，张是中国书店的，可以拿敦煌卷子给我们看，陈铁民老师教校勘学，朱天俊和陈宏天老师教目录学和文史工具书，这些老师中后来大多数成了名教授。由于有吕老的威望、胡明扬老师的影响，还请了当时就很有名的大学者。如王力先生来讲《字典问题杂谈》、刘叶秋先生讲《词典编辑例话》、杨伯峻先生讲《编辑工作与古籍整理》、陈原先生讲《辞书与社会生活》、吴小如先生讲《诗词欣赏》、阴法鲁先生讲《旅美见闻》、张立文先生讲《周易与中国哲学》、徐世荣先生讲《当前的审音工作》、薄树人先生讲《中国古代的天文历法》，等等。"（见《嘉乐君子：学礼堂访谈录·沧海一粟，字里乾坤——虞万里先生访谈录》，凤凰出版社 2018 年版）

后来，中国人民大学词典进修班的这批学员，大多成了所在单位的中坚力量，有的是挑大梁的业务骨干，有的走上了领导岗位，在事业上均有颇多建树。但学员中的佼佼者，非虞万里同学莫属。笔者年长万里将近十岁，他对我常以老哥相称，但说来汗颜，论做学问，我则难以望其项背。由于历史的原因，万里只上过中学且没有文凭，但现今的他已是著作等身的知名学者。在文史学术界，其成就有口皆碑，声名远播于海内外。（对他有兴趣者，不妨浏览一下凤凰出版社最近出版的新书《嘉乐君子：学礼堂访谈录·沧海一粟，字里乾坤——虞万里先生访谈录》）万里的自学成才不仅在于他具有记忆力超强的天赋异禀，更得益于他孜孜不倦、苦心孤诣的治学态度。他对中国古代文化涉猎范围之广，钻研程度之深，令常人所不及。称他为当代奇才和自学成才的典范，笔者以为毫不为过。

有一件与《汉大》和虞万里均有关系的事不可不提：在 20 世纪 90 年代初，《汉语大词典》编纂和出版已近尾声，从第一卷、第二卷顺次叠加起来，越来越高。作为辛勤耕耘了十多年的汉大人，在喜悦的心情下，还有一种希望能够方便检索这三十多万词条的期盼。因为当时编纂处的计划，仅是准备编一册两万多单字的索引，以至于 12 册 28 万条二字条目和六万多条多字条目，仍然无法检索。1992 年 6 月，日本花园大学禅文化研究所芳泽胜弘来沪，与万里商谈编纂一部三十多万条目的索引，万里本来对索引就很感兴趣，所以一拍即合。征得领导同意，经过四五年的奋战，终于编成一部七百万字的《多功能汉语大词典索引》（汉语大词典出版社 1997 年版）。所谓"多功能"，首先指，只要是《汉语大词典》立目的任何一个字，都能在这部索引中找到它和其他字词组成的词。最简单的当然是二字词组。一般索引是以前一个字为索引基本单位，如果你要查一个字在词组后面的就无法查到。《多功能汉语大词典索引》将 28 万多条二字词组前后两字都编入索引，无论你所需要的字在前或在后，都一索即得。所以，就二字词组就有 56 万多条。其次，三字以上的词组，经过人工切割划分，将成词的成分再编入索引，使得既可以检索到多字词组中的二字单位；在这类二字条目后面用 * 号标示，又可知道它还有多字条目。再次，将汉语四字格词组或成语中一三或二四有相当组词能力的字钩稽出来，再编成索引，这种词条给研究汉语词汇的人提供了无限的方便。由于层层切分，整部索引词条达72万多条，是《汉语大词典》实际词条的两倍还多。在电脑性能有限的二十多年前编纂这样一部索引，难字僻字异体字，很多需要新造，而电脑字位有限，困难很大。尤其是多字条目的切分，日本学者无法做到精确，最后都是万里一手划分检核，为了加快进度，他不时将稿件带回家中，夜以继日地干，可谓劳苦功高。可惜的是，这部索引出版售罄后，一直没有再重印，没能充分发挥它应有的作用。

我与万里是人民大学进修班的同学又共同从事《汉语大词典》的编纂工作，沪宁两地近在咫尺，故交往甚密。当得知他的《榆枋斋学术论集》已完稿并欲结集出版的消息后，我社（原江苏古籍出版社，现改名为凤凰出版社）毫不犹豫地接纳了这部书稿，我也当仁不让地做了该书的责任编辑。该书于2001年8月正式出版，特邀编辑是人民大学进修班的杨蓉蓉同学。该书问世后，在学术界引起强烈反响，获得一致好评。每念及此事，仍感到十分荣幸。在最近一次与万里通话中，谈及笔者拟撰写回忆《汉大》文稿时，他还一再叮嘱我不仅要写，而且一定要多写、写好。谨借此文，祝愿万里先生前程万里、功德圆满！

在人民大学进修期间，我利用课余时间，泡在图书馆里，对之前的词典较少引用的诸如变文词曲、话本传奇、戏剧小说、杂著野史等广为检阅，制作资料卡片近万张。这些卡片包括在此前后我亲手制作的卡片共有四万余张。这些资料卡，不仅在人民大学结业后的审稿时用于为《汉语大词典》原已收录的条目修正释义、提炼义项和增加书证，而且还新增补写了一批条目。

磨刀不误砍柴工。通过在人民大学词典班一年的进修，获得了非常难得的深入学习的机会和十分可贵的学习环境，也结识了许多良师益友，对笔者日后在业务上进一步向前拓展，打下了坚实的基础，也为后期跟随"汉大登山队"突击主峰，补充了给养，充实了能量，积累了后劲。

三

大约是在1987年前后，江苏各编写组所编写的《汉语大词典》初稿业已完成，其他各省市的情况也大致相同。1987年，《汉语大词典》工作委员会在北京召开加快审稿进度的工作会议，会上根据主编罗竹风先生的提议，决定采取"相对集中，适当分散"的定稿方针。此议得到与会人员的一致赞成和国家新闻出版署、国家教育委员会的大力支持。会后，汉语大词典编纂处又召开专门会议研究落实，精心组织部署，"分卷主编负责制"由此开始，审定稿件的工作全面展开。

煌煌辞典著春秋 ——《汉语大词典》出版背后的故事

江苏省承担了《汉语大词典》第九卷最后六个部首和第十卷、第十一卷、第十二卷的初稿撰写和审稿、定稿任务。共有 71 个部首，占全书总部首的 35.5%；编写词条 11 万多条，占全书总条目的 36.6%。复审定稿的任务相当繁重艰巨。第十卷的分卷主编是薛正兴，第十一卷的分卷主编是赵恩柱，第十二卷的分卷主编是章锡良。

记得是 1988 年的秋天，省出版局陈立人副局长因病住院治疗，有一天他将薛正兴先生和笔者叫到病榻前，传达了出版局党组的决定：由省"词办"成员组成专门的定稿组（薛正兴先生当时除任省"词办"主任外还兼任江苏省古籍出版社的副总编辑，"词办"其他成员也在该社兼有不同的职务），专事《汉语大词典》的定稿工作，此段时间不再过问和参与古籍社的业务工作。此外，还组成一个以苏州大学编写组为班底的苏州定稿组。

局党组的号令一下，省"词办"的同仁们，当时有薛正兴、黄希坚、余清逸、周方和笔者，南京市编写组因完成编写初稿任务业已撤销，该组的赵恩柱先生也参加了南京定稿组的工作，在薛正兴主任的带领下，随即迅速开展起定稿工作，突击主峰的艰苦战役由此开打起来了。

笔者最近从薛正兴先生的夫人那里得到了一份由他亲自执笔撰写的个人业务总结中有关《汉大》工作复印件。现将有关段落摘录如下："审稿定稿阶段，我作为省'词办'主任，做了大量的组织协调工作，省'词办'在全省各地调集编撰人员，分南京、苏州二地集中审稿定稿。在上级组织的领导和关怀下，全体人员同心同德，团结一致，数易寒暑，艰苦奋战……我作为《汉语大词典》编委会委员，第十卷分卷主编，自始至终主持第十卷的审定工作，直接参加了编写初稿、复审加工、定稿工作的全过程，并用一年半时间，终审通读了第十卷的全部稿件 32000 条目，约 430 万字。作为省'词办'主任，为了按时保质保量完成本省承担的任务，还为其他分卷主编分挑担子，又负责终审通读了第九卷四个部首、第十二卷八个部首的书稿，约 17000 多条，约 284 万字。十余年来，我共编写了《汉语大词典》释文初稿 8583 条（包括审定时新增的条目），约 142 万字；复审加工 6635 条，约 110 万字；定稿 3976 条，约 66 万字；终审通读 49135 条，约 710 万字。经审定的稿件，均达到规定的质量标准，受到各方面的好评。"这些看似枯燥的数据，透露出薛正兴为了编好《汉语大词典》而无私奉献的精神与不负重托的责任意识。

《人民日报》1994 年 5 月 11 日长篇通讯报道《龙飞在天——〈汉语大词典〉编纂的前前后后》其中的一段是这样说的："薛正兴是第十卷的分卷主编，他整整一年半的时间都是忍着眼病的折磨，凌晨一二点钟才睡，一字一句地审完了四百多万字。可是他的眼睛却已经近乎失明……"

《光明日报》1994 年 5 月 6 日长篇通讯报道《把生命溶入永恒——写在〈汉语大词典〉出版之际》其中一小节说："别人说，第十卷主编薛正兴这几年的光阴是卖给了《汉大》的。几年中，他为编《汉语大词典》看过的资料，堆起来有半间屋子，为保证书稿质量，副主编已通读过的书稿，他仍要通读一遍。通读时，他根据自己掌握的五六万张卡片，补充进上百条原稿和现有辞书上查不到的条目。"

  《文汇报》1994年5月6日在题为《中华民族的文化长城》的报道中有这样一段描述："1990年12月，薛正兴在复审稿子中，发现有些部分释义不当，引书错误，这位分卷主编不怕家丑外扬……邀请有关人员召开现场会。别看老薛平时待人和气，有着书生脾性，在业务上他可毫不含糊，克人厉害，弄得有人下不了台，委屈得要哭，并争辩道：'我们改对了不说，错了一个就要讲那么多！'薛正兴随即回答：'改对是应该的，改错了就是态度问题，反映了一个责任心强不强的问题！不精益求精，大词典的风格特色怎能出来？'"

  看了以上这些报道的摘录，薛正兴的高大形象已跃然纸上，无须笔者再多说什么了。

  榜样的力量是无穷的，省"词办"定稿组的全体成员，在薛正兴的率领下，齐心协力、日夜奋战，于1992年年底如期完成了承担的所有审稿定稿任务，受到了省编写领导小组和省出版局的嘉奖。

  笔者曾随省"词办"薛正兴主任，前往时任江苏省委书记的韩培信同志和分管文教工作的省委副书记孙家正同志家中奉送《汉语大词典》样书。两位省委领导亲切接待了我们。有一次是晚上到韩书记家的，当时他正在用餐，见我俩到了，就热情地请我们共进晚餐，我们以已吃过晚饭为由婉言谢辞了。当时韩书记的秘书吴源同志也在场，他后来调到江苏人民出版社任社长兼总编辑。在孙书记家，他亲自为我们沏茶、递烟（当时我们三个都是"老烟枪"），一点领导的架子也没有。两位省委领导让我们转达对全省《汉语大词典》编纂人员的亲切问候，对大家业已作出的成绩给予高度赞扬，并语重心长地勉励我们：一定要再接再厉，善始善终地完成江苏承担的编纂任务，为江苏争光。省委领导的关心、鼓励和信任，为我们的工作增添了极大的动力。

  在省内定稿阶段，苏州大学的校领导对《汉语大词典》这一国家重点科研项目一贯重视，长期给予合作和支持。他们把在苏大设立定稿组看成是对苏大的信任并引以为荣，对定稿人员、图书资料、办公用房、食宿安排等，尽可能地提供了一切便利，为定稿工作的顺利开展作出积极的贡献。苏大定稿组除本校的编写人员外，还从其他编写组抽调了六位年富力强的编写骨干，到苏大进行集中定稿。当时在苏大参加定稿工作的有：苏大编写组的章锡良、陈君谋、高迈之、钱太初、武宗灿、陈汉英；还有从兄弟编写组抽调来的骆伟里、张子才（苏州市编写组）、吴连生、张履祥、王和卿（苏州地区编写组）、马传生（镇江市编写组）。省"词办"专门在苏州大学招待所包了三间客房，以解决外地定稿人员的食宿问题。

  在定稿组中，苏大编写组的"三老"高迈之、钱太初年龄都在七十岁以上，还和其他年轻同志一样，按照学校的作息时间，准时上下班，实行坐班制。苏州市编写组的张子才老师年近六十岁，每天乘公交车一小时，照样不声不响地按时上下班，夏天干脆中午不回家，自带席子睡在办公室的木地板上。这些老同志从不计较名利，勤奋、踏实、认真、细致、善良，是大家学习的好榜样。吴连生、张履祥、王和卿、马传生四位老师是分别从常熟、无锡、镇

煌煌辞典著春秋 ——《汉语大词典》出版背后的故事

江等地抽调至苏大的,他们常年住在校招待所,无暇照顾家庭,连寒暑假也不回家。(感谢章锡良老师提供了苏大定稿组的有关情况)

苏大定稿组在组长章锡良先生的带领下,全体成员团结一心、各尽其能,超常发挥了自己的精力,直到全部完成定稿任务。他们是最后突击主峰不可或缺的一支重要力量,在登顶的征程中立下了汗马功劳,作出了卓越贡献。我们理所当然地要对他们表示崇高的敬意!

笔者作为省"词办"定稿组的成员,除协助省工委领导做好组织协调工作外,还在分卷主编薛正兴的统领下,把主要精力放在《汉语大词典》稿件的审定上。

《汉语大词典》首席学术顾问吕叔湘先生在一次工作会议上指出:"定稿工作的分量和难度千万不能低估,定稿工作很重要。一部大词典不改是不行的,尤其要重视改。"

由于各种原因,已经编写的初稿质量存在着参差不齐的现象,部分稿件疏漏、差错较多。因此要保证《汉语大词典》的高质量,审定工作是关键一环。在审定稿件的过程中,笔者始终抱着认真负责、一丝不苟、精益求精的工作态度,按照《汉语大词典》的"收词原则""编写体例""审稿标准"的规定严格把关。着重掌握好以下几方面的问题:立目没有破词,字头分立得当,音读确切有据;释义准确,义例吻合;义项齐备,不遗漏资料中的新义项;书证引文无误,引书格式正确;相关条目处理妥当。笔者所审阅的少数条目,在上述几方面都存较多问题,在原稿上已无法修改,我就重新梳理资料、排列义项、调整书证,再撰写一份稿件。如《汉语大词典》第十卷"辵"部中的"過"字,分立三个字头,共三十二个义项,约四千字(见该书第十卷P954—P955);"達"字,分立两个字头,共三十个义项,约两千五百字(见同卷P1014—P1015);"道"字,分立三个字头,共四十七个义项,约五千五百字(见同卷P1063—P1064);"選"字,分立三个字头,共二十个义项,约两千五百字(见同卷P1237—P1238)。类似的条目,由笔者经手重新撰写的,仅"辵"部就有数十条。做这项工作不仅要花费大量的时间和精力,而且对个人毫无"经济利益"可言。但是,为了保证《汉语大词典》的高质量,为了对千百万读者负责,笔者还是责无旁贷、心甘情愿、尽己所能地做好。

《汉语大词典》的编纂原则是:"古今兼收,源流并重"。在审定稿件的过程中,我始终遵循这一原则。吕叔湘先生曾及时提醒我们:"现代词汇是《汉语大词典》比较薄弱的部分,从资料到编写都需要加强。"他还在《大家都来关心新词新义》一文中呼吁:"我提议大家来关心新词新义,这是因为现有的大大小小的语文词典对这方面都没有给予足够的重视。要论汉语研究的现状,考古之风还相当兴隆,像'脱颖'这个词应该怎么讲就能争论不休。唐宋以来的俗语词,最近几十年里研究的人多起来,也还很有点成绩。唯独现代词语,应该最重视,可是最不受重视。"(见《辞书研究》1984年第1期)

《汉语大词典》学术顾问陈原先生在《〈汉语大词典〉的历史使命》一文中精辟地指出:"《汉语大词典》应该不仅反映我国几千年的古代文明,而且要反映当代的语言。反映当代的语言也就间接地反映了我们这个社会生活的变化，政治、经济、社会以及民族的、意识形态的各种变化。如果没有这个反映，我们的《汉语大词典》是不完备的。"（见《辞书研究》1982年第3期）

现代社会的飞速发展，产生了大量的新词新义，这是语言中的新鲜血液，《汉语大词典》如不及时吸收，就会落后于语言的发展和使用的实际，体现不出时代的特色和风貌。在审定稿件过程中，我时时关注这一个问题，利用多年来翻阅书籍、报刊制作的一批新词新义资料卡片，经过整理和筛选，把其中符合本词典收词原则、使用定型、构词规范、使用频率高的新词新义条目，补充到《汉语大词典》中来。如"选"字所带的复词，就新增了当时其他语文词典所未收的"选区""选刊""选收""选址""选育""选招""选段""选场""选美""选配""选登""选聘""选编""选优""选题"等一批新词新义条目。这样做的结果，使《汉大》的收词更趋完备，"古今兼收"的原则得到充分体现。

我还结合审稿时的心得体会，撰写了《新词新义与词典编纂》一文，发表在江苏语言学会主办的《语言研究集刊》第三辑上（江苏教育出版社1989年版），与同人一道研究探讨与此有关的理论和实际操作方面的问题。

当然，怎样在一部历时性的大型语文词典中对新词的收录或有见仁见智的标准，但是词典的查阅者要求获得更多词语的检得率，应该是无可厚非的。试想一下，读者查词典求解，检而不得，词典的编纂者们又情何以堪。希望《汉语大词典》在修订再版时，对现代词语的收录问题充分重视，使该书的社会使用功能更上层楼，以符合多层次读者的需求。

四

《汉语大词典》启动编纂在1975年，经全体"汉大人"上下一心、艰苦奋战，1986年第一卷问世，1994年全部出齐。全书正文十二卷，另有附录索引卷，收词37万余条，共计5000余万字，插图2200余幅。此书出版后受到社会各界的广泛赞誉和广大读者的热烈欢迎，荣获了首届国家图书奖。联合国教科文组织将其定为世界权威工具书和联合国汉语翻译的工作用书。说《汉语大词典》的水平代表了当代汉语语词研究的最高水平是当之无愧的。

1994年5月10日下午，《汉语大词典》编纂出版胜利完成庆功大会在北京人民大会堂隆重举行，党和国家主要领导人亲切会见了全体代表并合影留念。会上还给全体编纂人员颁发了《汉语大词典》荣誉证书。笔者荣幸地参加了这次盛会。

会后我们刚回到南京，就接到江苏人民广播电台的邀请，到电台参加一场直播节目，内容是就刚刚出齐的《汉语大词典》与听众互动。省"词办"主任薛正兴、南京大学许惟贤教授和我到场，我们三人畅谈了《汉语大词典》出版的历史和现实意义，并回答了部分听众的提问。这档直播节目赢得了广大听众的一致好评，后期还进行了录播。《汉语大词典》的影响就这样通过无形的电波，传向了四面八方。

陈原先生说过："古今中外编词典都是很难的。'傻子'才去编词典。我说过编词典不是人干的事情，而是圣人干的事情……因为词典这个事情是吃力不讨好的。"编纂《汉语大词典》的实践证明：没有脚踏实地、严谨细致的工作态度，没有对事业负责、舍我其谁的敬业精神，没有耐得住寂寞、甘坐冷板凳的职业素养，是不可能编出一部质量上乘、前无古人、传之久远的好词典来的。编纂《汉语大词典》的这些精神财富和词典本身一样，都是非常珍贵的。

在从事编纂《汉语大词典》工作的十多年时间里，我几乎放弃了所有的节假日，单位规定的公休假也从来没有用过，每天工作到深夜一两点钟已习以为常。时至今日，晚睡的习惯依然如故，明知对健康无益，但积重难返，改也难。在这里说两个与《汉大》有关的小故事：

我有两个孩子，都是"70后"。姐弟俩读小学、中学以及高考的这段时间，正是我编纂《汉语大词典》最繁忙的时候。1985年，单位分配住房，我分到一套地处市郊钟山脚下的住房。当时没办法让孩子在市区教学质量较好的学校上学，只好在离家附近的锁金村小学和中学就读。这两所学校都是当时新建的，教学质量和生源都不能与市里的重点学校相比。

女儿读初中时，有一次去参加班级的家长会，出乎意料的是，她的班主任桑老师点名要我发言，让介绍一下是怎样教育孩子的。这时我才知道女儿在年级是品学兼优的尖子生，被评为南京市的三好生（按时下的话说，就是"学霸一枚"）。当时真让我无所措手足，无奈之下只好简单地说了几句，大意是：很惭愧，实在是毫无教育孩子的经验可谈，我因为工作的原因，根本没有时间和精力督促孩子的学习；孩子妈妈上下班从城东到城西要穿过整个南京城，耗时两三个小时，下班回到家里还要操持家务，也无暇顾及孩子的学业。我们唯一能做到的就是给孩子提供一个良好的家庭学习环境。我在家时，除了吃饭之外，其他时间都在伏案看书、写作，至于我什么时候才睡觉，孩子也搞不清。也许是耳濡目染、潜移默化的影响，姐弟俩从小就养成了爱读书学习的好习惯，他们给自己定了一条规矩：不做完作业，绝不做其他的课外活动。我只能说，家长的行为和家庭的氛围，对孩子的成长进步也是一个不可缺少的因素。

后来，女儿是所在中学自建校以来第一个考上南京最好的重点中学南师大附中高中的学生，儿子也紧跟姐姐的脚步，考取了市重点金陵中学的高中。再后来，他们都考上了各自心仪的大学且学业有成。如今在职场上，也都是所在行业的学科带头人。现在看来，这或许可以算作我十八年从事《汉语大词典》编纂工作的"副产品"吧。

还有一件事，说来令人难以置信。由于长期伏案工作，我在四十来岁的时候，得了腰椎间盘突出的毛病。此病发作起来，疼痛异常，而且反复发作更是备受折磨，吃足了苦头。曾到省人民医院和鼓楼医院两家南京最好的医院就医，还托熟人找了骨科主任，均被告知：吃药打针治标不治本，发作期间要睡硬板床休息至少半个月，要想根治只有做腰椎手术。可当时的情况是《汉语大词典》编写定稿正处在关键时刻，根本不可能长时间卧床休息，动手术又怕万一有所闪失，岂不是要瘫在床上了此残生。于是在病痛发作时只有咬牙坚持，靠意志和病魔作斗争，一直坚守在工作岗位上。

事有凑巧，有次偶然看到一篇资料，说蛙泳可以辅助治疗腰椎和颈椎病，而我早年就会蛙泳，但多年没游了。抱着试试看的心态，去游了几次，果然初见成效。于是，每周坚持游两到三次泳，每次游四十分钟，此后腰椎病痛发作的次数明显减少。游泳虽然要消耗点时间，但比起病痛对人的折磨还是要划算得多。退休之后更有大把的时间了，我一年四季都坚持游泳，而且是每天必游。

奇迹终于发生了：近十年以来，腰椎病一次也没发作过，真是："单方胜过名医"啊！我说这个亲身经历的故事，是想告诉长期伏案工作的同仁，如果有颈椎或腰椎疾患的，不妨去游游泳。也许我只是游泳治好了腰椎病的特例，但游泳运动对身体健康有益而无害，长期坚持必有成效。在此顺祝尚健在的各位"汉大"同仁健康长寿、安享晚年。

笔者完成《汉语大词典》编纂任务后，曾三次搬家，退休时有关文档已悉数上交，个人的工作笔记等材料也一时难觅，加上时隔二十余年，要做系统详细的工作回顾，实属勉为其难。只能靠手头现有的材料和挖掘脑海里难以忘却之事，粗略地写就本文，挂一漏万在所难免。作为省"词办"的成员，对当年"词办"所做的各项工作和省内各编写组大量的好人好事，未能全面地反映出来，笔者深表遗憾和歉意。

吕叔湘先生在《汉语大词典》第二次编委会上曾说过这样一段话："词典工作大有可为，夸大一点说，是不朽的事业……要说搞'名山'事业，那只有搞词典。"

《汉语大词典》是一面旗帜，是一面飘扬在古今汉语词典群山之巅的旗帜。笔者作为"汉大登山队"的一名普通队员，曾跟随大部队，为登顶插旗尽了一份绵薄之力。人生得此经历，足矣！

（胡慧斌：《汉语大词典》工作委员会委员、《汉语大词典》主要编纂者）

"汉大"的精气神

黄希坚

我本是一名江苏淮阴师范学校的教师,1975年42岁的当口,有幸参加了《汉语大词典》的编写工作。那个时候,我们江苏共有9个编写组,分别为南京大学、南京师范学院、南京市、扬州师范学院、扬州地区(含扬州、泰州二地)、江苏师范学院、苏州市、苏州地区(含常熟、洛社二地)以及淮阴地区编写组。我参加的是淮阴地区编写组。淮阴就是现在的淮安。当时正值"文革"时期,由于人员及资料配置存在困难,江苏省有些原来教育事业发达、文化底蕴深厚的地区没有参加此项工作。

淮阴编写组的工作地点设在淮阴师范学校内一座小楼的二楼,地点僻静,适合案头工作。人员由地区文教局按老中青相结合的方式抽调组成,大部分是中学教师,共9人,其中一人是从当地新华印刷厂抽调来的工宣队员。这位孙姓师傅到编写组后,并未向大家宣传什么,而是勤勤恳恳帮助大家誊写卡片。

值得一提的是我们的组长黄炳,按现在时兴的说法,他是个"红二代"。黄君毕业于复旦大学新闻系,所学专业虽同辞书风马牛不相及,可是来到编写组后,能深入学习,不抱偏见,择善而从。当时编写组内个别人乱扣帽子,把不同意见斥为"资产阶级思想回潮",他都能主持正义,团结人心,带领大家勤奋工作。他认为是正确的东西,不论大小场合,都会大声疾呼,鼎力支持,因此收词制卡工作取得比较显著的成绩。《汉语大词典》编写领导小组办公室以及江苏省领导小组的领导,都曾先后来到淮阴了解编写组的情况,总结经验,予以表扬,使大家深受鼓舞。值得一提的另一人是于北山先生。他是南京的下放户,河北霸县(今霸州市)人,当时已是六十开外的人了,身材肥硕,声如洪钟,致力于宋代文学研究,著有《陆游年谱》《杨万里年谱》等书,又是一位研究历代职官的专家。我以晚辈身份虚心求教,曾得到他不少指点。于师母制作油饼的手艺十分了得。我常应邀去他家大啖,每次都鼓腹而归。1979年我调到省"词办"后,先生每当到南京图书馆古籍部查阅资料,从淮阴来南京,必来我家。不幸的是,师母和他不久相继辞世,《汉语大词典》在处理历代职官条目时失去了他的专业支持,实在是非常可惜的。

"汉大"的精气神

编写组的物质条件十分匮乏，除必要的文具用品，别无长物，室内每人唯一桌一椅。从宿迁抽调来的娄书武君在淮阴没有住宿地，每到下班，他便在办公室内拼桌为床，权当旅社，度过每个晚上。后来看书收词工作结束、编写组解散时，所余经费仅剩卖废旧报纸换来的钱。黄炳君用这钱买来多个搪瓷杯赠送给每个人，留作纪念。三十多年过去了，我所保存的杯子早已锈迹斑驳，看见它，仿佛看见当年的战友为复兴国家民族的文化事业冲锋陷阵的模样，不由得心潮澎湃，久久不能平静。

编写组运行后所做的第一件事是将省领导小组分配的工具书资料按词目剪贴后制作成卡片。现在记得的有诸桥辙次的《大汉和辞典》若干面、台湾的《中文大辞典》若干面、《康熙字典》若干面、朱起凤《辞通》若干面。另有整本的书，需要从中选择语词制作卡片的，计有杜文澜《古谣谚》，此外还有几种"文革"时期出版的小说；《西游记》的作者吴承恩是淮阴人，所以这部小说也由我们淮阴编写组看书收词了。其时"文革"小说铺天盖地，《西游记》却难觅踪影，好不容易购得一部，五马分尸拆分，便于看书收词的人各有资料，避免了相互掣肘。

为了让工作有序进行，省领导经常派出由当时的省"词办"负责人傅庭芳、李景端君带队的工作组，成员有南京大学编写组的许惟贤、王希杰诸人，穿梭往来于各个编写组指导检查。许、王诸人都是专家。许是《辞海》修订本的编纂骨干，拥有丰富的理论和实践经验。记得他们有一次来淮，曾和我们深入讨论过将来《汉语大词典》的释义要不要标注词性问题。受当时语言学界批判"词无定类"主张的影响，多数人认为释义必须标注词性，也有少数人认为应从实际出发。当时各抒己见，把看法表达得酣畅淋漓。他们在巡视时发现编写组有人在什么是词、什么不是词的问题上，尺度掌握不严，制作了若干"破词"卡片。在他们的指导下，这个问题引起了大家的重视，看书收词少走了不少弯路。

由省领导小组统一布置，按《康熙字典》部首的先后顺序，我们组首先剪贴制卡的是《大汉和辞典》《中文大辞典》中"金""長""門""阜""隶""隹"共六个部首，另有日本人斯波六郎的《文选索引》一部。六个部首中"金""門""阜""隹"都是大部首，条目繁多，打开资料袋，从未见过的新词目、新义项排山倒海般涌到面前，令人目不暇接。这些新词新义多出于《大汉和辞典》，私下不由对这部书的主编诸桥辙次充满敬意：作为一个外国人，能毕生以尊崇发扬中国文化为己任，实在了不起。我们这些后来者，更应奋发图强，自立于世界民族之林，编出一部无愧于先人的大型语文工具书。

看书收词的工作虽说简单，但要求甚高。当时十分强调别漏新词新义。旧字书、词书、韵书里的单字常常没有例句，需求尤为迫切。有一次，《汉语大字典》四川南充编写组派员前来交流经验，顺便抄录了一些我们收集到的过去的工具书所缺的单字用例，十分高兴，认为是一大收获。我们在工作时，常正襟危坐，注意力高度集中，唯恐有什么东西漏掉。一旦有新的发现，便如获至宝，欣喜若狂。有一次，举室寂静，大家都在看书收词，组内一个参加看书收词的青年突然笑出声。上前询问，才知他在读《西游记》，有趣的情节、幽默的语

煌煌辞典著春秋 ——《汉语大词典》出版背后的故事

言让他神游天外,以致忍俊不禁,至于搜集新词新义的事,则早已忘到九霄云外去了。读书本应读书的内容,可是看书收词却要求我们离开内容、逐字研究构成内容的词是否是新词,是否有新义,与此同时,还要不断查检现成字书辞书加以验证,实在是一件很枯燥乏味的事。这种事在过去需手工操作,费时费力,不像现在,有的问题凭借电脑等现代工具瞬间便能解决,回想起来,不由得对我们自己当年工作中的坚韧精神感到吃惊。

还是说《西游记》。这部小说第二十七回有这样几句话:"西方真是福地!那公公路也走不上来,逼法的还念经哩。"其中的"逼法"是什么意思,现存的辞书里找不到答案。是偶见吗?不是,第三十回里还有:"仔细看处,那妖魔独自个在上面,逼法的饮酒吃人肉哩。""逼法"二字连用,出现过一次,有可能是错字;再次出现,就证明这二字并非误写,而是确凿不移的一个词。然而这词什么意思,仍然不得要领。为此全组总动员,将全书从头到尾抉剔一遍,终于又获得两条例证。四条例证相互印证,并从上下文推测,还是不敢断定"逼法"何义。吴承恩是淮阴人,可是当代淮阴话里没有这个说法;数年之后,有人查阅了有关方志以及同吴承恩同时代的其他小说戏曲作品,还是找不到答案。这件事也算得上是一桩疑案,几十年来一直盘桓于脑海中。现在的《汉语大词典》解释为"象声词",显然无据,恐怕过于冒失。希望辞书队伍的后来者早早解决这个难题。

看书收词的工作在五省一市基本结束后,《汉语大词典》编委会及编纂处于1979年成立,办公地点从陕西北路457号搬迁至陕西南路25弄8号。以现在的标准衡量,地方虽仍嫌逼仄,可是同从前相比,条件已好多了。我还记得那里前楼的底层厨房有一煤气灶,比一般家用的煤气灶大很多,我家用的与之相比,简直小巫见大巫。每当五省派员赴沪办事,那里的工友师傅就会在此灶上烧水,供大家饮用。师傅姓李,和我同乡,都是苏州人。时隔四十年,不知他健在否。

在剪贴制卡、看书收词的过程中,我们逐渐认识到:仅凭这些资料编纂新的辞书,要想有所超越,是根本不可能的。《大汉和辞典》虽然条目丰富,但是毕竟是外国人编的,有些地方难免有隔靴抓痒之嫌甚至低级错误。它只是一部解释中国古籍的辞典,离古今兼收、源流并重的要求甚远。又例如《中文大辞典》,仅将《大汉和辞典》的释文翻译成中文,对不懂日文的我们来说,确有很大帮助;可是在其他方面基本亦步亦趋,缺乏一点自己的东西。加上看书收词所布置之书品种寥寥,其中的现代书目不少为"文革"小说,陈词滥调,质量低劣,不能担当作为用例的大任。时至1978年,《汉大》在安徽九华山开会,扩大收词范围便是内容之一。我们编写小组组长黄炳当众承诺:愿为今后的释义工作铺路搭桥,除完成布置给我们的任务,淮阴组拟增加《全唐诗》作为看书收词的书目。他的表态得到大家的鼓励。

淮阴师范学校图书馆的藏书不少,"文革"初期未受到冲击,基本保持完好,到1978年的时候,仍未开馆。偶有可能患了文化饥渴症的窃贼深夜闯入,偷走一些小说类图书。校方为此组织人员夜间巡逻,这种情况才不再发生。图书管理员本是教生物学的老师,听说

《汉大》是周恩来总理亲自批准的国家重点图书,表示全力支持我们的工作,按我们的要求,借出三套中华书局 1960 年出版的《全唐诗》,大家都很高兴,不再像寻觅《西游记》那样发愁了。分工时,我负责从释道诗中收词。唐诗中的释道诗尤其和尚所写,内含许多当时的活语言,例如寒山的三百零三首诗,过去的辞书编纂者基本没有深入挖掘过,是一个丰富的矿藏。《汉语大词典》后来出版,我发现有一些新词、新义、新例采用了《全唐诗》释道诗的资料,十分高兴,觉得没有白费一番工夫。

"四人帮"被粉碎后的 1978—1979 年间,各条战线都在拨乱反正,教育事业逐渐纳入正轨,呈现一派欣欣向荣的景象。与此同时,教师队伍人手不够的问题也暴露了出来。为纾解矛盾,地区文教局致函《汉大》省领导小组,希望解散编写组,让人员回教学岗位。经再三磋商,淮阴编写组决定解散,祝见山和黄希坚二人调省"词办"工作,就这样我于 1979 年来到了南京。

来南京后,领导即安排我在省"词办"工作,编制则在江苏人民出版社词典翻译编辑部。当时省"词办"的实际负责人是丁良典。老丁是行政人员出身,精明强干,坚持原则,处理事务井井有条,滴水不漏,对我非常关心。我做惯了教学工作,初来乍到新的岗位,经常奔走于全省各编写组,面对各种矛盾,一时不太习惯,在他循循善诱的指点下,方初步适应。

自从到"词办"后,我常常随省领导小组高斯局长、陈立人副局长到全省各组巡视。这两位领导十分重视《汉语大词典》的编写工作,首先是花大力气加强"词办"的力量。自我之后不久,又调入了原在南京市编写组的胡慧斌君。胡君年轻有为,组织上把他调来不久,即送他到中国人民大学学习词典专业一年。此后又陆续调入薛正兴、周方、余清逸诸人。除薛君,周、余二位都从各自的编写组调入,有一定的辞典编纂知识和实践经验。

江苏团队。前排左起吴连生、张子才、马传生、赵恩柱、章锡良、骆伟里、张履祥;后排左起黄希坚、王和卿、薛正兴、周方、陈君谋、胡慧斌

煌煌辞典著春秋 ——《汉语大词典》出版背后的故事

  江苏省"词办"之所以能兼顾行政和业务两头，严格执行审稿制度，同他们的用人有很大关系。两位局长自江苏承担编纂《汉语大词典》这个项目，就批准用当时很珍贵的外汇预订了一套台湾影印的文渊阁《四库全书》。这套书在现在可能并不稀罕，可是在当时的江苏，用巨资购这套书的只有两家（另一家是南京大学图书馆），可见支持的力度。这两位局长作风平易近人。高中午不回家，同我们一样在食堂吃饭。我们吃什么，他也吃什么，从无特殊要求，有时还要边吃饭边和我们说说《汉大》的事。这种作风，就现在来说也是十分稀罕的。陈同样如此。有一次我们乘火车出行，买到的全是硬座票。他当时已逾花甲之年，心脏又不好，车上旅客挤得满满的，他硬是跟我们一样，挤到目的地。

  我刚到南京时，暂无住处，老丁就安排我住招待所。招待所在后宰门，离单位地点玄武门有相当远的一段距离。那时南京的公交车车次少，乘客多，每次乘车都拥挤不堪。为了充分利用时间，老丁要求我平时可在招待所内处理《汉大》事务，若需要到玄武门办公，电话通知。后来大概为了节省开支，又让我搬到一间正在编写《实用汉英词典》的办公室。白天我将被褥之类晾晒在外，腾出地方让编《实用汉英词典》的人工作；待他们下班，我再收回铺盖睡觉，此时办公室才又成为我的天地。这种情况领导看在眼里，自不必说，大概做了细致的思想工作，经过协商，《实用汉英词典》克服困难，腾出一间房，给我作办公室兼卧室用。这间房坐北朝西，那时既无电扇，更无空调，夏日白天烈日炎炎，夜晚蚊子成群。有一夜，被蚊子攻击得忍无可忍，不得已点了八盘蚊香驱蚊，室内烟气蒸熏，总算度过了难熬的一夜。次日，一切如常，自我感觉良好，似乎未受到烟熏的影响。由此看来，人的自我保护机制还是十分强大的。

  我于1979年调到南京后，内子和两个孩子尚在淮阴，双方分居两地，子女尚小，难免有些内顾之忧。老丁看到这种情况，批准我每月可回去一次处理家庭事务。时隔一年，局领导又把内子从淮阴调来南京，并安排了工作单位。又隔了一年，出版局在玄武湖附近百子亭盖的新房落成，特分给我一套，更使我感激涕零，深感领导花了如此大的代价，对我如此体贴关怀，就是希望我心无旁骛，尽力做好《汉大》的工作。我不能忘恩负义，否则就狗彘不如了。我在南京的老朋友、老同学看到我调到南京不久就分到住房，很是欣羡，认为我运气好，殊不知我内心有巨大压力，忧虑自己学识浅薄，能力有限，不能担当编纂《汉语大词典》这一大任。

  来到省"词办"后，平日除协助老丁处理"词办"的日常工作，其余时间则把注意力放在《汉语大词典》资料的核实和释文的试写工作上。有一次我在审稿时，发现某先生的释文稿《毛泽东选集》用例格式不对，便去查原书改正。孰料发现，这个用例不但格式不对，而且还漏了4个字，不由得大吃一惊。心想：这种粗心大意若不能早早发现，将来印成书，白纸黑字，铸成大错，到时有口焉辩？必遭无妄之灾。这件事使我深切体会到资料核查千万马虎不得，必须大力发扬实事求是的学风，严格把好这一关。

"汉大"的精气神

当时正值"四人帮"被打倒、各条战线拨乱反正时期，各级图书馆正逐步从闭馆恢复到开架开放。我查书最方便的处所莫过于编写组的小资料室。南京的几个编写组都在学校，都有图书馆。编写组的人觉得为查几条资料，得来回于编写组办公室和学校图书馆之间，费时费力，得不偿失，于是想方设法，在办公室内自设小型书库，一般的资料足不出户便能查到。我常去的是南京市编写组。南京市编写组地处广州路和珠江路交界的南京市教育学院。那里的编写人员因工作关系和我彼此熟稔，故我虽系外人，倒也能自由出入，任由我无拘无束地翻阅他们的图书。他们有一套《四部丛刊》，虽然不全，却也解决了我不少问题。学校有食堂，中午编写组的先生们午休回家，我就在那里吃饭。如果下午迟回去，就买两份饭菜，其中一份带回住地权当晚饭。那时还不知微波炉之类为何物，晚上用煤油炉加热，也很便捷。

随着时间的推移，南京图书馆古籍部对外开放了。当时这个中国三大图书馆之一的南图，对像我这样的读者服务真是不错。只要携带单位介绍信，开列书单，古籍部都能无偿提供方便，甚至善本书也能供我翻阅。《大汉和辞典》不少条目引用明朝王圻等人辑《三才图会》一书，看书收词阶段不止一次地遇到过，惜受当时条件限制，无缘见到这部类书，现在终于在南图古籍部的善本书阅览室见到了，一百多卷的线装本摆放在面前，不禁欣喜若狂。

南图古籍部的开放对汉大的释文试写起了很大的推动作用。不过到那里查书，仍受到一些限制，如规定每次限查几种，不得超过等。这些规定对一般读者而言也许是合理的，但对我们编《汉语大词典》的人来说还是不够顺畅。这种状况直到出版总社的图书馆开放，才有了彻底改观。总社图书馆藏书中当代的出版物异常丰富。我有一条工人出版社1949年出版的资料，本来以为此地定无原书，查核无望，不料居然在书架一角找到了，薄薄的一本，真是"踏破铁鞋无觅处，得来全不费工夫"。

图书室的工作人员看到我们工作勤恳，认为我们这些人到他们那里查书，既不是在搞私活，也不是只为悠闲消遣，打发时间，所以大力支持我们的工作。每次去查书，图书管理员按书单悉数调出，供我们查检。后来看我们十分忙碌，便大开方便之门，允许我们可自由进出书库查书。至于一些另辟一室的珍藏书，则仍按规定，必须填写借书单，然后调出图书，供我们在阅览室查阅。书库在楼上，像《四库全书》之类的书又厚又重，每次借阅，工作人员就得多次负重上下楼梯，累得够呛。他们为《汉大》默默奉献，而《汉语大词典》署名没有他们的名字，他们是真正的无名英雄。

1984年，经上级批准，江苏的出版社由人民、科技2家调整为8家。由于机构增加，人员调动进出频繁。老丁被任命为总社某下属单位党委副书记，不再过问《汉大》的事，他原来的工作由薛正兴接替。"词办"诸人都分到初创的江苏古籍出版社，"词办"的办公地点也理所当然地迁移到古籍社。我被分配到古籍社第一编辑室，负责文学类图书的组稿、编辑等事务。

正当《汉语大词典》试写释文的工作如火如荼进行之时，老丁病倒了，检查结果是得了

煌煌辞典著春秋 ——《汉语大词典》出版背后的故事

不治之症。1986年冬日一天,我到他家探视,只见他形销骨立,十分怕冷,正靠在卧室南窗下晒太阳,昔日叱咤风云的样子不复存在,不觉悲从中来。他于1987年3月因医治无效去世。他在《汉大》前期做了大量开创性的工作,人们不会忘记他筚路蓝缕之功。

接替老丁工作的薛正兴君早年就读于南京大学中文系。"文革"期间下放在浙江山区地质队工作,"四人帮"被粉碎后考研,师从南京大学洪诚及南京师范大学徐复两位先生。自从他主管省"词办"以后,工作重点便逐渐转移到如何保证释文的质量等业务问题上来。他很重视"词办"的硬件建设,例如购置了《四部丛刊》等书,还给每个"词办"人员发了一套中华书局重印世界书局版的《诸子集成》,此书在当时价格不菲,由此可见他要求大家全身心投入写稿审稿的苦心。他认为"词办"要担当得起审读全省各编写组释文稿的责任,"词办"每个成员自身必须具备过得硬的能力,熟悉编写体例,能独立编写合格的释文稿。为此每个人都分配到一些条目,作为"练兵"的手段。我参与试写释文的小部首是"隶"部,当时大家都没有什么经验,所以跟胡慧斌君共同完成;大部首则是"阜""隹"的一部分。我的老师徐复先生非常关心我,曾亲自批阅我的释文稿,给予我极大的鞭策。当时聆听他的教诲,信心陡然倍增。其间编纂处的领导把我叫到上海,给了我近千张"隶"字的资料卡,同我商量,要求我将"隶"这个单字的释文稿重写一遍,当天我就在编纂处的办公室开了一次夜车,万籁俱寂中边吸烟,边吃戒烟糖,完成了任务,所写样稿后来作为征求意见稿刊登在《辞书研究》上。

我刚到古籍社时,由于要兼顾古籍编辑和词典审稿两头,忙得不可开交,以致不断掉头发,半月下来,脑袋变成光秃秃的一片。鉴于这种情况,薛君为我减负,不再给我布置新的任务,但因我是第十一卷的分卷副主编之一,故只要求完成原先分工领到的该卷条目的审稿任务。我当然毫无异议,不过深知要做到古籍编辑和词典审稿两不误,实在难乎其难,别无他法,只能充分利用时间,见缝插针了。幸运的是,古籍社的领导了解我的困难,很体谅我,从大局出发,同意我在这段时间,只要不影响工作,可往返于编辑室和"词办"之间上班,就这样,我获得了比较充裕的审稿时间。

每当在古籍编辑稍有空闲时,我不敢懈怠,即往"词办"审稿,同我合作者是赵恩柱先生。赵先生原在南京市编写组,因编写组完成任务后撤销,受"词办"主任薛正兴之邀来"词办"协助审稿的。他年长我几岁,学识丰富,又是第十一卷的分卷主编,我自然应当尊重他。然而尊重不等于一切唯马首是瞻,学术问题若遇到分歧,相互应深入讨论,以求统一,不能统一也不要紧,由终审定夺便是。第十一卷有些部首的释文稿就是在我们二人不断的分歧、统一、分歧、统一中逐步完善的。之后我因参加筹划《中华大典·文学典》的组稿等一系列工作,不再参与"词办"的各种活动了。

到了1993年,《汉语大词典》定稿工作全部完成,作为临时机构的省"词办"宣布撤销。薛正兴及胡慧斌、周方诸君调到江苏教育出版社,薛被任命为该社的副总编。

"汉大"的精气神

2015年冬,我曾到瑞金路赵先生的居所叙旧,是年他已近90岁了,耳戴助听器,精神矍铄,思路清楚,能保持这样的状态,是他全家的幸福。

1994年5月10日下午,《汉语大词典》编纂出版胜利完成庆功会在北京召开,我十分荣幸作为代表参加了这次盛会。当我和我的同伴们迈过天安门广场、于两点三十分跨进人民大会堂的时候,内心无比激动。会上,江泽民等中央领导同志接见了我们,褒扬我们为祖国的文化事业作出贡献,我们每人获赠了一块金光闪闪的电子表作为纪念。二十多年过去了,如今这块电子表的光泽虽已渐褪落,但我仍把它同人民大会堂的请柬以及淮阴时期的搪瓷杯收藏在一起,作为我一生中最大的荣耀。

回到南京没过几天,接江苏人民广播电台的通知,薛正兴君率领原"词办"的同人以及南京大学的许惟贤先生到位于中山东路的电台,接受了有关《汉大》的采访。那天晚上,播音室一片静谧,众人侃侃而谈。此时,我仿佛看到《汉语大词典》中的汉字和标点正伴随着电波冉冉升起,越过楼顶,穿过云层,化作满天星斗飞向太空,璀璨的光芒似乎在向世人昭告:一部中国人独立完成的《汉语大词典》诞生了!

(黄希坚:《汉语大词典》编辑委员会委员、第十卷分卷副主编)

《汉大》精神"汉大人"

周 方

2018年8月18日,王涛同志冒着酷暑到南京,要黄希坚、胡慧斌和我——三个江苏的"老词办"为亲身经历的《汉语大词典》历史撰文保留史料。因为身体和家庭的缘故,我已封笔多年,再加上我是电脑盲、手机盲,文字录入、做成文档都要求人,所以我有点儿犹豫,架不住老王一再申说,我也觉得活着的"汉大人"为《汉语大词典》积累研究资料,并以此纪念逝去的"汉大人",是义不容辞的责任,终于应承下来。然而在随后两个月中,我真有点寝不安席,食不甘味。思绪就像打开闸门的洪水奔涌而来,往事犹如连续剧似的一幕又一幕在脑海里回旋。有时深夜睡不着觉,突然想起一件事,唯恐忘却,就开灯笔录下来。老伴几次嘲笑我像打了鸡血似的,兴奋不已,焦躁不安。可她哪里知道我对《汉语大词典》的感情有多深,我怕拙笔不能全面、正确、深入地反映《汉大》精神"汉大人"。由于见识有限,笔力不足,所述尽是身边的事,经历的事,格局不大,有点琐碎,但我已尽力了。文章力求事情真实,数字准确,如有差错,由我负责。是为篇头话。

汉语词典大,编写在小亭

《汉语大词典》苏州地区编写组分常熟组和洛社组,常熟组设于常熟虞山脚下的苏州地区师范校园内。校园的一部分为曾家花园,曾园的原主人是晚清有名的批判小说《孽海花》的作者曾孟朴。曾园风景秀丽,园中有一小湖,湖边有假山石,湖中有小亭曰湖心亭,装有护栏的曲桥通向陆岸。后人给亭加建墙、窗,亭就不是标准的亭了。小亭二十多平方米,就是常熟组的办公室了。因为亭小,东西靠墙处一边置放两张办公桌,一边放三张办公桌。中间放一会议桌,另外有两个书架。常熟组1975年建组,我是1976年进组的。常熟组编写人员先后有钱祖翼、许正义、吴连生、张浩逊、周方(以上苏州地区师范)、王琳元(沙洲梁丰中学退休校长)、张育才(常熟省中)、夏蔚文(常熟县中)、钱文辉、周耀根(常熟"五七师训班"）、瞿果行（常熟教研室），其中许正义、张浩逊、钱文辉、周耀根工作不久就回归原单位，瞿果行是后期加入的。钱祖翼是编写组的组长，原是地区师范的中层干部。他生就一副喜庆的脸，为人谦和，领导有方，善于发挥个人特长，调动大家的积极性，把工作搞好。

常熟编写组部分同志合影。左起钱祖翼、张育才、王琳元、张元鼎、瞿果行、周方、吴连生

苏州地区编写组的领导是原苏州地区教育局退休局长张元鼎，人称张老。张老是位中华人民共和国成立以前就参加革命的老干部，为人严肃，不怒自威。当时他已70多岁，常住苏州。他为常熟、洛社建立《汉语大词典》编写组，解决办公用房、调配编写人员是有汗马功劳的。编写工作启动以后，他经常往来于常熟、洛社两地指导工作，和两校领导磋商，在两校师资紧缺的情况下，努力稳定编写队伍，依据上级文件积极解决编写人员的住房、职称、待遇等问题。

1983—1984年，正是常熟、洛社编写组攻克最后难关的关键时候，此时张老更老了，更瘦了，出门要靠扶持。但编写工作需要他时，他就会出现在我们面前，看他策杖缓行和清瘦的面容，我们无不肃然起敬。张老为《汉大》工作，没有额外报酬；张老不是工委、编委、编写人员，《汉语大词典》没有他的署名。他不计名利，不辞劳苦，为《汉大》捧出了一颗火热而赤诚的心。

张老对我们说：《汉语大词典》是国家大工程，而我们是小地方、小学校、小编写组，但我们要有大志气、大决心，千方百计编好大词典。张老古诗词功底很好，他曾根据常熟组的编写任务、办公室的周围环境作诗一首："汉语词典大，编写在小亭……劝君莫凭栏，独

煌煌辞典著春秋——《汉语大词典》出版背后的故事

立更精神。"可惜时隔四十年，我仅记住首联和尾联，但其独立思想、拼搏精神一直鼓舞着我们。

按常理来说，编写《汉语大词典》应由专家学者来担当，我们这些小地方的小人物只是用词典，编词典是连想都不敢想的事，现在要实打实地来做了，心理压力是相当大的。但是巨大的压力感激发了我们的使命感、责任感、荣誉感。国家需要我们，我们就要抛弃杂念，变压力为动力，尽我们的一切力量，做好这件事。因此从建组一开始，大家就义无反顾地投入工作中去。

开始是收词制卡工作，我们除不折不扣地完成上级布置的任务外，后又结合编写任务，额外看书，广积资料，取得了很大的成绩。收词制卡告一段落后，就是释文工作。根据省"词办"一开始的安排，我组承担"赤""足""走""身"四个部首的编写任务。我们全身心地投入释文工作中去，先完成"赤""走""身"三个部首的试写工作，并出了初稿本，反映良好。然后再接再厉，编写"足"部稿子。大约在1982年，扬州师院编写组一些教师因为种种原因，归校教书；编写组的任务非常吃紧，特别是"辵"部数量庞大，要求减轻编写任务。经省"词办"协调，把任务落实到我们编写组身上。开始我们也有顾虑，我们编写组任务已经不轻，人员也不多，要是不能如期完成，反而弄巧成拙。最后大家统一了意见：困难是有的，但我们可以想办法克服。就这样扬州师院编写组把"辵"部七画之后（包括七画）的任务移交给了我们，当时说是3500条左右，这次为撰写此文，我逐条统计，竟有9648条之多，大大超过了当时的预计。

根据《汉语大词典》成书后的条目统计："赤"部606条、"走"部1588条、"身"部338条、"足"部3338条，四个部首共计5870条。"辵"部我组编写9648条，追加的条目为我组原承担任务的1.64倍，不得不说我们一个小小的常熟编写组创造了一个小小的奇迹。

我们常熟编写组保质、超额、如期地完成了编写任务，为《汉语大词典》的成功出版作出了一定贡献。究其原因，除了上海编纂处、省"词办"领导的支持关心外，还有四点。

（1）团结一致的拼搏精神。全组不管老的、少的，体弱的、家庭负担重的，考虑的重心只有一点，再难、再烦、再苦也要编好《汉语大词典》。因此，领导分配任务，从不推三阻四、讨价还价。"赤"部是我组试写的第一个部首，没有一点经验。这时年近八十岁的王琳元老师挺身而出，主动挑起重担。"走"部"起"字卡片有八九百张，单字初稿释义分71个义项，其烦其难可想而知。老吴毫不犹豫地接受这个任务，啃下了这块硬骨头。由于条件限制，我组和苏州地区师范图书馆只能解决少量资料的核对问题，大量的要到上海编纂处、苏大图书馆去复核，而一些年长的老同志体弱，不便外出。老吴和我就义不容辞地代劳复核，有时卡片出处不明或出处有误，复核工作很费时间，我们也一丝不苟，尽最大努力把这项工作做好。因为保证质量是我们的目标，代为复核不仅仅是为某个人，而是为了我们编写组，为了整个《汉语大词典》。

（2）不断学习，不断总结经验。要编好《汉语大词典》，我们缺少学养、知识、经验，而这些不是短时间内就能解决的问题，无捷径可走。我们就边工作，边学习。遇到问题先是组内同志切磋商量，不能解决，就向专家学者求教，常能得到他们的指点和帮助。通过工作、学习、总结，我们的水平逐步提高，编写工作从陌生到熟悉，从没有头绪至摸到一些规律。在前后八年中，我组的王琳元、夏蔚文、吴连生和我共撰写了二十多篇文章，刊登在《汉语大词典》的编写工作简报上。

（3）全组同仁长期坚持、人人参与做好资料增补工作。关于这点，下文专题阐述。

（4）兄弟编写组的帮助和支持。在收词制卡和释文工作中，我们得到兄弟编写组实实在在的帮助。我们曾到苏州市编写组、南京教院组、扬州师院组、扬州地区组学习。他们毫无保留地把自己的经验传授给我们。特别是苏大编写组，对我们的帮助最大。他们组的钱仲联教授、唐文老师不仅博学多才，而且诲人不倦。我们经常请教他们，都能得到有益的启示。

1979年初夏，我们试写"赤"部已有一段时间，对于完成的一部分稿子质量究竟怎样，心里没有底。6月中旬，我们请苏大编写组唐文等同志来常熟商讨"赤"部初稿。他们畅所欲言，各抒己见。对立目的宽严问题，释文的详略问题，书证和用例问题等提出了许多中肯的意见和改进办法。例如"赤"字初稿有"象征革命"一义，唐文同志指出："象征革命"，似嫌过简，因为"革命"不是一个一成不变的概念。"汤武革命，顺乎天而应乎人。"三千多年来，"革命"在不同的历史时期有不同的含义。虽然历史上有过农民起义以"赤色"为标志者，但除共产党领导的革命外，尚未发现有"赤"称为革命者，所以释文应改为"象征共产党领导的革命"。这个意见得到大家的赞同。这次会议许多建议推进了"赤"部试写工作。

因为苏大编写组存书较多，离我们又较近，因此那里成为我们复核资料的基地。有时一查几天，星期天还要查核，该组的章锡良老师、唐君彦老师放弃休息，我们查资料，他们就加班加点工作。尤其是苏大图书馆，藏书非常丰富，他们对兄弟编写组也是大开方便之门，有的善本书，只要在规定范围内，一样借给我们查阅、复核。我们需要复核的资料，绝大部分可在苏大编写组、苏大图书馆得到解决。这就大大节省了我们的时间，提高了工作效率。可以肯定地说，没有他们，我们的工作就不可能这么顺当＼这么高效。

春去秋来，"汉语词典大，编写在小亭"这事已经过去三四十年了，小亭依旧在，而且更为美丽。但物是人非，张老、钱祖翼、王琳元、夏蔚文、张育才、瞿果行已先后作古。有的人甚至没有等及全书出齐便驾鹤西去，成为临终之憾事。全组仅老吴和我尚在，老吴年近八十，仍然豪情满怀，拼劲十足，孜孜不倦地为《汉语大词典》修订本添砖加瓦。而我年届古稀，终日与病妻相守，虚度晚年。回首往事，不胜感慨嘘唏。

"找米下锅"和"送米下锅"

《汉语大词典》作为一本"古今兼收,源流并重"的大型语文工具书,资料是基础,词目是根本,释义是灵魂。《汉大》多次工作会议强调资料工作的重要性,而上海编纂处一直强调把看书收词、增补资料贯穿于整个编写工作的全过程,这是十分正确的。

常熟编写组遵照这个精神,不遗余力地、坚持不懈地做好资料增补工作。"找米下锅"是指我们在编写本组所承担部首的稿子时,除原有的资料外,额外看书选词,增补资料。以"赤"部为例,它是我组编写的第一个部首。开始动笔时,资料严重不足,通过半年时间的"找米下锅",增补资料518条,从而增加了一批新词、新义,补充了许多例句,纠正了旧辞书的一些谬误,解决了部分词目释文的疑难,大大促进了释文工作的顺利进行。

(1)拯救了一些词目:例如"赭山",旧辞书义项之一为"谓使山赤裸无草木也",引《史记·秦始皇本纪》"伐湘山树,赭其山",书证为"赭其山",非"赭山"。现增补唐·柳宗元《吏商》:"虽赭山以为草,涸海以为盐,未有利大能若是者。"

(2)增添了一批新词及新义:增词的如"赤汉",即汉朝,汉崇五行之火,火赤色,故称。《后汉书·祭祀上》:"《河图会昌符》曰:'赤汉德兴,九世会昌。'"清·梁廷楠《藤花亭镜谱》:"赤汉元光元年,五月丙午日辰,太岁某某,造作尚方明镜。"

补义的如"赤白",红中带白,即桃红色。《说文·糸部》:"红,帛赤白色。"徐灏笺:"赤中有白,盖若今人所谓桃红。"《史记·天官书》:"辰星之色、春青黄;夏赤白。"

(3)解决了一些词目的释义疑难:"赤令",原仅有一张选词卡,孟郊《严河南》诗:"赤令风骨峭,语言清霜寒。不必用雄威,见者毛发攒。我有赤令心,未得赤令官。"再三揣测,不得其解。后我们请教了于北山同志,并根据《唐会要·丞簿尉》:"贞元六年十二月三日敕:刺史县令,从四考为限,赤令既是常参定,不在四考限。"《唐会要·县令》:"省官及刺史、赤县令有阙,先于县令中拣择。"确定"赤令"为"赤县县令"的省称,解决了这个疑难。

(4)无例补例:有些词条,旧词书立目而无书证,通过自找资料,补充了书证。如"赤红",康濯《春种秋收》:"赤红的脖子一吱一扭。"《天安门诗抄·深切悼念周总理》:"赤红的心啊赤红的胆。"

(5)引例追源:"赤立"意为"空无所有,孑然而立"。旧词书均从《宋史·乔行简传》例为源,选词卡增陆游、洪迈用例,和《宋史》同时,现增补韩愈《元和圣德诗》:"婉婉弱子,赤立伛偻。"

(6)孤例得到充实:"赤骨立",即赤膊。增补明·田汝成《西湖游览志余·香奁艳语》:"(陈焕章)醉为群妓所侮,作《中吕满庭芳》乐府云:'白发上,黄花乱插,赤骨立,黑墨偷搽。'"

（7）例证明确、得当：自找补充资料大量的是用来丰富例句，使之更为明确、精当、通俗。"赫"有一义为"分裂支解之貌"。旧词书引例为《公羊传·宣公六年》："赵盾就而视之，则赫然死人也。"此例不太贴切，且"赫然"另外立目，故更换《后汉书·礼仪志中》例："赫女躯，拉女干，节解女肉，抽女肺肠。"意义就更明确了。

（8）纠正旧词书谬误："赤历"，旧词书解释为"明、清省级财政机关稽核各地方官府钱粮的册籍"。根据增补的《续资治通鉴·宋孝宗淳熙四年》："其后（薛）元鼎奏，驱磨本州财赋，惟凭赤历，难以稽考"及其他有关资料，对旧词书释义作了修改，"宋时为州，明清为省财政机关稽核各地方官府钱粮的册籍"。

1980年，在"赤"部释文稿完成、送上海编纂处后，我们没有停下"找米下锅"的脚步，经过一段时间的努力，又积累了五百多条资料。

据新增资料增立词目51条。除删目变立目、存目变立目以外，新增条目占多数。增补义项22条。丰富了一批词目的例句，其中17条词目原来为孤例，现得到补充；6条词目原用例较晚，现补充了较早书证；另外还有许多条目丰富例句之后，意义变得明确，源流也反映得更为清楚。

另外，"赤"部中有一批词目如"赤刘""赤德""赤汉""赤厄""赤九"等，其"赤"都表示汉朝的意思，因为根据谶纬之说，汉崇五行中之火，火赤色，故以赤代汉。照理单字"赤"应该立汉朝这一义项，但是由于以前没有"赤"字单独表示汉朝的例句，只得付阙。这一次我们找到了"赤"表示汉朝的例句，终于解决了这个比较棘手的问题。此例为《宋书·符瑞志上》："《春秋玉版谶》曰：'代赤者魏公子。'《春秋佐助期》曰：'汉以许昌失天下'，故白马令甘陵李云上事，言许昌气见，当涂高已萌，欲使汉家防绝萌芽。今汉都许，日以微弱，当居许昌以失天下。当涂高者，魏也；魏者，象魏两阙之名当道而高大者也。魏当代汉，如李云之言。"

经过这样不断地"找米下锅"，一再增补资料、反复打磨修改，"赤"部的条目大大增加，义项更为丰富，释义更加准确，词语的源流演变更加清晰，总之一句话，它面貌一新，令人刮目相看。

我组承担的其他"走""身""足""乏"几个部首，我们一如既往，孜孜不倦地"找米下锅"，广积资料，从而保证它们的释文质量有明显的提升。

随着《汉语大词典》编写工作的推进，陆续出了不少的初稿本，供大家借鉴审议。整个《汉大》是一盘棋，只有整体水平提高了，才能无愧于后人。我们在"找米下锅"过程中，亦为其他兄弟组编写的初稿本积累了不少资料，可供立目、释义、丰富例词用。

如"殳"部初稿本把"杀水气"作存目处理，其意见为：旧时江湖上用语，见《说岳全传》第七五回。孤证，释义无把握。

《说岳全传》是这样说的："喽啰道：'可不晦气吗！两天不发利市，今日又张着个穷鬼！滥不，把身上的包裹留下，也当杀水气。'"认为"杀水气"是"旧时江湖上用语"是囿于个别例子而得出的片面结论，"杀水气"亦见于日常生活用语中，我在平时阅读时积累了两条资料，可作其证。明·无名氏《拔宅飞升》楔子："外郎今日造化低，跟着真人祭神祇。我一心看着烂羊腿，两眼睃着大公鸡，颇奈观主无道理，他抢了三牲走似飞。我如今偷了门闩杀水气，背巷里换些狗肉吃。"《醒世姻缘传》第九四回："本待要骂骂街，泄泄气，又被宫直的老婆'蛇太君'挫了半生的旺气；若得作践相妗子一场，也还可杀杀水气；谁知不惟不能遂意，反差一点点没叫一伙管家娘子捞着挺顿骨拐，这样没头一齐来的事，岂是薛老素受得的？"以上三例，"杀水气"前提都是心中有气。喽啰两天不发利市，感到晦气；外郎眼睁睁看着羊腿、大公鸡而不能到嘴，心有怒气；薛素姐作威作福未能得逞，大为生气。因此，喽啰即使遇着穷鬼，也要抢他的包袱解气，外郎偷门闩换狗肉吃来出气，薛素姐想作践相妗子来发泄怒气。不难看出，"杀水气"应是出气；解气之意。

"囗"部收"圈圞"，金·董解元《西厢记诸宫调》卷五："着他方言语，把人调戏，不道俺也识你怎般圈圞。"但是"囗"部未收"圞"字。

我组编写的"走"部初稿"趣袭"条用《梁书·王僧辩传》："（侯子鉴）又以鹝舸千艘并载士，两边悉八十棹，棹手皆越人，去来趣袭，捷过风电。"例中"舸"字，"舟"部初稿本当收而未收。

凡此种种，我们不厌其烦，及时制成卡片，说明情况，供这些部首定稿时用，找资料为己所用，称"找米下锅"，卡片为他人所用，可谓"送米下锅"也。

粗略统计，我们额外看书近二百余种，制卡有12000张。而且这项工作大多是业余时间完成的。很多节假日用上且不说，外出开会，都要带上一本书，候车时间翻翻，把有用的资料画出来，以待摘录。会议期间，晚上一般没有活动，也充分利用起来。

"找米下锅"，广泛增补资料是常熟编写组一大闪光点，是常熟编写组高质量完成编写任务的重要保证。"送米下锅"也为兄弟编写组工作起到了一定的促进作用。

开门编词典

1975年《汉语大词典》编写工作启动以后，正是"四人帮"横行的时代，他们的倒行逆施是方方面面的，《汉语大词典》的编写工作也受到他们的干扰和影响。他们认为，中华人民共和国成立以后，上层建筑为资产阶级所控制，要改变这种局面，就必须敞开大门，由工农兵占领上层建筑。其方法就是"掺沙子"，"走出去，请进来"，因此词典编写也不能例外。当时，各词典编写组所在学校都派驻工宣队，开门办学也是一种潮流。迫于形势，《汉语大词典》苏州地区编写组决定走出去开门编词典。常熟、洛社编写组各抽两人参加，我有幸参与其事，领队是洛社编写组的组长曹一鸣。

说起曹一鸣，他是一位老革命，曾任《新华日报》记者，"文革"中遭批斗，其妻因此发疯，后下放到老家无锡县（现无锡市）。组建洛社编写组时，他出任组长。他当时五十多岁，精力充沛，口才极好，脾气也好。据传，一次组团外出参观时，宾馆大厅一下子涌入好多人，点名发放房门钥匙时，宾馆服务员连喊两声曹一鸣，见无人答应，她又看了看入住人员名单，大声说："洛社师范曹一鸣。"老曹才不紧不慢地回答："我叫曹一鸣，不叫曹一鸣。"后来"曹一鸣"的大名就传开了。以后见面时，不少人戏称他"曹一鸣"，他从不生气，有时干脆一口答应，与人握手大笑，或回应一句："是一鸣也，非一鸣也！"

我们这次开门编词典的目的地是常熟县横泾公社的沙家浜，我们带着《沙家浜》剧本，请贫下中农为我们选词制卡把关。当时该地因样板戏《沙家浜》而蜚声海内外，前来参观的人络绎不绝；记者采访、拍电影、拍电视来采景的也相当多，当地公社的接待工作压力重重。当我们持介绍信至接待站时，他们并不重视。这时曹一鸣的机敏、口才爆发出来。他滔滔不绝地强调："《汉语大词典》是敬爱的周总理临终前在病榻亲自批准的出版项目。它是一个超级大工程，全国聚集了上千个教授、学者参加。我们一定要继承周总理的遗志，不遗余力地办好他交办的事情。现在联合国用的是小小的《新华字典》，将来《汉语大词典》要替代《新华字典》成为联合国用的汉语工具书，这是何等重要的使命。拍电影、拍电视，只是一闪而过的镜头，不能长久，而《汉语大词典》是白纸黑字，实实在在地放在那里。它扬我国威，流芳百世。这次我们来沙家浜开门编词典，请你们帮忙支持，将来书成之后，有你们的一份功劳，人民是不会忘记你们的。"曹说得激情洋溢，配以手势，感染力很强，听的人一愣一愣，有所感动。当时周总理逝世不久，人们的怀念之情非常深厚，听说是周总理临终前特批的项目，又是要成为联合国使用的汉语工具书，马上重视起来，请来了分管公社宣传文教的责任人来接待我们。

领导重视了，事情就好办了。接下来各部门一路开绿灯，工作畅通无阻。他们还安排了一位贫农出身姓喻的老师全程陪同。我们开了两个座谈会，结合贫下中农的意见，把《沙家浜》中的"七星灶""窥视""阎王账""拾掇""浆洗""云开日出""草头王""挡横""鸟枪换炮""树大根深""续水""报偿""人走茶凉""滴水不漏""两眼一抹黑""黑枪""焦躁""拿着鸡毛当令箭""顶风冒雨""开和""枪把子"等收词制卡，供立目和例证用。

时经三天，我们胜利而归。其间老曹还带着大伙去春来茶馆喝茶，并游览了芦苇荡。

老曹的能力还是很强的，在他的领导下，洛社编写组如期、出色地完成了"车""辛""辰"三个部首的编写任务。

后来老曹调回南京至江苏科技出版社工作，虽然他老婆还是疯疯癫癫，他却不改其一如既往的乐观精神，并自称"三乐先生"：助人为乐，苦中作乐，自得其乐。现如今，老曹仍健在，已经有九十好几了。我想，在任何情况下怀有希望、豁达乐观是他健康长寿的秘诀。

夏丏尊嫡侄

夏蔚文是常熟县中的语文老师，常熟编写组成立之初，他就借调过来，成为编写组的元老之一。我初见夏老师的印象是：五十多岁，瘦瘦的，身材不高，头发稀疏，戴副眼镜，下巴偏尖，背微驼，走路前倾，但步子稳重。总而言之，相貌平平。后来知道他家居苏州，出身书香门第，著名教育家、作家、出版家夏丏尊是他叔叔。中华人民共和国成立以前，夏老师是银行职员，收入颇高，家境殷实。后被打发到常熟任教，一人孤居在外，已有多年。

一段时期接触下来，我感觉他的性格有点孤傲、怪僻。他有三怪。一是天一转凉，就要系起一条长围巾来，再冷一点，就戴上帽子，把自己裹得严严实实，跟时令很不相称。后来知道，他有严重的哮喘病，发作起来，经久难愈。二是当时拍个照、留个念还是比较流行的事，但他极为抵触，不管是上级领导来视察工作或兄弟编写组交流工作，当要集体合影留念时，他总借故离开，大家热情挽留，他也不为所动。三是编写工作会议多，往来多，习惯上到最后要聚个餐，欢庆一下，可他概不参加。有次会议开得比较晚，他回学校吃食堂已经过点，我和老吴劝他参加会餐，他不肯，见说不行，我就拉他。他挣脱之后，义正词严地说："我不能晚节不保。"看他一副大义凛然的样子，我们无可奈何，只好作罢。

怪怪的老夏也不乏幽默之时，"文革"期间，教育战线是重灾区，教学质量一塌糊涂。"文革"结束，贻害一度延续，社会上流传许多学生读错字、写错字的笑话，其中就有把"恬不知耻"读成"刮不知耻"。而这时的社会风气又有所转变，少女未婚怀孕、流产的情况增多，老夏是个传统保守之人，对此一直持批判态度。一日办公室论及此事，他愤愤地说："真是刮不知耻。"一开始，我还惊讶老夏读错字，转而一想，此语妙不可言。老夏是指未婚少女刮宫流产而不知羞耻，真是神来之言。

别看老夏身体瘦弱，但工作起来干劲十足，没得话说。我还很清楚地记得一件事，"赤"部完成初稿，经省"词办"复审后，就送上海编纂处准备出初稿本，随后编纂处陆续转来了各地编写组第二批收词工作做的"赤"字头卡片，其间我组也积累了不少的资料，两者相加，数量相当可观。这些资料可以补立词目，增补义项，丰富例句，纠正错误。如果把送审稿拿回来搞，来回费时不说，重要的是查证资料不方便。为此组里决定派老吴和我赴编纂处改稿。这时，老夏自告奋勇要求同往，领导为了加快进度，同意了老夏的要求。大家知道，陕西南路编纂处有两栋小洋房，楼梯转弯处都有小房间，俗称亭子间，那里既是我们的房间，又是工作室。时为六月中下旬，正是江南的黄梅季节，气温虽然不是很高，但十分闷热。当时空调十分罕见，整个编纂处没有一台。孙厚璞同志非常关心我们，调来一台电扇。问题是工作时用不起来，因为电扇一吹，稿纸和卡片就会飞起来。无奈之下，老吴和我顾不上许多，虚掩房门，赤膊上阵，老夏穿件短袖衬衫，工作个把小时左右，就要温水擦身。老吴就说："干脆赤骨立算了"。老夏回答："你们赤膊上阵，我还要保身架（指身体）。""赤"部和"身"部都是我组承担的任务，"赤骨立""赤膊上阵"和"身架"分别是两部首的词目，听到他们的对话，我不由得笑起来；看到老夏擦身时肋骨根根突出，我对他充满敬意。这次改稿，前后一个星期才完成。我和老吴都感到很累，老夏坚持到底，真不容易。

老夏还是一个善于钻研，精通业务的人，请看他对"赤铜"一词的条分缕析：

写"赤铜"时，翻看资料，几乎都是这样说的："纯铜色赤，故称赤铜。"虽然着眼在其色泽上，然而那个"纯"字，既然作为概念之一提到，自然不无一点道理在里头。作者固然可以从色泽上去猜测命名的缘故，但这是否恰好就是前人对纯铜名原意呢？资料又都说到"又叫红铜，俗称紫铜"的话。紫铜是我们生活中常见之物，它的颜色并不给人以赤或红的感觉，它是紫褐色的，即使打磨得锃亮时，也不过是黄褐色罢了。日本的《和汉三才图会》曾说到"赤铜者黑色带小紫也，而赤字无据"。可见日本学者早已和我一样，认为紫铜之称赤铜并非由于"色赤"。可惜他的文章只做了前半段，说到"赤字无据"为止，没有下文了。于是再把资料翻阅起来。巧得很，资料都是引的《山海经·北山经》："少阳之山，其下多赤银。"注："银之精也。"我觉得这个"精"字和"赤"字有着某种联系。"精"有纯美之义是明显的，"赤"在旧词书里不曾明白地说它和"精"同义，可是在语言中往往有与"精"相似之处。比如"赤条条"与"精光"、"赤贫"与"精穷"。不过，这还仅仅是现象，尚未触及所以然。

"要知上山路，须问过来人"。于是我就去翻旧词书，终于明白这"赤条条""赤贫"都和"赤"字"尽"的义项有关系。

再翻下去："赤心，诚心也"，"赤诚，谓至诚之心也"，还有"赤胆忠心"，都是从"赤"的"尽"义上引申而有了"完全""纯粹"的意思。

这样看来"赤银"绝不会是说它的色泽，而是说它的纯度，"赤铜"既然并非红色，古人称它为"赤铜"与"赤银"一样，也是说它的纯度。到了"金"成为黄金的专用名称之后，人们自然会用类比法把纯粹的黄金叫作"赤金"。

另外有一事令我难以忘怀。我在编写"越扶越醉"一词时，手头有两条资料：《醒世姻缘传》第八九回："素姐越扶越醉，口里无所不说。"《歧路灯》第三二回："谁料这王氏推起活船来，几句话把一个谭绍闻真真的撮弄成了一个当家之主，越扶越醉。"根据资料，"越醉越扶"的词面义还是好理解的，就是酒醉之人，越是有人搀扶，越发使出醉态。虽然它的比喻义表达什么，我心里大体有数，但一时难于用词语表达出来。我向其他老师请教，有的沉默思考，有的解释不够到位，还差一点火候。老夏在旁冷不丁说出他的看法，我一时没有听清，老夏用笔写道："比喻越是迁就顺随，越加纵情任性。"我觉得这个解释很是不错。一旁的老吴更是击掌赞道："老夏高明，真不愧是夏丏尊的嫡侄。"

顽石吴连生

吴连生同志是常熟编写组的业务骨干，我和他曾经是师生关系。1971—1972 年，我参加了苏州地区"五七师训班"（苏州地区师范的前身）的培训学习，他是当时中文科的老师，教古典文学和古汉语。他授课时声音洪亮，板书漂亮，对课文的分析、词语的解释精准到位，生动，受到学生的一致好评。1974 年我从江苏师院毕业分配到苏州地区师范中文科，算是同事，他先我到词典编写组工作，我随后进组，见老吴在，心里比较踏实。

老吴的特点之一是虚心好学。《汉语大词典》是一部大型工具书，涉及的知识面非常广。即使博学之人，也不能解决所有的疑难问题。对一些深奥难懂、悉心研究仍不能敲定的条目，他就虚心请教专家学者。语言方面，他求教过蒋礼鸿；古诗词方面，他求教过朱东润、钱仲联；佛学方面，他求教过赵朴初、任继愈；南戏方面，他求教过钱南扬；文学批评方面，他求教过郭绍虞；历史地理方面，他求教过谭其骧。他在专家学者的指导下，解决了一个又一个的疑难的释义问题。

特点之二是刻苦钻研。在编写"起"字之时，卡片有八九百张，他逐一过堂，弄清每个例句中"起"字的意义，然后分门别类，归并同类项。然后把每类中卡片按时间先后排列。这道工序完成后，义项的排序也煞费苦心。"起"字初稿有 71 个义项，桌子上摊不下这些卡片，又把它们摊在地上，他就趴在地上为它们排座次。趴久累了，就坐一会儿，抽一支烟，趴下再干。一个"起"字从整理卡片、归类、排序、分列义项、解释词义费时将近一月，其难度不亚于写篇长论文。他为此吃了好多苦，但能够探出它的出身经历（本义、引申义），厘清词义的孳乳衍变，通过例证，脉络清晰地显示它在各个时代的使用情况，再苦再累也是值得的。

特点之三是一丝不苟。编好词典的基础是资料。在编写《汉语大词典》过程中，经常碰到资料不足。为改变这种情况，他就千方百计地广积资料，"找米下锅"。平常一有空，他就有目的、有针对性地看一些书，随手摘录制卡，增补资料。另外就是从《佩文韵府》这个现存的资料库中去找。然而《佩文韵府》有一大缺点，例句一般只标书名，不标篇名卷数，他就不厌其烦，想方设法找到具体出处。如在上海审稿"市尘"条，他在《佩文韵府》找到宋代陆游一条较早的例句，可弥补原有资料时间较晚的不足："市尘远不到林塘。"但引例没有篇名。一部《剑南诗稿》，共 85 卷，有万把首诗，到哪里去找？他先用排除法，诗是七言，五言可以放过不看。有两句的，看韵脚，韵脚同则细看，不同的则略去。该条只一句，只好把七言诗从头看起，一首一首地盯着，众里寻他千百度，费了好多工夫，终于找到了原诗——陆游《东窗小酌》："市尘远不到林塘，嫩暑轩窗昼漏长。"他就是这样不辞劳苦、一丝不苟地辛勤耕耘。

令我最钦佩的是老吴的奉献精神，他从三十多岁参加《汉语大词典》编写工作，干了十八年，临近退休才归校任教，把自己一生中最美好的时光献给了《汉大》。其间他的两个孩子十多岁，面临中考、高考的关键时刻；他的父母已是耄耋之人，居住乡下，需要有人关心照顾。他真是"亚力山大"。由于他年富力强，水平较高，1984年组织上调他去上海编纂处审稿，1987年苏大定稿点成立后，又调他去参加定稿工作，要离开常熟，离开这个需要他支撑的家。他没有犹豫，到上海审稿两年，到苏大一干四年，因为工作紧张，常常是个把月才回家休息两三天，对于这事，他从不后悔，常说：有得必有失，我热爱《汉大》工作，损失一点，不算什么。

老吴身体比较健康，平常不感冒，但他有一个老毛病，就是容易闪腰。如果拎、举重物而不小心，或过度劳累而不注意，就容易犯这病。而一旦犯病，没有特效药，就得平躺休息，要十来天才能好。有一次，他又闪腰了，躺了没有几天，就一扭一拐来办公室，大家劝他：革命工作干不完，养好身体再来上班。他回答：躺在床上，厌气（方言，指寂寞、无聊）得要死，还是到办公室来翻翻稿子舒服点。我是顽石一块，没有问题的。

老吴的"顽石"一语，充分体现了他吃苦耐劳，拼命工作的精神。以我看来，老吴是常熟编写组干劲最足、水平最高、贡献最大的人。

小兵的成长

我于1976年初春参加常熟组的词典编写工作，担任资料员，这个工作一干就将近十年，直到1985年调离常熟为止。

说实话，开始我以为资料工作的含金量是比较低的，对文化知识要求不高，是简单劳动的重复。主要是把组内同志看书收词制成的卡片，按部首归类。然后按要求或直寄上海编纂处或分寄兄弟编写组。在工作中我发现，看似简单的劳动也有复杂之处，做好这项工作可以给大家带来不少便利。如在寄出卡片时，我注意把好关。主要是制卡时要填写该词头的所属部首，而有些单字部首极易混淆以致归错部首。如"帝""市"归"巾"部，不归"亠"部；"酒"归"酉"部，不归"氵（水）"部；"裴""辈"分别归为"衣"部和"车"部，不归"非"部；"糜"归"米"部，不归"麻"部；"鸿"归"鸟"部，不归"氵（水）"部；等等，牵涉面很广，我就把它们改正，归至正确的部首再寄出。与此同时把上海编纂处和各兄弟编写组寄来的卡片按部首归类，再按字头的笔画数，笔画数相同的再按单字起笔笔形

煌煌辞典著春秋 ——《汉语大词典》出版背后的故事

"一、丨、丿、丶、乀"排序。本来做到这一步就可以了，因为释文分配任务时，是按单字连带复词一起安排给一个人的，但我考虑组内老先生居多，视力普遍不好，就主动把复词的卡片按第二个字的笔画数和起笔笔形来排序，复词第二个单字相同的，就按第三个字的笔画数和起笔笔形来排序，这样细化处理后，基本上一步到位，可以把分到手的释文资料直接放到资料袋里，老同志对此很欢迎，很满意。

多年来，经我手的资料卡约有三十余万张，值得庆幸的是，没有卡片丢失，都能及时送到释文者的手中。

资料卡片的分类整理工作是一阵一阵的，有空余时间，我就额外看书选词，为"赤""足""走""身"四个部首额外增补资料。各编写组试写的初稿本出来后，我多个心，在为自己编写组的四个部首广积资料的同时，也参阅初稿本，为兄弟编写组积累资料。据保守估计，我为组内组外增补的卡片将近五千张。老吴在上海编纂处审稿时，和他一起在上海审稿的林菁同志对老吴说：周方增补的卡片往往加上增词、增义、增例或纠错的说明，很派用场。听到老吴的转言，我感到一丝欣慰。

释文工作开始后，我亦参与其中，资料工作仍由我兼着。对于我来说，释文工作很艰巨。我是首届工农兵学校学生，在校期间，学工学农，再加上"批林批孔"，能沉下心来读书的时间少而又少，所学甚少，所懂不多。要编好词典，唯一的办法是学习，在工作中学习，边干边学，边学边干。说来好笑，开始时，十三经只晓得《论语》《孟子》的片段，诸子也只读过《荀子》《韩非子》《墨子》的少量文章。要补的东西太多了，但再急，也只能分步走，慢慢来。我先读经书中的《诗经译注》《孟子译注》，再读史书的《史记》《汉书》《后汉书》《三国志》，又读子书中《抱朴子》《颜氏家训》《世说新语》，另外还读了《陶渊明集》《庾子山集》和一些笔记小说，语言学方面读了《马氏文通》和王力的《古代汉语》。经过不断学习，日积月累，才有所进步，有所提高。

在工作和学习中，我也不断总结经验，写出了《具有转换义的动宾式结构立目问题》《既要齐备，又要概括》《防止单字漏立现象》《防滥也要防疏漏》《词类活用处理质疑》等13篇小文章，登在《汉大》编写工作简报上，得到大家的肯定和认可。

常熟组的编写工作是很艰苦的，办公室窄小，资料短缺，任务又艰巨。大家就发扬艰苦奋斗的精神来克服困难。我是年轻人，更应吃苦在前。因此每次安排任务，我能多干点就多干一点。有一件事，我一直没有忘记，每个部首完成初稿后，有的要和兄弟组交流互审，有的要集中到苏大编写组，由省"词办"组织人员复审，复审完毕后再送交上海编纂处。要审稿，就要把释文纸和资料卡都带着，一个部首有好几百条、几千条词目，上万张、几万张卡片，加上释文袋，体积不小，重量不轻。而当时轿车是稀有之物，学校不可能用小轿车接送，而让七八十岁的老先生自带，也显然是不妥当的。作为资料员的我，这事理所当然地由我来承担。但乘长途汽车至苏州、上海，汽车站离我校甚远，其时又不通城内公共汽车，而且到苏州、上海再转乘公交下车后，离苏大编写组、上海编纂处还有一段距离，手提肩背好几十斤重的资料，很是沉重和不便。在为难之际，我想到一个办法，回农村老家请竹匠特制了一根三尺长的小扁担，其韧性很强，可承重六七十斤。这样肩挑比手提可轻松省事多了，从而比较好地解决了往返两地携带资料的难题。

1985年初夏，常熟编写组经历十年的奋斗，完成了"赤""足""走""身""辵"（部分）的编写任务后，我被借调至省"词办"工作。省"词办"的同仁有薛正兴、黄希坚、胡慧斌、余清逸。他们的编制在江苏古籍出版社，工作是双肩挑。初到南京，我在招待所住了一段时间，随后就被安排和古籍的一小伙子同居一室，但苦恼随之而来。小伙子人很好，可是个夜猫子，每天不到深夜两三点钟，不肯就寝，而我长期形成的生活习惯是十点钟睡觉；而且室内稍有灯光，就难于安寝。小伙子虽然还比较自觉，主要是灯下夜读，而我总是难于入睡，曾尝试着数数、数羊，亦难于奏效。经常熬到熄灯后才安心睡去，第二天就难免精神不振。我试着改变我的生活习惯，也来挑灯夜读，不知怎的十点一过，就哈欠连连，根本看不进书。只好上床，而一上床，脑子又很清醒。我曾劝小伙子十二点以前睡觉，他试了几次，大概是生物钟的缘故，在床上辗转反侧，又爬起来看书。这样，我就不好再说什么。另外，小伙子正在热恋，需要一个私密的空间。有几次，我用钥匙开不了门，敲门好久，他才打开保险，放我进门，他女友亦在室内，当时大家不免有一丝尴尬。没有办法，我只好买了一张折叠床住到办公室。虽然很麻烦，总算把困扰我多时、令我头疼的睡眠问题解决了。直到1988年我爱人调至南京，1989年单位分了房子，这种睡单位的情况才得以结束。

1987年，在高斯老局长和薛正兴同志的关心下，我正式调入江苏古籍出版社。省"词办"挂靠在古籍出版社，因此两者的工作兼着做。一直以来，我是一个胸无大志的人，崇中庸之道，怀淡泊之志，以做好工作为满足。薛正兴是古籍社副总编、省"词办"主任。他为人清正廉洁，学问精深。对待属下，既严格要求，又关心有加，他不断地推着我前进。我后来取得一点成绩，与他密切相关。到如今，老薛已逝世八年有余，我经常想念他。

老薛推人前进有三招，一是压挑重担。1985年，我借调到"词办"，他就要我做古籍出版社的编辑工作。开始就安排我编辑有一定难度的江苏地方志丛书中的《吴郡志》和《吴门表隐》，我硬着头皮接受任务，从编辑工作的基础学起，不懂就问，在周围同志的帮助下，任务完成得还算可以。后来他就逐步加码，再后来就安排我编难度很大的《楚辞直解》和《仪礼正义》。《楚辞直解》的作者是颇负盛名的陈子展，但陈老脾气大，老薛就带我一起到上海登门拜访，向他求教，一起商量解决疑难问题的方法。陈老被我们的诚心所感动，经过反复协商，许多问题达成一致意见。该书出版后，获省出版总社优秀图书二等奖。《仪礼正义》的难度更大，老薛和我一起当编辑，在他的带领下，也编成一本好书。1987年年底，省"词办"决定在南京和苏大分设两个定稿点，包干江苏承担的所有部首初稿释文的定稿工作，有第九卷（部分）、第十卷、第十一卷、第十二卷。老薛当第十卷分卷主编，他又向上级推荐我当《汉语大词典》编委和第十卷的分卷副主编。我一方面协助老薛，尽我努力，做好第十卷的定稿工作；另一方面，经常跑苏大定稿点，了解进度，听取意见，做好"词办"和苏大定稿点的沟通工作，为顺利完成江苏的定稿任务起到我应有的作用。

二是引导学习。老薛一直重视学习，他没有其他嗜好，唯读书成瘾。我成为他的属下后，他一再叮嘱我要抓紧学习，深入学习。他认为编词典、做学问，要多读源头的书。根据他的建议，我补上这一课，重点读了《尚书》《春秋左传》《国语》《老子》《庄子》《荀子》《墨子》，加上《楚辞》《仪礼》。读这些书，对我当时的编写工作和日后的编辑工作，受益匪浅。

三是逼写论文。老薛认为不但要读，还要写。光读不写，提高不快。及时总结学习体会、工作经验，并把它形成文字，很有必要。当时江苏语言学会办有《语言研究集刊》，不定期出版。每次省语言学会开会，老薛都要催我写论文。在他的倡导和"逼迫"下，我尝试着写了一些论文，其中有四篇收入《语言研究集刊》。

1993年，江苏省的定稿工作结束，薛正兴、胡慧斌和我调入江苏省教育出版社，省"词办"也随之转到江苏教育出版社。《汉语大词典》全部出书后，省"词办"还组织大家进行《汉语大词典简编》的定稿工作，大约在两年内完成了任务。至此，省"词办"的主要工作就结束了。1995年，薛正兴、胡慧斌重回江苏古籍出版社，薛任社长兼总编，胡任副社长。我则留在教育社，接任胡慧斌担任词典编辑室主任。

照理，《汉大》任务结束，本文应该就此打住，但我从1993年调入教育出版社至2013年完全退休，整整二十年，大部分时间都在和词典打交道，而以往从事《汉大》工作的经验为我在教育出版社的词典编辑工作铺设了一条坚实的道路，所以还要多说几句。

我先是负责由中国语言所方言室策划、组稿、审定，由著名语言学家李荣任主编的《现代汉语方言大词典》（分卷本）的编辑工作，后是负责语言所成语专家刘洁修编撰的《成语源流大词典》的编辑工作，在此期间，我充分利用编写《汉语大词典》获得的知识、积累的经验，就立目、释义、举例、编写体例诸方面提出了我的建议和改进方法，并做好二审工作，严把质量关，从而使两书顺利出版，并获得国家级大奖。多年来，由我负责或参与编辑的图书共有七本获得国家大奖，具体如下：

《现代汉语方言大词典》（分卷本）国家图书奖荣誉奖

《成语源流大词典》 中国优秀图书奖

《现代汉语方言大词典》（综合本）国家图书奖荣誉奖

《早年周恩来》中宣部"五个一工程"图书奖

《天堂》 中宣部"五个一工程"图书奖

《母语教材研究》国家图书奖

《中国三千年气象资料总集》国家图书奖

作为出版人都知道，一个编辑工作一辈子能获一两次国家级图书奖，已是不容易了。而我获得了七次，并获得国家级图书奖的"大满贯"（指国家图书奖、中国优秀图书奖、中宣部"五个一工程奖"三项大奖）这在江苏出版界是不多见的。

随着业务能力的提高，我的研究能力也有提升。在教育出版社工作期间，我和胡慧斌、张履祥合作，在湖北辞书出版社出版了《汉语异名词典》；还与人合作，在江苏古籍出版社出版了《偶句成语词典》，我是该书的副主编，主要定稿人。同时还写了一些文章，分别发表在中央至地方的报刊上。

1998年，因工作认真，业绩显著，我被国家新闻出版署授予"全国中青年优秀编辑"的荣誉称号。

我是一个天资平平的人，能够取得这一系列成绩，原因很多，但至关重要的一条是在从事《汉语大词典》工作近二十年中，我逐步树立了严谨的工作态度，培养了艰苦奋斗的精神，积累了比较丰富的工作经验，具有了较高的业务素养。所有这些在后来的工作中得以发扬光大、开花结果。

篇后语

我父亲当了一辈子的老师，他养育了三个儿子，我是老大。他在亲友熟人面前经常夸赞的不是官至厅长的小儿子，而是能参与《汉语大词典》的编写工作并当上编委、第十卷分卷副主编的我这个老大。在他看来，官当一时，《汉语大词典》永存。我从事《汉语大词典》编写工作近二十年，其间不乏艰难困苦，但作为一个普普通通的小兵，因此得到锻炼、成长和进步，它是我从事工作四十五年的最大亮点。我为能为《汉语大词典》这个具有历史意义的伟大的文化工程作出一点微小的贡献而感到无比的骄傲。

说到最后，或许有人要问：什么是《汉大》精神？我想这不是我一个小人物说了算的，应该有高层次的人作出全面、正确的定论。不过从我个人长期从事《汉语大词典》编写工作的体会来说，它应是包括以国家利益为重的精神、自我奉献的精神、团结协作的精神、艰苦奋斗的精神、一丝不苟的精神等的综合。《汉大》精神不朽，这是我写这篇文章的最深刻的感受。

（周方：《汉语大词典》编辑委员会委员、第十卷分卷副主编）

回忆编纂《汉语大词典》的峥嵘岁月

赵应铎

1975年9月1日，四省一市《汉语大词典》编纂协作会议在上海大厦召开，我们安徽省雷厉风行，在10月中旬就成立了以省委宣传部、省出版局领导为正副组长的领导小组和办公室，商定抽调十六位专家学者到芜湖安徽师范大学开展编写工作。其中，我们安徽大学有两位学者参加。这实际上就是为以后成立其他编写组打基础。自1976年起，安徽师范大学、安徽大学、安徽劳动大学、阜阳师范学院、安庆市等先后正式成立《汉语大词典》编写组。后由于形势的发展变化，安徽劳动大学并入安庆师范学院，劳大编写组随之撤销，并入安徽大学编写组。

学校自己分内的事

安徽大学党委对《汉语大词典》编写工作非常重视和支持，把这项工作当作自己分内的事，决定由当时的校领导方向明副校长分管。方向明副校长根据他长期领导文教工作的丰富经验，曾非常明确地指示：编写词典一要有人，二要有图书，这就要依靠中文系和图书馆，学校还派了中文系和图书馆的负责同志抓这项工作。

在学校扩大招生，各项工作都发展很快，百废待兴，各项设施一时难以跟上。词典编写工作和其他工作一样，都在比较艰苦的情况下进行，办公室就设在图书馆楼上。

编写人员除了从中文系调进一些老师外，还从外单位引进一些学中文的老师。方校长多次和我们谈，要抓政治思想工作。讲国家领导人对这项工作的重视，讲编写《汉语大词典》为国增光的意义，讲这部大词典对繁荣祖国文化教育事业乃至国际文化交流的价值。当时的编写人员正是基于这样的认识，克服各种困难，尽心竭力建设这座不朽的文化长城。不久，安徽省词典编写领导小组决定，承担《汉语大词典》编纂任务的高校，要在原词典编写组的基础上成立汉语言文字研究所，当前的任务主要是编纂《汉语大词典》，并结合进行汉语言文字研究。学校接到文件后，立马行动，起草成立报告。安徽大学汉语言文字研究所很快被安徽省政府批准成立，列为学校二级机构。不久还下拨了建房和购买图书等的经费，配备了有关工作人员，从组织上进一步稳定了编写人员的队伍。

人的问题解决了，图书的问题也要很好解决。学校图书馆三楼靠南面的一间房子里，约有三四十平方米。房内紧靠三面墙壁摆放着一排书橱，中间整齐摆放着很多课桌椅，这就是我们词典组的办公室和工作间。上班时里面坐满了人，都不停地忙碌着，需要查书，就到靠墙的书架上去找。学校领导看在眼里，急在心里，指示图书馆领导把靠近的文科教师阅览室划出一块地方给我们使用，用书架隔开。这可大大方便了我们的工作。首席学术顾问吕叔湘曾指导说，编词典就是搞科研，一个词条就是一个科研课题。编纂处要求，使用的卡片，每一张都要与原书核对；编纂处还介绍了外省的经验：初稿很重要，初稿要当定稿写。要做到这些，最重要的就是要有书好查、会查。我们聘请的学术顾问童养年先生天天都在这里上班，遇到查书的问题，向他请教，准能给你满意的回答。

如果我们需要的图书在阅览室查不到，我就同顾问童养年先生去四楼五楼的书库里找，找到后就搬下来陈列在阅览室里。也遇到过这样的情况，不少图书散乱地堆放在那里，有的就是我们需要的，如《丛书集成》等。得到童先生的同意后，我就派几个同志上去整理，整理好后，再运下来陈列在阅览室里。

对于需要频繁查对的图书，如《辞海》《辞源》《十三经注疏》等，我们就用经费多购一些，作为工作用书每人发一份。

图书资料是词典的基础，从各个方面想方设法增加图书，对于加快编写词典的速度，提高词典的质量，是非常必要的。

改革开放增信心，"方针"体例明规章

我们这些当初的"汉大人"，开始时都有点信心不足，认为只使用过词典，从没编写过词典，更没编写过大词典。但事实的教育，使我们清醒过来。黎锦熙、王云五两位先生，不是无能，但他们各自的宏伟规划都没能实现。到了1975年，在邓小平同志主持中央工作期间，国家出版局和教育部联合召开了全国词典工作规划会议，确定编纂出版一百多种词典。其中最大的就是《汉语大词典》。这个规划经周恩来总理批示后实施。1978年，编纂工作从看书收词转到释文编写阶段，也正是在这一年国家宣布改革开放，开始了改革开放的新时代，为《汉语大词典》的胜利出版奠定了坚实的基础。各级领导的重视，全国学界巨擘的汇聚，一条战壕里战友的共同奋斗，充分体现了社会主义制度的优越性，还有什么事情不能做成！想到这些，所内同志都大大增强了信心，表示坚决克服一切困难，编好"争气书"，为国增荣光。

对于当初我们这些新兵来说，要编好"争气书"，为国增荣光，当务之急就是学习。要学习《汉语大词典》的编写方针。我们国家虽然是最早编纂辞书的国家，但是很长时期以来只有字书，而没有现代意义的词典，是《辞源》《辞海》等填补了这个空白，开创了我国辞书的新体例。但是现代出版的一些词典，有的只收古词，有的只收今词，而没有古今兼收、源流并重、贯通古今的那种大型语文词典，远远落后于现代世界其他国家。这与我们泱泱大国的身份很不相称。我们要彻底改变这种状况，这是我们应有的历史担当。我们感到荣幸的是，我们有一个坚强有力的编纂处，他们未雨绸缪，在顾问们的指导下，吸收各方面的意见，多次修改，先编写出"收词原则""编写体例"，使编写方针落到了实处。另外还有《汉语大词典》编写和审稿工作条例。这些都是编写工作要遵循的原则，要反复学习，学深学透，熟记在心，或放在案头，随时翻检。

为了深入学习这些规矩，还进行了试写，我们组试写的条目是"文章"。原以为我们过去经常读文章，写文章，还改文章，试写这个条目还不容易吗？但事实并非如此。把资料卡片袋打开，是厚厚的一摞，摊开来是一大片。几个人分别写的释文都不相同，或者说大同小异。所立的义项较其他辞书齐全，连贯起来看，都体现了古今兼收、源流并重、贯通古今的编写方针。

在懂得了词典编写工作的一般知识以后，编写释文便在艰苦的条件下全面展开，紧张而有秩序的进行。那时改革开放不久，物资供应还不理想，电扇都是控购物资，一时不容易买到。学校领导也是与大家同甘共苦。夏天用团扇送凉，冬天靠火炉取暖。但是，大家都不以为然。休息时，还不时唱唱英雄歌："三九严寒何所惧，一片丹心向阳开"；六月酷暑无所畏，怎比炽热报国怀！有同志写了"梯山航海"的条目后，谈到我们国家丰富的文化典籍浩如烟海，高如天山，便情不自禁地说：我们每天"梯山航海"。

艰难困苦，玉汝于成

说起编词典，艰苦的事还真不少，简直是家常便饭。有的同志说，他经常过着"三点一线"的生活：从家门到编写室，下班后到菜场买菜回家。而我过的是"两点一线"的生活，从家里出来到编写室工作，再从编写室出来，回家吃饭。有的同志跟我开玩笑说：老赵真幸福，不用买菜照样吃饭。饭没做好，就争分夺秒到书房书架上查书，非常得意。殊不知对身体的危害正潜滋暗长。有一次，蹲着查书架上最底层的书，时间长了一些，感觉不舒服，就扶着书架子站起来缓解。这一下确实缓解了，"扑通"一声倒了下来，什么也不知道了。爱人听到声响，口里喊着"你怎么啦？"连忙跑了过来。我却反问她，你怎么搞的，把什么东西搞得这样响！我很快就清醒了，看了看，书架前放稿子的纸箱被砸坏了，而我身体各部位都没有伤着。第二天到医院请教医生，医生安慰我说：没什么，蹲得时间长了，猛然站起，头脑短暂缺血。以后多注意一下就好了。

还有一个故事"雪中送稿"。

根据分工，一个单元的稿子写好后，要送到编纂处复审。我们编写的第一个单元是"歹"字部，有近千条，写好后，每条稿子的材料都要分别装袋、打包，送往编纂处，并将编写情况向编纂处汇报。同去的还有崔思棣、诸伟奇。办公室的同志把装袋子的手提包、火车票都准备好了。可是天公不作美，雪花飞舞。我们还以为雪很快会停，不影响第二天去上海，但又事与愿违。开门眺望，却是另一番景象。苍茫大地，银装素裹，道路隐形，公交车不开。我们三个人只好拎着包，踏雪前行，狂奔火车站。车站无人剪票，我们一直跑上车厢。车厢内人很少，我们放下拎包。彼此对视，身上都冒着热气，很像三个大蒸笼。有的说真是雪中送炭，有的说不对，这是雪中送稿，热在内心。

火车迟迟没有开动，过一段时间，才缓慢前行，而且走走停停。据与我们同去的年轻同志回忆，火车在水家湖就停了三个小时，第二天才到达上海，把稿子安全送到编纂处。

业务汇报会

在收词制卡阶段，我们组就多次举行过业务汇报会，互相交流学习，共同提高。转入释文编写阶段，仍然采用这种形式。它的好处是比较自由。可以个人提出，也可以由负责人点将。既可以汇报一般情况，也可以汇报某个专题。既可以汇报经验体会，也可以汇报缺点教训。个人汇报后，大家评论，提出意见。这种汇报会实际上是一种群众审稿会，也是一种学术研讨会，最后对某种问题形成共识，供大家分享。如《多义词义项的划分》就属于这样的问题，经过多次研讨整理归纳出来的。也算是"授人以渔"。

附《多义词义项的划分》：

语言当中的词总是彼此按照一定的规则结合在一起，组成无数的言语作品，所以，词总是存在于言语作品之中。当然，某个词并不是能同所有词组合，而只能同某些词组合。其原因就是词的意义不同。词义是客观事物及其相互关系的概括反应。当一些不同的客观事物及其相互关系在词中得到反映时，这些词就能够互相组合。当人们在交际活动中，用某个词与其他词结合，组成一定的言语作品时，他所用的只是这个词的某一意义，而不可能是该词的两个意义（个别双关语除外），否则，人们的交际便成为不可能。正因为如此，所以在一定的言语作品中，在该词的上下文里，就只能体现某个词的某一意义。在另外一些言语作品或上下文里所体现的某一意义，有的可能与此义相同，有的则可能不同。

词的一定意义体现在一定的组合中，词的全部意义的内容就体现在词的全部组合中。这就是能从词的组合中划分出多义词的义项的根本道理。

词的组合从大的方面来说，可以分为词义组合和语法组合。

词义组合，实际上是词义所反映的客观对象的组合。多义词的各个意义所反映的能够发生关系的事物的范围是有一定限制的，如果超出了这个限制的范围，意义就要发生变化，就要另立义项。因此，我们可以根据能同一个多义词组合的词所反映的客观事物的类别来划分多义词的义项。如：

1."大气"

（1）叶玉森《渤海舟中端午》诗："大气飞行风翮健。"

（2）老舍《老字号》："多少年了，三合祥是永远那样官样大气。"

例（1）与"大气"组合的是"飞行风翮"，所反映的客观对象，属于自然界的禽鸟类，其义为包围地球的气体。例（2）与"大气"组合的是"三合祥老字号"，所反映的客观对象属于社会的商界类，其义为大气派。

2."栋梁"

（1）《庄子·人间世》："仰而视其细枝，则拳曲而不可以为栋梁。"

（2）《后汉书·陈球传》："公为国家栋梁。"

例（1）与"栋梁"组合的是"细枝"，所反映的客观对象属于植物一类，其义为房屋的大梁。例（2）与"栋梁"组合的是"公"，所反映的客观对象属于人一类，其义为担负国家重任的人。

3."死"

（1）文天祥《过零丁洋》："人生自古谁无死？"

（2）《汉书·郊祀志上》："桑谷死。"

（3）唐李商隐《无题》诗："春蚕到死丝方尽。"

（4）《荀子·大略》："流言止焉，恶言死焉。"

例（1）、例（2）和例（3）中，与"死"组合的词"人""桑谷""春蚕"等，所反映的客观对象属于有生命之类，其义为生物失去生命。例（4）中与"死"组合的"恶言"所反映的客观对象属于无生命之类，其义为止息。

词汇是语言的建筑材料，语法是用词造句的规则。人们要将反映客观事物的概念及其关系的某些词组成言语作品，必须遵照一定的语法规则。所以词义组合与语法组合有非常密切的关系。这里所说的语法组合就是指词的不同词类的组合。多义词的义项可能表现为相同的词性，也可能表现为不同的词性。由于它可能表现为不同的词性，反过来说，词性的变化，就要引起词义的变化，我们可据此研究划分多义词的义项。如：

4. "东"

（1）《诗·召南·小星》："嘒彼小星，三五在东。"

（2）《左传·僖公三十二年》："秦师遂东。"

（3）《左传·襄公十九年》："齐侯遂东太子光。"

例（1）与"东"字组合的"在"字是动词。"在东"是动宾词组。此"东"字是名词，义为东方。例（2）、例（3）与"东"字组合的"遂"是副词。副词的语法功能主要是修饰动词（或形容词），此"东"字是动词，义为向东；使向东。

5. "老"

（1）《楚辞·九章·涉老》："年既老而不衰。"

（2）《诗·小雅·十月之交》："不慭遗一老。"

（3）唐张九龄《荆州怀兴林泉》诗："归此老吾老，过当日千金。"

例（1）中，"老"字是形容词，受副词"既"的修饰，义为年岁大。也是基本义。

例（2）中，"老"字是形容词，受数词"一"的修饰，由形容词变为名词。词性改变引起词义的改变，由"年岁大"义变为"对老人的尊称"义，另立一个义项。

例（3）中，"老吾老"是动宾词组，前一个"老"字与上两例"老"字的词性均不同，词性改变，词义再变，应再立一个义项——敬老；养老。（后一个"老"字与"吾"字组合，属词义组合，义为父母或父兄。）

无论是词义组合还是语法组合，情况都十分复杂，这里只是举例说明而已。

宜城巧相会

安徽省安庆市是著名的文化古城，历史上文人名士荟萃，享誉中外。安徽之"安"即来源于此。华东五省一市协作编写《汉语大词典》的消息传来，真是喜从天降。安庆文史方面的专家，兴高采烈，不约而同地纷纷要求参加这项宏伟的文化建设工程，再创新的辉煌。安庆市委宣传部、市文化局、市政协的领导对专家学者的要求都非常支持，及时向省《汉语大词典》领导小组反映了他们的要求，很快就得到了满意的答复。安庆市文化局就把这批专家组织起来成立了安庆市《汉语大词典》编写组，与其他学校的编写组同时开展了工作。

为了落实国家重点科研项目的要求，互审、互帮、互学，高质量地完成所分配的任务，1981年5月在安庆市召开了安徽省审稿会。出席会议的代表共有18人。其中有安庆方面的代表，安徽几所高校编写组的代表，省"词办"的代表。特别难得的是编纂处编辑室负责人王涛同志还陪同《汉语大词典》主编罗竹风同志与会指导，使审稿会格外生色。我们安徽大学编写组的三位编委能躬逢盛会进行学习，感到非常幸运。审稿会安排很周到。分批进行，先个人看稿，然后交流，有不同的意见，畅所欲言。通过讨论，能同则同，仍不能同者，请安庆市的同志再去研究。一批结束了，再进行下一批，直到把稿子审读完毕。通过研讨，大家感到安庆组的稿子，从总体上看，基础是好的，当然也有不足之处，有待进一步研究。安庆组的同志一定能够解决好，逐步提高质量。《汉语大词典》编纂工作全部完成后，编纂处的有关统计情况证明了这一点。安庆编写组编写的稿子被采用的达到461125字，在《汉语大词典》中占的比例是0.97%。

安庆的同志非常热情好客，审稿结束后，还安排游览市容。观后，大家情不自禁地说：安庆真是名副其实的"宜城"。

安徽省"词办"为了答谢外地来的同志，在暑假期间还特地组织大家去四川参观学习。我对省"词办"的安排非常感激，可我觉得天气虽然炎热，但白驹过隙时不再来，便谢绝了省"词办"的美意，像往常一样，宅在办公室里写稿或审稿。汗湿纸臂，就换一张纸或手帕垫上，仍笔耕不辍。

向主编罗竹风报告工作

大概在1983年年初，省"词办"通知我们，《汉语大词典》主编罗竹风同志可能在5月来安徽检查指导工作，要我们做点准备。我们五个编委都按时赴会，安徽师范大学的张紫文等同志也到了。省"词办"的同志讲话后，就叫各编写组的同志汇报编写情况。我在张紫文同志汇报后发言。

我在汇报中，着重讲了如何保证释文的质量问题。诸如写好初稿，初稿是关键，初稿当定稿写；认真执行"收词原则""编写体例""引书格式"等。还特别注意纠正日本《大汉和辞典》、我国台湾《中文大辞典》的错误。如《诗·豳风·七月》："殆及公子同归"，其中的"殆"字，《中文大辞典》既解释为"与'始'通"，又释为"及也"。一个句子中的同一个字，怎么能有两种解释呢？要么一对一错，要么都错。《汉语大词典》纠正了这种错误，释为"也许可以，表示希望"，还引了王先谦的集疏："《荀子·强国篇》杨注：'殆，庶几也'。诸侯之女亦称'公子'，见《公羊》庄元年传。公子嫁不衍期，故冀幸庶几与女公子同时得嫁也。"

在汇报中我还举了《中文大辞典》中"半镜"条"以月譬镜，半镜比半月也"的错误释义。为了说明问题，我简要介绍了南朝陈太子舍人徐德言与乐昌公主破镜重圆的故事。罗老知识渊博，对这个故事非常熟悉，不停地插话。他在插话中还介绍了上海沪剧团过去演出"破镜重圆"戏的盛况。罗老的插话使会场顿时活跃起来。

汇报会结束前，罗老又发表了热情洋溢的讲话，称赞安徽领导小组和"词办"的工作抓得好，已经抓出成效。

相会风雨楼

1985年刚过,我就收到省"词办"转来的汉语大词典编纂处的通知,"为保证《汉语大词典》第一卷及早出版,经研究决定,第一卷的定稿工作即将着手进行。初步计划第一卷将分三批发稿。第一批稿件的定稿工作在一月十一日至三月二十日进行(其中二月十日至二月二十八日寒假休息)。请通知安徽大学单位赵应铎同志在一月十日前来上海汉语大词典编纂处报到。来前请电告该同志到沪车次、日期……如不能来沪,也请来函或回电并说明原因,以便我们另作安排"。我因为这时有急事处理,编纂处就又安排了马君骅同志先去。我参加了第二批稿件的定稿工作。

那时的编纂处已从陕西北路搬到新华路200号一座大院落里,主要建筑是一座宫殿式楼房,据说是旧时一个官僚的公馆楼,图书资料室、审稿室就设在二楼。大楼的左旁是一座两层简易楼房,楼顶用瓦楞钢覆盖。我们外地来审稿的同志就住在这楼上。因为风雨来时能听到"咯噔咯噔"的响声,大家就戏称它是"风雨楼"。

老牛以解韶光贵,不待扬鞭自奋蹄。我们很快就投入了紧张而有秩序的定稿工作。我们这些人都是比较早就参加了汉语大词典的编写工作,比较早被任命为编委,写稿、审稿已经有了几年的磨炼,没有成功的经验,也有失败的教训,一般来说,不会有太大的困难,但我却有点紧张,甚至有临深履薄之感。编写和审稿的经验使我充分认识到,释义错误的主要原因是对书证不理解或理解错误。编纂处要求编者对使用的卡片每一张都要与原书核对。这并不是说只看看有无错别字就可以了,更重要的是对书证理解准确。怎样才算准确?前贤注疏古书的做法值得我们借鉴。凡是读者不易理解的字、词、句、段落甚至题目都分别予以注疏。编词典何尝不也是这样。我审定稿子基本上也是这个做法。对义例不合,自己认识不清的稿子,马上就去图书室查书,把有关的书都查到,将有关的内容融会贯通并有了把握,然后再动手改定。对还不能解决的问题,就在讨论时向战友请教,直至茅塞顿开而后止。此时此刻再读王国维辑的"为学三境界"更感到意味深长。

光阴荏苒,几个月的时间转眼就过去了,我和马君骅同志能应邀参加《汉语大辞典》第一卷定稿工作,同战友们相聚风雨楼,团结合作,互相学习,并肩战斗,为《汉语大词典》第一卷早日出版多作贡献感到荣幸。对编纂处的热情接待和周到安排深表谢意。"风雨楼"可能早已不复存在,但它的形象却在我们心中永存。

尽心竭力，精准定稿

根据编纂处的分配，我们负责《汉语大词典》第四卷"木"部的定稿任务。第四卷的总条目是三万条，"木"部一个部首就有一万六千多条，占了第四卷的大部分。

实行"分卷主编负责制"是1987年6月决定的，正式下达执行是在1987年8月份。我们于9月份正式开始定稿工作，分四批交送稿件。次年年底我们又去编纂处解决编辑同志提的质疑问题，在定稿过程中我们删去了一些条目，补写669条，其中包括原来在编纂处遗失的一百多条，最后共立目16195条，跟初稿的数目大体相等。

任务重，时间紧，为了保证质量，按时完成定稿任务，我们主要采取以下一些做法：

（1）重新核对资料。资料是基础，资料无误可靠，才能准确释义。过去在编写初稿时，虽然多次强调要认真核对资料，编写人员也认真注意了这个问题，但是错误总是难免的。为了彻底解决这个问题，这次定稿时，我们特地请了两个人专门核对资料，对绝大多数稿子所使用的书证都逐条进行复核。通过复核纠正了不少原稿这方面的错误。

（2）吸取现有辞书的长处。我们编写的是汉语大词典，无论在立目、释义、书证等方面都应高出现有的语文词典。为此，我们在定稿中总注意和现有的几种主要语文词典进行比较研究，在单字方面特别注意和《汉语大字典》进行比较。为此，我们还专门去武汉复印了有关的稿子。对他们的长处我们都一一吸取，同时注意弃其所短。

（3）要有全书一盘棋的思想。《汉语大词典》虽然是分部首分条目进行编写和排列，但就全书来说仍然是一个完整的统一体，这就要求我们在审定某一部分稿子的时候要胸怀全局，有全书一盘棋的思想，注意做到瞻前顾后，左顾右盼。所谓瞻前顾后，就是注意解决本卷与前面已出各卷和后面未出各卷的相关词目问题。解决与已出各卷相关词目问题比较好办，翻看一下就可以解决了，解决与未出各卷相关词目问题比较难办，我们主要采取两种办法解决，一是通过查看现有图书解决，一是记录在案，供后面各卷的定稿同志参考。所谓左顾右盼，是指注意解决本部首的相关词目问题。

（4）团结合作，奋力拼搏。我们五位定稿的同志从收集资料编写初稿就在一起工作，彼此相互了解，志同道合，在定稿中能互相配合，团结合作。我们都是在70年代就参加大词典编写工作的"老战士"，有两位已年逾花甲，多数身体不太好，但为了保质保量完成定稿任务，人人都在忘我拼搏。时间不够就加班加点，学校放寒暑假，其他老师都休息去了，而我们却冒着严寒酷暑紧张工作，特别是在去年暑假，有很长一段时间，气温高达40度以上，我们定稿的同志却整天工作战斗在办公室里，轻伤不下火线，病了也不休息，以苦为乐。

安徽大学编写组。左起何庆善、赵应铎、张绚、于石、马君骅

（5）特别应该指出的是，魏老、黎洪同志、陶有发同志、张杏清同志对我们的定稿工作给予了很大的关怀和支持，帮助我们解决各种困难，尽力创造有利条件。黎洪同志、张杏清同志还认真审阅一些稿件。所有这些，都大大鼓舞了我们的斗志。

我们虽然做了很大的努力，但由于词书牵涉面太广，限于我们的水平，也限于时间，稿子中的疏漏或错误是在所难免的。

编纂工作出人才

《汉语大词典》编纂工作开始时就提出：目标是出书、出人、出经验。我们可以自豪地说，这些目标都达到了。出书、出人、出经验实际上是三位一体的事情。没有高水平的人才就没有高质量的大词典，反过来说，高质量的大词典的出版又提高和造就了一批人才。我们安徽大学编写组的人员何尝不也是这样。昔日来时连词典怎么编都不知道，后来大都成为教授、研究员、专家学者、硕士生导师、博士生导师等，比较突出的有：

诸伟奇同志，他1977年参加《汉语大词典》编写时才二十多岁，经过八年编写工作的锻炼和《汉语大词典》严谨学风的熏陶，打下了坚实的文字、音韵、训诂知识的基础，具备了转入文、史、哲研究及贯通的能力。《汉语大词典》编写工作结束以后，他即转入古籍整理工作，并担任安徽省古籍整理出版办公室副主任、主任等职，主持省古籍办工作达21年，

煌煌辞典著春秋 ——《汉语大词典》出版背后的故事

组织并参与《安徽古籍丛书》百余种六千余万字的编辑出版,与同仁一起,创造了安徽省古籍整理工作的辉煌。他还担任中国古代文学(元明清方向)和中国古代文献学硕士研究生导师。个人亦成果甚丰,曾主编《方以智全书》《钱澄之全集》《黄生全集》《戴震全书》《刘文典全集》;近期又主编并出版了国家重大项目《中华大典·古籍目录分典》(2100万字);撰有《古籍整理研究丛稿》《〈人间词话〉评析》等论著;承担了国家社科重大项目及省部级项目多项,并多次荣获省部级奖项。现为安徽省文史研究馆馆员、安徽省朱学研究会会长。为改革开放后从《汉语大词典》走出来的优秀专家。

徐成志是文学研究员,硕士生导师。他自从1978年参加《汉语大词典》编纂工作以来,全力投入《汉语大词典》编写工作,作为主要撰稿人之一,和大家一起圆满完成《汉语大词典》编纂任务,同时挤出时间,从事其他辞书的编纂和研究。他主编、独著或与他人联名合作编纂出版的汉语工具书约十种,大都广受好评,专家盛赞,一版再版,长印不衰。如《常用典故词典》。郑逸梅先生称赞说:"这部《常用典故词典》的出现,真是黑夜中的明灯、沙漠间的甘泉,是最令人欢欣鼓舞的。"茨艾评价说:"这部词典与同类辞书相比,可谓独树一帜,别具匠心。同源归类,可作读本,是该词典的一大特色。是合辞书与读物为一体的奇葩。"陈杰先生说:"每个词典的全部内容,就是该典故一篇全面叙述论证的短文,可读性极强。"王宁先生说:"关于典故的词典出了不少,但我以为于石、王光汉、徐成志编的《常用典故词典》(1985年版),仍然是一部独具特色的高质量词典。"又如《中华山水掌故辞典》,本书编纂其以个人之力,历时十年(1985—1995)完成,由广东人民出版社1997年7月出版。《汉语大词典》主编罗竹风先生1994年中秋于华东医院为该书写了序言,对此书给予了高度评价:"将国家著名山水,以掌故名胜、诗词连缀,按分布地域分为267单元,约百万字。上下几千年,纵横数万里,内涵充实,阐释简要,考证翔实,文字流畅……堪称辞书园林中的奇葩。"后来在广东版的基础上,又进行了五年的补充修改,完成后,由商务印书馆2014年4月出版。商务印书馆建馆120周年时,推荐该馆出版的工具书120本,此书列为其中之一。徐成志同志还结合编纂实践,研究探讨辞书理论问题,发表辞书学论文三十余篇,辞书专著《辞书行思录》一本。其中的《论辞书的借鉴与抄袭——兼驳抄袭有理论》(《辞书研究》1994年第四期)获第二届全国出版科学研究优秀论文奖。他还整理出版古籍图书七部,发表古籍整理出版和桐城派研究论文二十余篇。

王光汉同志也是较早参加《汉语大词典》编写工作的。我们安徽大学编写组首先编写"氏"字部条目,在"氏"字条释文讨论时,光汉与一位老先生发生了不同意见的争论,各不相让。为了解决这个未了的问题,他竟"磨"了半年,看了很多资料,后为"氏"字写了《辞书与姓氏》发表在《辞书研究》1989年第6期。后来又写"毋"字部条目,遇到了"毋多"条,他又搞了近三个月,才把"公不若毋多"解释清楚。这似乎成了光汉的治学风格。也可以说是治学三境界的践履:"独上高楼,望尽天涯路","衣带渐宽终不悔,为伊消得人憔悴","众里寻他千百度，回头蓦见，那人正在，灯火阑珊处"。聚沙成塔。语言实践中遇到的问题越来越多，越来越大，对一个真正的科研工作者来说，成就也会越来越多，水平也会越来越高。由论文到专著，一发而不可收。中国训诂学研究会名誉会长、《汉语大字典》编纂主持人、《汉语大词典》第二版副主编赵振铎先生曾称赞："王君光汉从事辞书编纂多年，有辞书论著多种问世，有丰富的辞书编纂经验，深厚的理论素养，在其已经出版的《词典问题研究》基础上又写出《词典与规范》这部专著。洋洋洒洒，三十余万字，嘉惠士林，非常敬佩。"他还说："全书以语言发展规律为主线，阐述了词典规范的方方面面，论断精当。特别是语言的社会性与约定俗成的关系，发前人所未发，极有特色，读之回味无穷。"过去光汉同志曾约请老师于石、学弟徐成志共同编写了《常用典故词典》，1985年出版以来，好评如潮。随着认识的提高，他又约请一班同仁花近四十年时间，搜集典故词语，编纂《典故大辞典》。他担任主编，天天在"磨"，甚至废寝忘食，终于"磨"出了成就。这个700万字的巨无霸典故大辞典即将完成奉献给广大读者。

砥砺前行

1994年10月5日是我们永远难忘的日子。在这一天，中央领导同志在北京人民大会堂接见了出席《汉语大词典》编纂出版胜利完成庆功会的全体代表，并合影留念。我们安徽大学编委有四位（于石、马君骅、何庆善、赵应铎）得以享受此等殊荣，无不感到这是最大的幸福，也是最高的奖赏。

《汉语大词典》，历史地反映了汉语词汇发展演变的全貌，是中国辞书史上新的里程碑，它完全可以和世界上的大型语文词典如《牛津英语词典》《德语词典》相媲美。不同的是，它们收词的时间跨度都没有《汉语大词典》长。《牛津英语词典》不过包括从八世纪起到现在每个时代的英语；《汉语大词典》则从公元前开始，比它早十个多世纪。《牛津英语词典》从1857年开始筹备，1928年完成，用了七十二年的工夫；《汉语大词典》只用了十八年。格林兄弟开始的《德语词典》从1852年5月至1961年1月，出版周期竟长达一百多年。现在《汉语大词典》已被联合国确定为最权威的汉语工具书而推向世界，从而填补了中外文化交流的一项空白。多年来，"汉大人"艰苦奋斗，献身《汉语大词典》，为国争光，我们为此感到骄傲和自豪。

《汉语大词典》编纂出版胜利完成，但并不意味着一劳永逸。历史在前进，社会在发展，作为社会现象的语言必然随着社会的发展而发展。我们国家自1978年改革开放以来，经济发展突飞猛进，国际地位空前提高，要求学习汉语文化的人越来越多。作为"汉大人"，在可能的情况下，怎能不砥砺前行，再作新的贡献。

迈上新征程

早在《汉语大词典》还在编写阶段，《汉语大词典》"三委会"与汉语大词典出版社就着手策划在《汉语大词典》的基础上另编一部大型汉语工具书，以适应普通读者和家庭的需要。决定仍由原来的五省一市的专家负责编纂。这本书就是《汉语大词典简编》。

我们安徽大学《汉语大词典》的五位编委均被聘为《汉语大词典简编》的编写人。我还被聘为编委曾两次去上海参加《汉语大词典简编》体例的讨论。1994年5月，《汉语大词典》出版胜利完成庆功大会以后，简编工作就全面展开，我们怀着参加庆功大会无比自豪喜悦的心情，全身心投入这一工作。

首先是把分给我们的简编任务分成五份，每人一份。其次是提高编好《汉语大词典简编》的自觉性。不要自认为经过多年磨炼，驾轻就熟，垂手而得。"简编"并不简单，由博才能返约。可我们并没有编写简编的经验和知识，何"博"之有？当务之急是学习这方面的知识。汉语大词典出版社已有详细的说明和规定。强调"本书内容讲究多中求精，注重简要适用，兼及普及与提高。从普通读者的需要出发立目释词"。"对《汉语大词典》原有的编写体例作了调整，简化了其中的行文和引书格式"等。广大编写者对这些规定必须首先认真学习，深入领会，然后才能在编写实践中贯彻执行。

在提高认识的基础上，要求每位编写人员在自己分配的任务范围内，勾画出一部分可作为收录的词目，择日进行讨论，统一对词目的掌握标准。重点讨论了"牛"字头复词的收录情况。

《汉语大词典》因异体字分立的只收录一条。如"牛刀割雞""牛刀割鷄"，把"雞""鷄"简化为"鸡"，以"牛刀割鸡"立目。

《汉语大词典》以同义词分立的条目，一般也只收一条。如"牛山歎""牛山涙""牛山下涕"等，以"牛山叹"（"歎"简化）立目。又如："牛驥同槽""牛驥同皁""牛驥共牢"等，以"牛骥同槽"立目。

《汉语大词典》以繁体字分立的条目合并为一个条目。如"牛斗""牛鬭"，把"鬭"字简化后，合并为"牛斗"一条立目等。

上述情况只是举例说明，实际情况要复杂得多，每个人都要谨慎对待。

后来，我们还就行文和引书格式的有关问题进行了研讨。比如：书证例句的条数一定要减少，每个义项下引两条足矣。

《汉语大词典简编》全面展开就传来了李岚清同志的题词："希望《汉语大词典简编》早日出版，为普及和发展祖国的教育文化事业作出更大的贡献。"这对我们编写人员来说又是一种莫大的鼓舞，激励着我们在新征程阔步向前，团结奋进，高质量完成编写任务。

初稿写好后，本书副主编黎洪同志进行了抽查。他非常认真负责，既肯定了成绩，也指出了不足之处。我根据黎洪同志的意见，进行统稿。安徽大学党委主要领导、安徽省教委主任对这项工作都非常关心支持，经常向我询问情况，我除了向他们口头汇报外，还抽了一些稿子送给他们审视。后来根据汉语大词典出版社统计，我们完成了约100万字的任务。

老当益壮

  1994年过去，2012年到来，《汉语大词典》编纂胜利完成出版十八年后启动第二版编纂出版。我有幸两个大会都能参加，不知老之将至。编纂修订工作全面展开。我们安徽大学编写组的原《汉语大词典》编委都已年届耄耋，大都先后参加了审稿工作。马君骅同志年龄最长，已经九十多岁，但仍思路清晰、能诗善文，一直审稿不辍。但你也可能会发现，为什么张绚同志没有参加？这里有一个感人的故事。那是汉语大词典出版社聘请我们安徽大学的编委以《汉语大词典》为基础编纂一部《汉大典故大辞典》，张绚同志也参加了，考虑到当时他年龄最长，就少分一些任务给他，并商定，必要时请于石同志协助。他从十卷《汉语大词典》中筛选了典故条目，又增加了一些资料，写了一些条目，感到身体不适，女儿要他去医院检查，他就把剩下的有关资料和卡片送到于石家里，然后去了医院，没想到这一去就没有回来。于石无偿为他完成了任务。说到感人的故事，不能不提到何庆善同志。他身体瘦弱，还有肺栓塞，但他也不停地审稿。有一次我去看他，夫人把门打开，我进到屋里，那幅画面简直让我惊呆了：床头放着高高的氧气瓶，吸氧气的管子插在何庆善的鼻子里，他手里却拿着长条样在看。我顿时想起古人有云："老当益壮，宁移白首之心，穷且益坚，不坠青云之志！"信哉斯言也！抚今追昔，几十年，我能与这样的一些同志团结奋斗、齐心报国，为《汉语大词典》贡献微薄之力，快莫大焉！

（赵应铎：《汉语大词典》编辑委员会委员、分卷主编，安徽大学研究员）

在编写《汉语大词典》的岁月里

张紫文

之一·大型语文词典原来是这样编写成的

我从进小学念书到当了大学教师，都一直在使用词典。但对这种书是怎样编写出来的却从未曾想过。参与了《汉语大词典》编写全过程之后，我才知道了这种书来之不易。

语云"十年磨一剑"，《汉语大词典》则磨了近二十年，后来的简编本又磨了三年左右。会不会有人想："你们是磨洋工了吧？"不，还真的没磨过洋工，反倒是经常冲严寒、冒酷暑，有时还免不了挑灯夜战地度过了二十几年。二十几年里，我目睹了好些熟悉的人在编写工作岗位上悄然离世了。实际上，编写这类大型辞典本来就是个迁延岁月的工程，《汉语大词典》还算是速成的，世界上与《汉语大词典》同类的英语、法语、德语大辞典，莫不都是耗时数十年才编纂成功的，其中有花了八十来年才竣工的。

我编写了二十几年的《汉语大词典》后，对这类书到底是怎样产生的，总算有了些认识。下面略谈几点感受。

1. 要能任劳

编写《汉语大词典》这样的书是个苦差事。首先你得广积语料。写这种书非比写一般文章，写一般文章可以靠灵感发挥，写词典则全凭语料说话。语料从哪里来？要直接从文献中去搜集。《汉语大词典》是要求写成一部古今兼收、源流并重的书，它面对的是有了几千年发展演变历史、记载了浩瀚无边文献的汉语。这样，我们就得在浩瀚无边的文献中去寻章摘句，把它抄录在小品卡片上。我们把这种工作叫作"收词制卡"。我们先用了整整三年的时间收词制卡，后来编写仍觉资料不够，又花时间补做了一批卡。收词制卡过程中还走了一点小弯路，就是为了想使书能够推陈出新，曾强调要着重收集"三新"的语料，即新词、新义、新例，也就是现有各词典上所没有的语料。想法虽好，却难以办到，会造成漏收。后来改弦易辙，放手收录，终于建成了一个庞大的语料库。那些难以计数的语料卡就像砖砖瓦瓦，《汉语大词典》就是用这些砖瓦建成的一座大厦，它与那些辗转相抄的东西是不可同日而语的。这里不是说我们的备料已足够齐全了，由于种种原因，我们还有很多东西没有收集到。

这里要提及的是，我们当时编写《汉语大词典》从收词制卡到撰稿再到出书，全是手工操作。那时电脑还是稀罕之物，只听过中国科技大学杨纪珂教授对我们说过，收词制卡可以利用电脑，这样工作效率可以翻倍，我们听了只觉得云天雾地的，不明其所以。写稿是一笔一画写在小方格稿纸上。稿子多半会涂涂改改，勾来划去，弄得面目不清，就需要重新誊抄。当时电子图书更未问世，核查资料一般都进入书库，找一本书，查一条资料，常常像是在书海里捞针，弄得人晕头转向，气喘汗流，不像电脑普及之后，这些工作都可以在电脑上便捷完成。《汉语大词典》排印还未告别"铅与火"，费时费力，后来进入光电时代，这种事情也变得一举可就。总之，我们当时编《汉语大词典》，一切都做得很辛苦。

第一次编委会。前排左起第二人副主编蒋礼鸿、吴文祺，主编罗竹风，陈翰伯，副主编张涤华、徐复、蒋维崧，后排右起第三人为张紫文

2. 要能耐烦

编写《汉语大词典》会遇到许许多多不堪其烦的事情。有时候就得像绣花那样针线细密，否则就会出漏洞。仅就关联条目的处理说说吧。《汉语大词典》中有许许多多的条目互相间有所关联。有的是形不同而义全同，有的是形不同而义有部分相同。这类条目写稿时就不能各行其是。有的不需要写释文，根据不同的情况用"同某"或"见某"表示就行了，有的则用"参见某"表示。由于《汉语大词典》是出自五省一市众多编写人员之手，那些关联条目多半又分布于不同的部首和卷次之中，互相之间就难免出现不一致、甚至相互龃龉之处，互见条也许见不到。参见条释文也会有所出入。这就需要作为专项进行统一处理，直到使之前后左右都能严丝合缝为止。还有那些繁杂的编写体例规定，只要稍有疏忽，就会违规违例。

处理这些问题都是技术活儿，不需要什么大学问，就是很烦人，你得要有耐心。

3. 要有些学业功底

编写《汉语大词典》实际上也就是在从事一种学术工作，编写人员需要有一定的学业功底；否则，会出差错，书的质量不高。下面就从"立目"和"释义"两方面说点情况。

先说立目。哪些词目当立，哪些词目该废，需要编写人员有双慧眼才能看得出来。这里仅就我个人在撰稿和审稿的过程中遇到的情况举个例子。在一次审稿中，碰到一个"渊思"的条目，其释文为"深思"。我就想，像这种见词明义的自由词组要是收录了，那么还有"渊见""渊仇""渊井""渊谷"等岂不是也得收下？扩大开去，像"小屋""大船"等自然也得收，否则就显得收词标准不一。实际上语言里这种自由词组无穷无尽，收不胜收。于是我就决定将"渊思"这条枪毙掉，幸而当时又拿起书证端详了一下。那书证的题目叫《赠白孟新仲调移居》，引的诗句是"吾道归渊思"。于是想，这个人搬家、挪个住的地方，与"吾道归渊思"是怎么联系起来的呢？便起了疑心，觉得这"渊思"也许别有所指。于是就在脑子里过电影，搜索平时读书留下的印象。忽地，小时候背过的《论语》一书中"一箪食，一瓢饮，在陋巷，人不堪其忧，回也不改其乐"一段话浮现于脑际，并从而又联想起《史记·仲尼弟子列传》中仿佛也有这种记载。于是就找来《史记》翻检。果然不错，那列传里除了记有回的这回事，还记了一个叫原宪的人类似的事。这原宪住在一个偏远低湿而又杂草丛生之处的一间破败茅屋里，还自得其乐。"回"就是颜回，字子渊，也称他颜渊。原宪字子思，也称原思。二人皆为孔子高足，都属"食无求饱，居无求安"的安贫乐道之士。这下清楚了，书证就是说那个移居者对渊、思二人心向往之，也是一个安贫乐道的人。那么这个"渊思"就属于两个人名的并称。按《汉语大词典》收词原则规定，人名的并称是要收列的，因为古文献中常会遇到这类东西而又容易引起误会。思考定了，便重新拟稿，把释文改作："孔子弟子颜渊和原思的并称。二人皆安贫乐道，甘居陋巷。"这样，此条的义例便完全合上辙了。一个差点被我毙掉的条目终于得救了。当时仿佛有点像是从法场上救回一个待毙者的感觉，不禁欣然窃喜，觉得原来编写《汉语大词典》也不全然是苦事，也有乐在其中的时候。

上面说到见词明义的自由词组不要立目；但这并不意味着见到自由词组就一概拒之门外，有些有特定来源且另有某些寓意的就要立目。如"浮梗"，就不只是"漂在水面上的一截树枝"这种表面意义。它出自《韩非子》中的一则小寓言故事，讲的是一个小木偶人与一个小土偶人互相对话。"浮梗"指的就是那个小木偶人。后来就有人在诗文中用"浮梗"表示"漂泊不定"的人生之意。古人诗文中常有这类暗中用典的词语，需要收入词典，在释文中指出其来源，挑明其寓意，以免读者望文生义。不过，编写词典的人要是书读得太少了，就难以发现这些。

再说释义。很多通常应用的词语，大家好像都心能意会，但要真的叫你做个解释，却又感到难以言传。词典的释文做的就是这种以言释言的工作。写词典释文与写一般文章大不相同。写一般文章可纵情挥洒，下笔千言，词典的"释文"是"压缩饼干"，能用三五个字说明的，绝不用六七个字。杜甫写诗是"吟安一个字，撚断几茎须"，写词典的释文差不多也是这个样儿，别看就那么几个字，得来却要有真功夫。

释义需要涉及语义学、语源学、历史词汇学、训诂学各方面的知识。特别是那些复杂的多义词义项的建立、划分和排列，实际上已经进入语言研究的某些深水区。义项概括宽了，会失之笼统，读者查阅时要查的东西不容易与之对号；分项过细，义项间又会藕断丝连，撕扯不开，出现可此可彼的情况。义项先后顺序原则上应按照词义发展演变的内在轨迹排列，以体现《汉语大词典》"源流并重"的要求。这是在溯源探流，给词修建谱系。然而，词的源头不是都能轻易找到，其流变往往相当复杂，不容易理清脉络。其演变的轨迹有的已相当模糊，难以捕捉，有的则完全断了线似的。所以，要做到源流并重，谈何容易！

我们编写《汉语大词典》主要是把历代人研究的成果尽可能体现出来，也力争有新的发现。仍然搞不清的地方只好暂付阙如，待学者深入研究。

《汉大》拥有不少第一手资料，在此基础上，它自有大量的新发现，取得了相当多的新成果。你只要把它与已有的各种汉语语文词典稍作对照，就不难发现它建立了大量新词目，总共收词三十七万五千余条，远远超出已有的各种汉语词典。它建立了大量的新义项，释义也远比已有的各种汉语词典完备。它是汉语词典中第一部稍可与汉语这一伟大语种相匹俦的书。

不过，古代有位学者说"例不十，不立法"。因为只有这样做，你提出的说法才有坚实可靠的基础；但要做到这点，就须读书较多且能融会贯通。我们《汉大》在"例不十"的情况下立目、立说的地方恐怕为数不少，这点也必须看到。

4. 要能任怨

《汉大》的工作对象是一个具有漫长发展演变历史、词汇量无限丰富的大语种，它又是群体力量的产物，由于主观和客观原因，造成了一些疏漏，出现了一些错误。问世以来，经读者千人翻万人查，又经一些专门学者的分析研究，已经指出了不少问题，有待以后修订版匡正。受到批评，应当倾听，无须感到委屈，更不必抱怨。在我看来，编写这类大型语文工具书要想不出差错，一次性就做到完美无缺，那是不可能的事。想想《康熙字典》吧，它算得上是我国字、词典编纂史上具有里程碑意义的著作了，参与编纂的人是当时一群赫赫有名的学者。后经道光时期的王引之考证，此书仅引书错误就多达2588条，其他方面的很多问题他没敢多揭示，因为书是康熙皇上钦定的。我不是借口"大型语文词典错误难免"论来辩解什么，只不过是在诉说实情而已。

总之，经历了《汉语大词典》整个编写过程之后给我留下的印象是：费时、费力、伤神、磨人而又错误难免、易受人诟病。难怪哩，我曾听人说，国外有某个国家把犯了错误的知识分子拉去编写词典，借以惩罚。要是真有此事，的确不足为怪。

当然，上面说的只是事情的一面。另一方面则是：参与《汉语大词典》编写就是参与一项宏大的社会主义文化建设工程,参与一项豪迈的事业,其社会效益巨大深远。对我个人来说,也是苦中有乐,劳中有得,增了见识,长了知识,提高了业务能力,收获应该说也是满满的。

之二·我结识了一个人

在编写《汉语大词典》的岁月里,我接触到了一个人,他就是当时的安徽省副省长,省人大常委会副主任魏心一,一个"高山景行"的革命老前辈。我是安徽师范大学中文系一个普普通通的中年教师,一介书生。我们原非一个层次的人,自是搭不上界。编写《汉语大词典》时,他代表安徽省出任《汉语大词典》工委会副主任,我被委任《汉语大词典》安徽师大编写组组长。于是,我们便在这项工作上有了交集。开始时我对他有点敬而畏之,日子久了,便近而亲之起来。

魏心一(前排左一)和罗竹风、刘杲在《汉语大词典》工作会议上。后排左起魏心一夫人、李冬生、黎洪、奚正新

编写组甫建之时,白手起家,困难多多。我们明白,要编写《汉语大词典》这样的书必将涉及海量图书资料,而我们却空空如也。我们将这种窘境上报给了魏老。他便在省里有关部门之间奔走协调,终于为我们筹集到了一笔资金。我们就利用这笔资金到处搜购图书,很快建立了一个拥有数万册图书的资料室,凡编纂处开列的收词书目中的书我们都具备了。后来在编写中需要查核的资料,大部分在我们的资料室里就能解决。

我们所承担的编写任务相当繁重,而开始时人力不足,也是魏老多方沟通,使我们从校外引进了不少人。

当初,我们是挤在校方提供的一个教室里工作,摊子铺不开。魏老便从省里调拨了专项经费,为我们盖起了一座办公楼,提供了优越的工作环境。

当高校恢复停顿已久的职称评定工作时,新的问题来了。学校是凭教学工作量和科研成果来评定教师的相应职称,而我们这拨埋头编写《汉语大词典》的人,既无教学工作量,也难有时间去搞个人的专著和论文。《汉语大词典》编写是个大型团体操、集体舞,总体看起来壮观，个人的表演却难显现，而且一时也难见成果。而职称对教师来说，重要性不言而喻。此时，编写人员的思想难免有些波动。魏老得知此情，便带领省"词办"的负责人来校与校党政领导人开座谈会，宣讲编写《汉语大词典》的重要意义，传达国务院、教育部有关《汉语大词典》编写人员职称评定问题的文件。这样，问题终于解决了。学校根据中央文件精神妥善处理了我们这拨人的职称评定，使得大家的思想情绪安定了下来，专心致志于编写工作。

记得有一次魏老在合肥召开安徽省《汉语大词典》编写工作会议，我当时不知是偷懒还是思想不重视，竟没有参会，由别人去了。不料魏老当晚就给校党委书记打电话，要我次日必须赶到合肥。次日，我诚惶诚恐地赶到了合肥，心想这下搞砸了，要挨训了。又出乎意料，魏老竟约我去了省委大院他的家里。他依然像平常那样带着一副和蔼的面容接待了我。我的心情立马平定了下来。在小客厅坐下之后，我便把我们组的编写工作情况一五一十地向他做了汇报。最后他还不忘问我有什么困难和要求，我也直说了。离开他家时，心情并未因为没有挨训而轻松，反而感到沉重了，有点负疚似的。

有一次在会议的间隙，我听他说，省里要用新购的轿车替换一些省领导干部老旧的用车，他的车也在替换之列。"换什么车哟，你看街边公共汽车站等车的人排成长龙，要先解决他们的问题嘛。"他说。我当时暗自在想，这真是一个体恤民情的人。

记得还有一事，就是有人举报张涤华先生的一个研究生有某方面的问题，学校学生处坚持要把这位研究生退回去。这可是攸关这个学生命运的事。张先生出于对青年人的爱护，觉得这一退对这个学生打击太大，便不同意退回。刚好此时魏老要在合肥召见我们，听取我们的工作汇报，张先生就顺便向魏老讲了这个研究生的事。但见魏老莞尔一笑说，年轻人么，不就是一时糊涂，有什么大不了的。我看还是叫他们不要退回吧。我当时暗自惊异：这样一个老革命思想居然如此开通，走在时代的前列，难得！同时也从中看出了魏老对张先生意见的重视和支持，对青年人的爱护。这个学生终于免遭退回。

安徽师大当时有两位享有盛誉的老教授参与了《汉语大词典》的工作。一位就是张涤华，任《汉语大词典》编委会副主编；一位是宛敏灏，任《汉语大词典》编委。就我所见所知，魏老对这二人可谓"礼贤下士"，尊重有加。他倾听他们的意见，对他们提出的合理要求凡能办的，他都尽力给办了。上面提到的我们编写组遇到的那些困难问题，多半都是经张涤华先生向他提出后得到解决的。二位老先生先后离世时，魏老都从合肥赶到芜湖参加了告别仪式，并致抚恤金交我转给了他们的家属。

不是都在说"要尊重知识、尊重人才、用好人才、爱惜人才"吗？在魏老身上，我见到了这方面一个真正的榜样。

魏老热爱中国传统文化，热忠社会主义文化建设事业。他在抓《汉大》工作的同时，还抓了安徽古籍整理出版工作。我就参加过他主持召开的安徽古籍整理规划座谈会。安徽古籍繁富，在他的推动下，那些有价值的东西大多都得到了整理、出版。

在与魏老接触的过程中，有件看似的小事给我留下了遗憾，需要在这里提及一下。那是《汉语大词典》第四卷出版时，浙江"词办"在宁波主办庆祝会，魏老和我都应邀出席。途经杭州时魏老把行李箱的钥匙落在旅馆了，到了宁波才发现。散会返回时，他决定不再经杭州停留。我则要在杭州转车，他便托我到旅馆代寻钥匙。我到了那家旅馆，向服务员说明了来意。服务员却说那房间已有别的旅客入住，旁人不得进去。我就请他代为进去寻找。他说他也不能随便进去找东西，并说这是规矩。我跟他理论了一会儿，终无结果，也就不了了之，没有完成魏老所托。后来想想我应该进一步找旅馆领导人交涉嘛，事情也许能办成。须知，魏老替我们办事可总是尽心竭力的。

当我们编写的洋洋几百万言《汉语大词典》稿件圆满交出去的时候，我曾想：这是我们编写组全体人员穷年累月、呕心沥血、笔耕不辍的结果，也是有魏老这样的上层领导鼎力支持，亲身督战，并运用一定的行政力量推动的结果；否则，我们也未必能顺利告功。

当1994年在人民大会堂隆重庆祝《汉语大词典》这一宏大文化工程竣工的时候，我也曾想：这部书是五省一市广大编写、编辑人员二十年所抛汗水的结晶；但是，要是没有《汉语大词典》工作委员会中那班如魏老一样的领导人坚强有力地推动，那么，这部十三卷、五千万字的皇皇巨著恐怕也不是容易问世的。

魏老已于多年前辞世了。由于编写《汉语大词典》带来的机缘，我结识了他这样一个人，可谓幸甚。在此，权且借助诗仙"高山安可仰，徒此揖清芬"的诗句，聊表我对他的一点心仪之情。

之三·一个小心结

我信奉"成事不说，遂事不谏，既往不咎"的古训，过去了的事情就让它过去，不再记挂在心。但是在编写《汉语大词典》过程中发生的一件事情却成了我的心结，一直难以解开。

那是1980年的事，当时我们正在为《汉语大词典》编写工作而酣战。记不清是五月底还是六月初，我接到了汉语大词典编纂处发来的一个通知，要我到上海去审稿，为时要两个多月。可是，这时也正是我女儿奋战高考的关键时候。她的母亲当时是一高考班的任课教师，又兼任班主任，从早到晚不堪其忙。我这一离开，就很难对即将高考的女儿多加照料了。怎么办？那个年月人们讲的是"个人的事再大也是小事"，编写《汉语大词典》是国家下达的任务，自是大事。两事碰在一起，你去选择吧。你除了走人，还能有什么二话可说的呢？于是，我便到了上海。稿件充栋，埋头审改，压力山大，无暇他顾。但夜深人静躺在床上时，不免总要想到家里的窘境。

到了高考的日子，考生家长们杀鸡宰鹅，精心照顾孩子考试。开考的第一天，我女儿的妈妈就被派到一个考场监考去了，中午家里无人管饭，还是好心的同事送了点饭菜来家，打发女儿草草吃了去赶下午的考场。更有一个糟糕的消息从芜湖传给了我，说是考语文时女儿漏做了一道大题。那年的语文试卷规定，有些题文科考生做，理科不做，另一些题理科考生做，文科不做。女儿没有看仔细，竟漏做了一道大题，失去十二分。语文本是女儿的强项，一下失去这么多分，多么可惜！须知，高考录取时一分之差，就会被众多人超越，何况是十二分呢！女儿当时才十六岁，在这种关口，多么需要家长照料；失分了，心情一定不爽，又多么需要家长抚慰啊！我当时真的揪心不已，直想"归去来兮"！可是不能，因为"大事"尚未完成哩。

当我审完稿回到家里时，高考已经结束多日了。一天夜晚，女儿突然鼻子大出血，不得不请医生来家里帮助止血。我想这与她高考期间高度紧张，而生活又缺少妥善照料不无关系。

填报升学志愿时，因为语文拖分了，不敢报清华了，后来就进了北航。

这就是三十多年前我所遇到的一桩事儿，它一直萦绕在我的心头，挥之不去，总感到当年对孩子爱抚不足，有所亏欠。这事儿说出来恐怕会见笑于时贤的。不过，鲁迅不是说"无情未必真豪杰，怜子如何不丈夫"嘛？那么在这里说说，应该也无伤大雅吧。

（张紫文：《汉语大词典》编辑委员会委员、分卷主编，安徽师范大学教授）

难忘的岁月

——参加编写《汉语大词典》琐记

谢芳庆

《汉语大词典》编纂于1975年启动，1976年开始试写初稿，1986年下半年开始分卷出版，至1993年下半年全书正文十二卷出齐。我于1977年春季由安师大中文系教学第一线抽调到安徽师大《汉语大词典》编写组参加编写工作，直到大词典正文十二卷出齐。

我参加《汉语大词典》编写，共经历了三个阶段。第一阶段：1975—1978年，收集资料；第二阶段：1978—1985年，编写"比""止""水""欠""歹"五个部首的初稿；第三阶段：1985—1990年，参加第五卷、第六两卷的复审和定稿。

编写初稿的时间最长。开始的时候，遇到最大的问题就是资料不足，所以一边编写，一边还要收集资料，二者交叉进行。如"欠"部，一条词目只有一张卡的共有978条，占总词条的百分之四十以上。为释文需要尽量"找米下锅"，自制了760张卡片，有的一条词目自制卡多达84张（如"欠"）。由于各处找资料，增立了大量一般词书未收立的词目。如"清淡"一词，《辞源》《辞海》俱未收，《汉语大词典》收列并建立了八个义项。唐、宋、元、明时代的诗文、词曲、白话小说中储藏了大量俗语词（有些沿用至今），传统词典基本不收，成为一个空白，《汉语大词典》

《汉语大词典》编辑委员会委员谢芳庆

则广为收列。如"清"字头的"清早""清早晨""清一色""清水脸""清平话""清灰冷灶""清光滑辣""清门静户""清省（xǐng）白净""清醒白醒"等随着时代的发展和新事物、新概念的产生而出现的新词语，《汉语大词典》也注意收列。如"滑雪衫""流行歌曲""流生""游斗""派性""涉外"等。上自先秦，下至当代，充分反映了汉语词汇的丰富多彩及其历史面貌。

实践证明，除了补充资料，核对资料也十分必要。首先，纠正了旧辞书立目的错误，如《辞通》剪贴卡有"欠长"条，经查为"久长"之误，故此条不能成立。又如《中文大辞典》《大汉和辞典》均立"欺谬"条，书证为《后汉书·滇良传》："为下吏欺谬，奏上滇岸，以为大豪。"经查中华标点本，原文是："（窦）林为下吏所欺，谬奏上滇岸以为大豪，承制封为归义侯，加号汉大都尉"。"欺""谬"二字不连属，故不成词，此条不能成立。其次，发现和纠正旧辞书释文的错误。如"欺盗"，《中文大辞典》释为"欺骗盗贼"。经查，应为用不当手段窃取名或利。又如"叹嘻"，《中文大辞典》释为"感叹嘻笑"。经查，应为叹悲，"嘻"为"欷"义。又如"欢招"，《中文大辞典》《大汉和辞典》释为"欢邀也"。经查，应为招来欢乐。又次，发现和纠正旧辞书、收词卡书证的错误（脱字、讹字、衍文、标点等）甚多，仅"欠"部，共计134条。

编写释文是编纂词典的核心部分。《汉语大词典》副主编张涤华教授一再强调必须把初稿当作定稿写。为此，我们注意把好以下几关。

（1）义项力求齐全不漏，这是《汉语大词典》的历史性决定的。如单字"清"条，《辞源》收列十一个义项，《辞海》收列十二个义项，《现汉》收列九个义项，《汉语大词典》则收列三十五个义项，超过以上三部辞书收列义项的总和。再如复词条目"清白"，《辞源》收列三个义项，《辞海》收列两个义项，《现汉》收列两个义项，《汉语大词典》则收列八个义项，是以上三部词典收列义项的总和。又如"岁"条，"祭名"一义其他词典均无。《汉语大词典》广集殷虚卜辞、《尚书·洛》及蔡沈集传、《墨子·明鬼下》及孙诒让间诂、郭沫若《甲骨文研究·释岁》考稽审辨，沙里淘金，增立此项词义。

（2）释文力求准确精当。如"渴"（jié）：《辞海》："通'竭'，水干涸。"《辞源》："水干涸。《说文》：'渴，尽也。'段玉裁注：'渴、竭古今字'"。《汉语大词典》："'竭'的古字。水干涸；尽。马王堆汉墓帛书甲本《老子·德经》：'胃（谓）浴（谷）毋已盈，将恐渴。'《三国志平话》卷上：'……一饮而渴，连饮三钵。'废名《菱荡》：'……河中渴了到菱荡来洗……'"《辞海》谓"通'竭'，误。《辞源》引《说文》段注"渴"为"竭"的古字是对的，但没有用例。《汉语大词典》"渴"条书证及"渴$_2$日""渴$_2$涸""渴$_2$笔"诸条表明，自唐宋至近现代，"渴"的本义皆有用例，它既正面地释明"渴"为"竭"的古字，又多侧面地揭示"渴"的本义并未尽废，辨析精微, 客观准确。又如"温床"，《辞海》："②借喻产生坏人、坏事的条件或环境。"《现代汉语词典》："比喻对坏人、坏事、坏思想有利的环境。"《汉语大词典》："②人工加温培育幼苗的苗床。常用以比喻产生某种事物的条件或环境。秦牧《艺海拾贝·两代人》：'如果我们从各种工作领域去寻找涌现作家的温床，就可以发现……'草明《乘风破浪》五：'冯书记的错误，也成了脱离政治、保守、骄傲、本位主义等思想的温床'"。《辞海》《现汉》皆释为贬义，《汉语大词典》则释为中性词义，并各举了一条书证。另外，《汉语大词典》还举了徐迟《哥德巴赫猜想》、朱东润《杜甫叙论》、《郭小川诗选·青纱帐》三条褒义用例。这就说明"温床"不是一个贬义比喻词，而是一个中性比喻词，辨析客观精准。

（3）书证力求丰富、典型，具有代表性。书证是词典立目、释义的基础和依据，《汉语大词典》作为一部大型历史性语文词典，力求体现上述特色。例如"浪"的"①波浪"义，分别从晋左思《吴都赋》、唐杜甫《鄘城西原送李判官兄、武判官弟赴成都府》、《水浒传》、杨朔《雪浪花》中引用四条书证，其中有辞赋、诗歌、小说、散文等多种文体。又如"流觞曲水"条，分别从晋王羲之《兰亭集序》、南朝梁宗懔《荆楚岁时记》、宋苏轼《和王胜元》、宋欧阳修《三日赴宴口占》、清刘大魁《游黄山记》、冰心《寄小读者》、朱自清《潭柘寺·戒坛寺》中引用了七条书证，其中有散文、诗歌、笔记、游记等多种文体。又如"游惰"："游荡懒惰。《商君书·垦令》：'则辟淫荡游之民无所食。'《三国志·吴志·韦曜传》：'故山甫勤于夙夜，而吴汉不离公门，岂有游惰哉！'宋秦观《财用下》：'岁时出行诸郊，召见耆老，问以疾苦及所愿欲……而罚其游惰不听命者。'谢觉哉《不感集·知识青年参加体力劳动问题》：'现在甚至就是从前的游惰分子，也大都不游惰了。'"书证反映出"游"一词的"游荡懒惰"义从战国一直延续到当代，没有消亡。书证除证明释义，于词义的源流也有所反映，体现了辞书的典型性和代表性。

在编写初稿的中后期，同时进行稿件的初审工作。当时我们安师大编写组下面又分了三个小组，我负责一个小组的编写和初审，另外大组由《汉语大词典》副主编张涤华教授和编委张紫文教授专责初审。当时张涤华教授已过古稀之年，却坚持每天同大家一起上下班，往往踏着晚上路灯的灯光回家。他审稿极其认真、仔细，几乎每条都或批改或退改。此外还定期就初稿审出的问题召开专门会议进行评议和讨论，使初稿的问题尽可能地得到解决，质量不断提高，为我们的编写起着指导和掌舵的作用。

我们安师大编写组承担的"比""歹""止""水""欠"五个部首的编写任务我都分担了，编写了六千多条词目，共计约九十多万字。

二

《汉语大词典》由山东、安徽、江苏、浙江、福建和上海五省一市合作编写，她的姊妹篇《汉语大字典》由湖北、四川两省合作编写。安徽省的编写人员绝大多数是高校教师，没有编写过词典，缺乏经验。因此省"词办"曾多次组织人员到兄弟单位参观访问，学习取经，每次我都参加了，先后有湖北省、福建省、浙江省等。时间最长、收益最大的是赴武汉《汉语大字典》编写组参观访问。由《汉语大词典》编委张紫文同志领队，一行七人（安大、安师大、安徽劳动大学、阜阳师院编写组各一人，省出版局二人，《汉语大词典》编委一人）于1979年11月15日赴武汉《汉语大字典》编写组参观访问。先由湖北省出版局介绍，同武大、武师、华师代表进行一次小型座谈，一是介绍情况，二是安排活动。然后就分赴各个编写组参观访问，主要对口单位是武师和华师。

首先，他们对资料工作十分重视，因而收集的资料较为丰富。除了剪贴卡、选择卡、记录卡，资料卡较多，有的单字卡多达几百张。以冷僻字为例："欻"（xū）字卡有105张，我们只有37张；"歊"（xiāo）字卡有130张，我们只有7张；"歔"（xiāo）字条有49张，我们只有26张。

在释义方面，他们力求体现"大"的特点。主要从三方面着手，一是收字尽可能多，二是义项尽可能齐备，三是释义尽可能详细。关于建立新义项，有的只有一张卡，但非立不可，就先立起来，待补例证。在义项的分合上，怎样做到大而不失笼统，细而不致烦琐，他们还缺少很好的研究。但是他们觉得在词义和词素义的区分上往往概念不清，处理上有失当之处，建议《汉语大词典》只收词义，不收词素义。在释义方面几个编写组有两种意见：一是力求写出特点，除在字形、字音上体现，也求在字义上体现；二是力求稳一点，旧辞书合理的不漏，不全的补充，恰当的书证、例证尽量采用，不必刻意求新，没有把握的不必立义，更不必与旧辞书对着干，也不必为求异而换例。

他们非常重视审稿工作。一是建立了三级审稿制：小组审，大组审，专人审；二是审稿人分别侧重一个方面：有人侧重审音，有人侧重审形，有人侧重审义；三是编写人员不互看释文稿，直接送字档室，审稿由字档室提稿审阅，不同写稿人直接交换；四是定期召开审稿讨论会，并及时公布编写情况，解决问题。

他们还十分重视编写队伍的培训和提高。如华师针对中青年多、业务不熟、缺乏经验等具体情况想了一些办法，做了几件事情。一是举行专门讲座，如音韵学讲座；二是试编活动，每人选一个字（写得好的，或没有把握的），拿出原稿，进行讨论，先分散，后集中，逐步统一到体例上来；三是在原稿的基础上，通过具体的字、字义、音义配合等问题通过讨论，达到统一。

通过这些参观、访问，受到很大启发，对于我们自己的编写起到很大的借鉴作用。感受最深的有以下几点：一是他们顶住"台风"，抗住"地震"，坚持到底的精神和认真负责、克服困难的精神值得学习。二是高标准，严要求，在既完成任务，更保证质量上动脑筋，想办法，下功夫。三是争取和创造良好的工作条件。良好的工作条件（如资料、人员、房子等）是搞好编写的重要保证，而各级领导的重视和关心又是创造良好工作条件的关键性因素。

我们安师大编写组在这些方面也是不断得到改善和提高的，有些甚至是别的编写组未能做到的。如争取省和学校的大力支持建起了一座专用楼；又在学校的关心、支持下建设了一个专用资料室，除了从学校图书馆借调了大量书籍特别是古籍书（如《四部备要》《四部丛刊》《丛书集成》等），还拨款购进了大量专用书刊。这些都为我们的词典编写工作提供了优良的条件。

1984年安徽省教育厅"教高一字（84）263号"文件（1984年5月15日）《转发教育部〈请通知有关同志继续留下参加〈汉语大词典〉审稿定稿工作的函〉》，共留下编写人员51人，我是其中之一。1988年新闻出版署、国家教育委员会下发"（88）新出联字第01号"《关于增补〈汉语大词典〉工作委员会、编辑委员会委员的通知》："为保证质量，按期完成《汉语大词典》的定稿任务，《汉语大词典》工作委员会主任、副主任和编辑委员会主编、副主编于1987年12月在上海召开联席会议，拟增补工委会和编委会委员，加强定稿工作的领导力量和定稿力量。"我是增补的15位编辑委员会委员之一。从此我便在完成《汉语大词典》初稿编写任务之后，继续担任了词典的审稿定稿工作。

我们的审稿定稿工作主要在本省进行，除了审定本编写组的稿子，还先后审定了安庆编写组和阜阳师院编写组的稿子。审定的工作量仍然很大，因为编写人员在业务水平、工作态度、工作责任心等方面存在差距，稿子的质量差别很大。多数都是比较好的，也有的比较差，甚至很差，比如有的照抄旧辞书，有的采用的资料根本没有核对，有些宝贵的资料弃而未用，有的义例不符，等等。往往需要重新查抄校对资料，分析排比，等于重写。

除了在本省、本组审定，还多次远赴上海汉语大词典编纂处进行审定，每次都需要一两周以上的时间。这里的工作条件没有本校好，比如查对资料，本校有校图书馆、中文系资料室、编写组资料室，资料丰富，查对方便，而这里只有一个资料室，相对来说要差不少。再比如所有的审定人员晚上都挤在一个阁楼里睡觉，得不到很好的休息。后来编纂处迁到一个铁皮房子里，工作、休息都在一个房间里，时值盛夏，白天像火炉一样烤人，晚上又受飞蚊叮咬。尽管如此，我们都坚持到底，完成任务。有一年，我的大女儿和二女儿同时参加高考。大女儿是下乡知识青年，"文革"时期，从小学到中学根本没有读到什么书，后来又下放到农村劳动锻炼，文化基础很差，参加高考，难度之大可想而知，极需加强辅导，而我却无暇顾及。特别是高考期间，我恰好又要赴上海编纂处参加稿件审定，责任难以推脱，小我服从大我，我还是毅然奔赴上海编纂处参加审定工作。

最后几年，我毫无愧色地完成了自己所担任的词典稿件的审定工作，共计132万字。我们安师大编写组承担编写的《汉语大词典》第五卷、第六卷，分别于1990年6月和12月出版，1992年荣获安徽省社会科学成果一等奖。

三

在《汉语大词典》的编写过程中，存在一个十分突出的问题，就是编写队伍不稳定。主要有三个方面的原因：一是编写人员没有固定编制，绝大多数是各个高校的教师，少量是重点中学的高级教师和退休人员，他们是临时抽调来参加编写工作的。开始时由于受"文革"影响，学校处于停课和半停课状态，没有什么教学任务，能够暂时从事词典的编写工作。后来"文革"结束，学校逐渐恢复正常教学工作，便不断设法撤回原来调出的人员。如我们安师大编写组的一位主力编写人员便被学校和市教育局三令五申地调回了学校。二是词典编写的长期性和艰苦性，使不少编写人望而生畏，心生退意。《汉大》从收词制卡、编写初稿，到审定出版，前后经历了十多年，这整整占去了一个人一生工作时间的三分之一，不少人产生"耗不起"的感叹。另外编写词典又是一种十分艰辛和枯燥的工作。无论是收集资料还是核对资料，都要在浩瀚的书海中大海捞针，沙里淘金，有的为了一条资料要耗费半天时间，从头到尾翻遍整本书。至于排比资料，分辨词义、建立和排列义项，更是绞尽脑汁。无论寒暑，这样长期坐着冷板凳，需要超常的耐性和韧性，往往使人难以做到。意大利语言学家斯卡利格曾说编词典"这种工作包含了一切折磨和痛苦"。我国语言学家陈原也说："'傻子'才去编词典"。受这种"折磨和痛苦"，甘当这种"傻子"的人是不多的。三是编写人员存在许多实际问题，比较突出的是福利待遇和职称评定。由于长期脱离原来的岗位，一些绩效工资和奖金等一概没有。另外，因为编写词典，长期没有教学工作量和科研论文，申请职称评定没有足够的材料。《汉语大词典》虽然是国家重点科研项目，但评审机构和评审委员认为这是众人合作的集体作品，不能代表个人的科研成果和学术水平，不予认可。大家最关心的职称问题得不到很好的解决。

编写队伍不稳定，就难以保证《汉语大词典》高质量如期完成，所以各级领导对此十分重视和关心。国务院下发了22号文件，中共中央办公厅下发了〔1980〕43号文件、〔1984〕2号文件，教育部下发了"（84）教办字064号"文件。这些文件都一致指出《汉语大词典》是国家重点科研项目，强调它的重要意义，明确要求各级领导要十分重视和支持这项工作，对编写人员的福利待遇、职称评定等实际问题，要同其他人员一视同仁，妥善解决。为了一部词典，党和国家下发了这么多专门文件，这是史无前例的，大大鼓舞了人心，改善了编写环境。

我们安师大编写组在省、学校和中文系的关心支持下不断解决问题，改善条件，保证《汉语大词典》编写工作的顺利进行。如前所述，省里和学校拨专款为我们建了一座专用楼，学校和中文系支持建设了一个相当规模的专用资料室，为大家提供了很好的工作条件。更重要的是在当时的中文系主任、《汉语大词典》副主编张涤华教授的努力争取下，在学校的大

煌煌辞典著春秋 ——《汉语大词典》出版背后的故事

力支持下，于 1978 年 4 月在安师大《汉语大词典》编写组的基础上成立了安徽师范大学语言研究所，单独编制，成为与系科（学院）平行的学校的二级机构。这就大大安定了人心，稳住了词典编写的队伍，从此再也没有编写人员流失，以后还逐渐扩充了一些人员。当时主要任务就是集中精力和时间编写词典，后来随着词典编写任务的逐步完成，渐渐开展了一些其他语言文字领域的研究。关于福利待遇和职称评定，各级领导也十分关心，予以解决。省"词办"每年都多次拨款用作经费开支和福利改善。职称评定争取从科研系列逐步解决。我根据编写《汉语大词典》积累的资料，利用晚上时间赶写了十几篇专业论文，分别在《中国语文》《语文建设》《安徽师范大学学报》《辞书研究》《古汉语研究》等国家级和省级刊物上发表，于 1993 年 3 月获评社会科研研究员。其他编写人员也相继获评相应的专业职称。我们全所共计 22 人，其中正高职 4 人、副高职 10 人、中职 5 人、初职 2 人。

《汉语大词典》是一部尽收古往今来汉语语词的大词典，是一个空前巨大而艰难的工程，是我国文化建设的历史性里程碑。它是国家重点科研项目，它的胜利完成也是国家的一件大事。1993 年《汉语大词典》荣获首届国家图书奖，1994 年 5 月 10 日在北京人民大会堂举行了《汉语大词典》编纂出版胜利完成庆功大会，当时的中央领导人江泽民、李鹏、李铁映、丁关根等亲切接见了全体与会代表，并同大家合影留念。我有幸作为代表之一参加了这次庆功大会和接见留影，心潮澎湃，久久不能平静。我从 1977 年参加《汉语大词典》编写到出席这次庆功会，陪伴《汉语大词典》走过了十几个春秋。我一生主要做了两件事，一是教书，二是编书。编书主要是指参加《汉语大词典》编写，它为我的人生添上了浓彩的一笔。我国语言学家陈原曾说：编词典不是人干的事情，而是圣人干的事情。我为自己成为这样的"圣人"而感到欣慰和自豪。聊赋一绝：

十年板凳苦，
奉献无前书。
纵逝芳华岁，
白头不悔初！

（谢芳庆：《汉语大词典》编辑委员会委员，安徽师范大学教授）

《汉语大词典》安徽编写工作片段

陈庆祐

王涛同志约我写安徽编写工作历史,起初实不敢接受。我虽是我省最早参加编写《汉语大词典》工作的成员,但由于当时不是负责人,对启动阶段的机构设置、组织编写队伍等工作不是很了解,下笔会有困难。王涛同志发短信、打电话,态度诚恳,令我感动,加以考虑到这项重任由华东五省一市承担,安徽也确实为之贡献了很大力量,所做工作在编纂史中不应缺失,于是接了下来。

《汉语大词典》编辑委员会委员陈庆祐

煌煌辞典著春秋 ——《汉语大词典》出版背后的故事

《汉语大词典》编纂始于1975年，距今已四十四年，全书1994年出齐，离现在也有二十五年。当年有一些记事本子，是否保存，有待查找。于是，回到芜湖寓所（近几年，我和老伴在合肥市女儿家住），翻箱倒柜，居然找到两个小本子！上面记事虽简，但十分宝贵，能够知道一些事情。

我想到了住在合肥的李东方同志。他1975年任安徽师大中文系党总支书记兼革委会主任，是安徽《汉语大词典》起步工作的组织者之一。电话约定，登门拜访，他虽年近九旬，然思路清晰，谈起大词典工作，精神振奋，充满感情。从他这里，弄清了启动阶段（头三年）的基本情况，余下则由两个小记事本和回忆材料作补充，可以动笔了。需要说明的是，这篇文章肯定不能完整、准确地写出安徽编纂历史，故文题叫作《〈汉语大词典〉安徽编写工作片段》，相信能够得到安徽同仁们的谅解。

1975年9月上旬，国家出版局代局长陈翰伯同志到上海召开了《汉语大词典》编写工作协作会，安徽参加人是安徽省出版局黎洪副局长。会后，我省行动迅速，成立了以中共安徽省委宣传部和省出版局领导同志为正副组长的省《汉语大词典》领导小组，下设办公室，放在省出版局，先后聘请刘夜烽、李冬生为主任（两位"文革"前在省文化宣传部门做领导工作，是文史专家），1978年以后由出版局奚正新同志接任。

安徽师范大学是省属重点大学，中文、历史两系在省属高校文科中最强，学校图书资料丰富，馆藏书籍（有一批古籍善本）在国内同类高校中位居前列。领导小组议定，成立安徽省《汉语大词典》编写组，设在安师大，先把工作抓起来，接下来再与省教育厅商量，陆续扩大编写机构。

1975年，魏心一同志任安师大党委书记兼校革委会主任，接受任务后即与李东方同志研究建组事宜。东方同志首先想到张涤华教授，魏心一甚为赞成。他俩认为，张先生学术水平高，又很受全系教师敬重，由他率领编写队伍最为合适。魏老还把《汉语大词典》编写领导小组办公室负责人孙厚璞同志的电话号码交给东方同志，请东方同志负责组织工作。

安师大中文系汉语教研室承担现代汉语（含语音、文字、词汇、语法、修辞）、古代汉语、语言学概论三门课的教学，"文革"期间，砍掉后两门课，只开现代汉语，课时数也大大减少，教研室则安排教师支援写作和当代文学课教学。东方同志把汉语教研室主要成员调到编写组，还从文学教研室和历史系物色适合编写《汉语大词典》的教师加入。当时明确规定，汉语教研室骨干教师是兼职，中文系的教学任务不减少。根据省领导小组指示，东方同志与芜湖市委、芜湖地区区委宣传部联系，很快从市和地区中学借调了几位中学语文教师。马不停蹄，进展快捷，1975年10月16日，安徽编写组正式成立，超出了省领导小组预定16人的规模。

开始办公，按当时的流行语叫作先行"务虚"，即学习国务院关于编纂中外语文词典文件，传达广州会议、上海编纂《汉语大词典》协作会议精神，讨论省《汉语大词典》领导小组关于先行成立安徽省《汉语大词典》编写组的决定。此时，"文化大革命"已折腾了九年，教师整天在胆战心惊中过日子。虽然招收了工农兵学员，但教学内容贫乏，还要求突出政治，须违心地讲那些空话、套话，而今，有幸能参加这项大工程，为国家编写"争气书"，心情是太激动了，感到莫大的光荣，一致表示，一定为编写《汉语大词典》竭诚尽力。

兵马未动，粮草先行。张涤华教授十分重视图书资料这一基础工作，编写组调来了专职资料员，跟校图书馆领导接洽，得到大力支持，先将"四部丛刊""四部备要""万有文库"这三大部和一批字典、词典调给编写组使用，表示，根据需要，继续调拨，并为编写人员核查资料敞开大门。由于基本成员是大学汉语言文字学教师和中学语文教师，在长辈学者特别是张涤华教授指导下，很快进入角色，并带动非汉语专业成员（含工农兵代表）一道前进。

设在上海的《汉语大词典》编写领导小组办公室工作效率高，迅即从《辞海》编辑部、中华书局上海编辑所、解放日报、新民晚报、上海少儿出版社等单位请来几位学者从事拟定编纂手册等业务工作。他们学术功底深厚，工作上手快，首先布置选收词条工作，将《辞源》、《辞海》（未定稿）、《现代汉语词典》（试印本）拆分给五省一市编写组选收词条，抄入卡片。接下来，扩大书目，并要求大家翻阅日本编纂的供学习中文查阅的《大汉和辞典》，讨论可以收录的词条。

开始时的任务不重，安徽组选词制卡工作 11 月底即完成。李东方同志与张涤华、张紫文两位商量，由陈庆祜、聂铁华两人去上海领导小组办公室汇报，求得指导，同时请办公室帮助我们购买图书（主要是古籍）。

上海之行，受到欢迎。领导小组办公室负责人束纫秋、孙厚璞对安徽编写组的工作给予充分肯定，立即请上海各编写组来人开会，听取安徽工作介绍。安徽建立编写组和首批制卡速度之快让上海兄弟组吃惊。因为上海有的编写组人员尚缺，有的存在诸如办公场所、图书不足等方面的问题，安徽的做法和工作进展可供他们向领导报告之用，以期尽早改善工作条件。

汇报会后，陈、聂二人访问了复旦大学编写组，与前辈专家吴文祺、濮之珍教授及同辈许宝华、李嘉耀、范晓、陈光磊座谈，得益很多。领导小组办公室请人带我们购置了一批古书，这是上海之行的又一收获。此后几天，又与束纫秋、孙厚璞、郑拾风、张林岚、傅元恺、陈榕甫几位交谈，对下一步工作很有助益。随着领导小组办公室看书收词制卡任务陆续下达，安徽也加快了扩建编写组的工作。从 1975 年年底到 1976 年 8 月，成立了安徽劳动大学、安徽大学、安师大阜阳分校、安师大淮北分校、中国科技大学和安庆市文化局编写组，投入看书收词制卡工作。

为做好这项重要基础工作，安徽省"词办"于 1976 年 8 月 31 日起在黄山风景区举办编写业务学习班，请大学语言文字学教师讲授词汇学、语法学、修辞学专题课，讨论看书收词制卡问题。讲课效果好，非汉语专业教师听后均表示很有收获。此后将近两年时间，省"词办"

又召开了几次专题会，交流制卡经验，研究应注意的问题，圆满完成了领导小组办公室分配的任务。

将近三年时间，五省一市编写组人员从一万余种古今图书和报刊中收词制卡约800万张，这是史无前例的壮举，为编写《汉语大词典》打下了坚实的基础。安徽各编写组同仁为这一基础建设贡献了不小力量。

1978年下半年，收词制卡任务基本完成，中国科大编写组负责人杨纪珂教授担任安徽省副省长，科大组教师教研任务加重，决定不参加释文编写工作。省内高校也有所调整，撤销了安徽劳动大学，该校编写组主要成员调到安徽大学编写组，充实了安大编写组力量。

进入1979年，对安徽《汉语大词典》编写工作来说，可谓喜事连连。

一是魏心一同志担任安徽省副省长，分管教育工作，省里决定由他兼任《汉语大词典》省领导小组组长。二是为加快中学师资培养，省政府将安师大阜阳分校、淮北分校独立设置，成立阜阳师范学院、淮北煤炭师范学院（安徽与煤炭部共管）。两校独立，不断充实教师队伍，对《汉语大词典》编纂有利，如阜阳师院中文系主任倪祥和先生是现代汉语修辞学专家，他对《汉大》工作就非常重视。三是粉碎"四人帮"后，各行各业都在拨乱反正基础上加快事业的发展。高等学校（特别是高等师范院校）为弥补"文革"造成的损失，招生人数逐年增加。除增招大专生、本科生外，要求增招研究生。安徽省教育厅上报教育部和国务院学位办公室，批准了在安师大和安大建立汉语言文字学、中国古代文学硕士点。这是安徽省省属大学首次设点，值得庆贺。

关系《汉语大词典》编纂，学校请张涤华教授挂帅成立汉语言文字学硕士生导师组，张紫文、陈庆祐两人加入并负责研究生培养的常务工作。培养计划拟定，事不宜迟，当年秋季，即招收了首届研究生。研究生入学后，除学习专业课程外，也被安排词典编写资料核查工作，这对于打好汉语言文字学基本功是有帮助的。

1981年，中共中央书记处批转了由陈翰伯、吕叔湘、罗竹风写的报告，其中第二条建议是把编纂《汉语大词典》和语言学科研长远规划相结合，在有条件的高等学校《汉语大词典》编写组基础上成立语言研究所（室），以利于编写工作和稳定编写队伍。大词典出版后，机构长期保留，从事语言学科学研究。

魏心一副省长接到中央批文，行动很快，以安师大、安大《汉语大词典》编写组为基础，成立了与中文系平级的语言研究所。

粉碎"四人帮"后，张涤华先生恢复了安师大中文系主任职务，此时又兼任语言研究所所长，张紫文同志任副所长。安大语言研究所由赵应铎同志任副所长。机构升格，增加了编制，有利于吸收人才和选留中文专业毕业生（主要为硕士研究生），对于进入释文编写阶段的《汉大》工作来说，是更大的喜事。

魏心一曾在安师大主持工作几年，对学校办公用房情况熟悉，他决定为安师大语言所建办公楼,并帮助选址,又特批经费,很快,五层小楼落成,编写组成员欣喜地说:"真是鸟枪换成了炮呀!"这样的喜事,在五省一市众多兄弟编写组中怕是不多见的。

办公用房新而且多,张先生放心添置图书资料。除前面提及1975年那次派人去上海汇报工作顺便购一小批书外,先生恢复了全国人大代表职务,每次到京开会(包括参加《汉语大词典》工作会议和全国语言学术会议),都抽空买书,一俟选定,即电告所里派人到京结账、托运。短短几年,从校图书馆借的和几次申请专款买的,安师大语言研究所资料室图书达五万余册(安排在三楼),并请到了熟悉图书编目的专职人员分类编排,大大方便了编写释文核查资料工作。

安师大语言研究所制订了发展规划,近期以编纂《汉语大词典》为主,任务完成后,安排汉语词汇学、语法学、修辞学研究,继续编写词典并深入辞书学研究,开展安徽方言调查。20世纪80年代国家编纂出版的《中国大百科全书·语言文字》卷"中国语言学研究机构"部分,有安徽师大语言研究所专条,介绍该所承担国家项目《汉语大词典》编纂及所从事语言学研究的情况。

安徽大学语言研究所完成《汉语大词典》编写任务后,在辞书学研究,特别在词典编写方面取得不少成绩,出版了《中国典故大辞典》等多部。

关于释文编写,安徽各编写组按领导小组办公室的布置,组织试写63条、96条词条释文,得到了锻炼。正式编写释文时,省"词办"要求大家再次选择一批词目试写,对释文应注意的各种问题,务必充分讨论,避免走弯路。

此后,各组便按编纂处分给的部首扎扎实实地开始编写释文。省"词办"为保证释文质量,又召开几次专题交流会,并要求各组认真阅读编纂处编印的工作简报,吸取兄弟省编写组经验。省"词办"还要求大家将释文中的心得体会向编纂处投稿。

安徽各编写组词条释文初稿完成后先在组内复审,然后按省"词办"通知,分送安师大、安大两个编写组复审。审稿时,特别注意释文与所引书证是否切合。使用资料卡也会发现有些卡片所录书证或过简,应补录上下文方能敲定释文。有的卡上有漏字或错字,必须核对。安师大语言所每年都选留毕业生,还有在读研究生,便请他们帮助查核,对保证释文的准确性很有帮助。安大语言所年富力强的教师多,查对原书做得不错,他们的又一个优点是常常组织讨论会,有时争论很激烈,这对于保证释文编写质量大有益处。

安师大、安大汇审了全省编写的词条后,分别报送编纂处。编纂处按编辑出版计划,分别通知两组编委和终审定稿人集中到上海与编纂处同仁共同决审。这最后环节的辛苦,不是亲历者是难以感受到的。两组情况应该是相同的,这里只介绍安师大的经历,因为本人是亲历者。安师大编写组编委和终审定稿人有四位,他们是张紫文(兼分卷主编)、谢芳庆、陈庆祐、陈玉璟。编纂处安排的时间恰逢1989年秋。那时恰值关于平息那场"动乱"后的紧张学习、统一认识阶段。四位编委中前三位是本单位党组织负责人兼所里正副所长,全都离开是个难题。经省、校领导研究,特准几位到上海审大词典稿,这在当时的政治形势下是有胆识的,十分难能可贵。

到了编纂处,可谓夜以继日地工作,看稿,核查卡片资料,讨论问题,每天工作不少于十四个小时。有时会有头晕情况,那就在房内走几步,甩甩手,揉揉眼,不晕了,坐下来接着看。

编纂处那时搬到新华路200号,条件较好,处里对我们照顾很周到。这里还要特别提及的是负责资料工作的同志,能够快捷地为我们提供需要查阅的书籍和资料卡,大大方便了我们的审稿工作。

安徽编写的词条释文在第四卷、第五卷、第六卷中。第四卷是与福建合作（洪笃仁、赵应铎主编）,第五卷也是与福建合作（洪笃仁、张紫文主编）,第六卷是与浙江合作（张叶芦、张紫文主编）。

每当面对煌煌十二卷《汉语大词典》,翻阅其中这第四卷、第五卷、第六卷,心潮澎湃,激动不已,我们为国家编出了"争气书"!

能够为国家完成这一文化界的大工程,真是没有虚度十余年的光阴。

附 注

"片段"写完,觉得犹未尽意。因怕行文拖沓,有些事未写入,但简要提一下觉得并非闲笔,故加"附注"以表述。

（1）我省领导对《汉大》工作可谓尽心尽力。除文中所述,还表现在承办会议方面。如1979年7月于安徽九华山景区召开的五省一市"词办"工作会议（三十余人）,同年9月于安徽黄山景区召开的第四次编写工作会议（国家出版局、教育部和五省一市有关领导,"词办"人员、编写人员,一百余人）,1986年11月安庆会议（庆贺《汉语大词典》首卷出版,讨论后续编审和出版事宜,近百人参加）。支持省内"词办"和编写人员到上海（次数很多）、青岛、厦门等地参会。省内大、小型会议开得更多。这些,都需要经费,安徽省领导不小气,是鼎力支持的。

（2）张涤华先生于1985年年初突发脑梗,住院治疗。一次张紫文同志去合肥开会,魏老心一到会第一件事就是询问先生病情。当听紫文提及先生一时失语时,魏老神情凝重,眼含泪水,让到会同志非常感动。医师的精心治疗,省、校领导的关心,先生很快开口说话,不到三个月即康复,又继续指导大家编写《汉语大词典》,魏老闻讯,那是非常高兴啊!

（3）《汉语大词典》安徽启动工作组织者之一李东方同志于1978年下半年奉调到合肥工业大学任党委组织部部长,80年代初,又调安徽省教育学院任党委书记。这次访问他时,我赞扬他在1975年能提出由张涤华先生实际主持安徽《汉语大词典》编写工作有胆识时,他谦逊地说:"到中文系工作几年,对张涤老的学术水平和为人有些了解。当然,最主要的还是从你不止一次介绍中获得的。"是的,我毕业留校,校、系领导即安排我跟张先生进修,并签署"师徒合同",要求经先生培养,尽早正式开课。是恩师的精心指导,严格要求,使我一年即走上讲台。

(陈庆祐:《汉语大词典》编辑委员会委员,安徽师范大学教授)

从《汉语大词典》安徽省第一编写组到安徽师范大学语言研究所

陈冠明

《汉语大词典》安徽省编写组，后来改称安徽省第一编写组、安徽师范大学编写组，是安徽省最早成立《汉语大词典》编写组的单位，主持人是张涤华教授，张教授也是《汉语大词典》代表安徽省的副主编。张涤华教授在安徽师范大学和学术界受到广泛尊重。我和安徽师范大学语言研究所所有同仁私下都尊称张教授为"涤老"或"张涤老"，而在涤老面前，所有的人都几乎一致地称呼他为"张先生"。称呼的字数不是越多越好，而是越少越亲切。"涤老"二字，其中虽有名讳在，然绝非直呼其名，而是带有一种崇敬感，一种亲切感。俞子徽编《赭山三松集——宛敏灏　张涤华　祖保泉诗词选》，人们称宛老、祖老，都不带名讳。个中微妙，只有局内人才能感受和体味得到。

1987年冬《汉语大词典》安徽师范大学语言研究所编写组合影。第二排左起第四位为所长张涤华教授，前排左起第四位为本文作者陈冠明

从《汉语大词典》安徽省第一编写组到安徽师范大学语言研究所

本文所说的事情，都由《汉语大词典》而起，都由涤老加入编纂《汉语大词典》而说起。

1975 年，经周恩来总理亲自批准，国家重点科研项目《汉语大词典》编纂工作启动，安徽省第一编写组在安徽师范大学成立，安徽是参加此项工作的五省之一。对于编纂这样一部大型辞书，找谁主持呢？只有张涤华教授德才相称。

1975 年第四季度《汉语大词典》安徽第一编写组甫一成立，张涤华先生就是"先遣部队"，受命成为《汉语大词典》安徽省第一编写组负责人。次年，我以在校学生的身份，革命"三结合"，被推荐进了编写组。说实话，那个时候自己浑浑噩噩，莫而觉之。我毕业那时还是国家包揽分配工作，我从蚌埠考进来，毕业回蚌埠，当时社会各方面都正是用人之际，回去不愁没有好工作。但是命运使然，恰值《汉语大词典》编写组正要充实人员，我就被留校参加搞《汉语大词典》了。

1976 年 9 月上旬，全省六个编写组赴黄山召开本省首次编写工作会议。在大家集合上车时，我第一次见到张涤华教授。参加安徽省黄山编纂工作会议，这是我第一次与先生同堂与会，聆听先生的教诲。我们住在黄山温泉边上的黄山宾馆，离"人字瀑"不远。会议议题是学习讨论《汉语大词典》收词原则和编写体例。一段时间集中学习，一段时间分组讨论。学习在宾馆的会议室，讨论则在宾馆外面的溪流两岸。9 月 9 日，天气晴朗，清爽宜人，安徽师范大学组就在黄山宾馆对岸的一片大树底下讨论。下午四时，中央人民广播电台播音员夏青向全国、向全世界广播《中共中央、人大常委会、国务院、中央军委告全党全军全国各族人民书》，沉痛宣布中国人民的伟大领袖毛泽东主席逝世的消息。大家骤然听到这一消息，极其震惊，地球好像瞬间停止了转动，编写工作会议也随之中断。那时宾馆还没有电视机，而黄山的光明顶上设有电视转播台。于是会议决定移师黄山上的北海宾馆，方便晚上到光明顶从电视上瞻仰毛主席遗容。从北海宾馆到光明顶要走一段山路，道路崎岖不平，我们是打着手电筒到光明顶瞻仰毛主席遗容的。这段记忆非常深刻，特别是同黄山会议发生在同一时间段。

1978 年 4 月 3 日，安徽省语言学会成立，先生被推选为首任会长。1981 年 10 月，中国语言学会在武汉成立，涤老当选为常务理事。之后又当选为安徽省哲学社会科学联合会副主席。1983 年 5 月，在先生的努力下，中国语言学会第二届年会在安徽召开。1985 年，安徽省语言文字工作委员会成立，涤老任顾问。

1978 年 7 月，在《汉语大词典》安徽省第一编写组的基础上，成立了安徽师范大学语言研究所，张先生出任第一任所长。《汉语大词典》编写组是内囊，语言研究所是外壳，二者两块牌子一个实体，当时以编纂《汉语大词典》为主业。安徽师范大学语言研究所的成立，在当时也是全国语言研究机构建设的一件大事。

1979 年 9 月，张涤华教授以《汉语大词典》代表安徽省的副主编这一身份，参加在苏州召开的《汉语大词典》编辑委员会第一次会议。

张涤华教授出任《汉语大词典》副主编，当之无愧。张先生向来重视辞书，对中国古代的字书韵书，乃至《康熙字典》《辞海》《辞源》都有独到的研究。他先后发表了《论〈康熙字典〉》《读新版〈辞海〉偶识》《读新版〈辞源〉偶识》等颇有影响的论文。对于《康熙字典》历来纠谬的多，作全面系统评论的少，在张先生之前，鲜有其人。在他的《论〈康熙字典〉》这篇论文中，既论述了《康熙字典》的成书经过和编纂目的，以及它与旧字书的关系，又着重对这部字典作了详尽的评价。这篇论文共分七部分：①收字；②辨形；③注音；④释义；⑤引例；⑥编排；⑦附件。这篇论文高屋建瓴，穷尽式地考察了《康熙字典》以前所有字书的不同特点，不同体制，甚至不同用途。所以他能洞察《康熙字典》的优缺点，并就《康熙字典》的体例，分析其依傍渊源，条分缕析，各有轩轾，既看到优点长处，又指出缺点错误，原原本本，鞭辟入里。论文说："就编字说，采用部首法，其渊源出于《说文》；就注音说，汇集古今韵书的音切，并参考他书以为补充；就释义说，《尔雅》以下的字书的义训大都收入；就辨正形体说，除了根据《说文》以外，连杂类中辨正错误的书也采撷很多。由此可见，历代各种类型的字书，它都或多或少地加以利用。正由于凭借深厚，集合众长，所以才能后来居上，在字书中占有重要的地位。"此外，他还考察、分析了影响《康熙字典》最大的两部明代字典《字汇》与《正字通》。他的结论是："《正字通》是《字汇》的增订本，《康熙字典》又是《正字通》的增订本，三书有着一脉相承的关系。"由于本文是研究《康熙字典》的重要论文，所以被引证、转述、介绍的频度很高，影响很大，成为研究《康熙字典》避不开的经典论著和重要参考文献。张先生以其深厚的辞书学术根底，以其研究古代字书韵书的心得成果，指导我们编纂《汉语大词典》，我们从中确实受益颇深。

《汉语大词典》安徽第一编写组最初的办公场所，在学校图书馆背面小楼的一层，依山坡而建，后面有一道护墙，所以，看起来好像是地下室，实际上也同地下室差不多，阴暗潮湿，终年不见阳光，办公条件十分恶劣，资料员聂铁华老师就住在这里。

好在过渡期很短，不久搬进了旁边也是处于山坡下的"五四堂"。"五四堂"是一幢建造于1952年的小楼，两翼单层，中间小厅两层。"五四堂"还比较精致，早年用于聚会、跳舞。随着语言研究所的编制逐渐落实，编纂人员逐渐充实，图书资料逐渐增加，特别是《汉语大词典》编纂后期需要集中审稿，都需要场地需要扩大面积。"五四堂"越来越显得局促，不够使用。

无论住房，还是办公用房，对于安徽师范大学来说，都是一桩头痛的事，研究所亦然。20世纪80年代初，图书资料大幅增加，右翼南面一大间，北面两小间，放得满满当当。由于地处山坡之下，阴暗潮湿，而且滋生白蚁。我的住房特别小，而且是油毛毡工棚之类，无处存放图书，除了必要的工具书之外，其余图书，装在一只大木箱中，放在北间的角落，全部被白蚁啃食。等到发现，已经中空。1982年，北京大学研究生曹宝麟老师毕业，来到语言研究所，学校无法安排住房，就暂时住在楼梯下方只有几平方米的三角空间。

语言所有张涤华教授领衔的《汉语大词典》编写组搞国家重点项目，有这尊菩萨在，但没有自己的庙，有菩萨就得造庙。这个庙怎么造，钱从哪儿来？张先生也觉得难办。难办也得办。只习惯于做学问的张教授，不得不四方求告，最后得到了担任过安徽师范大学校长、党委书记，时任安徽省副省长、《汉语大词典》安徽省领导小组组长魏心一先生的全力支持，筹措、划拨"造庙"经费二十万元。如今看来二十万元不算多，但在三十多年前，那可是一笔难得的巨款。

说到为语言所"造庙"，我觉得必须替魏心一副省长写上一笔。魏老高大魁伟，敦厚、诚实、善良。他是《汉语大词典》工作委员会代表安徽省的副主任，任职以来一直关心着《汉语大词典》编纂事务，从办公用房到为我们评定职称，他事事关心，事事全力帮助解决。这位老领导，以其高尚的人格和极负责任的工作，赢得我们大家的好感和敬重。在安徽大学语言研究所用房这件事上，他给予了很大帮助。他在副省长任期届满后，又当了一段省人大常委会副主任。1984年，中共安徽省委建立安徽省古籍整理出版领导小组，魏老还被聘为安徽省古籍整理委员会顾问。

经过几年的兴建，语言研究所四层独立办公大楼于1987年竣工。这是涤老的心血，也是魏心一副省长关怀的硕果。燕贺之日，涤老赋诗《安徽师大语言所新楼建成喜赋两绝句》，其一："华屋峥嵘仰望时，老犹得见未嫌迟。新开芳岁刚三日，便赋东风第一诗。"其二："几载经营幸落成，后来应念此辛勤。宏图大展从兹始，伫听铿金戛玉声。"诗成，请编写组的书法家曹宝麟书写，装裱后，挂在三楼的会议室南大墙上。与此同时，又购买了大幅芜湖铁画"黄山迎客松"赠语言所，挂在会议室的西墙上。诗、字、画三绝，顿使新楼增辉，也为编写《汉语大词典》的各位同仁，还有我自己，增添了动力和信心。1988年，安徽师范大学留学生部落地语言研究所。

此时的《汉语大词典》编写组或称语言所，人员配备得差不多了。其成员大抵来自七个方向：

（1）中文系教师，张涤华教授和张紫文、陈庆祜、谢芳庆老师等人。这几位乃是组内编纂《汉语大词典》的中坚力量。张先生是语言研究所的创建者，首任所长、《汉语大词典》副主编。张紫文老师和陈庆祜、谢芳庆老师，都是《汉语大词典》编辑委员、"主要编纂人员"，张先生卸任所长后，张紫文继任所长，陈庆祜、谢芳庆老师任副所长。说明一下，《汉语大词典》的作者署名方式分为两档，第一档叫作"《汉语大词典》主要编纂人员"，第二档称"《汉语大词典》编纂人员"。

（2）学校外系的教师，历史系陈玉璟、政教系黄开源老师等人。中文与历史接近，所谓"文史不分家"，陈玉璟老师后来成为《汉语大词典》编辑委员。

（3）借调的中学教师，许双元、蔡澄清、陈家惠、潘竟翰、夏松凉、江树福、裴章锦老师等人。

蔡澄清老师是特级教师，创"蔡澄清中学语文点拨教学法"，参加一段时间后回到芜湖一中。潘竟翰、夏松凉、汪树福、裴章锦四位老师年富力强，大多成为编写小组或研究室的负责人。陈家惠、潘竟翰、夏松凉三位老师是"主要编纂人员",汪树福、裴章锦两位老师进入编写组稍迟,都是"编纂人员"。许双元老师是宣城双桥中学教师,复旦大学毕业,进编写组比较早,工作几年后就离开了。

（4）跟我一起新留校的工农兵学员,伍巍、许心传、赵英明、董光浩等人,我们都是一个班的；头几年还有高昕海,没多久他离开了；后来王佐从地方机关单位调入。我们工农兵学员一开始或多或少都受到歧视。原因很多,人们把反潮流战士张铁生交白卷这个反面典型的标签,贴到了工农兵学员身上。至于我们属于什么学历,历来没有说法。不知道过了多少年,给了个"大学普通班"的名称,简称"大普"。但是,在"红头文件"里,从来没有出现过这个怪名称。事实上,像我这一类工农兵学员"经风雨,见世面",总体能力还是比较强的。虽然在专业方面,确实高下悬殊,参差不齐。这也合乎逻辑,人跟人哪儿能都一样呢。就我们班五人而言,赵英明、董光浩都擅长写作。赵英明在学报上发表评论《红楼梦》的文章,董光浩上学前一直在县广播站写稿子,在班里声名不低。这两位同学都是"编纂人员"。许心传最用功,看的书最多。伍巍的音韵学、方言调查,无人能比。中国社会科学院语言研究所郑张尚芳先生指定要求合作调查皖南方言,成果卓著。得到华中师范大学詹伯慧先生高看一阶,以工农兵学员身份直接考取博士,后成为暨南大学教授、博士研究生导师。至于我,学生时代,有人说我是"白专"。说我"专",那个年纪是没有什么"专"可言的；说我"白",更不认同。后来我在烟台大学中国古代文学教研室工作的时候,有十来个博士,一位硕士,我对他们说得最多的一句话是："你们都是硕士博士,我什么都不是。"说这么多,无非是想说,我们工农兵学员的主体不一定差。

（5）工农兵代表,士兵周章明,工人小杨,农民张正英等人。工农兵代表是按照"文化大革命"时的"革命'三结合'"的要求,被结合到编写组来的。三个人中,小周较好,小张最年轻,初中学历。我与小张合作过的一项工作,就是从《诗刊》收词制卡。先由小张看书制卡,再由我复核,也发现许多不对头、必须重做的。工作两年左右,三人全都离开了编写组。小周后来考上复旦大学,与《伤痕》作者卢新华成为同学。毕业后,留校做行政工作。

（6）1978年以后落实政策,调来参加编写《汉语大词典》的有,李敏、谭永祥、谭沧溟老师等人。李敏、谭永祥两位老师都是编写骨干,是《汉语大词典》的"主要编纂人员"。谭沧溟老师几年之后退休,返回故乡广东珠海,他是《汉语大词典》的"编纂人员"。

（7）硕士毕业生朱茂汉、曹宝麟、李向农、周国光、王保华；本科毕业生杨晓翠、谭学纯、朱玲等人。朱茂汉、曹宝麟、李向农、周国光等人专业比较突出；谭学纯因故被调离；杨晓翠、朱玲的专业比较一般。朱茂汉、曹宝麟都是1981年硕士毕业,参加了部分编纂工作,署名均为"编纂人员"。还有几位硕士、本科毕业的教师,大抵做外围工作,基本没有参与过编写。

第一编写组,当时就是这样一支四面八方抽调组建而成的队伍。要靠这支队伍编纂前无古人的《汉语大词典》,是否能足以保证质量、按时完成任务,当时还真是打着个问号,最后证实，就是这支队伍比较好地完成了任务，这同张涤华教授是分不开的。

1977年秋天的安徽省第一编写组，这个戴着国家重点文化项目《汉语大词典》光环的机构，经过近两年的努力，总算是走上了正轨。语言所和《汉大》编写组，有了房子，有了人，人房具，工作起。涤老先知先觉，总是走在时代的先头，总是走在学界的前列。在涤老的引领下，安徽师范大学语言研究所一步一印，勤勤恳恳，脚踏实地，从无到有，从小到大，从弱到强，厎于做大做强。从此，我们语言研究所，我们《汉语大词典》编写组，我们安徽省语言学会，我们全体同仁，还有作为涤老学生的我，一步步走向成熟、走向辉煌、走向巅峰。

队伍建立起来了，下一步如何走？张涤华教授认为，首先要进修培训，这是当务之急。为搞好培训，张先生采取了多种措施，通过各种渠道，进行进修与培训。一是开设讲座。先生躬亲开设专题讲座，或新撰论文，或利用旧文，对全体编写人员进行全员培训。先生是文献目录学家，又是语言文字学家，深知目录学、传统"小学"，对于我们编写《汉语大词典》的重要性。工欲善其事，必先利其器，目录学、"小学"都是治学门径、津逮指南，也是治学方法、编纂工具。二是送出去进修，先后组织过几次进修学习活动。我也参加过一次短期培训班。那是先生得知湖南师范大学周大璞教授将往大连参加训诂学讲习班讲授训诂学的消息之后，要了一个名额，安排我去讲习班听课。那次讲习班基本上集合了全国最优秀的专精训诂学的学者，有北京师范大学许嘉璐先生、四川大学赵振铎先生、杭州大学郭在贻先生、南开大学徐朝华先生、苏州铁道师范学院唐文先生等人。他们各显身手，赵振铎先生讲授音韵学、徐朝华讲授《尔雅》、郭在贻讲授敦煌变文词义，系统讲授了一个暑期。当时的讲习班比较规范，时间上也有保证。所以，一个暑期下来，收获满满，眼界随之开阔。其三是辑印学习材料。1977年，我们辑印了《〈汉语大词典〉业务讲座》，总共十一讲：语言的本质、汉语概况、词和词义、汉语词汇（一、二、三）、释义的科学性等方面、工具书使用法、汉字浅说、语音常识、古汉语知识综合运用等。其中"工具书使用法"很实用，在编纂中的使用价值最大。1981年，"全国语法和语法教学讨论会"召开，我们所即时辑印了《全国语法和语法教学讨论会文件辑要》，其中有：王力先生的讲话、吕叔湘先生的录音讲话、吕叔湘《怎样跟中学生讲语法》、王力《关于学校语法》、胡裕树和张斌《对中学语法教学的几点看法》、俞敏《谈谈动宾关系》、张拱贵先生发言摘要、史存直《评解构主义以来的几种新语法》、邢福义《有关句子成分的两点意见》等，所有辑印的这些东西，对我们编纂《汉语大词典》都很有裨益。

对我来说，还有另外一位良师益友，一本意义非凡的小字典，陈垣先生题署的《同音字典》。"文化大革命"初，我在中学读书，"停课闹革命"。我素来同情弱者。语文老师顾逸云先生受到批判，他在学校总务处楼上，我天天与他作伴，一段时间过后，我受益良深。顾老师案头有一本《同音字典》，我借来抄录一遍。俗话说"一遍抄当十遍读"，加上年少记忆力强，所抄所读，大多能够记下来，我因此获得"活字典"的称号。1976年年初，被称作"活字典"的我，作为学生代表，经同学与辅导员推荐，与真正的工农兵代表一起，与

煌煌辞典著春秋 ——《汉语大词典》出版背后的故事

《汉语大词典》教师编写队伍"三结合"。当时我们组之所以称作第一编写组，是因为有安徽省中文学科的核心权威，著名文献目录学家、语言文字学家、《汉语大词典》副主编、中文系系主任张涤华先生，在此组内指导编写工作。称作第一编写组，也是安徽师范大学的荣誉，也是我们这支编写队伍的荣誉。

培训一段时间之后，第一编写组开始进入实际的编纂工作。《汉语大词典》初期的第一步工作，叫作"看书收词"，就是收词制卡，就是选择一些古今典籍，分配到编纂人员手中，看书、选词、制卡，搜集和积累编写资料。所谓制卡，就是把词目名、典籍原文，以及书名、篇名、版本等一一抄录到资料卡片上。

从1977年秋大学毕业，我留校继续编纂《汉语大词典》算起，十分幸运，为张先生所指定跟着他进修，同时做他的助手，随从左右，一跟就是十六年，直到1992年12月22日先生仙逝。我因为是工农兵学员，按照规定，必须在指导老师指导下进修，先生就担当起我的进修指导老师，同时指导我看书收词。先生既是经师，又是人师，得遇先生，乃此生之大幸。

先生是文献目录学大家，耳濡目染，我渐渐地以为粗得先生之真传，在文献目录学上大有长进。加上《汉语大词典》编纂的实践历练，练就了娴熟古籍文献的本事，再加上那时年轻记忆力超好，不仅娴熟此书在研究所资料室或校图书馆什么位置，收在哪一部丛书，而且比较熟悉古籍的内容，能大致判断引文出自所引书的哪一篇，所以基本都能查到。

我们承担《李商隐诗集》的看书、选词、制卡工作，工作底本是清代朱鹤龄的《笺注李义山诗集》。诗歌是辞藻的渊薮。而李商隐诗歌，鲁迅先生说他"清词丽句"，洵为典雅，最多典故，尤多词藻。像李商隐那种别有特色的用典词语，当然是收词制卡的重点之一。张先生说，李商隐被称为学杜甫第一人，与讲求"无一字无来历"的杜甫不同，李商隐的用典，以事典偏多偏胜，看书收词要特别注意这方面的词语。王安石也说过赞美李商隐的话："唐人知学老杜而得其藩篱者，惟义山一人。"义山用典，特别是事典，青出于蓝而胜于蓝。所以我们在收词制卡时，很重视他使用典故的词语。我们注意到李商隐诗歌语言富于变化，对于用典，亦是如此，同一典故，变化多端。比如"嫦娥"就有两种写法七种称呼：嫦娥、常娥、姮娥、月娥、月姊、星娥、秋娥、素娥等。

后来我撰写唐人年谱或论文，资料积累到一定程度以后，就开始动笔，一边写，一边找资料，往往能左右逢源。这个本事，在现代信息电子检索时代，已经微不足道了，但在那个时候，还真是硬本事。正因为有此长项，编写组里老师但凡核对不到的古籍，就会说"找冠明去"。有时集中起来，由我到安徽省图书馆查，或利用寒暑假回上海时到上海图书馆、富民路古籍书库、上海辞书出版社资料室查找。先生要查什么书，也都是我查的。后来，中文系的祖保泉先生，也经常找我去查。先生指定我去核对，知我者，先生也。

收制积累李商隐的词语卡片，不单用于《汉语大词典》，也为语言研究提供了资料。张先生经过分析研究李商隐的词语卡片，撰写了《李商隐诗里的修辞手法》一文，其中提到的"创造新词语""改造旧词语""吸收当时的口语""多用联绵词和重叠词""选用颜色词""拆用单纯词""割裂姓名""颠倒词序"等论述，都是从所制的卡片中分类归纳出来的。至于我承担《李义山诗集》的看书、收词、制卡任务后，日日接触李商隐，也在不知不觉中便进入了李商隐诗歌的语言艺术领域。我后来编辑的一部《李商隐诗集综合索引》，就是起于《李商隐诗集》的看书收词，起于张先生的引导、认可与支持。

张先生非常重视从含有大量辞藻的典籍中收词制卡。他说，《佩文韵府》之所以流行不衰，受到普遍欢迎，在清代，与清圣祖康熙皇帝"钦定"有一定关系，而最主要的是，这本书收录的大量诗文辞藻，这是最大的优点和优势。我们编写《汉语大词典》固然需要，人们写诗作文，也需要检索和运用大量的辞藻，用途很广。遵照先生的指引，我们对于李商隐诗歌中的大量辞藻，认真斟酌，当收者一一收录下来，丰富了《汉语大词典》的条目内容。如：

[梦雨]　《重过圣女祠》："一春梦雨常飘瓦，尽日灵风不满旗。"

[云叶]　《和孙朴韦蟾孔雀咏》："旧思牵云叶，新愁待雪泥。"

[松醪]　《潭州》："目断故园人不至，松醪一醉与谁同。"

[郊扉]　《令狐八拾遗见招送裴十四归华州》："汉苑风烟吹客梦，云台洞穴接郊扉。"

[象卉]　《酬令狐郎中见寄》："象卉分疆近，蛟涎浸岸腥。"

[金管]　《碧瓦》："钿辕开道入，金管隔邻调。"

[剑栈][风樯]《韩冬郎即席为诗相送一座尽惊他日余方……兼呈畏之员外》："剑栈风樯各苦辛，别时冰雪到时春。"

如此之类，有数十条。但是，后来发现，我们已经制卡的词，《汉语大词典》有一些没有立目。这说明编写人员或后来的审稿人员，对此有不同的看法，认为没有必要立目，或者将已经写完的条目删掉了。这很正常，说明每人对于词的看法，标准往往不同，而这个标准又有比较大的差距。比如《〈汉语大词典〉编写工作简报》第四十三期刊登《整理卡片，选立词目》一文，谈到收词原则，认为："其中较为复杂的复词，属于自由词组的，大多是偏正结构，一般不予收录。"如：

[西暮]　《全唐诗·孟云卿邺城怀古》："群臣将北面，白日忽西暮。"

[西维]　《古谣谚·拾遗记》卷一："西维八埏眇难极，驱光逐影穷水域。"

[要杜]　《汉书·赵充国传》："幸能要杜张掖、酒泉以绝西域，其郡兵尤不可发。"

[要极]　《元丰类稿·节相制》："践扬要极之司，更阅岁时之久。"

[要月]　《南史·宋本纪中二》："[三月]乙卯，以农田要月，命太官停杀牛。"

煌煌辞典著春秋 ——《汉语大词典》出版背后的故事

　　［要自］《万首唐人绝句选·怨歌》:"皆言贱妾颜色好,要自狂夫不忆家。"
　　［要致］《资治通鉴》:"郑众上疏谏曰:'臣闻北单于所以要致汉使者。'"
　　［覆阵］《全唐诗·李端塞上》:"覆阵乌鸢起,烧山草木明。"

　　以上这些"不予收录"的词,经检核《汉语大词典》,除了"西暮""西维""覆阵"未予收录外,其余全部收录。而我们认为,"西暮"意为太阳西沉;"西维"意为西方地维,指西方,西边;"覆阵"是指全军覆没。这些词,不是一般的偏正结构,《汉语大词典》都应该收录。由此可见,科学确立词目,是编好一部大型辞书的第一步,也是非常重要的一步。

　　1977年5月至8月,我们依据收词制卡的经验教训,撰写了《第二步收词工作中几个值得注意的问题——从〈李商隐诗集〉收词的初步体会》,提出了五个方面的体会:①要注意常用词的非常用义。②要注意同一语词的不同意义和不同用法。③要注意作品中新创的词语。④要注意作品中的口语词语。⑤要注意作品中使用语言的一些特殊情况。1978年,我们安师大编写组完成了看书收词的任务,我们撰写了《谈谈〈李义山诗集〉选词复查工作的几点做法》一文,发表在《〈汉语大词典〉编写工作简报》第21期上。

　　我还承担起购买图书资料的任务,为解决图书资料问题,我着实花了一番气力。收词制卡,编写《汉语大词典》条目或核对书证,都需要大量的典籍图书,尤其是《汉大》对书证的要求很严格,要求条条书证保证核对无误,而且要尽可能选用好的版本。因此,编写组成立之后,一项大任务就是搜求购买图书典籍。1978年4月,语言研究所成立,建制独立出来,所有人员的编制也从中文系分离出来。在此之前,看书收词,核查书证,所需要的书,都可以到学校图书馆,也可以到中文系资料室查阅,资料室有常用书,核查也比较方便。自从人员编制从中文系分离出来之后,面临的第一个大问题,就好像净身出户一样,书架上空空如也。

　　安徽师范大学建校历史悠久,源头是成立于1928年的国立安徽大学。所以,学校图书馆藏书是安徽省高校最丰富的,位列第一。尤其是线装刻本,在全国高校图书馆中,也是排得上号的。但存在一个非常突出的问题,管理人员不作整理,在图书馆最高层五楼整整一层楼面,存放着满满当当的古籍,没有可供检索的指引卡,书架上也没有分类标志,却有一层厚厚的封尘。看样子好似图书入库之后就没有人动过。平时见不到人,大概极少有人进去查阅,从我第一次进去查书算起,我成了那里的常客。到古籍书库找书,开始只能盲目地找,颇费周折,浪费我很多时间。我一进去就是半天,逐架寻检,慢慢地靠着记忆,划出一个大致的轮廓,基本可以确定某种书所在的位置。

　　查阅图书资料如此麻烦,如何能满足编写《汉语大词典》的需求?更不要说加快编纂进度了。语言研究所的专职资料员聂铁华老师,工作勤奋,但出于专业原因,他所买的图书选择不精不准,甚至混杂着中文版外国文学作品,而《汉语大词典》用书根本不包括这类图书。开始时涤老亲自采购,但毕竟是上年纪的老人了,哪能做得了这些事,而我比较留意图书,熟悉图书，所以张涤华先生就托付我兼任图书采购员。

《汉语大词典》用书量极大，书种多，用的人多，编写者随时随地要用书，无书寸步难行，购置所需要的图书资料，其实已是摆在眼面前的头等大事。编写《汉语大词典》与核对书证，用到的典籍图书数千种，"文化大革命"中典籍图书损失甚巨，一时到哪里去找这么多典籍图书，更何况要善本和好的版本，实在很难踅摸到这么多需要的好书。我接受任务后，竭尽全力，从北京琉璃厂中国书店，从上海福州路、淮海路、南京西路，到芜湖市新华书店……东跑西颠，肩背车拉，真可谓费尽九牛二虎之力。

"文化大革命"中，将古书看作封建主义的东西，当作"四旧"清理掉。作为线装书，在当时，在一般人眼中，绝对属于"封资修"的"封"，属于被扫除之列。在这样的政治背景下，私家所藏的大量刻本，或自动上交，或抄家查出。一部分被烧，一部分送入造纸厂沤烂，更多的书都被封存。到了"文化大革命"后期，逐渐平稳，这类书基本解禁。有的物归原主，有的则流向古旧书店，如北京的中国书店、上海的上海书店等。先生精通文献目录，知道文献与目录对于学术研究的重要性，对于编写《汉大》的重要性，对于核查书证的重要性。虽然身在高校，却了解北京、上海等大城市古旧图书市场的情况。北京的古旧图书市场，集中在虎坊桥琉璃厂，规模颇大。除了卖古旧书籍，还有新印的古书，如《晚晴簃诗汇》，卷帙较大。上海的古旧书籍集中在两处，大型古籍丛书主要在福州路，零散的古籍，以及精装平装的旧书，主要在南京西路和淮海路。

有一年陪同先生到北京，去了琉璃厂，先生亲自挑选了不少古籍。我则是出差每到一地，一项重要的工作就是购置图书。当时古籍出版较少，所以需要购置大型的古籍丛书，才能满足需要。因为学校的住房特别差，每到寒暑假，我都回到上海。福州路上海古籍书店、上海书店的小鹿师傅，南京西路、江宁路口（现为梅陇镇广场）的老蔡师傅，我都很熟悉，交成了好朋友，他们会将一些好书给我留着，或者直接将书托运过来。

在我的印象中，经我手购置的大型丛书类书有：线装本《四部丛刊》初编、续编、三编，《嘉业堂丛书》《知不足斋丛书》《皇清经解》《续皇清经解》《儒学警悟》《百川学海》《说郛》《汉魏丛书》《百陵学山》《格致丛书》《盐邑志林》《四明丛书》《武英殿聚珍版丛书》《平津阁丛书》《士礼居黄氏丛书》《守山阁丛书》《海山仙馆丛书》《黄氏逸书考》《粤雅堂丛书》《岭南遗书》《适园丛书》《津逮秘书》《龙威丛书》《古今图书集成》《太平御览》等。安师大语言研究所还有大型精装书《四部备要》、大型精装政书《十通》、大型平装《丛书集成初编》和《万有文库》，以及《大汉和辞典》和《中文大辞典》。此外还有中华书局影印出版的大型佛藏《中华大藏经》，此书一年出版一两本，持续一二十年，记得最早是五十元一本，后来不断涨价，一百、一百五、二百、二百五、三百、四百，还没有出齐，语言研究所就没有了。

截至1994年被兼并之日，安徽师范大学语言研究所藏书达到五万余册，其中近五分之二为清代刻本，有些书如今已经具有文物价值，有的一册就值上万元。这在当时，差不多是国内一般大学文科研究机构无法企及的。我曾经与一位年轻博士谈起这些刻本，如今是价值千万的财富。只听博士轻描淡写地说了一句:"不过是清代的刻本。"人们对于这些刻本价值之无知,我极为惊讶。要知道,偌大的安徽师范大学图书馆古籍刻本藏书,也不过只有一套明代刻本《洪武正韵》,并且将其放在二楼的"珍本室"内,成为"镇馆之宝"。多年后,我曾经到福州路上海古籍书店四楼看过一次,当年我购买时摊在地上的清代刻本,此时都被密锁在玻璃橱柜中,每一册的价格都是以万甚至数万元计。听说在语言研究所被兼并后的几年里,由于保管不善,不少刻本被沤泡霉烂,实在令人心痛。现在语言研究所的藏书悉数归入安徽师范大学中国诗学研究中心,希望当年我购入的这些清代刻本的珍贵价值能得到认可,那些刻本能被妥善保护起来。

写到这里,极为怀念张涤华教授。先生非常珍惜购买入藏的典籍刻本。他多次告诫编写组同仁,告诫研究所的教师,一定要爱惜这批图书,甚至亲自向大家示范如何翻书,尤其是如何翻阅线装书,他的示范动作,用"小心翼翼"来形容,绝不为过。

回过头来,再说几件我采购图书的事。我购买书籍那个时候还是计划经济年代,图书采购方式还比较死板,必须通过新华书店的《社科新书目》等书目征订单进行征订,由芜湖市新华书店汇总上报,预订的书往往迟迟不来,甚至一两年以后才收到书。但芜湖新华书店却很帮忙,他们为语言研究所设置了购书专柜,单为我们收集图书。我们不定期去专柜选书,打包购回。那个时候,没有搬运工、临时工之类的人手可用,每次都得自己拉着板车往回拖。每次拉车都要经过学校医院后面的一段上坡路,载书的车子很重,每到此地便卯足劲儿一鼓作气冲上去。研究所领导了解到了这种情况,曾经安排一位在资料室实习的青年教师帮我运书,但此人怕丢面子,重板车不推,空板车不拉,老远跟在后头,好像监工似的。我当时就告诉他,"下次您不要来了"。书运到资料室之后,照例要同资料员核对书目,核实定价,核定码洋,登记入库。

本所资料员,最早是聂铁华老师。聂老师后来转为专司《汉语大词典》卡片资料员以后,接替他的叫王之惠老师。王老师的丈夫是管理学校图书馆五楼线装书库的刘尚恒研究馆员。此后刘、王二位老师调回老家天津人民图书馆工作,由周吟芬老师接替王老师的工作。周老师先前在扬州市图书馆任职,有管理图书的经验。周老师的图书目录理论修养很深,她与王之惠一样,工作认真负责,一丝不苟,具有图书管理员最重要最可贵的素质。我们购置的图书资料,刻本线装书占五分之二,图书分类比较复杂,周老师都能将这些古书刻本一一厘清,分门别类,毫无差池。

张先生是高效利用工具书的典范。他希望编写组同仁能利用好本所的工具书。对于常用工具书,特别是编纂《汉语大词典》时需要参考、须臾不可离手的工具书,如《辞源》《辞海》,我们人手一部,这也是借光张先生的助力。

几乎所有的高校图书馆,对于教师的借书数量,都有限定。一般的上限是二十本。安师大的系、所资料室没有明确规定,但我们借到一定数量后,自己便会适可而止。由于资料室复本比较少,即使你想多借,也未必能借到手。遵照张先生叮嘱,我们征订图书、买书购书,看到好书往往多买几本，一种书买个五本十本常有的事。所以，本所藏书与众不同之处，就是复本多。由于图书涨价，图书经费萎缩，许多图书馆买同种书都是一本两本地买，很少有五本十本地买。与此同时，先生鼓励借书，反复鼓励我们，特别是青年教师多借书，多多益善。记得1994年年底，我在调离语言研究所前，每次去所里，都要推着一大堆书去还，推了十几次才还清。有的书自己觉得还要用，按照学校图书馆的规定，按照丢失赔偿几倍的条例，合法地归为己有，这算我的私心吧。复本多，方便编写组使用，查核书证用书量很大，尤其是编写稿子条目，一种书放在案头一用几个小时，要是一种书只有一本，你用他人就得等着，而复本多就不存在"争书"的问题，工作效率就高。多看书，学识增长快，学术水平提高快。"多复本""多读书"，我和大家从中受益很多，皆拜张先生所赐。

编写《汉语大词典》早期缺图少书的时候，满天下去核查书证。我比较熟悉文献，找书、核查效率比较高，安徽省图书馆，上海图书馆和富民路古籍书库，上海辞书出版社资料室等地，我都去查过书，当然是积累一批要查的书证带过去，一次查一批。当我们有了自己的图书资料室之后，方便多了，虽然还有少数古籍找不到，但整体推动编纂进度大大加快，更重要的是，保证能便利快捷地核对书证，大幅度降低了错误率，提高了《汉语大词典》的编写质量。

尽管大家都尽心尽意核查书证，但翻检印出来的《汉语大词典》还是存在问题，书名错误，篇名错误，正文错误，有的一例有几处错误，我们参与编纂的第五分卷有，第六分卷也有。这一点令人遗憾。存在的这些问题，客观点看，除去工作疏失之外，更多的是因为图书资料不够，或无好的版本致误。从这一点来说，我们第一编写组当年的图书资料建设，确实起到了保证质量的作用，要不然，错误可能更多。

安师大《汉语大词典》编写组自成立以来，先后完成了《汉语大词典》"欠"部、"止"部、"水"部三个部首，共计两万五千多个词条的编写、审稿和定稿，大约五百万字。此后又参与编纂《汉语大词典简编》。虽然编写的看上去不过是一条又一条的词条，没什么了不起，但这当中很多学术问题需要认知，需要解决。"欠"部和"止"部虽不是大部首，但其中也有很多难点，至于像"水"部这么大的部首，内容繁杂，不少条目更是有相当难度。所有这些，张涤华教授都给予细心的指导，提出解释和编写释文的明确指引。在我们编写出来的两万多条目中，固然是编者的心血，但也蕴藏着张涤华教授的贡献。

张涤华教授一生致力于古典文献学、辞书学、语言学和中国古代文学研究，成就卓著，声名远播，学术影响延及海外。他特别重视中国传统的"小学"研究，重视作为学者的"小学"功底的培养。缘此之故，先生特别关注历代的字书、韵书以及现代辞书，其论著的一贯着眼点往往在此。加入《汉语大词典》编纂行列后，尤其是在担任《汉语大词典》副主编之后，他的辞书研究成就与所作贡献，更加显著。他早期关于辞书研究与编纂的相关论著，对我们编写《汉语大词典》的工作，起到了重要的指导作用；他中期以及后期的研究辞书的相关论著，是他关于辞书理论的延伸。总之，都与《汉语大词典》的编纂紧密联系在一起。

煌煌辞典著春秋 ——《汉语大词典》出版背后的故事

1977年1月下旬,《汉语大词典》领导小组上海办公室下发了试编写63条词语释文的意见。张涤华教授承担了其中三个难度较大的字头,亲自埋头研究编写。当时预报有地震,又正值春节期间,先生白天在防震棚工作,晚上加班到深夜,就连大年初一,也是在防震棚度过的,原与医院约定的春节前检查血压和心脏,也因工作紧张而推迟了。试编63条词语释文完成后,五省一市的讨论会6月在上海召开,先生因病不能前往。为了给参加会议的同事提供方便,先生赶写了一份一万五千多字的编写说明《从试写六十三条释文谈广积资料的几个问题》,就编写释文,提出三点意见:①要广开资料来源。②要明确广积资料的重点。③要注意收词制卡的质量。他还写了上万字的参考材料寄到上海。9月,《汉语大词典》第三次编写工作会议在青岛召开。先生撰写了《对如何搞好释文编写工作的几点意见》,对下阶段释文编写工作提出三点建议:①要注意某些部首之间意义上的联系,分工时可以灵活一些,不宜机械地按照字典里的部首顺序划分。②即使部首分组,为了提高释文编写工作的效率,必要时也可打破部首的局限。③需要注意从语音方面来探究词与词之间的意义联系。与此同时,他又撰写了《对如何多快好省地编写〈汉语大词典〉的几点建议》一文。此外,还对《汉语大词典》编写领导小组上海办公室拟定的收词书目,提出自己的意见,做出大幅度增删。在两年多的时间里,先生所写的各项材料总计字数在十万以上。这一年,安徽省人民政府授予先生安徽省先进教育工作者称号。

张涤华教授非常关注涉及《汉语大词典》编写工作全局的问题,时时关注着进展情况和遇到的问题。在编写工作刚刚开始的初期,先生于1978年5月撰写了《对释文编写分工的几点意见》。同年9月,《汉语大词典》第四次编写工作会议在黄山召开,先生第一个发言。他发言的题目是《略谈词典编写工作的几个问题》。他谈到了四个问题:①按照部首分工编写后的协作问题。②初稿与定稿的关系问题。③注音问题。④释义问题。之后,先生又撰写了《古籍里一些值得注意的特殊语言现象》,载《〈汉语大词典〉编写工作简报》1978年9月第24期。鉴于先生取得的显著成绩,《安徽日报》在1978年9月下旬和11月中旬两次介绍他在教学、科研和编写《汉语大词典》工作当中的先进事迹;安徽电视台也拍摄了先生工作情况的电视片。1978年12月《汉语大词典》编写领导小组办公室写了《〈安徽日报〉表扬张涤华教授》的报道。

1979年4月,先生鉴于当时"词典编写工作已经正式进入释义阶段",有必要让大家进一步了解和正确使用古代的字书、韵书,1979年5月,他选择几种比较重要的"小学"书,写了《历代小学书选介》一文,分别加以介绍,希望《汉大》编写队伍同仁重视"小学",以提高编写质量,减少释义错误。1979年4月下旬,为了提高安徽编写人员阅读古籍的能力,从而提高编写《汉语大词典》的业务能力,先生提议并参与组织将安徽省语言学会年会与安徽省《汉语大词典》编写组编写工作会议合到一起,在马鞍山市召开。先生邀请人民教育出版社张志公先生、南京师范学院徐复教授、厦门大学黄典诚教授、《中国语文》编辑部于根元先生、《语文学习》编辑部胡竹安先生、上海外国语学院王德春教授等到会作学术报告。先生还命我到杭州大学、复旦大学延请姜亮夫教授、张世禄教授到会作学术演讲,但二位教授以健康原因未能前来。在是次会上，先生作了《古籍词例举要》的讲座，《〈汉语大词典〉编写工作简报》随即刊载。

到了初稿编写和审稿进展到关键时刻的1983年，3月23日，安徽师大编写组给《汉语大词典》安徽省编写工作领导小组写了一份报告，其中第五点是："严格把好审稿关。组织一个以副主编张涤华同志为主的精干的审稿班子，对每一份稿件进行过细的审查。由于编写体例十分繁杂，这方面容易出差错，决定设专人审查体例。"经先生建议，由我承担检查所有稿件的体例。这可是项很繁重的工作。《汉语大词典》的体例十分复杂，可以说在所有汉语辞书中，它的体例最是严谨，然而也最复杂，各种规定很多，稍一不慎，就会出错，编写如是，我复查体例也如是。我夜以继日地查查查、核核核，工作量非常大，但我坚持下来，做完了这项工作，不负先生之重托。

1990年，由我们编写组参与编纂的《汉语大词典》第五卷、第六卷在年内相继出版，圆满完成了肩负的编纂任务，张涤华教授也了结了他的一份心愿。

先生逝世后，《汉语大词典》主编罗竹风先生的唁电说："涤华教授生前担任《汉语大词典》副主编，为《汉语大词典》作出重大的贡献。他的治学精神和业绩永存。"有挽联写道："去矣满袖清风自有文章盖世，伟欤终生业绩偏多弟子传薪"，都是对先生著述的充分肯定和高度评价。

在《汉语大词典》的编写、审稿逐渐接近尾声时，先生开始对我们这一批历经《汉语大词典》磨砺，成长起来的编写者之后续发展作出长远安排。1982年，安徽师范大学语言研究所古籍整理研究室六位研究人员，遵照所长张涤华先生的统筹安排，着手为编纂《全唐诗大辞典》这部专书辞典作准备。我当时任所里的科研秘书、研究室副主任，我们成立了三人编纂小组夏松凉、潘竞翰、陈冠明，一起制定"收词原则"，我又负责制定"编写体例"及其他相关文件。依照编纂程序，接下来就是看书、收词、制卡。《全唐诗》共九百卷，二十五册，加《全唐诗外编》两册。我有意地选择承担的是第十六至第二十册，因为《李商隐诗集》在第十六册卷五三九至卷五四一。《全唐诗大辞典》是《全唐诗》的专书辞典，从理论上说，所有的词，都要进入辞典，都要立目，见词就收，不能遗漏，不同于《汉语大词典》的"选词"原则。但我们也利用了《汉语大词典》的资料卡片，从这个角度上可以说，这部词典是我们编纂《汉大》的后继产品。

先生审读过《全唐诗》全书，并撰写了《〈全唐诗〉失误举例》，指正了《全唐诗》中的问题，对于编纂《全唐诗大辞典》大有裨益。2017年1月，此书由安徽大学出版社出版，从筹划到出版，整整花费三十四年时间，煌煌16K六大卷，1200万字，正文5300多页，洵为专书辞典的巨无霸。由于诸多原因，出版时更名为《全唐诗词语通释》。

《全唐诗大辞典》问世颇费周章。该书第一卷由山西人民出版社1992年4月出版，同年12月22日，主编张涤华先生逝世。"将军一去，大树飘零"。一年以后，与我一道编纂此书的同事、书法家曹宝麟研究员调至暨南大学文化艺术中心，1994年11月中旬，我离开

煌煌辞典著春秋 ——《汉语大词典》出版背后的故事

学习工作二十多年的芜湖，远赴烟台师范学院中文系（2006年更名鲁东大学文学院）任教，《全唐诗大辞典》处于瘫痪状态，近乎夭折。

2011年，朱茂汉老师与安徽师范大学诗学研究中心签订了合作出版《全唐诗大辞典》的协议。直到2014年，因为一个支离破碎的摊子没有办法搞下去了，才找到我。此后，围绕着主编问题，又经过了激烈的交锋，我坚决维护张涤华教授作为主编的著作权，最后达成妥协，张涤华先生担任名誉主编，我们六个人署名，按姓氏笔画排列。

2014年8月23日下午，我到安徽师范大学与安徽大学出版社卢坡博士签订出版合同，重新介入《全唐诗大辞典》的审稿、定稿工作。由于参与编纂的同仁六人，或南飞，或北骞，或老病，或故去，仅有朱茂汉老兄热心于此，但毕竟七十七岁高龄，且腿脚不便，最后由我担纲审稿与定稿大任。

我接手的实在是一堆问题多多的稿子。电脑输入鲁鱼豕亥，错误太多，满纸校对勘误，无处下笔，还有大量的典故引文没有逐一核对，引文中的错误太多。我一人根本无力一一纠谬改正，处理这么多问题。我采取了一个简单的处理办法，删除所有典故出处的引文。这样处理似不可取，但可以抹去大量引文错误，又能减少几百万字的篇幅，为出版此书扫清巨额篇幅这一障碍。于是书中所有典故条目的释文，开头第一句就是"见《史记·李将军列传》""见《左传·隐公元年》"之类。外行可能看不出问题，明眼人一目了然。这印证了一句俗话，"话可以随便说，事不能随便做"。但此书也只能如此了，如其不然，此书能不能出版，都在未定之天。出版此书，也算了了张涤华教授的一桩心愿，作为他的学生，我也为实现指导老师的心愿尽心尽力了。

自1983年起，张涤华先生组织复旦大学、华东师范大学、上海师范大学、上海外国语学院、苏州大学、安徽大学、安徽师范大学、安徽教育学院、阜阳师范学院和安庆师范学院等高校的学者，编纂《汉语语法修辞词典》，由先生领衔，与胡裕树、张斌、林祥楣三位先生共同主编。这部辞典，作为语法学、修辞学方面的专科辞典，填补了学术的空白。这部书由安徽教育出版社1988年6月出版，社会反响很好，影响很大。

在编写《汉语语法修辞词典》过程中，先生发现书中引用的古籍，大多只标《左传》《史记》之类书名，没有篇名、卷数。先生是《汉语大词典》副主编，又是闻名的文献目录学家，最重规范，最重名节，绝不愿意带着这些问题而出版。要想补出篇名、卷数，工作量相当大。那个年代，没有电子检索，没有捷径，要靠人力检索翻找书页一一核查。这个难题怎么解决？先生说："这件事交小陈去做。"我接手后即刻全力投入，不敢稍有懈怠，日以继夜，通读并校订全书，补出全部古籍书证的卷数和篇名，核对了全部人名、书名，纠正了部分释文的错误，用了两个半月时间，圆满完成先生交代的任务。我能够做好这件事，归根结底，一是先生指导，二是有《汉语大词典》的历练，娴熟与版本目录，熟谙校订、核查书内的篇名卷次人名地名等等，都是《汉大》赋予我的本事。

编辑《李商隐诗集索引》是我的一项计划。我在为《汉大》制作《李商隐诗集》词语卡片，翻检李商隐诗句乃至篇目时，苦于没有一部可供检索李商隐诗歌的工具书，我曾设想编纂一部《李商隐诗集索引》。当《汉大》工作快要结束时，我就付诸实行，开始做这件事。我的材料来自两方面：一是为《汉大》收词制卡所得的资料，二是我自己陆陆续续积攒起来的资料。受先生的教导与影响，在读书看报时，我养成了随时注意收集、摘录数据，制成卡片的习惯。每当有数百张后，就按照我定的门类分放到卡片盒子里。我的卡片盒是做《全唐诗大辞典》用的卡片盒，每盒可以装两千多张卡片，上面有盖。开始用的是《汉语大词典》数据卡，后来用的是《全唐诗大辞典》中的数据卡。日积月累，有二十多个卡片盒子，四万多张卡片，内容广泛，除《李商隐诗集》的卡片以外，还有语言学、古代文学、古代史、古代文化等方面的资料卡片。吴晗有一句名言："卡片一万张，学问长一丈。"这是学术积累的经验之谈，我深有体会，所言非虚。

起先，我为《汉大》做"篇目索引"的卡片，后来做"人名索引""地名索引""书名索引"。之所以选择"篇目索引""人名索引""地名索引"和"书名索引"，是为了解决翻检之劳，查找起来快当一些。在看书收词时，我发现李商隐诗歌的用典，大多集中在人名、地名、书名之上。例如《过郑广文旧居》"宋玉平生恨有余，远循三楚吊三闾。可怜留着临江宅，异代应教庾信居"，连篇目在内，涉及四个人名，两个地名；又《漫成三首》之二"沈约怜何逊，延年毁谢庄"两句诗中四个人。李商隐真是一位擅长用典的诗歌大家。按照《〈汉语大词典〉收词原则》的规定，不收人名、地名、书名，但又收录结构比较固定的常用典故，这个原则不太好把握。所以，我就把这三方面的词语先收列起来再说。继而发现，通过这些含典词语，可以检索到李商隐诗歌中很大一部分诗句。这些都是外溢收获，一举多得，不仅仅自己用，还可以贡献给本组同仁编《汉语大词典》共享。资料室的老师那时率先编纂成一本《全唐诗作者索引》，供给同仁编《汉语大词典》共同使用，大家很欢迎。这更激发出我编纂《李商隐诗集索引》的念头。我向张先生汇报编纂《李商隐诗集索引》这个想法，得到先生的赞赏与支持。张先生是文献目录学家，最重视索引之类的工具书。在先生的指导下，我于是着手编写《李商隐诗集索引》。

我利用李商隐诗集的八种不同版本，经过将近两年的编纂时间，于1985年完成：《李商隐诗集篇目及收录异同阙误表》《李商隐诗集各本卷数页码及篇目收录异同表》《李商隐诗集篇目索引》《李商隐诗集诗句索引》《李商隐诗集人名索引》《李商隐诗集地名索引》《李商隐诗集书名索引》等，这些索引整合成《李商隐诗集综合索引》。

如何出版呢？说来话长。那还是1983年的事，上海古籍出版社李国章先生来安徽师范大学约稿。李先生非常重视索引，对我编纂《李商隐诗集索引》的想法比较欣赏。于是协议《李商隐诗集综合索引》由上海古籍出版社出版。当我1987年编纂完成之后，恰遇书价大幅度上涨，加上经济等因素影响，出版业进入低谷，此书的征订数不足一千册，而当时上海古籍出版社内部规定，订数不足一千者不能开印，我的出版理想泡汤。后来，我被推选为中国李商隐研究会会长，承办"中国李商隐研究会第八届年会"，原本想在会前出版此书，不承想自此以后，本书的出版逐渐无声无息了。直到2018年10月15日，李商隐故里河南博爱县承办的"中

煌煌辞典著春秋——《汉语大词典》出版背后的故事

国李商隐研究会第九届年会"在当地召开，《李商隐诗集综合索引》作为向李商隐故里博爱县献礼，同时作为献给"中国李商隐研究会第九届年会"的礼物，才得以出版。掐指算来，与《全唐诗大辞典》一样，也是整整三十六年，真是"无巧不成书"。

1994年年底，安徽师范大学语言研究所被兼并，是年底我调到烟台师范学院中文系任教。系主任孙元璋教授是研究先秦文学的，听说我研究文献目录学，他特别感兴趣。希望我马上作准备，1995年秋季开学就授课。同年9月，我开始为本科生讲授中国古典文献目录学，1998年暑假又为函授生讲解本课程。授课教材开始是电脑打印本，全日制本科使用了七届，函授本科使用了五届。我这本古典文献目录学讲义不断修改补充，不断完善，2002年9月由中国文史出版社出版。新书到学校时，已经开学半个月了。

1998年，教育部颁布新的学科目录，将古典文献学列入中文系学生的必修课。《中国古典文献学》这部教材，由"绪论""上编""下编"三部分组成。许多重要内容都是出自本人的论著。如上编的"校勘学"所引之例，大多是从本人已发表的论文中择取；下编的内容几乎全是我做学问研究的成果。古典文献学的内容，主要有校勘学、目录学、版本学以及古籍分类法、辨伪、辑佚等几方面。其中以目录学最为重要，其功能，前人总结为"辨章学术，考镜源流"，是"学中第一紧要事"，是"津逮"，是"导路之南针"。

先生一直说，类书、总集、丛书这三类书特别重要。而拙著《中国古典文献学》就是遵照先生的思路，将全书分成上下两编，在下编的三章里，分别介绍类书、总集、丛书。主要是指导如何查找、如何搜集资料，类书、总集、丛书都是原始资料的渊薮。其中"总集"一章，全面介绍文学踪迹，是对古代文学内容的必要补充。

我能受到像张涤华教授这样好的老师的教育、熏陶和濡染，毕生受益无穷，而且是一生这种教育、熏陶、濡染和影响，即使是自己的父母，恐怕也难以达到。我之从事古典文献学研究与教学，乃是受先师张涤华先生的教育、熏陶、濡染和影响的结果，也是拜编纂《汉语大词典》之所赐。倘若没有这二者的结合，我恐怕依旧碌碌无为。

我自编纂《汉语大词典》后期开始，便致力于唐代人物生平的研究，致力于中国文学史和古典文献学的研究，致力于辞书编纂方面的研究，先后刊发论文120篇左右，出版《苏轼传》《李峤年谱》《苏味道年谱》《中国古典文献学》《唐诗研究专论》《唐宋词研究专论》《杜甫亲眷交游行年考》《杜甫亲眷交游年表》《裴度集团平叛日历考》等论著多种，2012年，我还参与武汉大学王兆鹏教授主持的"唐宋文学编年系地信息平台建设"这一国家社科基金重点攻关项目，承担其中一个研究项目《初唐作家行年系地综谱》，预计2020年出版。

在本文结尾时，我再次表达对先导师张涤华教授的敬意和感激之情，对培育我成长的《汉语大词典》及关怀帮助我的各位同仁表达我的敬意和感激之情。

（陈冠明：《汉语大词典》主要编纂者，鲁东大学教授）

我的词典生涯

蒋金德

我是 1976 年 6 月参加到《汉语大词典》编纂集体中来的。从那一天起直到编完结束，前后十五年，由头至尾参加了浙江省编纂《汉语大词典》的全过程。

我本来是铁道部门杭州车辆段的一名工人。1976 年那时节，已经是"文化大革命"后期，我被临时调到"复查办公室"搞复查平反冤假错案的工作。当年正值编纂《汉语大词典》起步之时，实行知识分子与工农兵相结合的方针，也就是俗称的"三结合"，"老中青""三结合"，工农兵、专业工作者、领导干部"三结合"的原则，我作为工人代表，被结合进来参与编纂《汉语大词典》的工作。在这之前，我从没想到这辈子会踏进编词典这一行，而且是编纂《汉语大词典》，中国有史以来规模最大的一部汉语工具书，这真是有点风马牛不相及，误打误撞，也可以说躬逢其时，机缘巧合吧。

《汉语大词典》编写组当时设在省委党校八号楼。1976 年 6 月 28 日，我到杭州市文三路浙江省委党校报到，孔成九接待的我。我来了一个月以后，又有三个人陆续报到：一位是浙江胜利造船厂尤炜祥、一位是杭州皮件厂倪集裘、一位是南湖农场的钟毓麟。我们四个人算是结合进来的工农代表。另外三位尤炜祥、倪集裘和钟毓麟，经过一段《汉大》工作的历练，业务和行政能力提高很快，也都没有返回原单位。尤炜祥 1979 年考上杭州大学中文系读了四年书，毕业后到警官学校任职，三级警监。他曾在《浙江大学学报》等期刊上发表《新唐书点校本疑议释例》和《旧唐书点校本疑议释例》等论文。倪集裘离开《汉大》以后，当过浙江农业大学出版社副社长和《新农村》杂志副主编。钟毓麟后来担任了浙江教育出版社副社长，他搞管理有一套，行政能力比较强。这三位本来都是工农出身，得益于《汉大》熔炉的锻造培育和自身的努力，都成长为怀抱专长的人才。

1979 年，我正式调进浙江出版局，脱离了杭州车辆段。当时车辆段要求我回去工作，而出版局局长马守良和省委宣传部秦风，都主张把我调到出版局来。当时《汉语大词典》编写组还留有编制空额，就拨给我一个名额，正式调进了出版局《汉语大词典》编写组继续搞这部辞书，没有返回杭州车辆段。我本人在浙江出版局编写组这些年，一面做浙江省《汉语大词典》编写办公室的工作，一面参加收集资料工作。几年下来，这份工作就像老师一样推

煌煌辞典著春秋——《汉语大词典》出版背后的故事

动我不断进步。1982年的时候，据说吕叔湘先生建议中国人民大学办"辞书进修班"，人民大学接受这一建议，同年9月开办"辞书进修班"，由中文系负责举办。浙江分到一个名额，出版局局长马守良和"词办"主任方福仁，推荐我去进修一年，两个学期。临行前方福仁说："你一走，你的工作谁做？我替你做了。"在进修班学习古代汉语、音韵训诂学、版本目录学和现代汉语等几门课程，由曹先擢教授、许嘉璐教授等名家授课。我们还到北京大学听周祖谟教授给研究生讲《说文解字》的课程，每周两次，听了一个学期，收获颇丰。经过这一年学习培训，经过《汉语大词典》编写工作锻造，我确实觉得自己焕然一新，进步显著。我参与编写"心"部、"广"部、"方"部等部首的条目，写了二十多万字的稿子，我是《汉语大词典》主要编纂者并担任工委会委员。我后来转到浙江古籍出版社，被评为副编审。我为浙江古籍出版社点校整理出版的有《吕祖谦全集》《皇明十六家小品》和《许弘纲集》等古籍，许弘纲是东阳人，我也是东阳人。

浙江参加编写《汉语大词典》，起因于落实国务院〔1975〕137号文件。根据这份文件，国家出版局启动编写160部中外语文词典工程。当时的国家出版局领导陈翰伯，到上海召集华东四省一市出版局负责人开会，商议共同合作编纂《汉语大词典》的事。浙江在会上爽快地承诺参加，并分到了具体任务，编写二十多个《汉语大词典》部首，由此开启了浙江省的编纂工作。因为国务院〔1975〕137号文件是周恩来总理亲自批准的，权威性很高，无论是谁，大家对周恩来总理都十分尊重，所以，编写任务敲定下来不久，浙江省委宣传部和浙江省出版局就采取措施，规划筹组成立编写机构，向浙江省编制办申请到八十个名额。有了名额，第一件事就是建起一个实体机构编写组，编写组设在省委党校八号楼。之后省委宣传部向杭州大学洽商借调人，1975年12月，从杭大借调孔成九、曾华强、洪湛侯和颜品仁四位，编写组就算成立了。先后由曾华强、陆鉴三、朱学山三人负责抓业务，颜品仁主要做资料工作。这个组的当前业务就是收词制卡。编写组当时叫作浙江省《汉语大词典》编写组。这个组最早成立，又是浙江编写《汉语大词典》的重心所在，所以也叫中心组，孔成九任组长。1976年12月孔成九去世以后，吴祖颐临时负责，干了两个多月，1977年3月9日，省委宣传部委派孟还接替他担任组长，孟还时任杭州大学政治教研室副主任。同年12月26日，浙江省革命委员会发文，才重新建立起"浙江省《汉语大词典》领导小组"，此事在下文述及。

孔成九做事勤奋，责任感强，加以草创初期，事务缠身，事无巨细，他什么都管，调人，筹建新组，收词制卡，都是他一手管起来。孔成九是山东曲阜人，道地的孔子血族后裔，他们家在当地乃是富足人家。日本占领山东后，孔的父亲毅然决然揭竿而起，变卖掉家产，自己组织起一支武装队伍打日本人，之后被我军收编，孔的父亲当团长，孔本人当营长，父子俩并肩抗日。孔当营长时的教导员叫王玉崑，此人后来在中国人民解放军海军政治部担任要职。孔在国共内战后期随军南下，到华东军政革命大学学习。当时的军政大学开办学员班，为党培养急需的干部，孔成九担任学员班班主任。学员班里一些人，毕业后分配到浙江各地工作，等到多年之后，孔成九搞《汉语大词典》的时候，当年班主任的影响力仍然起作用。比如说，他组建宁波编写组，宁波市委宣传部的领导就是当年他那个班的学员。有这位学员领导帮手，组建宁波组就比较顺利。再说一件巧合的事：当时杭州大学的党委书记，正是孔成九在华东军政革命大学受训时的领导，是他把孔成九调进杭州大学当中文系副系主任和党总支副书记。孔成九当上编写组组长后，因为这一层关系，从学校调人自然也比较方便，所以编写组最初几个人都来自杭州大学。

中心组完成收词制卡任务，逐步转入编写释文阶段。我觉得自己仅仅在私人补习学校读完高中，没上过大学，三十八岁参加《汉语大词典》编写组以来，虽然积极到大学听课，但终究不能同组内的大学老师比，生怕胜任不了，曾经想在转入编写释文阶段时回原单位工作。孔成九知道了我的想法，就鼓励我说："你不要看别人都是大学老师，无非多上几年学，多读几年书。我那时到杭大来，周围老师看不起我，说我不懂。我很气，心想：要不是参加八路军抗日，我到大学里念书，出的成果肯定比你们多。当时我就下决心坐下来看书学习，花三年时间读了一遍《二十四史》。三年后，老师们讲的东西我都懂。你好好钻进去，没啥了不起！"孔成九这一席话，印象深刻，对我影响很深。从此我白天做《汉大》的事，晚上不回家，坐在办公室读书学习，就星期天回一趟家，两个孩子完全靠我内人去管，我早晚一个"忙"字，没时间照看孩子。就这样我一直老老实实地看书，有幸得到林菁、方福仁、孙家遂、吴战垒等诸多老师的热心指导，常去杭大听姜亮夫、蒋礼鸿、郭在贻、吴熊和、祝鸿熹等先生的课，几年来，自感收获不少，业务不断进步。

1975年年末，浙江省《汉语大词典》编写组建立的同时，在省委宣传部（当时叫"宣传口"）负责人商景才的领导下，成立了一个领导小组，出版局党委的核心小组成员王少一担任副组长，孔成九是领导小组成员，省委宣传部指派卢良当联系人抓《汉大》的工作。卢良那时担任《光明日报》驻浙江记者站站长，归省委宣传部领导，所以编写组一成立，派他代表宣传部抓《汉语大词典》的工作。他对这份工作很感兴趣，也很负责，办事麻利，效率高。我们有什么事找他，他都尽力而为，他为浙江建立编写组、借调人员等都出了大力。

《汉语大词典》编写组的具体事务归出版局管理，出版局委派沈荣枚管理编写组的日常事务，财务支出等事务性工作都归他管。沈荣枚是文教编辑出身，在大中学校有广泛的人脉关系，许多老师是他物色借调来的，如宁波的薛恭穆、黄庆炎，杭州特级教师陆鉴三、朱学山等人。到1980年他离开《汉大》为止，在编写组度过了将近五年时间，适值出版局调整各个社的领导班子，调他回去当浙江教育出版社编辑室主任，晋升副社长，又当过一段浙江出版局版权处处长，后来出版局将《汉语大词典》编写组改组为浙江古籍出版社，局领导认为古籍出版社是在《汉语大词典》编写组基础上成立的，沈正好搞过《汉语大词典》，就委任他担任社长一职。

浙江省编写组成立之后，新的编写组一段时间陆陆续续组建起来，自1976年年初到

煌煌辞典著春秋——《汉语大词典》出版背后的故事

1977年9月，先后又建立起十个编写组。

1976年1月开始组建杭州市编写组，当年9月组建完成，设在杭州市教育局内。过了一段时间转到杭州师范学院，改成杭州师院编写组，副教授殷作炎担任组长，组员有蔡勇飞等人。（本文所冠的个人职称或学衔，均以浙江省结束《汉语大词典》编纂工作时的名义为准，不涉及此后的变化。）此后杭州师院沈幼征和朱侃两位副编审，浙江师范学院退休讲师程二如三人参加进来。这三个人都是杭州师院编写组的中坚分子，一直工作到《汉语大词典》编完，沈幼征是《汉语大词典》编委会委员。杭州师院组前后延续将近八年，到1983年完成任务后才解散，其间人员有进有出，先后共有28个人，编写稿件的骨干有八位。

杭州大学编写组1976年10月正式成立，设在学校内部。杭大曾华强副教授、何明春讲师最早参加。1975年12月筹建设在省委党校的浙江省编写组时，曾华强就是组员，杭州大学编写组一成立，他就回到了杭大组，所以他算得上杭大组的元老，也是《汉语大词典》编委会委员。此后一年内，雪克、季文一、盛静霞、盛斯猷、洪波五位副教授陆续调进来，杭大组实力渐强。还有徐规、朱作仁教授和刘云泉、周采泉、倪立民副教授等多人，参加收词制卡，年数不等，完成资料工作之后就离开编写组返回学校。如果算上参加一两年收集资料的人员，杭州大学组从1976年4月到1984年7月结束为止，前后八年人员进进出出，先后加起来有二十九人，在十一个编写组中是一个大组。这个组进进出出，人员变动比较大，先后担任组长、副组长计有五人之多。开始编写稿件之后，曾华强任组长、盛斯猷任副组长。

宁波地区编写组由孔成九筹办，1976年9月成立，由宁波师范学院朱德珪和薛恭穆副教授，以及宁波地区教委黄庆炎等人组成，差不多用了大半年时间，先后调进11个人，以后没有再增加人力，组长朱德珪、副组长薛恭穆。收词制卡搞资料，是宁波组做的主要工作；薛恭穆后来有一段时间编写《汉语大词典》条目，其他人只是搜集资料，没有参与编写词条。

再说金华地区和浙江师范学院编写组，组长陈光润，副组长任远。这个组是浙江的主力编写组，1976年9月开始组建，10月完成。金华一开始成立了两个组，浙江师范学院编写组和金华地区编写组，都在浙江师范学院院内办公，后者的业务归前者管理。完成收词制卡任务后，精简人员，并组，保留业务骨干，两个组合并成一个组，通常就叫浙江师范学院编写组。张叶芦、任远、陈冬辉、王懿、朱守珪等人，都在这个组。张叶芦，浙师院的教授；任远，浙师院的副教授；王懿，浙师院教师；陈冬辉和朱守珪两人来自金华第一中学，陈冬辉曾担任金华一中副校长。浙师院编写组人数比较多，最多时32人，开始阶段大家都收词制卡，后来11人投入编写稿件，其余继续搜集资料。32人中各人工作年限不等，收词制卡者一般一到三年，搞完资料就离开了；留下的11个人继续干，7人八年、2人六年、四年和五年各1人。

组建编写组的工作一直持续到1977年下半年，又新建了六个编写组。绍兴地区编写组，自1977年3月开始组建，同年5月正式设组，陈绥中任组长，潘祖炎任副组长。陈绥中是绍兴师范专科学校函授部主任，潘祖炎是绍兴师专教师，先后被选进编写组的成员共计十人，大都是地区内的中学教师，进出时间长短不等。到 1977 年 7 月 28 日，中共绍兴地委宣传部发出建立绍兴地区编写组的"绍地宣（77）第 25 号"文件，文件说："为了完成省分配给我区的《汉语大词典》编写任务，根据浙江省委宣传部意见，决定设立《汉语大词典》绍兴地区编写组。编写组由地区教育局领导，办公地点在地区教育局内。希望各县各有关单位，对编写组的工作给予积极支持。"这份文件标志着绍兴地区编写组组建完成。绍兴组承担搜集资料、制作卡片的工作，完成后于 1979 年 8 月撤销。

1977 年 7 月份开始筹建温州地区编写组。这个组设在温州地区师范专科学校内（后升格为温州师范学院），一段时间后转成温州师专编写组，组长马锡鉴教授、金徐銮（行政），副组长陈增杰、徐顺平副教授，主要成员有马允伦副教授和张如元、高益登等人。马锡鉴与陈增杰二人是温州组的核心人物，前者被《汉语大词典》编辑委员会委以编辑委员重任，后者成为浙江省分编委会委员，贡献都很大。组内的马允伦、沈洪保、高益登和张如元等人，都是《汉语大词典》主要编纂者。张如元本在温州工艺美术学校工作，这间学校是集体所有制。陈增杰知道他有能力，借调他来编写组，过后又用编写组的名额转成正式编制。张如元功力深厚，不负众望，成绩显著，是《汉语大词典》主要编纂者。温州编写组全始全终，一直工作到编完《汉语大词典》为止，是浙江的主力组之一，全组人数最多时 17 个人，工作七年以上者 10 人、五年以上者 4 人。

1977 年 8 月到 10 月，还组建了嘉兴、台州、丽水和舟山四个编写组，这四个编写组都是由地区宣传部发文件正式建立的。我们拿着省委宣传部的文件到这四个地区，同地委宣传部商议建立编写组。去之前卢良同各地委宣传部通电话打招呼，说明情况，要求支持，所以建组工作进展顺利，例如台州，当天就定下来建立编写组。台州编写组于 1977 年 12 月 26 日成立，地委宣传部布置下去，从县级中学抽调老师到编写组上班，最初抽调了 13 人，选一名老干部、台州地委党校副校长王如兼任编写组组长，虽说兼任组长，但明确主要精力放在编写组，而且工作地点就设在台州地区党校内，陈汝法后来接任组长。不久又增加两人，台州地委宣传部在 12 月 27 日发出文件，确认编写组成立，并在地区党校办了编纂《汉语大词典》学习班。《汉语大词典》编委会委员孙家遂就出自台州组。孙是浙江黄岩人，祖上是前清进士，素享家教，古文根底很好，本在临海一中教书，被调到台州组主抓业务，后来浙江"词办"主任方福仁，利用中心组的编制名额，作为业务骨干，把他调入浙江省出版局中心组。嘉兴地区编写组 1977 年 8 月建立，组长文克强，副组长高万湖，组员 6 人，工作室设在地区图书馆内。丽水地区编写组也在 10 月成立，设在丽水地区农业科学研究所内，13 个人，组长于宗叙，副组长胡一华、朱延春。舟山地区编写组设在地区教育局内，有 8 人，组长李君，副组长周锡科，1977 年 9 月组建完成。台州、嘉兴、丽水和舟山编写组的人数时有变动，人员多数来自中学和当地师专教师，如湖州师范专科学校、湖州二中、绍兴二中、

煌煌辞典著春秋 ——《汉语大词典》出版背后的故事

曹娥中学、黄岩师范专科学校、丽水师范专科学校等,个别人借调自图书馆、博物馆和"人大"等行政机关,相对来说人员成分比较整齐。这四个组,从建组到 1979 年八九月间,主要做搜集资料这件事,收词制卡两年时间,完成任务以后相继撤销。其中台州地区编写组的四位骨干,作为一个小组被保留下来,转入编写《汉语大词典》词条的工作,由浙江出版局中心组分配编写任务,工作到 1984 年全省完成任务才解散,历时八年,他们是:王如、陈汝法、徐君荣和赵子廉。陈、徐、赵三人都是《汉语大词典》的主要编纂人员,编写期间,我曾数度到台州同他们接触交流,了解进度和编写情况。

自 1975 年 12 月到 1976 年 12 月,在浙江省委宣传部领导下,先后成立了《汉语大词典》浙江编写组、杭州大学编写组、杭州市编写组、浙江师范学院和金华地区编写组,以及宁波地区编写组,一共五个编写组,名义上有 63 个人,包括会计和出纳员,由于种种原因,实际做资料工作的只有 49 人,人手不足,收词制卡进展迟缓,不尽如人意。当时首要任务是组织这几个编写组收词制卡,为尔后编写《汉语大词典》词条准备资料,而当时因受极"左"思潮影响干扰,人们思想混乱,编写组内气氛松散彷徨,在一年多的时间里虽或多或少也做了一些搜集资料的工作,但积极性不高。还有一个情况引起人心不稳,什么情况?学校从"文化大革命"的混乱状态,一步步转入正轨,开始上课教学,老师陆续重回教学岗位,学校教师不足,要把搞《汉语大词典》的人拉回学校教书,中学如此,大学尤甚,"有些地区要求立即撤销本地区编写组",而我们的编纂队伍基本成员大都来自大中学校。当时站在《汉大》队伍之外的人流行一种观点:工农兵一齐上阵,靠群众运动,靠人海战术编《汉语大词典》,这能行吗?在队伍内部信心也不足:这种搞法儿,搞得成吗?大型辞书如《辞海》,都是像蒋礼鸿这样一批专家学者编的,我们能超得过吗?用工农兵"三结合"的方式能编成这么大一部词典,谁也不相信。所以,在那个当口儿面临的问题确实不小,解决起来有一定难度,其中最重要的便是稳定人心,增强信心,扩大编纂队伍。不仅浙江如是,据我所知,别的省大同小异,有的兄弟省份搞资料虽然进展快一些,但亟待解决的问题差不了多少。

孟还接任《汉语大词典》浙江编写组组长后,面对这种局面,提出继承和扩展前任孔成九的计划,浙江出版局领导果断采取措施解决问题:尽快增建新的编写组,吸收新人,稳定人心,推进工作。1977 年 7 月 24 日,浙江省出版局党的核心小组,向省委宣传部呈送了名曰"关于扩大《汉语大词典》编写队伍的请示报告"的报告。报告提出扩充现有编写组名额,"增加人员:浙江省中心组由十七人增加到二十五人;杭州大学编写组由十人增加到二十人;杭州市编写组定员十五人,现有六人,扩充九人;宁波地区编写组定员十五人,现有七人,增加八人;金华地区和浙江师范学院编写组定员二十人,现有十四人,增加六人;正在筹建的绍兴地区、嘉兴地区编写组,拟先确定七至九人,迅速上马,开展工作;尽快组建温州地区、舟山地区和丽水地区编写组,人员配备暂定七至九人"。时过九天,省委宣传部批准了这份报告,省委宣传部对编纂《汉语大词典》这项工作还是十分重视的。宣传部的批文说:

"过去由于'四人帮'的干扰破坏，我们这项工作已经落在兄弟省的后面，现在一定要下决心赶上去"，"已经建立编写组的地方，请按需要人数积极充实编写班子，未建立编写组的地方，要积极创造条件尽速建立起来。"批文同意扩大编制，由时下的75人扩充至150人，出版局中心组25人，杭大和金华地区浙江师院组各20人，杭州市组、宁波组和正在组建中的绍兴、嘉兴、台州、温州、舟山、丽水编写组各15人，批文强调"编写人员要相对稳定，一般不要调动"，"省属出版局编写组人员的调动，需经本部（宣传部）批准"。文件一经落实，便推动了筹建新组的工作，原有各组逐步充实进新人，人心也相对稳定下来。自此往后，收词制卡进度加快，质量提升，浙江的编写工作走上正轨，反而有后起行先之势。

  自从到党校报到，参加浙江省编写组一年多来，我除了收词制卡以外，就跟着沈荣枚参与筹建编写组，物色人和调人，协助编写组组长孔成九、孟还做些具体的事情。孔成九魄力大，勤奋能干，是他提出在绍兴、湖州和温州建立编写组。建组或调人先近后远，首先为杭州市编写组调人。这个组定编15人，当时只有4个人，要补齐15这个数还差11个人。照理说我们就在杭州，近水楼台，调人应该不难，可实际情况正好相反，纵使地头蛇，办起事来也不容易。我们想从大学借调人，认为依靠大学推荐摸底，比较容易物色到合适对象，而实际情况却是各间学校被"文革"中断数年之后，教学与科研纷纷上马，正当用人之际，能力强的教师或者担当教学任务或者搞科研，学校富余人手不多，哪愿意把能干的人调给你，学校把教学放在第一位，编词典排不上号，推荐给我们的都是赋闲在家能力较差的人，我们又看不中。杭州大学的老师说过一句实话："学校肯借出去的人，都是差一点的，应付应付。"别的单位也一样，好的不给，差的不要，很伤脑筋。早先调人，比较容易协调，人家还肯帮忙，越往后越难。我们请上边发文点名调人，学校或单位不听，还是调不出来，相差也就晚几个月，大气候变了，比起1975年年底组建浙江省编写组时难多了。

  难归难，人还得想办法调。没有足够人手，如何推进编纂《汉语大词典》！1977年9月，将雪克调进杭州大学组。雪克原是杭州大学学报编辑，"文革"中受到冲击去挖防空洞。他参加《汉大》工作到1984年，全始全终，是编写组的骨干。我们跟着孔成九到宁波筹建宁波编写组，孔成九体态肥硕走路迟缓，坐三轮车去调人单位，那年月宁波还没有出租车，回来报销三轮车费，会计说必须总编辑批准，回想当时经费有限，开支用钱确实很严格，而我们外出也很节俭。

  1976年12月孔去世后，孟还继续奔波调人。借调林菁算成功的一例。孟还知道林菁是大学者姜亮夫的研究生，专长汉语语言，就想借调过来充实中心组。说起林菁，还有点传奇色彩。他是福建龙岩人，马来西亚华侨，十四岁参加马来西亚共产党抗日游击队。日本投降时，他同游击队大队长一起参加日军受降仪式。不久英国人重返马来西亚，镇压马共，他于1949年中华人民共和国成立那年只身返回祖国，他的兄弟姐妹如今还居住在马来西亚。林菁回国后考上杭州大学的前身——当时的浙江师范学院，在中文系念书。毕业后林菁到浙江水利电力专科学校当老师,教授中文课程。孟还先找林菁谈,他愿意来,同学校谈,学校不同意。我们拿着省委宣传部的介绍信,几次三番同学校交涉,因为中文在水电专科学校不是主科,算公共课程,最后学校同意了。林菁业务很好,能力很强,1977年8月3日到中心组上班,一来就请他抓业务,作为骨干使用,曾一度想调他到出版局,他不愿意,仍作为借调,直到工作结束。

我们了解到浙江衢州化工厂所属的一所中学有位老师水平不错,想借调过来。我和沈荣枚到衢州找工厂组织部协商,人家说"此人思想不好,往报社投稿,动机不纯",不同意。什么事呢?原来此人喜欢写点小文章,照他自己所说,"投稿赚几个香烟钱",就为这么点事调用免谈。我们再次同工厂组织部商量,人家又改口说"我们厂需要人",仍旧不肯放。丽水教师王翼奇,古文基础好,特别擅长诗词歌赋,我们想调他来中心组,丽水教育局局长婉言拒绝,说:"你们看中的人,我们一个都不能放。我们是边远地区,人才缺少。"几经周折,一方面我们再接再厉,一方面王翼奇找人说情转圜,两边使力,教育局才答应放人,调动成功。

浙江省十一个编写组,在1977年夏秋之交组建完成。浙江省革命委员会(即浙江省人民政府,革命委员会是"文化大革命"中使用的政府名称)于1977年12月26日,发出《关于加强〈汉语大词典〉编写工作的通知》的文件(浙革〔1977〕95号),明确要求"各地、市、县革命委员会,省属各单位",大力支持这些编写组的工作,"有关部门要积极帮助编写组解决编写工作中遇到的具体问题,新华书店要优先供应各编写组与业务有关的图书"。为了按时完成编纂任务,省革委会采取了几项具体措施:措施一,经浙江省委批准,建立编写领导机构,决定成立"浙江省《汉语大词典》领导小组",由何定、秦风、孟还、卢良等八人组成,何定任组长,秦风、孟还任副组长,下设办公室,孟还兼任办公室主任,办公地点设在省出版局内。措施二,明确要求"建立一支比较稳定的又红又专的编写队伍",认为"目前的编写队伍无论数量、质量都不适应。请宣传部、出版局负责,同有关部门和地、市协商,借调适当人员,充实编写力量和领导骨干","各编写组现有编写人员要保持稳定,一般不要变动,如非调不可的,必须依据'先补后调'的原则,经有关领导部门批准"。

在此之前,虽建立过浙江省《汉语大词典》编写领导小组,因"文革"结束,人事变动很大,这个领导小组已名存实亡。浙江省编写工作则由宣传部部长商景才负责,卢良具体抓,省出版局仍负责日常管理,沈荣枚参与行政工作,但总感有所欠缺,至省革委会下发此文,才重新成立浙江省《汉语大词典》领导小组,设置办公室,名正言顺地加强领导开展工作,人心进一步稳定下来,浙江的编纂工作迈上新台阶,推进力度加大、速度也加快了。根据省"词办"的统计,截止到1978年年末,11个编写组共有122人,其中大学教师31人、中学教师44人、国家干部(今称公务员)15人、退休教师20人、"三结合"进来的工人12人,浙江的编纂骨干大抵出自这122人中。

浙江团队。左起前排于冠西、秦风、马守良、沈幼征、孟还、蒋金德、张叶芦、林菁；后面依次为朱侃、方福仁、吴战垒、曾华强、孙家遂

1979年浙江省委发出第11号文件，精简机构，"撤销省汉语大词典编写领导小组，日常工作由省出版局负责"。省委宣传部据此文件，"将原汉语大词典领导小组办公室改为'《汉语大词典》浙江省编写办公室'，在浙江省出版局领导下，主持日常工作。"这个办公室通称"词办"，一直负责《汉大》工作直到结束，我是"词办"成员之一。我在"词办""双肩挑"，既搞业务，收词制卡、编写词条，又做"词办"的事情，筹建编写组，组织会议搞会务，到各编写组了解情况交流经验，使上下沟通，协调各种关系，一干就是八九年。每一次回忆，我总觉得那些年过得很有意义。

《汉语大词典》浙江编写队伍，是一个为《汉大》无私奉献的群体。当时的成员，都是从不同的单位借调来的。由于借调时间过长，在职称评定、住房、调薪、奖金、福利等方面，大多数人都不同程度受到了影响，而编写人员仍全身心投入《汉语大词典》编写中。如宁波借调来的薛恭穆、黄庆炎远离自己的家，住在只有两张床、两副桌椅、两个竹壳热水瓶，如此简陋的办公室里，除了吃饭睡觉就是工作。从台州借调来的孙家遂，已年近花甲，过的也是这样简陋的生活，夜晚醒来，继续翻查资料，思考白天遇到的问题。从金华来的张叶芦，亦年近花甲，常常半夜从床上一跃而起，查找资料，解决词条中的问题。这样的例子，在编写组内可以举出很多。

在各编写组中，中心组实力最强。林菁借调来之后，又有方福仁、孙家遂、吴战垒、赵一生、王翼奇这几位主将先后参加进来，实力大增。中华人民共和国成立前方福仁先生在浙江《东南日报》当文艺编辑。《东南日报》是浙江一家有影响力的报纸，是今《浙江日报》的前身。在《东南日报》当编辑的时候，他与金庸同住一室，金庸当时在《东南日报》当记者。1948年，方福仁投笔从戎，投奔新四军金萧支队参加革命。金萧支队是新四军之一部，抗战胜利，新四军北撤，金萧支队留在当地。方投奔革命队伍，在杭州一时流传开来："《东南日报》的编辑跑去参加了土八路！"方福仁在金萧支队办报纸，编写文艺节目，他编的《莲花落》唱词，讲述穷苦农民闹革命，很顺口，很受欢迎。1957年大鸣大放，方福仁主动找领导交心，他说："我没写过东西，也没讲过什么，我只是心里有过一点想法。"他一五一十地交代出来的想法，都被一一记录下来，送到宣传部部长那里，部长看过之后说："送上来的右派。"于是被戴上一顶"右派分子"帽子，下放农村养猪，到饭店拉泔水，后来转到浙江新华印刷厂装订车间当打包工，劳动改造。新华印刷厂是浙江出版局的下属单位，后来纠正冤假错案，出版局在大会上宣布摘掉方福仁"右派分子"的帽子，1978年2月转到中心组工作，起先担任"词办"副主任，后来担任主任。搞《汉语大词典》他非常积极，能掌控《汉语大词典》编写全局，及时发现和解决问题。他提倡少空谈，多实干，他编写和审定稿件的数量，在全省名列前茅。他很关心《汉语大词典》人员，为解决来自大专院校编写人员的职称问题，他做了大量工作，亲自到有关部门做工作，"攻克"名额限制，解决了他们的职称问题。我们"词办"与各个出版社同处一院，"词办"无奖金，老方常拿自己的稿酬作为奖金分发给行政人员。他一直干到1984年编纂工作全部结束为止。编《汉语大词典》这几年光阴，用他的话来说，"回头看看，一生中间，自己干的最有价值最值得的事情，就是编写《汉语大词典》，别的都比不上编《汉大》。"这句话虽然出自方福仁之口，其实像方福仁这一代参加编纂《汉语大词典》的人，差不多都是这种思想，心态相似，看法统一。编纂《汉语大词典》至今已经过去四十年，社会人生变化都很大，但只要"汉大人"碰到一起，一谈起来，言必称《汉大》如何如何，依然持方福仁的想法没有任何改变，要说改变，唯独多了几分感叹，几分感慨而已！

中心组在收词制卡搞资料方面，在编写条目方面，以及发挥核心导向作用，分配任务，协调各组工作，交流经验得失，审稿定稿等方面，确实发挥了"中心"作用。中心组也像其他组一样，人员有进有出，包括编写者、搜集资料者和财务等行政人员，先后参与工作的总计46人，其中工作八年以上的16人、七年者2人、六年者3人、五年者7人、四年者5人，其余的人工作时间就比较短了；就学衔和职称看，教授和编审一级者有五人，副教授、副研究员、副编审有11位。中心组自1975年12月成立，到1984年撤编，总共九年时间，九年如一日，为编纂《汉语大词典》立下了汗马功劳。

1976年12月，浙江省《汉语大词典》编写领导小组在杭州市浙江饭店召开浙江《汉语大词典》编写工作联席会议，省委宣传部、省出版局领导都出席会议，《汉语大词典》编写领导小组办公室孙厚璞先生也参加了会议。此时已经建立起来的五个编写组，已经有55人，各组主要成员都参加会议。每个组都在会上汇报了工作情况，相互交流第一批书目收词制卡的经验和存在的问题，孔成九为会议作了总结。他肯定了前段工作的成绩，布置下年度的重点工作，提出筹建温州、绍兴和嘉兴等编写组，要求积极组织社会力量和退休人员中有能力的人，参与到收词制卡工作中来。会后第二天，孔成九一如往日早早来到办公室上班，突发脑出血，急送浙江第二人民医院抢救无效，于次日清晨去世。大家对他离世痛感惋惜。

会后各编写组加紧收词制卡的工作，一年多之后，领导小组于1978年10月31日至12月5日，花了一个月零五天的时间，在杭州召开全省编写工作会议，全省主要编写人员51人参加是次会议，浙江省图书馆和博物馆也派人参加，承诺提供图书等便利。这次会议主要议题是贯彻"黄山会议精神"，将工作重心从收词制卡积累资料逐步转向编写条目工作上来。会议重点放在业务学习上，为全面展开编写条目扫清道路。为提高大家的专业水平，顺利展开编稿工作，会议组织专家学者到会讲课：请学术顾问姜亮夫教授和副主编蒋礼鸿教授，讲授语言文字学、音韵训诂学、版本目录学和汉语构词法等基础知识，请王驾吾、陈桥驿教授等人讲授同编纂辞书关系密切的文史知识。会议组织大家认真学习讨论、熟习掌握《汉语大词典》收词原则和编辑体例，投入实践练兵：审核分析此前试写的16条词目文稿，找出问题，讨论修订改进，达成共识，提高写稿水平。会议决定把"寸"部定为浙江编写的第一个部首，挑选出寸部"封"字头的一些条目，试写练兵，修改提高。一个多月的会议开下来，大家都觉得收获很大。

"寸"部被分配到五个编写组编写，到次年2月下旬，不到三个月，就完成了初稿。这五个编写组是：浙江出版局组、杭州大学组、杭州师院组、浙江师范学院组和温州师专组。"词办"趁热打铁，在2月底3月初召开第二次编写工作会议，交流"寸"部编写经验，找出需要改进的地方。会上协商确定：①抓紧修改"寸"部释文稿，3月底前完成编写与审稿任务。②将12个部首分配给五个编写组编写文稿，要求将词目单先报省"词办"和《汉语大词典》编写领导小组办公室。浙江"词办"抓工作相当使力，开完这次会议后，接着在3月20日，又到绍兴召开资料工作会议。会上亮出编写组收集的部分资料卡片，互相"观摩"，交流经验，解决问题，协商落实改进不足之处。

当收词制卡接近完成之时，浙江《汉语大词典》编写领导小组决定缩短战线，集中人力编写、审稿、定稿，保留五个主力编写组，落实80个编制，其余各组完成任务即撤编解散。中共浙江省委宣传部于1979年6月23日上报省委"省宣办〔1979〕17号"题为《关于做好〈汉语大词典〉我省编写工作的报告》的文件，经省委批准后在6月25日下发执行。报告认为：我省编写《汉语大词典》的工作重心正逐步转入全面编写阶段，认可保留五个主力编写组，

煌煌辞典著春秋 ——《汉语大词典》出版背后的故事

"其他的六个地区组,除保留宁波、台州两个组,以适当承担一些释文工作和继续做一部分积累资料工作以外,其他四个组将于最近先后结束",报告说"我省承担的编写任务,共二十四个部首"(后来又调配增加一个部首,合共 25 个部首),"任务无疑是很繁重的","我们考虑采取下列措施":"部委每年召开一至二次会议,研究大词典工作。今年打算会同省委教卫部,于七月份联合召开一次由有关高等院校党委、有关部门领导人以及各编写组负责人参加的联席会议,进一步研究和贯彻胡耀邦同志的批示,具体落实各有关单位今后的编写任务。鉴于原分管《汉语大词典》的同志已经调离,部委分工由于冠西同志分管这一工作……考虑到初稿是关键,必须保证质量,同意在《汉语大词典》浙江省编写办公室内设分编委若干人,协助《汉语大词典》在我省的副主编、编委,做好省内的审稿工作。分编委人员由省出版局同省教育局协商,共同任命。" 于冠西,浙江省委宣传部常务副部长、《汉语大词典》工委会副主任,夫人秦风也是工委委员。

省委宣传部和教卫部立即执行文件的意见,同年 7 月 25 日至 27 日在杭州召开了浙江省《汉语大词典》编写工作联席会议。省出版局和教育局,宁波、温州和台州地委宣传部领导,浙江副主编、编委和编写组负责人,还有杭大几位教授,共计 43 人参加会议。省委常委王家扬出席会议,宣传部副部长于冠西和教卫部副部长姚全瑾在会上讲了话。会议拟定了"关于《汉语大词典》浙江省编写工作的若干规定"和"《汉语大词典》浙江省第三次释文分工方案",以及"《汉语大词典》浙江省现代作品补充收词分工"三个文件,由省出版局印发执行。紧接着于 11 月 1 日,任命马锡鉴(温州师专副校长)、方福仁(省出版局)、朱学山(杭州三中退休教师)、孙家遂(临海一中教师)、沈幼征(杭州教师进修学院教师)、洪湛侯(杭大图书馆)、曾华强(杭大中文系讲师)、薛恭穆(宁波师专教师)八人为浙江省分编辑委员。1980 年 11 月 15 日聘请林淡秋、王驾吾、俞仲武、周颂棣、沈文焯、程二如、陈桥驿、徐步奎、陈冬辉、王维贤、余伯秦、徐规 12 人为浙江省学术顾问;同日增补雪克(杭大中文系讲师)、任远(浙师院中文系讲师)、朱侃(杭师院编写组成员)、陈增杰(温州师专编写组副组长)为浙江分编辑委员。同年 10 月,孙家遂、曾华强、马锡鉴和方福仁获增补进入《汉语大词典》编辑委员会任编辑委员,此前已有姜亮夫教授出任《汉语大词典》学术顾问,蒋礼鸿教授担任《汉大》副主编,林菁和张叶芦获任编辑委员,至此,浙江编写集体计有《汉语大词典》学术顾问一名,编辑委员会副主编一名,编辑委员六名,浙江省顾问 12 人、分编委 12 人。浙江《汉语大词典》的编纂工作四个年头过去了,一步步走来,终至进入快车道。为了加大推动力,1980 年 8 月,省"词办"决定召开一次全省编审工作业务讨论会,会址定在莫干山,8 月 4 日至 13 日十天时间,32 人到会。

会议从"编与审"两个角度,对照"收词原则"和"编写体例",总结讨论以往稿件在立目、释义、书证和资料等方面存在的问题,要求在今后编写、审稿定稿当中切实纠正。

莫干山会议。左起，前排江士林、倪集裘、殷作炎、蒋金德、陈增杰、杨来兴、沈洪保、吴战垒、任远；二排许顺珠、方福仁、姚迅、沈幼征、张叶芦、程二如、陈冬辉、王如、何新邦、郭佐唐；三排林菁、孙家遂、曾华强、朱侃、楼观伟、赵一生、陆鉴三、马允伦、童致和、薛恭穆

此时的浙江编写工作进入编写审定稿的关键时刻。浙江出版局与《汉语大词典》浙江编写办公室承办第二次《汉语大词典》编辑委员会会议、举办本省第二次编写工作会议，继续踩油门，加大推进编写力度。先说第二次编委会会议。编委会全体会议每年举行一次，第一次在江苏召开，浙江承办第二次。浙江出版局很重视这次会议，为开好会议作了充分准备。首先是向省委宣传部和浙江省政府打报告申请筹办本次会议，报告于1980年8月26日送呈，8月28日即获批准，足见上级领导重视程度。报告说："这次预定在我省举行的会议，对《汉语大词典》编纂工作，在很大程度上，有承前启后的意义，无论就总结经验、防止差错、提高质量、加快进度来说，都是必要的。一些有关的老专家将前来参加。《汉语大词典》的未来面貌如何，也将在这次会议上确定下来。" 1980年11月19日至25日，会议在杭州大华饭店成功举行。这次会议统一了编纂方针和编纂思想，认可统一了各项业务规则，勾画清楚了未来《汉语大词典》的面貌，非常成功。而我们的各项准备工作，文件准备，会务准备，事前的走访，听取意见等等，工作量很大，还要照顾好参会的高层领导和顶级学术权威，方方面面都要做好细致安排，会议之前的一段时间，我们浙江"词办"着实忙碌了一阵子。但没有白忙，这次会议推动了五省一市《汉大》的整体工作，给予我们浙江的动力尤其大，因

煌煌辞典著春秋 ——《汉语大词典》出版背后的故事

为是在杭州召开的,近水楼台先得月。另一次推动力,来自1982年3月21日至31日在杭州召开的全省第二次编写工作会议,70人与会,全体编写者参加,开了整整十天。这是在"重要关键时刻"召开的"重要关键会议",《汉语大词典》主编罗竹风和部分老专家也应邀到会给予指导帮助。十天的会议成果丰硕,大家一致认可齐心协力,再花两年时间,完成待写的各部首约三万多条文稿。这两次成功的会议,大大推动了浙江的编写工作,也自然写进浙江的《汉语大词典》编纂历史。

从1975年12月起步那天算起,到1980年11月任命第二批分编委为止,前后过了差不多五年。五年不算长也不算短,从在党校成立一个编写组仅仅几个人,到如今11个编写组,123人;五个主力编写组五十多人,《汉语大词典》编委六人,浙江分编委12人,济济人才,都在这五个组内。林菁是浙江的"编纂前锋","寸"部主要组织者、主要撰稿人和主要审定者。"寸"部是《汉语大词典》编写领导小组印发出来征求意见的第一个"工作本",荣获"'寸'部先行"的美誉,林菁功不可没。吴战垒是另一员战将,来编写组之前在浙江人民出版社任文艺编辑室主任,搞资料,编写词条,审稿定稿,从头干到结束,历经全过程,业务高手,勤奋扎实,贡献很大。吴战垒是《汉语大词典》编辑委员会委员,编委会指定的定稿编委,早年考入杭州大学中文系,乃词学大家夏承焘的关门弟子,一生著述颇丰,才华横溢,被聘为中国美术大学客座教授和浙江师范大学特聘教授。他所著《中国诗学》《千首宋人绝句校注》深得学术界好评,《中国诗学》被译成多种文字在海外出版,成为国外汉学家研究中国传统文化的经典著作。他对青花瓷颇有研究,著有《鉴识青花瓷》《图说中国陶瓷史》等书。立于杭州重修的雷峰塔前的《雷峰塔重建记》碑文,是他应杭州市政府邀请特为撰写的。中心组赵一生也是一位才子,自浙江人民出版社文教编辑室主任调至出版局中心组,真才实学,踏实认真,为中心组编纂主力。他在浙江人民出版社任职时,耗时两年多,主持编纂一本汉语词典,初版全国发行五十多万册,多次重印,《汉大》工作结束后,笔耕不辍,硕果累累。中心组王翼奇,一位诗才,来自丽水组的后起之秀。

浙江承担了《汉语大词典》25个部首的编写任务,先后动员201人,用了将近九年时间,毕功于1984年上半年,为《汉语大词典》编写了总计六万多词条,分布在第一卷、第二卷、第三卷、第四卷、第六卷、第七卷六个卷次中。

其编纂经历大抵可分成三个阶段。1978年前工作重心放在收词制卡积累资料之上。起初断断续续,之后推进加快,三年时间收集资料卡片将近40万张,以后又陆续补收不少资料卡,具体数字如今已无从稽考。第二阶段的中心任务转到编写词条上来,截止到1982年年中,五个编写组合力完成了"寸"部编、审、定稿1200多条,杭师院编写组完成"小"部1200条、"工"部700条,浙师院编写组完成"九""乡""彐""巛"四个部首1000条、"弓"部2000条和"尸"部、"巾"部2000条,杭大编写组完成"干"部1200条,完成了"己"部、"幺"部、"殳"部、"弋"部的条目,温州师专组完成"山"部3000条、"巾"部2100条、出版局中心组完成"广"部1700条、"心"部写到九画约数千条。进入编写阶段以来，副主编蒋礼鸿教授也把主要精力逐步投放到编纂《汉语大词典》方面来，积极性很高。转上编写轨道之后，编写进度逐渐加快，到1982年年初，已经完成总任务的40%，余下有待完成的主要是"手""彳""心"这三个大部首。此时，浙江参加《汉大》工作者已经缩减到60人，其中行政资料11人、编写审稿49人。这60人分布在六个编写组：省出版局中心组（包括省"词办"）、杭大组、杭师院组、浙师院组、温州师专组和台州组。这49名编写审定稿人员，四人属于省出版局编制、大专院校编制23人、中学借调6人、退休教师13人、属于临时聘请的3人。49人的工作情况也不尽相同，有的能全力以赴投入编写与审稿，有的老师因为兼课分去部分时间，有的年老体弱不能要求过高，所以就工作量来看，彼此悬殊，有的两三个月写出两三百条，有的夜以继日一个月就完成二百条，有的则每月仅十来条，人均年完成量差不多在四五百条左右。浙江"词办"照此进度规划下来，力争1983年年底至迟延长半年，结束全部25个部首的编写与审定工作。实际上，整个编纂工作在1984年上半年就全部结束了，符合预期。第三阶段，浙江的编辑委员到上海编纂处审定稿件。1984年上半年，五省一市的编写工作大都进入尾声，第一卷定稿出版工作全面展开，编委会指定的一批定稿编辑委员，分批到上海编纂处参与定稿工作。林菁、吴战垒、方福仁、张叶芦和孙家遂五人参加首卷定稿，林菁、张叶芦和孙家遂三人参与第二卷定稿；第三卷张叶芦，第四卷林菁，第六卷林菁、方福仁、吴战垒、曾华强、朱侃，第七卷林菁、张叶芦、方福仁、孙家遂、曾华强和朱侃参加定稿，张叶芦和孙家遂还分别担任第六卷的分卷主编和副主编，沈幼征担任第七卷分卷主编，浙江的这些编委，为《汉语大词典》出版作出重要贡献。特别是林菁，不仅八年如一日孜孜写稿审稿，而且持续参与五卷定稿，缅怀之余，我们都应该铭记他的贡献，替他单独记上一笔。

浙江出版局自从负责管理《汉语大词典》编纂工作以来，非常关心这件事，认认真真去做，不仅着力推进编写工作，而且也积极帮助解决大家关切的职称问题。出版局向上级主管部门提出明确要求："对编写人员，要与从事教学工作的人员一视同仁，只要参加编写工作一年以上，均可按其水平参加学校职称的评定。在这方面，应充分尊重省"词典"办公室、省编委会、《汉语大词典》编纂处和编委会的实事求是的意见。编写人员所写的一定数量的词目释文稿应认为是科研成果，作为开河的依据。"鉴于编写人员在评职称问题上受到不同程度的忽视，出版局建议做一次补评工作。《汉语大词典》工委委员、省出版局局长马守良还亲自出马，通过渠道找到浙江省职称改革办公室要求拨给名额，经他几番努力终于拿到一些名额，解决了主要编写人员职称这个一直纠结不解的大难题，张叶芦获评教授，殷作炎、曾华强、任远、陈增杰获评副教授，林菁获评副编审，方福仁、孙家遂获评编审，吴战垒、沈幼征、陈冬辉和朱侃获评副编审，此后我和赵一生也获评副编审。

1990年12月《汉语大词典》第六卷出版。本卷内有浙江中心组编写的"手"部，这是一个大部首。浙江借此机会，决定在宁波召开一次庆功大会，为浙江的编写工作画上圆满句号。

煌煌辞典著春秋 ——《汉语大词典》出版背后的故事

本应在第六卷出版后即时召开，但考虑到"到会同志中，七十岁以上高龄的同志有八九位之多"，"把会议安排在春暖花开的季节来开"更加合适，因为时间推迟已无所谓"庆功"的意义，会议更名为"《汉语大词典》第六卷出版会议"。1991年4月3日会议在宁波鄞城饭店召开，与会者89人。这是在浙江召开的最后一次会议，浙江和四省一市都非常重视，编纂队伍的骨干成员，凡能来的都到会了。代表教育部的工委会副主任季啸风和主编罗竹风，参与过《汉大》领导工作的浙江省委、宣传部和省政协的前任与时任领导孙家贤、商景才、王家扬，代表五省的工委副主任丁方明、于冠西、杨云、高斯、魏心一，工委委员马守良、李冬生、李新、初甫川、张杏清、张秋泉、陆路、孟繁海、胡慧斌、赵斌、陶有法、秦风、奚正新、龚心瀚、蒋迪安、蒋金德、谭天、黎洪、薛剑秋、阮锦荣，都先后抵达宁波参加会议。《汉语大词典》编辑委员会与会的委员有：赵应铎、张紫文、薛正兴、黄希坚、周方、赵恩柱、章锡良、林菁、方福仁、孙家遂、吴战垒、曾华强、沈幼征、朱侃、张叶芦、傅元恺、徐文堪，编辑委员、汉语大词典编纂处主任王涛。排印第六卷的上海中华印刷厂和发行者新华书店上海发行所潘玉岐、汪天盛，供应印制《汉语大词典》纸张的浙江龙游造纸厂厂长邵南燕，也应邀参加本次会议。《汉语大词典》学术顾问委员会因为顾问们年事已高，为保障他们的健康，没有邀请与会。

浙江团队。左起，前排孟还、秦风、程二如、蒋礼鸿、商景才、于冠西、马守良、王涛、周祖庚、何新邦；二排吴战垒、潘祖炎、徐清、陈汝法、陆鉴三、朱侃、沈幼征、孙家遂、张叶芦、方福仁；三排任远、胡一华、殷作炎、曾华强、薛恭穆、蒋金德、李君、林菁

举行会议之时,《汉语大词典》已经出版六卷,完成全书十二卷的一半,另一半的定稿工作也已基本结束,只待编辑发排,印刷出版,可谓大功告成。当此之时,参与《汉语大词典》的同仁眼见功成在即,内心都很高兴。所以,此次会议一反过去检讨工作、布置任务的模式,而是开成了欢天喜地的祝功会。《汉语大词典》工作委员会副主任于冠西代表浙江省讲话,汇报浙江多年来的工作历程,"答谢《汉语大词典》工作委员会、编辑委员会和顾问委员会,对浙江省编写工作的领导和支持;答谢上海、山东、安徽、江苏、福建等兄弟编写组织对浙江工作的支持和帮助;答谢中共浙江省委、省政府、省委宣传部、省教委、省财政厅等领导机关","在人力、物力、财力等方面的积极帮助",他同时"借此机会向全省以至全国的读者,再一次介绍和推荐《汉语大词典》这部好书"。

这是浙江举办的最后一次会议,浙江省委宣传部、省出版局和"词办"做了周密的考虑和布置。除安排迎来送往,机场、车站、码头、酒店、餐饮接待,还安排大家到舟山普陀休息游览,之后欢送大家由海陆空三条线分头踏上归程。大会开得很顺利,大家也都很开心,由头至尾洋溢着"汉大人"的亲情和喜悦,既是聚会,也是告别,到1991年4月7日送走了最后一位来宾,浙江的编纂工作和我们浙江"词办"的工作,也就此圆满终结。

(蒋金德:《汉语大词典》工作委员会委员、《汉语大词典》主要编纂者)

煌煌词典　悠悠情结

——《汉语大词典》编纂回顾感事

赵一生

1993年，《汉语大词典》十二卷本全书闪耀面世，这是中华民族汉语史上一次空前的创举，是我国出版史上一座亮丽的里程碑。她受到了国内外文化界、教育界、语言学界、学术界的充分肯定，获得了国家出版最高奖项国家图书奖的奖励，并进入了联合国教科文组织，列为国际上权威的汉语工具书，洵为我国文化史的一件盛事。

史无前例，融通古今汉语语词总汇大型信息库

《汉语大词典》编纂历时十八年，收录词目37万条，总字数5000多万，规模宏大，知识密集，是我国有史以来最大一部历时性、详解性的汉语词典，是集古今汉语词汇大成的信息库。她亘古未有，超越历世，充分体现汉语史的初始、继承、演变、发展，"古今兼收，源流并重"，具有历史性、时代性、知识性、科学性、典范性、权威性、实用性。

试从纵向历时的语言文字工具书相比较而论，我国古代有《尔雅》类词汇式语义词典，尔后有《广雅》等；有《说文解字》类文字字形分析、考究字原、字义解说、音读辨识的字典，尔后有集历代字书大成的清代《康熙字典》等；有《切韵》《广韵》类按音韵编排的韵典。其中《尔雅》是我国古代以类编次解释词义的开山之作，是首创的汉语词典。前三篇《释诂》《释言》《释训》所收为普通词，是为语汇词典之滥觞；后十六篇《释亲》《释宫》《释器》等所收为名物词，是为百科词典之肇端。"尔雅"意为近乎雅正、规范，《尔雅》顾名思义即以标准语训释古语词，以通行语解释方言词。统而言之，即以习见的、当代的、通俗易懂的词语解释生疏的、往昔的、深奥难懂的词语，这就成为汉语史研究训诂学的义训一门，成

为后世编纂语文词典的通则。不过《尔雅》首三篇解释词义，主要采取"某、某、某……某也"的形式，以单词释单词，将许多词罗列在一起，用一个通用词作训释，而有的被训释词本身往往是多义词，把几个不同意义混同在一起，产生了义界不清，缺乏科学性。《汉语大词典》则是在吸收古今研究成果的基础上，科学、合理、完备地把握语言文字的形、音、义、能四要素得到有机结合的完整体现。凡单音词条目字头形体，繁体简体、正体异体相与对应。单音词有几个不同音义的则分立字头；注音用汉语拼音字母及调号，加标中古音的反切、声调、韵部；复合词立目"古今兼收"，以语词为中心，加上专科词进入一般词语范围的部分；释义准确简明，考究词义之真谛，订正旧典之错谬；确立义项"源流并重"，力求齐备，探求词义之本原，厘清词义孳乳衍变之脉络，按本义、引申义、比喻义次序排列；援用书例体现流变，辅助释义，提示用法，并保持与义项的词性和语法功能求得一致。若此，每条词目就是这个语词生命史的记录，正如吕叔湘先生所言：《汉语大词典》是古往今来汉语词汇的档案库。《汉大》是体现语言文字全要素的具有现代意义的汉语语词总汇的大型词典。

再从横向共时的大型语文工具书相比较而论，在20世纪，日本诸桥辙次编著《大汉和辞典》出版，他前后耗时三十多年，收录词目55万条，除大量汉语词目外，也有部分日本和文词目；我国台湾地区《中文大辞典》出版，收词37万条，规模5000万字。这两部汉语大辞典词目数量之多、规模之大，完全称得上是大辞典。就词目数量与体量规模，《汉语大词典》小于《大汉和辞典》，与《中文大辞典》则大体相当。一个日本人能够编出这么一部大型汉语辞典实属不易，是一件了不起的事，令人钦佩。这两部辞典，值得我们借鉴和参考。但是它们的内容异常驳杂，除了部分普通词语外，也收进一些不成词的条目，还收列众多数量的专科词目，如人名、字号名、地名、山名、河流名、宫殿台观名、职官名、帝王年号名、著作名、动植物名等。至于《辞源》《辞海》当属于中型偏大的辞典，前者为古代语词、古文化类辞典，后者为有语词和百科词的综合性辞典。《汉语大词典》的性质定位与之不尽相同，是语文性词典，"大"就大在古今词汇应收尽收，容量宏富，大而有当，在汉语词汇领域超过古今中外的任何一种工具书。"大"更重要体现在全书的质量上，收词严谨适当，海量存蓄；释义确切明晰，信而有征；义项含义齐备，排比有序；例证导源析流，义例相协。能够最大程度为读者、研究者释疑解惑，问学辨难提供正确的答案和更多的知识信息量，成为语文学习研究者和广大人文学科工作者借助查考之梯。要而言之，词典质量之本在乎知识性、科学性、典范性，质量是建立在知识集聚、科学严密、规范合理的基础之上的。拥有足够的词汇数量和高端的内在质量，能够满足使用者查阅求知的需要，自然就富有生命力和实用价值，在广大读者心目中树立起权威性。

当然，《汉语大词典》首版并非完美无缺，尚存在若干缺失与不足。在阅读古代文献典籍和整理古籍图书的实践中，遇有疑难语词，屡作查考，盖阙如也。由于搜集语言资料有欠广泛，有欠周全，词目的量与义项的面还大有空间可增补扩充，历史文献著述中的词汇该收补收的尚有广搜博采的潜力可供挖掘，尤其是近现代、新时代的新事物、新词语方面更相形见绌，显得薄弱，时代感欠强。这些都有待再版时加以修订增补以臻完善。

众志成城，浙江诸公凝心聚力尽责实干竭诚奉献

赵一生（左）与方福仁

《汉语大词典》是20世纪国家规划立项的重点文化工程，是社会主义制度下五省一市团结协作的产物，是数百名编纂者辛勤劳动、呕心沥血的结晶。

浙江省作为五省一市的一方，于1975年9月在上海大厦启动会议后，即着手筹建起省编写领导小组及其办公室，组织编写队伍。先后组建起省出版局、杭州大学、杭州市与杭州师范学院、金华地区与浙江师范学院、宁波地区、嘉兴地区、绍兴地区、台州地区、温州地区、丽水地区、舟山地区等11个编写组，借调了122人，在三年时间内，对《晋书》《范文正公全集》《欧阳修全集》《栾城集》《宛陵集》《中州集》《诚斋集》《六一诗》《梦窗词》《词综》《坚瓠集》《都城纪胜》《碧鸡漫志》《清平山堂话本》等近两百种书目，进行看书收词、摘录语言资料制作卡片近100万张。1979年，全面转入释文阶段，对编写组作了调整，保留并充实了省出版局中心组、杭州大学编写组、浙江师范学院编写组、杭州师范学院编写组、温州师专编写组、台州编写组等六个组，编写人员52人。先后完成"寸""广""小""尢""尸""屮""山""巾""巛""工""己""干""幺""殳""廾""弋""弓""彐""彡""彳""心""戈""户""手""支"等25个部首及"人"部等部分释文稿计6万多条，800多万字，约占全书的六分之一。

1975年，省编写领导小组及其办公室成立后，邀请杭州大学原语言文学研究室（归属于中国科学院浙江分院）党政领导人孔成九担任办公室负责人。当他得知上海《汉语大词典》编写领导小组办公室正在编制收词用书书目、制定统一制卡规格、设计资料卡片格式与标点符号用法文件时，就自告奋勇主动请缨，由浙江来承担此项任务。1976年10月，在上海衡山宾馆召开第一次资料工作会议时，提交会议讨论的资料卡片格式与《关于统一制卡规格的一些注意事项》等文件，就是在浙江草拟稿的基础上，经过反复讨论修改而确定下来的。老孔同志在杭州大学中文系担任党政领导人二十多年，素向虚心好学，尊师重道，行事果敢，

敢于担当而受人敬重赞誉。《汉大》初创时期，他尽心尽责，有筚路蓝缕之功。翌年12月，不幸罹遭脑出血症，倒在了大词典工作岗位上，令人痛惜与怀念。

1978年年底，在看书收词制卡阶段行将转入释文阶段之际，浙江编写队伍不犹豫、不观望、不等待，敢于倡先，通力合作，先期试写出"寸"部释文稿1200多条，计15万字。在浙江的学术顾问姜亮夫先生审阅了全稿，提出了修改意见；副主编蒋礼鸿先生审读释文稿后，向全省编写人员作了《"寸"部初稿刍议》报告，详加考校辨正。他们的悉心指导，对把好编写质量关起着重要作用。经过省内先后两次讨论修改后，报送上海编办，又邀集兄弟省市编写人员参加讨论，广泛听取意见，再作修改审定，于1979年9月印出"寸"部首个初稿工作本。学界普遍反映同过去各类语词词典相比，词目增多，义项充实，内容丰富，质量有所提高，有新的面貌，一时传为佳话。人们通常以"寸步难行"形容办事遇到重重困难，而浙江同仁却逆其意而行之，知难而进，以"'寸'部先行"迈步开局，通过练兵践行，摸索编写经验，着力提高质量，对释文初始阶段编纂队伍提振信心，鼓舞士气，打开释文工作全局，自然起到推动作用。编委林菁先生当时主管编纂业务，主持试写"寸"部初稿其事，擘画操持，倾心勉力，其事功堪可称道焉。

1980年11月，《汉语大词典》第二次编委会在杭州大华饭店举行，由浙江做东，会务工作由编纂处会同浙江"词办"负责。国家出版局、教育部发文成立学术顾问委员会，聘请全国语文学界老前辈、著名学者专家为学术顾问，同时扩大增补编委会委员。他们的大多数成员都莅会了，学界耆宿云集，共襄盛举，是一次难得的盛会。这次会议是在1979年5月太湖东山会议贯彻胡耀邦同志"请努力进行"批示，确定罗竹风先生为主编，组成编委会并召开了第一次编委会，成立了编纂处，全面加强组织领导，稳定和充实编写队伍，工作取得新的进展，释文初显成效的时机召开的。会议进一步统一对《汉语大词典》的性质、任务和编写方针的认识；审议了"收词原则"和"编写体例"两个文本，为收词、释文确立了准则和遵循；印发《关于〈汉语大词典〉资料工作基本情况和今后资料工作的打算》，强调继续大力抓好语言资料积累的必要性。其会议之要，概括而言，一是《汉语大词典》为语文性质，定位为大型、提高类属，以语词为中心，"古今兼收，源流并重"，以语文研究和教学工作者为主要服务对象，并帮助文史哲等人文科学工作者解决语文方面的问题；二是要十分注重语言资料的积累，继续抓好收词制卡，尤其是近现代的书面语和全民族流行的口语资料；三是规划、格局、结构大体确定，蓝图轮廓基本绘就，奋斗目标明确，全体编写人员要团结协作，振奋精神，加快进度，保证质量，在1983年年内写出全部初稿。会上，学术顾问、编委们以他们的丰富学术经历，语重心长地发表了热情鼓舞的言辞和编纂词典之要道，对大词典寄予厚望。他们认为《汉语大词典》是国家重大文化工程，其影响不只是一代人的，而是利于千秋万代的事业；大词典是我国有史以来最大的一部汉语词典，是代表国家水平的，是提高全民族科学文化水平的需要，是古往今来汉语词汇的档案库；编词典是一项光荣的任务，

煌煌辞典著春秋 ——《汉语大词典》出版背后的故事

是值得终身为之奋斗的事业,挑起这副历史担子,是对振兴中华的重大贡献;要迎着困难上,不能知难而退,要有牺牲精神,要有舍我其谁的气派,只许成功,不能失败;大词典既要规模大,又要质量高,质量就体现在词典的科学性、规范性、权威性;语言资料是基础,要与编写工作相始终,要继续不断抓下去,特别要注重近现代资料,可以从《人民日报》中吸收新词;编写和审改文稿,要彼此互相探讨切磋,取其所长,充分发扬学术民主;释文文风要简洁明了,挤掉水分,摒弃杂质,文字能省则省,能简洁就绝不啰唆;眼光要放得长远一点,编纂机构在完成这部大词典后万万不能散伙,还大有可为,可搞大而更大的,搞断代与分区的,也可搞浓缩和提炼的,还要继续搞补编,今后可考虑建立一个词典编纂馆或编纂局,等等。这些都给予编纂者很大的教育与深刻的启示。会议开得热烈、生动,取得圆满成功,有力地促进释文编写的进度与质量,进入了一个承前启后多出成果的新阶段,呈现了一批初稿本印行的新局面。会议在浙江举行,自然对浙江的编写工作带来更大的影响力和执行力,1981年浙江就较好地完成"广""廾""小""巾""尸""中""己""幺""廴""弋"部,连同先前完成的"寸"部,计11个部首、万余条目、近百万字,并陆续印出初稿工作本。

浙江全体编写人员,无论是看书收词制卡阶段的,还是释文编写审稿阶段的,能为国家重点文化工程出过力,付出辛勤劳动,为之添砖加瓦,增光添彩,立下汗马功劳,都是一件荣耀的事,其功不可没。自《汉语大词典》发轫至今,已有四十三个年头,全书完成问世也已时过二十五年,全省编纂同仁大半已经作古,时易物移,人事沧桑,斯人离世,功果犹在,抚今思昔,殊多感念。尚幸健在者也大都垂垂老矣。而今,上海辞书出版社正在筹划进行《汉语大词典》二版的修订增补工作,本省原编写者唯陈增杰、陈汝法两公不忘初心,二度入彀,踵事增华,值得赞许。期待着新的增订版会更上一层楼,以更丰硕、更完善的崭新面貌呈献给广大读者。

浙江省"词办"担负着统筹组织、上下协调的重任,前后有过三位负责人,第一位孔成九同志,处于初创筹建阶段,建机构、搭班子、调人员、找用房、购图书,等等,万事起头难,他干劲十足,鞠躬尽瘁,竟为大词典事业献身在工作岗位上;第二位孟还同志,处于看书收词制卡阶段,通过巨大努力,在全省各地市和文科高等学校组建起11个编写组,借调到120多人,按照《汉语大词典》编写领导小组办公室统一拟定的书目和收词原则,分工研读典籍,精心标词,摘录制卡近50万张,为释文编写积累丰富而翔实的语言资料;第三位方福仁同志,处于释文撰稿阶段,在试写"寸"部稿后,由11个压缩调整为6个编写组,进一步充实加强编写力量,他同时身为编委,抓进度,保质量,埋头苦干,如期在1984年年初完成25个部首约6万条800多万字的编稿及初审任务。工委委员蒋金德同志,自起始至终束,全过程在"词办"担负组织人事、上下协调的实际工作,奔波忙碌,出力甚多。

《汉语大词典》编写任务完成出书后,组织机构作何打算,中共中央办公厅〔1981〕43

号文件曾有原则提示："要努力保持这一工作队伍长期稳定地存在，并尽可能提高和扩大，以求我国词典事业得以在此基础上继续发展。"陈翰伯、吕叔湘、罗竹风三巨头报告中也提出要把编纂《汉语大词典》和语言科研长远规划结合起来，高等学校把编写组改为语言研究所（室），编写任务完成后，机构长期保留下去。叶圣陶、吕叔湘、王力、陈原等老一辈著名学者也主张设立辞书编纂局（馆）来统筹把关。把编纂各类词典作为国家层面的一项全局事业看待，如斯设想，高瞻远瞩，对词典事业乃远大之计。可是后来未能一以贯之。更难以想象的，连多年聚合众力苦心经营，寸积铢累而集成的近千万张语言资料库与蔚成规模的图书库也毁弃殆尽，荡然无存，惜哉！痛哉！事实上，省内高等学校的编写人员，自然回归到教学和科研工作岗位上去。省"词办"与出版局中心编写组人员去向如何，山东省率先成立起齐鲁书社，早走了一步。1984年，浙江古籍出版社和江苏古籍出版社（后更名凤凰出版社）也相继建立，都同样在《汉语大词典》编写任务告成后转向古籍图书的编纂整理研究出版的这条路径。从此，浙江省"词办"与出版局中心组的绝大多数人员过渡到浙江古籍出版社，承担起弘扬中华传统文化，开发浙江古代文献典籍遗存，为建设文化强国出力的重要任务。回眸建社三十多年的历程，可以证见这也是与语言文字密切相关，昌明中华古代文化学术的一项大有可为的事业。

情系典籍，乐与辞典、古代文献终生相伴

　　我于1978年《汉大》转入释文阶段时加入省出版局中心编写组队伍。在六年多的编写实践中，广泛接触大量古今图书，涉猎经史子集数千种文献典籍，遨游在语言文字的海洋中，沉浸在深广的历史文化积淀里，增长知识见闻，汲取语言养分，拓宽文化视野，获益良多，可谓一生中最享受文化知识的一段岁月，值得毕生铭记，终生受用。撰写每条词目，少不了要对每张资料卡过堂，认真检核断句是否得当，其意蕴何在，考稽源流，辨章词义，厘清来龙去脉，科学设置义项，合理排近义序；举例要紧扣义项，确当合宜，用以辅佐释义，且顾及不同时代的配置；释义文字要细加琢磨，做到准确简明，精当贴切，不蔓不枝。如此运用语言文字的形、音、义、能全要素相统一，现代语言学与传统语言学相结合，以训诂、文字、音韵之学精审考释辨析语义的科学求是态度与严谨缜密作风，给人以严格扎实的锤炼，受益匪浅。

　　孔子曰："工欲善其事，必先利其器。"工匠要把他的活计做好，必定要把他的工具搞得锋利，这当是常理。推而言之，辞典、工具书，治学求知之利器也，善于使用好精良的工具书，这也是做学问不可或缺的一条门径。基于辞典工具书类，知识密集，功用性强，我从小就爱上了"不开口的教师"，以至平生好之乐之而不倦，结下了不解之情缘。记得我家传下一部

煌煌辞典著春秋 ——《汉语大词典》出版背后的故事

清代光绪年间铜版印制的线装本《康熙字典》，是老祖父在浙江两级师范学堂就读时使用的。我读小学时，祖父让我读《左传》《孝经》等古书，我只是照本朗读，不解其义，就会去翻弄这部字典，虽一知半解，犹兴味甚浓。此书一直陪伴着我，至今还放置案头。中华人民共和国成立后我读大学时，跑旧书店看到一本1936年版老《辞海》，爱不释手，可一时买不起，就节俭费用，凑足钱买了来，经常查用。我对各种辞典和工具书情有独钟，在藏书中，各类辞书、工具书、类书、"十通"与引得、通检、索引等占比不少。

1971年，我从教育界跨入出版界，在浙江人民出版社担任文化教育编辑室主任，到职后首先做的第一本书就是主持筹划出版《汉语常用字典》。当时处于"文化大革命"期间，书荒严重，在全国的小型学生字典唯独一本《新华字典》。杭州市学军中学（原杭州大学附属中学）发动师生编写了一本学生语文字典的初稿，具有一定的基础。出版社决定组成语言文字专业工作者、中小学教材编写人员和中小学语文教师、工人"三结合"的编写组，进行研讨修订，遂邀请杭州大学古代教育史教师陈学恂先生、汉语教师蒋礼鸿先生、浙江中医学院医古文教师赵辉贤先生等参与其事。彼时他们尚在接受审查中，或在"牛棚"，或靠边站，无事可干，请他们来，感到看重他们，都高兴得很，工作起来铆足劲儿，一心扑在书稿上，逐字逐条认真推敲，付出辛勤劳动，努力提高质量，编出了新的水平。后来，他们当中成为教授的五人、副教授两人，其中博士生导师两人，终身教授一人。字典于1973年出版问世，首版印制50万册，受到中小学师生们的普遍赞誉。

1984年后，在浙江古籍出版社工作期间，我策划组稿编辑出版《文史工具书词典》（祝鸿熹、洪湛侯主编）和《中国近现代人物名号大辞典》（陈玉堂编著）。前者集文史类工具书之大成，可称工具书的工具书，后者收录我国近现代政治、军事、文化教育、科学技术、医药卫生、新闻出版、文学艺术及实业、宗教各界历史人物14000多人之本名、小名、字号、别号、室名、笔名、化名乃至爵里、谥号、世称、外号及影射名号计十万之多，各人别作小传或简介，其收集名号之多，堪称当今首屈一指者。曾获浙江省优秀图书一等奖、树人图书奖、国家级出版奖第八届中国图书奖。全国大型图书馆及社会科学研究机构均列为必备工具书。

《汉语大词典》编写工作完竣后，出于热爱语文词典事业，延接《汉语大词典》之余韵，我发起邀集浙江、上海、苏州等地语言文字学界与辞书学界诸同好，先后主持编写《简明古今汉语词典》（杭州出版社出版）、《汉语通用词典》（尚未出版）。这两本中型语文性词典，以高初中、小学语文教材和《大学语文课本》（徐中玉、钱谷融主编）、《历代文学作品选》（朱东润主编）等收列语词为基本词汇，按通用性原则再扩而大之，加上反映当今时代特色的新词语。其旨在为中等文化程度广大读者提供通用性、规范性、简明实用的语文性工具书。前者为字词兼收、现代义与古代义并蓄，收有三万多条词目；后者为融通古今，重在词语，广收古今通用词语十万多条目。

进入新世纪后，我受聘投身于古代文化典籍的辑校编纂整理工作，负责南宋地理总志《舆地纪胜》《东阳丛书》《俞樾全集》等的结集整理出版,参与《浙江文丛》大型系列丛书的编审出版工作。做这些事,与语言文字紧密相关,跟古代文化学术结缘,颇有兴致,虽老而或减。回顾《汉大》编纂史,感触良深,愿以"汉大人"孜孜不倦,甘心奉献的精神,"活到老,学到老,做到老",在耄耋之年,乐于同辞书、古代文献典籍相伴终生。

(赵一生:《汉语大词典》主要编纂者)

福建《汉语大词典》编纂纪实

薛剑秋

热血沸腾，心潮澎湃，激动人心的时刻到了。1994年5月10日上午，中共中央总书记、国家主席江泽民，中共政治局常委、国务院总理李鹏，中央政治局委员丁关根、李岚清、李铁映等在北京人民大会堂亲切接见了出席《汉语大词典》编纂出版庆功会的人员并合影留念。这是给在十八个风雨春秋中默默耕耘者的最大荣誉和最高奖赏。福建省十四名与会代表同华东五省一市的代表一样感到无限欣慰、无上荣光，个个脸上绽开了幸福的笑容。记忆和思绪把我带回往昔难忘的岁月中。

一

1975年秋，颜南冲（当时为福建人民出版社总编办主任，80年代中期提为福建省出版事业管理局副局长）和厦门大学中文系鄢行宴、张次曼领回《汉语大词典》编纂任务后，向原出版事业管理局局长鲁岩、省委宣传部部长、省委文教书记汇报。同时，将文件、材料等交由厦门大学刚毕业分配来出版社的傅孙久看，以熟悉会议情况。各级领导十分重视编纂这部大型辞书，随后在厦门大学召开会议。福建人民出版社派文化教育编辑室张秋泉、傅孙久参加，与会代表还有各地市宣传教育口领导和骨干两人以及师大图书馆代表等。此次主要贯彻广州会议精神：一是宣传编纂《汉语大词典》的意义；二是动员积极参加《汉语大词典》编纂工作，搭建班子，承担任务；三是以《大汉和辞典》为蓝本，编好《汉语大词典》这部大型汉语语文词典。会议就机构、编制、班子、经费、图书等具体问题作了讨论。

福建于1976年8月成立《汉语大词典》编写领导小组，省委宣传部长张格心任组长，设立福建省词典编写领导小组办公室，设在福建省出版事业管理局内，由省出版事业管理局副局长杨云分管，福建人民出版社辞书编辑室主任张秋泉担任"词办"主任。由此开启了福建"词办"艰辛的长达十八年的工作进程。在这十八年中，我们"词办""以自己的实干精神，无形中把一切积极因素合成在一起，表现出一种巨大的执行力"。

福建《汉语大词典》编纂工作有两个核心，福州省"词办"和厦门大学。"词办"全面负责组织行政工作，自身也承担大量业务工作；厦大是中心组，重在编纂业务方面发挥作用。"词办"与厦大默契配合，齐抓共管。

先后在"词办"工作的有：张秋泉、鲍风、傅孙久、赵文淦、何海勤、戴木金、朱丹阳、薛剑秋、朱倩、陈培基、张仰望。张秋泉率领"词办"同仁千方百计克服困难，建起分散于全省各地、市的编写组，调集一百多名编纂者，陆续展开工作。1979年成立福建编审委员会，厦大洪笃仁任主编、黄典诚任学术顾问，黄拔荆是常务编委，周长楫、甘民重为委员。主要工作人员有庄淑燕、洪瑞美。

成都会议，薛剑秋（右）与杨云

二

接受任务伊始，福建省即着手组建编纂队伍。1975年年末，福建省只有一个厦门大学编写组。1976年8月，省委宣传部和省文教办联合召集各地市宣传部部长、教育局局长和教师进修院校代表各一人，在厦门召开福建省《汉语大词典》第一次编写工作会议。会议学习国务院〔1975〕137号文件，认识编纂《汉语大词典》的重大意义；传达在上海举行的《汉语大词典》编写工作会议精神，分析福建省参加编写工作的有利条件，决定充实厦大编写组人力，并在各地市调人成立《汉语大词典》编写组，建立起编纂队伍。各地市宣传部和教育局的领导回去以后都亲自抓这项工作，紧锣密鼓筹建编写组。

会议之后，厦门大学把编纂《汉语大词典》作为责无旁贷的工作，勇担重任，接连三天开会讨论这项工作。8月19日开第一次小组会，主持人鄢行宴，戴光华、郭道闽、梁敬生、赵源、朱立文、万平近、李熙泰等人出席，后两日胡启宽、张次曼、黄拔荆、陈进极、范碧云参加进来，与会者共13人。三天会议主要讨论今后如何开展工作：厦大要健全中心组机构，鄢行宴说，"以大学为中心组去发言，可以发生一点影响，对工作也有好处"；黄拔荆认为厦大要承担收词任务，要做好复查；厦大负责全省《毛选》收词复查，"复查专门干，起码

煌煌辞典著春秋 ——《汉语大词典》出版背后的故事

要五个人"；厦大要到各地区了解人力情况，张次曼就去过三明，认为地市可以找到合适人选参加。说起黄拔荆，我想插几句话。我在福建"词办"召开的武夷山会议上有幸结识了黄拔荆老师。他鼓励我好好学习，至今仍记得他对我说的话："学习一定要做笔记，收集资料，或写心得。哪怕是看一篇评论和小品以至读报都要多思手勤，把有用的东西随时录下，学习应有所得，不能随看随忘"；"开头比较难，硬着头皮坚持下去，步子一迈开，路就越走越宽，信心也会越来越大"；"初学有些蹒跚，甚至跌倒，但有什么关系呢，坚持下去，就能快步、跑步"；"开头搞资料、写笔记可能会感到浅薄零乱，但没有关系，坚持下去，将来不断归纳整理，就会系统起来"。黄拔荆老师的教诲是我前行的动力和座右铭，让我终身受益。在编纂《汉语大词典》的那些日子里，我一直按照黄老师的教导手勤脑勤，边工作边学习，终于编写出印在《汉语大词典》上的一千多个条目。

在《汉大》起步阶段，调人是"词办"要做的首要工作。"调人"虽仅两个字，执行起来却困难重重，所花时间很多。福建编纂队伍主要来自教育部门。当时还处在"文革"末期，工厂停工学校停课，社会秩序混乱。向教育部门借人更是存在很多如今难以想象的困难，人家不肯放人，原因多种多样，想法莫衷一是。有的人还关在"牛棚"里，这部分人有能力但能否用，当时还有点担心；或因百废待兴，教育部门"复课闹革命"，自己也需要优秀的教师，你现在来要人，我就是不给你；或因有的单位不理解《汉语大词典》，不知其重要性，不肯给人，林林总总，问题多多。花了很大力气，反反复复与教育部门协商交涉。由于杨云是德高望重的老干部，又曾任厦门市委宣传部部长等职，对调人一事十分重视，每每亲自带着"词办"赵文淦、何海勤不辞辛劳一次次上门反复协商，说明重要性，不间断不气馁。在杨云、张秋泉和"词办"年轻人的共同努力下，功夫不负有心人，总算从教育部门调来人才，知识分子接二连三地被请回来了。寂寞已久的知识分子心情亢奋，满腔热情投入编纂《汉语大词典》的文化事业中。

龙岩组黄金许在一篇回忆文章中写道："'四人帮'被粉碎后。我从'牛棚'走出来，没安排工作，无所事事，每天吃饱饭就拎着钓竿，跟同事下乡钓鱼去——从来没有过过这种优哉游哉的生活。生活逍遥，心情却糟透了。真是'几回倦钓思归去，又为苹花住一年'。大约是1977年年初的一天，地委宣传部部长打电话通知我去部里一趟，心中惴惴不安。到后部长告诉我国家要编纂一部《汉语大词典》，由华东五省一市负责，龙岩要成立一个编写组，要我负责此事。不由分说，就这么赶着鸭子上架，定了。"再说福州组的郑丽生，1949年前在报社工作，二十四岁就任总编辑。他藏书无数，厦大、师大图书馆和省图书馆均可见到印有其名的书籍。他曾是文史馆馆员，属于社会贤达人士，我们把他请来，之后有好几位文史馆馆员进了福州组。《汉大》是特定历史时期的产物。福建省从最初一个厦门大学编写组，到福州、厦门、莆田、龙岩、龙溪、晋江、建阳、三明、宁德等地、市都成立了编写组。有些地、市在工厂、农村、部队、机关、学校成立了专业和业余编写小组，实现了全省大协作。

这是我们在那段时间里所做的主要工作。

福州市：1976年9月福州市成立词典编写领导小组办公室，由市委宣传部和教育局直接领导，组长吴西成，建立起福州市"《汉语大词典》编写中心组"，并在电信局、电表厂和福州师范成立三个编写组。福州市组借市五一广场会场组场地办公，1983年迁到福州市教师进修学院内办公。

厦门市：厦门市词典编写组成立稍晚一点，先后由宣传部洪开渊、林美治，厦门进修学院院长上官世文兼管。

莆田地区：1976年8月由莆田地委宣传部部长裴凤华、地区教育局局长张勃领导建立莆田地区组，曾秋钦任行政组长、游敦基任业务组长。

龙岩地区：词典编写领导小组组长由龙岩地区教育局局长蓝天兼任，副组长是龙岩二中黄金许和永定一中卢郁蕴。领导小组抽调编写人员，成立了龙岩地区编写组。

龙溪地区：1976年8月成立《汉语大词典》编写领导小组，随即成立龙溪地区编写组。地委宣传部部长张全金、萧葆华及地区教育局局长陈玉璋先后担任领导小组组长，郭奎光任编写组组长。有编写人员8人、顾问1人、资料员1人，另聘请退休教师4人搞收词工作。同时在龙海、诏安两县成立两个分组，共10人，其中退休教师7人、在职教师3人，负责收词工作。龙海组于1978年年底撤销，诏安组于1980年年底撤销。

晋江地区：1976年10月成立晋江地区编写组。初始只有5人，地委副书记李俞平、宣传部正副部长都非常关心，逐步充实人力，增至8人。1978年后由黄梅雨、林祖慰主持编写工作，曾天水负责后勤。

建阳地区：1976年8月成立领导小组，9月成立建阳地区编写组，由建阳地委宣传部副部长黄文清分管。建阳地区教师进修学校领导陈哲生任《汉语大词典》建阳地区编写领导小组办公室主任，教师林齐民任副主任。办公室配备四名专职干部，并在全地区的十个县、军分区和部分工厂、学校、机关等单位成立了23个编写组，计195人。1977年，减为11个协作组，计90人。1981年整顿调整留下十几人。1982年进一步减至12人，编写人员6人，资料员4人，后勤、兼职各1人。

三明地区：1976年8月成立三明地区中心编写组、永安县中心组，同时在部分县（市）、工厂、部队、机关、学校、财贸等单位，先后成立了31个业余编写组，此后调整为18个业余小组，共90余人。

宁德地区：建立了编写组，但建组情况我不清楚，手头也无资料可考。

编写队伍基本是以各地市的教师进修学校为中心，吸收语言文字、文史底蕴深厚的退休教师、社会人士为核心组建起来的，一时间，福建省建立起专业和业余编写组75个，在收词制卡阶段实行"人海大战"，参加收词制卡的工作人员一度多达658人。

1977年9月，青岛第三次《汉语大词典》编写工作会议之后，我们总结一年来的经验教训，根据新任务的要求，适当调整了编写组，保留并充实地、市和一些县的编写组，业余编写组在完成收词制卡任务之后撤销。进入编写条目阶段，我省多数地区组建的业余组都已撤销，只留下地、市中心组。

1978年8月4日，福建省教育局与出版局联合向省革命委员会递交《关于加快我省词典编写工作的请示报告》，11月6日，福建省革命委员会以"闽革〔1978〕综399号"文件批转下发此份报告，把《汉语大词典》列入我省社科研究项目，批准《汉大》编制80名，划归教育事业编制。名额分配：厦门大学15名，福州市11名，厦门市8名，龙岩地区10名，建阳、龙溪、晋江、莆田地区各9名；省财政厅划拨给词典编写经费（经费是五部词典合用，共七万元，1984年到1994年调整为三万元），从而解决了编制和其他多项问题，建立起比较稳定的专业编写队伍。

此后，厦大、福州、龙岩、建阳、晋江、莆田、厦门、龙溪等八个中心组转入编写条目的工作，三明、宁德撤编。到1978年年底，厦大8人、福州15人、龙岩14人、建阳21人、龙溪16人、晋江10人、莆田13人、厦门6人，全省共有编写人员103人，大部分是厦门大学、各地市教师进修院校的教师和部分中学教师及文史工作人员。1983年我们又做过一次统计，福州增4人、龙岩增1人、龙溪减3人、建阳减8人、厦门增5人，其余未变，全省编写人员共102人，其间临时工10人、调走8人、病逝19人，编写、资料和行政人员共计83人。

鉴于编写《汉语大词典》是一项长期连续性的任务，福建人民出版社增设了辞书编辑室，省编制委员会给予10个编制名额。完成《汉大》任务之后，辞书编辑室成为编纂中外语文词典的一个部门，继续发挥作用。

三

福建编纂《汉语大词典》的工作遇到不少干扰和困难，并非一帆风顺。建阳组反映：1977年招生工作开始后，顺昌、建阳、南平、邵武以及有关工厂的骨干编写人员，陆续被原单位抽回。有的组虽然补进一些人，但都是新手，一来便承担一些古书的收词任务很吃力，影响工作进展。原本调进编写组的多数是教师，一到位便全心全意扑在《汉大》工作上，同原单位联系少，关系淡漠，编写人员评职称、调整工资、分配住房等问题受到影响。我们"词办"一方面及时转发教育部下发的有关文件，如"（79）教高一字88号"文件《关于〈汉语大字典〉〈汉语大词典〉编写人员相对稳定和评定职称、调整工资问题的通知》，1980年1月5日"闽词办（80）1号"文件转发胡耀邦批示，敦请有关部门履行教育部、国家出版局等下达的有关文件，等等。为此，我们花很多时间到教育部门陈述编写人员的情况，要求一视同仁，公平对待这些编纂人员，这类事或是杨云领头，我们跟随；或是张秋泉出马。杨云、张秋泉与"词办"的每一位同事都很关心编写人员的思想、工作、生活和职称评定,特别是老局长杨云,为评定职称、调整工资等难题多次跑教育部门,多方交涉,最终总算帮助他们一个个解决了具体问题。

1984年初稿任务基本完成,留下来审稿定稿的主要是编委和个别编写组的骨干,但"词办"并没有忽视此项工作。1985年,"词办"给继续留下参加《汉大》工作的黄金许、陈林茂等人的主管部门寄去教育部"(84)教办字122号"文件,请原单位不要另外分配他们担任教学和其他科研工作。1987年8月24日,又给被国家教委确定为继续参加《汉语大词典》定稿的编写骨干的单位寄去教育部"(84)教办字第064号"文件,告知"由组织上委派参加词典编纂的教学科研人员,为此书所付出的劳动,应计入教学工作量",他们的晋升、生活福利等方面的问题,请按中共中央办公厅文件办理,重申不要另外分配他们担任教学和其他科研工作。

定稿队伍稳定了,"词办"与编写人员也成了亲密无间的朋友。"词办"的举措带给他们温暖,大大调动了他们的积极性,编写组同仁不管大事小事、公事私事,凡遇到的困难,都愿意向"词办"同仁倾诉。张秋泉主任慧眼识英雄,他能从原先素不相识的一百多名编写人员中发现他们的才能和优点,并将之安排到适当的位置上,充分发挥其作用。后来的事实证明,这些同事绝大多数都能很好地胜任所承担的写稿、审稿或定稿任务。

四

为了保证完成我省《汉语大词典》编写任务,省财政局从一开始就给予财政拨款。1978年11月6日,福建省革委会发出"闽革〔1978〕综399号"文件,把《汉语大词典》列为我省文化建设的重点科研项目,并确定由省财政厅拨付专款,专项使用,"词办"自始至终管理这些经费的使用,确保这笔钱用在《汉大》的刀刃上。我们主要做了三件事。

1. 严格掌握各组开支

由"词办"打报告,福建省财政局、出版局联合发文列明能够报销的事项:

(1)各地、市编写组,包括地、市组织的专业和业余编写小组,有关编写工作的会议费、公杂费,不脱产编写人员的差旅费、生活补贴费(每人每天生活费四角和误工补贴四角),聘请退休干部、职工、教师等参加编写工作付给的工资差额,根据当地的财政规定和开支标准,在各地、市的宣传业务费中开支。

(2)编写工作中需要的收词用书和有关资料、卡片等,由福建省出版局负责供给,或由编写组先行购买,经当地有关领导审批,向省出版局报销。

(3)有些特殊问题,当地确实不能解决的,可另行协商妥善解决。

之后有过补充通知等新规定，但都是本着精打细算、力求节约的原则，按年编造预算，专款专用。

2. 核实各组经费报销

《汉大》经费由省出版局一位会计和一位出纳兼管，"词办"不管钱，只监管各个编写组经费开支的使用情况。编写组经费开支按原始单据和发票、明细账列表寄到"词办"，之后由"词办"上报省出版局财务处审核，采取实报实销并附单据报销的办法。因各组财务支出多是委托宣传部、教师进修学院财务处代办，寄单据有实际困难，所以从1982年起，原始单据留在原单位财务处。

当《汉大》工作结束时，"词办"与各编写组结账，有的组非常认真地做了历年明细账，如莆田组；有的简单处理，算完账将余款直接寄来，如建阳组林齐民在给"词办"的信中说："我们已于11月26日和27日两天，分别按退款和结余款两项用途，共汇去人民币2814.06元，请您到贵社财务室查收。"

编写工作告一段落，1983年12月13日，"词办"发文凡用词典经费购置的图书资料和其他物品，均系福建人民出版社的财产，请各编写组登记造册妥善保管。编写任务全部完成后，"词办"派人清点处理，图书有的转给当地，有的收回到省人民出版社。

在编写任务完成后，各编写组退休人员的补差工资和聘请人员的工资，发至当年12月为止。

3. 管理稿费分发

上海编纂处发放的稿费均寄省出版局财务处，由"词办"给出花名册、开具发放单，经"词办"领导签字后，个人到财务处领取，在外地的编写者则由局财务处转寄过去。

五

资料乃是编纂《汉语大词典》的基础。收集资料是我们的重点工作，"词办"很多精力都花在收词制卡上。倪海曙先生说："词典工作本身就是资料工作，词典工艺学基本上就是资料的浓缩。"资料为收词、立目、释义、用例等提供依据，一摞摞卡片合成的资料就是通往释义的阶梯。在《汉语大词典》开始编写之前，我省将搜集资料当作一个工作阶段来抓，从1976年9月至1978年12月，历时两年四个月。那时如雨后春笋般建立起来的几十个编写组，成立伊始便投入收词制卡的工作中，同时积累资料，贯穿始终。

1978年9月黄山会议前，全省从11部词书剪贴制卡55232张，从137种古今书籍收词制卡220260张，合计275492张。其中各组收词制卡情况是：龙岩收词书籍14种，制卡

56476 张，其中《文心雕龙》引得卡 43700 张；龙溪 15 种，42578 张；莆田 16 种，32916 张；建阳 14 种，22859 张；三明 12 种，16787 张；厦大 16 种，11410 张；厦门 9 种，9707 张；晋江 13 种，8205 张；福州 18 种，6683 张；宁德 10 种，6339 张。黄山会议后，建阳组负责剪贴《经典释文》一书，共制卡 7 万张。建阳组前后制卡总数 11 万张，为各组之最。转入编写条目阶段后，各编写组仍继续收集资料，制卡贯穿于编纂工作的全过程。这期间我省新增收词书目约 235 种，又制卡二十多万张，龙溪组制卡多达十万张。福建省前前后后共制作资料卡片约 60 万张。

下面简要介绍我省收词制卡的简况。收词制卡，首先要有所需的图书。万事起头难，回想当初我省《汉大》上马之时"书荒"严重，许多编写组没有工具书和古今收词用书，人力、物力、财力及工作条件都比较差，但为编好"争气书"，有条件要上，没有条件也要创造条件上，各个编写组想方设法地寻觅图书。福州组向亲戚朋友借书刻印，有的编写组到处写信，通过亲戚朋友转了几道手，从北京、东北等地借书，有的小组派人四处求购，龙溪地区诏安县组派人专门到广东梅县和江西瑞金商借图书，建阳光泽县组一再派专人赴上海等地购买图书并到多处院校借用图书，莆田组由游敦基经手向莆田六中借用几百册线装古籍，凡此等等，大家各出其力，想尽办法找书，演绎出一个个感人肺腑的故事。下面我怀着崇敬的心情介绍一桩为支持《汉大》工作而亲自动手抄写藏书的动人事迹，那就是中华书局沈锡麟为家乡父老抄书的故事。沈锡麟是福建诏安人，从北京大学毕业后分配到中华书局工作。1977 年，从与家乡亲友的联络中，了解到诏安中学几位退休老教师受聘参加《汉大》工作，但图书资料缺乏，很受困扰。于是他替诏安组购置参考书，还积极帮助寻找收词用书，如《元氏长庆集》《诗数》等书，就是经他向中华书局借出再转借诏安组的；《诗词曲语辞汇释》市场早已售罄，他通过私人关系，动员持有此书的朋友出让，然后寄给诏安组；有一部丛刊是 1967 年上海嘉定的出土文物资料，是研究中国文学、戏曲和版画史的参考书，沈锡麟查阅中华书局仅有一部藏书，而且属于不能外借的"特种藏书"，写信托人都购买不到，便想出"手抄"的笨办法，他亲自动手，利用工余时间抄写，不仅字字工整，而且仔细勘正错别字，他在信中说："该书作为当时的通俗读物，用了许多异体字、简化字、借用字；由于抄印之间的不慎，也有许多错别字。凡我能看懂、'猜出'的，均用红笔加（注）于本字上面，供你们参考……看来作者、说唱者均为北方人，老师们辨别同音假借字时，请用普通话，那样，效果好些"。这部丛刊共 17 种，约二十多万字，抄写已够辛苦了，他还做了大量的校勘工作。如第一种《新编全相说唱足本花关索出身传（前集）》一万字左右，他加注就有四百多处，还分别用不同颜色、不同记号标明，页尾更注明为什么错误、疑为什么之误，或原文如此（残缺的疑难字），为编写人员提供诸多方便，节省许多精力。他为使用资料的人想得非常周到，舍己为公默默奉献，值得我们尊重，也应该为他记上一笔。

随着时间的推移，编纂工作逐渐走上正轨，福建省革委会专门在文件中提出加强图书资

煌煌辞典著春秋 ——《汉语大词典》出版背后的故事

料建设的意见；各编写组也先后购置到一批图书；福建省图书馆、师大和厦大以及各地市图书馆，都为编纂《汉语大词典》开放服务，各县文化馆、学校图书馆，凡有编纂《汉语大词典》需要的古籍，如《四部丛刊》《四部备要》《古今图书集成》等书，都尽可能调出来供编写组使用；"文化大革命"中封存的古今图书，凡属编纂工作需要参考的，由编写组借阅使用；各地新华书店也优先供应所需要的图书资料；各有关单位也为编写人员查阅图书提供方便，打开一条绿色通道。我们"词办"用相当一部分词典经费购置图书，成立了资料室，还常常义务帮编写者查对资料。

按书收词，接下来的目标是"广积资料"。广积资料是指积累第一手资料和第二手资料。上面提到的剪贴卡属于第二手资料，主要是从现有辞书、各种文献索引、各种韵书类书，以及从前人的研究成果中搜集到手的资料。我们从前人成果中吸取精华，追溯其原本出处，经考核订正，即成为可资借鉴的有用资料。我们所做的卡片绝大部分是直接从书籍文献、报刊中搜集的第一手资料，这些一手资料为综合分析、确定词目、提炼义项、解释词义、选择书证打下坚实基础。1977年9月，在青岛第三次编写工作会议上，福建新承接102种书籍的收词任务，明代古籍88种，现代书籍14种。1978年2月，上海《汉大》办公室召开第三次办公室工作会议，我们又承担清代一批书目。

每个编写组接受收词制卡任务后，回去便拟定执行计划。如漳州会议过后，各编写组根据省"词办""关于《汉语大词典》1978年1—8月工作初步意见"的指引，结合本组实际情况，安排工作进度和分配任务，明确负责人和完成时间，并指定专人负责卡片的编排管理。全省编纂者对于收词制卡的每一个环节都非常认真。他们深知：收集资料要以十当一，编写条目才能以一当十，只有拥有翔实丰富的资料，《汉语大词典》才会以崭新的面貌展现在读者面前。我省收词制卡的具体做法大抵是：

1. 选词制卡　严格要求

收词制卡有两种方式：选择式和索引式。制卡伊始，建阳组从《毛泽东选集》收词用的是索引式，又称引得式，就是把《毛泽东选集》里的每个字每个词都做一张卡片，把《毛泽东选集》中全部字词扫一遍。索引式收集资料的方法工作量太大，在没有电脑的手工制卡年代，耗时费力，全部做完不知要搞到哪一天。我省只有《毛泽东选集》和龙岩组搞《文心雕龙》采用索引式方法，其他都用选择式方法制卡。

所谓选择式，就是选择对编纂有用的字词资料，填写到卡片里。汉语大词典编纂处会同五省"词办"，为资料卡片制定了统一的格式，并形成《关于统一制卡规格的一些注意事项》一文，我们制卡时也严格按照此项规定去做，用完了上海寄来的空白卡片，我们还自印了好几次卡片。抄写卡片看似简单，操作起来却有讲究。首先，要做到字迹清楚、文字规范，认真填好卡片上的每个项目，词目、例句、书名、作者、版本、册数、卷数、页码、栏别、行数，还有部首、笔画、音序。摘录时按原文照抄，异体字、避讳字、通假字等一律保持原样，即使认为是错别字，也不能随便删改，只能附注说明。摘录完一定要逐字逐句复核一遍，保证准确无误。制作卡片可是细致活，马虎不得。选择式可用较少的人力物力、较短的时间搜集到大量适用资料，但这种方式带有一定的主观随意性，比如选择词语、选择例句。选择词目、摘录引文，必先读懂原文，弄清句读，并比照"收词原则"仔细考虑，才能收词准确，不丢不漏，如遇到疑惑疑难问题则彼此切磋，互相启发。

认真复查，避免差误。做出一批卡片，就要复查一遍，各个编写组都是这样做的，这是一项定规。厦门市编写组曾做过一份复查小结，总结出合格资料卡必须做到的几个方面：词目、部首、笔画正确；词目用繁体字书写；划词断句正确；例句费解之处加附注。他们概括出广积资料必须注意的两个基点：一是凡现有辞书未收的词语，尽可能对其释义、用法作必要说明，摘录的例证应有使用价值。二是凡现有辞书已收的词语，注意发掘新义项资料，搜集可资反映源流演变的新书证资料。这种做法为《汉语大词典》编出新水平提供了不少有价值的资料卡片。

2. 卡片按语　锦上添花

在选词选资料制卡的过程中产生的心得体会，往往很有价值，有以按语或说明写到卡片上，也有长文贴张纸的，甚至有详细说明写成信附于词目资料袋里的，那么这张卡片或其说明就有特别的价值。例如福建《词典编写工作简报》第51期刊载的龙溪组陈林茂《审稿纪事》，该文第一节标题为《郑丽生先生的一封信》：

打开"事人"这词目的释文资料袋，在卡片和释文稿中发现了郑丽生先生用遒劲笔画写的一封信，全文如下：
厦大中心组：

我先前分工编写"亅"部词目（"亅"部后归入"乙"部。），有"事人"一条，原释文义项③……"因亦作妓女应客之词。"下引周亮工《书影》为书证（笔者按：乃据卡片资料）。偶检明杨慎《升庵全集》见有一条，文句与《书影》相同。知周亮工乃致前人之说。杨慎时代在前，似应改用《升庵全集》为书证。兹补制卡片一张寄上，请在定稿时作出处理为荷。

校对原著，郑先生的卡片准确无误。

陈林茂已遵照郑先生的意见，删去周亮工而换上杨慎的名字。一张小小卡片，短短的三言两语，常常为提高释文质量作出贡献。

3. 认真复查　避免错漏

即使很认真，有时一些有用的、甚至很重要的资料，在第一次看书收词时，稍不注意可能就忽略过去了,因此,就有了进行复查的规定。我省在每部书收词告一段落时,都根据《资料工作会议纪要》提出的"注意事项",采取个人复查与协作复查相结合的办法及时复查,发现问题,纠正错误,拾遗补阙,各编写组都遵此执行,即使小的分组也不马虎。例如龙溪地区诏安编写组,该组人虽少,却都兢兢业业,复查《搜神记》卡片查遗补缺,仅一个月,又增收该书资料卡八百多张。他们特别重视补收《搜神记》中反映魏晋南北朝语言特色的民间口语资料,如"比舍"增收"比邻、邻居"一义的卡片,"不知人"增收"不醒人事"一义的卡片,等等。他们还注意收录当时习用语"可爱""欢娱""好色""哀恸""颠仆""言笑""自以为"等资料卡。

借复查的机会,各组还细心阅读收词用书,比勘现有词书,对词目、例证进行分析研究、综合比较。我省起初对单音词、常见词等重视不够,通过复查补收,弥补了这方面的缺失,提高了所收资料的质量。厦门组还要求在每部书复查结束后做小结,写出心得体会,拿到业务学习会上交流。

4. 注重检查　交流经验

开始收词制卡时,针对编写人员还不大熟悉工作,而编写组又分散于省内东西南北中的情况,省"词办"于1977年12月8日到27日,组织了一次全省收词工作巡回检查。各地(市)编写组和厦门大学编写组都派人参加,并邀请汉语大词典编纂处莅临指导。这次巡回分东西两路进行,东路沿宁德、福州、莆田、泉州,西路沿武夷山、建阳、三明、龙岩、漳州,最后两路都汇集厦门交流经验,将收词制卡规范化并加大了推进力度。1978年3月2日至10日,"词办"在漳州召开编写会议,交流收词制卡广积资料的进展情况。

收词制卡阶段从1976年9月至1978年12月,历时两年四个月。参加者大都是从学校抽调来的中文骨干教师或各个地方推荐的语文佼佼者,但对于编纂词书,大伙儿却全是门外汉。虽有收词原则,然见仁见智,主观认识差异较大,理解得很不一样。1977年6月初,《汉语大词典》领导小组办公室在金华召开会议,尝试以《毛选》收词进行比试,结果差别极大。当时争论得非常激烈,有的主张重点收录,有的主张全盘收入,最终结论确定以"三新"——旧辞书未收的"新词、新义、新例"——作为收词制卡的重点。

因以"三新"原则作指导,早期收词制卡大受限制,漏收大量有价值的第一手资料。实践说明必须破除"三新"原则,不然做不到广积资料。龙溪组郭奎光组长带头突破"三新"框框,广泛收集词语资料,多制卡。比如收制《焚书》和《续焚书》中的成语典故资料,不仅收约定俗成的成语,也注意收录成语的不同表现形式。他们根据这两本书的语言特点,总结出一套收录成语典故资料的做法,由两个复音词合成的成语当新成语收录,由复音词扩展来的成语当作相关词目的"附见条";词义相近或相反的则作为"参见条"收录;形式和词义古今一样的成语,当作例句资料制卡。

青岛会议提出"广积资料"的要求后,龙溪组组长综合他们的做法和意见,写出《我们是怎样广积资料的》文章，在当年福建《词典编写工作简报》第一期上发表。文中的一些看法，被吸收进指导收词制卡的意见《当前广积资料工作中应注意的事项》中，发挥了规范整个收词制卡工作的作用。龙溪组"广积资料"的正确导向推动了该组的收词工作，制卡数量大大增加。龙溪组组长进而提出"制卡要为用卡人着想"的原则，组员遵照去做，做出的卡片数量多，例证多，质量高。省内外各兄弟编写组评价龙溪组做的资料卡"有创造性，有特色，使用价值高"。

《汉大》是以"大兵团作战"的面貌诞生于世的，它是特定历史时期造就的产物，而福建特别典型，尤以三明、建阳最为突出。我简述一些他们"广积资料"收词制卡的情况，其中有经验有教训，记载下来或许可资后人镜鉴。

三明组，专业与群众相结合。三明地区设有2个中心组和31个业余组，是以专业组、业余组、工农兵互动的方式开展收词工作的，大致从1976年8月至1977年8月，约莫一年的时间。三明地区组的做法是：第一步，开专业会，提高认识，明确要求。1976年召开省词典会议后，三明立即开会传达省会议精神，学习"收词原则的规定"，接着组织全体人员参加省在三明地区召开的编写工作座谈会。1977年，"词办"在三明地区永安县召开《毛泽东选集》五卷、近代小说和古典诗词选词工作座谈会，提高大家对高举毛主席伟大旗帜，做好《汉大》工作意义的认识，进一步明确收词的指导思想、具体要求和制卡方法。第二步，试选练兵，分组选词，集体审订。三明中心组从承担的各部书中，都选出部分有代表性的文章或诗词先做试选练习。如毛泽东著作选《反对投降主义》，《唐五代词》选二十多首词，《二十年目睹之怪现状》选第一、第四两回。通过解剖典型，发现问题，研讨选词的原则和方法。之后将这些做法和体会带到业余组去介绍讨论，取得共识。业余组之间也采用这种方法。三明地区中心组承担的每一部书，都在分组选词的基础上集体审订。如1976年他们召开《毛泽东选集》二卷制卡汇总会议，就邀请业余组13位代表和专业人员一起进行复审、汇总，一起总结经验教训。第三步，到群众中学习先进，交流经验。三明中心组四位同事时常走出办公室，走访地区内三县一市和省地其他业余组，学习人家的好经验，结合具体任务互学选词的基本知识。三明中心组同省内其他中心组和业余组之间，还交换收词制卡经验，如交流自由词组取舍、政治性词语立目问题的做法，以及从古诗词中选收成语典故和辞藻性词语等方面所积累的经验，以期促进选词工作，提高收词制卡质量等。

建阳经验是区片活动。建阳地区对《汉大》工作特别重视。建阳地区领导小组先后在邵武、顺昌、崇安召开编写工作会议，谈收词经验体会，对于普遍性的疑难问题，如收词宽严问题、选收成语及合成词等问题进行讨论、交换意见，以求得共识，提高收词制卡的质量。1977年6月，五省一市编写工作会议在浙江金华召开，林齐民去参加会议，一回来就开会传达贯彻，总结交流了收词划词的经验，弄清了收词和划词的异同，收词制卡从感性认识提高到理性认识，开始进入编纂词典的门径。他接着讲了单音词、虚词、专科词的收词问题。会议之后还举办了收词制卡培训班。建阳地区没有设立中心编写组,编写组分散在全区各县、市。全区分为四"片",按"片"落实收词任务,把收词用书依照古小说、文集、笔记杂著三大类别,分配到各个"片"。因为当初按"片"分配任务,同一类书籍例如笔记杂著往往派给几个组收词制卡,所以汇总卡片也采用按"片"收集的办法,以保证把同书的卡片集中到一起,方便核查纠错、查遗补漏。1978年4月,就汇总《醒世恒言》资料卡片一事,召集承担此书任务的南平片三个编写组开会,还邀请了其他片的编写组派代表参加。大家相互查看卡片,找问题话短长,统一标准,订正差错,共同探讨,解疑释难,很是热烈,会议开的颇有成效。建阳负责《毛泽东选集》第四卷的收词制卡任务,完成得较好。

　　1977年至1978年上半年,我在崇安工作,建阳片区活动一一亲历,在编纂《汉语大词典》这条路上,我遇到两位帮助我、教诲我、影响我的人,至今仍铭刻在脑海里挥之不去。崇安与邵武、建阳是合作组,你来我去,时常聚在一起商讨如何收词,如何尽多积累资料。崇安组只有我和王紫琴两个人,我们一起合作。邵武主要是福建师大中文系下放的叶维华老师,他教现代汉语,特别是对拼音非常熟悉。请他查一个词,只见他一翻《现代汉语词典》,那个词就跳入眼帘,我和王紫琴佩服得五体投地。每每见面,他都给我俩授课,讲字的形音义,讲收词,讲制卡中遇到的各种各样的问题。建阳的文安朗是一名中学老师,古书堆里爬出来的老学究,深谙古文。两个人一今一古,是我和王紫琴的启蒙老师,而从《毛泽东选集》和其他书收词制卡则推动我们迈开编写词典的第一步。

　　转入编写,最后一道工序是整理资料。这道工序很重要,很细致,很复杂。

　　《汉大》是按部首分工的。首先要把所有的资料卡片按部首归类,再按单字复词归并,计算字头除去部首后的笔画数,然后按画数多少的顺序排列,如第一个字笔画相同,则按第二字的总笔画顺序排列。这看似很容易,操作起来却很费事、麻烦、琐细。搞不好弄得很乱,就得返工。福州组起先不太重视,走了一点弯路,后来全组齐上阵,脚踏实地、一板一眼去做,才把笔画顺序杂乱无绪的"火"部卡片按笔画顺序编排好。

　　整理排比卡片是很繁重的工作。因是五省一市协作,我们收到不少分错部首、算错画数的卡片,甚至还有错寄部首的卡片。这些错位、错部首的卡片,都得细心翻查抽出来,回归原位,或退还或转寄给别的编写组,还得列表说明处理意见等等。整理过程还遇到各种问题,单就繁、简、俗字已复杂难辨。虽然如此麻烦琐碎,但每个编写小组都认真对待,归纳汇总,做好做妥。省"词办"了解各编写组所承担编写的部首卡片之调集和整理情况,掌握旧辞书剪贴卡片、各组从收词用书制作的新卡片、从用书以外书刊中收词制作的卡片的情况,这些卡片分别统计到个位数,并各算出百分比、作出数量质量的综合分析判断。当年"词办"统计资料卡的工作,做得是很细致的。

　　整理好资料卡以后,各编写组下一步工作就是依据资料卡的词目,排出拟收录词目的词目单。具体做法是:凡从现有同类辞书上的词目剪贴下来的皆算作第二手资料,我们称之为旧卡，作为确定词目的重要参酌材料；凡我们自己按书收词的则归入第一手资料，我们称之为新卡。新卡必须全面认真审查，弄清词义而后确定收、删或存疑，做成初步选定的词目单。从资料卡片初步排列出来的词目单中选取拟入《汉语大词典》的词目。各个编写组均是先按字头带复词的顺序分好资料卡，然后依照字头的笔画顺序排列出来，誊写好供初审定词用的卡片资料表，由小组初定词目单提交全组讨论，经最后审定者认真审查通过，便成为编写组初定的词目单上报省"词办"。这个定词目单的每一道程序，都是安排在新旧资料基础上进行的，一环扣一环，比较合理、合乎实际，还算细致严密。

如上所述，我们从零点起步，建立了组织，稳定了队伍，培训了人员，积累了图书资料，既完成了收词制卡的任务，又聚集起一批人才，还摸索出一些经验，开始向编写条目阶段进军。

六

简单说一说福建所承担的部首的编写概况。1976年上海会议，分配给福建编写"火""爪""父""爻""爿""片""牙""牛""犬""玉""瓜""瓦""甘""生""田""疋""疒""癶"总共18个部首；1978年9月黄山会议上又增加"丨""丶""丿""乙""亅"5个部首；1982年无锡会议上再增加"口"部；1983年又增加七个部首"日""方""无""斤""斗""门""宀"，后来又增写"一"部的三个字和"宀"部的"玄"字，总计31个部首，外加"一"部的三个字和"玄"字及其所带复词。"亅"部出版时并入"乙"部，"玉"部改为"王"部。

1978年12月17—24日，在福州召开全体编写人员参加的编写工作会议，通过会议纪要并由省委宣传部批转各地。这次会议主要议题是把当时我省负责编写的25个部首分配到编写组。我们把25个部首划分成八个单元，按照单元分给各编写组。但这样做比较分散，不便于共同研究，出成果也比较慢，每个组差不多都要三年时间才能按单元交稿，也不利于全省统一审稿修改。因此，1979年6月8—13日在厦大又召开编写组负责人会议，重新规划调整全省的编写工作，决定全省按单元统一安排力量进行编写，根据各编写组的实际人力，就八个单元25个部首重新分工，还协调订出进度时间表，规定了各编写组逐年完成的定额。计划1979年编写完成两个单元"丨""丿""亅""乙""瓜""瓦""田"7个部首的初稿；这7个部首第一步先写2个部首，由龙岩组和晋江组提出词目单，厦大中心组负责汇总，再按汇总的词目单划分到各编写组编写，当年编完。1980年，再拿出三四个单元的初稿，争取1981年上半年，拿出最后两三个单元的初稿文本。每个单元的初稿由各编写组分工编写，然后由厦大中心组从各组抽调编写人员集中审稿修改，作为福建省的初稿，送上海编纂处审订。

煌煌辞典著春秋 ——《汉语大词典》出版背后的故事

在实际编写过程中，任务分配、编写初稿、审稿、交稿等时间稍有变动。从1978年年底开始，逐步转入编写阶段，至1984年，各个编写组均保质保量圆满完成了编写任务。编纂处为我省编写的20个部首编发印制了初稿本（又称"工作本"），情况大抵如下：

《汉语大词典》第一卷中的"丶""亅""丿"三部，约1200条，17万字，由八个编写组协作编写，是我省编写的第一个初稿本。初稿1979年上半年完成，同年8月在厦大召开"丿"部审稿会议，各组3—4人参加。集体讨论，提出修改意见，其他省市编写组也陆续提出过不少书面意见。之后省编委会从各组抽调编写人员分别在厦大、福州进行审改，最后经黄典诚、洪笃仁审阅，1980年6月送上海编纂处。

"丨""乙""瓜"三部约2215条，28.3万字，也是由我省八个编写组协作编写，其中"丨"部由莆田、龙岩、龙溪、厦门、厦大组编写，"乙"部由建阳、福州、晋江、龙溪、厦门、厦大组编写，"瓜"部由晋江、龙溪、厦门、厦大组编写。"乙"部和"丨"部由厦大、"词办"组织力量复审，"瓜"部初稿由晋江组复审，经洪笃仁审定，于1981年3—4月送上海编纂处。

初稿本"瓦"部约400条，由福州、建阳编写。

"火"部6854条，福州组编写1—11画，12画以后由建阳组编写。以上各部都经过小组初审，转洪笃仁副主编审定，再送上海编纂处。其中第一批送出1147条，约12.4万字，由吴西成、吴辉煌、陈玠、陈鸿铿、陈衡铨、林家钟、郑丽生、柯在实、郭毓麟、徐天胎、董珊、鲍乐民、廖宗刚、薛有祺共十四人编写完成。吴西成负责审稿，参加审稿的还有郑丽生、郭毓麟、廖宗刚、吴辉煌、林家钟、柯在实和董珊。"词办"此后又送交上海三批"火"部稿件，其中福州组2300条、建阳组1400条，都印制了初稿本。

龙溪组编写的"犬"部共3000条。其中龙溪组1980年编写的1059条，约11.8万字，由陈林茂、何万年和部分编者审稿，经洪笃仁复审，于1981年10月送上海编纂处，1982年4月印出初稿本。

厦门组编写的"牛"等几个部首也出了初稿本。

"爪""父""爻""爿""片""牙"等6个部首，1001条，15.4万字，由厦门组陈维廉、陈可强、范晖、黄风、戴光华编写，龚蚌生、杨炳淮、陈延祐初审，洪笃仁复审，后送上海编纂处，1983年3月印出初稿本。

龙岩组编写的"王"等几个部首，1981年送上海编纂处，同年12月印出初稿本。其中黄今许、卢郁蕴、赖元冲、杨柏奎、陈培基、康建勋、丘亮弼、张仰望、陈保存、蔡景成编写920条，黄今许、杨柏奎、赖元冲初审，洪笃仁复审，约14万字。

晋江组的"田"部0—5画960条，12.1万字，由沈寅生、沈翰奎、陈方元、林双华、林祖慰、林树人、黄梅雨、曾天水、颜松和编写，沈寅生、黄梅雨、林双华初审，洪笃仁复审，1981年送上海编纂处，1982年出初稿本。

莆田组编写的"甘"部、"疋"部和"用"字条目，计14万字，1982年印出初稿本。

"甘""疒""用"三部由方辉绳、吴幼清、林祥明、陈长城、陈国培、张振书、翁穗贤、程永言、曾秋钦、游敦基、詹进明编写，陈长城、游敦基、张振书初审，洪笃仁复审。

另，"口""日""方""无""斤""斗""门""冂"和"一"部的三个字头，乃上海编纂处直接约请福州、莆田、晋江、龙溪、龙岩、厦门等六个编写组的骨干编写，初稿交编纂处直接复审，省里不担审稿之责，还有"门"部的"内"字和复词是编纂处编写的。

七

"词办"同仁自始至终全身心投入组织指导福建省的编写工作之中，可谓竭尽所能。省"词办"参与了《汉语大词典》编纂的全过程和各个环节的每一项工作，"词办"同仁，既是共事的战友，又是亲密的挚友，共同的事业把大家紧紧联系在一起。我们在张秋泉带领下齐心协力，付出日日夜夜的辛劳，挥洒了无数的汗水，无私奉献自己的青春和美丽年华。我们"词办"在工作中人才也培养成长了起来，有的走上重要的领导岗位，有的成为出版社的骨干力量。

为发挥"词办"在业务方面的协调指导作用，无论是学习体例、收词原则抑或引书格式，还是收词制卡、试写条目、编审释文，"词办"同仁均是先走一步，努力学习、领会吃透，做到心中有数，倾尽所能地工作。为《汉大》服务，我们还做了太多太多诸如撰写报告、组织会议、调拨资料、分配任务、上传下达、收信复信、分发简报、迎来送往等事务性工作。为提高编写人员素质，又是检查交流，又是办研讨会，又是编写印制简报，接连不断的大会小会，一天忙到晚，从月初忙到月底，从春天忙到冬天，十八年的风雨历程令我永志不忘的事情多之又多。拂去岁月的风尘，往事历历在目，宛如昨日。下边略述一二，从中可见一斑。

1. 扬帆起航　战前练兵

组织试写条目，以取得经验。编写词条文稿是编纂《汉语大词典》的中心环节。福建编写人员虽然经过三年收词制卡的锻炼，但当中几乎没有谁真正编过词典，更何况分散在全省七个地市和一所大学，有的还地处偏远。为使编写者获取经验，尽快熟悉编写规律，五省"词办"和上海办公室商定，首先试写63条词目文稿，1978年5月12日上海又通知追加试写第二批96条词目文稿。两次试写，我们"词办"都立即行动，布置各编写组认真拣出我省搜集到的63条和96条的资料卡片，复制一批，及时转给其他省市，并在我省布置试写。一段时间，福建简报上刊登的都是试写条目的讨论稿。

继63条、96条试写之后，"词办"主动采取措施，在我省《汉语大词典》第二次编写工作会议上作出决定，从1979年伊始，用三个月的时间试写"丨"部。"词办"要求各编写组把"丨"部的资料卡寄到龙岩组，上海办公室也协调其他省市将"丨"部的资料卡转给龙岩组，由龙岩组统一制定词目单，由"词办"组织人力审定词目单并确定试写的词目，经过这几道程序，确定"了""事"二字和复词为本次试写的词目，在全省各编写组同时试写。我们"词办"同仁在学习"编写体例"的基础上，率先试写"事""事体""了达"和"予事"这四个条目，亲自尝一尝写稿的滋味。有了试写的体验和感受，了解了《汉语大词典》的编纂方针和编写体例，就有了话语权，利于布置编写工作，指引别人试写文稿。

从2月15日到3月15日的一个月时间，各编写组都集中力量把确定试写的条目写完。在试写期间各组加强联系沟通情况。一段时间，《福建简报》上刊登的都是试写条目的讨论稿。省"词办"也会同厦大中心组组织专人到各编写组了解情况、检查进度，研究解决试写工作中遇到的问题。3月15日至3月31日的半个月时间用以审稿定稿。审定稿工作，由省"词办"和中心组与各编写组推派的代表共同进行。

在准备试写条目时选择"亅"部，主要因为"亅"是个小部首，以"了""事"两个单字及其复词为主，拿来练兵比较合适。当时龙岩组提出一项试写安排计划。"词办"经过细致考虑，认为此计划切实可行，决定由龙岩组负责汇总整理"亅"部资料卡，并于1978年12月27日向省内各编写组发出《关于释文试写工作安排的通知》，请各组按照这项安排执行。"词办"是这样安排的：

（1）首先要求本省各编写组、厦大中心组复制"亅"部资料卡片，于1979年1月15日前寄给龙岩编写组，并经由上海办公室发通知给五省一市"词办"，请他们在1月15日前把"亅"部资料卡转给龙岩组。

（2）龙岩组整理好寄来的资料卡片，提出一份词目单。凡现有辞书已收的词目，复制一式三份；凡现有辞书未收的词目，将词目连同全部资料复制一式三份，在春节前给省内编写组各寄一套。

（3）各编写组收到资料后，即组织编写人员认真讨论词目取舍（特别是现有辞书未收的那部分词目），把词目单确定下来，试写哪些条目，提出初步意见。

（4）省词典办公室会同厦大中心组于2月5日左右召集各编写组代表开会，讨论确定词目单和试释条目，研究试释的方法和步骤。

（5）各编写组试写，先在组内讨论，个别互评和集体评议；省简报登出试写条目选刊，让大家提意见，之后各组推出优秀稿件，选派代表送到"词办"，集中交流、总结经验。

这次总结交流会于1979年春季在厦门市举行，还邀请了编纂处和兄弟省市编写组派员指导，代表们"百家争鸣"各抒己见，达成共识。这次试写是一次实践锻炼，它为福建转入编写阶段做了准备工作。试写练兵卓有成效：一是编写人员熟悉体例，掌握了编写方法，为初稿画就共同面貌，对如何编写《汉语大词典》条目心中有了底；二是为做好动笔之前的准备工作，调集卡片、做词目单、敲定词目等，积累了经验；三是编写人员互相拿出试写文稿的成绩，听了与会代表的发言，对编写前景的信心有所增强。

通过这次试写，"词办"达到了统一思想认识、统一编写风格、提升信心的目标，为此后福建编写工作顺利运行打下基础。从另一角度看，也是对人员组织、资料准备、机制运转作了一次总的检阅，看到了需要改进的不足之处。例如，此次试写表明已经收集到手的卡片资料，还不敷使用，搜集资料的工作不能停止，必须继续下去。我省十分重视这一点，不仅组织人力增收资料，而且大家也自觉地见到资料随手就收。

2. 编写条目　全面铺开

1979年4月，正当《汉大》进入编写阶段的关键时刻，福建"词办"制订出切合实际的周详工作程序、计划、细则等，出版局副局长杨云、"词办"主任张秋泉带领"词办"同仁，脚踏实地齐心合力按计划努力推进各项编写工作，我省编写释文稿的工作在七个地、市八个中心编写组全面展开。

（1）强调初稿当定稿写。编写初稿，首先为每个字、每个词建起资料档案，一个条目一个释文资料袋，里面装着该条目的剪贴卡与新收集的卡片，以及其他有关资料，编者根据这一袋袋的资料编写词条文稿。

初稿的质量关系到全书的质量，初稿基础好，定稿就省时省力，进度就快，反之，就会给定稿带来困难，影响进度和质量。所以在编写初稿时，我省特别强调"初稿要当定稿写"。

1980年6月，省"词办"在厦门会议上要求各编写组切实做到初稿当作定稿写，提高业务水平，并逐步走向独立审稿。龙溪组作出表率，努力提高初稿质量，努力做到把初稿当作定稿写。他们首先克服"矛盾上缴"的依赖思想，能在编写组解决的问题，力求全部解决不留尾巴；他们对编写人员有严格而具体的要求：熟悉掌握《收词原则》《编写体例》，从内容到形式都按《编写体例》的规定办；认真对待、充分利用资料卡，初稿写成后整理好资料卡备审稿使用。严格执行体例，也就提高了初稿质量。在此基础上，1981年3月起进行组内审稿工作。为加快审稿进度，在人手不足的情况下，采取全组编写人员互审，每个人既写初审也搞复审，让每个人都得到了比较全面的磨炼。对于审稿也有要求：按"编写体例""工作条例"的规定全面审查释文的内容和形式；全面负责，层层把关，审稿人必须动手修改或改写，不可仅仅指出问题或批注意见了事。经过这几道审稿程序，每份稿件至少经过三个人审改，少数文稿甚至改写二次，从而保证了初稿的质量。经过四个多月的努力，到7月上旬，龙溪组完成了"犭"部约1000条词目的审稿工作，成为全省第一个实现自编自审的编写组。1981年7月省"词办"在漳州召开现场会议，阅览龙溪组的稿件，介绍其编写与审稿的经验。同年10月，省"词办"在武夷山举办第三次编写工作会议，龙溪组组长郭奎光在会上作了《提高初稿质量，做好审稿工作》的发言，再次介绍了该组的编审稿经验。

（2）分级审稿保证质量。为加速编写工作的进展，把好书稿质量关，完成省级的复审任务，省"词办"又作了两项重要决策：一是于1979年10月15日成立了"《汉语大词典》福建省编审委员会"，负责编审全省《汉语大词典》稿件及研究解决编写业务方面的问题。编审委员会由厦大洪笃仁任主编,厦大黄典诚任学术顾问,厦大黄拔荆、龙岩黄金许、龙溪郭奎光、莆田游敦基、泉州黄梅雨、建阳林齐民、福州吴西城、厦门杨炳淮、"词办"张秋泉和鲍风任常务编委,委员 15 人:厦大周长楫、甘民重,福州郑丽生、郭毓麟,厦门戴光华、陈延祐,莆田陈长城、张振书,晋江林祖慰、林双华,龙溪陈林茂、陈正统,龙岩卢郁蕴、赖元冲,建阳叶昌序。省编委会成员共 27 名,由省委宣传部 1979 年 10 月 20 日任命。二是在厦大和福建人民出版社设立审稿点,复审全省的稿件。出版社的审稿点由鲍风、郑丽生等人组成,厦大的审稿点由洪笃仁、陈林茂、陈延祐等人组成。1979 年至 1981 年间,鉴于全省胜任复审的人员不足,故常调集部分人到这两个审稿点审阅处理全省的稿件。如:福建省词典编写领导小组于 1979 年 8 月 15 日至 30 日调集人力,在厦大召开"乙""瓜"两个部首的定稿会议,先传达讨论上海修改浙江所写"寸"部初稿的情况,18 日起便展开复审工作。经过两三年编写条目的实践,编写人员的业务水平普遍提高,各编写组都磨炼出能胜任审稿的骨干,省编委更是在各组发挥了指导带动作用。

(3)组织研讨,提高水平。福建省第一个"、""丿""亅"三个部首的初稿本印出来后,鲍风组织各编写组认真分析研究,要求就发现的问题和读后意见写成文章,或专题研究,或点滴心得,在福建省《词典编写工作简报》上刊登,文章可长可短,也不要求观点立论多么成熟,不同意见都可以发表,"他山之石可以攻玉",交流启发,探讨争鸣,扬长避短,共同提高,借以推动编写工作。福州组郑丽生在他写的《福建省的头一个工作本书后》一文前,先赋一诗,藉伸忱祝:"昭代鸿篇体制新,分工稿本出南闽。源流并重该通假,今古兼收广引申。百衲缪琴勤护惜,九金铸鼎费经纶,愿持精益求精意,岂为微瑕掩大醇。"福州组郭毓麟《〈汉语大词典〉"、部丿部亅部"刍议》,福州组林家钟《读"、部丿部亅部"初稿小议》,仅福州组就接二连三拿出多篇"读后"文章。我们"词办"也趁热打铁,于 1980 年 12 月 25 日至 1981 年 1 月 4 日在泉州召开《汉语大词典》福建省编委扩大会议,一是传达《汉语大词典》编委会第二次会议精神,二是总结省第一个初稿本的编写经验,研究部署今后的编审工作。编纂处派出两人与会。"词办"为开好这次会议作了充分准备,会前一个月即通知各编写组认真分析初稿本的优缺点。会上大家除积极发言外,还拿出 30 篇由集体或个人撰写的书面材料和文章展开讨论,其内容涉及编写工作的各个方面。这次会议收获很大,大家解剖初稿本,分析研究当中的问题,找出解决办法,提出许多修改意见,增强了对编写条目、掌握《汉语大词典》编写规律的感性认识,有如举办一次结合实际的编写业务学习班。会议还商定此后的工作计划。会后不久,"词办"向各编写组发出通知,要求按照泉州会议商定的计划抓紧《汉语大词典》的编审工作。

3. 出版简报　集思广益

与别的省市比较,我省编写队伍相对分散,如何把各地市的编写组拧成一股绳,如何提高编写人员的水平,如何使出自众人之手的释文稿风格大体一致?福建独特的产品——《词典编写工作简报》应运而生，围绕各个阶段的中心工作，一一研讨有关问题，以集思广益，取得共识。在收词制卡阶段，《词典编写工作简报》就刊登大量文章，谈字词知识、方言问题，讨论收词意见、摘录例句问题，以及积累考据资料等等。在试写初稿阶段，在简报上热烈讨论初稿本，各地市编写组发表了不少长篇大论，还有随笔、浅见、刍议、小笺，等等。

在编写条目文稿和初审阶段，《词典编写工作简报》又展开探讨释文准确精练，义项概括齐备，相关条目照应平衡，单词与复词的关系，以及引书格式、编写体例等方面涉及面很宽广的各种问题。特别是 1981 年间关于词的比喻义的讨论，福州、龙岩、莆田以及省"词办"等各路编写人员各抒己见，不同风格的文章五花八门、五彩缤纷。如：1981 年 5 月 2 日的《词典编写工作简报》刊登福州组《要在释义上痛下工夫》的文章，提出"不要滥'比喻义'"，修辞的比喻格跟词的比喻义是两码事，不能混为一谈的观点，并作了很好的理论阐述，但引用的例子不妥。其用例为"瓦釜"一词，引用明代袁宏道《虎丘记》："布席之初，唱者千百，声若聚蚊，不可辨识。分曹部署，竞以歌喉相斗，雅俗既陈，妍媸自别。未几而摇头顿足者，得数十人而已。已而明月浮空，石光如练，一切瓦釜，寂然停声，属而和者，才三四辈。"此处"瓦釜"本身不含比喻义，由此引发了争鸣。龙岩组黄金许在《词典编写工作简报》第 98 期上发表《关于确立词的比喻义问题》，谈及比喻义和比喻用法有区别又有关联，只有明喻、暗喻而无借喻的不另立比喻义，比喻句的比喻用法不能当比喻义收列。莆田张振书在第 99 期上又撰文《从"瓦釜"有无比喻义谈起》，深入浅出地论证在明喻隐喻中，喻体所表达的仍是本义，不宜给它立比喻义；而对借喻，即使孤卡，也可考虑作为比喻义从宽收列。一时间，此类文章纷呈。第 100 期刊登陈培基的文章《对比喻义问题的初步理解》，第 101 期刊登莆田程永言《编写札记》，说道"有无比喻义的商榷……其争也，君子"。虽然唇枪舌剑，但都为编好《汉语大词典》这部辞书，并不伤和气。经过激烈讨论，最后看法趋于一致。如在明喻、暗喻中，喻体所表达的仍是本义，一般不宜立比喻义；而对借喻，则可作比喻义从宽收列。《词典编写工作简报》的文章对编好大词典起到了交流和指引作用。

有简报必有办报人。起始阶段，张秋泉、赵文淦、何海勤三人编了 30 期。鲍风到"词办"后，简报工作全由鲍风负责。而且福建后来这一百多期仅是他全部工作的一小部分，这很让人瞠目惊叹。鲍风原籍安徽六安人，从上海复旦大学新闻系毕业后，1949 年随军南下到福建。1949 年 8 月起在福建日报社工作，是该报的开创者之一。1959 年调到福建人民出版社，1977 年参加编纂《汉语大词典》工作，从那以后，便一头扎进词典的无底洞中，全部心血都灌注到《汉语大词典》上。十八年来，整个生命是和《汉语大词典》连在一起的。鲍风身体欠佳，脸色略显苍白，平时少言寡语，而几乎每时每刻都与书、字、词打交道，完全走进词语王国中去了。《汉语大词典》由他编写与审定的稿件将近 200 万字。写稿、改稿，培训人员和指导编写工作，本已耗费他太多的时间与精力，然而一种责任感、使命感与一种编辑的职业感，促使他挤出时间办《词典编写工作简报》，组织稿源、修改稿件、编辑发排，一人包干。细心的读者还会看到简报上常有编者按语,那也是老鲍一人的手笔。这些按语或中肯地指出文章的要点和价值,或提醒读者注意体例问题,或陈述简报编者的看法,或号召讨论一些重要问题,或分析研究印出的初稿本……他总是提纲挈领,画龙点睛,说到编写《汉语大词典》的要害处。他还用笔名"述之"长篇大论地发表比较全面的意见,参与讨论某些重要问题,如他在第22期写的《乐(yuè)的社会意义与词汇意义小议》这篇文章。

这一百多期简报主要是传达上海编纂处的工作要求、省"词办"的工作部署,报道和交流福建《汉大》各阶段的工作情况。同时也像学术刊物那样,在上面讨论编写中的学术性问题,发表了不少很有价值的学术论文。这一百多期简报反映了福建编写人员的精神和品格,更是《汉大》宝贵的历史档案。"给予人的甚多,要求人的甚少。"鲍风编辑《简报》默默无闻、呕心沥血十几年,这就是鲍老的精神。这一百多期简报全由米倩打字印发,其兢兢业业、尽心尽力。可以说这是那个年代"汉大人"的一种精神、一种奉献。

鲍风身体不好,患有慢性气管炎、肺气肿等疾病,发作起来,呼吸困难,但他总是忍着,靠定喘药来压制。后来腰疼老不好,也不去看医生,担心一去回不来。终于撑到1990年7月,把最后一批定稿交了上去,分配给福建的任务全部完成,他才松下一口气,到医院一检查,真相大白,癌症!他说问题不大了,编写《汉语大词典》的事有了交待,没有"半途而废"。病魔压不倒他,之后鲍老又投入编纂《汉语大词典简编》中去了。

4. 购书买书　刻印邮寄

"词办"长期以来做了大量为编写《汉语大词典》服务的杂事琐事,为各编写组购买图书、帮助查核资料,是我们积年累月在做的事。特别是开始的几年,各编写组严重缺乏图书,收词任务分配下来,没书怎么收词制卡?"词办"都得按照收词书目想方设法解决各编写组的用书问题。有一段时间,我们每个星期都得光顾书店,特别是古籍书店,一旦弄到书了,马上寄出去。我们还同上海联系解决收词用书问题,不仅与福州古籍书店打交道,也是上海、扬州等地多家古籍书店的老顾客。

从编稿试写开始,各编写组凡是无书可查的资料卡,就将卡片寄过来让"词办"帮助查对,一茬又一茬,查个没完没了。在"词办"出版局资料室查不到的卡片,我们就得到外面去查。最常去的就是省图书馆和师大图书馆。说到查卡片,许多辛劳记忆涌入脑海。从福建人民出版社到福建师大图书馆虽然路途很远,我的同事赵文淦、何海勤都是骑自行车去,上午查到中午,在外面吃罢午饭,下午继续查,寒来暑往,刮风下雨,两个轮子忙不迭地转动。偶须查阅孤本书,借不出来,就动手抄,很笨很原始的办法。1978年我调过来后,加盟查资料,我们三人由福州查到厦门大学图书馆,凭着年轻和一股劲,整天忙忙碌碌,灰头土脸,但心里认为这是应该做的事,为编纂《汉语大词典》甘作一颗小小螺丝钉。

刻印各种学习资料,提供编稿参考,也是我们"词办"的事。比如"汉字214个部首名称、读音、意义表"等,当时铅字打字机上没有的字,只能用手工在钢板上刻蜡纸,一张张油墨印刷，这种印刷工具如今已经见不到了。

只要是《汉大》的事，再苦再累我们都毫无怨言，尽心尽力去做。那个岁月的一时一事，到了今天讲述起来，都是一个个让人眼睛闪光的回忆点，都是一篇又一篇激动人心的故事。

且说"词办"，从1975年开始收词制卡以来，积累了大量卡片资料，加上很多购买的图书资料，现有橱柜早就满满当当放不下了，到了1982年又购置了五个卡片橱、十个书柜。恰逢新建办公楼落成，"词办"也算家大业大，要搬的物件多之又多，都得"词办"自己干。同事赵文淦刚刚动完腰椎间盘手术不到一星期，医生一再交代，半年内不能干重活。可他不声不吭，上班当搬运工，回家就躺到床上，痛得动不了。每天你都看到他忙忙碌碌干活的身影，其实他每时每刻都承受着疾病的煎熬。凭借年轻能抵挡一阵子，凭借一股信念的力量能扛住艰辛，凭借对《汉语大词典》的热爱对事业的执着能度过最难熬的日子。就这样换来了新楼新房新桌新椅新橱柜井然有序，办公室面貌崭新，办公环境舒适宜人。然而，从那时起小赵的腰再没有好过，大医院名医生都无法治好他的病，腰肌劳损太严重了。

八

编纂《汉语大词典》十八年，福建同仁尽心尽责，艰辛探索与努力，保质保量地完成了我省编纂《汉语大词典》的任务，并为编纂语文词典留下许多宝贵经验。这当中，艰难与人事同在，探索与成功并举，事例之多，记忆之深，一时间非我一支笔所能尽书。我仅在这一节以事件带人物，姑且引述几例，作一略说。

1. 遵循体例　严格执行

编写初稿，最重要的是熟悉把握编写体例和收词原则，熟悉写稿格式、释义用语、引书格式、繁简体字与标点符号规定等，熟谙体例是保证质量的基本要义。《汉大》是五省一市协作完成的，如果不按照统一的体例、格式编写，全书必定参差不齐，面貌不一，势必大成问题。

汉语大词典编纂处在每个编写阶段都会针对普遍存在的问题，编印一些规定或导引材料给五省"词办"。收词阶段发的是《〈汉语大词典〉收词原则》，转入编稿之后各种材料更多了。关于编写条目文稿的有：国家发布的《简化字总表》《印刷通用汉字字形表》《新旧字形对照举例》等，需要执行的规定有1981年发的《〈汉语大词典〉编纂手册》蓝皮书和1984年补充的《〈汉语大词典〉引书格式》等。我们都是搁在案头随时翻阅，书翻烂了，那些条条框框也嵌入头脑之中，以至于后来编辑或编写其他字书、词书，我都喜欢沿袭《汉语大词典》的套路，总认为它是最好的。今天道来，虽是后话，但也说明当时学习运用"编写体例"等文件的认真程度。

条目文稿从内容到形式，若想做到每个编写者都严格按照"编写体例""引述格式"等规定办，这可要走一段相当长的路。说归说，做归做，编写初稿的时候，可是问题多多。龙溪地区的陈林茂心中总是挂着编写体例，用心研究体例，他熟悉体例的方方面面，在写稿审稿中常常发现并提示各种各样易错的体例问题，他总是及时撰文提请编写人员注意，帮助编撰人员认知把握好编写体例，把一些看似不大但又不能出错的毛病消灭在初稿阶段，在全省起了一定的指导作用。

福建的编写者从一开始就很重视遵从体例，不可掉以轻心。我以陈林茂和张振书为例，略加记述。1979年8月，陈林茂在厦门集中审定"亅"部和"瓜"部，他发现了相当数量的体例错误。有行文格式、组诗引用不统一，有同一作者有的标朝代名有的不标，有同一著作或标作者名或不标，引用注疏或标注疏名或不标，有同一著作名称或用字不同，有同一篇作品引用格式不同，有《史记》的合传或标全名或分引，等等。审稿时一旦发现，他就及时撰文发表在我省简报上，提请大家注意。1979年10月1日，陈林茂刚发表《标点琐谈》，看过第一个初稿本，同月5日又写了一篇《必须重视行文规格，体例的前后协调统一》。没过几天，同月15日，又针对"寸"部提出《关于〈编写体例〉的两点建议》。一个月写了三篇关于体例的文章，可见其对体例的关注度。体例问题蕴藏着极大的学问，关涉知识的方方面面，所以也不是一朝一夕就能熟练掌握的。到了1980年，鲍风说，"从几次审稿情况看，体例不合要求的现象是较普遍的，尤其在技术规格方面存在问题不少"。确实如此，审稿人要花大量时间解决体例不当问题，不能集中精力用在审订条目的内容上。

1980年2月，陈林茂又撰文《谈"亅"部底稿体例的若干问题》。他说，"体例是一个大概念，这里说的只是技术性的问题。它是词书的形式，然而形式与内容的关系是辩证的"，"形式的严整，可以使内容更加完美；形式杂乱无章，弊端百出，内容便受到破坏"，"某一条目的某一点不遵守，从个别角度上看也许是小事，但从整体上看就是大事，这就好比一列队伍在表演操练，如果其中有一个人在某个动作上出轨，那么整个行列就会受到影响，因此，不能掉以轻心"。陈林茂谈了九个问题：关于词目，关于"同""详"及其他，关于标点，关于章节卷次，关于注疏，关于古代小说的标法，关于"二十五史"的标法，关于一般书题，关于资料来源。举了62个例子，且对每一类型都加了按语，指出错误，有的还道出原因，一一加以订正。"二十五史"的引书格式比较复杂，同年10月，他还专门撰文《注意二十五史的引书格式》，提请大家不要弄错。

陈林茂自己以身作则，审稿定稿从不放过细小的体例问题。举个例子，那是1979年年底，他写出《终于找到了"了儿"》一文，"终于找到"是怎么回事呢？"了儿"这个词目的释文袋里，原先只有一张剪贴卡，有一条"谓终结之时"的义项，引例是："和气到了儿，才见得比别人好。"出处写的是"见《红楼梦》"。《红楼梦》有一百二十回，不知此句在哪一回。没有出处只有例句，按体例规定没有出处的例句不能引用，而且没有上下文，也难以确定词义。

8月在厦大集中审稿时，不少人认为这条例句中的"了儿"不能释为"谓终结之时"，没有上下文印证，对"了儿"是否成词都表示怀疑，加上没有出处的例句不能做书证这个问题，立不立目，疑疑惑惑。若要从《红楼梦》中找出那十二个字的例句，当时只能靠人翻查，不啻大海捞针，但又不宜就此放弃这个词目，无奈之下，只好将就立目以例句做书证。陈林茂却另有想法，他把缺出处回数提到违反体例的高度看待，他心中时刻有一把体例的尺子，"按体例规定例句不好引用"，体例不能留瑕疵，很朴素很简单的想法。他向厦大洪瑞美老师借来一部崭新的《红楼梦》，请来蔡卫平、林春治、洪熙三人，麻烦他们帮忙翻查《红楼梦》，把"针"捞出来。他们很乐意帮忙，加班加点，不久就找到"了儿"的四条例句，验证了"谓终结之时"这个义项，补上例句的回数，还从另两条例证提炼出"助词。表示惋惜的语气"这一新义项，这样"了儿"就有了两个义项。编委会上海定稿，将"谓终结之时"改成"最后"。这就是印在《汉语大词典》第一卷"乙"部中"了儿"一词的由来。

陈林茂家在漳州，因他一次次撰文谈体例问题，对《汉语大词典》编写体例较有研究，故从龙溪编写组借调到厦大复审释文稿，一干就是一年零八个月。陈夫人是小学校长，身体不好，工作甚忙，既要当好校长，又要照顾婆婆和两个上学的儿子。陈林茂调到厦门，她毅然挑起工作和家庭两副重担，支持丈夫离家去专心搞《汉语大词典》，而她自己却因操劳过度而过早离开了人世，连丈夫参与编写的《汉语大词典》第一卷都没能看到。

再说体例规定的释义用语。即使只有细微的差别，我们的编者都仔细推敲，务求准确使用。如《〈汉语大词典〉编写体例》规定，"犹"和"犹言"都是表明以意义相似的词语解释条目。两者到底是可等同使用，还是二者用法有所分工？张振书老师认真研读了已刊出的几个部首初稿本后，在《词典编写工作简报》上发表文章指出，为了释义用语的贴切和一致，"犹"和"犹言"的用法可适当分工：用意义相近的双音节复词解释条目，释文用"犹"，如"矛"部"矜制"释为"犹约束"，"至"部"致怀"释为"犹挂怀"；用意义相近的多音节词组或短语解释条目，释文用"犹言"，如"寸"部"寻弊索瑕"释为"犹言吹毛求疵"，"寸斩"释为"犹言碎尸万段"。定稿实践证明，"犹"和"犹言"的用法这样分工是正确可行的。经张振书一提示，大家使用"犹"和"犹言"时就很注意慎重考虑。

翻开《词典编写工作简报》，撰写体例的文章有好几篇。龙溪组组长郭奎光《严格执行体例　提高初稿质量》和建阳组周铮写的《小议引书格式的"把关"》等文章，都阐述了如何遵行体例的问题，对大家很有启发。

2. 首读旧卡　纠正错误

动手编写释文之前，首先是读卡，莆田地区编写组的游敦基认为读懂卡片资料是编写词条最基础的一环。在动手编写之前，他首先认真读卡片资料，特别是先读旧词书的剪贴卡，把每一张旧卡片的内容读懂、读全、读深、读透，弄清楚词目在具体语境中的意思，率先检查旧卡上的原释义有无错误。他紧紧抓住"旧卡"的释义和例证，并以此作为起点，深入探讨研究条目的资料和词义，故此他总能纠正原有词书的各种错误，纠正释义、出处、相关条目等方面的错误。游敦基和我省编者不会不假思索照抄旧辞书，一般都先研读卡片资料，反复思考，然后才决定采纳、不采纳或是修改使用。也因为认真，抓出旧辞书不少错误，如《中文大辞典》"九首"一词的例证，引《山海经·海外西经图赞》，实际出自《山海经·海外北经图赞》，误北为西，方位乖向。遇到这种情况，编者除订正外，还另立新卡，并附注原卡引例篇名错误，为审定稿扫清一个障碍。

3. 挖掘拓荒　救活词目

编审《汉语大词典》条目，常为资料所苦，特别是单卡孤汉语大词典证，每为编写者所忌，然而对林双华来说，却别有洞天。林双华是《汉语大词典》编委和《汉语大词典简编》的副主编，一副文质彬彬的模样，学人的气质。他说，"常找米下锅，日子艰苦惯了，反而有一种利用孤卡'奋斗'的乐趣"，"孤卡似孤，而未必实孤。它或予人启示，或供人线索，让人顺藤摸瓜，按图索骥，自有其价值在。'孤卡如独子——尤贵。'贵在何处？贵在它是'根脉'，能决定词的存亡绝续。稍掉以轻心，即有'断嗣（词）之患'。事关重大，我们断不能'草菅人命'，视孤卡如敝屣"。一个条目，只有一张孤卡，如果编者依样画葫芦，其面貌必定干瘪。但孤卡到了林双华手中，景况就不一样了。他一是"勤"，二是"善"。勤，就是勤于拓荒。若是常见词又是孤证者，因系常见，凭其学识根底和编写经验，知道从哪里寻找，翻检之下，书证随手得到。如"主角"只有鲁迅《伪自由书》一例，别无他证；"主任"一词，则书证全无，林双华开垦资料卡片处女地，写出了义项丰满、书证靓丽的条目。有的条目虽仅一卡，凭他博览群书的丰厚积累，一看便知此类条目有成典可鉴或依迹可循其踪。他不兴师不动众，就能由此及彼，扩而广之。非但能立目定义，且能枝繁叶茂，充实饱满。如只有一张卡片的"九罭"，卡片谓见于《诗经》，引文为"九罭之鱼鳟鲂"，思绪犹豫，一时颇难立义。然而既出自《诗经》，则秦汉以来传笺注疏、训诂诠释皆可求助。他翻检《十三经注疏》《尔雅注疏》，以及《太平御览》等书，就其文而一再推敲，于是了然于胸。善，即善于挖掘。有时看似山穷水尽，他则抓住微露的线索挖掘出新材料，以至别有洞天。如"九雒"仅有章太炎《訄书·争教》一例，查核原著仍不能确解，后从"雒"通"洛"这条渠道入手，打开了这把"锁"，"九洛"不会是"洛书九畴"吧？赶紧翻查资料，核对章氏《訄书》，果不其然，正是此典。于是顺藤摸瓜打开《佩文韵府》，又轻易寻得《庄子》《武后高宗册文》和王勃《乾元殿颂》三条书证。林双华编写词条常常"大海捞针"，把那些或沉或没或丢或失的资料捞出水面，坚持修订稿件找米下锅执着认真的态度，使不少孤证条目摆脱孤立焕发新颜。单就孤卡立目增项来说，林双华功不可没。

林双华曾撰文专论"一种利用孤卡'奋斗'的乐趣",我们福建有这种"乐趣"的大有人在。龙岩组赖元冲处理孤卡也是竭尽全力,找米下锅"锐意进取"。虽困难重重,但终有所获则其乐无穷。例如"丹剂"只有寥寥数字的一条例句,即《新唐书·张宗昌传》:"昌宗主炼丹剂。"炼丹属于道教,赖元冲立即反应过来,接着翻查道教经典《参同契》《抱朴子》《云笈七签》,可惜都未找到,而《佩文韵府》中的陆游诗却用过此词,然而没有篇名卷数,陆游又是高产作家,存诗万首,怎么查呢?先走捷径,从陆书目录中寻炼丹诗,查无收获,又找同韵脚的七言诗来查,但数量太多了,最后邀来几个人开夜车,放弃星期天,一册一册翻下去,足足查了一天半,才在《陆游集》中华书局1975年版第四册中找到,题目是《有所怀》,正是"书到用时方恨少,事非经过不知难"。

一张卡片,有时看上去似不成词,有时觉得是结构松散的"自由词组",或因"见词明义"等理由而被淘汰。但是,更多的是呼吁"手下留词"。如陈培基也是认真对待孤卡的一位。"珪爵"出于鲍照《代放歌行》,原来认为是偏正自由词组,又不常用,决定不收。陈培基有所保留,他先查《文选》李周翰有注:"士有一言合理,片善应时,则必分珪与之,使辞去草莱。"又查"珪"字资料,司马相云"析珪而爵",左思"对珪不肯分",特别是谢灵运《述祖德》李善注:"古者封爵,皆随其爵之轻重,而赐之珪璧,执以为瑞信。"陈培基据以确认,"珪爵"不是自由词组,而是有语源、有引申义的复词。虽然只有一条书证,但"珪爵"不是两个单字义简单相加,而是有引申转换"借指高贵的官职"的意思。陈培基救回了被判死刑的"珪爵"。

林双华、赖元冲、陈培基等为一个词目一条书例,竟花如许力气去钻研考证,做出了好榜样,福建"汉大人"都有样学样,诠释编写出一条又一条"食之无味,弃之可惜"的词条,提高词典质量于无形之中。

那时没有电脑,看似很笨的办法,大家都亲历过。视孤卡为宝,说到底,是一种态度、一种境界、一种为编好《汉语大词典》而执着的追求。

4. 探源循流　追索本义

《汉语大词典》是一部古今兼收、源流并重的大型语文工具书。除收词量大外,每个词有源有流,源流清楚,这既是本词典的特色,也是胜过现有辞书的地方。故此我们在释义时总是千方百计探索词的源头。如"九执"原有两张卡片:一是赵尔巽《清史稿》叙述同时代人梅文鼎考"九执",另有范文澜《中国通史》说"九执"乃唐人习称九曜。但都没有说明词源,我们就翻书寻源,终于在《新唐书·志第十八下》中找到"九执历者,出于西域,开元六年诏太史监瞿昙悉达译之",弄清了出处。

有的字产生、变化、发展的过程错综复杂,纠结缠绕,很难切割义项,手头的新卡旧卡又一大摞,若要理出清晰的源流头绪,义项分割得当,的确不是容易的事。福州组郭毓麟的经验是《探索本义始能寻找源流》。他告诉我们此时必须静下心来,不烦不躁,一一解析理顺。怎么理顺？先探索本义，后寻源循流。他说："每个汉字，都有它的一项本义，即最原始的意义，也就是这个字的实质，它所要代表的具体的或抽象的某种东西。后来由这项本义派生出其他的有关意义；有时还形成通假，变得更加复杂化。这是文字发生、演变和发展的必然过程。所以我们研究一个字头，只要认真研究它的本义、实质、原词性，仔细分析它的派生、延伸、交叉、通假的来龙去脉，还是可以理出一个头绪来，对它的产生演变、发展的具体环节，也就不难了如指掌了。"他以"事"字为例详解其做法。

他说"事"这个字头，非常典型，可作名词，可作动词、量词，可作"事"解，又可作"物"解，范围大、义项多、交叉多、通假多、材料多、释文难，且按他的思路一一分析探讨。他认为"事"的形音义与"史"关系密切，可说"事"字来源于"史"字。"事"有不同的词性，原先为名词，后来才转作动词、量词，成为现在的名、动、量词；至于词义演变，本义是朝廷的职称，延伸指各种职业，后又泛指人们所闻见、所作为、所经历、所遭遇，以至指广泛的"事"和"物"，包括自然界和社会上的一切现象；转而产生多个通假义，例如与"士""仕""使"等的通假。龙岩组卢郁蕴在1979年3月也撰写了《"事"义项与提炼的探讨》一文，A4纸打印稿15页洋洋洒洒，详尽分析"事"字的本义、引申义和通假义。

虽说"事"字变化复杂，但只要发掘本义从根本入手，条分缕析，掌握其发展演变规律，则其源流变化、义项分合、排列先后、释义详略等很伤脑筋、颇为棘手的问题，便迎刃而解了。

5. 穷根究底　准确诠释

鲍风是福建人民出版社编审，《汉语大词典》编辑委员会委员，《汉语大词典》第一卷、第三卷主要编纂者，并参加第四卷、第五卷、第七卷的定稿工作。他高度认识编写《汉语大词典》的重要性，编写文稿绝不掉以轻心。他曾这样说："编词典，又是编这么一部巨大的词典，没有舍命精神是不行的，没有绝对的认真细致也是不行的。"又说："编什么书都没有编词典的责任大呀！人家都是在没有把握时才去查词典的，词典一错了，就不得了了。一个字都要查多少本书，有时一个字的词义或读音都要问遍大半个中国的。"他是这么说的，也是这么做的。比如编写"了事痴"这条词语，他不知费了多少周折。词义拿不准，先是请教语言学家王力，以后又问社科院语言研究所的人，最后核查许多资料，融汇对比了许多条例句，才由编委一班人研究判断出它的词义是"做事迷""工作迷"的意思。再如"方"字，一个简单谁都认识的汉字，他一张张核查原文，读通几百张卡片的引文，写出五十多个义项的初稿，筛出五种读音，四十个义项，花了一个多月的时间。

6. 博观厚积　视野宏阔

福州组郑丽生老先生可谓"活字典"，无论写稿或审稿，个中的问题总能挖掘出来，凭借几十年积累的渊博知识，一一订正，认真处理。他审订过的部首增立条目，审过的词条增加义项，都是常事。如"九轨"条，《辞源》《辞海》均未收，我国台湾的《中文大辞典》仅立一个义项。郑老审稿一见此词，便条件反射地说：宋代著名诗人陆游曾来过福州，写了一首《度浮桥至南台》诗："九轨徐行怒涛上，千艘横系大江心。"还举出更早的几个用例，于是增加一个新义项"犹言众车"。他修改稿子有因有果，多在稿子上夹一张便签说明为什么这样改。他凭借卡片和胸中蕴藏的丰富知识，为每个字每条词都撰写出一篇脉络明晰的自传，看他审的稿子赏心悦目。

郑丽生胸中装满了各种各样的知识，广泛而全面。从《词典编写工作简报》上看，有他写的方言研究和类书字书等研究文章。他很注意吸收前人研究的成果，勤于翻阅有关的笺注、论说、评价等资料。他写"九首"这一条，释为"动物九头"，卡片虽少，但源流并存，好像没什么问题。但总觉资料证据不足，心里不踏实，他就翻书去找笺注佐证。宋玉赋《招魂》："雄虺九首，往来悠忽。"李善注："有雄虺一身九头。"又发现《宋史·周汉国公主传》："主病，有鸟九首大如箕。"有李善注有《宋史》作证，释义确凿无误，举例也更全面了，不但有蛇，而且有鸟。

7. 相关条目　沟通平衡

《汉大》由华东五省一市几十个编写组共同编写，各编写组负责的部首条目之间，许多方面都与其他部首条目牵连相关。即以个别单字的归部问题，一个字可能划归两三个部首，往往归错，不论归入哪个部首，都需要联系分担相关部首的编写组，协调处理，解决在编写之前。陈培基认为不能只管自己，将问题留给编纂处定稿时再处理，而要及时与兄弟组联系，取得一致意见处理妥当。这样，既不容易出错，也减少编纂处的压力。陈培基的意见，包含一项原则，凡自己能处理的问题一定要处理好，凡相关联的问题，一定事先协商处理好，不能推给别人，更不能不管不顾一甩了之。这是陈培基所持的原则，也是我们福建《汉语大词典》编者所持的原则。

再如复词之间的关联关系，也有必要处理于编稿之前，以达协调统一之目的，不致产生矛盾甚至造成错误。例如"丨"部"中石没羽"条，与"寸"部"射石饮羽"内容相同，我们写"丨"部，浙江写"寸"部。浙江同仁花费许多精力，搜集到四张古代勇猛善射者传说的卡片，材料丰富，但是善射者本意都是射虎之类不是"射石"，而其实射的是石头，"中石没羽"和"射石饮羽"究竟哪条为主、哪条为附？二者分在第一卷和第二卷，如何平衡不致产生矛盾？我们与浙江联系协商，还是各写各的，经由协调，二者内容平衡，没有矛盾。遇到类似情况我们都尽可能地联系对方，取得协调一致的意见，尽可能避免两个条目之间出现矛盾，而条目之间存在矛盾，是辞书之间常见的事。当然，有的条目相互关系处理得不很妥当，我们也很无奈，因为彼条还没动笔编写，只好"各自为政"，让后出者参照我们就是了。

福建团队。前排右起薛剑秋、张振书,前排左起何海勤、庄淑燕、洪笃仁、杨云;后排右起陈延祐、陈林茂、林双华、黄金许、张秋泉和编纂处钱自成

九

词典是"不说话的老师",这位"老师"则是由那些会说话的老师塑造成的。《汉语大词典》福建省副主编洪笃仁,编辑委员张振书、陈延祐、陈林茂、林双华、黄金许、鲍风诸人,无论在收词阶段、编写释文、组内审稿阶段,还是最后定稿阶段,都发挥着重要的作用,特别是第四卷、第五卷、第七卷,他们都承担定稿编委职责。福建参加定稿的,第五卷还有游敦基、赖元冲。第四卷在上海定稿,第五卷、第七卷主要在福建定稿。

福建留下来参与定稿的编委和业务骨干,都有较高的文化素养和编纂辞书的专业知识,博涉经史百家以及文字学、音韵学、训诂学、语法学、词汇学、修辞学、逻辑学等各门学问,还有老领导杨云。他们都是热爱《汉大》这项工作,有奉献精神,耐得住烦琐与枯燥,吃苦耐劳,不计较个人得失,兢兢业业,站好最后一班岗的人。这样的人多,这样的事多,我很难一一全面介绍,仅凭潮水般奔流的思绪,说几件耳闻目睹、有感于斯的故事,或长或短或多或少,絮絮叨叨……

1. 数易寒暑　无私奉献

厦门大学中文系洪笃仁教授，自20世纪70年代被国家出版局、教育部任命为《汉语大词典》副主编以来，不辞劳苦，认真负责地审稿定稿，把《汉语大词典》编纂视为自己必须做好的职责。他以副主编身份，审阅过全书六分之一的稿件，数易寒暑，无私奉献。

在转向释文之初，他和大家一起试写词条，带头探路，总结编写经验。为了集中力量复审最初写出的释文稿，厦大设立了词典编纂室。洪教授以身作则，与他人一样每日工作八小时，晚上常是他最后锁门离开。厦大没有坐班制，洪教授坐班编《汉语大词典》，在厦大传为美谈。

洪教授非常关心初稿的质量是否达标。1981年起我省决定由各编写组自行复审初稿，这年春天，他一面加紧审定"乙""瓜"两个部首，一面抽时间亲自到福州和莆田两个编写组，察看正在复审的稿子，接着又同其他同仁到厦门市组、龙溪组、龙岩组核查他们初稿复审的情况。每到一组，他都抽一部分稿件细看，并与编写人员开会座谈，研究解决存在的问题。龙溪组和福州组审毕"犬"和"火"两个部首之后，在组内已复审完毕，他又亲自去审订，这两个部首差不多有两千条。在审稿中，除简单问题即予订正外，稍大一点的问题都随手记下，并提出意见与编写者切磋修改。他对各组稿件提的修改意见，都不少于二百条。有些内容多、变动大的条目，如"状""狂""灼"等单字，他还拟出修改方案，提出分列义项、引用书证的意见，与编写者商讨如何修改。在龙溪和福州组审稿时间只有十天半月，常常工作到午夜十二点，头天晚上和次日上午看稿，下午开会讨论修改。午间大抵也不休息，一连十多天，几乎连招待所大门都没出去过。在百忙的审稿中，还常趁空了解编写组内的情况，知道编写人员有困难，便向领导反映，帮助解决。

洪笃仁副主编尽心尽责，在我省起着领军作用。条目文稿送至他手中，总是抓紧时间审订。我省承担编写的三十多个部首，除编纂处直接约稿的几个部首外，全部稿件无论难易，他都一条条认真审阅。释义、引例、义项分合，注音标调，标点符号，以及引书格式等问题，不分大问题小问题，他都一一亲手修订。"千万不能想当然，一定要根据确凿事实说话"，是他一直坚持的审稿准则。凡有疑惑之处，他都及时查书核对，然后才动笔改正。一丝不苟、细心把关，他履行了副主编的职责，非常称职。

《汉语大词典》从第三卷开始实行"分卷主编负责制"，洪笃仁担任第四卷、第五卷、第七卷的分卷主编。他的夫人那时双腿瘫痪、行动不便，但他毅然远赴上海审定第四卷。1987年以后，洪笃仁负责我省第五卷和第七卷的定稿工作。作为分卷主编，他的担子更重了。尽管时间紧任务重，他依然逐条逐字审阅，呕心沥血，全身心投入这项文化大工程中去，纠正了大量差错，提高了书稿质量。

1992年编《汉语大词典简编》，他是副主编。他提出许多建设性的意见，并亲自撰写100条样稿。同年10月发现肺癌，他赴上海中山医院治疗。"词办"派我去探望他。病房中的洪教授依然开朗乐观，以他特有的洪亮声音说，"我动手术后就会恢复健康，回到厦门，一定保质保量完成简编本审稿任务"，虽患重病，仍念念不忘他所承担简编本的职责。1993年9月，我与汉语大词典出版社社长阮锦荣赴厦门医院探望，他依然三句不离简编本，还提到以后修订《汉语大词典》等项工作。

洪笃仁是厦门大学中文系德高望重的教授，自从走进《汉大》队伍，与大家打成一片，成了同一战壕里的战友。洪笃仁有着可贵的《汉大》精神，襟怀坦白虚怀若谷，平易近人，奖掖后学，深受《汉大》同仁爱戴。洪笃仁编纂《汉语大词典》倾注了大量心血和汗水，用瘦弱的肩膀担当起福建《汉大》的重任，为完成前无古人的巨大文化工程贡献出自己的全部力量。

2. 住风雨楼　陋室便餐

所谓"风雨楼"，就是上海新华路200号汉语大词典编纂处右侧的一排两层简易板房。这排房子很简陋，四处透风，夏天像烤房，冬天像冰窖。这里比较安静，没有上海大都市的喧嚣，"结庐在人境，而无车马喧。问君何能尔，心远地自偏"。审稿者工作于斯，生活于斯，条件虽差，日子过得还是有滋有味。大家开玩笑说，编词典本是下地狱的事儿，我不下地狱，谁下地狱！福建省绝大多数工委、编委和部分骨干，或开会办事或审稿定稿，都在这里住过。今年92岁高龄的《汉大》老人、编委黄金许，他回忆道：我参加编纂处的审稿工作，没审稿费，每月只是拿些生活补贴，多少记不清，但为数不多是肯定的，够吃饭和零花。1985年1—9月，我省编写骨干陈培基、郑丽生、涂元渠等与省"词办"鲍风、莆田组张振书等人，都曾住进风雨楼审稿定稿，洪笃仁也曾住到风雨楼审定第四卷。审稿者分成若干组，按字头分配任务，各司其责，定期开会交流情况、讨论问题。偶尔因看法不一也会捋袖拍桌，吵得不亦乐乎！

审稿工作，都是在新华路编纂处进行的。风雨楼见证过一桩桩感人的故事。倘若当年你走进风雨楼，一定可以看到一个矮小瘦弱、戴着一副深度眼镜的老头，他就是风雨楼的常客、《汉大》编委张振书老师。这位莆田教师进修学院的高级讲师，长期从事语文教学工作，1977年1月参加编纂《汉语大词典》。他不但动笔写了两千多条稿件，还承担了繁重的审稿任务，长年累月背井离乡，到福州、厦门、上海等地审稿定稿，成了《汉大》的中坚之一。那年他到上海定稿，牙疼得厉害，诊断为龋齿，医生说非拔不可。暑假他由上海回到莆田，陆续拔掉16颗牙。尽管这样，仍是人在莆田，心系《汉大》，不顾年老体弱和暑天伤口容易发炎，不等创口完全愈合，就催促医生替他镶假牙，匆匆赶到上海继续定稿。他唯一的儿子在莆田结婚，时值《汉语大词典》定稿的关键时刻，他坚持在编纂处埋头看稿，没有回家参加儿子的婚礼。福建省住过风雨楼的编者，跟其他四省参加定稿的专家学者一样，住在风雨楼，吃在"汉大食堂"，没有星期天，没有节假日，默默耕耘，无私奉献，任何困难都不在话下，个人的事情都可以撇到一边，他们心怀一个信念：早日完成历史和时代交付的任务，使《汉语大词典》尽快出版问世。

3. 不夜灯光　通明透亮

福建出版总社的同事问我：你们办公室的灯光为什么常常深更半夜还通明透亮？

1986年至1991年，第五卷、第七卷的定稿工作在福建进行，分别以厦大和"词办"为中心展开定稿。负责定稿的编委莆田张振书、龙岩黄金许、漳州陈林茂、泉州林双华、厦门陈延祐，便成了我们"词办"的常客。鲍风与这些编委精英，成天埋头在书稿中，多数人一天上四班，清晨、上午、下午、晚间，咬文嚼字，苦干不辍。三伏天不敢开电风扇，担心案头的卡片被风吹乱；数九寒天顾不上嘘暖冻僵的双手；困了，抿一口浓郁的香茶；饿了，嚼几片干巴巴的面包。他们踏着一张张卡片筑成的阶梯，一步一个脚印审定每条文稿。依靠长年积累的渊博学识，凭借实践练就的判断力，发掘每个词目的新义项，调换或补充最适当的例证，剔除大醇中的小疵，订正隐蔽残存的细小差错，并按时限要求，把审定的稿件送交汉语大词典编纂处。经他们审订的稿子，大都质量跃升，经得起检验。

在定稿过程中，他们常常重新复核资料。说起张振书老师，他那认真核对例句，确保书证翔实可靠的故事特别令人感动。不仅是写稿，经过初审复审查核过的资料，到张老师手里怕出差错，大抵都要再复核一遍。举个例子，"猩猩"条原稿引例出自唐陆龟蒙《蔷薇》诗"浓似猩猩初染素，轻如燕燕欲凌空"，资料卡抄自中华书局版《唐人选唐诗十种》中的《才调集》，卡片引文无误，但一查《全唐诗》陆龟蒙《蔷薇》诗却无"猩猩"一词，倒是皮日休《重题蔷薇》诗与稿中例句一样。作者到底是谁？于是又查陆龟蒙《甫里先生文集》《蔷薇》诗，文字与《全唐诗》所收陆龟蒙《蔷薇》诗一样，没有"猩猩"一词，再查皮日休《皮子文薮》，有《重题蔷薇》诗与《全唐诗》所收皮日休《重题蔷薇》诗的句子相同，证实是《唐人选唐诗十种》搞错了，书证作者应改为唐皮日休《重题蔷薇》诗。核对书证是很花时间费力气的事，有时要花几个钟头才核对到一条书证。张老师克服老年性白内障、眼力昏花的困难，硬是把文稿所引的大部分书证复核一遍，真是难能可贵。

在查核过程中，他们还发现了很多新资料，如可增立新条目的资料，可提炼新义项或修改已立义项的资料，惯用语、方言、成语的"变式"资料，复词不同书写形式方面的资料，异体字、通假字和古今字的资料，现代作品中运用文言虚词和古代词汇的资料，等等。他们从"亡羊补牢"的角度，"顺手牵羊"摘录制卡，并根据这些卡片为《汉语大词典》补写了2000多个条目，还抄录留下很多使用价值较高的卡片，交给汉语大词典编纂处备用。正是：成年累月审书稿，春夏秋冬挽寸时。析疑解难费斟酌，刮垢磨光断几髭。凭藉生花笔一枝，辛勤耕耘不留疵。人人自奋倾心血，致使《汉大》呈新姿。

4. 厦门洋楼　往来驻足

坐落于厦门古城西路的一座三层洋房给我留下很深的印象，那是陈延祐的家。我们每次到厦门,都喜欢先去那里报到。除去《汉大》事宜,一是很有诱惑力,特别是在物品匮乏的年代,品尝他家自栽自摘的凤梨,国外寄回的饼干蛋糕糖果之类;一是很有情趣,在宽敞明亮的二楼客厅摆放一张又大又长的桌子,通常我们都坐在那里,或闲扯《汉大》使我们走到一起,或谈论《汉语大词典》的博大精深,或畅谈治学的艰辛和乐趣,或领略学海的无涯与绚丽,同时享用美味佳肴,而且楼下花园里种着几十盆兰花,不时飘来阵阵幽香,很有一点意境。主人盛情款待,《汉大》"词友"云集,皆品性高洁、学问广博之士,"世间清品如兰极,贤者虚怀与竹同",以王羲之所书的这两句来形容,不为过也。三四十年过去了,回忆既往,仿佛依稀嗅到那浪漫海风吹来的淡淡的兰花的清香。

5. 离而不休　死而后已

1975 年,杨云最早承担起编纂《汉语大词典》的组织领导工作。他是《汉语大词典》工委会副主任、福建省出版局副局长,他不仅负责福建的编纂工作,而且联合五省一市,提出过许多建设性意见。特别是在起步阶段,福建编写人员分散各地之时,切实加强领导,采取有效措施,解决存在的各种问题,工作量非常大。他为《汉大》付出很大精力,直到 1985 年离职休养,仍壮心不已,离而不休,继续抓紧《汉大》工作,一抓到底。那时正进入《汉大》出成果的关键时刻,我省同时承担着第四卷、第五卷、第七卷的定稿任务,压力沉重。为稳定编审队伍,他仍像在职时一样四处奔波,帮助解决定稿人员的住房、职称等悬而未决的问题。他还向有关部门申请了工作和活动经费,支持定稿顺利进行。他亲自安排定稿进度,多次召集定稿人员交流心得体会,再三向定稿人员强调一定要避免出讹误。他认真抓定稿的每个步骤,抓紧,抓好,我省负责的各卷定稿任务都能保证质量按时完成,依计划送交上海发排出版,杨云功不可没。就在他逝世前几个月,还与《汉大》同仁酝酿《汉语大词典简编》和《汉语大词典》系列辞典出版等项工作。当他把大家都安顿好、完成我省承担的各项工作之时,1992 年 3 月 19 日,他却默默地走了。他为《汉大》竭尽心力,直至生命的最后一刻。他是一位平易近人的、慈祥的老人,他团结友爱的高尚情操,他的音容笑貌,永留我们心间。

十

1990 年,汉语大词典出版社决定出版《汉语大词典简编》,在工委会领导下展开。这是继《汉语大词典》之后的又一项文化建设大工程。《简编》与《汉语大词典》既有联系又有区别,五省一市按《汉语大词典》的分工编写,福建分到第七卷。1991 年 5 月 30 日在上海会议上正式成立《汉语大词典简编》编辑委员会,福建进入编委会的有:副主编林双华、洪笃仁,编委黄金许。福建仅有张振书、陈延祐、陈林茂、林双华、黄金许、鲍风、薛剑秋七人参加编纂本书。任务平均分配,每人承担第七卷的七分之一,由薛剑秋负责协调工作。

1992年杨云已离开了我们,而张秋泉也因大面积心梗而暂时离岗,福建增补出版局局长张黎洲为工委委员,主持福建的《汉大》工作,他领导我们编纂《汉语大词典简编》和《汉语大词典》的各项收尾工作,直到全部完成。

张黎洲局长非常重视《简编》工作,把它看作是充分利用《汉语大词典》丰富语言资料的绝佳机会,他常常询问编写进展情况,并帮助解决遇到的问题;他让我代表福建"词办"到上海探望患病的洪笃仁先生,送去福建人的祝福和关怀;1994年洪笃仁去世后,张局长支持泉州教育学院林双华接替洪笃仁担任《简编》副主编。在张局长的关心支持下,我们按规定的时间圆满完成了编纂《汉语大词典简编》的任务。

在《汉大》工作即将结束之际,善后诸事繁多,张局长有条不紊地指导"词办"该做什么,什么时候做什么事,怎么做,尽心到底。我们福建"词办"主要做了三方面的事:第一,处理《汉语大词典》稿酬问题。我们请福建八个编写组写出情况总结并统计好编写条数,"词办"在各组提供条数基础上,制定出稿酬分配原则,编制各组和编写人员所写条目数的分配方案,考虑方方面面,做到公平合理,分配下来大家都没有意见。第二,《汉语大词典》编纂工作经过十八个春秋于1993年年底出齐,国家新闻出版署要在北京召开表彰大会,要给作出贡献的人颁发荣誉证书。张局长给出遴选出席会议代表的原则。张秋泉对大词典感情很深、贡献很大,理当出席,但大病初愈,能出席吗?张局长指示特别处理,让张夫人一起去,陪同照顾张秋泉。出席1994年5月10日在北京召开的《汉语大词典》编纂出版庆功会的福建代表14名:《汉语大词典》工委委员张秋泉、薛剑秋;编委有"词办"鲍风、泉州林双华、龙岩黄金许、厦门陈延祐、漳州陈林茂、莆田张振书;还有原建阳编写组组长林齐民、泉州组组长黄梅雨,以及厦门大学代表庄淑燕;福建出版局局长、工委委员张黎洲因在福州接待重要代表团而未能赴京参会。第三,修订《汉语大词典》出版"后记"征求意见稿;讨论《汉语大词典编纂纪实》的内容,准备写一篇《福建〈汉语大词典〉编纂纪实》,后来没有继续下去。几十年后的今天,我写这篇《福建〈汉语大词典〉编纂纪实》,聊作当年未作文稿的补白吧。

十一

1994年5月10日,在北京人民大会堂举行庆功会之后,宴会厅里高朋满座,胜友如云,飘荡着欢声笑语,我看到一群真正乐于献身,一干到底,为《汉语大词典》奋斗了十八年的"汉大人",他们为中华儿女留下了丰硕的精神文明之果。在欢庆的筵席上,我身旁空着一个席位,放着一副碗筷,这是留给老领导杨云的。十八年来,我省先后有十七位同仁在编纂《汉语大词典》的岗位上离世，他们都作出各自的贡献。我在此为他们记下一笔，借以告慰九泉之下的英灵。

结束语

风雨十八载，往事历历在目。我受王涛先生委托，如实记述福建《汉语大词典》的编纂纪实。我们保留着不少当年《汉大》工作的原始资料，有会议记录，有工作汇报和工作总结，有各种报表和记事表，还有《简报》。我充分利用这批原始资料佐证我的记忆，使我这篇《纪实》有根有据翔实可靠。本篇文稿承赵文淦、何海勤提出许多宝贵意见，还一次又一次不厌其烦帮助修改；傅孙久也提供了最早宝贵的《汉大》会议情况；文中的资料还得益于原安徽工委委员、安徽"词办"李冬生主任和福建编委陈林茂昔日的帮助等等，我在此一并鸣谢。

（薛剑秋：《汉语大词典》工作委员会委员、《汉语大词典》主要编纂者）

追怀参加《汉语大词典》编纂工作的往事

陈延祐

  岁月如流，已是老迈之年。回顾平生，差可告慰的便是能为编纂《汉语大词典》和《汉语大词典简编》尽一己之力，不辱使命地完成了所承担的任务，为民族争光事业作出了微薄的贡献，无负师友关顾之情，无愧于此生。
  《汉语大词典》问世二十多年，情随事迁，感触万端。有关参加《汉语大词典》编纂工作的前情往事，迄今四十余年了，勉力追忆，依稀尚可得其一二，难为宏论，仅关细琐，权充印痕留存而已。对我而言，可为一说的是，不意获得了可遇而不可求的机缘，参加了《汉语大词典》编纂工作，告别待了十七年的行政部门，移转了终老于枯燥乏味的事务之中的定数，境况得到根本性的改变，开启了新的征程。
  大学毕业后原是分配广州师范学院，但我没去，后转回福建。自知不是教学之才，要求省人事局安排行政工作，未果。待了一段时间，高局长、李处长、封副处长和省编制委员会王主任先后多次接见。他们平易近人，给我留下难忘的印象。尤其是高局长，言辞温和、亲切，令人感动。主办科员老郑说，没有一个大学毕业生受到这么多领导的接见。我自是心存感激。
  那时恰逢大批侨生回国，急需教师。王主任说，你也是侨生，先去集美侨校大学预科班工作，泉州华侨大学建成后，去那里。我怕教学工作，也不想去泉州，后来省人事局介绍到省侨委人事处，于处长答应安排行政工作，并写在介绍信上。
  侨校规模大，设备齐全，有大小两个海水游泳池，当时侨生四千多人。到侨校后，副校长说，需要的是教师。过了半个多月，校长来了，把我安排到已有十多个人的教务处。但给我的却是个闲职，从此随遇而安。1965年前，可以说是干杂务。不时随同领导听课，并参加些教学活动，也帮改学生作文。采购图书，年度清点图书则是分内之事，如此等等。1965年后，学校调派我们三个人，其一是历史老师，带领一百多名上不了大学、一时安排不了工作或等待出国的侨生，到市里一制药厂和一印刷厂从事半义务性工作，每月十五元，吃住在厂里。当时是由市委统战部和市侨务局联系安排的。我们每天都到厂里走一走，也参加一些劳动。

这期间正好遇到"大串联",我专程去福建省人事局和省侨委看望当年以诚相待的老领导。李处长已调走,封副处长病逝,老郑还在原处;高局长住省立医院高干病房,我去看望,祝早日康复,就告辞了。倒是王主任老当益壮,承他好意留下便饭,话别了。省侨委于处长已离开,未见到。

1968年工厂停产,回校参加"文革"。没有冲击别人,也没有受到冲击。1969年,上山下乡、下放劳动开始。上头派我带队下乡,两次是带侨生,一次是带干部,都是去龙岩地区永定县安排的公社。1970年,侨校下马,我负责处理图书,工作结束后,调到市里,要安排一中学任教,再次推辞。大概是1972年筹建市九中,我和侨校的何书记调去参加筹建工作。建成后,我筹办图书室,五年间粗具规模,以为此后可以成为安身立命之所。

1977年9月,工作有了变动。一天,泉州市教育局蒋局长和校领导何书记找我谈话,说要调我去《汉语大词典》厦门市编写组工作,同时简单地介绍了华东五省一市合作编纂《汉语大词典》的情况,问有什么意见。我一听又高兴又担心,担心的是学业荒废已久,不知能否胜任。蒋局长说,相信你能胜任,给予鼓励。原来青岛会议上提出厦门市也要设立编写组,当时与会的山东大学殷孟伦先生和我的同学把我给推荐出来。当时厦门市编写组设在市委宣传部。副部长陈文遂兼组长,宣传部林美治负责行政事务。去报到时,还有两位不认识的同事在场,随后人员逐渐增加,每天都有些活动,时间不长,传达一些信息。

1978年11月,省编制委员会给省《汉语大词典》编写队伍80个编制。厦门大学中心组十五名,厦门市编写组八名,设在市进修学院,1979年后归学院管理,1983年解散。在市委宣传部的关照下,市编写组逐渐充实起来,编写人员八名,杨炳淮、陈可强、陈威廉、陈延祐、范辉、黄风、龚蚌生和戴光华,其中在编的三名;另外两名行政人员:潘学文和黄平夷。

陈副部长不时下来了解情况,跟大家聊天,平易近人。林美治工作认真,待人和蔼,相处融洽,关照编写人员的工作、生活和福利。王部长也三五时来看望,曾两三次到家里来,闲聊几句,问有什么困难等等。顺便上三楼看看盆景,没什么官架子。记忆犹新的是,1979年调工资时,要有独生证,当时小孩体弱,没办独生证。据说王部长闻知此事,立即打电话给教育局新来的局长,工资还是上调。

1979年前厦大中心组洪笃仁先生对福建省各编写组的水平不大了解,放心不下,曾开个小会,拿出《中山狼传》来面试,说:"要一个个地敲。"记得对其中一些语句,如"人立而啼""生死而肉白骨""乃区区循大道""蛇盘龟息"等的理解产生了分歧,引来一场争论,与会者各抒己见,各有所得,最后水平得到认可。虽是一个细节,但这一互动增加了大家对编写工作的信心。

分给厦门市编写组的收词用书为明代李东阳《怀麓堂集》。书一到手,就投入看书收词制卡的工作中,各尽其力,各尽其责,广收博取语言资料,以供编写工作之用。资料的重要性早已取得共识,"巧妇难为无米之炊"。当时即使有收词原则在手,但由于编写人员来自四面八方，见仁见智，收词出现问题在所难免，然而无伤大局，都是在夯实编写工作的基础。

在这一时期，上海汉语大词典编纂处陈落等人和福建省《汉语大词典》编写办公室张秋泉，到省里各编写组了解情况，指导工作，提供信息。首站是厦门市编写组，了解了情况交换了意见后，离厦之前，市编写组为他们洗尘，市宣传部和学院有关领导都参加，并跟他们话别，气氛祥和。后我跟随陈和张一道去福州、龙岩、漳州和宁德（后该组撤销）等地了解情况。一路上不时向他们请益。走了一圈增长了不少见识，取得了不少经验。此前，上海汉大办公室金文明在市编写组作过《汉语大词典》情况的报告，增加了大家的见闻。在此期间，省"词办"建立了省汉语大词典编委会和编审会，都有助于保证编写质量和编写工作。每一次活动我们都去参加。1983年厦门组解散，留下我一人参加定稿审稿工作。1998年《汉语大词典简编》出版后，我退而不休的工作也就结束了。

1983年《汉语大词典》编委会第三次扩大会议在厦门召开，各专家学者欢聚一堂，气氛异常热烈。会议期间，王力、周祖谟、张涤华等诸先生要一游鼓浪屿，省"词办"要我跟着去，我约好陈林茂并带着儿子伴随前去。

那一天天气晴好，正是秋高气爽的时节。清晨八时许出发，午饭前赶回来，时间紧，议定逛一下标志性景点日光岩。一行十二人边走边聊，慢悠悠地从中山路走到轮渡码头，下了渡轮，直向目的地走去。因路途不熟，一路问下去，终于走到了地头。我们拾级而上，踏进日光岩拱门，映入眼帘的就是远近闻名的日光岩寺，古朴，肃穆。寺院不大，岩顶在望，王、周、张年事已高是上不去的，王还拄着拐杖。我们就在寺庙周围游目骋怀。香烟缭绕，庙宇屋舍清净优雅，人声，风声，红瓦绿树，令人神思悠悠。游客循山路而上下岩顶，自得其乐。我们只能远眺，遐思冥想身临其境时而萌生的诗情画意。近午时分回程，漫步出寺院，在日光岩拱门前拍照留影。留下了一行十二人半天的游踪，留下了王、周、张三位蔼然可亲的学者

前排左起周祖谟、王力、张涤华；后排左起陈延祐，第三人为陈林茂，第四、第五、第八人为编纂处左钧如、凌才福和蒋薇美

风范。

《汉语大词典》第一卷于 1986 年 11 月出版，接着在安徽安庆市召开庆功大会，与会者济济一堂，见到苦战十年的成果，无不欢欣鼓舞，增强了完成全书的信心和决心。第一卷十二名主要编纂人员中五名是福建的，见证了他们的辛勤。会后，我们游览了舒城，获赠舒城席，工艺精巧。游了"中天一柱"的天柱山，钻山洞的辛苦留下了深刻的印象，还品尝了名茶"天柱剑毫"，齿颊留香。

1993 年年底《汉语大词典》全书出齐。历经十八个春秋，众志成城的硕果，煌煌十二卷呈现大家眼前，无不欢腾起来。5 月 10 日在北京人民大会堂隆重举行庆功会，党和国家领导人江泽民等到会祝贺，并接见全体与会人员。历史记录了这一庄严时刻，见证了群策群力的智慧，见证了为子孙后代积聚的文化财富。会后在人民大会堂聚餐，饭食极为丰盛。福建组同事一起在人民大会堂迎客松前留影。我们还参观了故宫，游览了长城。大会给我们留下了永恒的怀念。

回想当年，如不是工委会、顾委会、编委会、编纂处和五省一市"词办"不失时机引领各编写组通力合作，和衷共济编成《汉语大词典》，今天在联合国大厦中文组里称雄的恐怕仍然是我国台湾的《中文大辞典》。尽管《汉语大词典》还有这样那样的差错，但筚路蓝缕之功不可没。请问，世上有哪部工具书是完美无缺的？

1977 年 9 月起，省"词办"跟省里各编写组建立了良好的工作关系与人际关系，营造了良好的工作环境。1978 年在市编写组初识省"词办"张秋泉。乍见初识，话语不多，后来接触多了，显见其为人敦厚平实，易于相处。他主持省"词办"以来，工作认真负责，一心一意都在为完成省里承担的编写任务操心，得到了各编写组的尊重。曾多次随同洪笃仁先生和张秋泉到各编写组参加活动。他对于编写和审稿工作很是关心，一直强调要保质保量，如期完成。无论在省里或市里集中审稿，省"词办"都相当重视，住宿饮食等的安排周到舒适。

省"词办"召开的三次武夷山会议，给大家留下了美好的回忆。

张秋泉之外，省"词办"的诸多同事都有所接触，而较有印象的是鲍风、薛剑秋、何海勤。鲍风为人虽较为拘谨，少言语，然作风踏实。薛剑秋由于工作关系，跟各编写组的接触多一些。她工作认真，人缘好，出差厦门时，有空就到我家里来聊天谈工作。

省出版局杨云老，我跟他很合得来。他喜欢厦门，每次下来都住在厦门宾馆，常常找我去聊天。他早年在厦门工作，老朋友多，有次带我去看望市统战部张部长，说话很随意，无拘无束。杨老乐于助人，有一年清明，雨下得大，下得久，先人墓地在远郊的半山腰上，泥路不好走，车子租不到。杨老知道后，二话不说，让用他的吉普车，解决了一时之困，回来时车身上溅满了泥浆，司机没有半句怨言就开回去了。有一年，杨老有事要出去一下，要我留在宾馆客房里。不久有人敲门进来，是个女同志，步伐轻快，脸露笑容，自报姓名。当时不识是本土作家，大概是为出书而来，后来上位，是个市官。还有一年，杨老需要的一种药品，我给找到了，当晚我就坐上去福州的火车，第二天清晨到达，把药送给他就回来了。杨老曾多次给我来信，都是写大字信，笔画抖抖的，除了谈编写工作之事，还拉扯一些杂事。多年的交往，留下了亲切、真诚、可敬的印象。

我跟省"词办"同仁二十来年共同战斗的岁月永留心中。1983年前后，我常去汉语大词典编纂处，来忙忙去匆匆，与陈落、孙厚璞、王涛、金文明、傅元恺、阮锦荣、唐让之、李鸿福、李明权、徐文堪、虞万里、陆锡兴、陈福畴和工友老李都有过从。

在编纂处时，有机会就拜读其他编写组那些送审的稿件，以增加见识。大概是1980年，孙厚璞、阮锦荣和省"词办"张秋泉到我省各编写组了解情况，交流经验，交换意见，提出对编写工作的要求。说话都是坦率的。

与傅老相识有年，他老成持重，待人真诚。时有书信往来，谈的大多是有关释义问题，常给我指导、鼓励，获益不浅。雁荡山会议时，傅老约我和林双华、陈林茂承担"不"字头及其所带条目。1982年9月提出要把"不"字头及词目1500多条，十一个抽斗的卡片（卡片橱抽斗）寄到我家里，由我们自行分摊。1983年2月来信提到洪先生曾致信罗老，是有关福建的工作情况，但内情没有透露，估计是编写的问题。

傅老退休后，我同他仍然保持联系，每逢佳节，互致问候。两次路过上海，都去看望他，都得到了热情款待。我跟陈落较为熟悉。大约是80年代，陈老曾两三次来信，其一是北京中华书局刘尚慈要游厦门，请我给带路。我跟刘素不相识，见面时寒暄几句，就带她去南普陀寺等几个景点，出了植物园就坐在园里水库边休息闲谈。刘很健谈，印象深刻。因是头一次见面又是女同志，不免拘谨，不敢设便宴招待，游完就告别了。

90年代初，编纂处一同志来电话说处里一姓杨（名字忘了）的女同志来厦门，要我当导游，我自是应差。杨同志到家里来，一见面是个有披肩长发的女同志，说了几句客套话，就带她去南普陀寺、万石岩寺等景点。万石岩寺是在山顶上，要走一段相当长的山坡路。上去后，就如同在南普陀寺那样，见佛就拜，礼佛之虔诚，令人吃惊。杨同志说她还常去静安寺。带她游了半天，她就自游去了。来自编纂处，算是同事，本应款待一下，但想到诸多不便，就作罢，深有歉意。

有一年，阮锦荣来厦门办事。当天下午就陪他一道上万石岩寺，一路说说笑笑走完了山坡路，到了寺庙游览了一通，就下山了。

还有唐让之、李鸿福曾因事来厦门，我们热情招待了一下。

前尘往事随感而生，旧雨故知在念，心中充满了温馨。时乎，时乎，何时再来！唯有永恒的记忆最为珍贵。

《汉语大词典》既定为"古今兼收，源流并重"的大型语文词典，当然要从海量的语言材料中，广收博取语词制卡，以供选录之用。这是成就其大型的基础。从收词制卡到编写、审稿、定稿的实践中，都可以看出语言材料的重要性。

厦门市编写组编写的部首为："丨（亅）""丿""丶""乙""囗""牙""夂""日（曰）""爪""片"等。

福建各编写组都有试写活动以便取得经验。我们试写的是"事"字头。意见不一，争论不少。接下去就是分头编写。我们都认真严肃对待每个字头和条目，都不敢掉以轻心。复审时，组里都把单字头归我处理。

大致说来，我所编写的字头有："不""丕""世""且""丙""乱""丫""之""牙""爪""爱""为""日（曰）""改""教"……；复审的则有："乘""乳""也""乏""乃""乎"……每个字差不多都是重写。

总之，我尽量收集吸收已有的研究成果，不主一家，择善而从，力求释义准确、义项齐备、书证贴切。为了核对书证，经常骑自行车去厦门大学，来回约需四十分钟。厦大图书馆在山上，夏天一进去汗流浃背。我对书证和释义从来都是认真对待，尽量避免差错，力求高质量。以"亂"字为例；"亂"是我写的，洪笃仁先生另起炉灶不用我的，到了编纂处，最后审订还是用我的，这是傅老亲口说的。

"爲"这个字头不好写，有实词、虚词之别。我用了很长时间，花了很大力气才编写出来，然而我不敢自以为是，傅老审阅后，只调整了几个义项的次序，补上一条书证。这是当时的认识水平。

至于"不"字头及其所带条目，我分到的是"不"字头和9画的条目，都用心编写，力求保质量少差错。去年我见到"不"的一些条目的修改意见，如"不二""不下带""不丈夫""不上不下"等，还是没修改好，还有待商榷，可见"释义"准确之难。有丰富的语言材料，释义不一定都是准确的。傅老说，释义是词典的灵魂，做到精准不容易，我有切身体会。

1983年到1994年这十年间，我时来时往于福州和上海，忙于审稿、定稿工作，夜以继日、日以继夜是常有之事。第一卷到第七卷，大概都有我的劳动成果。

总之，十七年的行政工作荒疏了学业，但因机缘凑巧，得以参加《汉语大词典》编纂工作。经过边干边学的辛勤劳作，弥补了文字、音韵、训诂、逻辑学等方面的缺失，终于能学以致用，与诸同仁共同完成了《汉语大词典》，没有虚度年华，这是我平生最大的荣幸。

（陈延祐：《汉语大词典》编辑委员会委员、《汉语大词典》主要编纂者）

难忘的岁月

——回忆在编纂《汉语大词典》的日子里

孙立群

从 1981—2000 年，我在汉语大词典编纂处工作了 20 年，这是我终生难忘的 20 年。那里的人，那里的事，经常在我的脑海里涌现，有时甚至在梦中也会出现。由于事隔多年，当年手头的一些原始资料，早已散佚殆尽，所以要写一篇比较全面的回忆录，确实有点为难，幸好还保留着当年的一些工作记录，我凭借这些珍贵的历史纪录，打开记忆的闸门，把我在汉语大词典编纂处的所见所闻所历所做，作一番简略的回忆。

有幸参加编纂《汉语大词典》，我觉得这就像是历史赋予我的使命一般。1968 年我从北京大学中文系毕业，分配到上海浦东培红中学教书，当了十年的语文老师。1979 年因学校合并，我被调到南市区卫生局办公室工作。一天，我接到一个电话，对方说他是汉语大词典编纂处的，叫左钧如，说是经我大学同学钟嘉陵推荐，问我是否愿意到编纂处工作。我对《汉语大词典》一无所知，所以当时没有答应下来。大学毕业十年了，除了教语文课程接触专业知识外，其余时间就是带学生学工、学农、学军……现在让我编词典，能胜任吗？还是先去编纂处了解下情况再说。编纂处设在陕西南路 25 弄一座小洋房里。巧的是，在那里见到了我大学的同班同学王涛。十多年不见面了，想不到在这里遇见他。王涛向我介绍了编纂《汉语大词典》的情况，说在这里工作专业对口，鼓励我调来。回去后我向卫生局写了请调报告，经过一番周折，1981 年 2 月调进了汉语大词典编纂处。我去编纂处报到那天，是陈落老先生与人事科蒋薇美接待我的。陈落年过 70 岁，时任编纂处副主任。他向我介绍了编纂处的一些情况，说编纂处是个事业单位，"清水衙门"，要我做好吃苦的思想准备。他拿给我一些简报，让我先熟悉一下《汉大》的情况。我被分配在第一编辑室工作，王涛与金文明负责那个编辑室。

我到了一编室后，首先是看《词典编写工作简报》，了解五省一市编写组和编纂处过往的工作。从简报中，我知道了许多情况。比如说：国务院 1978 年发文将《汉语大词典》列

煌煌辞典著春秋 ——《汉语大词典》出版背后的故事

为国家重点科研项目；1979 年汉语大词典编纂处成立，由语言学家、出版家罗竹风担任主编，并且聘请了著名学者吕叔湘、王力、叶圣陶、周祖谟等 14 人为学术顾问；由福建、山东、安徽、浙江、江苏、上海五省一市组成的几十个编写组，数百名专家、学者展开收集资料及编写工作；另外还知道五省一市相关领导及"地方大员"都是《汉语大词典》编写领导小组（后改称工作委员会）成员。总之，原来编纂《汉语大词典》兴师动众，获得如此重视。"这是个做大事的地方"，这就是当时留给我的震动心弦的感受。

编这部大词典时，正好"文革"刚结束，一大批学者、专家迫切想为祖国的文化事业作一点贡献。他们翻阅了数千种古今图书资料，从浩瀚的书海里制作了八百多万张卡片，从中精心选出二百多万张作为第一手资料。做这些资料卡几乎没有什么报酬，但他们都默默无闻地在书海里寻找着有用的材料，为编好大词典而努力工作。看过这些材料，使我意识到责任重大，乃是一项历史使命般的承担，也为能参加这一伟大的文化工程感到幸运。

我从 1981 年来编纂处工作，开始在一编室审阅稿件，期间也曾受命协助编纂处领导做一些行政事务性工作。1985 年起担任编纂处副主任同时兼任党支部书记，负责党务和主持行政、工会等方面的工作。1992 年兼任汉语大词典出版社副社长，我是双肩挑的干部，党务政务很吃重，同时又是业务干部，还要搞业务，写稿、审稿，也是我必须做好的工作。

我参加审稿之初，首先学习《汉语大词典》收词原则和体例等业务规定，经短时间熟悉之后，我便投入审稿了。但毕竟初来乍到，一时还吃不透这些复杂的规定，为避免错误与对稿件负责起见，我先用铅笔慎重改稿，反复思考，待认定无误之后再正式改定。我想自己业务闲置多年，如今要捡起来一时半刻不容易做好做到家，我就该多花气力，"笨鸟先飞"。我除了利用各种时间熟悉《汉语大词典》编纂体例外，还经常向室里的老编辑请教。我们室里好几位老师，学识渊博，非常热心。我向他们请教疑难问题时，他们总是不厌其烦地帮我解决。一段时间以后，业务熟悉了，我就完全独立审稿了。我参与初审和复审的《汉语大词典》稿件有"人""女""青""豆""水""系""豕"等十几个部首，每一个条目我都认真理解原稿，深究当中的问题，慎重修改，不敢掉以轻心。例如"紧"字条，原稿漏收"急躁、猛烈、快速、紧要"这四个重要义项，我都一一增补进来，并引用了反映源流的书证；还增补了"紧锣密鼓"等词目。再以"豆"部为例：经我手新增与改写的有百多个条目，至于查核原书纠正书证错误，增加表现源流的书证或必要的注释，更换 200 多条不合用的书证等项不再一一列举；"豆"部原稿单字复词丢漏义项较多，或义例不合，我都一一解决，修改释义和增加义项近百条。至于更正引书格式、更改误用的繁简体字误用，以及再处理相关条目等总数更多。如"豐"字，经反复核对书证后，发现几条书证的"豐"均作"豊"，而稿中"豊"作删目处理，这显然不妥，我另立"豊"字头：（1）lǐ, 礼器。（2）fēng, 同"豐"。经过这种处理，"豆"部增加了当收录的词条，释义比较完备准确，并纠正了体例和引书格式的错误。在我的记忆中，像作者、书名、繁简体字、标点符号、关联条目、引书格式和编辑体例方面的问题，来稿中都比较常见，我都仔细认真地一一修改。

另外我还看了好几卷《汉语大词典》的校样和付型样。

《汉语大词典》第一卷中的"入"部由编纂处编写。处领导决定选择几位编辑业余时间编写这批稿件，"入"与"全"这两个单字及其所带复词由我承担。就这样，我一面要继续审稿看校样，一面要编写"入"和"全"的稿件。编辑室主任把一大堆资料卡和稿纸分给我带回家编写。我是独生子女，两个幼小的孩子、父母和独身姑妈都要我照顾。买菜烧饭一类家务事，都由我和先生承担。无论工作负担还是家庭负担，我的背负都很沉重。

我家住在四川南路金陵大楼，三代六七口人，只有一间十八平方米的住房。一大堆几千张资料卡片需要按照笔画顺序、字、复词排比整理，没地方摊开排序，只能等家人睡觉以后，搬到走廊里去做。我在走廊里铺上一张行军床和一张小桌子，把资料卡铺开，然后按字头分列，再把单字与复词分开，把字头和各复词的卡片归在一起，再按复词首字的笔画顺序依次排序，一叠叠放好。卡片分毕，完成了写稿的第一个项目。下一步，就是编写条目了。我先写单字"入"，首先细读并核查资料出处原文，分析判断各条词义，把相同者作为同一义项资料归到一起，并参阅其他工具书的释义，再反复推敲义项的释义，最后下结论，按照"古今兼收，源流并重"的原则谨慎选择引证的资料。词典是无言的老师，我们编词典来不得半点马虎，不能误人子弟。凡是用上的书证，我都一一查核。有的书家里没有，就带到单位去查。有些实在难以把握的释义，我就请教老编辑。我用了三个多月的业余时间，完成了任务。我写的"入"字，单字义项22个，所带复词245个；"全"字义项13个，所带复词187个。当时的大型辞书，如《辞海》《辞源》"入"与"全"的单字义项不超过7个，所带的复词就更少了。我的稿件由浙江编写组的吴战垒老师复审，吴老师评价道："孙立群同志编写的'入''全'单字带复词，态度认真，质量合格，定稿时印象较好。"他是编委，经他审阅后认可发稿。我还编写了第六卷"月"部的部分稿件，复审了《汉语大词典》第五卷至第九卷的稿件共五千多条，大约65万字，参与第六卷、第七的编辑工作。

1989年汉语大词典出版社同台北的东华书局签约出版《汉语大词典》繁体字本。当时社领导决定，简体字转繁体字的编辑工作，交予编辑在业余时间完成。经我一审、二审与决审的繁体本校样达一百多万字。同编写"人"部稿件一样，把繁体字本的清样带回家晚上看，一般都看到半夜才休息，要说累确实很累，劳心劳力，而我乐此不疲。

编辑业务和党务、行政三项是我的主要工作。此外，还分配我做一件为《汉语大词典》配图的工作。当时为《汉语大词典》配图的人事有所变动，王涛同我商量，希望我能承担。我虽然没有搞过配图，也不大懂文物之类，但我想："世上无难事，只怕有心人。做事都是从不会到会，只要肯学，就没有学不会的"，便欣然接受下来，从第三卷配图一直做到第十二卷全部完成为止。有两位编辑张晓栋与吴红婧同我一起做。他们二人毕业于上海大学文博专业。我们从二十多万条词目中筛选出四五千条专科词目，并一一做了配图资料卡。《汉语大词典》十二卷共配图 2253 幅，有一个条目下配多幅配图的，按照一幅计算。词典中的配图可以"济文字之穷"，帮读者借助视觉材料加深对释文的理解，弥补释文之不足，提升词典的使用价值。同时绿叶扶红花，给人以美的享受。《汉语大词典》的配图量多面广，比较当时别的大型辞书，如《辞源》四卷配图 300 幅、《汉语大字典》八卷配图近 200 幅。以"口"部配图为例，《辞源》两幅、《汉语大字典》一幅，《汉语大词典》49 幅。《汉语大词典》配图的内容丰富，花鸟虫鱼、飞禽走兽、树木瓜果、神话人物、衣冠服饰、名胜古迹、现代科技等都有，民族特色也比较突出。我们搞《汉语大词典》配图，尽管有不足之处，但我们力求做到科学性、直观性、真实性和知识性四性具备。

为《汉语大词典》配图的工艺流程，可以概括为四步走：选图—审图—制图—校图。选图的工作量很大。稿子一到出版社，我与配图编辑张晓栋、吴红婧一起查阅稿件，选择配图词目。有时编写组的稿子迟迟未到，我们还出差外地到编写组查阅配图稿件。我们几乎浏览过《汉语大词典》二十多万条稿件，从中筛选出需要配图的词目，做了几千张配图资料卡。根据这些卡片内容去寻找配图资料。我们查寻过的图书资料，如《山海经校注》《三才图会》《三礼图》《天工开物》《中国美术全集》《中国古代服饰》《紫金城》《文物》《考古》等古籍和画册，约有上百种。不少配图资料是两位编辑从上海博物馆、历史博物馆查阅得到的，有些则是美术编辑钱自成从实地拍摄的照片。为了寻找一张时代早、图形美、有典型性的配图有时要花上好多时间。《汉语大词典》的配图做到了图美意新。如为"步辇"条"古代一种用人抬的代步工具，类似轿子"这个义项配图，选用了唐代著名画家阎立本的宋摹本《步辇图》。图中的唐太宗端坐步辇之上，接见前来迎娶文成公主的吐蕃使者，图中所画 13 人，神态各异，栩栩如生。看此图便了解了步辇究为何物，并给人一种美的享受。

我除选图做卡片外，还要检查指导配图工作，审查配图词目和图片文字说明，审核配图校样：看释文与配图是否相符，看图像与义项是否对应，看图注是否正确等。还要做好编辑部、出版科、美术编辑之间的协调工作。协调工作说来容易，做起来却遇到各种困难，如有时校样已到，但图还没画好，有时图不清晰，还要出版科请印刷厂重做，等等。美术编辑钱自成担负的任务很重，要联系组织美术作者绘制图稿，还要审定修改图稿、批注制版缩尺、审阅配图校样等。《汉语大词典》配图工作开展得比较顺利，乃是插图编辑、图稿作者、美术编辑共同努力的结果。《新闻出版报》刊登一篇《盛典——汉语大词典编纂纪实》的文章，其中有一段如此评价《汉语大词典》的配图："开天辟地的盘古首出创世，人面蛇身的女娲飘然飞天，汉代画像石中还保留着许多华夏民族远古图腾的痕迹；透过河姆渡遗址出土的精美陶钵，领略新石器时代长江流域的灿烂文化；观赏商王祭母使用的后母戊鼎，感受古代中原青铜浇注技术的辉煌成就……翻开《汉语大词典》，一幅幅学术价值极高的插图令人叹为观止。《汉语大词典》的插图不仅数量居同类辞书之首，而且内容包罗万象，突出了民族特色。"

配图也出过差错。《汉语大词典》第三卷"口"部有"吐火罗语"一词，吐火罗语是

20 世纪初,我国新疆发现的用中亚婆罗米斜体字母书写的一种印欧语系的语言。为了加深读者的认识,我们选用了吐火罗语 B(龟兹语)文献的配图,像蚯蚓一样弯弯曲曲的文字,我们根本不懂,也没有请教专家,结果把图版放倒了,读者来信指出才知道错了。然为时已晚,印到书上了,费一番周折才改正过来。通过这件事,我深感每一个细节都要慎重对待,丝毫马虎不得。

我先后分管过人事科、行政科、校对科、图书资料室、二编部等科室,党务与行政是我承担的重要工作。我都按照上级精神与社长布置的任务,做了很多事情,很多精力都用在党务与行政方面。上情下达、下情上传,组织各种学习,开会、做计划、写总结,谈心、家访、组织工会旅游活动,解决各种福利问题……还经常充当调解矛盾的"救火车",扮演"管家婆"的角色。自己与党支部委员、工会主席李爱珍和人事科科长蒋薇美等人,一道合力去做,调动群众积极性,增强单位凝聚力。工作头绪多多,条分缕析抓重点,大抵是组织干部职工学习党中央制定的政策、路线、方针;认真执行上级党委布置的工作;健全组织生活制度;发挥党员先锋模范作用;抓好党内建设,壮大组织发展党员,用谈心的方法做思想工作,解决单位内的各种问题,处置各种矛盾。

汉语大词典出版社是 1986 年 11 月成立的,我与人事科蒋薇美一起去上海大学等处招聘新人。我们到有关单位了解情况,与本人面谈,前后谈话一百多人次,量才录用,择优录取,吸收了 24 名新职工进社。考核配备各科室的干部是另一项经常性的工作。此外,我还参与制定各项规章制度的工作,参与公正地做好职称评定工作。我多次参加出版局职称评定工作会议,同人事科一起填报各种职称表格和单位意见,联系有关专家学者写推荐评议意见,召开本社评定职称的各种会议,等等。这项工作涉及员工的个人利益,必须尽心细心地做很多工作才行。甚至结算稿费的事也找到我,记得在《汉语大词典》出齐之后,为了解决版权问题,编纂处决定同每位作者结清一次性稿酬。我负责这件事,摸索出一套计算公式。我给五省"词办"打电话,请他们把各编写人员写稿的数字统计出来。"词办"的几位老师很配合,他们把本省各位编写人员的写稿数字计算得清清楚楚。我把每人写稿的字数折算成稿酬数,直算到几角几分。编纂处财务科邵明等人也加班加点干,靠着大家之力,几十万稿酬分下去,作者没有提一条意见。

为职工排忧解难,关怀职工,是我的又一项职责。为解除职工的后顾之忧,那几年单位购买了几套住房,出版局又拨给几套,都公正地分配给职工。我当过分房小组组长,分房的事难题很多。我与工会主席、人事科同事几乎走访了三分之二的职工家庭,与行政科、工会一道,逐一做完了分房子这件事。记得一位编辑家中发生火灾,财物几乎全都烧毁。我同工会一起发动全社职工募捐救济,那位职工深感火灾无情人有情,工作更努力。一次遭台风暴雨袭击,几位职工家中进水,我们及时给他们送去了慰问金。支部与工会多次联合组织活动,丰富职工业余生活。单位资金短缺,工会活动经费很少,我还同社领导捐助过一些活动经费。工会为大家采购了乒乓球用具，安排打乒乓球场地，在大厅播放音乐……现在退休老同事聚会时，有人说："还是在编纂处最开心，虽然辛苦但大家很团结，过得很开心。"

作为《汉语大词典》工作委员会委员，我多次参加工作委员会召开的会议。记得有时还负责会务工作。因为好多位参加者都是省部级和宣传部、出版局的老领导，千里迢迢来开会，安排旅途交通、接送，选择预订酒店，照顾饮食起居，安排会议等项工作，我与会务人员都认真考虑，力求仔细周到，照顾得好，休息得好，开成富有成效的会议，这是责任所在。

说到会务，筹办北京庆功大会记忆最深刻。《汉语大词典》十三卷出齐之日，工委会与编委会决定在北京召开庆功大会。我和阮锦荣、蒋薇美等人参与筹办此次会议。为了开好这次大会，他们多次去北京，向工委会领导汇报大会筹备情况、报请中央领导题词，邀请中央领导及《汉语大词典》"三委会"成员参加会议。筹备时间不长，工作非常紧张，穿梭于北京上海两地，忙得不亦乐乎。我分工负责上海人员的与会工作，为上海市和出版局领导、记者、上海编写组、在沪编委和工委委员、中华印刷厂及本社的代表约四十多人，操办赴京参加大会的各项安排，一一落实代表火车票飞机票，接他们去火车站机场。上海市领导因工作繁忙，说好的事时有变化。如已订好9日上午赴京机票，秘书忽然要求改到下午，而机票已卖完，只得与机场工作人员苦苦商量，好不容易弄到了机票，个别领导又要求换乘班机……还好，我们的行政科同事工作得力，最终圆满完成了任务。

我还参与了术语委员会工作。全国术语标准化技术委员会的辞书编纂分委员会，挂靠在汉语大词典出版社。在术语委员会老前辈粟武宾老师的亲切关怀指导下，该分会开展辞书编纂领域的术语学和术语标准化研究，1992年我兼任该分会的秘书长。《辞书编纂基本术语·第一部分》（GB/T 15238.1—1994）由该分会制定，对辞书编纂及有关的教学、科研、出版等领域起到了较好的规范指导作用，对国际辞书界的信息交流也起到了一定的促进作用。之后继续制定《辞书编纂基本术语·第二部分》，成立了起草小组，我是成员之一。经过多方努力，制定出《辞书编纂基本术语·第二部分》这一国家标准，由国家质量技术监督局发布。

回忆《汉语大词典》主编罗竹风，有很多事迹值得说。他是编写《汉语大词典》的统帅，受命于危难之际（"文革"刚结束），但他运筹帷幄，战胜了种种困难。终于领导大家一起完成了这部皇皇巨著。为《汉语大词典》呕心沥血，殚精竭虑，几乎耗尽他人生中最后的十几年光阴。他多次与陈落、孙厚璞、王涛上北京和华东五省找有关领导和学界人士，反映《汉大》的情况，听取意见，以取得领导与学界的支持和帮助。他始终关心《汉大》编写组人员，经常去五省编写组了解编写情况，关心他们的生活及住房、职称等情况。《汉大》在五省一市召开过十多次会议，罗老虽年事已高，但每次会他都亲自参加，并且作重要的发言。他对编纂处工作关怀备至，对于编纂处在书稿及行政方面遇到的困难与问题，都给以热情的指导与帮助。在《汉语大词典》"三委会"会议上，罗老都要提到编纂处与汉语大词典出版社的工作，要求中央与有关领导给予支持。他常来参加我们的会议，还亲自审阅稿件，提出指导性意见。罗老还帮助编纂处解决了办公用房问题，1985年我们终于搬到了新华路200号办公。当我们搬进环境优雅、宽敞明亮的办公楼房时，怎能忘记罗老为此付出的心血。罗老爱惜人才，尊重知识分子。他几乎叫得出编纂处所有老编辑的名字，连行政科的职工他也熟悉。他曾多次与社领导一起，向上级领导反映本社编辑人员的待遇、住房、职称等问题。有职工生病住院开刀，他不顾年迈体弱，亲自去医院探望。

罗老一身正气，两袖清风。1986年召开《汉语大词典》第一卷出版发行会议，经讨论决定，给主编500元劳务费，托罗老的女儿罗黛娃带给罗老。第二天罗黛娃带来了罗老给我的一封信，里面夹着500元钱。信的大意是：编纂处正处在创业阶段，经济不宽裕，自己条件尚可，此钱不能收。在20世纪80年代，500元还算是一笔可观的数字，罗老这种清正廉洁的品行，使我深受感动。罗老对我的关心我一直铭记在心，在评高级职称时，罗老亲自写了推荐信："作为《汉语大词典》主编，因共事关系，对孙立群同志的步步提高，我是深知的，所以乐于推荐。"罗老对我的肯定与信任，是我努力工作的动力。1994年年初，罗老已重病在身，他的癌细胞已经扩散，全身浮肿，疼痛不已。但他依然非常关心编纂处的工作，每次我们去医院看他，总是详细询问我们《汉语大词典》销售的情况，《汉语大词典》简编版和繁体版的情况，他一直惦记着《汉语大词典》的后续工作。记得我给他送《汉语大词典》附录与索引卷时，他在我那本索引卷上题了"《汉语大词典》十三卷胜利完成，孙立群同志是竭尽全力，值得表扬。后续工程正在策划，希望再接再厉，取得更大成就"这句话，对我是鼓励，也是鞭策。

《汉语大词典》工作委员会主任刘杲曾说过："我们所从事的事业是文化的传播与积累，其特点就是默默无闻……古往今来，干事业、做学问的人，要经得起寂寞。而我们付出的这个代价所换来的，则是对民族的贡献。从这个角度去理解，我们就会心安理得了。"他的这一番话，说出了所有为《汉语大词典》辛勤工作的人们的心声。

为了加快出书进度，1985年年底编纂处陆续请一些编委来上海定稿。编委们离乡背井来到上海新华路200号编纂处。编纂处经费不足，无力安排编委住宾馆，只能住在一排临时搭建的房子里。夏日炎炎，闷热如蒸，冬天寒气袭人，条件很差。编委们就在这样的环境里一住就是半年，扎扎实实完成了定稿工作。

当时我与人事科科长蒋薇美的办公室，就在这排房子的底层。夏天晒得屋内高温难耐，冬天西北风吹进来冷冰冰，靠热水袋取暖。记得那次台风暴雨来袭，吹得房子摇摇晃晃，院子里满是积水，大水漫到底层房间。我们的办公室里堆放了不少从五省一市送来的稿件和卡片。台风来之前，我们和职工弄来好多木板，搭起了木板架，把放在其间的资料箱挪到木板架上，稿件和卡片完好保存下来。

吉常宏老师是《汉语大词典》编委和分卷主编。他来上海定稿连住几个月，连儿子举办婚礼都没有回去。有一天一对年轻夫妻来到编纂处找吉老师，一问才知道，他们是吉老师的

煌煌辞典著春秋 ——《汉语大词典》出版背后的故事

孙立群（左）与分卷主编吉常宏在《汉大》会议上

儿子和儿媳，婚后来上海探亲了。福建编委张振书老师的独生儿子 1986 年 1 月结婚，张老师也是因为赶着定稿而没有回去参加婚礼。这些编委在家几乎都是有人伺候的，到我们这里住在冬寒夏热的"风雨楼"里，吃食堂的大锅菜，衣服自己洗，生活自己料理，诸多不便自己克服……尽管如此，他们都无怨无悔，为《汉语大词典》竭尽心力。

著名辞书学家陈原说过：只有"傻子"才去编词典，编词典不是人干的，而是圣人干的。编词典确实是苦力活干。为了编好这部大词典，有很多人不计无名辛苦，心甘情愿地在《汉语大词典》的字里行间耕耘劳作。

汉语大词典编纂处第一任领导陈落是位老革命，革命年代在重庆报社搞地下工作，后来到上海出版单位工作。"文革"中被当成反动学术权威挨整批斗，被关在潮湿的小屋子里，全身上下被虫子咬得都是疤。1979 年组建汉语大词典编纂处，他被任命为编纂处副主任，兼任党支部书记。陈落不顾年老体迈，为《汉语大词典》的工作奔忙，还要管业务管政治思想工作。陈落老为编纂处、为《汉语大词典》操劳，直到退休。后来出版局任命王涛为编纂处主任，我与阮锦荣担任副主任。经党内选举，我兼任党支部书记。

王涛是我的大学同学，他对业务很钻研，大学时就有"王庄子"的雅号。毕业后分配在广州军区政治部工作，其间参加修订《辞源》，是参加修订《辞源》最早的人员之一，积累了编纂辞书的经验。他把自己的身心都扑在《汉语大词典》工作上。尤其是担任领导工作后，经常与罗老、陈落老去北京拜访有关领导，拟定一些相关文件，去五省参加会议、调解各种问题和矛盾，在编纂处订立各种规章制度，做职工的思想工作等。除此外，他还有繁重的定稿与发稿工作。由于原稿的质量参差不齐，修改加工要花费很大的精力。他经常把稿子带回家，节假日和晚上都在工作，常弄得筋疲力尽，劳累不堪。他放弃了一切假期，一心全在《汉语大词典》工作上。1986 年 11 月国家出版局批准成立汉语大词典出版社，王涛任社长。为了加快出书进度，罗老与他一起拟定了"分卷主编负责制"，根据"相对集中，适当分散"的原则，确定了各分卷主编的名单，并制定了加强稿件质量检查的措施，提高审定稿质量，加快了《汉语大词典》的出书进度。在《汉语大词典》定稿基本完成后，1989 年 1 月，汉语大词典出版社与台湾东华书局签订了《关于合作出版〈汉语大词典〉繁体字版的协议书》。1990 年制定了《汉语大词典简编》"工作方案"，后又制定了《汉语大词典简编》"编纂总则"。为促成这两套书编纂与发行,王涛也花费了不少心血。1992年王涛转到香港商务印书馆工作后,又促成香港商务印书馆与汉语大词典出版社合作,制作出版发行了《汉语大词典》光盘,这是中国第一张电子辞书产品。

阮锦荣是1985年担任汉语大词典编纂处副主任的,次年兼任副总编辑。他工作劲头很大,没有节假日,生病不休息,连一年一度的春节也来单位加班。《汉语大词典》规模大,编写时间长,动员人力多,分散在五省一市,矛盾不少,协调与组织工作量很大。他往往利用休息天、节假日往来于各编写组之间,了解编纂进度,落实审定稿任务,理顺各种关系。有的编写组所在单位不认可以《汉语大词典》成果作为评定职称的依据,引起编写队伍波动,罗老与编纂处领导向国家教委多次反映情况,提出要求,最终获得支持。阮锦荣分赴多处高校传达关于《汉语大词典》评定职称的文件,解决了一批学术水平高、为《汉语大词典》作出贡献的编纂者的职称问题。1992年体检查出他患有肾癌,做手术拿掉一个肾脏。恰逢出版局来宣布任命他出任汉语大词典出版社社长,他从医院拖着导尿管来单位听取任命,后又兼任党支部书记。他亲自过问涉及职工利益的事,为职工排忧解难,在单位经济并不富裕的情况下,他决定拨款为职工买了好几套房子,亲自过问分房情况,解决了职工的后顾之忧。

审阅《汉语大词典》稿件其实很辛苦,体例复杂,引述格式多样,来稿参差不齐,贯通古今涉及知识宽泛,若非深思究底,反复翻查资料,就会忽略而过。傅元恺老师是资深老编辑,他审稿之细心堪称楷模。他毕业于中央大学,读书时就是中共地下党员。中华人民共和国成立以后一直在出版系统工作,被打成"右派分子",发配到南京煤山劳动,经落实政策平反摘掉右派帽子,分配到古籍出版社工作,后来编纂处担任二编室主任。他在一间朝北的小房子里审阅一页又一页的稿件,审阅《汉语大词典》校样,教帮带新进来的编辑。以古稀之年,无论三九严寒,还是赤日炎炎,每天都早早到单位上班。他说:"编《汉语大词典》就是背上了沉重的十字架。但不管如何,这部书一定要做下去,要编出来。"他对《汉大》贡献很大,但从不以功臣自居,从不提任何要求。

编纂处一编室最初编辑不到十人,其中有从中学语文教师岗位上调过来的,还有几位是从社会上经过招聘考试、择优录取担任编辑工作的。他们中有的因所谓出身不好或患病等缘故,没有读过大学,但他们大都怀揣真才实学。如编辑钱玉林没有读过大学自学成才,学识渊博,非常熟悉古代文献学,对开发选题、审读稿件发挥很大作用。一编室主任郭忠新自到编纂处工作以来,辛勤工作二十多年。他是《汉语大词典》第三卷、第四卷、第六卷、第八卷、第十卷、第十二卷的定稿编委,除却审稿外,还审定校样。他高度近视,因为用目力过度,一天忽然视网膜剥离,这种病必须立刻住院治疗,但他把自己审稿情况逐一写下,交给领导,然后才住进医院。我们去医院探望他时,还念念不忘《汉语大词典》的稿件,出院后又没日没夜地埋头于审稿之中,一直兢兢业业做到退休。一编室编辑李爱珍兼任工会主席,二十多年审稿看校样,视力严重减退,但她也是兢兢业业,除完成繁重的审稿工作外,还花好多时间组织工会活动，参加分房，访问职工家庭等等事情，直到退休。其他编辑大都以《汉大》为己任，踏踏实实，做了一卷又一卷，在《汉语大词典》里留下自己的印记。

一定要记一笔的是，校对科的钱子惠与陈养之两位年逾古稀的老先生。他们处理校对样的经验极丰富，哪里可能有问题，出哪类问题，心里存着一本账，负责校样把关，消除校对样中的很多问题，做得很好，早来晚归，偌大年纪，多年如一日。出版科吴德海，克服困难，由头至尾完成了《汉语大词典》的排印出版任务。行政科凌才福、顾正良和吴杰，组织会务，处理烦琐的行政事务，也都出力甚多，作出贡献。由于文章篇幅有限，好多编纂处难忘的人与事，不能一一列举，只能与编纂本书的其他作者互补了。

由"三委会"、五省一市编纂人员和编纂处组成的大集体，是一支有战斗力的辞书编纂队伍，这支队伍齐心协力苦战将近二十年，终于圆满完成《汉语大词典》的编纂大业。1994年5月10日，《汉语大词典》庆功大会在北京人民大会堂召开，党和国家领导人出席大会给予肯定，为这部大词典编纂工作画上圆满句号。

我在编纂处二十年里，做了一些工作，也存在许多不足之处。但我尽心尽力了，这一生能为编纂《汉语大词典》贡献出自己的绵薄之力，是我引以为荣的事。

（孙立群：《汉语大词典》工作委员会委员、原汉语大词典编纂处副主任、
汉语大词典出版社副社长）

我们与《汉语大词典》共成长

郭忠新

20世纪七八十年代之际,我从语文教师转岗为出版战线的新兵,深为能投身编纂《汉语大词典》这一国家级大型文化工程而自豪。积极努力向主编罗竹风指出的"出书、出人、出经验"的奋斗目标进发!一切从头学起,收词制卡,编写词条,边实践边学习编纂理论,在老编辑的悉心指导下,经过六七年的自励磨炼,慢慢从一个门外汉,登堂入室。

1986年,我被国家出版局、教育部增聘为《汉语大词典》编辑委员会委员,这是对我参与《汉大》工作的高度认可和莫大鞭策。为了加快出书,社领导果断决定成立第一编辑部,将全社主要编辑力量都投入《汉大》中,委任我担任编辑部第一副主任,并负责《汉语大词典》第三卷、第四卷、第六卷、第八卷、第十卷、第十二卷总共六卷,统筹安排审稿任务、决审发稿和审读校样等工作。然则诚惶诚恐,如履如临,颇感入行时短,资历尚浅,深恐有负重托;而今"小卒过河",只能进,不能退,惟有加倍努力,以勤补拙。《汉语大词典》经七个校次,审样任务颇重,为保证半年出一卷,以日计程,时间紧,只能将编辑读过的校样带回家,以夜继日审读,终审定稿。因较长时期用眼过度,于1991年夏,导致左眼视网膜剥离,几近失明。当时,我真怕会拖《汉大》后腿,罪莫大焉!故主动让贤,请求易人,领导为我联系有关专家,令我安心休养。经治疗,视力渐次恢复,仍继续奋战于一线,直至《汉语大词典》全书出齐。于人民大会堂受到党和国家领导人江泽民、李鹏等的亲切接见并摄影留念;又于《人民日报》《解放日报》等报道盛典告竣的专文中得到赞誉,复有何求!

一

《汉语大词典》是在那个特殊年代,集华东五省一市四百多位学有专长的语言文字工作者参与编写的集体创作,期间克服重重困难,历时十八年,胜利成书,这在我国出版史上也是空前的。

煌煌辞典著春秋 ——《汉语大词典》出版背后的故事

时隔三十年，而今再来回味其中的"苦、辣、酸、甜"和令人振奋的往事，留下那段感人肺腑的史实和引以为戒的经验教训，也许会对后人有所启迪。

《汉语大词典》第一卷从发稿到出书，足足用了两年的时间，第二卷也耗时一年半，第三卷缩短为一年，从第四卷起，以每半年出一卷的速度向前推进。何以能在保证质量的前提下，出书进度能加快数倍呢？这与编纂处从第三卷起采取"分卷主编负责制"紧密相关。

1987年4月27日，《汉语大词典》工作委员会工作会议在北京召开，本次会议的主旨在于加快审稿进度。主编罗老在会上提议定稿采取"相对集中，适当分散"的原则，得到与会者一致赞同和国家新闻出版署、国家教育委员会的大力支持。会后，在上海、浙江等地召开的专业会议上研究落实。因各卷分散于五省一市定稿，就卷与卷之间的协调及定稿中的若干细节，在分卷主编、副主编会议上进行了热烈而深入的探讨，统一认识。在取得共识的基础上通过了《〈汉语大词典〉定稿须知》，对原有的定稿文件作了更详细的补充，并重新规定若干必须共同遵守的原则，以保证定稿质量和全书的统一协调。

推行"分卷主编负责制"，把定稿任务落实到省市，直到编写组，从而将所负责卷次的质量与各自的责任、荣誉紧密联系起来。五省有关领导非常重视，在选择定稿地点、确定并抽调有关人员、做好后勤保障等方面，亲临一线予以安排。如定稿点之一的苏州大学，校领导把定稿点的设立，看成对苏州大学的信任与苏州大学的荣耀，对外来定稿人员的食宿妥善安置，增加办公用房，充实图书资料，尽可能地提供一切方便。这些措施为定稿工作的顺利展开奠定了基础。经过优化组合的定稿人员都是志同道合、学风严谨的饱学之士。因明文规定了定稿要求，达不到的将作退稿处理，故定稿人员都极其认真负责地审阅初稿，按体例要求进行加工修改。据悉，在定稿中重新改写的稿件就有相当数量。定稿人员废寝忘食，夜以继日，孜孜不倦，一丝不苟地工作，大大提高了稿件的质量。

每卷都明确规定最后交稿时间，只能提前，不得延后，各地按统一部署及定稿情况，随时调配、安排人力。如江苏省负责第十卷、第十一卷、第十二卷共三卷，任务很重，他们先集中人力，各卷突破，再审定前卷的稿件，交分卷主编、副主编通读审查签发，做到一卷一卷地顺利推出。

在审定发稿时期，五省的分卷主编、副主编冒着严寒或酷暑，带领定稿人员来上海新华路200号，与编纂处的编辑人员一起定稿、审样。大家密切配合，流水作业，边定稿，边加工，边发稿。中华印刷厂师傅们大力支持，发一个部首排一个部首，打印一个部首校样。如此，使我们赢得了时间，能在半年之内推出一卷新书。中华印刷厂为《汉语大词典》而顽强奋斗的精神必将载入出版史册。

经验证明"分卷主编负责制"是"出好书、快出书"的有效举措。《汉语大字典》（第二版）的修订、《辞源》的重新修订都袭用"分卷主编负责制"，而今《汉语大词典》第二版的修订也将继续推行"分卷主编负责制"。

二

与"分卷主编负责制"相适应,汉语大词典编纂处和出版社同时采取措施,推行"定稿和编辑工作负责制":编辑部门收到定稿稿件后,按照三级审稿的原则安排人员审稿,进行编辑加工,补救疏漏,纠正差错,统一格式,处理交叉条目等等。为确保成书的质量,又将平时审稿中出现的问题总结归纳,制定了一系列的准则和补充规定。如《〈汉语大词典〉的审稿标准》《〈汉语大词典〉定稿须知》《〈汉语大词典〉编写体例的补充规定》《关于正异体字及相关处理的补充规定》《关于正异体字、简繁体字、古今字、通假字等处理的补充规定》《关于"见""参见"等的补充规定》《关于用字特例》《元曲曲目便查表》《六十种曲作者便查表》《〈三国志〉裴注引书的作者及时代》等十数种,或印成单行本,或发表在《〈汉语大词典〉编写工作简报》上,俾使全体编写和定稿人员贯彻执行。

我们审稿充分尊重原稿,既不盲从,有误必纠,有错必改,又要做到慎重行事,改必有据,力求做到"只能改好,绝不出错"。

> 如:"海池"即海印池。在浙江省定海县普陀山的普陀寺前。《新唐书·尉迟敬德传》:"时帝泛舟海池……"

按:原稿依据《中文大辞典》,又据《中国古今地名大辞典》"海印池"条,补释"在浙江省……"。但唐帝何以从陕西长安来到浙江定海呢?经查《资治通鉴·唐高祖武德九年》:"上方泛舟海池……"胡三省注引《太极宫图》:"太极宫中凡有三海池,东海池在玄武门内之东,近凝云阁;北海池在玄武门内之西;又南有南海池,近咸池殿。"可见有误,于是改释文为"唐代长安太极宫中的池名",并补引《资治通鉴》及胡三省注文。

相关条目是一部大型辞书不可忽视的问题,审稿时就十分重视,在通读校样时特别安排专人一一查核,对不同部首、不同卷次间的相关,条条落实,相互照应,不容抵牾,并准确地标上与之相应的义项序号。还有成套词、明暗相关……更须仔细审阅,力求处理妥帖。

如在审读"夕"部"外"字头时,以与之相对应的"内"字头相比较,增补了"外耳""外秀""外和""外神""外屋""外家拳""外砌""外堂""外痔""外眷""外寄生""外朝官""外备(備)""外焰""外台(臺)""外廚""外关(關)"等近二十条,约占"外"字头复词条目的5%,尚不包括增补的"亦作""亦称"等附见条"外江人""外象"等条目。凡增补的条目,都不是可补可不补的。如"三性"条中言及"徧计所执自性""依他起自性""圆成实自性"三性,而前两性已立目,故"圆成实自性"不能不补。《汉语大词典》收录我国少数民族名,然而"彐"部"彝"字漏收"彝族"一条,这样的疏漏,自当增补。

每半年推出一卷400万字的大书，在时间紧、任务重、要求高的状况下，编辑部做到统筹安排，按各位编辑的专长，明确工作任务，使大家能充分发挥自己的积极性和创造力。如由专攻音韵的唐让之、李鸿福主要负责审定全书的单字注音、定音和字头的分立，为加强两部大书的权威性和国际声誉，他俩与青岛教育学院教授、《汉语大词典》编委刘俊一多次去成都，商讨《汉语大词典》《汉语大字典》"音义一致"的问题，为能赶上《汉语大字典》的出书进度，他们还下到《汉语大词典》有关编写组提前审音；由通晓佛学的李明权审读处理佛教词语；相关条目不容轻视，在审样时，由董福光专门负责不同部首间"见""参见"明暗相关的落实、成套词的平衡……或随手处理，或提请有关编辑处置；另有专人负责全书2253幅插图的选图、配图、审图；技术编辑负责审核字头、词目的笔画、编排顺序，等等。

审稿严格贯彻"三审制"，发挥编纂处王涛、傅元恺、徐文堪、郭忠新、陈福畴五位编委的指导作用，强化决审把关和处理疑难问题的能力……而今看来，在统筹规划下充分发挥编辑人员的整体战斗力，分兵把守，各司其职，人人尽心尽力，不计个人得失，同心同德，心往一处想，劲往一处使，方能挑起这副重担，不然，要在半年之内，保质保量地审定、发排一卷大词典，是不可想象的。

三

《汉语大词典》全书出齐后，受到国内外汉语学界和广大读者的青睐，发行总量达150万册。又先后推出《汉语大词典》豪华版和《汉语大词典》繁体字版，繁体字版全书以繁体字排印，在我国台湾地区出版发行；为降低售价，着眼于一般读者需求，又编辑出版了两卷一套的《汉语大词典》简编本和三卷一套的《汉语大词典》缩印本，都颇受市场欢迎。

此后，我受命策划《汉语大词典》"子"系列辞书之一的《现代汉语大词典》，是本书并列两主编之一。我拟定了《〈现代汉语大词典〉编写细则》，制定收词原则、注音细则、释义准则和引书格式，以及处理简繁体字、正异体字的规则要求

主编罗竹风向郭忠新颁发编纂《汉语大词典》荣誉证书

等,并分别举例说明,为编纂过程中可能遇到的各类问题提供解决范式。这部书共收单字条目 15000 条、复词十万余条,约 850 万字,是迄今为止,同类词典中规模最大、收词最多、信息量最丰富的大型语文工具书,为"九五"国家重点图书规划项目。另外,这部词典在贯彻正字原则的同时,还对汉字的简繁体、正异体字之间的复杂音义关系做了科学细致的排比归纳,按不同的音义对应字组分立字头,带出相关复词,让读者对简繁体、正异体字之间的对应关系能一目了然,不致混淆。这样的编排方式是一种新的尝试,读者对此也予以认可和支持,一版再版。本书于 2002 年荣获第十三届中国图书奖。

我退休后,经十载耕耘,编写出版了 110 余万字《汉语简繁体正异体辨析词典》,收单字 7500 余个、复词七万余条。书中就简繁体字、正异体字的对应关系,认真参阅前人的各类字书,凭借手上多年累积的丰富语料,作出可信的判断,着重对那些"非'一对一'"音义不完全相等的简繁体字、正异体字作了深入细致的剖析,在条分缕析的基础上,以古今著作中的用例,概括确立义项,力求齐备;按照它们的对应关系分立字头,尤其在相应的字头下,分列"顺序"和"逆序"两组例句,尽可能地搜集成语典故、词组或短语等古今实例,方便读者在充分理解简繁体、正异体的音义后,可以"对号入座"或根据自己的需要,从中选取合适的简化字或繁体字、正体字或异体字组词造句,而且能举一反三,触类旁通,做到"识繁用简"或"识简用繁",避免误用错别字。这是一种探索性的尝试,也填补了这类词书的空白,《汉语大词典》把我磨炼成有一技之长的辞书编纂行家。

四

《汉语大词典》是个大熔炉,练就编辑的"火眼金睛";《汉语大词典》是一所大学校,充满浓厚的学术气氛,让人都能遨游于学海之中。

编务徐芳、编辑李瑞良,都从成人大学毕业,取得中、高级职称;专攻音韵学的唐让之、李鸿福,刻苦钻研,成为音韵方面的专门人才,《汉语大字典》第二版专家审定委员会主任赵振铎曾说过,"我们的修订本还是请《汉语大词典》人员参与审音的,专家就在你们自己那里"。此外,马家楠对古诗词学、田国忠对古代历史学、刘凌对古代典籍学、李明权对佛学、李瑞良对书法学、金文明对校勘考订学、黄丽丽对《左传》之学、徐文堪对古代中亚史及丝绸之路史、钱玉林对古代文献学、董福光对动植物学、虞万里对经学与文献和简牍史……都深有造诣,著书立说,各有建树,成为其所研究领域各具影响的学者。从汉语大词典编纂处步入高等学府,走上讲堂,聘为教授等高级职称的有马家楠、王明文、厉振仪、徐时仪、虞万里诸君;徐文堪、王安全、李瑞良或被聘为客座教授或于大学兼课任教。

《汉大》培养出一批编纂辞书的专业人才。李明权应邀参加古代佛教工具书《三藏法数》

《释氏六帖》《佛学大辞典》的审读和出版；黄丽丽、陈福畴应邀参与《辞源》第三版的修订，黄丽丽为戌集主编；李鸿福被聘为修订《汉语大字典》第二版的编审人员。

1985年从北京大学中文系毕业的徐俊超，来到编纂处以后，虚心好学，刻苦钻研，业务水平提高很快，不久便能独立审稿发稿，现任上海辞书出版社《汉语大词典》编辑室主任，是《汉语大词典》第二版修订的主力之一。

傅玉芳毕业于上海师范大学中文系汉语言文学专业。1988年9月调入汉语大词典出版社从事编辑工作，经十余年刻苦钻研，磨炼成材。1998年5月调至上海大学出版社，现已晋升为编审，任常务副总编，策划选题，提携后进，业绩卓著，被评为上海市教育系统巾帼建功标兵，勇挑重担，担任多项重点图书的责任编辑，屡获奖项。

多年来，编纂处出自《汉大》而晋升为高级职称的有15人；出自五省一市《汉语大词典》编纂队伍的学者名人，更是煌煌然蔚为大观，真可谓济济人才，且都是在某些领域有话语权的人。而今，可以自豪地说，我们《汉语大词典》已实现《汉语大词典》工作委员会、学术顾问委员会和编辑委员会一众领导、首席学术顾问吕叔湘先生和主编罗竹风先生"出书、出人、出经验"的夙愿，没有辜负大家所寄予的厚望，这也是《汉语大词典》为社会作出的另一贡献。

（郭忠新：《汉语大词典》编辑委员会委员、《汉语大词典》主要编纂人员、汉语大词典编纂处原第一编辑部主任）

我的辞书编纂之路

陈福畴

1962年，我从上海东风中学高中部毕业，毕业后边寻工作边自修。我父亲是上海戏剧学院教师，古文功底深厚，文学修养很好，尤擅长诗词写作。自己从小受父亲的熏陶，对中国古典文学特别感兴趣，熟读了大量的中国古典名作，尤其是《史记》《世说新语》《聊斋志异》这三部名著，更是爱不释手。1981年汉语大词典编纂处通过考试面向社会招收人才，我以优异成绩被录取，从此做上了编辑工作。

回顾在汉语大词典编纂处，自1980年至2003年，长达二十三年的编辑生涯，感慨良多。如今有机会得以回忆我的这段经历，十分高兴，我就自己体会最深的往事片段，写几段回忆和思想。

《汉语大词典》让我大开眼界，承担《汉语大词典》编纂与编辑工作是我人生最美好的回忆。在我刚刚踏进汉语大词典编纂处的初始，便觉得自己走进了知识的海洋。本来觉得自己读书不少，但到资料室一看，再一翻阅《汉语大词典》的引书目录，顿时觉得惶惑起来。原来自己在中国传统知识领域里，充其量不过是一只未跳出井栏的幼蛙，中国的传统文化犹如滔滔无际的大海，我的知识最多也只能算是捡到海滩上的一两只好看的贝壳而已，根本谈不上对大海的认知。加之我三十七岁到汉语大词典编纂处工作时已步入中年，在这之前做过建筑和运输工人，当过街道房屋修缮队的泥水匠，后来通过数学考试进入中学担任代课教师教授数学和语文，1980年，通过教育局组织的教师资格考核，才转成正式在编的语文教师。在这之前，我断断续续度过一段又一段失业的时日。所以，我十分珍惜得来不易的工作机会，特别是这份工作同我热爱的中国古代文化直接连在一起。因此，我一面像走进菜园的牛一般贪婪地啃食蔬菜那样，拼命地浏览各种古籍，一面兢兢业业地努力做好交给我的词典编纂任务。对于每个词条的修改，从体例形式规范，到词语音读，到释义，到例证，都力求准确精当，力求做到无懈可击。但是，由于我知识的局限性，审过的稿子虽然不乏精彩之处，但也留下不少大大小小的问题，然而可以问心无愧地说，我对编辑审稿工作是百分之百尽心尽力的。

我认真对待工作，也认真在工作中学习，以谦卑之心学习别人稿子中的长处，以若谷

煌煌辞典著春秋 ——《汉语大词典》出版背后的故事

之虚怀对待每一点知识，我的审稿能力就在编纂实践中一步步提高起来，并得到了室主任王涛先生的肯定和赞许。1985年时，深圳特区广招人才，我们编辑室有两位业务骨干离开编纂处到深圳高校发展，王涛先生在得知我不会去深圳后，就推心置腹地对我说："不管怎样，要坚持把《汉语大词典》编纂工作做好，做到底，不要动摇。"编纂《汉语大词典》是我十分热爱的工作，我决不动摇，决心坚持不懈，一直干到底。

编纂处的编辑在审稿，由前至后为郭忠新、陈福畴、钱玉林、商慧民、徐俊超

后来，我被任命为编辑室主任，再后来，又担任了《汉语大词典》编辑委员会委员。我没有大学文凭，编纂辞书的时间也不算长，资历不深，却受命主持一个编辑室的工作，并成为《汉语大词典》编辑委员，这是特别破格，在诚惶诚恐之中我接受了任命，并没有推辞，也没有胆怯，而是想方设法带领全室编辑，齐心协力去做好《汉语大词典》的编辑工作。

汉语大词典编纂处是一个"吃皇粮"的事业单位，存在着吃"大锅饭"那种通行的旧观念。因为有"大锅饭"吃，对待工作的态度高低错落参差不齐也就在所难免，这是"大锅饭"旧体制的通病。编纂处的编辑中有积极肯干的，也有敷衍了事不上心的。后者有水平不高的因素在内，但更多的是那种怀抱一己之私的心态在起作用：在词典编纂上下再多的功夫，终究难以体现出自己的价值，集体完成的项目不可能显出个人的能耐，所以还是"聪明"一点，不要把精力才智全用在工作上，得在自己一亩三分"自留地"上多花些力气，在能彰显自己名气的论文或专著上下点功夫更合算。有位编辑对我说"当个编辑实在没有什么了不起"，言下之意好像只有写出自己的专著才能体现自己的价值。听了这句话，我正色地对他说："诚然，编辑没有什么了不起，但既然当了编辑，那起码的职业道德还是应当遵守的。"这位经常在上班时间偷空悄悄干私活的编辑顿时面红耳赤，哑口无言。

《汉语大词典》是华东五省一市集体合作的项目，五省一市编写的稿件都要送到汉语大词典编纂处审订，直至最终定稿。因为编写者的水平难免参差或出于疏忽，有的稿件甚至出现常识性的错误。比如"十"部中的"直钩"这个词，初稿的释义为"直的钩子"，用的书证是唐代方干《早发洞庭》诗："举目无平地，何心恋直钩。"其实方干诗"直钩"用的是姜太公直钩钓鱼的故事，编者不慎误下释义，闹了笑话。我修改为："传说姜太公出仕前钓于渭滨，所用的钓钩是直的且不设饵。后因以'直钩'借指归隐生活。"修正了释义，为《汉语大词典》消除一个常识性错误，尽了我的一份心。但有的稿件错误比较隐晦，不用心思索就难以发现，很容易放过去。比如"水"部词条中的"汧国"，原来的释义是"指仙女"，引用两条书证，其一为清代余怀的《〈板桥杂记〉后跋》："金屋偕归，汧国遂成佳妇。"其二引清二石生《十洲春语》卷中："停骖一顾鸣珂曲，可有他时汧国缘。"当时我审这条稿子，觉得这条释义有问题，不能深究，深究下去解释不通，但一时也找不出问题究竟在哪里。此后几小时，我脑子里始终转着这个问题，就是放不下，然而始终不得其门而入，只是觉得"汧国"二字，好像在那本古籍中见到过，一时想不起来。在中午排队买饭的时候，我还在想这个问题，突然灵光一闪：这"汧国"是不是指唐人传奇中的"汧国夫人"李娃？如果是的话，用以解释两条书证中的"汧国"就通顺了。我回到编辑室找书一查，果然不错，这个"汧国"指的就是唐人小说《李娃传》中的名妓李娃。我进一步揣摩两条书证的意思，觉得文通字顺，于是我将释文改写如下："据唐白行简《李娃传》载，李娃乃长安之娼女，常州刺史荥阳公之子进京赶考，与之相识，几经曲折，两人结为夫妇。荥阳生后为数郡之守，李娃遂封为汧国夫人。后因以'汧国'借指从良之美妓。"揆之上面所举二证，我的释义很切合。担任初审的编辑看过我的改稿后对我说，这《李娃传》上大学时也读过，但改稿时却没想起来。类似这类重大改动，在我的编辑生涯中尚有许多。作家陈学昭写过一本自传体小说，名叫《工作着是美丽的》，以前我不甚理解它的深义，后来我终于明白，只有认真工作并做出成绩来，才是美好人生的真谛。我在汉语大词典编纂处做编辑工作多年，兢兢业业，认真负责，个中的体味极深，现在回忆起来内心依旧激情涌动，倍感温馨美好，我觉得那一个时期是我人生度过的最有作为的阶段。

回顾我在编纂处的往事，记忆深刻、值得一提的还有，我曾提议改革存在缺陷的奖励制度。当时编纂处一年要完成两卷审稿定稿、发排付印出书的任务，而人手不够，压力很大。为鼓励编辑努力工作，编纂处执行一套超额编辑费奖励办法，想打破吃大锅饭"干多干少一个样"的格局，加快出版《汉语大词典》的进度。依照这个办法，编纂处的编辑除了固定工资外，还根据所审读稿件或校样的页数计算其超额工作量，得到一笔超额编辑费，但审读质

煌煌辞典著春秋 ——《汉语大词典》出版背后的故事

量的高低与所获编辑费的多少没有建立制约关系。在执行此项规定的过程中，逐渐暴露出这种办法存在的弊端，有的人责任心不强，重在追求进度，纠错率比较低，甚至看一遍签上名就算完成一页的审读，其实稿件或校样中并不是没有毛病，而是一种吃"大锅饭"的投机心理在作祟。为纠正这种不负责任的状况，我觉得需要改革超额编辑费付酬办法，实行质量和数量挂钩的原则，如此或许更能调动编辑的积极性，同时避免出现重数量轻质量的弊端。我以我的想法同编纂处主任王涛先生商议之后，得到他的认可和支持，几经商讨，决定改革超额编辑费发放规则，制定出一套"数量加分值"的具体操作办法。之后在编辑室宣布实行：把编辑审读稿件或校样的工作分成几项细目，为每个细目规定一个"分值"，比如改正释义错误十分，改正音读错误八分，改正错别字三分，改正一条引述格式一分……改稿改校样所得的超额报酬，一部分按审读的数量计算，一部分按所获分值计算，经编辑室主任核定，签发超额编辑费。这样一来，确实提高了编辑审读稿件和校样的积极性，审读质量大有改进，进度也没有慢下来，个别在上班时夹带私活的编辑也积极起来，在一定程度上克服了干好干坏一个样的弊病。

小人物也能干大事。《汉语大词典》是一项巨大的文化工程，我自1980年8月即投身其中，参与审稿及定稿工作，其间所经历的艰辛难以缕述，下面讲一点我个人的感受。著名演员、作家黄宗英写过一篇报告文学叫《小丫扛大旗》，其主旨是小人物也能干大事。编纂出版《汉语大词典》固然有学术权威、专家学者的参与和指点，但更多的工作是一些名不见经传的"小丫"们干出来的，是他们扛起了编纂出版《汉语大词典》的大旗。五省一市各编写组陆续送到编纂处待审的稿件，成箱成篑堆积如山。这里面不知凝集着多少各编写组编纂人员的心血和汗水，我常常想起与他们接触的那些日子，他们的音容笑貌，他们那日日夜夜翻书写稿的情景，他们是《汉语大词典》出版的功臣，值得我也值得后人永远地缅怀。记得1986年《汉语大词典》第一卷出版后，社会上不无质疑之声，他们不敢相信几百个"小丫"能扛起编纂《汉语大词典》的大旗，并且能一直扛到底，扛出一套完整的《汉语大词典》来。在此节骨眼上，是迎难而上还是知难而退，编纂处的同仁们在罗竹风主编和编纂处领导的带动下，勇往直前，选择了前者，我同大家一道绝不畏葸，绝不退缩。这时候汉语大词典出版社成立，接过了出版《汉语大词典》这一时代交给我们的任务。从1987年到1993年，短短的七年，汉语大词典出版社就完成了《汉语大词典》第二卷至第十二卷，外加索引卷的出版工作，光荣自豪地圆满完成国家交给我们的任务，填补了我国出版界、文化界在大型语文辞典上的空白点。

《汉语大词典》十二卷出版之后有赞扬之音，也有批评之声。我觉得书中出现大大小小的错误，这很正常，毫不足怪。小型词典中的毛病尚且随手可挑，何况《汉语大词典》这么大一部白手起家、成于众手、贯通古今的大型辞书，更不可能杜绝错误。就拿《佩文韵府》来说吧，这是一部清代康熙年间编纂的典故辞书，供文人雅士作诗文词赋时采择词藻典故之用,非常有名,然而引书错误之多也是有名的。但该书自问世后一版再版,价值不减,至今骚人墨客,乃至我们编纂《汉语大词典》都在使用它。大型辞书的无可替代性就在于巨大的信息量,能为读者尤其是高层次读者提供中小型辞书无法提供的帮助,成了他们查阅、治学、提升文化品阶的无言老师。这就像气势宏伟、吞天沃日的大海,既蕴藏着无数宝藏,同时又藏污纳垢。学识渊博的山东大学教授吉常宏先生,人称"小王力",他在参与《汉语大词典》定稿工作期间,曾说过这样一句话:"《汉语大词典》错误很大,成绩也极大。"我觉得这话说得很辩证很在理,合乎《汉语大词典》的实际情况。

《汉语大词典》编纂工作培养我成才。我在汉语大词典编纂处和汉语大词典出版社工作了二十三年,经受了二十三年的锻造和陶冶,使我这个略有文史常识的中青年,成长为一个较为自信的词典编纂者,感触极深。因为多年和词典打交道,不知不觉爱上词典编纂这一行。退休以后,我数次参加老领导所组织的小词典编纂工作。最近这几年再作冯妇,又参加了两项词典修订工作。一是商务印书馆所组织的《辞源》第三版修订工作。我在该项工作中担任审订人员,并获颁嘉奖证书,其中有言:"百年辞源,八载修订,三版告成。先生用力至勤,功莫大焉。谨颁此证,以资纪念。"二是我几年前参加了上海辞书出版社主持的《汉语大词典》第二版修订工作,并担任第一卷和第七卷的分卷主编。说句心里话,我并没有将此视为我的功劳,这是《汉语大词典》的荣誉,因为我修订《辞源》和修订《汉语大词典》的能力,都来自参与《汉语大词典》的编纂实践,是《汉语大词典》及其编纂团队的赐予。我非常感激《汉语大词典》的编纂团队,感激主编和编辑委员会,以及领导、支持编纂工作的汉语大词典工作委员会,感激汉语大词典编纂处给予我参加编纂《汉语大词典》这一百年难逢的机会。

唐代刘禹锡有诗云:"莫道桑榆晚,为霞尚满天。"我晚年的美好"霞光",就是修订《辞源》和《汉语大词典》的工作,我为此感到莫大的欣慰。

(陈福畤:《汉语大词典》编辑委员会委员、《汉语大词典》主要编纂人员、汉语大词典编纂处原第二编辑部主任)

主编罗竹风

王 岳

1975年6月,国家出版局、教育部在广州联合召开全国词典工作规划会议,制定了1975—1985年编写出版160种中外语文词典的规划,《汉语大词典》是其中规模最大的汉语语文工具书。同年9月,国家出版局在上海召开山东省、江苏省、安徽省、浙江省和上海市有关负责人会议,明确《汉语大词典》由华东四省一市合作编写,上海负责出版,同时成立编写领导小组,国家出版局代局长陈翰伯任组长,华东四省一市各有一位副组长。福建后来也加入进来。

由于当时还处在"文化大革命"时期,编纂《汉语大词典》采用吸纳工农兵"三结合"的方式,走了一段弯路,影响了编纂工作的正常开展。直到1979年4月,《汉语大词典》编辑委员会成立后(主编暂缺),才开始走上正轨。同年5月15日,国家出版局为加强《汉语大词典》编纂工作,就尽快聘请主编和成立汉语大词典编纂处等问题,给中共中央宣传部写报告,5月16日,中宣部部长胡耀邦即作出批示:原则同意,请努力进行。

同年6月,陈翰伯专程到上海,同中共上海市委商议,诚邀罗竹风担任主编职务。陈翰伯认为,罗竹风曾经担任上海市出版局代局长,是语言学家,又长期担任《辞海》副主编主持日常修订工作,有丰富的辞书编纂经验,由他出任主编是最佳选择。中共上海市委明确表示支持。

同年8月15日,国家出版局以"〔1979〕出会字19号"文件、教育部以"〔1979〕教高一字65号"文件联合发出通知,任命上海市哲学社会科学学会联合会常务副主席、上海市语文学会会长罗竹风为《汉语大词典》主编。当时正在主持《辞海》1979年版修订工作的罗竹风,接受了党和国家的重托,从此带领《汉语大词典》编辑委员会展开了艰苦的编纂工作,直至圆满完成这一重大使命。

同年9月,《汉语大词典》编辑委员会第一次会议在苏州召开,研究确定编纂工作的大政方略。副主编复旦大学教授吴文祺、安徽师范大学教授张涤华、厦门大学副教授洪笃仁、南京师范大学教授徐复、杭州大学教授蒋礼鸿、山东大学教授蒋维崧出席会议。副主编南京大学教授洪诚因病请假。

　　罗竹风在会上作了总结讲话，对《汉语大词典》的性质、质量、方针、原则等基本问题，作了详尽的阐述。

　　关于词典性质，他指出应当是一部以汉语言专业工作者为主要读者对象，属于提高性质的大型语文工具书，而不是一部以中等文化水平读者为主要对象，属于普及性质的语文工具书，所以整个编纂工作都必须紧紧扣住这个中心来开展。

　　关于词典质量，他指出必须是能够达到反映汉语言全貌，并对中华民族的语言和传统文化进行系统的、科学的、全面的总结的要求，实现前无古人的目标，而且在收词、立目、释义、书证等各个方面，都要超过日本出版的《大汉和辞典》和我国台湾出版的《中文大辞典》。

　　关于编纂方针，他指出必须坚持已经确定的"古今兼收，源流并重"，即收词必须突破时代界限，古今汉语兼容并蓄，释文必须注重对源流的探究，全面准确地解释词义，更具体地讲，就是尽可能收录古今汉语著作中的普通语词和进入语词范围的专科词语，吸收语言文字的研究成果，准确地解释词义，恰当地引用书证，力求反映汉语词汇的发展演变。

　　关于编纂原则，他指出必须坚持系统性、科学性、知识性、稳定性、简明性的五性原则；必须达到收词谨严，准确把握历时性和共时性，即收词工作既要有从古到今的纵向概念，又要有处于同一时代平面上的横向概念，将两者完美地结合起来，就能把有生命力和有使用价值的语词收列其中；必须纠正《大汉和辞典》和《中文大辞典》的错误；释文应综合新的成果，增补新的内容，具有新的见解，义项完备，释义确切，层次分明，文字简练；词目的主条、副条应详略得当，主条、参见条应有呼应，内容相关条目的交叉工作应抓早抓实不能落空；体例应整齐完备，切实起到规则和规范的作用；装帧设计和插图应具有中国风格。

　　关于作者队伍，他指出要建设一支辞书编写队伍，目前我们已经有430人，有战斗力的是280余人，可独立作战的是150余人，所以首先是要把现有编写人员和骨干稳定下来，然后才在稳定的基础上继续加强，总的方针是调整、巩固、充实、提高，《汉语大词典》完成后，这支队伍还要作为国家辞书编写的骨干，发挥更大作用。

　　关于资料工作，他指出不占有足够资料，提高质量是妄谈，因为资料是保证词典质量的基础，所以必须把工夫花在积累第一手的原始资料上，汉语大词典编纂处和华东五省一市都要千方百计加强资料工作。

　　关于撰稿工作，他指出一定要落实编纂方针和编纂原则的基本精神，把初稿当成定稿写，做到收词严整，不缺不滥；释义简明确切，使用规范化的现代汉语，必要时也可使用浅显的文言文；要综合新的成果，增补新的内容，具有新的见解，注意吸收古人和近现代人的研究成果，出土的文物资料，只要站得住脚，都可吸收进来。

　　最后罗竹风还饱含深情地说：参加这次会议，对我个人也是一次很好的学习，让我比较全面地了解了《汉语大词典》的历史和现状，了解了华东五省一市的工作经验，了解了亟待解决的问题，我很有信心，希望追随于各位编委之后，共同把这项工作做好。

苏州会议是一次具有里程碑意义的会议，它使《汉语大词典》的编纂工作有了更为明确的方向。

《汉语大词典》编辑委员会第一次会议后，罗竹风又为建立汉语大词典编纂处而奔波。

1980年1月，经中央有关部门和中共上海市委批准，汉语大词典编纂处正式成立。

汉语大词典编纂处第一个办公地在陕西南路25弄8号，这处房屋是1978年经中共上海市委同意，由《辞海》1979年版修订编纂时使用，《辞海》1979年版出版后，由汉语大词典编纂处暂时使用。

1980年春天，罗竹风赴北京中国社会科学院语言研究所，就《汉语大词典》编纂工作，与所长吕叔湘进行商讨和研究，并具体落实汉语大词典编纂处复印语言研究所资料卡片的工作，得到语言研究所的大力支持。语言研究所提供复印的资料卡片包括：黎锦熙等为编纂《中国大辞典》制作的资料卡片和语言研究所《现代汉语词典》的十几万张资料卡片。另外，还有商务印书馆的部分资料卡片。语言研究所提供复印的资料卡片，对编纂《汉语大词典》很有帮助。

同年4月，罗竹风到汉语大词典编纂处参加业务工作会议。

罗竹风在会上作了讲话，指出：同志们认为已经写出的"寸"部、"谷"部、"齐"部三个部首的条目质量是合格的，已经超过了《大汉和辞典》和《中文大辞典》，对这样的基本估计我是完全同意的，因为我在看了"寸"部的条目后也有相同的感受，所以说这是一个很好的开端，是大家鼓劲奋斗的基础，同时我们也一定要重视和解决好编写工作中反映出来的问题。

罗竹风还与大家共勉：编纂《汉语大词典》，不仅任务艰巨，工作繁重，而且一定要有奉献精神，在座的各位，一定要起带头作用，我们都是过河的卒子，只能义无反顾，拼命向前，我是快70岁的人了，仍然是要追随各位到底的，鞠躬尽瘁，死而后已吧。

同年5月，罗竹风根据《汉语大词典》编辑委员会第一次会议上提及拟聘请学术顾问的建议，进一步提出建立学术顾问委员会的设想，经与陈翰伯商议具体人选后，即亲赴北京、杭州等地，诚邀国内第一流的语言学家担任学术顾问。

同年10月27日，国家出版局、教育部联合发文通知，聘请中国社会科学院语言研究所所长吕叔湘为《汉语大词典》首席学术顾问，聘请北京大学教授王力，中央文史研究馆馆长叶圣陶，北京大学副校长朱德熙，中国文字改革委员会副主任、语言文字应用研究所所长陈原，北京师范大学教授陆宗达，复旦大学教授张世禄，中国文字改革委员会顾问、语言文字应用研究所顾问周有光，北京大学教授周祖谟，北京师范大学教授俞敏，中国社会科学院历史研究所研究员张政烺，杭州大学教授姜亮夫，中国文字改革委员会顾问倪海曙，华东师

《汉语大词典》编辑委员会第二次会议

一九八〇年十一月 杭州　杭州照相馆摄

左起第 10 人吕叔湘、第 11 人罗竹风

范大学教授徐震堮为《汉语大词典》学术顾问。同日，国家出版局、教育部也联合发文通知，决定增补汉语大词典编纂处副主任陈落为《汉语大词典》副主编。

自此，《汉语大词典》编写领导小组和华东五省一市编写领导小组、《汉语大词典》学术顾问委员会、《汉语大词典》编辑委员会"三驾马车"的领导体制和工作格局正式形成。两级编写领导小组为编纂工作提供组织保障，学术顾问委员会为编纂工作提供学术支持，编辑委员会为编纂工作提供质量保证。

同月，罗竹风出席中国语言学会成立大会，在会上宣读论文《试论语文词典编纂工作》，向大会介绍《汉语大词典》的编纂情况，并当选中国语言学会副会长。

同年 11 月，罗竹风在杭州召开《汉语大词典》编辑委员会第二次会议，继续研究确定编纂工作的大政方略。

罗竹风在会上作了总结讲话，对已经明确的《汉语大词典》的性质、质量、方针、原则等问题，如何进一步具体化作了详尽的阐述。

关于词典性质，他指出应当紧紧扣住语文词典这个本质，紧紧扣住以词为中心这个主题，紧紧扣住以汉语言专业工作者为主要读者对象这个根本，紧紧扣住只为语词提供释疑解惑这个范围，全书的编纂不能有丝毫的偏离。

关于编纂方针，他指出应当牢牢把握已经明确的收词原则，只收古今汉语著作中的普通语词和进入语词范围的专科词语，不收没有进入语词范围的专科词语，同时也要做好与《汉语大字典》的合理分工，只收有书证的单字，不收没有书证的单字，全书的收词不能有丝毫的偏离。

关于编纂原则，他指出应当牢牢把握已经明确的释义原则和书证原则，力求反映语词的发展历史和演变过程，体现古今兼收、源流并重的编纂方针，要十分重视质量，主要从知识性、科学性、实用性三方面加以考虑，使之具有自己的特色，达到"典"的规范化和权威性。

关于处理稿件，他指出应当加强编者与作者的沟通和联系，编者处理稿件一定要非常认真慎重，要从作者为什么是这样写而不是那样写的角度多一番思考，下笔修改一定要用铅笔和浮签的形式与作者磋商，作者处理编者的意见也一定要非常认真慎重，要从编者的意见为什么是这样提而不是那样提的角度多一番思考，在相互尊重、共同研究的基础上取得共识，提高质量。

关于协调关系，他指出要正确处理《汉语大词典》主编、副主编与编辑委员会的关系，副主编、编委与编写组的关系，编辑委员会与汉语大词典编纂处的关系，编辑委员会与学术顾问的关系，而最主要的是要处理好华东五省一市与汉语大词典编纂处的关系。汉语大词典编纂处作为编辑委员会的办事机构和处理稿件的助手，应当加强与华东五省一市的沟通和联系，主动了解情况、听取意见、通报情况、反馈意见，同时要提倡相互关心、相互帮助、相互促进的协作精神。

关于工作规划，他指出应当制订一个1981—1983年完成初稿的三年滚动规划，同时还要制订保证三年滚动规划得以实现的年度滚动规划和季度滚动规划，当一个季度的任务没有完成时，可适时调整至下一个季度，下一个季度除了要补上上一个季度拖下的工作外，还要努力完成原季度规划中的任务，用规划安排工作，用规划检查进度，是完成任务的有效方法。

关于鼓劲奋斗，他指出要正视工作中遇到的各种困难，只要团结一致、共同奋斗，就不会有任何的困难可以阻挡我们，只要鼓足士气、加倍努力，就可以充分发挥语言学界老前辈还健在的有利条件，保质保量地完成编纂任务。

杭州会议是又一次指明《汉语大词典》编纂工作方向的重要会议。

1981年9月8日，陈翰伯、吕叔湘、罗竹风联名撰写《关于加强〈汉语大词典〉工作的报告》，呈送中共中央书记处。报告回顾了自1975年立项以来的工作，统计完成资料卡片500万张，编写释文八万余条1000余万字。归纳了当前存在的问题，主要是作为国家重点科研项目的措施不落实，人员不稳定，离心力较大，编纂工作开始出现疲沓、涣散的情况。提出了解决问题的意见：一是进一步明确编纂《汉语大词典》的重要意义；二是稳定、充实编写队伍和提高编写水平，健全编写组织；三是编写人员评定学衔、晋级、住房等，要同学校教学人员、其他科研人员一视同仁；四是由上海市出版局领导的汉语大词典编纂处，要作为语文工具书编纂机构长期保留下去。

中央领导很快批准了陈翰伯、吕叔湘、罗竹风《关于加强〈汉语大词典〉工作的报告》，同年10月28日，以中共中央办公厅〔1981〕43号文件批转下发。中共中央办公厅在文件中指出：编辑出版一部大型的、比较完备的、贯通古今的汉语词典，十分必要。经过六年的艰苦努力，现在这一工作已取得可喜的重要进展，正按预定计划，力争1983年写成初稿，1985年定稿出版。在此重要关键时刻，请各有关部门和有关省、市委予以更大的支持，努力保证《汉语大词典》按计划、高质量地完成出版，同时，努力保持这一工作队伍长期稳定地存在，并尽可能地提高和扩大，以求我国词典事业得以在此基础上继续发展，以便有计划、有步骤地陆续填补有关学术上的其他空白。

同年12月，国家出版局、教育部在北京的万年青宾馆召开《汉语大词典》工作会议，研究贯彻中共中央办公厅的批示精神和转发的《关于加强〈汉语大词典〉工作的报告》。

罗竹风在会上作了总结讲话。

关于会议成效，他指出党中央已不止一次为编纂《汉语大词典》开辟道路，而为一部词典再三地给予支持，可以说是史无前例的，所以到会的同志都有这样一种体会，就是开阔了眼界，增加了见识，明确了责任，坚定了信心，这是和衷共济奋斗的基础。

关于关键时刻，他指出就是指要求完成初稿的这两三年，在关键时刻必须采取关键措施，领导的重视和决心是前提，全体同志的努力是保证，所以每一位参加工作的同志，都要问一问自己，是不是尽了最大的努力，是否已于心无愧，只要有了这样的劲头，就一定能克服困难，实现目标。"我也已同中共上海市委讲了，这两三年中要尽可能把其他工作解除掉，我自觉有这样的责任"。

这是研究贯彻中共中央办公厅〔1981〕43号文件，进一步明确要求、加强责任、振奋精神的又一次动员会议，故有"万年长青"之称。

同年12月31日，国家出版局以"〔1981〕出会字23号"文件、教育部以"〔1981〕教高一字73号"文件，联合发出《转发〈汉语大词典〉工作会议纪要的通知》。国家出版局、教育部在通知中指出：各有关出版、教育部门，参加编写工作的有关院校和编写人员，要充分认识编好《汉语大词典》对于四化建设的重要意义，努力做好工作。各有关部门和承担任务的院校要把编写《汉语大词典》列入重点科研项目和工作计划，作为本部门、本单位分内的大事抓到底。要采取有力措施，稳定、充实和提高编写队伍；对高等和中等学校参加词典编写工作人员评定学衔、晋级、住房等，要同学校其他教学人员、科研人员一视同仁。各有关部门要通力合作，切实解决实际问题，努力保证编写工作顺利进行。

中共中央办公厅〔1981〕43号文件和国家出版局"〔1981〕出会字23号"、教育部"〔1981〕教高一字73号"文件，直接推动了《汉语大词典》编纂工作的深入开展。

1983年年初，《汉语大词典》编辑委员会、汉语大词典编纂处撰写《关于不失时机地继续把〈汉语大词典〉工作抓好的报告》，呈送文化部、教育部。文化部、教育部很快作出批示，并下发华东五省一市有关领导部门和各编写单位，同时为加强领导，增补了文化部党组成员、出版局局长边春光，教育部高教一司副司长季啸风为编写领导小组副组长。

同年9月，罗竹风在厦门召开《汉语大词典》编辑委员会第三次会议，继续研究确定编纂工作的大政方略。

罗竹风在会上作工作报告和总结讲话。

关于工作规划，他指出希望"六五计划"期末即1985年完成编写，并开始出版，"七五计划"期末即 1990 年完成出版,这都必须力争才行,所以还要继续鼓劲奋斗,一刻都不能松懈。

关于狠抓工作重点,他指出当前就是要抓好第一卷的写稿、审稿,也要做好 1985 年定稿出版的准备,要向华东五省一市借调几位同志参加集中定稿工作,还要成立若干个专业小组,统一处理稿件中的专门问题,由于《汉语大词典》是分卷出版,而且时间还会拉得比较长,所以要尽量减少条目之间在内容上的交叉和参见,凡是一个条目能够阐述清楚的,就决不再留给其他条目,以避免发生这一类的横向关系。

关于狠抓稿件质量,他指出,我们一定要充分认识《汉语大词典》的质量,不能仅仅满足于刚好超过《大汉和辞典》和《中文大辞典》,必须要超过它们一大截才算合格,否则我们就不能心安理得。

关于着重解决好第一卷工作中的问题,他指出要从三个方面加以落实:一是领导要具体检查工作情况,要同编写人员一起研究如何在 1983 年年底至迟在 1984 年年初完成初稿编写,再经初审、复审,陆续把稿子送到汉语大词典编纂处;二是领导要确定参加上海定稿工作的人员名单,汉语大词典编纂处要做好保障工作;三是汉语大词典编纂处要做好第一卷"初稿本"征求意见的工作,一方面是在编写队伍内部发动提意见,另一方面是由教育部、文化部发文,请全国大约四十所重点文科高校的教师和其他有关文化部门的同志提意见,为《汉语大词典》的质量把关。

关于加强汉语大词典编纂处的建设,他指出当务之急是要充实编辑人员,加强业务训练,建立专业小组,购置图书资料,制定规章制度,包括办公用房也要努力落实。编辑必须要有积极工作,甘于奉献的精神,必须在审稿、定稿过程中,修漏补缺,核对勘定,统一规范,提高质量,切实起到把关人的作用。

厦门会议是再一次指明《汉语大词典》编纂工作方向的重要会议,故有"鼓浪前进"之称。

同年 12 月 5 日,陈翰伯、吕叔湘、罗竹风联名撰写《关于〈汉语大词典〉定稿出版工作的请示报告》,呈送中共中央书记处。报告概括了厦门会议的成果,决定《汉语大词典》分十卷出版,在"六五计划"末即 1985 年出版第一卷,"七五计划"末即 1990 年完成出版。提出了定稿出版阶段需要采取的措施:一是文化部、教育部和华东五省一市有关部门,要继续加强对《汉语大词典》工作的领导;二是加强编辑委员会,稳定编写骨干人员,以适应审稿、定稿、出版工作的需要;三是在定稿出版工作阶段,由教育部、文化部通知有关高校和有关文化单位,组织力量对《汉语大词典》初稿本进行审阅。

中共中央书记处很快批准了陈翰伯、吕叔湘、罗竹风《关于〈汉语大词典〉定稿出版工作的请示报告》,1984 年 1 月 6 日,以中共中央办公厅〔1984〕2 号文件批转下发。中共中央办公厅的批示指出:《报告》已经中央书记处同意,请遵照执行。

同年 3 月,《汉语大词典》编写领导小组、《汉语大词典》编辑委员会在无锡召开《汉语大词典》工作会议，研究贯彻中共中央办公厅的批示精神和转发的《关于〈汉语大词典〉定稿出版工作的请示报告》。

罗竹风在会上作工作报告。

关于研究贯彻，他指出中共中央办公厅〔1984〕2号文件，是中央专为《汉语大词典》下达的第二个文件，中央专为一部书两次批示、发文，在中国出版史上是没有过的，而从报告上送到批转下发，只有仅仅一个月的时间，也是超乎寻常的，这都再次说明了中央对辞书事业的重视和关怀，也是对我们的莫大鼓舞和鞭策，所以唯有强化责任，加紧工作，高质量地在1985年完成出版《汉语大词典》第一卷的任务，才是我们最好的回答。

关于《汉语大词典》第一卷复审和定稿出版工作，他指出要从两个方面加以落实：一是确定审稿工作职责，必须牢牢抓住认真对照资料卡片和原书审改初稿这一关，这一关把好了，重要的语言资料运用了，立目适当，义例相合、义项分立得当了，稿件就有了一定的质量，所以复审初稿是今后工作的重点。审稿工作本月底就开始集中，并逐步建立注音、专科和成套词、交叉处理、体例检查、资料核对、词目检索编排、插图等各种专业组开展工作。大家要齐心协力，共同打好这场硬仗。二是确定充实《汉语大词典》编辑委员会，这是加重编辑委员会的责任，适应日益繁重的工作需要做出的安排，主要的是要把长期以来苦干实干，有较高业务水平，贡献较多，在今后的定稿工作中将继续发挥较大作用的同志，补充为编委，这次会议要商定一个名单，报文化部、教育部任命。

这是研究贯彻中共中央办公厅〔1984〕2号文件，进一步明确要求、加强责任、团结奋斗的又一次重要会议，故有"太湖春晓"之称。

同月，文化部、教育部以"〔1984〕文出字383号"文件，发出《关于转发〈汉语大词典〉工作会议纪要的通知》。文化部、教育部在通知中指出：《汉语大词典》的编纂工作，由于五省一市的通力合作，现已进入定稿出版阶段。但是，编写和初审、复审的工作仍很繁重。因此，请你们务必继续加强领导，稳定编写骨干人员，并抽调一部分前往上海参加定稿工作，要处理好他们的晋升及生活福利问题，共同努力，保证编纂工作任务的胜利完成。通知还同时转发罗竹风《关于〈汉语大词典〉第一卷复审和定稿出版工作的几个问题》。

中共中央办公厅〔1984〕2号文件和文化部、教育部"〔1984〕文出字383号"文件，再一次有力推动了《汉语大词典》的编纂工作。

同年12月，汉语大词典编纂处正式迁入新华路200号，这处办公用房是罗竹风多年来给中共上海市委、上海市人民政府写报告，以人民代表身份在上海市人民代表大会会议期间提提案，与上海市市长汪道涵商议后，由上海市人民政府批准调拨的。

1985年4月，《汉语大词典》编辑委员会、汉语大词典编纂处在上海召开《汉语大词典》工作会议，讨论规划《汉语大词典》第一卷的定稿出版工作，研究部署第二卷至第十卷的复审定稿工作。

煌煌辞典著春秋 ——《汉语大词典》出版背后的故事

会议首先宣读罗竹风《关于〈汉语大词典〉第一卷定稿情况和今后工作安排》的报告，指出现有稿件已达较高质量，与《大汉和辞典》和《中文大辞典》相比较，质量明显高出了一大截：收词不滥，义项比较完备，释文比较稳妥，注音比较确当，大抵做到了有源有流，书证资料丰富，引进了大量的第一手新材料，文字一般比较简练等；与《辞海》《辞源》和《现代汉语词典》相比较，虽然性质不完全相同，但在一些相同的方面，还是优于这几部辞书：义项比较丰富，书证比较齐全，原始资料较多，对通假字、古今字、异体字的处理比较细致等。总之，对《汉语大词典》的质量是充满了信心的。

关于《汉语大词典》第二至第十卷的复审定稿工作安排，罗竹风在讲话中指出，要从五个方面加以落实：一是从1986年起，每年要审定和发排两卷稿件。二是从1985年5月起，要分卷落实复审定稿的工作班子。三是强化复审加工环节的工作。四是复审加工的具体做法可分成两个阶段，第一阶段是对稿件作质量排队，分清哪些部首的条目需要复审加工，哪些部首的条目需要补写；第二阶段是组织力量下大功夫从事复审加工或补写条目。决审定稿工作要在上海集中进行。五是复审加工的质量要求，应当达到：立目没有破词，字头分立得当，音读确切有据；释义准确，义例吻合；义项齐备，资料中的新义项没有缺漏；书证引文无误，尽力体现源流；通假字、古今字、正异体字的处理较为妥当；复词首字的音读同字头音读应准确对应，复词第二字以下标注的音读应准确无误；相关条目处理妥当等。

同年，陈翰伯、吕叔湘、罗竹风联名撰写《关于加强〈汉语大词典〉定稿工作的请示》，呈送中共中央书记处。中共中央书记处很快批准了陈翰伯、吕叔湘、罗竹风《关于加强〈汉语大词典〉定稿工作的请示》，并以中共中央办公厅、国务院办公厅〔1985〕313号文件批转下发。中共中央办公厅、国务院办公厅的批示指出：《汉语大词典》是古今字词兼收的大型著作，它的出版是我国学术界和出版界的一件大事。请各有关部门和有关省、市予以大力支持，努力保持编写队伍的稳定。

1986年3月，《汉语大词典》编写领导小组、《汉语大词典》编辑委员会在上海召开《汉语大词典》工作会议，研究贯彻中共中央办公厅、国务院办公厅的批示精神和转发的《关于加强〈汉语大词典〉定稿工作的请示》。

罗竹风在会上作工作报告。

关于研究贯彻，他指出中共中央办公厅、国务院办公厅〔1985〕313号文件，是中央专为《汉语大词典》下达的第三个文件，这充分说明了中央对辞书事业的重视和关怀，也是对我们极大的支持和鼓励，我们必须加倍努力，做好工作，不辜负中央领导的厚望。

关于《汉语大词典》第一卷的工作，他指出第一卷自1985年8月发稿付印以来，已排出校样八百多面，将近全书的一半，预计1986年10月可以出书。我看了已经排出的一部分校样，除有的地方还需改动外，总的看来比其他同类词书要好，能站得住。

关于着手进行为部分同志解决职称的工作，他指出根据313号文件精神，汉语大词典编纂处于1986年1月起开展此项工作，已提出方案，上报国家教委。我们建议由吕叔湘、王力、周祖谟、俞敏和我，组成学术评审委员会，负责评审继续留下参加审稿定稿工作的部分高校教师的学术水平，凡合乎副教授、教授条件者呈报国家教委审批，分别聘用，并通知本人所在学校，但不占用学校聘任高级专业职务的名额。倘若这项建议未能获准，在这次会议上，还要商定一个解决办法，无论如何要想方设法，努力解决好这部分同志的聘任问题。同时也要求这些同志克服困难，把定稿工作坚持到底，这也是各位义不容辞的责任。

关于《汉语大词典》第二至第十卷的工作，他指出要在确保质量的前提下，进一步加快进度，争取在1988年12月完成定稿工作，1989年中华人民共和国成立40周年前完成全部出书任务。为了切实贯彻这一方针，需要采取两个方面的措施：一是建立固定的定稿组和定稿班子，定稿组由能坚持到底的编委和汉语大词典编纂处编辑室主任组成，设正副组长各一人，定稿组由主编领导，负责决审工作，并负督查进度、保证质量的责任。定稿班子由能坚持到底的编写骨干和编辑骨干组成，正副班长各一人由定稿组成员担任，定稿班子对定稿组负责，协助进行决审工作。二是实行定稿工作责任制，要对每一位参加定稿工作的同志，规定质量标准，规定数量标准，规定完成限期，每一位参加定稿工作的同志，要明确责任，履行职责，真正做到严格把关，唯质量是从。

这是研究贯彻中共中央办公厅、国务院办公厅〔1985〕313号文件，进一步明确要求、加强责任、鼓劲拼搏的又一次重要会议。

中共中央办公厅、国务院办公厅〔1985〕313号文件，再一次有力推动了《汉语大词典》的编纂工作。

同年，国家出版局、教育部《汉语大词典》编写领导小组改称《汉语大词典》工作委员会，陈翰伯任主任，边春光、季啸风、（下以姓名笔画为序）山东省副省长丁方明、中共浙江省委宣传部常务副部长于冠西、福建省出版局局长杨云、中共上海市委宣传部副部长洪泽、江苏省出版局局长高斯、安徽省副省长魏心一任副主任，国家出版局和华东五省一市有关同志为汉语大词典工作委员会委员。

同年11月25日，上海辞书出版社在上海举行《汉语大词典》第一卷出版新闻发布会。

罗竹风代表《汉语大词典》编辑委员会在会上作了讲话，他指出《汉语大词典》的编纂，在十一年的漫长岁月中，不断得到中央领导、国家出版局、文化部、国家教育委员会的有力支持，先后批发过多个文件，同时也得到山东、江苏、安徽、浙江、福建和上海五省一市有关领导、有关部门的大力支持。在整个编纂过程中，《汉语大词典》工作委员会从组织领导方面为我们创造条件，调拨经费，协调关系，尽了最大责任，《汉语大词典》学术顾问委员会帮助我们解决疑难问题，给予切实指导，《汉语大词典》编辑委员会与全体编纂人员通力合作，切磋琢磨，取长补短，确保质量。

同月，罗竹风为庆祝《汉语大词典》诞生题词：春华秋实。

《汉语大词典》第一卷出版前，罗竹风就为建立汉语大词典出版社而奔波。

同月，经中央有关部门和中共上海市委批准，汉语大词典出版社正式成立。

同月，《汉语大词典》工作委员会、《汉语大词典》编辑委员会在安庆召开《汉语大词典》工作会议，进一步研究《汉语大词典》的复审、定稿、出版工作。

罗竹风与上海团队。左起吴怀德、钱剑夫、徐文堪、杨金鼎、徐鹏、罗竹风、李静远、王淑均、陈落、李嘉耀

罗竹风在会上作工作报告。

关于继续努力推进工作，他指出，因为《汉语大词典》容量的调整，正文已从十卷延伸至十二卷，但是五年内完成全部工作的时间没有延伸，所以任务格外艰巨。为此，我和汉语大词典编纂处向《汉语大词典》工作委员会、《汉语大词典》学术顾问委员会、《汉语大词典》编辑委员会提交了一份信件，讲了面临的困难，提出了解决困难的建议，此后陆续地收到了很多同志的复信，经过综合大家的意见，草拟了"《汉语大词典》定稿工作方案"。

"关于《汉语大词典》定稿工作方案"，他指出，讨论和修改这个方案，是本次会议的主要内容，因为这个方案要对今后工作做出原则性的规定，所以非常期待大家能出良谋划善策，把决定今后工作的文件修改好。依我看方案总的原则是可行的，执行的关键在于，要把那些工作认真踏实、有定稿能力、能坚持到底的同志，选拔为定稿组、质量审查组成员，组长要敢于负责，狠抓质量，严格检查，赏罚分明，有了这两条，质量就能保证，进度就能加快，五年内完成出版十二卷的目标就能实现。方案中还有一个重点，就是要大幅度提高定稿工作的报酬,并实行定稿工作承包责任制,以定稿质量和完成时限作为分配的依据。

"关于《汉语大词典》审稿标准"和"《汉语大词典》质量检测标准",他指出,这两个标准是定稿和质量审查工作有章可循的依据,前者是对确保稿件质量所作的规定,后者是对稿件质量如何审查所作的规定,都是保证质量的重要文件。

关于"关于增补编辑委员的执行办法",他指出这个执行办法要解决的是,把那些贡献较大、有定稿水平、能如期完成任务、实干到底的同志增补为编委,这不仅是对这些同志工作成绩的一种肯定,也可以起到为定稿出版工作注入推动力的作用。

1987年4月,《汉语大词典》工作委员会在北京召开工作会议,对第一卷出版后的定稿工作进行总体部署。

罗竹风在会上作工作报告。

关于调整定稿工作办法,他指出过去那种完全集中到上海定稿的办法,已经难以适应时间紧迫的实际情况,应当进行调整。今后的定稿工作要以相对集中、适当分散为原则,即先商定余下各卷的定稿工作分别由哪些省市承担,再由省市在国家教育委员会批准的定稿人员名单中确定人力,并在省市的范围内开展定稿工作。

关于华东五省一市有关部门和领导的支持,他指出定稿工作办法调整后,省市有关部门和领导一如既往的支持,就显得格外重要,无论是领导还是具体工作人员,都要保持工作的稳定性和连续性,词典办公室要一直保留到定稿工作结束,定稿工作经费要按原有渠道报请当地政府解决。

同年6月,《汉语大词典》编辑委员会、汉语大词典编纂处在上海召开《汉语大词典》定稿工作会议,研究定稿工作相对集中、适当分散原则的落实方案。

罗竹风因病未能到会,会议宣读了他的书面讲话。

关于《汉语大词典》自第三卷始实行"分卷主编负责制",他指出这是保证质量、保证进度的有效措施,落实的关键就是要选配好分卷主编、分卷副主编,人选可由各省市的工作委员会副主任和编辑委员会副主编协商提名。分卷主编、分卷副主编的人选,一般应有高级专业职务或具有与之相当的学术水平,从事《汉语大词典》编纂工作时间长、有较高的编审《汉语大词典》的能力,胜任分卷主编、分卷副主编的工作,认真负责,身体健康,能亲自审稿改稿,切实履行职责,并能坚持到工作结束。

关于实行定稿工作、编辑工作责任制,他指出要有明确的规定和要求:一是建立定稿组,由分卷主编负责。二是定稿人员按部首分配任务,明确工作数量,明确完成时限。三是分卷主编负责检查定稿人员的稿件,查出的问题由定稿人员负责改正。四是汉语大词典编纂处接受定稿组稿件时要认真检查,如有问题应商请分卷主编组织定稿人员负责改正,在达到质量要求后才可与定稿组办理移交手续。五是汉语大词典编纂处编辑人员要严格执行初审、复审、决审的三级审稿制度,对各自审改的稿件负责,编辑人员在发稿前,应告知分卷主编和定稿人,说明存在的问题和修改的情况，经分卷主编同意并签字后才可发稿。

关于责任的划分，他指出各卷如果出了差错，仍应由我对全书负总的责任，分卷主编也应做到各尽其责，各负其责。

同年12月，《汉语大词典》工作委员会、《汉语大词典》编辑委员会在上海召开《汉语大词典》工作会议，研究部署在提高质量的基础上加快进度的具体措施。

罗竹风在会上作工作报告。

关于保证定稿工作质量，他指出这是编纂工作必须坚持的根本，对此过去已反复强调，也制定过一系列的工作规则，大家在思想上和审稿中，都是高度重视身体力行的，但是我们仍然一刻都不能放松，要在认真总结经验的基础上，不断修改和完善工作规则，继续用行之有效的制度来保证定稿工作的质量。各卷的定稿工作要严格执行"分卷主编负责制"，分卷主编应当坚持审改和通读稿件，并对分卷的质量负责。

关于加快定稿工作进度，他指出加快进度必须以保证质量为前提，那么为什么我们要在坚持质量的前提下自我加压，提出1992年完成全部出书任务的时间要求呢？因为读者希望能早日见到全书，因为参加编纂的同志也有同样的要求，所以我们果断地制订了五年出齐全书的计划，现在需要我们努力的，就是团结一心，竭尽全力，排除困难，完成计划，实现我们的共同愿望。

关于《汉语大词典》编辑委员会委员的职责，他指出实行分卷定稿，是全书加快进度提高质量的措施，负责各卷定稿的编辑委员，在完成各自的分卷定稿工作后，仍应关心其他各卷定稿的进度和质量，对全部十二卷书稿的质量负责。

1988年10月，罗竹风撰写《创业艰难忆往事——悼念〈汉语大词典〉工作委员会主任陈翰伯同志》，文章记述了陈翰伯的革命经历；记述了陈翰伯作为国家出版局的主要领导和《汉语大词典》编写领导小组组长、《汉语大词典》工作委员会主任，为《汉语大词典》的催生、抚育、成长作出的贡献；记述了陈翰伯在1977年9月主持《汉语大词典》青岛会议期间，因过度劳累昏倒在讲台上，以后又造成半身不遂，给健康带来很大伤害；记述了陈翰伯1987年12月在医院同罗竹风说的话："一息尚存，我一定和同志们一道，为《汉语大词典》十三卷全部出齐而贡献自己所有的力量。"并反复强调："只有前进，决不后退！"文章情真意切，感人至深。

1989年7月，《汉语大词典》工作委员会在北京召开工作会议，对第三卷出版后的定稿工作进行总体部署。罗竹风出席会议。会议推选边春光接替已经去世的陈翰伯，担任《汉语大词典》工作委员会主任。

1990年3月，罗竹风撰写《继承他忘我献身的精神——深切悼念边春光同志》，文章记述了边春光作为文化部出版局局长、国家出版局局长和《汉语大词典》编写领导小组副组长、《汉语大词典》工作委员会常务副主任、《汉语大词典》工作委员会主任，为《汉语大词典》的编纂作出的贡献；记述了边春光对待工作像一团火，热情奔放，雷厉风行；记述了边春光不辞辛劳，忘我献身的精神。文章情意深厚，哀思无限。

同年4月，《汉语大词典》工作委员会在扬州召开工作会议，对第四卷出版后的定稿工作进行总体部署。罗竹风出席会议。会议宣读了新闻出版署、国家教育委员会关于任命新闻出版署副署长刘杲为《汉语大词典》工作委员会主任的通知。

同年8月，《汉语大词典》工作委员会在烟台召开主任扩大会议，讨论研究汉语大词典出版社提出的《汉语大词典简编》工作方案。会议通过了《汉语大词典简编》工作方案。决定《汉语大词典简编》编辑委员会由38位同志组成，罗竹风任主编，王涛、方福仁、吉常宏、洪笃仁、徐鹏、黎洪、薛正兴任副主编。

1991年5月，汉语大词典出版社在上海召开《汉语大词典简编》编辑委员会会议，研究确定编纂工作的大政方略。罗竹风在会上宣布，根据1990年8月《汉语大词典》工作委员会主任扩大会议的决定，《汉语大词典简编》编辑委员会正式成立，同时宣读了主编、副主编、编委名单，并向全体编辑委员颁发了聘书。

会议讨论研究了《汉语大词典简编》的编纂方针和其他有关问题，确定了《汉语大词典简编》的编纂总则：一是以具有中等文化水平的读者为对象，全书用简化字，总字数在1500万字左右。二是不失《汉语大词典》的基本特色，收词以语词为主，古今兼收，总条数不少于《汉语大词典》总条数的三分之二，删目以松散词组、词藻性词语和附条为主，书证为一义一证，今义用词组、结构性短语和代表基本句型、句式、句法的短语作例证，不强求一律，有的今义也可不引例证。三是酌补少量《汉语大词典》应收而漏收的词语。

1993年9月，罗竹风在参加了《汉语大词典》青岛会议后回到上海，因腰椎受损且异常消瘦，在女儿的坚持下到华东医院就诊，当时就查出血糖四个加号，医生当即要他住院治疗，他坚决不肯，说还有许多工作正等着他去处理，医生也绝不退让，当即开出入院通知书，并马上联系了病房。于是，罗竹风在极不情愿的情况下住进了医院。此后经过几个月的反复检查，终于确诊患有癌症，已至晚期，且全身扩散。住院治疗期间，罗竹风一直没有放下他所承担的工作，尤其是《汉语大词典》的工作，他经常请汉语大词典出版社的同志到医院介绍情况，汉语大词典出版社的同志也经常到医院请示汇报，甚至把会议安排在医院召开。罗竹风已然把医院当成了异地办公的场所。

同年12月，《汉语大词典》荣获第一届国家图书奖。

1994年5月8日，罗竹风向医院请假获准，乘坐轮椅赴北京出席《汉语大词典》编纂出版胜利完成庆功会，他要去看望华东五省一市参加编纂出版工作的同志，他要去参加《汉语大词典》编纂史上的盛会，他要亲自撰写讲话稿向大会报告工作，尽管此时的他身体已十分虚弱，完全是靠精神支撑着。

同月10日，新闻出版署在北京人民大会堂举行《汉语大词典》编纂出版胜利完成庆功会。罗竹风坚持不坐轮椅，硬是拄着手杖一步步登上人民大会堂高高的台阶，他要以饱满的精神状态，出席这次盛会。党和国家领导人江泽民、李鹏等，在庆功会前看望了《汉语大词典》工作委员会主任、副主任，《汉语大词典》学术顾问，《汉语大词典》主编、副主编，江泽民把抱病赴京出席庆功会的罗竹风介绍给李鹏，说："这是罗老，大主编。"然后同赴会见厅，与参加《汉语大词典》编纂出版工作的同志握手致意，合影留念。

罗竹风代表《汉语大词典》编辑委员会在会上作工作汇报。

他说首先请允许我代表《汉语大词典》编辑委员会和全体编纂人员，向党中央、国务院和新闻出版署、国家教育委员会以及山东省、江苏省、安徽省、浙江省、福建省、上海市的领导和有关部门的同志，十八年来对《汉语大词典》编纂出版工作给予的关怀、支持和鼓励表示衷心的感谢。

他说在《汉语大词典》圆满完成全书出版任务的今天，回顾和总结十八年来共同走过的历程，感触颇深，可以归纳出以下几点：一是确定编纂《汉语大词典》这样一部特大型的语文词典，是老一辈无产阶级革命家高瞻远瞩英明决策的结果；二是《汉语大词典》编纂出版的胜利完成，充分体现了社会主义团结协作的精神；三是《汉语大词典》编纂出版的胜利完成，凝结了千余名工作人员的聪明才智和辛勤劳动；四是《汉语大词典》的编纂实践，促进了编纂队伍的成长和编纂经验的积累。

他说今天当这部凝聚着千余编写、编辑、校对、出版、印刷、发行等工作者心血的《汉语大词典》胜利完成之时，谨向参加本书工作的全体同志表示深深的敬意和由衷的感谢，谨向所有在编纂过程中不幸逝世的同志，表示沉痛的哀悼和深切的怀念。在《汉语大词典》的编纂历史上，你们的功绩将永载史册。

会议对《汉语大词典》这部彪炳千秋的皇皇巨著给予了极高的评价，赞誉它是中华民族五千年文化的结晶，是中国辞书出版史上的壮举和丰碑。新闻出版署在会上向千余名为《汉语大词典》编纂出版工作作出贡献的同志颁发了荣誉证书。

同年7月16日，中共上海市委宣传部、上海市新闻出版局在上海举行《汉语大词典》编纂出版胜利完成座谈会。

罗竹风代表《汉语大词典》编辑委员会在会上作工作汇报。

他说《汉语大词典》从编纂工作起步到完成全书出版，已经历了十八个春秋，在前进的道路上，我们遇到过许许多多的困难，在我们难以克服时，曾三次向党中央报告工作，党中央也曾三次下达批示和文件，为编纂工作的顺利进行给予了最大的关怀和支持，这在中国出版史上是前所未有的，我们也始终得到国家出版局、文化部、新闻出版署、教育部、国家教育委员会和华东五省一市领导一如既往的大力帮助，落实编写人员，解决编写经费，制定有力措施，稳定编写队伍，保证了编纂工作的有效开展。如果没有党中央的坚强领导，没有社会主义大协作的精神，没有老中青三代知识分子坚韧不拔的协力奋斗，《汉语大词典》是难以完成的。

他说请允许我代表《汉语大词典》编辑委员会和全体编纂人员，向党中央、国务院和中央各有关部门以及华东五省一市的领导和有关部门的同志表示衷心的感谢，向学术界、教育界、出版界为这部巨著作出过贡献的全体同志表示深深的敬意，对已故的参加《汉语大词典》编纂工作的同志表示深切的悼念。

他说《汉语大词典》是一个系统工程，目前汉语大词典出版社正在组织华东五省一市编纂《汉语大词典简编》，作为《汉语大词典》的普及本，可望能成为广大语言和教学工作者的必备书；同时汉语大词典出版社也已提出编纂《汉语大词典》系列词典的计划，比如按断代史划分，可编纂先秦、两汉、魏晋南北朝、隋、唐、宋、元、明、清以及从五四到当代的汉语词典，也可编纂古代汉语、近代汉语、现代汉语词典，比如按内容划分，可编纂成语、典故、俗语、惯用语、歇后语等汉语词典，作为《汉语大词典》的系列词典，可望能满足各类不同读者的需求。为此，我们任重道远。

他说为编纂《汉语大词典》，我们从古今数千种最重要的图书典籍中收词制卡800多万张，对于这座丰富的汉语词汇宝藏，我们一定要保护好、使用好，继续发挥其应有的作用。

同月，《汉语大词典》荣获上海市哲学社会科学研究1986—1993优秀成果著作类特等奖。

《汉语大词典》还被联合国教科文组织列为汉语权威工具书。

在《汉语大词典》千头万绪的编纂过程中，罗竹风首先要克服的，就是工作繁多、任务繁重的实际困难，尽力弹好钢琴，然而这些工作和任务又都是非常重要的，主要包括：担任上海市社联主席和上海市语委主任的领导工作，担任《辞海》常务副主编的修订工作，担任《中国大百科全书·宗教卷》主编和《中国人名大词典》主编的编纂工作，担任上海社会科学院宗教研究所名誉所长的研究工作，担任民主与法制杂志社社务委员会主任的领导工作等，所以他要根据这些工作和任务的轻重缓急，妥善安排时间，合理调整节奏，竭尽全力做好所有的工作。罗竹风还要尽力照顾他的老伴张秀珩，这位与他一起在北京上大学、一起加入中国共产党、一起参加抗日战争和解放战争的伴侣，因"文革"中遭受迫害，身体一直不好，长期住院，罗竹风只要在上海，不管下班多晚，都会去医院看望，陪着说说话，尽可能多的给以慰藉，直至1984年老伴去世。

罗竹风曾不顾年事已高，经常深入华东五省一市，参加编写工作、审稿工作、定稿工作会议，部署和领导了包括讨论词目、解剖样稿、总结经验、全面推广等关键环节的工作，始终抓住编写质量不放，始终抓住出书进度不放，同时在工作实践中建立起了一整套行之有效的工作制度。罗竹风也曾应编辑约请，为某些条目撰写释文。

罗竹风还在《汉语大词典》上海集中定稿期间，到汉语大词典出版社外地同志居住的"风雨楼"看望大家，对同志们不惧艰苦，战酷暑、斗严寒的奉献精神表示敬意，并自费款待大家。

罗竹风也在承担编写任务的华东五省一市间做了大量的组织、协调工作，处理和解决了各种各样的困难和矛盾，特别是在稳定编写队伍，帮助解决编写人员职称评定、住房分配等实际问题上倾注了极大的心力，有效地推进了整个编纂工作的健康发展。

罗竹风还深入汉语大词典编纂处和汉语大词典出版社，对全书编纂的日常工作给予具体帮助和指导。他也非常关心编辑人员的疾苦，曾在中共上海市委领导的帮助下，解决了个别同志及家属、子女的户口入迁问题，解决了部分同志的住房房源问题。

罗竹风也在《汉语大词典》编纂实践中，撰写了理论与实践相结合的文章，如《迫切需要一支辞书编纂队伍》《〈汉语大词典〉在实践中》《试论语文词典编纂工作》《同舟共济鼓浪前进》《回顾与展望——记〈汉语大词典〉首卷出版》《辞书理论与辞书编纂——纪念〈辞书研究〉创刊十周年》《通往壮丽的曲折之路——回顾从〈辞海〉到〈汉语大词典〉的历程》等。

1996年11月4日，罗竹风在上海华东医院与世长辞。

主编罗竹风为《汉语大词典》的编纂出版，殚精竭虑，呕心沥血，鞠躬尽瘁，死而后已。

（王岳：上海辞书出版社原副社长，《辞海》编辑委员会委员、编审）

大会战的日日夜夜

胡逢建

《汉语大词典》是我国历史上最大的汉语工具书,是国家重点科研项目,也是联合国指定的汉语工具书。我自 1981 年考入汉语大词典编纂处,至 2013 年退休,整个职业生涯就是在那里度过的。

一

记得 1986 年下半年,我正在第三编辑室当编辑,先后被汉语大词典编纂处主任、汉语大词典出版社社长王涛和副社长彭苏生找去谈话,要求我担任《汉语大词典》出版大会战的校对总调度,理由是我年纪轻(其实我已经三十二岁了,但在单位里还算年轻的)、曾经做过校对工作。

说实话,由于没有出版任务,当时编纂处的校对科总共只有三个人,主要是为《汉语大词典》试写本做校对工作,还有就是成为新进编辑的实习基地。尽管汉语大词典出版社成立后,招收了三个人,但也都是新手。特别是,当我听到此前《辞海》出版时有七个校对总调度时,我更是不敢接受任务了——实在是既没有经验,也没有实力。

然而,两位领导一再要我就任,并许诺为我创造一切可能的条件。身为本单位员工,我当然也明白编纂处(出版社)的条件也就是这样,人手也就是这些。既然领导这么看重我,无可推诿之下,我就战战兢兢地领受了任务。所谓"蜀中无大将,廖化充先锋"。

所幸的是,单位为校对大会战请来了两位退休老师:一位是版面专家、《辞海》出版时的七个总调度之一的钱子惠先生;一位是我在校对科时的师傅、中华书局资深校对潘文纪先生。他们都表态竭力支持我,使我惴惴不安的心稍稍有点底气。

上任后,首先是派出我们校对科的三个新手去辞书出版社的校对科学习。我抽空经常去辞书出版社看望、关心他们的业务和生活。其间,还跟随单位领导多次跟承印《汉语大词典》

的中华印刷厂领导及相关科室开会商讨排版和校对等相关事宜。

兵马未动，粮草先行。单位把图书馆从二楼大厅移到一楼大厅，把二楼大厅作为大会战的战场。行政科陆陆续续买来许多办公桌椅和台灯、放大镜、电扇（当时还买不起空调）等物，摆放到二楼大厅。另外腾出二楼北面的两个小房间，作为两位老师的办公室。而我，则跟大家一起坐在大厅里调度指挥。

接着，就是招兵买马。其一是从编辑室借调五六位没有承担《汉语大词典》审稿工作的编辑，其二是从辞书出版社借调三位老中青校对，其三是外聘许多退休人员，其四是应聘汉语大词典出版社的试用人员，加上校对科本身的六七个人，总共大概三十多人。记得最多时有36个人。这在当时总共只有四十多个正式员工的单位来说，真是一个庞大的科室。而这么大、人员结构这么复杂又承担着繁重的《汉语大词典》排校任务的重要科室，竟然由我这个不知深浅、从没有领导经验的年轻人来主持。我当然是事事小心、如履薄冰。今天想起来，还是有点后怕的。

二

万事俱备。

1987年3月，中华印刷厂的第一批校样终于来了。

我立即把长条样平均分配下去，让大家校对起来。现在大家可能不知道，为了节约成本，当时的长条校样上的油墨是没有加凝固剂的，手一碰就是墨黑墨黑的。因为使用折校（就是把校样按行折起，然后一行一行地对着原稿校对）的方法，所以，尽管给每个人都发了工作服，身上不会弄脏，但两只手整天麻麻黑，连茶杯上也是墨迹斑斑。到了炎炎盛夏，穿上卡其布的工作大褂，更是热得可以。为了保持精力，从而保证质量，我就让大家午饭后午休一会。但是场地有限，大会战的大厅里放不下每人一把躺椅，只能请行政科买了一批草席，每人发一条，席地而睡。

因为时间紧，任务急，我们就经常要加班。一般要到晚上八九点才能下班，星期天也要上班。为了完成任务进度，单位还为我们专门制定了计件制、超产有奖的特殊政策。社长、副社长也经常来了解情况，为大家鼓劲儿。

然而，第一批长条样校对完，发现质量参差不齐，这是由于三十多个人的素质参差不齐所致。于是在单位领导的支持下，根据各人的实际水平，按六个校次把三十多人分为三个小组，分设三个组长负责。基本上是新手的第一组专门校对一校、二校两个校次，水平一般的第二组专门校对三校、四校两个校次，水平最高的第三组专门校对五校、六校两个校次。并且，根据各人所长（有的人擅长繁、简、异体字的区分，有的人熟悉各种单双书名号、长短下画线、阴码阳码等符号，等等），调整校次，相互交叉，取长补短，保证了质量平衡。

我主要负责调度进度，负责与出版科保持联系，与编辑室看校样同步，并做对红（即把现校样与上一次的校样对比，找出上一次校样应改而没有改好的地方改正）、过样（即把编辑在校样上的改动誊写到校对校过的校样上）等工作。每天我还要分别到两位老法师那里讨教。校对中出现的倾向性问题，就去请教心细如发、经验丰富的潘老师，请他帮忙想出解决的办法。而诸如条目或版面的调整则向钱老师讨教。他对宏观的版面结构、条目排列等，经验丰富，胸有成竹。他们两位都是年近七旬的老人了，尽管身体还可以，但是，钱老师的夫人早就过世，回家还要自己做饭；潘老师的夫人体弱多病，经常要住院治疗。时至今日，我仍对两位老法师的倾力相助，心存感激。

当时，制定固定奖金标准时，我特地把两位老师定为最高的第一档，我自己与业务骨干（小组长等）定为第二档，其他同志则按工作量拿超产奖。

为了保证工厂改版的质量和进度，经过与中华印刷厂的多次磨合，我们共同制定了审改校样的规定，即长条样（一校、二校）随意改，拼版样一（三校、四校）改动不过面（即改动增加的字数不能跨过版面到下一页），拼版样二（五校、六校）改动不过行（即改动增加的字数必须控制在本行内，不得跨到下一行）。

实行了新规定后，排校质量和进度都有了大幅度的提高。以后的几卷都照此办理，还增加了一次校对和一次对红（即七校三对红）。

应该说，《汉语大词典》的排校也是一边做、一边改，不断摸索前进，以臻完善的。而大会战的工作人员也是在摸索中不断成长，提高素质的。

三

那时候，当一个部门的领导就是这个部门的大家长，工作之外，五花八门的什么事情都要管的。本部门的工作秩序和质量进度要抓，员工之间的矛盾要调解；与上下级的关系要理顺，与各相关科室、部门的关系要理顺，与协作单位的关系也要理顺；还要关心员工的生活，包括员工的工作条件、身体健康、心理情绪、家庭关系、住房问题等等。

这些繁杂的事务，尽管使我身心俱疲，但也实实在在地锻炼和提升了我的工作能力，同时，也从中获得了领导和同事的认可。

当时，单位领导为了照顾我们晚上加班，特地让原来只供应午餐的单位食堂每天多做一些饭菜，到晚上在大锅里再蒸热一下给我们吃（当时还没有微波炉）。但是，这些饭菜蒸过以后特别不好吃，尤其是蔬菜，又黄又涩，难以下咽。在同事们多次反映以后，我就向领导汇报了情况，要求改供应隔顿饭菜为发放津贴，让员工们自己外买，从而吃上可口的晚饭。

煌煌辞典著春秋 ——《汉语大词典》出版背后的故事

领导非常关心员工的健康和感受，打破当时的一般规定，破天荒地答应了我的要求，决定加班晚餐每人每天补贴 0.24 元。为了不耽误大家的工作，每天为大家外出买晚饭就成了我的既定任务。那时候，到了下午 5 点以后，大家就开始讨论今天晚饭吃什么，七嘴八舌，热闹非凡，成为当时二楼大厅的一景。决定后，我就外出采购。记得，当时有吃盖浇饭的，有吃馄饨的，也有吃生煎包的，夏天盛暑还去买冰砖、雪糕等冷饮。

当时，为了完成《汉语大词典》和其他工具书的庞大任务，单位里一下子招收了七名应届大学毕业生，并先放到我这里实习。看到这些生气勃勃的年轻生力军，我非常高兴。当单位里主管人事的党支部书记孙立群把这些大学毕业生交给我时，我当场叫他们马上去行政科搬运自己的办公桌椅、台灯等办公用品。这些年轻人精力充沛，就是没有工作经验，更不知道校对是何物。我就安排老校对与他们进行一对一的短期培训，之后，在具体工作中一点一滴地慢慢指导，他们很快就成长起来了。然而，年轻人正处于谈恋爱的阶段，而我们的大会战是几乎没有休息天的，平时也是天天加班到晚上八九点。为了使他们能够安心工作，我采取特殊的内部政策：只要能够出示两张电影票（一张不行），我就准予他们请假，不算缺勤。当然，这只能是私下里执行的，要是给其他科室知道了，领导还不要找我兴师问罪吗？

对于两位老法师，我恭敬有加，每天上班总是先去他们两个办公室问候，听取他们的建议，关心他们的身体健康，了解他们家里的生活状况。记得有一次，得知潘老师的夫人重病住院，我当天下午就赶去华山医院看望，自己掏钱买了水果进病房问候，了解是否需要用车等单位的帮助。在买水果的时候，突然发现口袋里少了 100 元钱，也不知是掉了还是乘车时被小偷偷了。要知道，在 20 世纪 80 年代，每月工资也只有 100 元钱左右。好在当时我们校对科每月有奖金，所以也没有让太太知道。

三十多人的庞大科室，除了工作安排和抓好质量和进度，最多的是要关心员工的方方面面。小到摇头电风扇在两位员工之间来回摆动的角度（牵扯到左右两个人吹到的风量大小），大到员工的住房状况调查（有一次还牵扯到员工的婆媳关系），都要我分别找相关员工谈话，做深入细致的思想工作。当然，对于辛苦工作的同事，我是比较照顾的。只要不牵扯到影响工作的原则问题，我总是网开一面，不因一些枝节问题而抹杀他们的工作成绩，甚至影响他们的录用。特别是那些来应聘试用的员工，只要他的工作认真负责，哪怕有一些其他不足，我总是在领导面前竭力推荐。比如，有一次，一位来应聘的年轻人可能是太累了，午休到将近下午两点钟还没有醒。我当时没有注意到，结果正巧被一位路过的领导看到，马上把我找去，问我知不知道。我就说他是感冒了，所以，没有按时起来。就这样帮他遮掩了过去。

考虑到大家平时的辛苦工作，让大家放松放松，也为了科室的团结和睦，我总是每个月都从科室的奖金提成里拿出一笔钱，请大家到单位附近的餐厅聚餐一次，犒劳大家。让大家畅所欲言谈谈工作，聊聊感情。每次都是热闹非凡，其乐融融。甚至还因此缔结了一段姻缘。在当时比较传统的文化单位里，这样聚餐喝酒的举动自然会引起其他科室个别人不同看

· 374 ·

法，向单位领导汇报。我就向领导作了解释，说明是用本科室的奖金提成，都是大家自己的辛苦劳动所得，并不是公款消费，并且我们的聚餐只是喝酒聊天，为大家鼓鼓劲而已，并无出格之举，获得了领导的理解。

好在我的太太一直很支持我的工作，让我很少有后顾之忧。

当时我的儿子只有两岁，我一心扑在工作上，无暇他顾，而且，天天都在单位里，星期天也不例外。连有一次拿到电冰箱票，我也走不开，只能让我的小学同学在星期天骑着三轮车，代我从长宁区天山路的冰箱厂买了，送到南京东路外滩，搬到三楼我的家里。那时正是三伏天，从天山路到外滩将近二十公里的路程呢。还有一次，是大年除夕，我下午五点多才回到家里。儿子吵着要喝正广和的汽水，等我下楼跑到街上，商店都早已经关门了，儿子哭闹了半天。我的父母和太太忍不住把我好一顿埋怨，说我一点也不顾家，连大年夜也这么晚下班（按惯例大年夜单位里只上半天班）。说实话，我当时心里非常难受，觉得实在是愧对家人。

令我感到欣慰的是，辛苦的工作最终获得了丰厚回报：《汉语大词典》经过各方的共同努力终于一卷一卷地按质按时出版了，并获得了国家的表彰和社会各界的认可。而我们校对科也连续三年获得了本单位的先进集体的荣誉，这使我感到非常骄傲。

三十多年过去了，生命中很多事情都已经淡忘，唯有这一段经历无法淡忘。因为，这是我一生中最有挑战性、最具戏剧性的一幕。

（胡逢建：汉语大词典出版社资深编辑）

"汉大"记忆

傅玉芳

1983年7月从上海师范大学毕业后我被分配至上海市闵行区第六中学任语文教师，1987年7月，调入汉语大词典编纂处。我永远记得闵行六中的教导主任得知我要去"编词典"时对我说的那句话："你知道吗？编词典是项很苦的差事。"闵行距离市中心25公里，现在也就是半小时的车程，但那时交通不像现在这么发达，我们只能住在学校的集体宿舍里，每星期回家一次，校领导照顾我们"上海人"，周六的课一般都排在上午，上完课后坐徐闵线回"上海"，周日晚上就得返回学校。因此，当时的我，觉得只要能逃离闵行，吃任何苦都是值得的。

现在我加入"编词典"队伍已经三十多年了，特别是在汉语大词典编纂处、汉语大词典出版社工作的十一年里遇到的人和事，都给我留下深刻的印象。如今回想起来，我当初还真是选对了这门"苦差事"。

第一次接触"长条样"

与我差不多同时进编纂处的有十多个人，大多是刚毕业的大学生，试用期两个月，到期考试，择优录用。试用期间，我们都被安排在二楼中间的多功能会议室里参加《汉语大词典》第二卷的校对工作，那时还有从辞书出版社借调来的几位富有校对经验的教师，在他们的带领下，我们开始校对"长条样"。所谓"长条样"，就是词典定稿前按规定的行宽和行距排成而未经拼版的校样，这种由打样机印出来的"长条样"上的油墨似乎永远都不会干透，一页校样校对好后，双手便油腻腻、黑乎乎的，粘到浅色衣服上，洗都洗不干净。那时又没有空调，七八月份的大热天，不小心用手去擦一下脸上的汗水，立刻就成了大花脸，开始几天我们还相互取笑，时间一长，便习以为常，并可依据某人手上是否有油墨污渍而判断他工作的认真程度。

《汉语大词典》执行的是七校三对红，我们新进人员只负责"长条样"的初校工作，那时我自以为已经做得很到位的初校样，常常会被负责二校的老前辈查出问题，他们还会帮我们分析错、漏校的原因。老前辈们严格的帮带教，使我受益匪浅，在以后的三十多年的时间里，每当我带一名新编辑，那时的场景都会历历在目。

我至今还记得这些老师的名字：钱子惠、陈尧晨、周小敏、徐长康……

免试用期进入办公室

在校对部门工作不到十天，因办公室负责文印的张桦休产假，没有人打印文件（那时还没有电脑，打印文件都是用一种老式中文打字机打在夹有复写纸的红头文件纸上，我手头还保留有这样的打印文件）。当时，出版社刚刚成立，需向国家新闻出版总局报送的中长期图书选题规划等没人打印，只能改用手写。负责选题策划的钱玉林老师便来校对部门找"字写得比较工整的人"，我有幸被选中后便连续几天在出版社办公室誊写《汉语大词典简编》《汉语大词典精编》《汉大成语大词典》等一大摞选题——每一份都有十几页厚，钱老师还特别嘱咐我，选题是出版社的命脉，千万不可泄露。当第一份文件誊写好后，王涛社长和钱玉林老师都相当满意，王社长当即拍板，免除我的试用期，直接留在出版社办公室工作（汉语大词典编纂处、汉语大词典出版社两块牌子一个机构，社长办公室与总编办公室也是合在一起的），就这样，我在办公室工作了整整十一年。

傅玉芳（下）与编纂处办公室同仁应谨友

1998年，当我调到刚刚成立的上海大学出版社时，社领导认为我在总编办公室的工作经验比较丰富，希望我能继续做"老本行"，我欣然接受，谁知这一干又是二十多年。虽然在上海大学出版社我的职务从总编办副主任、总编办主任、总编助理、副总编、常务副总编不断地变化，但永远不会改变的是我热爱出版工作的这份"初心"。

制作资料卡片

《汉语大词典》按照"古今兼收,源流并重"的历史原则编纂,强调"语文性"和"历史性",注重义项齐备、书证翔实。为了给编写人员"收词立目"提供基础资料,五省一市和编纂处先后组织近千人,从数千种古今图书、报纸杂志中,摘录资料,制作卡片八百万张。

对于古籍类图书资料,一般都采取手工抄写的办法,每抄完一张,都及时校对,把抄写错误降到最低。对于图书市场上购买得到的图书,大多采用剪贴的办法,这样既提高准确率,又加快了卡片制作的速度。那时,编纂处行政部门的员工,业余时间都会在编辑人员的指导下制作卡片,而且每位员工的办公桌上一般都会有一套剪贴卡片的专用"工具"——先在一个盘子里倒入一包化学糨糊,上面蒙一层纱布,用橡皮筋在盘子背面把纱布收紧,再翻转过来时,化学糨糊正好从纱布的孔隙里渗出来,这时把从书报杂志上剪下来的资料纸片往上一蘸,纸上的糨糊不多不少,贴在卡片上正好。不用的时候,把盘子反扣在盛有水的搪瓷碗里,盘子里的糨糊就不会干了。这种粘贴卡片的方法,我在后来的工作中,常常用到,因此记忆也尤为深刻。

这些珍贵的资料卡片,当时都保存在编纂处的资料库中,出版社并入上海世纪出版集团后,搬迁至上海书城办公,这么多卡片去向如何,竟无人知晓,这不能不说是一大遗憾。

编发《〈汉语大词典〉编纂工作简报》

《汉语大词典》由山东、江苏、安徽、浙江、福建和上海五省一市共同编写,地域分布从山东到福建,数百人的编纂队伍,需要有一个交流情况和交换材料的论坛。为了交流业务与报道动态,《汉语大词典》编写领导小组决定不定期地编发油印的《〈汉语大词典〉编写工作情况》,1977年11月改称《〈汉语大词典〉编写工作简报》铅印出版。从1985年起,进入定稿发排后期阶段,编写组或撤编或减员,留下继续工作的编辑委员和业务骨干忙于审稿定稿,简报的来稿日稀,特别是有关编写业务方面的稿件阙如。鉴于这种情况,有一段时间改为油印的《〈汉语大词典〉工作简报》,主要是编发《汉语大词典》审定稿发排工作动态和体例、引书格式变动等补充规定,至1987年下半年又改称《〈汉语大词典〉编纂工作简报》,复用铅印,聘请之前已经退休的张铠老师主持这项工作,由我协助她一起编发,一直坚持到《汉语大词典》全部出齐为止。《〈汉语大词典〉编写工作情况》《〈汉语大词典〉编写工作简报》《〈汉语大词典〉工作简报》和《〈汉语大词典〉编纂工作简报》,名称虽然因内容侧重点不同而有所变动,其实都是同一份内部免费发行的刊物,前后延续十四年之久,陆续出版分发将近200期,成为记载《汉语大词典》编纂情况的重要史料。

"汉大"记忆

简报的编发历经《汉语大词典》编纂全过程，成为沟通《汉语大词典》编写工作的纽带，编写人员更是将其作为商讨疑难、交流看法的学术园地，仅蒋礼鸿先生一人就在简报上发表了《说"慧鼎"》《谈"高纬""高趣"》《"谨空"与"敬空"》《"朝、旦"在古代是有区别的》《关于"八面受敌"的基本意义》《谷部、齐部献疑四则》等十多篇文章，对于提高《汉语大词典》的编写水平、活跃学术气氛、鼓舞士气、指导工作等起到了积极的推动作用。在简报上发表的学术性文章，也可作为科研成果，当作一些院校编纂者评定职称的依据。当时的简报寄发面是比较广泛的，上报国家新闻出版署和教育部，分送五省一市宣传文教党政领导机构，分送五省编写领导小组和"词办"，分送"三委会"成员和各编写组，分送各位编纂者，还送给部分学术界和教育界人士，反应比较热烈，我们也得益于从中获得很多回馈信息，帮助改进工作。

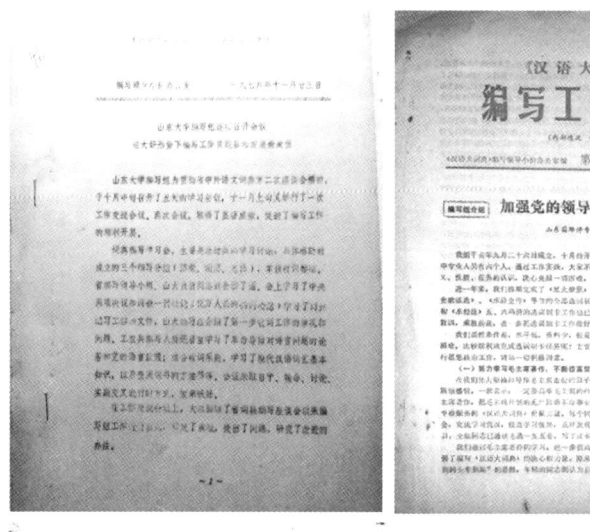

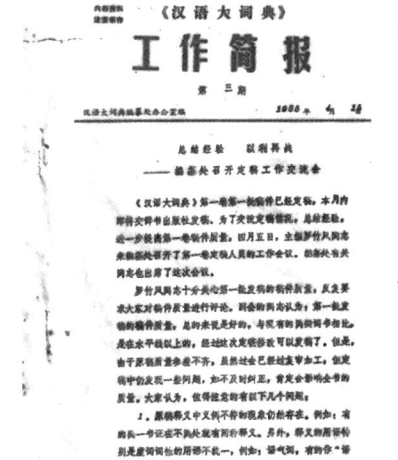

《汉语大词典》的简报

简报的编发涉及许多环节，比如：内容的选择，重要会议的录音整理，画好版样交中华印刷厂排版后要下厂补白、校对，刊发重要会议上领导的讲话稿需送相关领导审阅，印好后还要分发、邮寄等。参与这项工作对我来说简直是获得一笔终身受益的巨大财富，特别是从张铠老师那丰富的阅历与人生经验中，我学到了从容，学到了要以积极的心态面对工作和生活。几年前张铠老师去世，我正好单位有重要事情，没能送她最后一程，这是我终生遗憾的事情。

核对书证

《汉语大词典》收字2.2万个、词目37万余条，所谓集古今汉语词汇之大成。每个词目的每个义项一般精选3—4条书证，全面反映语词的源流变化。从第二卷审读校样开始，王涛社长规定，每条词目收录的每条书证都必须与原书进行核对。编纂处有一个比较完备的图书资料室，《汉语大词典》所选书证涉及的经史子集、诸子百家、古今文人别集、戏曲小说、笔记杂著、宗教经典、科技著作、学术专著、近现代报纸杂志乃至方志、碑刻、出土资料等中的大部分都有收藏。负责审读的责任编辑与校对人员，都会在图书资料室或卡片资料室仔细地核对每条书证。为了让新进编辑、校对人员能尽快地熟悉《汉语大词典》的编写体例，让图书资料室工作人员能全面掌握藏书量与资料信息，第一、第二编辑部的编务人员会根据社领导的要求给大家布置查阅、核对书证的任务。那时经常可以看到图书资料室里人头攒动，但大家都是悄无声息地查阅、核对书证。

也许是为了让我这位参与编发《简报》的人员也感受编写《汉语大词典》的艰辛，王涛社长也会安排我做一些核对书证的工作，以至这一良好的习惯我一直保持至今。

三十年来，在审阅书稿的过程中，只要遇到稿件中有引用他人资料的地方，我必定要找到原书进行核对，特别是对"二手资料"，我更像"强迫症"般的一定要找到"一手货"，为此，我常常会在学校图书馆内泡上一个又一个的"大半天"时间，纠正了一个又一个的错误。如今上海大学图书馆购有各种数据库可供网上查阅，为我的"强迫症"省下了许多时间。我这种认真而严谨的工作态度，赢得了作者们的称道，他们又为我介绍来新的作者，上海大学出版社实行编辑工作"双效益"考核，二十年来，每年在"双效益"考核中我都是名列前茅的。为此，我由衷地感谢王涛社长当年的工作安排。

编制索引

1993年下半年,《汉语大词典》第十二卷进入定稿阶段后,如何编制索引卷、由谁来编、何时完成被提上议事日程,时任汉语大词典编纂处主任、出版社社长阮锦荣与第一、第二编辑室主任郭忠新、陈福畴老师商量后,决定由我主要负责编制音序索引,董龙富、曹瑞娇两位老师负责编制笔画索引,三个月内完成。

那时没有电脑,编制索引只能靠制作卡片完成。编制音序索引的每张卡片上需标注每个字头所在的卷数、页码、读音等,遇有多音字,每个读音都需制作一张卡片;编制笔画索引的每张卡片上需标注每个字头所在的卷数、页码、笔画数、起始笔画等。《汉语大词典》收字2.2万个,我们分工抄写制作的用于编制音序索引和笔画索引的两套卡片多达48000张。卡片制作完成后,我们先自己校对,再交换核对无误后,便按音序、笔画编排、抄录,再校对无误后送中华印刷厂排版,校样出来后,再根据校样上的卷数、页码查找该字所在的卷数、页码。如此反复,保证了索引卷的准确无误与顺利出版。

那时我的孩子才三岁,住房条件又很差,为了按时完成任务,每天晚上都是等孩子睡觉后,再挑灯夜战。《汉语大词典》的资料卡片500张一扎,每扎大约10厘米厚,48000张卡片堆起来高可达9.6米,三个月时间完成这么多卡片的制作、校对、编排、抄写和再校对的工作,现在想来,简直不可思议呀!

和谐的工作氛围

《汉语大词典》由山东、江苏、安徽、浙江、福建和上海五省一市共同编写,设在上海新华路200号的编纂处便成为五省编写人员的"娘家",五省的编写人员来"娘家"时,大楼后面的二层小楼便是他们的"宿舍"与食堂。这种特殊的编写队伍架构,造就了汉语大词典编纂处、汉语大词典出版社员工的"主人翁"意识与非常和谐的工作氛围。

记得1989年年初,姜兆良副社长建议将位于三楼的图书资料室搬迁至大楼底层,为了不打乱编辑们已经基本熟悉的各种图书所在的书架,又不影响编辑们查阅资料,要求用星期天一天的时间(那时尚未实行双休日)完成搬迁任务并确保整体移动,不改变每个书架、每本书的位置。那天我们按照姜兆良副社长与图书资料室负责人张喆制订的搬迁方案,先两人一组,捆扎编号,再利用大楼西侧的楼梯,上下接力,顺利完成了偌大一个图书资料室的搬迁任务。

之前编纂处里的编辑大多年龄偏大,大批年轻人的到来,给整个大楼带来了生机,于是负责工会工作的李爱珍、李鸿福老师便利用午休时间,在多功能会议室里组织打乒乓、跳交谊舞等活动,对增进理解、缓释情绪、减轻压力、活跃气氛起到了重要作用。

在我的印象中,这是一个有生命力、有活力、有竞争力、有凝聚力的团队,他们把单位的事当成自己的事,甚至比关心家事更关心工作,他们主动积极、互相帮助,他们追求成功、永不言败,他们不图名利、不计较得失,他们全身心地投入工作、全力以赴地完成任务。

参与制定辞书编纂国家标准

办公室的杂务事情比较多,接触的人更多,因为经常邮寄《简报》、分发样书等,我们不仅熟悉五省一市的编写人员,而且与上级各有关部门的领导、负责人也有联系。1986年全国术语标准化技术委员会辞书编纂分委会(简称二分会)在上海成立,1990年3月开始秘书处挂靠汉语大词典出版社,我担任二分会秘书,并有幸参与了我国辞书界第一份国家标准《辞书编纂符号(GB/T 11617—1989)》的审定,《辞书编纂基本术语 第一部分(GB/T 15238.1—1994)》《术语工作 辞书编纂基本术语(GB/T 15238—2000)》的起草;1992年9月,还参加了在北京举办的为期两周的由来自台湾地区的11位科技工作者与大陆各地的20余位科技工作者与学员组成的"术语学与术语标准化研讨班"。

其间,全国术语标准化技术委员会秘书长、我国术语标准化工作的开拓者和奠基人之一的粟武宾教授不知疲倦、呕心沥血的敬业精神与关心年轻人、培养年轻人的奉献精神深深地感染了我。她丝毫没有高干子弟的架子,生活简朴,品性耿直,待人真诚,她教导我一定要勤奋学习、努力工作,做任何事情"不怕慢,只怕站",要坚持不懈。2001年11月24日,粟武宾教授因心脏病突发不幸逝世,但她那高风亮节的品行永远激励着我努力工作。

些许遗憾

记得在《汉语大词典》第三卷出版后不久,一编部的商慧民老师找我,希望我能担任《汉语大词典》"相关条目"的专项检查工作,当时因为办公室杂务事情比较多,又要编发《简报》,我没能接受此项任务。后来因审稿中经常用到《汉语大词典》,渐渐也发现"相关条目"中的一些问题,我常常想,如果当时我领下了这项任务,多一双眼睛,也许就会多发现一些问题、减少一些疏误。为了弥补这个遗憾,在得知《汉语大词典》将要修订的时候,我专门写了《成套词收词的完整性与释义的一致性:写在〈汉语大词典〉修订之前》一文,发表在上海辞书出版社出版的《辞书论集（二）》上，希望对《汉语大词典》"相关条目"的修订有所帮助。

我的几位领导与同事

从1983年7月参加工作至今，已经有三十六个年头，我虽然只在汉语大词典出版社工作了十一年，但那里的领导、同事甚至作者，给我留下了深刻的影响，有关心和帮助，有鞭策和鼓励，点点滴滴，让我倍感温暖，使我无法忘怀。

孙立群老师——是她将我领进了汉语大词典出版社的大门，没有她，我也许还是个"教书匠""孩子王"。在以后的工作中孙老师又给予我很多的帮助。特别是我调至刚成立不久的上海大学出版社后，恰逢孙老师退休，她毅然加盟上海大学出版社的工作，为上海大学出版社的审稿与年轻编辑的培养作出重要贡献。此后，孙老师又成为上海大学出版社的作者，她编写的《常用典故分类词典》（与李爱珍合编）和《常用赠言分类辞典》为上海大学出版社带来了丰厚的"双效益"。

王涛——那天孙立群老师将我领进汉语大词典出版社大门的时候，我先在大楼前的两个石狮子旁见到他（那时社长办公室还在底楼）。好帅！好精神！这是王社长给我留下的第一印象。还记得王社长当时说的一句话："好好干，相信你能成为一名优秀编辑。"这句话时时鞭策着我，在以后的工作中，王社长的多次帮助，对于我进步成长都颇有助益。

阮锦荣——在汉语大词典编纂处、出版社工作的十一年间，阮老师对我的工作非常信任。我特别感谢他赋予我《汉语大词典》索引编制的重任，因为这份信任，我不断地鞭策自己要努力做得更好；因为这份信任，在以后的工作中，我无所畏惧、勇于担当，完成了一个又一个重大项目。

郭忠新——他是汉语大词典编纂处第一编辑部主任，我虽然没有在他的部门工作过，但因为郭老师是我老师辈的校友，所以平时对我格外关心。发现我工作中的不足都会及时指出，在我承担《汉语大词典》索引编制任务时，他又悉心指导；在我调至上海大学出版社后，郭老师对我的每一次进步与成绩都格外关注。郭老师退休后，花了十年时间精心编写了《汉语简繁体正异体辨析词典》，该词典着重对非"一对一"、音义不完全相等的简繁体字、正异体字作了深入细致的分析，便于读者"识繁用简"或"识简用繁"，填补了该类辞书出版的空白。郭老师将该词典交由上海大学出版社出版，是对我工作最大的信任与支持。

李爱珍、李鸿福——我永远铭记他俩在工作和生活上对我的关心与照顾。记得出版社办公室撤销时，我想要去他们的编辑部，他俩欣然接受；有一次，我在单位崴了脚，是他俩送我去医院就诊；我休产假，他俩又代表工会前来慰问……他们的温馨关心，使我的生活充满阳光！

厉振仪——她既不是我的领导，也不是我的同事，她是《汉语大词典》主要编纂者，因为《汉语大词典》，我们有缘相识。厉老师爱工作、会生活，她的身上永远充满着正能量。十多年前，她为上海大学出版社编写的《常用谚语分类词典》已经三次修订重版，印数接近20万册；她为外国留学生学习汉语编写的《桥——多功能汉语读本》《理解与表达——汉语视听说教程》深受留学生的喜爱；她在微信朋友圈里晒出来的照片与文字，总是那么美好……有她做榜样，我元气满满！

……………

我真心感谢所有的曾经为《汉语大词典》的编写、出版一起成长、一起拼搏、一起努力工作过的领导和同事们！因为有你们，我才会更加努力；因为有你们，我才会努力变得足够优秀！

（傅玉芳：上海大学出版社常务副总编辑、编审）

且将新火试新茶

李丽峰

提笔写这篇文章之际,我的脑海中突然闪过十几年前曾在网络论坛里看到的一个问题,有一位网友说:"真不知道现在还在编《汉语大词典》的都是什么人?"我记得自己飞速地在键盘上打出"我们"的字样,然后又默默地按了回车键撤销。那时,我刚刚进入汉语大词典编纂处,有亲切感,有自豪感,但更多的则是茫然。说亲切和自豪,是因为《汉语大词典》不仅是汉语大词典出版社的金字招牌,更是上海,乃至全国的大型语文工具书的一张极具分量的名片。能有幸进入汉语大词典编纂处,做与《汉语大词典》相关的工作,幸莫大焉。而茫然,则是因为当时对于《汉语大词典》以及汉语大词典编纂处的了解还比较少。

2007年,因为上海世纪出版集团产品线合并,成立于1986年的汉语大词典出版社撤并,许多同事被并入集团内的其他出版社、期刊社、报社,也有几位进入了保留下来的汉语大词典编纂处。我也很幸运地成为其中一员,进入汉语大词典编纂处,即进行《汉语大词典订补》(国家"十一五"重大出版规划项目)一书的编纂工作。从《汉语大词典》出版之后,汉语大词典出版社和汉语大词典编纂处就一直在搜集学界和读者对于《汉语大词典》的意见,2005年起开始正式搜集语言资料,调查、梳理有关《汉语大词典》的研究文献,酝酿《汉语大词典》的订补工作。

我和苏衍丽一起从汉语大词典出版社进入汉语大词典编纂处,虽然都曾有过几年的图书编辑从业经验,但对于《汉语大词典》修订这项工作,尚属刚刚入门。当时还有宋浚瑞、张颖两位新入职的编辑。资深的编辑有田国忠、王安全、罗黛娃、李爱珍、马加,还有两位返聘的编审徐文堪、王土然。可以说,我们是在他们的带领下开始走上辞书编纂的道路的。

最初,我们几位年轻编辑的任务是尽快熟悉《汉语大词典》,我们都很认真地学习了体例和引书格式。但现在想来,没有经过实践,对于体例和引书格式可以说是很难有真正的记忆和理解的。学生时代、做普通图书的编辑工作时,我也会使用《汉语大词典》,但仅仅是用来查释义。而此刻,可以说是从读者的角度变为作者,以此看《汉语大词典》的角度就不大相同了。作为年轻编辑,我们四个充满了工作的热情,尤其是宋浚瑞,虽然是"80后",

煌煌辞典著春秋——《汉语大词典》出版背后的故事

但却是词典学专业的研究生，科班出身，对于词典的编写体例、原则等都很熟悉，成为我们中最先进入状态的一位。在基本了解《汉语大词典》体例、原则和引书格式（事实证明，只是自己认为的了解）之后，我们开始了搜集材料、制作卡片的工作。现在看来，在电脑使用如此频繁的年代，我们制作卡片的方式还是稍显"原始"的，在14厘米×10厘米格淡绿色线条的小稿纸上，一部分编辑确定书目之后，边看边寻找合适的词目或书证，且手抄卡片。补充《汉语大词典》中的书证，主要有几种情况：①书证过晚的，需要溯源或者提早书证。②书证时代跨度过大的，需要求其流变。③《汉语大词典》中有不少孤证，需要补充新的书证来解决。此外，还有几位编辑爬梳、整理《汉语大词典》出版以来的学界著作、论文和期刊文章，按照《汉语大词典》的体例和引书格式要求制作成卡片。

  王安全、罗黛娃两位老师那时还没有退休，他们主要搜集整理俗语和成语的资料。李爱珍老师是我们的编辑室主任，她是所有年轻编辑心目中的良师益友，在工作中指导我们，在生活上关心我们。当时编纂处一共只有十来个人，但巧合的是有几位姓李，于是我们的称呼就变成了大李老师、李老师和小李。那个小李是我，大李老师就是李鸿福，李老师就是李爱珍。大李老师为人正直，待人真诚，是不少年轻编辑的"男神"，当年在《汉语大词典》编纂时负责注音工作。他和李老师可谓工作上的好搭档，生活中的挚友。大李老师和李老师有共同点，那就是真诚、直爽，对待工作一丝不苟，对待同事真心实意；但他们也有不同的地方，不，应该说是标准的互补型。我们常常被他们的日常对话惹得哈哈大笑。比如，一次我们聚餐，老板来结账，李老师觉得麻烦，就对老板说："老板，账单的零头拉掉吧。我也没有带零钱在身上。"店家正在点头说没问题，这边厢大李老师已经开始摸着口袋，认真而积极地说："你没有零钱啊？我有我有！"连餐厅老板都忍不住笑了起来。两位李老师都是出了名的好人缘，我觉得这主要是因为他们"吃亏是福"的生活态度，工作中从不因为自己的领导职务或者资历深而趾高气扬，对待工作认真负责，对待年轻编辑真诚地给予帮助，很多时候还会牺牲自己的时间和精力默默地帮其他同事补台。李老师高度近视，看稿子或看电脑屏幕时几乎都要贴着看，但一点也不妨碍她一丝不苟地审稿。当然，她是那么乐观，以至于常常乐呵呵地用眼睛不好这点来嘲笑自己，但对于我们来说，心里却是满满的感动。我常常会想起她在会议室里的书柜中找"百部丛书集成"时的身影，一函一函搬出来，一册一册凑近寻找。但李老师可不是个只知道伏案工作的编辑，她同时也是位热爱生活、热爱美的"资深美女"。聊天时她曾经跟我们说过，刚工作不久她还曾经因为穿漂亮的裙子被领导找去谈话，可见她是从小美到大了。我们从没感觉到与她有年龄上的距离，她是那样热爱生活、热爱一切新鲜的事物。我最佩服她每天早上都坚持去游泳馆游泳，风雨无阻。

  大李老师也制作卡片，但跟我们不同的是，他主要是做单字字头注音或修改单字字音的卡片，包括中古音和汉语拼音，相比增收复词或增补义项书证的卡片，制作单字的卡片比较难，数量也少，所以每个月结算工作量计算稿费的时候，大李老师总是"最吃亏"的一位，但他从没有过一句抱怨，兢兢业业一直做到退休。即便是退休之后，只要是我们请教，他总是一如既往地耐心解答。

　　说真的，我们几个年轻编辑刚刚开始写出来的条目用现在的眼光来看，真的是问题不少，有义例不合的，看上去合乎第一个义项，但放入第二个义项似乎也解释得通；还有明明单一义项已经有了两三个书证，但觉得找到的书证还不错，于是恨不得每个朝代都用上一条……各种问题，不一而足。但好在我们都乐于向老编辑们请教，而王土然、徐文堪、王安全、罗黛娃、李鸿福、李爱珍等几位老师也都毫无保留地指导我们。王土然、徐文堪是退休后返聘的两位编审，他们都是年轻编辑们尊重的"老法师"，但性格脾气却迥异。两位老师都写得一手好字，王老师的字潇洒大气，徐老师的字秀气柔和，真可谓"字如其人"。王土然老师是浙江富阳人，几乎所有与他认识的人都会有一个共同的感受：最初跟他打交道的时候，要听懂他的那口富阳话真是颇费力气。提到富阳，首先想到的是吴均那篇《与朱元思书》："风烟俱净，天山共色。从流飘荡，任意东西。自富阳至桐庐一百许里，奇山异水，天下独绝。"我也曾问过王老师真的有那么美吗？王老师说："美还是美的，但没有那么美！"王老师的古汉语功底扎实，对于《汉语大词典》非常熟悉，当年《汉语大词典》他是定稿人之一。王老师对待稿子可谓字斟句酌。除了进行《汉语大词典订补》的工作，编纂处还接受上海辞书出版社语词室的委托，修订《汉大成语大词典》，增补修订过的书稿经过初审交到王老师手中复审，稿子上改得密密麻麻；补充疏漏的释义，补充缺失的书证，调换不妥当的书证。像很多传统的知识分子一样，王老师对鲁迅先生很推崇，有时我们对于鲁迅先生会有些比较随意的评论，这时王老师会很认真地提出他的反对意见。工作中，从他那里我不仅学到了很多知识，更学到了解决问题的方法。记得最初我去问王老师某个词如何释义的时候，他很少直接说出他的答案，而是告诉我去查与这个词相关的单字、复词的释义。王老师工作中比较严肃，在审稿中遇到问题便会直接找编辑指出问题，所以刚开始多数年轻编辑都有点敬畏他。但随着时间推移，大家越来越感觉到，针对工作中的问题能够即时获得反馈是最好的成长方式，感谢王老师！要说遗憾，偶尔王老师也会感叹花在词典编纂上的时间太多，自己的成果相对比较少。但经过这么多年的编辑工作，我想说，成为学者型编辑，尤其是产量很高的学者型编辑并不具有普遍性。这固然与个人的专业能力有关，但更大程度上也与工作性质相关，与投入工作的时间相关。许多像王老师这样的编辑，专业水平相当高，业务能力也是"一只鼎"，把一生都献给了编辑工作，虽然似乎是单纯"为他人嫁衣裳"，但我们这些后辈依然会尊重和牢记他们的付出。与王老师的大嗓门相比，徐文堪老师说话永远低声细语，态度谦和，哪怕是对我们这些后辈，哪怕是对比我们还年轻的专程来拜访他的学生，都会用"您"来称呼，这常常让我愧不敢当。徐老师是我国文博界泰斗徐森玉的儿子，除了是《汉语大词典》的主要编纂人员，更加有名的是其中亚学家的身份。徐老师致力于研究古代中亚历史文明、中外文化交流史、佛教史、古人类学与亚洲诸语言起源等，对吐火罗问题尤有研究。徐老师家从

煌煌辞典著春秋 ——《汉语大词典》出版背后的故事

地板到天花板堆满书籍的房间已经在很多文章里被提及了,还有不断更新的一摞摞最新学术动态的打印材料。但在单位里,徐老师的办公桌总是很干净。徐老师的所有时间和心思都放在工作和做学问上,生活非常简单,对饮食也几乎没有要求。汉语大词典编纂处2009年5月搬到延安中路955弄之后,不像在世纪出版集团大楼办公时有食堂,所以大家都自行解决午餐,有从家里带饭来的,有叫外卖的,也有溜达着出去吃的。但徐老师总是吃得非常简单,基本就是一点面包。吃完之后在会议室打开躺椅,休息一会儿,起来继续工作。

2009年下半年,李爱珍老师退休之后,我接任编辑室主任,宋浚瑞担任编辑室副主任。

这一年《汉语大词典订补》书稿已完成,在交付上海辞书出版社语词室出版之前,汉语大词典编纂处全体编辑转入了审稿阶段。为了保证书证准确,编纂处领导要求编辑尽可能都要核对纸质原书。这个时候,老编辑们总是忍不住怀念起在新华路200号时,汉语大词典编纂处和汉语大词典出版社曾经拥有规模颇大的图书资料室,据他们说古籍非常之多。可惜我进汉语大词典出版社时已经无缘得见了。留下的"大部头"只剩下一套"百部丛书集成",一套"丛书集成初编",一套"四部丛刊",中华版的"二十四史",《全唐诗》《全宋词》《元曲选》,还有部分别集,以及一些零散的古籍。从这些留存也能想象得到当年的规模。说到这里,还有个让人啼笑皆非的小插曲。2009年时,我们使用的"中华经典古籍库""读秀"等数据库都还没有,"知网"也都是以个人购卡的方式使用,核对书证、查找书证,主要依靠纸质书籍,大家根据看稿需要自己也会购买一些图书,比如说《全宋文》《全唐文》及历代笔记小说,以及文集、诗集等。有一次我去集团开会,会后像往常一样去书城对面常去的那家旧书店"淘宝",看到一批别集,还有一些明清小说,翻翻内容还不错,就花三百多元买了回去。拎回单位放在桌上,王土然老师踱步过来,看着其中几本说:"哎?怎么感觉这么熟悉?"我说:"不会吧。"翻开扉页,赫然印着"汉语大词典编纂处藏书"的印章。一时间,大家都笑了。

为了保证出书质量和时间,那段时间编纂处编辑全员加班,我记得经常九十点才走出小院大门,有时铁门已经关上了,还要请门卫叔叔再打开。周末同事们也会去加班。加班最多的是李爱珍老师,不仅晚上、周末也在单位加班,还天天带回家审稿。李老师的眼睛也就是在这样过度使用眼力中越来越弱视的。

延安中路的小院子以前是译文出版社的办公地点,汉语大词典编纂处搬进三楼,一楼是上海世纪音乐出版社,二楼是辞海编纂处。大家相处得都很融洽,尤其是上海世纪音乐出版社,我们两家单位因为人都不多,所以后来在集团工会的建议下,成立了联合工会。这样一来,一起组织了运动会、年会,大家就这样熟稔了起来。小院在弄堂深处,又有独立的中庭,一小块草坪,几棵玉兰树,最美的当属我们编辑室窗口的一株大槐树,我们搬进去的时候正逢槐花盛开,一串串雪白的槐花挂满枝头,清香满室。窗口还有相当粗的葡萄藤,葡萄成熟的时候硕果累累。在这样恬静的四季流转中,看着窗外的草木繁盛,听着小鸟的啾啾鸣叫,翻着古籍,看着书稿,我们常常开玩笑说有不知今夕何夕之感。可以说,那个时候是整个编辑室最开心的时光。大家虽然觉得常态化的加班苦不堪言，但在其乐融融的环境中倒也安之若素。尤其是夜晚加班时，楼下的门卫室总会传来交响乐或评弹的声音（这取决于遇到哪一位门卫值班），在晚风中格外悠扬。

幸好，随着书稿交付出版社，我们的加班也告一段落。

在全体编辑为《汉语大词典订补》一书而努力工作的同时，我也常常感恩编纂处其他职能部门同事对编辑部门的全力支持。汉语大词典编纂处机构不大，所以职能部门的同事往往身兼数职。办公室主任黄建国老师是"老汉大"了，他负责办公室事务、人事以及党务工作。他对离退休老同事关爱有加，对年轻编辑也从没有架子，落户、培训等方面能帮忙解决的问题总是尽量帮忙解决。黄老师看上去是个典型的狮子座，阳光、豪爽、粗线条，但其实办事的时候往往粗中有细。出去旅游的时候，大家也都喜欢跟黄老师同行，不仅因为他比年轻人还精力充沛，更重要的是，有他这样魁梧的身材在大家身边，瞬间特别有安全感。办公室副主任赵乐平老师，头脑清楚，务实肯干，只要是他负责的工作都做得非常到位。编纂处与排版厂的稿件对接也都是由他完成的。"财神"庄维娜老师是我们的财务，编辑们看到她最开心了，因为往往意味着要发工资或稿费了。还有顾美华老师，她是我们的编务，很能干，整理稿件、排序、复印……干活非常细致，有条有理。尤其让大家觉得亲切的是，因为没有食堂，她有好多次自己在单位用电磁炉做美食给大家吃。我记得吃过顾老师做的水饺、馄饨、春卷、麻辣烫、粥……样样都那么美味！

《汉语大词典订补》于2010年12月由上海辞书出版社出版，共收单字条目和复词条目三万余，共计3368000字。沿用《汉语大词典》凡例。词典所收条目主要有新增条目、订讹条目、补义条目和补证条目。因为并不是全面修订，所以凡原《汉语大词典》释义欠准确，引用书证人名、书名、专名线、引文错讹、标点错误，体例不统一等问题，都不在《汉语大词典订补》中解决，留待全面修订时再解决。

随着老编辑们陆续退休，汉语大词典编纂处也不断有新鲜血液补充进来。

2009年9月，谢昆芩加入了我们的团队；2010年7月，李文成为我们团队中唯一的年轻男编辑；2011年，高淑贤加入了我们的团队。青黄不接一直是汉语大词典编纂处面临的比较大的问题，所幸徐文堪、王土然、李爱珍老师仍然返聘，指导和带领着我们。虽然没有采用传统的师傅带徒弟的方式，但老编辑的言传身教，以及对稿子中问题的及时反馈都让年轻编辑不断学习成长。

后来不少人夸奖汉语大词典编纂处的同事稿面整洁、字迹工整，勾画线条清楚。现在出版社里有不少年轻的编辑，对待书稿缺乏应有的尊重，勾画草率、字迹潦草。但编纂处的编辑都能做到字迹清晰、勾画清楚，甚至很多编辑画线都用直尺，这样的稿面看上去就较为整洁。这个传统，在汉语大词典编纂处一直保留着。

煌煌辞典著春秋 ——《汉语大词典》出版背后的故事

编纂处的年轻编辑。左起张颖、高淑贤、苏衍丽、谢昆芩、宋浚瑞、秦洁、李丽峰

《汉语大词典订补》的出版可以看作《汉语大词典》修订的先声。从汉语大词典编纂处来看,从书稿交付上海辞书出版社之日起,稍作喘息,两家单位即进一步携手合作,开始讨论、筹备《汉语大词典》(第二版)的编纂事宜,并由上海辞书出版社申报国家出版基金。2012年3月,国家出版基金规划管理办公室发出立项通知,确定《汉语大词典》(第二版)为国家出版基金资助项目,与此同时,上海市委、市政府也高度重视这个项目,并提供了配套资助。

《汉语大词典》(第二版)启动大会确定2012年年底在北京召开之后,汉语大词典编纂处和上海辞书出版社开始共同筹备会议。首先要做的就是要在会前确定编辑委员会名单,两家单位领导协商决定,除了新增的编委,第一版仍然在世的编委全部保留。我承担了寻找第一版编委的任务,因为《汉语大词典》出版已经多年,并且当中没有修订过,因此再次从华东五省一市中找到近乎失联的第一版的编辑委员,成为一项"艰巨的任务"。在辗转联系的过程中,我了解到有些编委已经辞世,有的几近失明,有的听力已经严重弱化,还有因声带手术而说话困难,但当他们听到《汉语大词典》要进行全面修订的消息,都兴奋不已。并且很多编委,尽管身体有这样那样的问题,仍然坚持出席了启动大会以及之后的专题讨论会。我想,支撑他们的正是对《汉语大词典》融入骨血里的深厚感情吧,在他们风华正茂的年纪里编纂《汉语大词典》,是一生都值得自豪和骄傲的!在寻找这些老先生的过程中,我用尽了所有的方式,联系原单位、联系原住址的街道居委会,甚至联系当地的派出所……当最后拿出一份确凿无误的名单时，我也似乎穿越时空与《汉语大词典》第一版的工作有了感同身受的交集。印象深刻的有，第一次联系汉语大词典出版社及汉语大词典编纂处原领导王涛老师，他听到要启动《汉语大词典》（第二版）的消息，在电话里就即时谈起当年五省一市编纂《汉语大词典》的往事，提供了不少那一届编委的地址和电话。我还想要特别致谢金文明老师，在寻找第一版编委的过程中，金老师不仅提供给我几位浙江编委的联系方式，而且都是自己亲自打过电话确认之后再把联系方式告诉我。

经过近半年的前期筹备，确定了《汉语大词典》（第二版）的编委会名单，并报经主管机构批准。2012年12月10日，《汉语大词典》（第二版）编纂出版启动大会在北京人民大会堂隆重召开。这次会议标志着《汉语大词典》（第二版）的修订工作正式开始。

我回忆了许多老编辑老同事，是想要说，做词典编辑从来就不是一件容易的事情。著名出版家陈原先生说：编词典不是人干的事情，而是圣人干的。我理解这话语中的甘苦，但觉得分量未免太重。"薪火相传"，是我写这篇小文时想得最多的一个词。我们是一支有着优良传统和传承的年轻编辑队伍，更是一支渴望创新和突破的团队。我希望我们能有更扎实的业务能力，不断提高编纂词典的水平，但与此同时，与时俱进，更好地在编纂过程中运用互联网、数据库等最新手段，努力推动编纂成果的数字化、网络化，也是我们的努力方向。很幸运能在这样一个充满温暖的集体里工作，每一位同事都很出色，都有着自己明显的优势，并不断使这些优势融合，面对任务大家总能够团结一致，集思广益，更好地为编纂《汉语大词典》的工作而各尽所能。

我常常回想起在网络上看到的那个问题："真不知道现在还在编《汉语大词典》的都是什么人？"现在，我可以毫不犹豫地在电脑屏幕上打出"我们"这两个字！

且将新火试新茶，诗酒趁年华。

（李丽峰：汉语大词典编纂处编辑室主任）

绝世的工艺

——中华印刷厂《汉语大词典》承印记

庄宪清

编者按 中华印刷厂前厂长庄宪清先生,受邀口述中华印刷厂承印《汉语大词典》(第一版)的历史。庄先生为此邀请当年参与印制工作的副厂长沈若英、技术设备科科长潘鹤山、生产科排版调度员薛利群、排版车间校对组组长许全娣、技术质量科副科长吴素雯、贺洪良,在福州路杏花楼举行座谈会,共同回忆印制《汉语大词典》的经历,没有参加座谈会的装订车间副主任房素梅和生产科排版调度员李龙喜也提供了不少材料。庄宪清厂长和八位同仁都是印制《汉语大词典》的亲历者,深度参与了当年印制《汉语大词典》的各个生产环节,了解整个印制过程,了解当中的问题和困难。他们口述的情况,具有真实的史料价值。座谈会结束后,与会者建起微信朋友群,继续回忆、交流和提供资料。大家委托参加座谈会、曾同他们排印《汉语大词典》密切合作的汉语大词典出版社前社长王涛先生,根据与会者的口述史实和书面材料,撰写成本文,经与会者审阅并授权发表。

1984年10月,我们中华印刷厂,接受了印制《汉语大词典》的任务。这部书是国家文化建设的大工程。国家花费重金,调集五省一市的人力,那么多教授学者苦干十多年,才编出这部书来,交给我们负责印制,是一件义不容辞,既光彩荣耀,又很艰巨的事情。

1984年的时候,我们是上海最大的印刷厂,厂房在上海普陀区澳门路477号,占地总面积十一亩,大约27000平方米,职工有一千多人。中华印刷厂这家印刷企业,当年设有六个车间,排版车间、铅印车间、彩印车间、装订车间、零印铜锌版车间和修制车间,工种设置比较齐全,工艺水平也比较高。如果同全国的印刷企业规模比较的话,可以说,我们厂是上海第一,中国第二,出版社也正是看中中华印刷厂的印制能力强,工艺水平高,才把《汉语大词典》交给我们厂印制的。

绝世的工艺

如今大概多数人都不知道，其实我们是一家历史悠久的老字号印刷厂。中华印刷厂的前身，就是一百年前上海有名的出版商中华书局自家拥有的一间印刷机构，叫作"中华书局印刷所"。1912年秋天在上海福州路开办，后来叫中华书局上海印刷厂，"文化大革命"中才更名中华印刷厂。从中华书局印刷所创办那一年算起，到上海解放的三十八年间，承印过聚珍仿宋版《二十四史》、影印本《四部备要》和《古今图书集成》等古代重要文献典籍，以及大量教科书，印过钞票和邮票，地图制版印刷也是我们的强项。中华印刷厂也是中国最早印制辞书的厂家。早在20世纪30年代，1936年中华书局编纂出版的《辞海》，就是我们制作的，还有当时中华书局出版的大大小小的词典，都由我们承印。大家知道，《辞海》这部工具书很有名，当年同商务印书馆编纂出版的《辞源》并行于世，蜚声中外。可以这样说，我们有印制辞书的悠久传统。说来也真是巧合，历史总是给能者以机遇，等到1984年，承印《辞海》的五十八年之后，中华厂又接受了承印《汉语大词典》的任务，再次获得展现印制大型工具书能力的机会。

精装版《汉大》，正文十二卷，还有一卷索引。这十二卷本的《汉语大词典》的头几卷，就是在中华厂的厂房里，使用手工活字排版、铅印印刷的老工艺，排版、印刷、装订出厂。后来经过技术改造，虽然铅版印刷改为胶印印刷，但因为《汉语大词典》里边的字太复杂，当时的中文电脑排版技术尚不成熟，用电脑排《汉语大词典》绝无可能，所以一直到排完第十二卷，始终沿用手工排版这种传统工艺。可以说，我们使用新旧杂糅的工艺和设备，印制出这套总量将近150万册，69500亿字的大型汉语辞书，销往中国和世界各地，这可能是印刷史上绝无仅有的，更是我们全厂上上下下都感到很自豪的一件事。

这篇回忆，就是想简略回顾一下我们印制《汉语大词典》的经历。这当中有困难，有挫折，有汗水，也有喜悦，历经八年最终成书，大功告成，结果还是比较圆满的。

印制《汉语大词典》难度确实不小。不说别的，单就两万八千多个汉字来说，厂里短缺好几千个字的铅字，都需要补做，何况这部书当中，有繁体字，有简化字，有正体字，有异体字，又是繁简字夹排，解释行文用简化字，古书引文用繁体字，现代引文又使用简化字，引书格式用简化字，有的书名人名又用特定的繁体字异体字，词条里嵌进来的各种符号，双书名号、单书名号、长画线、短画线、下画线、双引号、单引号、大括号、方括号、圆括号，序号数码四五种，阴文，阳文……掰着指头算一算，林林总总数十种，夹杂着英文、拉丁文，还有梵文，好像一片大丛林，里面什么鸟都有。说句实在话，刚刚接受任务的时候，面对这么复杂的一部大辞书，一时也不是底气很足，能不能做到最好啊？心里总有点敲鼓。但是大家低头一想，凭借中华厂的技术积累，凭借多年的经验，凭借一千多名职工的聪明才智，难道找不到克服困难的办法吗？一定有办法！

编纂《汉语大词典》是一件大工程，我们中华印刷厂承印《汉语大词典》也是一件大工程，一项国家级的光荣任务，只能出色完成，不能出问题，不能拖沓。接到任务以后，厂部

煌煌辞典著春秋 ——《汉语大词典》出版背后的故事

非常重视,厂领导班子当即召开专题会议,制订工作计划,讨论印制《汉语大词典》各道工序的技术要求,确定每道工序执行人和责任人,制定工作规则与质量要求,协调人力安排,扩大繁体字排版场地,竖立繁体字铅字架,清点整理铜模……大量准备工作随即一一展开,全厂上下都动员起来了。在做好这一套完整的准备工作之后,只等出版社的稿子一发到手,马上就能进入工艺和工序流程,开始排版工作。今日回头想想,当时做的各项准备工作确实比较充分,比较到家。

我们接受印制《汉语大词典》这部皇皇巨著的时候,面临巨大的挑战。印制这部书的当口儿和这部书本身,有几个特殊的地方。第一,整部书十二卷,16k精装本,全书的制作,从版面设计到铅排,铜锌版制版,铅印,装订等全套印刷工艺,质量要求极高,而且内容又极其复杂,每个细节都可能出麻烦出问题,都得步步为营,慎之又慎,边做边积累经验,逐步提高。第二,《汉语大词典》十二卷五十多万页稿纸上面,蓝字红字黑字密密麻麻,改来改去,勾勾画画,繁体字,异体字,简化字,繁简夹排,一会儿用繁体字,跟着又是简化字,书证引文繁体字,简化字中还有必用的繁体字,必用的特定异体字,更要命的是,还有很多罕见字,铅字架上根本没有,工人从来没碰到过,很多字不认识,还有读音相近的字,形体相似的字,差在一横一点,非常容易搞错,不仅排版的难度极高,校对、修改长条样,改版付型,直到付印装订,紧赶慢赶,还得满足出版社的时限要求,可以说是前所未有的困难。第三,整个《汉语大词典》印制周期,从1984年年底到1993年年末,长达八年之久。正是在这个时间段里,国内印刷业开始了前所未有的大规模设备改造和技术改造,从传统手工操作工艺向电脑自动化工艺转变,从传统的铅版印刷向胶印印刷转变。一方面任何一个中间环节都不能中断,生产流程必须有序进行,丝毫不能耽误印制《汉语大词典》的工作,另一方面又得同时进行技术改造和技术转换,二者兼得,难度很大。但是,我们克服了所有这些困难,没有影响生产《汉语大词典》的进度,反而加快了进度。中华印刷厂是上海最早开始技术改造的厂家,差不多在印制《汉语大词典》第三卷的前后,先后引进一批先进设备,例如引进胶印轮转机,引进日本全张双面胶印机,引进德国精装制壳机等。我们解决了把铅印印刷工艺转变为胶印印刷工艺的技术问题。在《汉语大词典》的排版、印刷、装订三大工艺生产过程中,尽可能采用新工艺、新设备、新技术,提高了《汉语大词典》的印刷质量,后来又引进精装联动生产线,进一步提升《汉语大词典》的装订质量和装订效率,加快了出书周期,从原来一年多出一本,提升到一年出两本半。但是,由于当时汉字电脑排版技术还不成熟,加上《汉语大词典》的冷僻字特别多,各种符号特别繁杂,所以,球震打样之前的撮字、排版、装版这几道工序,还得沿用旧式传统的老办法。说起来也有点趣味,像《汉语大词典》这种印制工艺要求极高的大型辞书的成书过程,竟然是新旧工艺新旧技术糅合到一块儿,在排版、印刷、装订三大工艺中共存一体,各展所长,这大概也算中华印刷厂创造的一项纪录吧。

印制《汉语大词典》的工艺流程是很复杂的。

绝世的工艺

　　《汉语大词典》十二卷，前两卷排印装全部使用旧工艺。主要的工序流程有：检查铜模→刻铅字→制作铜模→铸铅字→撮字、撮标点和符号→拼版装版→打毛校样→厂方初校→为初校样配字→改样→送出版社校对→回厂据校对样改版→打纸型→用纸型浇铸印刷铅版→上印刷机印刷→装订。从整理《汉语大词典》稿件到打纸型，各个环节的工作最繁复，每个细节都要注意到，一个地方出问题，比如一个错字没改出来，那就一直错到底了，错到书上去了。翻一翻《汉语大词典》，还是能找出一些排印错误的地方，这就是排版出错，校对没校出来，付型铸版，几道截查都没发现，一路错下去，直到出书。千谨慎万谨慎，出了书还会有毛病，如果不严格不细心，上书的错误那就不得了。

　　下面这张流程图总共标出十六道工序，这只是"排版工艺"内的工作流程，并不是印制《汉语大词典》的全部工艺流程。这张图内有的工序，实际上要经过几道手，几种不同的操作才能完成。这样算起来，从拿到《汉语大词典》稿件，到打出纸型，完成"排版工艺"，差不多有二十多种工作要做，一道接一道，一环扣一环。打纸型的下一步就是按出版社的终校样修正纸型，浇铸印刷铅版，上机印刷，装订成书，走完"印刷"和"装订"两大工艺流程。但最基本的还是排版工艺，它是印制成书的基础工作。

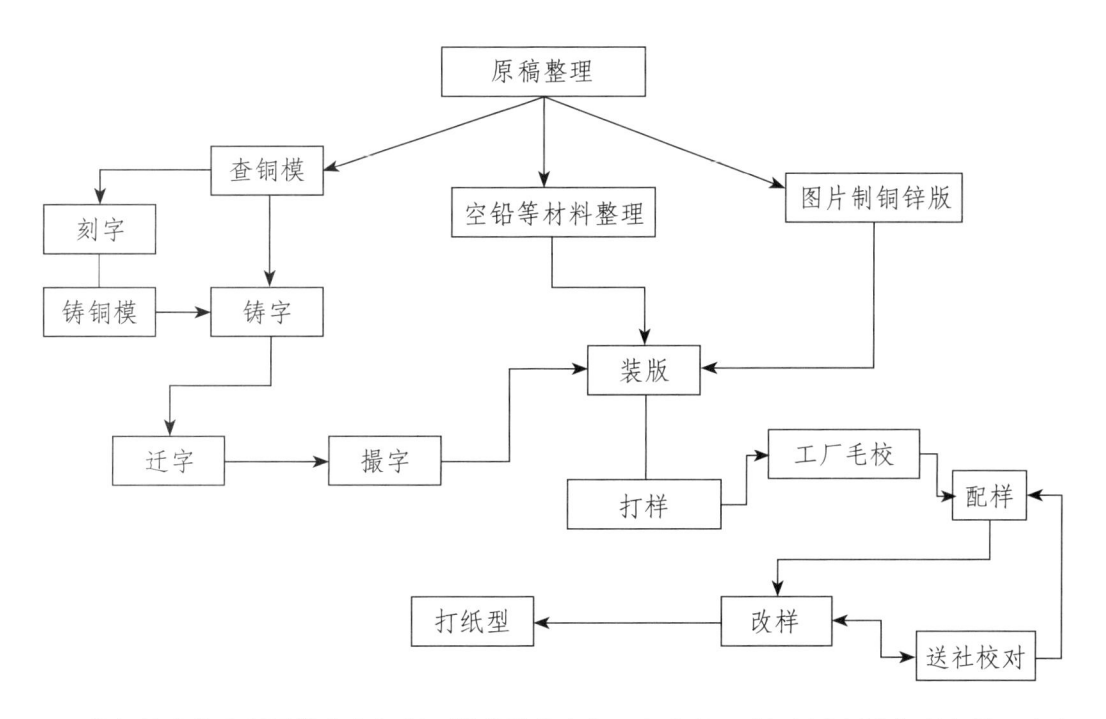

　　我们就这张流程图做几点解释，说明沿着这套工序流程，《汉语大词典》是怎样一步步制作出来的。

　　这十六道工序，我们俗称"热排工艺"。为什么叫热排工艺呢？因为其中好几道工序是在高温下完成的。比如往铜模里浇铸排版用的铅字，在纸型上浇铸印刷用的铅版，都是用铅锅里的熔铅，在高温下操作，所以叫热工艺。

先从"撮字"说起吧。

1. 撮字：俗称"拣字"

这一道工序就是把排印《汉语大词典》用的铅字、标点、符号挑拣出来，排好顺序，做成"毛坯"，交给装版工人拼版。我们厂拣字车间差不多有1000平方米大。中华书局图书馆原本在中华厂里边，后来迁出去了，留下一片地盘，厂部为排印《汉语大词典》扩大排版车间的用地，就把这块地方改成繁体字撮字车间。整个车间望上去一排排的拣字架，拣字架双面，呈人字形竖立，一排三架，双面六架。架子分成若干方形小格，每个格内存放多枚相同的汉字或者存放同一种标点、符号，用完后随时添加。铅字按照一定的顺序排列，字架中间是常用汉字，周围是比较常用的汉字，外围是很少用的汉字。各路汉字按部首、笔画顺序排列，便于工人记忆。车间又按照字体分成不同的区域，如宋体字区、仿宋体字区、繁体字区、简化字区，还要区分不同字号，从一号字到六号字，铅字架安放的区域也不同。拣字员拿着手稿和字盘，照着稿件行文顺序，把文字和标点、符号……从铅字架上一一挑拣出米，放进盘中依行文次序排好，排成整齐的长条形状，这种由一个个行文字符组成的铅体条状物，叫作"毛坯"。《汉语大词典》的毛坯宽度，每一行大约可容纳24—26个字符，整条宽度必须一致，不能有宽有窄。拣字技工的责任，到排好整齐有序的毛坯为止，然后转入下一道工序，由装版师傅负责。

中华印刷厂拣字技工中有十几位聋哑残疾人，文化程度虽然不高，但记忆力非常好，拣字能力很强，繁体字简化字，字号，字体，标点，符号，分得清清楚楚，而且差错率不超标。我们记得其中一位名叫石清华，干得很出色。当时车间没有空调，夏天闷热，工人们汗水淋漓，非常辛苦。一部《汉语大词典》4951万字，就是在这样的环境中，一个字一个字，一个符号一个符号挑拣出来，做成毛坯。铅字架上拣不到的字，拣字员在毛坯该处倒放一枚铅字，让铅字尾的平面朝上，提示校对者此处缺字，需要补字。毛校者找出缺字，请刻工刻字补上去。从人手拣字到人工装版这种手艺，我们称作"手工活字排版"，是一种沿用多年的传统工艺，如今已完全被电脑排版工艺取代。现在的年轻人，恐怕都不知道有过这么一种印刷工艺。

拣字架上的铅字，一个方格放一种字或一种标点、符号，格内的用完了，往方格内补充铅字称为"还字"。所谓"还字"，不只是"还"铅字，也包括补充标点符号之类。

2. 装 版

装版其实包含着两道工序：拼版和装版。拼版是第一道工序：装版师傅把拣字技工做好的"毛坯"，按照文稿行文的先后顺序，衔接拼合到一起，安置到装版台上面的台盘里，这叫"拼版"。这种拼合起来的版式呈整整齐齐的长条形状。装版师傅按照《汉语大词典》施工单规定的版面格式，安排行文，安排间距和行距，安排图表的位置，嵌入图表和间隔间距、行距的铅条，排出长条形的版面，这叫"装版"。装成的这种单栏版面，通称"毛条"。毛条打印到纸上，就是送去校对的"长条样"。最初几个校次，都是用单栏长条样，不用双栏版式。因为存在串行、多字符少字符的问题，改动比较多，牵扯面大，如用单栏变动顺延，改版容易，用双栏就很麻烦，费工费时。一般校对过两三次，没有大的错误，再改为双栏拼版，按照16K的书芯版面规格，做好双栏版式，加上书眉和页码，直到完成终校最终定版。以上这多道工序总称"装版"，俗称"排版"。所谓装版，就是拣字、排版、做成符合《汉语大词典》要求的双栏活字铅版这样一种工艺。这种排版工艺，叫作"人工活字排版"，排出的铅版叫作"活字版"或"活字铅版"。《汉语大词典》各卷的活字版总量极大，都按照一定的顺序一摞摞码在一起。当年做《汉语大词典》的那些日子，车间里摆满了一摞摞装有活字版的木盘，拣字技工穿梭往来忙忙碌碌，老师傅专心装版，不停手地往台盘里嵌图版插铅条，场面很有一番轰轰烈烈的气氛。

《汉语大词典》十二卷加一卷索引，总共大约18500个16K的活字版。活字版很重，一面活字版差不多五公斤左右。排好的活字版送去打样，打出供校对用的长条样。且不说排版车间只有几位装版师傅，装好这18500多面活字版要花多大工夫，单就校对改版，工作量就不得了。毛校和出版社每校对完一次，就得改一次版，每改一次版，就得挪动活字版，每盘五公斤重，搬来搬去，从当中找出需要改正的那一面活字版。《汉语大词典》因为用字多，内容复杂，校对样上差不多每次都能校出错误来，所以改版率特别高，有的一个版面甚至要修改八九次。因为《汉语大词典》多至八九个校次，版面上标点符号的位置远一点近一点都不行，都得改版，何况是衍文脱文、衍字脱字，或者别字错字，都得一一搬动活字版找出版面改正过来。装版师傅又干技术活儿，又干体力活儿，双重劳动，贡献固然很大，然而劳动强度也是数一数二的。

3. 铸　字

铅字的用量很大，这些铅字是从哪里来的呢？由铸字车间供给。把不同字的多个铜模分装在铸字机的"模耳"里，用熔铅锅里摄氏270度高温的熔态铅，浇铸模耳里的铜模，就可以铸成很多枚铅字，冷却后取出来，放在长条形的木质盒子里待用，排版用的铅字，就是这样铸造出来的。铅字呈方形长条状，正面的一头是反向凸起的汉字，另一头铅尾是一方平面。

4. 铜　模

旧式工艺，金属器件大都在模型里铸造，这种模型叫作"范"，铸造铅字的铜质"范"就是铜模。制造铜模的方法，先写出字稿，然后制版，电镀后制作成铜模。起初用电镀制模法，而后用雕刻制模法，再后用冲压制模法。上海有专门制作铜模的企业，研发制作、批量生产常用字铜模。中华印刷厂自己不做常用字铜模，靠铜模企业供给。上海当年有字模一厂和字模二厂两家生产铜模的厂商。中华印刷厂只用雕刻制模法做一些补缺字的铜模。《汉语大词典》

难字很多，为补缺而刻的字比其他辞书多很多，碰到缺字就由刻字技工直接刻字，再用刻好的铅字翻制成铜模。

5. 刻　字

工人在铅字条平头儿面上用刀具刻出反向的字，与铜模铸造出来的字一样。有些字《汉语大词典》全书只出现一两次，造铜模铸铅字不合算，就由刻字师傅在备用的铅字条上面刻字，随刻随用。我们厂刻字师傅技艺很高，眼睛看着纸上的字形，很快就刻出来，宋体、仿宋体、楷体，你要什么字体，他就刻什么字体，而且是反向刻，刻刀挥动之间铅字已经刻好，字迹工整，布局匀称，线条秀美，就像铜模铸出来一样。中华厂也就两三位师傅有这种高端技术，一般刻工不行，做不好。记得有一位名叫张品胜的师傅，练就一手硬功夫，刻字很快很漂亮。这就叫本事，这就是工匠精神。

刻字师傅还负责一项修版的工作。《汉语大词典》有不少笔画很多的字，像龖、爨、纞这种笔画密集、在二十笔以上的字就有三千多个。这类字不但刻字难，打纸型容易模糊，而且浇铸印刷铅版也极容易出"瞎眼字"。什么叫瞎眼字？浇铸出来上机印刷的铅版，有的字模糊，有的字线条不清楚，或者出现"断线"，我们管这种情况叫"瞎眼字"。瞎眼字必须即刻解决，不然印出来就模模糊糊，甚至变成错字，怎么办？马上请刻字师傅在印刷铅版上就字修正，全部处理完"瞎眼字"，质量得到保证，才准许上机开印。

6. 打　样

就是在排好的活字铅版上，铺上一张合规格的纸，经刷辊碾压，拓出一张校对用的样稿来。装好一批活字铅版，打印一批校样，送校一批。本厂初校，我们称作"毛校"。毛校完成后，退回改样工序，根据校对出来的错误改版；改版时遇到缺字，临时刻字，这叫"配样"；改完版打出来的校样，直送出版社校对。出版社完成校对，退回我厂，排版工人根据校样上的改动再次修改，然后再打出新样，送出版社校对，再退回厂里修改。如此来往多次，最后还要再认真校对一次"活字铅版"，没有衍字脱字，版心符合规格，行距间距没有误差，行头没有标点，整版没有松动之处，总之没有错误没有问题，才算最后定版，才能送去打纸型。中华印刷厂当时使用一种半自动打样机打印校对样。这种打样机是排版车间打样工沈华伦研究创制出来的，利用刷辊向前均匀碾压覆盖在活字版上的纸张，拓印出校对样来，还可以连续打样。利用这种打样机打样，提高了效率，减轻了劳动强度。

校对样打多少份？根据出版社的要求定份数，一般一式三份，但也不一定。《汉语大词典》内容复杂，须要反复校对多次，才能消灭差错，出版社有时要求我们多打一两份备用。别小看"打样"和"改样"，这可关系到成品的质量。第一卷六个校次、两次对红，第二卷到第十二卷七个校次、三次对红，加上我们厂的一次毛校，第一卷是七校两对红，第二卷以后是八校三对红。对红是怎么回事？大家可能不太明白，简单解释一下：校对者在校对样改正过的地方，复核上下左右的文字和标点符号等文本内容，纠正应改而没有改的地方，或纠正因改动而牵扯出的意外错误，保证校对过的文本正确无误，这道工序就是对红。

在印制《汉语大词典》的八年当中，单说打样和校对这两道工序，中华印刷厂至少打出来 443700 页校对样，毛校加上出版社校对过的总字数，超过 4.3 亿字，经手之众，工作量之大，仅从这一组数字，就可以略微窥见一二。

7. 打纸型

所谓打纸型，又叫付型，就是用装好的活字铅版翻制出浇铸印刷铅版的纸型。《汉语大词典》的纸型，看上去就像一页双栏 16K 的页面一样，有词目、古音、今音、释义、书证、标点、各种符号、页码等，不同的是，这些字符都呈凹形向下嵌进一层特制的纸平面里。这就是纸型，浇进熔铅，凝固后就成为印刷铅版，印刷铅版上的字是凸起的。

浇铸印刷铅版前，必须校对一次纸型。虽然活字铅版经过校对才能付型，但连印出来的《汉语大词典》都能找出排校错误，何况活字铅版只校对过一次，保不齐哪儿就留下个错儿，加上搬动活字铅版的时候，可能擦坏铅字，或者松动了一处地方，用以打纸型就造成问题。所以，为了保证质量，纸型必须校对一次。发现错误，挖改修正纸型。修改的方法：挖去需要改正那一处的表层，用毛笔蘸一点配制好的修改液，滴注到修改的地方，待该处"还性复原"，在它的上面薄薄地涂上一层铅粉，然后把选好的铅字放在小型"压架"上，对准修改部位，轻轻冲压到同纸型其他字相同的凹度，干燥之后，就算修改好了。修改纸型是一种专业技术，冲压的凹度必须与未改的地方凹度一致，换句话说，必须在一个水平面上，倘若凹度不一致，浇出的铅版补过的那一块，要么高一线，要么低一线，这就失败了，不能用。《汉语大词典》多笔画的字特别容易出问题，所以挖补纸型比较多见，如果发现问题比较多，重打纸型也是常有的事。

《汉语大词典》的纸型要打好几付。《汉语大词典》印刷十二万套，一套铅版印不下来，至少要用两套。就拿最耐磨的镀铬铅版来说，印十万套《汉语大词典》差不多就报废掉了，需要在纸型上重新铸版，一付纸型怕不安全，多一付有保障，再说还要预留一付纸型，以后重印再版的时候使用，所以说，纸型要打好几付。

纸型上的字符，为什么正面向下凹进去？这恐怕得多解释几句：铸造或者刻工刻出来的铅字，拣出来的铅字，铅头儿上的汉字都是凸起反向的，比如说"相"字，铅字上的相字，"目"在左边，"木"在右边，这就是反向字，在排好装好的活字铅版上，也是凸起的反向字，打到纸型上则是凹下去的正向字，浇铸成上机印刷的铅版又是凸形反向字，印到书上就是正向字。正正反反，折腾好几回。

《汉语大词典》的纸型怎么打？如今纸型早就淘汰不用了，但当年可是一道谨慎作业的工序，丝毫马虎不得，出一点毛病，印到书上就是明显的错误。打纸型必须用专业纸张。在专用纸的表面，贴一层特制的薄型纸。这种薄型纸有三种特性：极强的韧性，极高的牢固度，而且耐高温。打纸型的操作程序是这样的：先把铅粉调和的糊状剂敷在薄型纸上，刷匀刷透，渗透均匀，然后平整地覆盖在活字铅版上面，之后在这张薄型纸上再覆盖几层厚型纸，每张厚型纸也都均匀刷上糊状剂，覆盖匀整以后，用一种专业"板刷"均匀加压，铅版上的活字和标点、符号等就凸入纸版当中，形成凹形的《汉语大词典》页面，经后继处理成型，放进压型架烘干定型。定型后的纸型，可承受摄氏320度的熔铅高温，在纸型上浇铸熔铅，冷凝后就是上机印刷用的铅版。浇铸铅版是铅版印刷的第一道工序，把纸型放到浇版机上浇铸熔铅，铅版冷凝后还要电镀上一层铬金属薄膜，增加铅版在反复印刷中的抗损耐磨力。把做好的铅版按照一定的程序装到印刷机上，就印刷出一张张的《汉语大词典》。一张称为一个印张，经过折页变成一帖，这又属于装订工艺的事了。

上机前，须要严格检查活字铅版上的铅字有没有缺损，出现缺损的话，凡能由刻工修补的，就送进铅版房，由技工挖改修补，如果损坏多问题大，那就必须重新浇版。如果活字铅版的问题在纸型，还得检查纸型修补纸型，甚至追根追查到活字铅版上存在的问题，一道道工序，一环扣一环，一环出问题，影响一大片。《汉语大词典》字符的复杂性，决定它无论排版、校对，或者是打纸型、修改纸型，浇铸印刷铅版，都很容易出问题。当年在解决这些问题方面，着实牵掣不少精力，花费不少时间。最终印制出来一百多万册《汉语大词典》成品，经过多少人的手，一道道解决问题，着实不容易。

装订《汉语大词典》的精装工艺环节，也有不少值得回忆的往事。

用过《汉语大词典》的人都知道，书脊上方有一块黑底金龙的标志。别看这一块小小的方形标志，首先烫黑粉就过不了关，烫三次也不行，总是掉黑粉露底，黑底上斑斑点点，很难看。怎么办？最后还是一位名叫孟金海的烫金组组长，几天几夜不回家，在厂里琢磨、试验，开动脑筋，终于让他找到一种办法，烫黑粉前，先用一种巧妙的方法加热，再烫黑粉上去就不脱落了，有经验的老师傅就是聪明。同当年装订车间的老人聊起《汉语大词典》，都觉得历历在目，特别是做书脊的工人，要坐在煤气炉旁刷胶水，炎夏七八月，那真是个热呀！虽然很辛苦，但觉得很有意义，很值得。

《汉语大词典》书很厚，每卷都是一千多面。第一卷一千七百多面，八百八十多页，采用薄型字典纸也有五十几毫米厚，而且是精装16K，所以装订起来很费工。装订一本《汉语大词典》要转手十几道工序，折页→粘页→配页→锁线→毛本检查→压平扎捆→上胶→分本→切页边→扒圆弧形书脊→贴纱布→贴背纸→套书壳→扫衬→压书槽儿→成品质量检查；至于制作《汉语大词典》的硬质书壳，那是另外一种制作工艺，不包括在以上工序内。

装订也不是一件简单易行的事，工人要做很多工才能装订好一本《汉语大词典》。总括来说，《汉语大词典》的装订工艺大致可分为三部分：一是做书芯，二是做书壳，三是套书壳封装书芯。从折页到做成弧形书脊可归入做书芯的工艺，如果做书壳算一种工艺，封装书壳到压书槽可以算作另一种工艺。

绝世的工艺

《汉语大词典》质量要求高，费工费力。拿书芯说，一个印张算一帖，先要把每个印张按页码顺序折页叠成一帖，再一帖一帖地按页码配好叠加在一起，加压，压平压实，封胶，切除毛边，切成整齐的16K，扒圆弧形书脊，做成《汉语大词典》的书芯，当中多道工序都是由人手做的。书芯

使用"铜线板"对整本《汉语大词典》加压

一定要经过"扒圆起脊"这道工序，就是把书芯加压做成弧形的书脊。最早的时候是用一台我们称作"老精龙"的半自动机器制作书脊，效果虽然不错，但做出的书脊有的还是不合标准，需要人手来敲打或再加工。怎么打怎么加工呢？工人用木榔头一榔头一榔头敲打，直到打成满意合格的弧形书脊为止，效率不高，人也比较吃力，汗流浃背很辛苦。单只第一卷就有十二万个书芯，需要折页、叠页、锁线、切毛本、做书脊……除去"老精龙"的功劳不计，单就人力来说，花在书芯上的人工，也是相当大的！

下面再简单说一说《汉语大词典》封装书壳的工艺。《汉语大词典》是精装16K，书壳书脊两侧各有一条凹形槽线。这道槽线必须做得恰到好处，过深过宽都不行。制作流程是：首先做出书壳书脊两侧的两道槽线并初步定型，为槽线上胶，然后把书壳准确套到书芯上，放进压槽机进行热压压实槽线，粘贴环衬，机械加压成书。少量也使用"铜线板"对整本《汉语大词典》加压，把处于定位状态下的两条槽线进一步压实，同时也让粘贴环衬的胶液自然粘实、干燥。经过这几道工序最终定型的《汉语大词典》，外形美观，牢靠耐用，反复翻阅不松不散，可长久保持书的原状。

至于上面提到的使用一种名叫"铜线板"的工具对整本《汉语大词典》加压，这是一种传统的老工艺手工做法，叫作"压书槽"。上面这张图片，就是压书槽的操作方法，看一看这张图，可以明白铜线板的模样，可以感受了解压书槽的具体做法。

铜线板中间是一块平整的硬质木板，两侧镶嵌着铜条，铜条两侧比木板凸出一点，铜条的厚度差不多就是压槽的宽度，凸出部分就是压槽的深度，书脊凹槽也就两三毫米，它的深度和宽度，与铜条凸出部分的高度和宽度正好相当，就像古代木结构合在一起的榫卯一样。铜线板上面再压上金属块，压在书脊的凹形槽线上，经过一段时间的压力，书脊凹槽就被重力压实定型做好了。这种旧式压槽工艺，已经被淘汰掉了，如今的压槽已经是装订线上一道轻而易举就能自动完成的工序，完全不像当年装订《汉语大词典》那样用铜线板压书槽那么费事了。

压书槽是装订《汉语大词典》的最后一道工序，完成之后，进行全书检查，合格者出厂

交货。

　　1987年元旦，时任上海市市长的江泽民同志，专程到中华印刷厂视察。当时我们正在印制《汉语大词典》和《辞海》这两部大辞书。他饶有兴趣地观看了我厂保存的各种样书，赞赏我厂的产品质量，视察了我厂各个车间。当他看到装订工人还在用木榔头挥汗锤打书脊，看到我们铅排车间还在用最传统的工艺时，非常关心，当即作出指示，要求市政府有关领导解决这种依靠人力的落后工艺问题，指出要实现装订机械化联动化生产。上海市政府迅速落实拨款，花费一千多万元，为我们购买了一套自动化的精装联动作业线，解决了手工装订的问题，大大缩短了《汉语大词典》的装订周期。

　　中华印刷厂历史悠久，积累下一套很好的管理经验，经验丰富的老工人也比较多。从车间班组长、车间主任，到科室负责人到厂部领导，管理能力都比较强，特别是科室领导，这个中间管理层非常重要，质量管理靠他们，当然，也靠工人的自律性和实际的操作经验，这些条件都是中华厂的优势。参加《汉语大词典》印制工作的骨干人员，有厂部领导，各个科室领导，核心技术人员，还有经验丰富的老工人，中华印刷厂的基干主力，大都参加了进来。这些骨干分子，人人身怀专长，各展身手，像参加座谈会的庄宪清、沈若英、潘鹤山、薛利群、许金娣、吴素雯等几位同事；像排版车间主任潘玉岐、副主任骆芳玉，铅印车间主任张永华、副主任张宗训；像装订车间副主任陈元泰、房素梅，技术质量科科长张惠忠，当年都是朝气勃勃的中坚力量；至于中华印刷厂领导层面，厂长陈连庆、朱平安、徐信甫，副厂长张美华等人更是统筹全局，尽心尽力抓《汉语大词典》这项大工程，尤其张美华为前期准备工作更是付出过一番心血。从接手《汉语大词典》这一任务算起，直到1993年年末出齐第十二卷，前后八年时间，他们中的大部分人，一直投身在印制《汉语大词典》这份工作当中，八年如一日，忠心耿耿，为了印制好《汉语大词典》这一部辞书，可以说尽到了十分心，履行了十分责任，投入了十分精力。

　　我们厂本来就有一套严格的质量管理规定，有一套"经济责任制度考核办法"，有一整套很齐全的量化考核标准。接到印制《汉语大词典》任务之后，我们觉得单靠已经有的技术标准还不够，于是又专门针对印制《汉语大词典》工艺流程的特别之处，在"经济责任制度考核办法"的基础上，增加了若干条技术标准和质量数量要求。技术部门的同事们用了三个星期的时间，聚精会神，写出了六张16K的纸头、整整十二页的规章制度草案。这是一套针对《汉语大词典》排版、印刷、装订三大工艺流程的作业措施，特别严格的执行规则和质量管理草案。同事拿着这份草案，反复征求各个车间和各方面的意见，四易其稿，经过质量员、厂长审定之后，才最终定下来。实践下来，证明这套办法合乎实际，切实可行，质量管理很见成效。这是保证《汉语大词典》质量的必要制度，厂里很重视，严格执行，条文怎么定的就怎么办，丝毫不得马虎。比如说，撮字要求，每天每人拣字8500个，差错率不得超过2.5/1000，要求达到1.54/1000；装版差错率确保3.5/10000，争取达到2.24/10000；校对每人平均每小时校 4000 字，容错指标，毛校 4/10000，二校 1/30000，三校 1/100000，四校不出错。大家做《汉语大词典》也非常上心，标准虽然定得严格，要想不折不扣完成指标不花精力肯定不行，但都完成得不错，而且在长达八年的时间段里，没有怨言，始终如一，完成得很好。

回顾印制《汉语大词典》这八年时光，中华印刷厂一直非常注重严把质量关，把保证《汉语大词典》印制质量放在首位，八年如一日，没有放松过。对排、印、装各个环节，厂部曾召开过几次专门研究保障质量的会议，进一步制定了质量标准和工艺要求措施，各道工序都安排业务专长对口的专人负责，希望做到后一卷比前一卷质量更上一层楼。但在印制过程中，困难很多，比如说繁体铜模由于使用时间长了，磨损较多，铸出来的铅字表面不在一条水平线上，有点凸凹不平，打成纸型，字面有深有浅，笔画有粗有细等等毛病。为了解决这一类问题，厂部曾决定进行一次大修整，整修每一版纸型，还有铅印主要解决墨色深淡不匀、小折角多的毛病，开印前先整修机器，然后试印两版，没问题再正式开印，以及采取的其他很多技术措施，就不一一多说了。总之一句话，从厂部到车间领导，始终在第一线抓生产质量，抓进度，保证《汉语大词典》高水准出厂。正是由于全厂动员，上下齐心协力，解决一个又一个问题，克服一个又一个困难，印制《汉语大词典》的进度才越来越快。第一卷 1985 年 9 月 15 日发稿，1986 年 12 月 23 日出样书；第二卷 1987 年 3 月 30 日发稿，1988 年 4 月 14 日出样书，第二卷出书比第一卷提前一个多月。从排版看，自发稿到打出初校样，第一卷用了五个月零十五天，第二卷只用了三个月零二十天，缩短了差不多两个月。打纸型，从打第一张纸型到付型结束，第一卷用了五个月，第二卷只花费一个月零十天。印刷方面，从上机到出样书，第一卷用两个月零十天，第二卷用一个月零二十天，提速二十天。

回顾印制《汉语大词典》这八年时光，也是上海市政府鼎力支持的八年，也是中华印刷厂同汉语大词典编纂处、汉语大词典出版社和上海辞书出版社领导、编辑和校对，以及物料和纸张采购人员，紧密大协作的八年。这八年，也是中华印刷厂借助印制《汉语大词典》这项大工程，得到锻炼和提高的八年，锻炼出一支经验丰富的企业管理干部队伍，锻炼出一批技术骨干，使得中华印刷厂更上一层楼。

回顾印制《汉语大词典》这八年时光，我们内心不禁涌来一阵阵感触，有幸参与《汉语大词典》的印制工作，这是我们毕生的光荣。时至今日，我们仍然怀念着当年那些十分熟悉的面孔，怀念着那些曾经朝夕相处的同事，怀念着各位手艺娴熟的技工，怀念着各位老师傅，怀念着为鏖战《汉语大词典》而联袂携手一起走过的那八年的悠悠岁月。如今他们有的已经离世，永远离开了我们，而我们这些在世者也大都双鬓斑白。我们今天有机会回忆当年印制《汉语大词典》的这一段历史，能为那些已经去世的和在世的昔年同事所作出的贡献记上一笔，也算尽了我们的一点心意，同时，这也是我们怀念他们的一点迟到的真诚的表示！

（庄宪清：中华印刷厂原厂长）

附录一 编写组编写部首表

部首	省	编写组	部首	省	编写组
一	编纂处	编纂处约卢湾组和福建编写	匚	山东	临沂教育学院
二	安徽	安徽劳动大学、安徽大学，二部并入一部	匸	山东	临沂教育学院
			十	山东	山东师范大学
丨	福建	龙岩、莆田、龙溪、厦门市、厦门大学	卜	山东	山东师范大学
			卩	山东	山东师范大学
丶	福建	福州、龙岩、建阳、晋江、莆田、龙溪、厦门市、厦门大学	厂	山东	山东师范大学
			厶	山东	山东师范大学
			又	山东	山东师范大学
丿	福建	福州、龙岩、建阳、晋江、莆田、龙溪、厦门市、厦门大学	口	福建	编纂处约福州、莆田、晋江、龙溪、龙岩、厦门市编写组的骨干编写
乙	福建	建阳、福州、晋江、龙溪、厦门、厦门大学	囗	山东	山东师范大学
亅	福建	莆田、龙岩、龙溪、厦门、厦门大学	土	山东	山东师范大学
			士	山东	山东师范大学
亠	安徽	阜阳师范学院	夂	山东	山东师范大学
人	编纂处	特约白嘉荟、陈抗、盛冬铃和编纂处编写	夊	山东	山东师范大学
			夕	山东	山东师范大学
儿	编纂处	编纂处	大	山东	山东大学、山东师范大学
入	编纂处	编纂处	女	山东	山东大学
八	山东	烟台师范专科学校	子	山东	曲阜师范学院
冂	福建	编纂处约福建"词办"同仁编写，其中"内"由编纂处编写	宀	山东	曲阜师范学院
			寸	浙江	浙江协作编写
冖	福建	编纂处约福州、莆田、晋江、龙溪、龙岩、厦门编写组的骨干编写	小	浙江	杭州师范学院
			兀	浙江	浙江师范学院
			尸	浙江	浙江师范学院
冫	山东	曲阜师范学院	屮	浙江	浙江师范学院
几	山东	临沂教育学院	山	浙江	温州师范专科学校
凵	山东	临沂教育学院	巛	浙江	浙江师范学院
刀	山东	聊城师范学院	工	浙江	杭州师范学院
力	山东	泰安师范专科学校	己	浙江	杭州大学
勹	山东	泰安师范专科学校	巾	浙江	温州师范专科学校
匕	山东	泰安师范专科学校	干	浙江	杭州大学

（续表）

部首	省	编写组	部首	省	编写组
幺	浙江	杭州大学	曰	福建	编纂处约福州、莆田、晋江、龙溪、龙岩、厦门市编写组的骨干编写
广	浙江	浙江出版局编写组			
廴	浙江	杭州大学			
廾	浙江	杭州大学	月	上海	编纂处、卢湾编写组
弋	浙江	杭州大学	木	安徽	安徽大学
弓	浙江	浙江师范学院	欠	安徽	安徽师范大学
彐	浙江	浙江师范学院	止	安徽	安徽师范大学
彡	浙江	浙江师范学院	歹	安徽	安徽大学
彳	浙江	浙江师范学院	殳	安徽	阜阳师范学院
心	浙江	浙江出版局编写组、台州地区编写组	毋	安徽	安徽大学
戈	浙江	温州师范专科学校	比	安徽	安徽劳动大学、安徽大学
户	浙江	温州师范专科学校	毛	安徽	安徽劳动大学、安徽大学
			氏	安徽	安徽大学
			气	安徽	阜阳师范学院
手	浙江	杭州大学（0—5画）、出版局组（6画，其中400多条台州组编写）、杭师院（7—11画）、浙师院（12—13画）、温州师专（14画以上）	水	安徽	安徽师范大学、安庆市编写组
			火	福建	福州市组和建阳地区编写组
			爪	福建	厦门市编写组
			父	福建	厦门市编写组
			爻	福建	厦门市编写组
攴	浙江	温州师范专科学校	爿	福建	厦门市编写组
支	编纂处	编纂处	片	福建	厦门市编写组
文	编纂处	编纂处	牙	福建	厦门市编写组
斗	福建	编纂处约福州、莆田、晋江、龙溪、龙岩、厦门市编写组的骨干编写	牛	福建	厦门市编写组
			犬	福建	龙溪地区编写组
			玄	福建	龙溪地区编写组
斤	福建	编纂处约福州、莆田、晋江、龙溪、龙岩、厦门市编写组的骨干编写	王（玉）	福建	龙岩地区编写组
			瓜	福建	晋江、龙溪、厦门、厦门大学
方	福建	编纂处约福州、莆田、晋江、龙溪、龙岩、厦门市编写组的骨干编写			
			瓦	福建	福州市组为主，建阳、龙岩、莆田地区、厦门市编写组
无	福建	编纂处约福州、莆田、晋江、龙溪、龙岩、厦门市编写组的骨干编写			
			甘	福建	莆田地区编写组
			生	福建	莆田地区编写组
日	福建	编纂处约福州、莆田、晋江、龙溪、龙岩、厦门市编写组的骨干编写	用	福建	莆田地区编写组
			田	福建	晋江地区编写组

(续表)

部首	省	编写组	部首	省	编写组
疋	福建	莆田地区编写组	舛	上海	复旦大学
疒	福建	莆田地区编写组	舟	上海	复旦大学
癶	福建	莆田地区编写组	艮	上海	复旦大学
白	上海	上海师范学院	色	上海	复旦大学
皮	上海	上海师范大学联合编写组	艸	上海	复旦大学
皿	上海	华东师范大学	虍	上海	复旦大学
目	上海	上海师范学院	虫	江苏	苏州市编写组
矛	上海	上海师范大学联合编写组	血	江苏	苏州市编写组
矢	上海	上海教育学院	行	江苏	苏州市编写组
石	上海	上海师范学院	衣	江苏	苏州市编写组
示（礻）	上海	华东师范大学	襾	江苏	苏州市编写组
			见	江苏	苏州市编写组
内	上海	上海师范学院	角	江苏	苏州市编写组
禾	上海	华东师范大学	言	江苏	苏州大学
穴	上海	上海师范学院	谷	江苏	苏州大学
立	上海	上海师范大学联合编写组	豆	江苏	苏州大学
竹	上海	华东师范大学	豕	江苏	苏州大学
米	上海	上海教育学院	豸	江苏	苏州大学
糸	上海	上海教育学院	贝	江苏	苏州大学
缶	上海	卢湾编写组	赤	江苏	苏州地区常熟编写组
网	上海	卢湾编写组	走	江苏	苏州地区常熟编写组
羊	上海	卢湾编写组	足	江苏	苏州地区常熟编写组
羽	上海	卢湾编写组	身	江苏	苏州地区常熟编写组
老	上海	卢湾编写组	车	江苏	苏州地区洛社编写组
而	上海	卢湾编写组	辛	江苏	苏州地区洛社编写组
耒	上海	卢湾编写组	辰	江苏	苏州地区洛社编写组
耳	上海	卢湾编写组	辵	江苏	扬州师院编写组、常熟编写组
聿	上海	卢湾编写组	邑	江苏	扬州师院编写组
肉	上海	编纂处、卢湾编写组	酉	江苏	扬州师院编写组
臣	上海	卢湾编写组	采	江苏	扬州师院编写组
自	上海	复旦大学	里	江苏	扬州师院编写组
至	上海	复旦大学	金	江苏	扬州地区编写组
臼	上海	复旦大学	长	江苏	扬州地区编写组
舌	上海	复旦大学	门	江苏	扬州地区编写组
			阜	江苏	苏州大学

附录一　编写组编写部首表

（续表）

部首	省	编写组	部首	省	编写组
隶	江苏	江苏出版局（词办）编写组	鬼	江苏	南京大学
隹	江苏	苏州地区洛社编写组	魚	江苏	南京师范学院编写组
雨	江苏	镇江地区教育局编写组	鳥	江苏	苏州市编写组、苏州地区洛社编写组
青	江苏	镇江地区教育局编写组			
非	江苏	镇江地区教育局编写组	鹵	江苏	南京师范学院编写组
面	江苏	镇江地区教育局编写组	鹿	江苏	南京师范学院编写组
革	江苏	镇江地区教育局编写组	麥	江苏	南京师范学院编写组
韋	江苏	镇江地区教育局编写组	麻	江苏	南京师范学院编写组
韭	江苏	镇江地区教育局编写组	黃	江苏	南京师范学院编写组
音	江苏	镇江地区教育局编写组	黍	江苏	南京师范学院编写组
頁	江苏	南京市编写组	黑	江苏	南京师范学院编写组
風	江苏	南京市编写组	黹	江苏	南京师范学院编写组
飛	江苏	南京市编写组	黽	江苏	南京师范学院编写组
食	江苏	南京市编写组	鼎	江苏	南京师范学院编写组
首	江苏	南京市编写组	鼓	江苏	南京师范学院编写组
香	江苏	南京市编写组	鼠	江苏	南京师范学院编写组
馬	江苏	南京市编写组	鼻	江苏	南京师范学院编写组
骨	江苏	南京市编写组	齊	江苏	南京师范学院编写组
高	江苏	南京市编写组	齒	江苏	南京师范学院编写组
髟	江苏	南京大学	龍	江苏	南京师范学院编写组
鬥	江苏	南京大学	龠	江苏	南京师范学院编写组
鬯	江苏	南京大学	龜	江苏	南京师范学院编写组
鬲	江苏	南京大学			

说明：编写部首最初按照《辞源》214个部首分配，后来《汉语大词典》出版时采用201个部首，有的部首合并，例如"二"部并入"一"部、"用"部并入"门"部、"肉（月）"并入"月"部等，部首变动比较大。本表为求简明，凡被归并部首与所并部首为同一编写组的，只列所并入的部首；凡被归并部首与所并部首为不同编写组编写者，各列入该编写组名下，例如"二"部并入"一"部，因是两个编写组编写，故分列之，而"肉（月）"和"月"本为两个部首，"肉（月）"虽并入"月"部，但均为同一编写者，故不再另列。

· 407 ·

附录二 "三委会"、编写人员与工作人员名单

《汉语大词典》工作委员会

主　任　陈翰伯　边春光　刘　杲（按任职时间顺序）
副主任　季啸风
　　　　（以下按姓氏笔画为序）
　　　　丁方明　于冠西　杨　云
　　　　洪　泽　高　斯　魏心一
委　员　丁良典　马守良　方厚枢
　　　　孙立群　阮锦荣　李冬生
　　　　李　新　吴富恒　初甫川
　　　　张杏清　张秋泉　张黎洲
　　　　陆　路　陈立人　孟繁海
　　　　胡慧斌　赵　斌　陶有法
　　　　秦　风　袁是德　徐福生
　　　　徐福基　奚正新　巢　峰
　　　　梁平波　龚心瀚　蒋迪安
　　　　蒋金德　谭　天　黎　洪
　　　　薛剑秋

《汉语大词典》学术顾问委员会

首席学术顾问　吕叔湘
学术顾问（以姓氏笔画为序）
　　　　王　力　叶圣陶　朱德熙
　　　　张世禄　张政烺　陆宗达
　　　　陈　原　周有光　周祖谟
　　　　俞　敏　姜亮夫　倪海曙
　　　　徐震堮

《汉语大词典》编辑委员会

主　　编　罗竹风
　　　　　（以下按姓氏笔画为序）
副 主 编　吴文祺　张涤华　陈　落　洪　诚
　　　　　洪笃仁　徐　复　蒋礼鸿　蒋维崧
编辑委员　于　石　马传生　马君骅　马锡鉴
　　　　　王厚德　王　涛　王淑均　方福仁
　　　　　吉常宏　朱　侃　许惟贤　刘俊一
　　　　　刘　锐　孙家遂　何庆善　严薇青
　　　　　杨金鼎　李静远　李嘉耀　吴文祺
　　　　　吴连生　吴怀德　吴战垒　沈幼征
　　　　　张叶芦　张搗之　张拱贵　张　绚
　　　　　张振书　张涤华　张紫文　张鼎三
　　　　　陈玉璟　陈庆祐　陈延祐　陈君谋
　　　　　陈林茂　陈　落　陈福畤　陈慧星
　　　　　林双华　林　菁　罗竹风　周　方
　　　　　宛敏灏　相隆本　胡裕树　赵应铎
　　　　　赵恩柱　洪　诚　洪笃仁　祝见山
　　　　　骆伟里　夏云璧　钱小云　钱仲联
　　　　　钱剑夫　徐文堪　徐　复　徐　鹏
　　　　　郭忠新　黄今许　黄希坚　黄典诚
　　　　　章锡良　谢芳庆　蒋礼鸿　蒋维崧
　　　　　傅元恺　曾华强　鲍　风　薛正兴

《汉语大词典》主要编纂人员

（以姓氏笔画为序）
于化龙　于　石　卫梦荣　马允伦　马传生　马君骅　马家楠
马锡鉴　亓宏昌　王允安　王天舒　王永实　王世舜　王礼贤
王光汉　王延梯　王安全　王　佐　王作人　王明文　王和卿
王思铭　王佩增　王冠军　王厚德　王　涛　王　桐　王淑均

王琳元	王善观	王期辰	王赓唐	王福庭	王翼奇	王　懿
牛敬德	卞　璞	方福仁	邓戛鸣	厉振仪	叶劲秋	史宝金
丘亮弼	白嘉荟	邢儒南	吉常宏	乔　岳	朱守珪	朱利英
朱　侃	朱晋庞	朱若溪	朱叔蕃	任　远	刘长桂	刘世宜
刘如瑛	刘聿鑫	刘秉铮	刘俊一	刘　凌	刘晓东	刘唯力
刘淑贤	刘　锐	刘毓璋	庄大均	江　汉	许问渠	许图南
许顺珠	许惟贤	许福明	孙元璋	孙立群	孙润祥	孙家骏
孙家遂	孙　越	阮锦荣	杨应芹	杨伯奎	杨质彬	杨宝铨
杨金鼎	杨炳淮	杨璋明	杨霖生	李　开	李廷安	李明权
李岫云	李念孔	李绍白	李润生	李真真	李爱珍	李鸿福
李家骥	李　敏	李瑞良	李颖生	李静远	李嘉耀	巫省三
严薇青	苏受黻	苏乾英	肖　霖	吴西成	吴怀德	吴连生
吴战垒	吴淮南	吴琦幸	吴辉煌	何万年	何　旦	何庆善
何新邦	余伯秦	余清逸	余超原	闵龙华	汪挺生	汪福润
沙驾涛	沈幼征	沈抱一	沈国章	沈洪保	沈　晖	宋芳彦
宋　涛	宋夏心	宋梦芹	张子才	张干年	张叶芦	张如元
张旭光	张撝之	张志毅	张育才	张茂华	张宗舜	张述铮
张季皋	张　绚	张振书	张鼎三	张紫文	张毓琏	张履祥
张翰勋	陆　续	陆锡兴	陆德麟	陈又新	陈永安	陈汉英
陈正统	陈冬辉	陈玉璟	陈汝法	陈庆祐	陈光庸	陈延祐
陈　抗	陈君谋	陈苍麟	陈林茂	陈保存	陈冠明	陈家惠
陈培基	陈　新	陈廉贞	陈福畴	陈增杰	陈慧星	陈衡铨
武宗灿	武殿勋	林双华	林齐民	林家钟	林　菁	林瑞娥
范崇俊	范　辉	罗厚椿	罗燕生	罗黛娃	季文一	金文明
金曾琴	周　艺	周　方	周　民	周　铮	周维德	周溯民
郑昇之	郑雨生	单大声	宛新彬	居思信	居崇廉	相隆本
胡宝林	胡格非	胡慧斌	赵一生	赵子廉	赵文秋	赵立纲
赵传仁	赵应铎	赵恩柱	洪　波	洪绍曾	宫庆山	姚心伟
姚方勉	姚　迅	骆伟里	袁世全	贾忠民	夏云璧	夏松凉
夏蔚文	钱太初	钱玉林	钱剑夫	钱祖翼	徐文堪	徐　冲
徐成志	徐传武	徐时仪	徐君荣	徐实曾	徐　鹏	殷作炎
郭太安	郭佐唐	郭忠新	郭奎光	郭香圃	郭毓麟	高文达
高　兴	高迈之	高学斌	高益登	唐　文	唐让之	诸伟奇

诸丞亮	诸祖煜	黄广华	黄　风	黄今许	黄兴道	黄丽丽
黄希坚	黄志宏	黄育青	黄彦起	黄桂初	黄清士	黄梅雨
黄瑞琦	黄跂予	曹一鸣	盛冬铃	盛静霞	雪　克	崔恒升
崔思棣	章心绰	章锡良	阎宝恒	梁永昌	斯英琦	董大年
董　珊	董福光	蒋立峰	蒋竹荪	蒋金德	蒋　亮	蒋　璆
程二如	程云青	程绍颐	傅元恺	储玲玲	童致和	游绍成
游敦基	曾华强	谢少五	谢芳庆	楼观伟	赖元冲	裘成源
虞万里	鲍　风	管谨切	廖宗刚	谭永祥	滕志贤	颜景琴
潘寿田	潘竞翰	薛正兴	薛剑秋	薛焕武	瞿果行	

《汉语大词典》编纂人员

（以姓氏笔画为序）

丁荣凡	万业馨	万若曾	马小和	马厚文	王一燕	王冰彦
王均熙	王　柯	王继如	王旋伯	王鉴清	王馥荪	王　骧
尤振中	毛如一	文安朗	方辉绳	叶运升	叶昌序	卢郁蕴
冯寒冰	边新灿	曲文军	朱松乔	朱学山	朱茂汉	朱　烈
朱瑞芬	庄晴勋	刘文仲	刘表忠	刘培坤	刘樱村	阮延龄
孙云珍	杜伯乙	杨　奔	杨　棣	李宝奇	李峻锷	李景明
杨代利	何世刚	何阡陌	何明春	何裔霭	汪树福	沈寅生
沈翰奎	张天乐	张仰望	张秉融	张金泉	张胤聪	张　桁
张　涵	张绣夫	张真吾	陆鉴三	陈方元	陈长城	陈可强
陈志刚	陈希珍	陈国培	陈曼英	陈维廉	陈　雁	邵　达
林树人	林祖慰	林祥征	郁乃尧	易焕先	易朝志	周民贤
周梦江	周道南	周镜泉	郑长赐	郑张尚芳	郑湘君	郑景荣
单殿元	柯在实	胡子远	胡伟华	胡庆熹	钱益封	赵中方
赵英明	钟嘉陵	侯宪林	俞忠鑫	洪湛侯	洪瑞钦	姚大勋
袁云开	夏壬济	徐天胎	徐顺平	徐道彰	翁穗贤	唐功武
唐君彦	唐维生	凌　仁	陶慕渊	梅崇光	萧亚辉	黄允朋
黄庆炎	黄彦起	曹方人	曹宝鳞	龚蚌生	盛斯猷	康建勋
梁凤莲	韩　伟	董光浩	蒋谦之	程永言	傅以兰	湛惟鲲

曾秋钦	谢兆龙	鲍乐民	詹进明	裴章锦	裴少华	蔡勇飞
蔡锦城	廖楚强	谭沧溟	滕先森	薛恭穆	薛谓荪	戴光华

《汉语大词典》工作人员

（以姓氏笔画为序）

于志强	王巧玲	王 如	王伟文	王社省	王君瑞	王政白
王荣南	王祖淦	王瑞祥	王薇芸	王曙东	贝朴生	方庆尧
石兰亭	卢 良	叶 霖	田淑娟	白萍生	冯慕廉	成 迅
吕 欣	吕继芳	朱小庆	朱日省	朱 因	朱珏君	朱 倩
朱德珪	邬月仙	刘 欣	刘泽民	刘泽淮	刘 俊	齐保国
庄钧维	庄淑燕	江士林	许正元	孙达伍	孙 炘	李 忠
杨丽娟	杨冠勇	杨 慧	李舒果	肖碧云	吴一新	吴升美
吴兰英	吴幼清	吴 杰	吴红婧	吴荣轩	吴恒槐	吴家正
吴 斌	吴德海	何海勤	谷辅林	邹士润	应谨友	辛 立
沈万红	沈长宏	沈旭生	沈秀珍	沈诗清	沈荣枚	沈绿茵
沈 鼐	张元鼎	张自强	张 君	张 垣	张洁雪	张晓栋
张效之	张海琛	张 喆	张慕平	张粹纯	陆 冰	陆望琪
陈小文	陈巨山	陈尧晨	陈光润	陈杏初	陈 玠	陈 昕
邵 明	季秉聪	季肇瑜	周小敏	周培竹	郑海星	郑淮亮
郑碧文	郑薇青	荀万里	赵文淦	赵智铨	胡逢建	钟定樵
段子宜	俞元贞	施正渊	涂元渠	姜 心	姜 勤	贺祥霞
贾成富	聂文洁	聂铁华	顾月仙	顾正良	钱子惠	倪祥和
倪集裘	徐长康	徐 芳	郭鲸鲲	凌才福	曹 娴	曹瑞娇
黄平夷	黄裕祖	黄毓麟	戚根生	章伯寅	阎 明	董龙富
董爱山	蒋建平	蒋声镛	蒋薇美	裘小妹	傅玉芳	程依云
程养之	程裕兴	储映芙	曾天水	谢 伟	谢子珠	窦文江
鲍智苏	蔡卫平	蔡穗九	缪 含	颜凤英	颜松和	颜品仁
潘文纪	潘玉岐	潘学文	潘静安	薛宏昌	戴木金	

为本书的开创工作作出贡献的各界人士

（以姓氏笔画为序）

马飞海	马俊星	王仲莘	王振卓	王家扬	王乾德	王　维
方　行	方向明	计克良	孔成九	左钧如	石家金	田仲济
刘　平	刘　众	刘佛年	刘星华	江　波	孙建智	孙厚璞
严世镕	李　朴	李克难	李钟英	李景端	李毓珍	束纫秋
杨纪珂	余　立	谷国华	汪德营	沙流辉	宋原放	张文波
张林岚	张春汉	张格心	张　铠	陈　韧	陈虞孙	陈榕甫
杭　苇	尚　丁	明克诚	周育仁	郑子文	郑拾风	孟　还
赵紫生	胡志宏	姜兆良	徐　杰	徐铸成	栾景芳	高维真
黄文清	黄拔荆	曹余章	戚铭渠	章安翔	商景才	阎毅千
彭苏生	韩向阳	傅庭芳	舒　文	曾彦修	路　倞	管玉桥
缪　廉	颜南冲	薛绥之				

后 记

2017年11月12日，新闻出版署原副署长、时任《汉语大词典》工作委员会主任刘杲同志给中国新闻出版研究院院长魏玉山写了一封信，信中写道：

玉山同志：

你好。跟你商量个事儿。

前汉语大词典编纂处主任、汉语大词典出版社社长兼总编辑王涛同志，跟当年的多位老同事相约，打算搜集整理《汉语大词典》编纂出版的历史资料。王涛同志来信征求我的意见。

《汉语大词典》是国家的一个重点出版项目，正文12卷，共收词语37万多条、约5000万字。从立项到完成，历时18年。1994年荣获第一届国家图书奖。可以想见，搜集整理《汉语大词典》编纂出版的历史资料，是一件有利于出版史研究的好事。因此，我赞成王涛同志他们的想法。

在出版史研究以及出版史料的搜集和整理上，中国新闻出版研究院是当之无愧的权威机构。搜集整理《汉语大词典》编纂出版的历史资料，最好能够得到中国新闻出版研究院的支持和指导。为此，王涛同志提出了他们初步研究的工作建议。

我恳请你在百忙之中抽出时间考虑一下他们的建议。必要时可以请王涛同志来京见你，当面汇报情况，直接交换意见。困难会有。但是我想，从工作出发，总可以找到一个双方认可的、切实可行的办法。

接到刘杲同志的来信之后，魏玉山同志立即布置基础理论研究室负责这项工作，并与王涛同志商讨了课题研究的主要内容、基本思路和方法、重点难点等，对研究提出了具体的设想，决定采取口述和当事者撰写两种方式，对仍然健在的大词典组织者、编者和作者进行相关资料的收集和整理，最终以研究专著的形式出版。2018年，"《汉语大词典》出版史料研究"获得中国新闻出版研究院课题立项，并纳入研究院"口述出版史"项目，同时，成立了以李晓晔为组长，王涛、苏振才、于秀丽为成员的课题组，负责开展课题研究。

《汉语大词典》是由国家出版局和教育部联合组织领导，集合山东、江苏、安徽、浙江、福建和上海五省一市共同编纂成书，涉及作者、编辑近千人。经研究，确定王涛、谭天、李新、

后　记

吉常宏、胡慧斌、黄希坚、周方、赵应铎、张紫文、谢芳庆、陈庆祜、陈冠明、蒋金德、赵一生、薛剑秋、陈延祐、孙立群、郭忠新、陈福畴、王岳、胡逢建、傅玉芳、李丽峰、庄宪清等24位同志为采访对象。

在随后的两年间，课题组对部分老同志进行了采访，并收集整理了其他老同志撰写的回忆文章。本课题研究主要以老同志的回忆为主，重点收集当事人亲历历史的第一手资料，以档案中没有的资料为主，注重总结和提炼《汉语大词典》编纂中在处理学术问题和编辑问题时的经验，同时强调历史事实的准确、生动。2019年年底，课题始告完成，并通过了专家评审。

在课题进行中，课题组成员一直为老一辈词典编辑工作者坚定的信念、顽强的意志、一丝不苟的工作态度，为出版事业无私奉献的精神而深深地感动。在《汉语大词典》历时十八年漫长的编纂过程中，上自领导，下至普通编辑、校对和印刷厂工人，在条件极其艰苦的情况下，克服重重困难，排除种种干扰，以最高的智慧、最大的热情来编纂这部皇皇巨著。在他们身上，体现了老一代知识分子的高尚品质和高风劲节，为出版界留下了一笔极其宝贵的精神财富。这些珍贵的史料，无论对于记录整理《汉语大词典》的编辑出版历史、研究总结大型辞书编撰经验，还是为当下辞书出版提供参考借鉴，以及对促进汉语语言词汇和汉语史方面的研究，都具有很强的历史和现实意义。

两年来，《汉语大词典》编辑委员会委员、原编纂处主任、汉语大词典出版社社长兼总编辑王涛同志，为课题的完成和书籍的出版奔波操劳，废寝忘食，殚精竭虑，他对《汉语大词典》至诚、挚爱、执着与奉献，让老同志们深受感动，促使他们重新拿起笔来，回忆那段火热的岁月，那些难忘的往事。

当看到《煌煌辞典著春秋——〈汉语大词典〉出版背后的故事》的书稿时，刘杲同志欣然同意为本书作序。

在本书的出版过程中，中国书籍出版社王平社长付出了很多心血，在此一并表示感谢。

由于年代久远，当年参与《汉语大词典》编纂的老同志年纪偏大，缺点错误和疏漏之处在所难免，敬请读者批评指正。

中国新闻出版研究院编者

2020 年 5 月